HANNO KÖNIG

—

HEINRICH MANN

DICHTER UND MORALIST

MAX NIEMEYER VERLAG TÜBINGEN

1972

ISBN 3–484–15026–2

© Max Niemeyer Verlag Tübingen 1972
Alle Rechte vorbehalten. Printed in Germany
Herstellung durch Bücherdruck Wenzlaff, Kempten
Einband von Heinr. Koch Tübingen

HERMAEA
GERMANISTISCHE FORSCHUNGEN
NEUE FOLGE

HERAUSGEGEBEN VON HELMUT DE BOOR
UND HERMANN KUNISCH

BAND 31

INHALTSVERZEICHNIS

DRITTER TEIL

DEMONSTRATION DES MORALISTISCHEN ERKENNT-
NISSYSTEMS: DIE HENRI-QUATRE-ROMANE

KAPITEL VIII

KAPITEL IX

SIGLENVERZEICHNIS

A   = Der Atem. Roman
E   = Empfang bei der Welt. Roman
F   = Die traurige Geschichte von Friedrich dem Großen
Haß = Der Haß. Essays
K   = Der Kopf. Roman
M   = Mutter Marie
N   = Nietzsche. Essay
Ö.L. = Das öffentliche Leben. Essays
S.J. = Sieben Jahre. Essays
Tag = Es kommt der Tag. Deutsches Lesebuch
Z   = Ein Zeitalter wird besichtigt

EINLEITUNG

Es erschien Heinrich Mann stets bedeutungsvoll, daß er 1871, im Gründungsjahr jenes »Deutschen Reiches« geboren wurde, dem zeitlebens seine satirische Haßliebe galt. Die Verwandlungen dieses Reiches von der Monarchie zur Republik und von der Republik zur Diktatur dachte er in ungewöhnlicher politischer Wachheit mit; sie wurden auch zu Zäsuren seines eigenen Lebens und Erfolgs. Im Kaiserreich schrieb er noch »unter der stillen Zustimmung, etwas lauteren Ablehnung von zweitausend Personen«,[1] in der Weimarer Republik gehörte er zur literarisch-politischen Prominenz,[2] im Dritten Reich, das ihn ausbürgerte (1933) und verfemte, geriet er in Vergessenheit. Die siebzehnjährige Exilzeit verbrachte er bis 1940 in Nizza und bis zu seinem Tod in Kalifornien. Er verstand in jenen Jahren Victor Hugo und sein neunzehnjähriges Exil als das »große Beispiel«,[3] doch wurde ihm die Emigration nach einer Epoche politischer Aktivität in Frankreich[4] zu einer Zeit

---

[1] So Heinrich Mann in »Ein Zeitalter wird besichtigt«, Berlin 1947, p. 171. – Dazu die zornige Bemerkung Kurt Hillers von 1913: ». . . eine Gesellschaft, welche beispielsweise sich einen Roman des Herrn Otto Ernst in hunderttausend Exemplaren zulegt, dagegen von Heinrich Manns Buche ›Die Göttinnen‹ in einem Jahrzehnt keine neuntausend kauft . . .« (Die Weisheit der Langenweile, Leipzig 1913, Bd. I, p. 239).

[2] Vgl. die Schilderung einer Gerhart-Hauptmann-Festaufführung im Berlin von 1932 bei Harry Graf Kessler (Tagebücher 1918–1937. Frankfurt/Main 1961, p. 697): ». . . in den Rängen und im Parkett Leuchten der Politik, Kunst und Literatur. Ich hatte einen Platz in der zweiten Reihe des Parketts hinter Einsteins, Kardorffs, Heinrich Mann; neben mir Hugo Simon, in der Reihe dahinter Nostitzens; auf der andren Seite neben mir Fulda und Seeckt.« – 1924 war Heinrich Mann vom tschechoslowakischen Staatspräsidenten Masaryk, 1931 von Briand empfangen worden, auf seine in Paris gehaltene Victor-Hugo-Rede vom 16. 12. 1927 antwortete der französische Ministerpräsident Eduard Herriot (vgl. Heinrich Mann, Essays II, Berlin 1955, p. 577).

[3] Heinrich Mann, Das große Beispiel. Erstveröffentlicht in: Die neue Weltbühne, XXXI. Jg. Nr. 22 vom 30. Mai 1935, Prag. Wiederabdruck in: Sinn und Form, Jg. 1952, H. 1, p. 5–9.

[4] Aus dieser Zeit berichtet Ludwig Marcuse (Mein zwanzigstes Jahrhundert, München 1960, p. 204/05): »Heinrich Mann war ein bißchen auch der Hindenburg des Exils, eine Art Dach-Organisation für alle, die sich unter einem gemeinsamen Dach streiten wollten. Er war bereits das (noch ungekrönte) Haupt nach Zusammenbruch des Milleniums.«

äußerster Vereinsamung.[5] Während sein jüngerer Bruder Thomas Mann
zum »Weltschriftsteller« wuchs, nahm Heinrich Mann Amerika und
Amerika ihn nicht zur Kenntnis:[6] »Alles, was mir gegeben war«, so
schrieb er in seinem Lebensrückblick von 1944, »hatte ich an Europa
erlebt, Lust und Schmerz eines seiner Zeitalter, das meines war...«[7]
Das Ende des »Deutschen Reiches« überlebte er, wieder gefeiert im
einen Teil Deutschlands und noch verschollen im anderen, nur wenige
Jahre; er starb im Frühjahr 1950.

In der deutschen Literatur nimmt Heinrich Mann eine Außenseiter-
und Sonderstellung ein. Es gibt wenige Kenner des gesamten Werkes,
seinen Namen umgibt überraschend hohe Bewunderung (Gottfried
Benn: »Der Meister, der uns alle schuf«;[8] Rudolf Leonhard: »im voll-
endetsten Deutsch, das seit Heinrich von Kleist uns zu lesen vergönnt
wurde«[9]) und überraschend scharfe, oft feindselige Kritik, aber auch ein
großes Schweigen, das sich allmählich zu lösen beginnt. Sein Werk
enthält vieles Befremdende, vieles schneidend Übertriebene, und weicht
– nimmt man etwa Heine aus – von der Tradition deutscher Literatur
im 19. Jahrhundert heftig ab: es ist analytisch, kritisch, artistisch, moralistisch, rhetorisch – es ist angesiedelt im Spannungsfeld zwischen
DICHTKUNST UND POLITIK (XII,310).[10] Seine Kunst ist nicht organisch,
sondern abstrahierend und konstruierend, seine Prosa strebt nicht ruhi-
ger Erzählung, sondern leidenschaftlicher Vergegenwärtigung und äußerster Verknappung zu, sie ist szenen-, gesten- und pointenreich,[11] in

---

5 Schon 1934 notierte René Schickele (Werke in drei Bänden, Köln/Berlin 1959,
  III,1072): »Ich kenne keinen einsameren Menschen. Ein Schatz von Güte und
  Weisheit liegt in ihm. Der Schatz muß unerschöpflich sein.«

6 Dazu Marcuse (a.a.O., p. 276): »In Amerika kam er mit Siebzig an, kannte niemand und niemand kannte ihn. Die Sprache blieb ihm fremd, er las noch einmal
  den ganzen Voltaire und den ganzen Gerstäcker; ob er je ein amerikanisches Buch
  gelesen hat, weiß ich nicht.« – Ferner: Ulrich Weisstein, Heinrich Mann in America: A Critical Survey. In: Books Abroad, 33 (1959), p. 281–284.

7 Z. 437. – Dazu das nicht in »Ein Zeitalter wird besichtigt« aufgenommene Kapitel »Der deutsche Europäer«, XIII,546–555.

8 Gottfried Benn, Rede auf Heinrich Mann. Gesammelte Werke in vier Bänden,
  hrsg. v. Dieter Wellershoff, Wiesbaden 1958ff. I,410–418; das Zitat p. 417.

9 Rudolf Leonhard, Das Werk Heinrich Manns. Zu seinem sechzigsten Geburtstag.
  In: Die neue Rundschau, 1931/I, p. 546–552; das Zitat p. 552.

10 Seitenangaben im Text beziehen sich ausschließlich auf Werke Heinrich Manns.
  Zitiert wurde nach der 10bändigen Teilsammlung des Kurt Wolff-Verlags, Leipzig
  1917 (= arabische Bandzählung), darüber hinaus nach der Ausgabe des Aufbau-
  Verlags, Berlin 1951ff. (= römische Bandzählung), außerdem, wo notwendig, Erst-
  und Einzelausgaben (vgl. Bibliographie, p. 459).

11 Vgl. den Selbstkommentar »... denn ich selbst wäre kaum im Stande, dreihundert
  Seiten zu schreiben, wovon nicht reichlich zweihundert in Scenen wären.« (Brief

ständiger experimentierender Verwandlung begriffen; in der Frühzeit liebt sie verschwenderischen Rausch, in der mittleren Periode tritt das Abgehackte und Groteske hervor, der Altersstil ist von nuancierter Einfachheit, resümierend und sentenziös. Heinrich Mann ist »visionärer Groteskkünstler« im Sinne jener grundsätzlichen Unterscheidung, die Thomas Mann zwischen Dostojewskij und dem »realistischen Plastiker« Tolstoi einführte,[12] er ist Manierist und hochsentimentalisch im Sinne Schillers, die Gesellschaft ist der reflektierte Gegenstand seiner Romane, es überwiegt daher Satire, und das Tragikomische ist lange Zeit seine schmerzliche Lust. Wie kaum ein anderer Dichter wandte er sich bewußt und oft aus geringem Abstand der jeweiligen Lebensgegenwart zu; sein Werk ist deshalb von den Ereignissen dieser Gegenwart, und das heißt vor allem: vom politischen Schicksal Deutschlands in der ersten Hälfte dieses Jahrhunderts, nicht abzulösen. Mag auch die literarische Beurteilung im einzelnen schwanken, so ist doch seine große Ausstrahlung auf die ganze »expressionistische« Generation, vor allem auf ihre »aktivistische« Richtung, vielfach bezeugt und historisch geworden.[13]

---

vom 24. Okt. 1908 an René Schickele. In: Expressionismus. Literatur und Kunst 1910–1923. München 1960. (= Sonderausstlgn. d. Schiller-Nationalmuseums, Katalog Nr. 7, hrsg. v. Bernhard Zeller), p. 135).

12 Thomas Mann, Betrachtungen eines Unpolitischen. Gesammelte Werke in zwölf Bänden. Frankfurt/Main 1960, XII,565.

13 So spricht Kurt Hiller (Verwirklichung des Geistes im Staat, Leipzig 1925, p. 52) 1912 von einer

»Bewegung, die unter Führung Heinrich Manns und Anderer, seit etwa 1910 in Deutschland da ist, von akademischer Pathetik gelegentlich als Neu-Idealismus bezeichnet wird, sonst als Voluntarismus, Politizismus oder Aktivismus, und ... als ihre oberste Norm wohl durchweg anerkennt: Umgestaltung der Welt nach dem Befehl der Idee.«

Ähnlich René Schickele 1920 (»Wie verhält es sich mit dem Expressionismus?« in: Paul Pörtner, Literaturrevolution 1910–1925. Dokumente–Manifeste–Programme, Bd. II, Zur Begriffsbestimmung der »Ismen«, Neuwied/Rh. 1961, p. 326):

»Es ist, vor etwa zehn Jahren, zu einer doppelten Revolte gegen den Naturalismus und den Ästhetizismus gekommen, die damals unbestritten herrschten, das hat man deutschen Expressionismus genannt. Daran haben, im Gefolge unseres großen Heinrich Mann, mitgewirkt« ... (folgen 14 weitere Namen).

Otto Flake nennt Heinrich Mann 1915 den »Vater der deutschen intellektuellen Literatur«, der »außerordentlich stark auf die geistige Jugend wirkte« (Von der jüngsten Literatur, in: Die neue Rundschau, 1915/II, p. 1279), nach dem Zeugnis Kasimir Edschmids (Die doppelköpfige Nymphe, Berlin 1920, p. 167) war sein Werk »Leuchte und Kraft in ödester Zeit«, und Kurt Tucholsky (Gesammelte Werke, Hamburg 1960ff. I,682) glaubt, nicht für die Schlechtesten seiner Generation zu sprechen, wenn er 1920 bekennt, daß sie Heinrich Mann folgten. Er erblickt in ihm den »erste(n) deutsche(n) Literat(en) ..., der dem Geist eine entscheidende und mitbestimmende Stellung fern von aller Literatur eingeräumt (a.a.O., p. 387). Die bis heute andauernde spezielle Problematik des Urteils über Heinrich

1933 brach die unmittelbare Wirkung in Deutschland ab. Die Produktion der Exilzeit blieb in der Bundesrepublik lange unbekannt und überdies schwer zugänglich.[14] Das Gesamtwerk liegt, trotz der von Alfred Kantorowicz 1951 begonnenen, auf 16 Bände angewachsenen Ausgabe des Aufbau-Verlags in Ostberlin, noch heute nicht vor. Einige seiner Werke sind in Deutschland noch nie erschienen. Ein umfangreicher, auf das Heinrich-Mann-Archiv der Deutschen Akademie der Künste in Ostberlin konzentrierter Nachlaß ist noch nicht ausgewertet. Die dort aufbewahrte, lange Zeit unbekannte, beträchtliche lyrische und novellistische Produktion der Jahre 1885–94 harrt noch der Edition und wissenschaftlichen Aufarbeitung. Weder der Beginn Heinrich Manns als Heine-Epigone noch etwa die Manuskriptmasse, aus der seine Autobiographie EIN ZEITALTER WIRD BESICHTIGT herausgewachsen ist,[15] ist bis jetzt in die Diskussion einbezogen worden. Überhaupt führt erst die Kenntnis des Nachlasses mit den unveröffentlichten Manuskripten, Tagebüchern und (mehr als tausend) Briefen zu einem angemessenen Bild von der lebenslangen, ununterbrochenen Produktion Heinrich Manns. Sie setzte, beginnend im 15. Lebensjahr, mit novellistischen Versuchen und schwüler Tanzstundenlyrik ein, gelangte gegen das 30. Lebensjahr in das Licht der Literaturgeschichte und steigerte sich schließlich zum Bewußtsein eines verantwortungsvollen Dienstes am »Wort«. Er endete erst mit den letzten Zeilen des Romans DER ATEM (Manuskript abgeschlossen am 25. Okt. 1947): »Die Welt schlief ge-

Mann, der Widerstreit ästhetischer und weltanschaulich-politischer Kriterien, klingt auch in diesen zeitgenössischen Stimmen an. Er konnte sich schließlich bis zu einer so pointierten Entgegensetzung wie der Tucholskys steigern:
»Und wären die »Armen« [ein Roman Heinrich Manns von 1917] noch so mißglückt –: es ist kein Beweis gegen den Politiker... Man muß also nicht für Heinrich Mann eintreten ... soweit es allein ums Artistische ginge – das ist eine Sünde –, sondern man muß grade für ihn eintreten, wenns ums Politische geht« (a.a.O., p.682).
Über das Urteil Gottfried Benns wird noch gesondert zu sprechen sein.
Zur Wirkung Heinrich Manns im Expressionismus vgl. Wolfgang Paulsen, Expressionismus und Aktivismus. Eine typologische Untersuchung. Diss. phil. Bern 1934, passim, sowie Walter H. Sokel, Der literarische Expressionismus. München 1960, p. 151f., p. 178–182.

14 So mußte Hermann Kesten noch 1959 feststellen: »Heute erscheinen in Ostdeutschland seine ›Ausgewählten Werke‹, in Westdeutschland erscheint er so gut wie gar nicht« (H. K., Heinrich und Thomas Mann, in: Der Monat, 11. Jg. (1959), H. 125, p. 59–69; das Zitat p. 65).

15 Dazu zählt das umfangreiche Manuskript »Vom Beginn des Krieges bis Ende 1939« (Findbuch Nr. 237), die ausgeführten Artikel zu der geplanten »Kleinen Enzyklopädie des Zeitalters« (Findbuch Nr. 228); daneben sei auf das um 1940 konzipierte Werk »Das blinde Schicksal« (Findbuch Nr. 445, 447, 448) hingewiesen, das stilistisch auf »Lidice« vorausweist.

lähmt wie in den Nächten ihrer ausgebrochenen Katastrophen, wenn auch wir müde sind und das Wort niederlegen« – obgleich auch danach noch kürzere essayistische Äußerungen entstanden.

Über die Bestände des Archivs gibt das in der Bundesrepublik nur schwer zugängliche VORLÄUFIGE FINDBUCH DER WERKMANUSKRIPTE VON HEINRICH MANN[16] Auskunft, die vollständigste Bibliographie aller bis jetzt bekannten Werke und Drucke Heinrich Manns wurde 1967 von Edith Zenker veröffentlicht. Sie umfaßt 981 Titel. Im folgenden werden Manuskripte nach der Numerierung des FINDBUCHES, Werke nach der Numerierung der Bibliographie Zenkers[17] angegeben.

Diese editorische und die wirkungsgeschichtliche Situation spiegelt sich auch in der Sekundärliteratur. Sie beschäftigte sich bis in die jüngste Zeit vorwiegend mit der als »Frühwerk« bezeichneten Schaffensperiode bis 1909, wie auch die allgemeine Kenntnis und Einschätzung Heinrich Manns ungebührlich lange von den Eindrücken bestimmt blieb, die von seinen frühen Erfolgen ausgingen. Keine geringe Rolle in der wissenschaftlichen Beschäftigung mit ihm in Deutschland spielte die Anprangerung als »Zivilisationsliterat« durch Thomas Mann sowie sein Bekenntnis zum Sozialismus. Klaus Schröter hat diese Situation im Vorwort seiner bahnbrechenden Arbeit über die ANFÄNGE HEINRICH MANNS[18] streng aber zutreffend beschrieben. Ideologische Diffamierung und »ein ungewöhnlich niedriges Niveau« kennzeichneten die oft lückenhafte und mit zahlreichen falschen Angaben belastete Auseinandersetzung mit Heinrich Mann. Was Literaturgeschichten über ihn verbreiten, ist oft haarsträubend, selbst ein Kenner der neueren deutschen Literatur wie Claude David schrieb 1959 noch an Heinrich Mann vollständig vorbei. Mit Ulrich Weissteins »historisch-kritischer« Einführung in das dichterische Werk,[19] die jedoch unbefriedigend bleibt, erschien 1962 das erste Buch über ihn in der Bundesrepublik – mit der vorzüglichen Dissertation Klaus Schröters, mit den Arbeiten Jürgen Zecks,[20] Manfred Hahns[21] und dem – jetzt in deutscher Übersetzung

---

16 Rosemarie Eggert, Vorläufiges Findbuch der Werkmanuskripte von Heinrich Mann. Berlin 1963 (= Deutsche Akademie d. Künste zu Berlin. Schriftenreihe der Literatur-Archive Nr. 11).
17 Edith Zenker, Heinrich-Mann-Bibliographie. Werke. Berlin und Weimar, 1967.
18 Klaus Schröter, Anfänge Heinrich Manns. Zu den Grundlagen seines Gesamtwerks. Stuttgart 1965.
19 Ulrich Weisstein, Heinrich Mann. Eine historisch-kritische Einführung in sein dichterisches Werk. Tübingen 1962.
20 Jürgen Zeck, Die Kulturkritik Heinrich Manns in den Jahren 1892 bis 1909. Diss. phil. Hamburg 1965.
21 Manfred Hahn, Das Werk Heinrich Manns von den Anfängen bis zum »Untertan«. Diss phil. Leipzig 1965.

vorliegenden – umfangreichen Heinrich-Mann-Buch André Banuls'[22] setzte die jüngste Phase seriöser Erforschung seines Werkes ein. Schließlich liegt nun aus der Feder Klaus Schröters eine unmittelbar aus den Quellen und Zeugnissen gearbeitete, einsichtige Darstellung des bislang wenig aufgehellten Lebens Heinrich Manns vor.[23]

Einige frühere Urteile über Heinrich Mann erscheinen geeignet, die Probleme der folgenden Untersuchungen zu exponieren. In einem Brief von 1916, der aber erst 1950 bekannt wurde, schrieb Rilke über Heinrich Mann:

> Eine solch wunderbare Fülle, eine solche Sättigung mit Leben, das sich ganz in Sprache ergießt, ist wohl bislang im Deutschen nicht dagewesen.[24]

Ein ähnlicher Eindruck erscheint noch ungebrochen in den Würdigungen Gottfried Benns von 1931 (anläßlich des 60. Geburtstags Heinrich Manns), wenn er ihn im »Flaubert-Nietzscheschen Licht« als »das umfassendste dichterische Ingenium unter uns«, als »den Meister, der uns alle schuf« feiert und sein Werk

> die erregendste Dichtung der Zeit, lyrisch phänomenal und episch von der gleichen primären Evidenz wie bei Conrad und Hamsun, die entfalteste deutsche Sprachschöpfung, die wir seit Aufbruch des Jahrhunderts sahen[25]

nennt. Aufschlußreich ist insbesondere der Satz:

> Auf der einen Seite immer der tiefe Nihilismus der Werte, aber über ihm die Transzendenz der schöpferischen Lust. Hierüber hat uns nichts hinausgeführt, keine politische, keine mythische, keine rassische, keine kollektive Ideologie bis heute nicht: auf den Ecce homo-Schauern, auf den Romanen der Herzogin von Assy liegt weiter unser Blick.[26]

[22] André Banuls, Heinrich Mann. Le poète et la politique. Paris: Klincksieck 1966. Gekürzte, neubearbeitete deutsche Fassung: Heinrich Mann, Stuttgart 1970.

[23] Klaus Schröter, Heinrich Mann in Selbstzeugnissen und Bilddokumenten. Reinbek b. Hamburg 1967 (= rowohlts bildmonographien Nr. 125).

[24] Rilke, Brief an Lou Albert-Lazard. Erstveröffentlicht in »Les Nouvelles Littéraires« vom 27. 4. 1950, p. 5. Teile des franz. Textes bei Weisstein, a.a.O., p. 91. Deutscher Text bei Gottfried Benn, I,623.

[25] Gottfried Benn, I,416/17.

[26] A.a.O., I,416. – Zur literarisch-politischen Auseinandersetzung über die Rede Benns: Werner Hegemann, Heinrich Mann? Hitler? Gottfried Benn? Oder Goethe? In: Das Tagebuch, 12. Jg. (1931) H. 15, p. 580–588. Aus größerem Abstand: Dieter Wellershoff, Gottfried Benn, Phänotyp dieser Stunde, Köln/Berlin 1958, p. 183 ff. – In einer Nachschrift von 1950 hält Benn die Rede ausdrücklich aufrecht und fügt hinzu:
»Die deutsche Literatur meiner Generation ist in einem Maße von den frühen Romanen und Novellen von H. Mann abhängig, wie in keinem Land der Welt je eine Generation von einem Lebenden abhängig war. Diese Generation, ihr Stil, ihr Rhythmus, ihre Thematik ist nicht denkbar ohne den geradezu sensationellen

Es ist, als hätte Heinrich Mann seit diesen 1903 erschienenen Romanen nicht mehr gelebt und geschrieben: er bleibt für Benn, obwohl dieser auch spätere Werke kennt,[27] der Dichter einer orgiastischen Schönheit, der Lehrer einer Kunst des Rausches und deutscher Begründer des Romans als absolutem Stilkunstwerk im Sinne Flauberts. Benn will ausschließlich den Künstler sehen, diesen aber betrachtet er als »stigmatisiert«[28] und wie Platon, auf den er sich beruft, der Schönheit, der Gorgo, anheimgegeben – außer ihr zählt nichts.

Nun war Heinrich Mann gewiß auch Artist, und in seinen frühen Romanen gibt es rauschende Partien eines im Sinne Benns »gehärteten« Stils. Dennoch scheint diesem Urteil, wie jeder Betrachtung, die ausschließlich ästhetische Qualitäten wertet, eine Seite Heinrich Manns eigentümlich zu entgleiten. Benn rühmt, offenbar absichtlich, im Jahre 1931, das, wovon sich Heinrich Mann seit mehr als eineinhalb Jahrzehnten löst. Benn wollte nicht wahr haben, daß Heinrich Mann im ZOLA-Essay von 1915 den »aristokratischen Künstlerstil« zurückgewiesen hatte, weil er »Kunstleckerbissen«, die »menschlich nicht mitzählen« (XI,165) liefere, daß er sich gegen den »verantwortungslosesten Lyrismus«, den »Lyrismus des Abgrunds, die ewige Scham jedes Menschengläubigen« (XI,233), gegen Kunst um der Kunst willen also und pure Sprachmagie gewendet hatte und daß er seither das Ästhetische in einem unauflöslichen Zusammenhang mit dem Sozialen und dem Politischen sieht.[29] Das zeigt die bemerkenswerte Passage im ZOLA-Essay über Flaubert, den »Ästheten«, welcher »eine der letzten Ausdrucksformen des Bürgers« (XI,107) sei. Dort heißt es ebenso lakonisch wie aufschlußreich für Heinrich Mann:

> Flaubert schrieb um des Schreibens willen. Wozu sonst? Er schrieb unter dem Kaiserreich. Er stellte es nicht, wie der Jüngere [sc. Zola] dar, als es überstanden war; es drückte auf ihn und bestimmte ihn. Ästhetizismus ist ein Produkt hoffnungsloser Zeiten, hoffnungstötender Staaten (XI,173).

---

27 Einfluß der ersten Bücher von H. Mann. Insofern kommt meiner Rede eine gewisse begrenzte historische Bedeutung zu« (I,624).

27 Vgl. Benn, Heinrich Mann zum sechzigsten Geburtstag, I,129–139. Unter den Romangestalten, die Benn aufzählt, befinden sich solche aus »Die Armen«, »Der Kopf« und »Die große Sache«.

28 Benn, I,624.

29 Dazu den Bericht Hegemanns über die Reaktion Heinrich Manns auf die Rede Benns:
»Aber es war, wie gesagt, eine großartige und herzerquickende Gebärde, mit der Heinrich Mann seinen verwirrten Bewunderern diese Irrwege für alle Zukunft versperrte... Auf den dithyrambischen und fast noch wilhelminisch glänzenden Schwall Gottfried Benns antwortete Heinrich Mann als moderner, sachlicher Mensch der Nachkriegszeit« (a.a.O., p. 581).

Seither schritt Heinrich Mann in einer Benn völlig entgegengesetzten Richtung fort. Kunst ist ihm nun gerade nicht mehr »die eigentliche Aufgabe des Lebens, die letzte Transzendenz«,[30] weshalb er auch, obwohl das Künstlerproblem im Frühwerk, wie auch bei seinem Bruder, noch großes Gewicht besaß, später keinen mit dem DOKTOR FAUSTUS vergleichbaren Künstlerroman geschrieben haben dürfte. Vielmehr nannte er »die Kunst des Ausdrucks und der Gestaltung«, die für Benn das letzte Wort und in der Nachfolge Nietzsches der letzte Wert blieb, im gleichen Jahr 1931 »nur Werkzeug. Wer sehr hoch stieg im Geistig-Sittlichen, hat manchmal fast vergessen, daß er sie besitzt« (XI,324). Keineswegs leugnet er jetzt den Eigenwert der Kunst, aber er sieht sie in einem dienenden Verhältnis gegenüber Geist und Leben. Zwischen ihm und Benn liegt nunmehr eine Verlagerung aller Gewichte und Bedeutungen, die zusammenfassend als Wandlung Heinrich Manns zum »Moralisten« bezeichnet werden kann. So fährt er an obiger Stelle fort:

> Flaubert war berühmt... Gealtert war er nicht einmal ehrwürdig. Denn der Ästhet hat kein Alter. Autorität, jede hoch menschliche Wirkung ist bei dem Moralisten (XI,173).

An die Stelle des von Benn gerühmten »tiefen Nihilismus der Werte« ist der Glaube an den Menschen getreten, die »Transzendenz der schöpferischen Lust« wird diszipliniert von jener transzendentalen Qualität, die Kant der reinen Vernunft zugeschrieben hatte. Sie war für Heinrich Mann eine intensiv gefühlte Realität und prägte seinen Begriff vom Geist.

Die Wandlung zum Moralisten ist nicht abzulösen vom Selbstverständnis und Fortschritt als Romancier. Über Kunst spricht Heinrich Mann primär als Romancier, Benn als Lyriker. Für ihn ist der Roman nicht, wie noch Rilke in dem erwähnten Brief geschrieben hatte, »eine unvollkommene Kunstgattung« – in Wahrheit, so meint er im ZEIT-ALTER, gibt es »keine Rangfolge der Gattungen« (Z. 225). Einmal jedoch in diese Diskussion verwickelt, bezeugt er seine Hochschätzung des Romans:

> Eine Gattung, die beschreibende Teile verbindet mit erzählenden und redende mit handelnden, zu schweigen von der Schaubarkeit der Welt, die aus dem allen wird, und von den Klängen der Sprache, himmlischen oder armen: wahrhaftig, der Roman, wie das große 19. Jahrhundert ihn hinterlassen hat, ist das erreichte Gesamtkunstwerk, oder es gäbe keins (Z. 224).[31]

Und die Wirkung des Romans bleibt nicht im Literarischen stecken; den

---

[30] Benn, I,415.
[31] Zum Unterschied zwischen Romancier und Lyriker vgl. auch Benn, I,497.

Deutschen, so meint er weiter, sei »einiges Wissenswerte« entgangen: daß nämlich

> die Romane wohl schweigen, aber daß von aller Literatur allein die gro-
> ßen Romane in die Tiefe des wirklichen Lebens gedrungen sind, ja, die Welt
> verändert haben. Den Tatbestand erweist die russische Revolution: sie folgt
> auf ein Jahrhundert großer Romane, alle revolutionär wie nur die Wahr-
> heit.[32]

Dieser Auffassung entspricht ein bestimmter Begriff des Romanciers, wie er z. B. in einer Romanbesprechung von 1931 – es handelt sich um GLÜCKLICHE MENSCHEN von Hermann Kesten – greifbar wird. Danach »haßt und liebt« der Romancier »eine Illusion, die er Gesellschaft nennt« und um die sich außer ihm niemand kümmert. Aus seinen Personen handelten die sozialen Mächte, ja die Zeit selbst, und deshalb werde »bald krass, bald schwächlich gehandelt und übrigens auch gedacht«:

> Auch kündet die Reife des Darstellenden sich dadurch an, daß er abzu-
> rechnen versteht... Er wird später die umlebenden Menschen und sich
> selbst nicht nur darstellen wollen, er wird den Anspruch erheben, an ihnen
> zu arbeiten und die Gesellschaft umzugestalten, indes er sie gestaltet. Wenig-
> stens war dies immer der Ehrgeiz derer, die eine Gesellschaft in ein Roman-
> werk brachten. Er wird Moralist und dafür reichlich gehaßt sein (XI,374).

Immer wieder erscheint wie hier, die reifste Stufe des Romanciers bezeichnend, dem »Ästheten« übergeordnet, der »Moralist« als zentraler Begriff im Selbstverständnis Heinrich Manns. Was aber ist damit gefaßt, in welchem Verhältnis zur Moral und zu welcher Moral steht der »Moralist«? Warum soll der Dichter mit der Gesellschaft »abrechnen«, in welcher Richtung sie umgestalten?

Eine Erörterung dieses moralistischen Dichterbegriffs, eine Untersuchung darüber, inwieweit ihn Heinrich Mann erfüllt, inwiefern sein Werk als Werk eines Moralisten erschlossen werden kann, stand bis jetzt noch aus. Aber auch die damit gestellte Frage nach dem schöpferischen Zentrum des Werkes und nach dem inneren Zusammenhang der Werke überhaupt fand lange Zeit keine überzeugende Antwort.[33] Es wurde, trotz mancher Bemühungen, noch kein Schlüsselbegriff gefunden, der es erlaubte, die – über bestimmten Festlegungen – heftigen Ver-

---

32 Zeitalter, p. 225; über den russischen Roman von Puschkin bis Gorki p. 45–50.
33 Das offenbart gerade auch die Einführung Weissteins. Er verzeichnet mit großer
Sorgfalt die Anlässe der einzelnen Werke, sowie Ähnlichkeiten zwischen Werken
und Gestalten (vgl. z.B. p. 113/114), ein durchlaufender Problemzusammenhang,
ein mit innerer Folgerichtigkeit zutage tretender Gesamtfortschritt Heinrich Manns
wird jedoch nicht eigentlich sichtbar und manche Fragen bezweifeln fast eine solche Konsequenz.

änderungen stofflicher und stilistischer Art des Werkes aus einer einzigen treibenden Mitte so überzeugend zu erhellen, wie dies die Spannung zwischen »Präexistenz« und »Existenz«[34] etwa für Hofmannsthal ermöglichte. Zwischen dem »Frühwerk« und den späteren Romanen konnte sogar ein »Bruch« gesehen werden.[35] Richard Exner vermißt noch 1959 das »große, alle Lebensstadien überdauernde Thema«[36] Heinrich Manns. Sollte aber gerade ein solcher Zusammenhang aufgezeigt und sollten, innerhalb seiner, moralistische Züge abgehoben werden, so war eine Erörterung zunächst des Frühwerks unumgänglich.

Als zentrales Phänomen, als Quellgebiet aller Gestalten, als Schlüssel noch zu den sonderbarsten Situationen des Frühwerks betrachtet die vorliegende Arbeit die vollständige Dissonanz von Ich und Welt, einen ursprünglichen Konflikt mit dem Leben, »Lebensschwäche«. Selten wurde in der Literatur um 1900 die Unmöglichkeit, ins Leben zu gelangen, so extrem, so »hysterisch« erlitten und von Werk zu Werk so analytisch organisiert wie bei Heinrich Mann. Nirgendwo wurde die Alternative, Schwäche heroisch und abenteuerlich zu überspielen oder einzubekennen, so bewußt schließlich zum moralischen Konflikt zwischen »Ruchlosigkeit« und »Menschlichkeit« gesteigert und in gesellschaftlichen Dimensionen ausgeformt. Noch nie auch wurde das Gesamtwerk dementsprechend als einziger, vom Negativen ins Positive übertretender dichterisch durchgeformter Reflexionszusammenhang eines moralischen Konfliktes dargestellt – eines Konfliktes, dessen Ausgangspunkt eine antithetische Zersetzung des Lebens in Leiden und grausame Lust, in Reinheit und Schmutz, in Phänomene der Schwäche und Stärke ist.

Solche Lebensschwäche galt den damals Lebenden als »Dekadenz«. Das Werk Heinrich Manns kann als vielseitige, radikale Ausbreitung der Dekadenzsituation, als ihre aus dem Psychologischen sich erhebende Zuspitzung zum moralischen Problem und als dessen fortschreitende Überwindung, aus der sich eine ablösbare Lehre ergibt, verstanden werden. Unter diesem Gesichtspunkt erscheint die Folge der Werke von großer, nachvollziehbarer Konsequenz, wenn man zugleich berücksichtigt, daß die dem Konflikt abgerungenen Gestalten zum künstlerischen Spielmaterial, zum Gegenstand von Variation und Konfiguration werden. Der Bogen wölbt sich von der ausweglosen Situation des

---

34 Hofmannsthal, Ad me ipsum. Die neue Rundschau, 1954, p. 359.
35 Vgl. Georg Specht, Das Problem der Macht bei Heinrich Mann. Diss. phil. Freiburg i. Br., 1954, p. 5.
36 Richard Exner, Die Essayistik Heinrich Manns: Autor und Thematik. In: Symposium, vol. XIII (1959), p. 216–237; das Zitat p. 230.

Beginns über die beharrliche Übersetzung des Konfliktes ins Gesellschaftliche und Politische bis zur Ausbildung einer positiven Lebenslehre, eines Weisheitssystems vorsichtiger Lebenstaktik, eines komplexen moralistischen Weltbildes. Dieses wächst gleichsam auf der Rück-
seite der satirischen Zeitkritik herauf und strebt mit innerer Logik über
die schlechte Gegenwart hinweg dem frei zur Verfügung stehenden
Raum der Geschichte zu: die späten Henri-Quatre-Romane bringen
die moralistische Demonstration, wie man leben – und kämpfen – soll,
die unvollendete Traurige Geschichte von Friedrich dem Grossen
entwirft das Gegenbild. Der eine Held lebt aus überströmender Liebe
und Güte, das Herz des anderen ist erstickt. Das »Herz« aber wird für
den späten Heinrich Mann zur Chiffre des höchsten Lebens,[37] es leitet
ihm die lebendige Vernunft: »Sehr hohes Verantwortlichkeitsgefühl
entsteht im allgemeinen, wenn das Herz denkt.«[38]

Die Ausbildung dieses moralistischen Lebensverständnisses, seine
künstlerischen und geistigen Dimensionen sind Gegenstand der folgenden Darstellung. Sie legt drei Querschnitte durch das Gesamtwerk.
Jeder der drei Teile geht von der dichterischen Gestalt, von jeweils
einem Roman der frühen, mittleren und späten Zeit aus und erweitert
die Interpretation nach verschiedenen Richtungen.

Der erste Teil unternimmt anhand der Jagd nach Liebe (1903) eine
Analyse der Dekadenzsituation und deutet von ihr aus den schöpferischen Prozeß des Frühwerks. Auf seinem Höhepunkt entsteht eine vollkommen antithetisch durchgebildete Romanform in Zwischen den
Rassen (1907). Der »Durchbruch« am Ende dieses Romans bringt in-

---

37 Dazu die Bemerkung Schickeles: »Je älter er wird, um so mehr sehnt er sich nach
Herz. Er sucht es dort, wo es am dunkelsten und vielleicht am einfachsten ist. In
seinen letzten Romanen und Aufsätzen kam das Wort ›Herz‹ immer häufiger vor«
(Tagebucheintragung vom 21. 3. 1934, a.a.O., III,1071).
38 Heinrich Mann, Das große Beispiel, a.a.O., p.6. – Da Weisstein nur gelegentlich
von moralistischen Zügen spricht, sie aber kaum als Kraft oder gar als eigentlichen
Antrieb künstlerischer Anstrengung wertet, läßt sich für ihn z.B. »der Grund dafür, daß er, der Bewunderer des volkstümlichsten aller Könige, im hohen Alter
dem Asketen auf dem Thron sein Interesse zuwandte, nicht ohne weiteres einsehen« (a.a.O., p.194). Bei der »Lösung des Rätsels« gelangen zwar richtige Elemente in seine Hand und führen zu der Antwort: »Mann konzipierte die ›Traurige
Geschichte‹ als Parodie des ›Henri Quatre‹, der keine traurige Geschichte ist,
wenigstens nicht in dem Sinne, daß der Held seiner menschlichen Substanz ver-
lustig geht« (a.a.O., p.196), aber es fehlt doch eine zureichende Deutung der
moralistischen Hauptabsicht einer Demonstration von Gut und Böse. So kann auch
das Fragment nicht als Reduktion der Lebensgeschichte Friedrichs des Großen zur
episch-dramatischen Moritat, die noch immer alle Gehalte Heinrich Manns »in
eigentümlichem Emailleglanz historischen Kolorits« enthält, wie Thomas Mann
formuliert (X,521), gewürdigt werden.

nerhalb der antithetischen Festlegungen Heinrich Manns eine Entscheidung gegen Ausnahmeleben, gegen heroischen Pessimismus, gegen Nietzsche, gegen die Ablösung des Ästhetischen vom Politischen und gegen
die »anarchistische Vereinsamung« des »Bürgers im letzten Stadium«
(XI,107) – eine Entscheidung für den tätigen Vollzug der Liebe und
des Lebens, für Güte, Menschlichkeit, Demokratie. Diese Entscheidung
geht im weiteren Werk nie mehr verloren; ihre Tragweite wurde, auch
für Heinrich Mann, erst mit fortschreitender Zeit sichtbar. Sie begrün-
dete seine spätere Hellsicht dort, wo Benn blind blieb. Eine Betrachtung
des Nietzsche-Bezugs, der sich als eine der Entlarvung der Lebensschwäche parallel gehende Linie satirischer Abwertung Nietzsches bis
zur schließlichen »Abrechnung« – in Gestalt eines Essays – darstellt,
schließt diesen Teil.[39]

Gegenstand des zweiten Teiles ist das mittlere Hauptwerk DER KOPF
und im weiteren Sinn der »politische Moralist« Heinrich Mann. DER
KOPF ist sein unzugänglichster Roman und bis jetzt fast völlig unbe-
achtet geblieben. In ihm rückt die Frage nach der Macht, nach den
Inhabern der Macht, nach der Vernunft der politischen Führung,
ins Zentrum. In ihm gibt Heinrich Mann die Herrschaftsstruktur
des Kaiserreichs der Satire preis. Er experimentiert mit den Stilmitteln
der Groteske und der Karikatur, wie sie gleichzeitig in den Zeichnungen
George Grosz'[40] erscheinen. Über Flaubert hatte er bemerkt, das Groteske sei die Form, »die er seinem Pessimismus gegeben hatte«, er »griff
an und gestand, indem er karikierte, Schwäche ein« (XI,84). Beides gilt
auch für Heinrich Mann. Wenn Karikatur Schwäche offenbart, so ist es
die eigene Ohnmacht, die bestehenden Verhältnisse in der Monarchie
zu verändern – das Groteske erschien ihm deshalb die einzig angemessene Form einer Gestaltung dieser »hoffnungslosen Zeit«. Gestalten
der Ohnmacht sind auch die auftretenden intellektuellen »Gegenspieler«
der Macht. DER KOPF, ein vernichtendes Urteil über die Politik des
Fürsten Bülow, ist der Abschluß der dichterischen Kritik am Kaiserreich, zugleich lassen sich in der Negation schon alle Einzelzüge des späteren moralistischen Gedankensystems ablesen.

---

[39] Die einzige, bis jetzt vorliegende Studie über »Heinrich Mann und Nietzsche« von
Roger A. Nicholls (in: Modern Language Quaterly, vol. 21 (1960), p. 165–178)
beschränkt sich fast ganz auf eine Untersuchung der Romane der Herzogin von
Assy. Dazu jetzt die präzise Erforschung der Nietzsche-Rezeption Heinrich Manns
bei Schröter, Anfänge H. M.s, p. 68–115, sowie die entsprechenden Ausführungen
Hahns, a.a.O. p. 342–369.

[40] Grosz illustrierte auch die Erstausgabe von Heinrich Manns Novelle »Kobes«,
Berlin 1925 (= I,44 der Bibliographie Zenkers).

Die Satire im Kopf läßt sich jedoch zureichend erst erfassen, wenn die Hinwendung Heinrich Manns zur Politik, seine Wandlung zum politischen Moralisten – im Gegensatz zu Benn, der sie bedauerte –, in ihrem vollen Umfange gewürdigt wird. Freilich wirft sie weitreichende Fragen auf. Was hat Dichtung mit Politik zu tun? An welchen Maßstäben mißt Heinrich Mann Politik? Besaß er, wie ihm Thomas Mann nachrühmte, einen »in Deutschland höchst seltenen und geradezu prophetischen politischen Instinkt«[41] oder blieb der »intellektuelle Politiker« Heinrich Mann ein Phantast, dessen Unternehmen donquijotteske Züge trug? Darf man, mit seinem Neffen, dem Historiker Golo Mann, die »Wirkung«, die ihm ja weitgehend versagt war, als das entscheidende Kriterium seiner literarisch-politischen Bemühungen ansetzen?[42] War die »Verbindung des Dichters mit dem politischen Moralisten« nur »den Deutschen zu fremd«?[43] Besitzt sie Bedeutung über die Anlässe des Tages und die Verstrickungen der Zeit hinaus?

All dies war nicht ohne weiteres zu entscheiden. Eine Ausweitung der Werkanalyse auf die politische Essayistik in Verbindung mit zeit- und geistesgeschichtlichen Betrachtungen erschien unerläßlich. Erst vor dem geistig-politischen Panorama der Weimarer Republik und im weiteren Sinn vor dem Hintergrund der deutschen politischen Ideengeschichte seit der Romantik erhält die Hinwendung Heinrich Manns zur Politik ihr volles Relief.

Es kann heute kein Zweifel mehr daran bestehen, daß parallel zur Ausbildung des Historismus eine spezifisch deutsche theoretische Entmoralisierung des Rechts und der Politik stattfand. Ihrer wurde sich Heinrich Mann als einer der ersten – zumal im Bereich der Dichtung – bewußt, an ihren politischen Konsequenzen reibt er sich unablässig. Es ist deshalb zu fragen, ob er weiterhin mit der früheren Selbstverständlichkeit als verspäteter Aufklärer und Nachahmer französischen Geistes bezeichnet und – abgewertet werden kann; ob Begriffe, die durch ihn gerade problematisch wurden, dennoch weiterhin auf ihn angewendet werden können und ob nicht sein Bekenntnis zur Vernunft, wenn man seinen Standort innerhalb der entstehenden Geistesgeschichte des

---

41 Brief an Maximilian Brantl vom 19. 3. 1950. Thomas Mann, Briefe 1948–1955. Frankfurt/M. 1965, p. 136.

42 »Aber obgleich es ihm aus weiter Ferne an intuitivem Blick nicht fehlte, spielte er nur Politik; er wirkte nicht auf sie durch Literatur wie seine französischen Vorbilder ...« (Golo Mann, Deutsche Geschichte des 19. und 20. Jahrhunderts, Frankfurt/Main 1958, p. 701).

43 Brief Thomas Manns vom 16. 3. 1951 an Alfred Kantorowicz. In: A. K., Heinrich und Thomas Mann. Berlin 1956. p. 51.

20. Jahrhunderts bestimmen will, mit einer modernen Neubewertung naturrechtlich-normativen Denkens auf politischem und ethisch-rechtlichem Gebiet zusammengesehen werden muß. Innerhalb der deutschen Geistesgeschichte stoßen naturrechtliche Strömungen mit einer gewissen Notwendigkeit stets auf den letzten deutschen Naturrechtslehrer von Bedeutung, auf Kant. In der Tat trifft dies auch auf Heinrich Mann zu. Kant begegnet seit 1917 in den Essays, die Hauptgestalt der Novelle KOBES ist eine Kant-Karikatur, in sein DEUTSCHES LESEBUCH von 1936 nahm er Kant auf. Eine Darstellung des Kant-Bezuges und damit des Problems von Moral und Politik im Werk Heinrich Manns fehlte bisher vollständig und erwies sich als unumgänglich. Forscht man darüber hinaus nach, wie Kant, wie Begriffe politischer Moral oder des Völkerrechts von angesehenen Vertretern der irrationalistischen Strömung, etwa von Klages, Spengler oder auch von Benn, zur gleichen Zeit eingeschätzt wurden, so gewinnt der Kant-Bezug Heinrich Manns über sein reales Ausmaß hinaus aufschließende Bedeutung. Es galt hier, gleichsam eine rousseauisch-kantische Schicht grundsätzlicher Entscheidungen im moralistischen Denken Heinrich Manns freizulegen und in ihrem Verhältnis zur Zeit zu bestimmen. Mit ihrer Darlegung schließt der zweite Teil.

Je rücksichtsloser die Forderungen der Vernunft erhoben werden, um so nachdrücklicher muß die Bedingtheit und Fragwürdigkeit des Menschen bewußt werden: dies war der Weg Heinrich Manns zu Maß, Milde, Skepsis und Güte, welche das Spätwerk in einer nunmehr veränderten Atmosphäre mit dem Sollen der reinen Vernunft zu einer einzigartigen Synthese vereinigt. Die Montaigne-nahe Spätstufe des moralistischen Bezugssystems, in dem das Denken Heinrich Manns zuletzt erstarrt, geistig und sprachlich am vollständigsten verwirklicht in den HENRI-QUATRE-Romanen, ist Gegenstand des dritten Teiles, auf dem das Hauptgewicht liegt. Eines der abschließenden Urteile Ulrich Weissteins über den König lautet:

> Henri ist abwechselnd frivol, gedankenlos, nachdenklich und verwegen. Von Disziplin (insbesondere geistiger) kann bei ihm keine Rede sein. Seine Absichten sind oft verworren, seine Handlungen meist unzureichend begründet.[44]

Wie läßt sich diese Meinung aber mit einem Kernzitat wie dem folgenden vereinigen, das zugleich einen Begriff von der Ausgewogenheit, von der angenommenen Naivität und zusammengesetzten Einfachheit dieser reifsten Prosa Heinrich Manns gibt?

---

[44] Weisstein, a.a.O., p. 181.

14

Es kommt darauf an, ein und dasselbe zu wollen auf allen Wegen, im Schwanken der Menschen und der Dinge treu zu bleiben dem inneren Gesetz: aber das ist nicht angemaßt; es kommt weither, es reicht weithin. Auf Jahrhunderte blickt Gott, wenn er diesen erblickt. Davon wird Henri unbeirrbar – und unerforschlich, da nichts einen Menschen ungewisser, geheimnisvoller erscheinen läßt, als eine tiefe Festigkeit (VI,556).

Es war Aufgabe der Interpretation, gerade diese »Unerforschlichkeit« Henris, die Verbindung der Festigkeit des »inneren Gesetzes« mit der natürlichen Gebrechlichkeit und Fragwürdigkeit des Menschen, aber auch mit bewußter Lebenstaktik und Selbstverhüllung, das Unfeste und Fließende, selbst das Sprunghafte dieses »Charakters« als Reichtum und lebendige Vielschichtigkeit eines moralistischen Menschenbildes, das Scheitern aber dieses Helden als »Vollendung« im Sinne eines skeptizistischen Lebensschemas darzustellen.

Die Analysen der Sprach- und Romangestalt gelangten zu dem Ergebnis, daß die HENRI-QUATRE-Romane nur als »moralistische Romane« angemessen verstanden werden können, daß sie eine auch das Moritathafte absorbierende moralistische Demonstration ungeschichtlich exemplarischen Lebens im Gewande des historischen Romans sind, daß sie nicht von der Geschichte zur Moral aufsteigen, sondern umgekehrt ein festgefügtes komplexes Menschenbild, eine bestimmte politische Moral, das erkannte Gesetzhafte in die Geschichte projizieren. Dabei war insbesondere das Verhältnis zu Montaigne, auf den sich der späte Heinrich Mann immer wieder beruft, nach Gehalt und Eigenart über die Ansätze in der vorliegenden Literatur hinaus zu bestimmen.

*

Die vorliegende Untersuchung wurde zwischen 1959 und 1963 geschrieben und 1964 als Dissertation eingereicht. Die Ergebnisse der Dissertation Klaus Schröters über das Jugend- und Frühwerk, die mir seinerzeit verspätet zugänglich wurde, konnten nicht mehr, die 1962 erschienene Einführung Weissteins erst in einem relativ späten Stadium berücksichtigt werden. Auf ähnliche oder abweichende Ergebnisse wurde jedoch, soweit möglich, in den Anmerkungen hingewiesen. Die seither erschienenen Veröffentlichungen wurden nur noch bibliographisch aufgenommen. Dagegen wurden einzelne Ergebnisse später möglich gewordener Besuche im Heinrich-Mann-Archiv in Ost-Berlin nachträglich eingefügt, während die Untersuchung als Ganzes ohne Einblick in den außerordentlichen Bestand des Archivs geschrieben wurde. Dem Leiter und den Mitarbeitern des Archivs sei an dieser Stelle für ihre bereitwillige Unterstützung besonders gedankt.

ERSTER TEIL

DAS ZENTRALE PHÄNOMEN IM FRÜHWERK: LEBENSSCHWÄCHE

KAPITEL I

ZUR ROMANKONZEPTION
DES FRÜHEN HEINRICH MANN

In der »neuromantisch« gefärbten Novelle DAS WUNDERBARE von 1894 empfindet Siegmund Rohde die Augen der Geliebten als »große fremde und vertraute Sterne einer anderen Welt« (VIII,34), die »ein eigenes, von dem des Körpers unabhängiges Leben« (VIII,35) führen, es ist ihm, als wandle er traumhaft mit der Geliebten »in unendliche Weiten fort« (VIII,27), als folgten die Körper einem »Seelenfluge« (VIII,20). In seinem Gehirn wälzt er »Gedichte von unmenschlicher, zum Fluge verlangender und an den Boden gebannter Sehnsucht« (VIII,33).

Auch später noch träumen Gestalten Heinrich Manns von einer »seelenhaften Menschheit« (7,61), von einer »Aristokratie der Empfindung« (3,124), von einem »Reich der Fühlenden« (10,334). Im Roman PROFESSOR UNRAT (1905) jedoch taucht eine desillusionierende Wendung auf:

> «Man muß sich herausheben«, bestimmte Lohmann, »sich rein und hoch machen. Reiten, wie Parzifal. Ich werde wahrscheinlich bei der Kavallerie dienen und gleichzeitig die hohe Schule erlernen« (6,273).

Voller Hohn gegen die Welt entwertet Lohmann das eigene Gefühl, die Sehnsucht nach Reinheit, und geht mit einem Satz, den jeder junge Adlige vor Antritt der üblichen Karriere im Ernst hätte sprechen können, zu ungreifbarer Persiflage des äußeren Lebens über.[1] Offenbar führt aber diese Assoziation von »sich rein und hoch machen« und »reiten« sodann zu der Gestalt des Sonderlings Baron Utting in ZWISCHEN DEN RASSEN (1907). Dieser bewegt sich mittels einer quergelegten Leiter von einem Baum der Allee zum nächsten, steigt vom letzten auf sein Pferd (7,170; 174) und reitet stets zu Pferd über eine hölzerne Rampe bis vor die Türe seines Schlafzimmers (7,149; 152; 156). Der Leser erfährt, daß der Baron »die Sucht, niemals den Erdboden zu berühren« (7,174) habe, daß er seine Jagdhunde zu malen pflege sowie, daß er früher »eine Leidenschaft für Italien« und danach eine solche

---

1 Zum Fortleben des Motivs »Hohe Schule« vgl. VIII,394, K.498.

für französische Küche gehabt habe – dies alles bei Heinrich Mann viel-sagende Hinweise auf ästhetisches Lebensgefühl, das hier zum Spleen wird.

Diese Beispielreihe veranschaulicht, wie ein Motiv Heinrich Manns aus der Innerlichkeit der Empfindung auswandert in die scharfe Luft der Satire und der Karikatur, wie der Dichter sich distanziert. Jedes einzelne Moment in diesem Prozeß der Veräußerlichung ist von größter Tragweite für das Werk und sein Verständnis. Er scheidet den satiri-schen Dichter vollständig von einem Dichter der Innerlichkeit und der Verinnerlichung wie Rilke – trotz erstaunlicher Übereinstimmungen in der »neuromantischen« Frühzeit beider. Er spiegelt die Abneigung Heinrich Manns, »weichmütig mit sich umzugehen« (XII,307), den Ein-schlag des Intellekts, das eigentümliche Vermögen, in der gestaltenden Reflexion über das eigene Gefühl hinwegzuschreiten.

Doch figuriert der Baron nur am Rande von Gesprächen, in denen die Hauptgestalten des Romans, Arnold Acton und Lola Gabriel, ihre Isolierung in der gemeinen Wirklichkeit und somit eine verdeckte Ver-wandtschaft mit dem Sonderling enthüllen, ja, dieser erscheint geradezu als satirische Objektivierung eines Aspektes ihrer eigenen Situation. Die »Heimat« des Künstlers, so erklärt fast jeanpaulisch der Schriftsteller Arnold, während im Hintergrund der Baron seinen Spleen ausübt, liege »in seinen Gesichten, seinen Klängen, in Ländern, denen nur innere Sonnen scheinen...« (7,170) und er, und auch Heinrich Mann, meint dies ernst. Zugleich wird also die Innerlichkeit bejaht und – als von der Wirklichkeit abgespaltene – persifliert; während aus Zusammenklän-gen schmerzlich gesteigerter Innerlichkeit mit verschiedensten Graden satirischer Distanzierung eine komplexe dichterische Wirklichkeit ent-steht, in der sich dasselbe Phänomen mit einer Vielzahl von Facetten objektiviert, tritt der Dichter als subjektiv Empfindender in gleichem Maße hinter dem Perspektivismus der Gestaltung und den Konfigura-tionen zurück. Wenn Heinrich Mann 1911 selbst schrieb: »Früher brauchte ich in meinen Romanen ein empfindsames Einzelwesen, um es einer unzulänglichen Welt engegenzusetzen«,[2] so ist dies erst die halbe Wahrheit, denn stets erschien zugleich die Unzulänglichkeit dieses »empfindsamen Einzelwesens« in der Welt. Bloße Innerlichkeit verfällt bei ihm der Satire und ist in ihr zugleich aufgehoben. Dieses für die Situation des Künstlers in der bürgerlichen Gesellschaft am Ende des

---

[2] Handschriftliche Notiz, datiert »Florenz, 21./22. Febr. 1911.«, mitgeteilt im Nach-wort zu den »Göttinnen«, Berlin 1957, p. 766.

19. Jahrhunderts bezeichnende dialektische Verhältnis von Innerlichkeit und Wirklichkeit spiegeln alle Werke Heinrich Manns.

Daß aber ein Dichter die eigene Innerlichkeit dialektisch bewahrt, indem er sie satirisch preisgibt, wurde nicht sogleich verstanden; daß Innerlichkeit als von innen erfahrenes und von außen beleuchtetes Phänomen gleichsam zur Diskussion gestellt wurde, stiftete Verwirrung bei Lesern, welche unmittelbar die subjektive »Confession« des Dichters suchten. Dieser Identifizierung entzieht sich jedoch Heinrich Mann, weil er von Anfang an das Subjektive in seiner Verbindung mit dem Gesellschaftlichen sah und sich schon früh die Schilderung des gesellschaftlichen Zustandes zum Ziel setzte. Ernst und Lächerlichkeit verlieren in der dialektischen Verschränkung des Subjektiven mit dem Objektiven das Eindeutige, Konflikte mit tragischem Kern werden inmitten ungezählter Brechungen ins Komische, ins Satirisch-Bittere, ins Grotesk-Lächerliche ernsthaft durchgeführt – »eine komische Handlung tragisch bestimmt, die lustige Fratze, darunter die harte Wahrheit selbst, wer macht das«, heißt es im ZEITALTER (Z. 178). Seine »Confession« gewinnt in der Schöpfung einer dissonanten Kunstwelt Gestalt, in welcher Innerlichkeit und Realität tragikomisch pointiert, dialektisch aufeinander bezogen, hoffnungslos geschieden sind.

1926 erinnert sich Heinrich Mann:

> Mit fünfundzwanzig Jahren sagte ich mir: »Es ist notwendig, soziale Zeitromane zu schreiben. Diese deutsche Gesellschaft kennt sich selbst nicht. Sie zerfällt in Schichten, die einander unbekannt sind, und die führende Klasse verschwimmt hinter Wolken« (IX,269).

Diese spröde Mitteilung erweckt den Eindruck, als enthielte sie das Programm eines naturalistischen Gesellschaftsromans, und dies wäre für einen 1896, wenige Jahre nach dem Aufbruch des »Naturalismus« gefaßten Vorsatz nicht weiter verwunderlich. Vergleicht man jedoch mit dem Vorsatz die darauf folgenden Romane – IM SCHLARAFFENLAND (1900), DIE GÖTTINNEN (1903) und DIE JAGD NACH LIEBE (1903) –, so zeigen sich überraschende Unterschiede: diese Romane verfahren nicht naturalistisch, nicht einmal realistisch mit der äußeren Wirklichkeit, ja sie durchlöchern mit grotesken Verzerrungen, was an beiden Begriffen unabdingbar erscheint. Im großen ganzen hat sich auch die Gesellschaft geweigert, sie als ihr Abbild anzuerkennen.

Lange Zeit ging die Heinrich-Mann-Kritik auf das Verhältnis des Anspruchs, »soziale Zeitromane« zu schreiben, zu seiner Ausführung nur unzureichend ein. Sie interpretierte das Frühwerk Heinrich Manns

entweder mit herkömmlichen Kriterien der Innerlichkeit und drängte
so den Bezug auf das Gesellschaftliche an den Rand, oder aber als »Zeitromane«, als »vielseitige Biographie der Epoche«[3] unter weitgehender
Vernachlässigung der so abwegig erscheinenden individuellen Konflikte.
Das eine Verfahren erweist seine Fragwürdigkeit, wenn es dabei stehen
bleibt, in der Nachfolge einer frühen Kritik Julie Speyers zu beklagen,
»daß unter allen Gestalten nicht eine einzige ist, die eines reinen Enthusiasmus fähig wäre, eines ehrfürchtig religiösen Weltgefühls, nicht eine
harmonische reiche Natur«[4] – wenn es dabei stehen bleibt, Heinrich
Mann vorzuwerfen, er sehe »die Welt von der Warte des großen Ver-
ächters« aus und habe an dem »Hexensabbat« seine Freude: »Die Welt
ist ihm wert, zugrunde zu gehen... Die Welt ist ihm ein zappelndes
Durcheinander summender Insekten und verdient keinen besseren Führer als höchstens den prahlenden Hansnarren«[5] – wo das Werk vorschnell als subjektive »Confession« verstanden wird, müssen sich solche Vorwürfe an die Adresse des Dichters richten. Im anderen Fall
dagegen erscheinen die Romane, wie bei Herbert Ihering, nur als Sammelsurium »modischer Auswüchse«,[6] als »genialer kritischer Streifzug
durch sämtliche literarische Kaffeehausgespräche, die um die Jahrhundertwende in Europa geführt wurden«,[7] als enthielten sie nichts von
dichterischer Selbstoffenbarung, als besäße nicht jede der Gestalten ihr
»besonderes Innenschicksal« (XI,94). Es ist so Ihering tatsächlich möglich, etwa DIE JAGD NACH LIEBE als »Münchner Variation« des »The-
ma(s) Schlaraffenland«[8] zu besprechen, ohne die Protagonisten Claude
Marehn und Ute Ende, deren kompliziertes »Innenschicksal« groß im
Vordergrund steht, auch nur zu erwähnen. Aber auch Weisstein verwendet neuerdings noch weitaus größere Mühe darauf, diesen Roman
»als Persiflage des Münchner Kunstbetriebes der Jugendstil-Zeit«[9] zu
erläutern und die Ähnlichkeiten Claude Marehns mit seinem »Vorbild«,
dem Münchner Kunstsammler und Begründer des Insel-Verlags, Alfred
Walter Heymel, abzuwägen, als auf die Analyse des Lebenskonfliktes

---

3 So Herbert Ihering, Heinrich Mann, Berlin 1952, p. 31.
4 Julie Speyer, in »Die Zukunft«, LII/53 (1905), p. 319. Ähnlich noch 1953 R. T.
Hardaway, wenn er die Frage stellt, ob Heinrich Mann »weakness, imperfection,
inconsistency and evil of the human soul rather than its higher qualities« darstelle
(Heinrich Mann's »Kaiserreich« Trilogy and the Democratic Spirit. In: Journal of
English and Germanic Philology, Bd. LIII (1954), p. 319/333; das Zitat p. 333).
5 Julius Wiegand, Geschichte der deutschen Dichtung, Köln 1922, p. 440.
6 Ihering, a.a.O. p. 32.
7 a.a.O. p. 49.
8 a.a.O .p. 30–33.
9 Weisstein, Heinrich Mann, a.a.O. p. 57.

Claudes selbst. So wurden diese Werke eigentümlicherweise bald zu innerlich, bald zu gegenständlich in ihrem Wirklichkeitsbezug gedeutet. Zu fordern ist jedoch eine Interpretation, die sie zugleich in ihrer Innerlichkeit und in ihrem Wirklichkeitsbezug ernstnimmt, die also das Sammelsurium »modischer Auswüchse«, oder allgemeiner formuliert, Erscheinungsformen entstellter Menschlichkeit, mit der Behauptung, so sei die Welt, d. h. die gesellschaftliche Wirklichkeit, gerade zusammenbringt und so die Unerbittlichkeit dieses Blicks enthüllt.

Einige Bemerkungen zum Romanbegriff und zur Romantechnik Heinrich Manns seien deshalb vorangestellt. Im Essay DICHTKUNST UND POLITIK von 1928 heißt es:

Aber niemand lehrt das Wissen um das gesellschaftliche Leben und um das Leben schlechthin wie unsere Kunst, die Dichtkunst. Denn sie lehrt es auf dem Weg der Erfahrung, da Dichtung das Leben selbst, vermehrt durch Erkennbarkeit ist (XI,317).

Unter Dichtkunst versteht Heinrich Mann vor allem den Roman, unter Roman vorzüglich den »sozialen Roman« – »je veux dire le roman écrit en bonne connaissance de la société entière« (XII,358) – wie er als »große einheitliche Anstrengung« (XII,320) »von Stendhal und Balzac über Victor Hugo und Flaubert folgerichtig zu Zola und zu Anatol France« (ib.) das französische 19. Jahrhundert erfüllt. Auch andere Äußerungen zeigen, wie konkret Heinrich Mann die Gesellschaft als »Gegenstand« des Romans verstand, welchen Nachdruck er auf gesellschaftliche Erkenntnis legte und wie sehr er Literatur gerade als Erkenntnisinstrument betrachtete. Wenn der Literat, nach dem Wort Thomas Manns, »vielleicht am vollkommensten durch den Namen eines Künstlers der Erkenntnis bestimmt«[10] wird, so trifft dies in der Tat auf Heinrich Mann zu. Die Frage mußte für ihn nur sein, in welcher Gestalt gesellschaftliche Erkenntnis zu gewinnen und zu vermitteln sei.

Im Vortrag DIE GEISTIGE LAGE von 1931 kommt er auf die naturalistische Technik zu sprechen, deren Hervortreten in Deutschland zu den bedeutendsten Geschehnissen zählte, die den Zwanzigjährigen einst bewegen konnten. Die Ereignisse, »die wirklich stattgefunden haben« werden durch sie »grundsätzlich nicht übertrieben und auch nicht abgeschwächt, die Personen weder verschönt noch verhäßlicht« und sind dennoch »nicht ganz dieselben Personen und Ereignisse, die in den Tagesberichten verzeichnet standen« (XI,350). Schon ein Roman als Bericht sei jedoch eine »bewundernswerte Leistung« (ib.). Andererseits, so läuft die Argumentation weiter,

---

10 Thomas Mann, a.a.O. X,63.

erwecken Berichte doch immer nur den Eindruck des beiläufigen Einzelfalles und Zwischenspieles, – nie aber beschwören sie den Sinn des Lebens selbst. Der Sinn des Lebens verhält sich bei weitem nicht so wirklichkeitsgetreu, er ist überrealistisch . . . und die bloße Richtigkeit sagt noch nichts (XI,352).

Die angestrebte »Erkennbarkeit« des Lebens tritt durch bloße Richtigkeit nicht ein, der Dichter hat darüber hinauszugehen, er muß »in Abgeschiedenheit mit sich selbst zu Ende kommen, seine Gefühle auf Gipfel treiben und überblicken, seine Instinkte ausnützen: den Mut zu ihnen haben, grade zu den schlechtesten« (7,164). Festzuhalten ist:

> Die großen Romane sind immer und ausnahmslos übersteigert gewesen – weit hinausgetrieben über die Maße und Gesetze der Wirklichkeit. Das Denken und Fühlen der Menschen war in ihnen heftiger und entschlossener, das Schicksal gewaltiger, und die Dinge und Vorgänge erstanden stärker in einer Luft, die zugleich leichter war und erregender glänzte. Die großen Romane haben Stil – keine Berichterstattersprache, sondern die gespannte und zum äußersten entschlossene Haltung dessen, der aufs Ganze geht. Ich lasse dich nicht, du segnest mich denn, das ist die Lage (XI,352).

Diese Äußerungen geben zutreffenden Aufschluß über Heinrich Mann selbst. »Ihre Leidenschaft«, so schrieb er 1908 an René Schickele, »wird wohl immer gedämpft sein: Sie schämen sich ihrer ein wenig. Ich mich meiner auch zuweilen; dämpfe sie aber keinesfalls . . .«[11] So verstand er sich vom Beginn seines Unternehmens an, »soziale Zeitromane« zu schreiben, nicht als Naturalist, sondern hielt einen Stil ekstatischer und grotesker Übertreibungen bis in jede Tiefe des Unwahrscheinlichen und Überwirklichen für notwendig, um zu jener »Erkennbarkeit« des Lebens zu gelangen; »übertrieben und daher erkennbar« heißt es noch in dem postum erschienenen Roman EMPFANG BEI DER WELT (E. 128).

Ebenfalls in DIE GEISTIGE LAGE verlangt Heinrich Mann, »daß die Seele der Menschen und ihrer Gesellschaft« im Roman »nackt und bloß handelt und dasteht« (XI,352), und diese Forderung insbesondere ist geeignet, eine für ihn charakteristische Vernachlässigung äußerer Umstände zugunsten leidenschaftlicher Szenen, langsam reifender Gefühle zugunsten heftiger Umschläge und krasser Entblößung, beruhigten Erzählens zugunsten scharfer Raffungen zu erklären. Sie führt auch auf die wohl eigentümlichste Seite, auf die sonst verdrängte Trieb- und Wunschwelt der Seele, deren irrationale Logik er ohne Rücksicht auf Wahrscheinlichkeit zur Handlung selbst erstarken und seine Gestalten auch in voller, peinlicher Bewußtseinshelle aussprechen läßt. Dies unterscheidet ihn etwa von den österreichischen Dichtern der Zeit, daß

---

11 Brief vom 24. Okt. 1908 an René Schickele.

24

alles durch den Intellekt geht, entblößt wird und den Schmelz des Traumes und der Ahnung verliert.

Zutreffend beschreibt Herbert Ihering eine Besonderheit dieser Übertreibungstechnik:

Er stellte sich seine Gegenwart mit allen ihren Auswüchsen vor. Aus der Vorstellung drang sie ihm ins Bewußtsein und begann hier ein neues, beschleunigtes Leben, das die Umwege vermied und logisch zu Ende führte, wozu die Wirklichkeit Jahrzehnte brauchte.[12]

In der Tat entsteht die angestrebte »Erkennbarkeit« des Lebens im »überrealistischen« Kunstwerk Heinrich Manns durch eine eigentümliche logische Reinigung der Wirklichkeit, die noch öfters begegnen wird. Sie insbesondere, der etwa die »überrealistische« und im Typischen repräsentative Gestalt des UNTERTAN zu verdanken ist, scheint beim Publikum den Anspruch, Wirklichkeit zu schildern, stets entkräftet zu haben, wie andererseits die aus solchen Prinzipien resultierende souveräne Behandlung der äußeren Wirklichkeit vom Standpunkt der Kunst zu dem tiefen Eindruck beitrug, den die GÖTTINNEN bei Lesern wie Gottfried Benn hinterließen.

Heinrich Mann entwickelte eine immer genauere Romantechnik, das Geschehen im Gleichgewicht zwischen dem ernsthaften, groß in den Vordergrund gerückten »Innenschicksal« einer oder mehrerer Hauptgestalten und satirischer Gesellschaftsschilderung in vielen Nebenfiguren zu entfalten. Beides bleibt dicht aufeinander bezogen. Konsequent zerlegt Heinrich Mann die Hauptgestalt im Spektrum der Nebenfiguren prismatisch in Einzelzüge, die, vergrößert und isoliert, wie es das Beispiel des Barons Utting zeigte, persifliert werden. So lassen sich die vielen Nebengestalten in den GÖTTINNEN ohne Mühe als Personifizierungen der einzelnen Affekte und Sehnsüchte der Herzogin von Assy nach dem Prinzip der Seelenverwandtschaft und des Kontrastes um sie anordnen. Es entsteht eine erläuternde Vielfalt von erkenntnisfördernden Spiegelungen und kritischen Kommentaren der Zentralgestalt, die bald solistisch abgesetzt, bald mit Nebenstimmen chorisch verbunden auftritt. »Ich hatte sie rücksichtslos analysiert und mit skeptisch beobachtenden Charakteren umstellt wie mit ebensovielen Reflektoren« (3,75) – diese Bemerkung Mortœils darf auch als Selbstkommentar Heinrich Manns verstanden werden. Alle Gestalten zusammen aber repräsentieren zugleich die Gesellschaft, und wie das »Innenschicksal«, der Lebenskonflikt der Zentralgestalten, die Neurosen der Gesellschaft vergrößert, stellt er zugleich Mittelpunkt und Organisationsprinzip der

---

12 Ihering, a.a.O. p. 48.

(satirischen) Gesellschaftsschilderung dar. Weil und insofern durchs Individuelle das Zeittypische übersteigert wird, und nicht, weil auch äußere Details der Zeit in der Satire wiederkehren, kann gesagt werden, Heinrich Mann habe soziale Zeitromane« geschrieben. Er löst seine Forderung, »daß die Seele der Menschen und ihrer Gesellschaft ... nackt handelt und dasteht« durch eine Art Psychoanalyse der bürgerlichen Gesellschaft in Romanform ein, die freilich ohne die Erfahrungen des eigenen Ich nicht denkbar wäre. Emanationen des eigenen Ichs nehmen die Züge der Zeitgenossen an, das Autobiographische wird als nächstliegendes Beispiel des Zeittypischen verstanden und ohne Zögern »ausgenützt«, die persönliche »Confession« geht objektiviert und analysiert in die Zeitschilderung ein, eine geheime Kommunikation der Innerlichkeit mit der Satire, wie sie durch die Auswanderung der einzelnen Gehalte aus dem eigenen Gefühl entstand, bleibt stets erhalten. Deshalb ist es für die Verbindlichkeit des Anspruchs, »soziale Zeitromane« zu schreiben, in besonderer Weise entscheidend, welche »Fühlung«[13] dieses Ich mit der Zeit hatte. Die GÖTTINNEN sind eine ebenso selbst durchlittene wie ätzender Satire unterworfene, von innen und von außen gegebene Darstellung des »Renaissancismus« als eines objektiven Zeitphänomens, wie PROFESSOR UNRAT oder DER UNTERTAN zugleich verfremdete Selbstdarstellungen oder Selbstdistanzierungen Heinrich Manns sind. Deshalb bleibt die Interpretation des einen Romans als einer Verherrlichung des Renaissancismus ebenso einseitig wie die des anderen als eines Werkes, »das an einem Machtpfeiler des Wilhelminischen Deutschland rüttelt: an der Schule«.[14] Für die Helden seiner satirischen Romane empfindet Heinrich Mann, wie der junge Buck gegenüber seinem Kaiser, »eine Art feindlicher Zärtlichkeit ... wie man sie für jemand hat, bei dem man seine eigenen Fehler wiederfindet, oder nennen Sie es Tugenden« (IV,75). Daß dem satirischen »Haß« Heinrich Manns immer Selbsthaß, Selbsterkenntnis, Selbstverwandlung vorausgeht, daß dieser »Haß« im Grunde der Enttäuschung darüber entspringt, daß die Gesellschaft Selbsterkenntnis erstickt und auf dem Weg der Selbstverwandlung nicht folgt, ist bisher zu wenig berücksichtigt worden. Es entsteht daraus jene dissonante Vermischung des Seelenhaften mit dem Satirischen, von Herztönen mit dokumentarisch registrierten Zeitklischees, die aus jedem Roman zu belegen ist.

---

13 »Ich hatte nur Fühlung für die Erscheinungen.« Heinrich Mann, Kurze Selbstbiographie v. 3. März 1943. Faksimile bei Herbert Ihering, Heinrich Mann, Berlin 1952, Anhang (= Zenker II,877,5).
14 Ihering, a.a.O. p. 33.

Innerhalb dieser Kunstwelt sind alle Gestalten in hohem Maße verwandt, in ihr bilden kaleidoskopisch wechselnde Kombinationen der gleichen Elemente lange Variationsreihen. Als Quell aller Emanationen tritt zunächst das Gefühl der Lebensschwäche hervor – das Lebensgefühl eines, der »siebzig Jahre lang von einer Lebenskraft zehren mußte, die schon versiegte, als er zwanzig war« (10,390), eines, »der sein Leben lang im Sterben lag« (VIII,436), wie Formulierungen in den Werken lauten: das Lebensgefühl der Dekadenz. Es spaltet sich stets in Selbstverachtung und Sehnsucht nach einem anderen Leben, es objektiviert sich dementsprechend in zwei großen kontrastierenden Gestaltenfamilien. Sie entstehen im Frühwerk Heinrich Manns durch ungezählte Metamorphosen aus einem einzigen Konfliktherd, in ihrer typischen Ausprägung schlägt sich der besondere Erkenntnisgewinn nieder. Es liegt nahe, diesen Konfliktherd zunächst in den Mittelpunkt der Untersuchung zu rücken.

Die Analyse setzt bewußt bei dem weniger beachteten Roman DIE JAGD NACH LIEBE ein. Er folgt den GÖTTINNEN, »dieser Talentexplosion, die manchen jungen Menschen von damals ein neues, aufwühlendes Erlebnis der Prosa vermittelte«,[15] wie sie Thomas Mann Jahrzehnte später nannte, im Abstand von nur einem Jahr. Er faßt die dort auf eine prunkvolle Gestaltenfülle aufgeteilte Lebensproblematik gleichsam in individueller Großaufnahme: Claude Marehn und Ute Ende erscheinen, auch in ihren Beziehungen untereinander, prototypisch für den »schwachen Menschen« Heinrich Manns. Der Roman erscheint deshalb für die Untersuchung der »Lebensschwäche« besonders geeignet;[16] diese Wahl impliziert kein Werturteil. Vielfache Ähnlichkeiten der »schwachen Menschen« Heinrich Manns mit Gestalten Thomas Manns, Hofmannsthals, des frühen Rilke, Gerhart Hauptmanns, Friedrich Huchs sind offenkundig, sie können hier jedoch nur gelegentlich ergänzend angedeutet werden.[17] Da die Werke Heinrich Manns so oft äußerlich nach dem »Thema« beurteilt wurden, erscheint es notwendig, die Einheit der dichterischen Welt gerade durch die weit auseinanderliegenden »Stoffe«, »Themen« oder »Motive« hindurch sichtbar zu machen.

---

15 Thomas Mann, Vom Beruf des deutschen Schriftstellers, a.a.O. X,307.
16 »Die mangelnde Vitalität ist das eigentliche Thema des Werkes«, bemerkt auch Weisstein (a.a.O. p. 57), ohne indessen seine Interpretation der »Jagd nach Liebe« in dieser Richtung durchzuführen.
17 Einen vereinzelten, insgesamt jedoch unzureichenden Versuch, Gemeinsamkeiten darzustellen, unternahm H.W. Rosenhaupt, Der deutsche Dichter um die Jahrhundertwende und seine Abgelöstheit von der Gesellschaft. Bern/Leipzig 1939.

Methodisch wird das Dekadenz-Verständnis Heinrich Manns hier zunächst so entwickelt, wie es 1903 in der JAGD NACH LIEBE in konkreter Gestaltung vorliegt, seine frühere Ausbildung mußte dagegen außer acht bleiben. Über sie gibt inzwischen die präzise Erforschung der ANFÄNGE HEINRICH MANNS durch Klaus Schröter wertvolle Aufschlüsse. Seine Nachweise über die Entstehung des Dekadenz-Verständnisses in der nacheinander erfolgenden Bourget- und Nietzsche-Rezeption sind geeignet, die folgende Interpretation nach der literatur- und wirkungsgeschichtlichen Seite hin zu unterbauen. Der Begriff des »Frühwerkes« wird hier noch ohne die durch Schröter (a.a.O. p.7) eingeführte Differenzierung in »Jugend-« und »Frühwerk« verwendet.

KAPITEL II

PROTOTYPEN DER LEBENSSCHWÄCHE, DARGESTELLT AM BEISPIEL DES ROMANS »DIE JAGD NACH LIEBE«

a) Claude Marehn – der »Erbe«

Claude Marehn ist Erbe eines unermeßlichen Spekulantenvermögens in München, sein kurzes Leben bis zum »jugendlichen Greisentod« (5,530) entfaltet sich in den Liebesbeziehungen zu zwei Schauspielerinnen, in der unerwiderten Liebe zu Ute Ende, die ihr Leben ausschließlich der Kunst verschrieben hat, und in dem italienischen Abenteuer mit Gilda Franchini, einer Schauspielerin, die nicht »arbeitet« wie Ute, sondern Liebe wie Kunst als zügellose Ausbrüche ihrer Leidenschaftlichkeit erfährt. Der Roman ist wie ein analytischer Prozeß stufenweiser Erhellung dieser extremen Bindungen, er endet in der ausweglosen Zerrissenheit des »schwachen« Claude zwischen Seele und Sinnlichkeit.

Während Claude einem leidenschaftlichen Monolog Utes zusieht, löst sich aus ihm »ein anderer«,

> der warf sich zu dir hin, Ute, vor deine Knie; der zuckte und schrie mit dir. Und der spielte nicht. Der rang die Hände im Ernst, ich versichere dich. Der schluchzte, jubelte, der flog zu Sternen, stürzte in Schlünde,[1] lebte und starb an dir, Ute! (5,68; 299)

So lebt Claude in Ekstasen des eigenen Gefühls, »meine Einbildung nimmt alles vorweg und für die Wirklichkeit bleibt keine, keine befreiende Geste...« (5,248). Seine wichtigste Erlebnisdimension ist die Phantasie, die »größte und verhängnisvollste Gabe des Menschen«,[2] die Grundformel seines Lebens lautet: »Es gibt für mich keine befreiende Geste... aber innerlich hab' ich's« (5,274).

Diese Spaltung in einen, der »steif dasteht« (5,68), in eine Menschenhülse und in ein Traum-Ich, das auf der inneren Bühne agiert, die »un-

---

[1] Vgl. das Motto der »Göttinnen«, ein Zitat aus Ada Negri: »Che son fatti dei gorghi d'ogni abisso / Degli astri d'ogni ciel!...« Im Text: »Gemacht aus den Schlünden jedes Abgrunds, aus den Sternen jedes Himmels« (4,278).

[2] Heinrich Mann, Der Blaue Engel wird mir vorgeführt. In: Das öffentliche Leben, Berlin/Wien/Leipzig 1932, p. 326.

heimliche Gabe der Selbstverdoppelung«,[3] die Übermacht einer ent-
zündlichen Einbildungskraft oder, in satirischer Formulierung, die »verhängnisvolle Glut..., die auf Erden nun einmal nur beim Theater ihre
geeignete Verwendung findet« (K. 57), ist das Stigma aller »Schwachen«
Heinrich Manns. Von ihnen allen gilt, wie von Arnold Acton in ZWI-
SCHEN DEN RASSEN, daß sie »weltfremd und unterdrückt« (7,223) sind
und erst frei werden, wenn sie träumen. Sie gehören, wie Hamlet oder
Don Quijote, wie der Tasso Goethes, wie viele Gestalten Jean Pauls,
der Oblomow Gontscharows oder der »Schwierige« Hofmannsthals in
ihren jeweiligen Abwandlungen, zur großen literarischen Familie der
Träumer. Die Einbildungskraft, die Sehnsucht, ist ihre Stärke, sie wird
jedoch von Heinrich Mann schon früh als Schwäche vor dem Leben enthüllt. Vorwaltende Innerlichkeit, durch Reflexion zersiebte Seele bedeuten schmerzlich empfundene Absperrung von der leiblichen und ge-
genständlichen Wirklichkeit des Lebens: »Das schlimmste ist, wenn die
Seele, das was wir Seele nennen, stärker ist als der Rest des Körpers.
Das bringt Sturm und Jammer« (5,519).

Andererseits gewährt die Phantasie eine innere Unendlichkeit, eine
dichterisch-glanzvolle Vervielfältigung des Erlebens, einen Reichtum
der Empfindung und des Selbstgenusses weit über das banale Leben
hinaus. Er verbindet alle, die ihn fühlen, zu einer »Aristokratie der
Empfindung« (3,124), denn »Sehnsucht allein macht vornehm...«
(XI,300), das Mit-der-Seele-Leben wird zur oft auftauchenden Formel geheimer Auszeichnung (z. B. IX,295; XI,171), eine »seelenhafte
Menschheit« (7,61) zum Wunschtraum der Erfüllung. Während aber
die Herzogin von Assy in den GÖTTINNEN ihre Gefühle auslebt, erscheint die Innerlichkeit der Schwachen zurückgestaut, dies formuliert
Graf Kalckreuth tragikomisch:

> Ich bin so reich an Empfindung, daß ich damit zwölf schmelzende Melo-
> diker ernähren könnte und ebenso viele Liebhaber, die von ihren Mädchen
> als Born aller menschlichen Zärtlichkeit angebetet und benutzt werden.
> Aber niemand weiß es, und ich kann keinem davon Kunde geben (5,239).

Aus der doppelten Erfahrung der Innerlichkeit als einer Stärke und
einer Schwäche entsteht eine Zerrissenheit, die das ganze frühe und
mittlere Werk durchzieht, eine Zweiwertigkeit, die alle Lebensphänomene befällt. Es entsteht lähmende Unentschiedenheit oder eine beständig umkippende Hochschätzung bald des Gefühls, der Seele, des

---

[3] Hugo von Hofmannsthal, Ges. Werke in Einzelausgaben, hrsg. von Herbert Steiner, Prosa I, p. 171.

Geistes, bald des Körpers, des Sinnlichen, des fühllosen Lebens. Das in vielen verführerischen Farben schillernde »Leben« aber ist der Gegenpol dieser abgekapselten Innerlichkeit, es ist für Heinrich Mann, eine Zeitlang in der Nachfolge Nietzsches, dann in scharfer Wendung gegen ihn, ein absoluter Bezugspunkt und die letzte Berufungsinstanz bis zum Schluß. Damit, im Konflikt des »Schwächlings« mit dem Leben, ist das umfassende Thema exponiert, das Heinrich Mann auch mit seiner literarischen Generation verbindet.

In keinem der Romane fehlen aufschließende Hinweise auf die frühe Jugend der Schwachen. Die Kindheit vergeht Claude Marehn »unter Demütigungen, ohne Liebe, mit Aufwallungen wesenloser Sehnsucht und voll schüchternen Trotzes« (5,60), aus denen, wie bei Nino in den GÖTTINNEN, »Knabenzorn ohne Schranken« und »wilder Gerechtigkeitsdrang« (4,204) erwächst. Beim Lesen von Romanen erfaßte Claude manchmal die »Ahnung höher schlagender Herzen. Ich wünschte mir auch eines; aber ich wußte nicht, wie und für wen« (5,59). Ihn ergreift jene Magie der Sprache, die Thomas Mann fast gleichlautend in der Novelle ENTTÄUSCHUNG beschreibt: »Das Leben bestand für mich schlechterdings aus großen Wörtern, denn ich kannte nichts als die ungeheuren und wesenlosen Ahnungen, die diese Wörter in mir hervorriefen.«[4]

Mehrfach kehrt dieses Literatur-Erlebnis wieder. Der Knabe Nino zeigt der Herzogin ein Buch, in dem Freibeuter eine Prinzessin entführen, und träumt, ein Freibeuter zu sein (3,127). Wenn der Untertan Diederich Heßling als Kind »vom Märchenbuch, dem geliebten Märchenbuch« (IV,5) aufsieht, erschrickt er und erblickt eingebildete Kröten und Gnome. Heinrich Mann seinerseits erinnert sich, daß die Märchen von Perrault »das erste Buch, das ich mit fünf Jahren selbst las« (Z. 363) waren. Von Leonie heißt es in der Novelle SCHAUSPIELERIN:

> Sie hatte jahrelang bleich, lang und mager auf dem Sofa gelegen, Butterbrote und Wurst und ganze Leihbibliotheken verschlungen und dann, die Arme unterm Kopf, entgeistert zur Decke gestarrt (VIII,377).

Lola in ZWISCHEN DEN RASSEN berauscht sich an den Meditationen Lamartines, Verse suggerieren ihr »Akzente, der Erde unbekannt«, »gütigere Welten« (7,60) und gütigere Menschen:

> Es mußten andere leben, luftigere, gütigere und reinere, die man lieben konnte. Sie waren auf anderen Sternen... Ihrer häßlichen Hülle ledig, schwebte Lola in Gemeinschaft einer seelenhaften Menschheit durch die Unendlichkeiten der Poesie (7,61).

---

[4] Thomas Mann, a.a.O. VIII, 64.

Literatur entrückt die Schwachen in eine phantastische Welt. Ähnliche Wirkungen gehen von Theater- und Opernerlebnissen aus. Stilistisch zeigen oft gehäufte Komparative die Steigerung über jede Wirklichkeit hinaus an: »Meine Gefühle sind höher und Gott näher... Um mich geht reinere Luft. Ich bin größer und schöner« (10,336). Es enthüllt sich die ästhetische Sensibilität der Schwachen, in frühen Kunsterlebnissen vollzieht sich eine das Leben gefährdende ästhetische Ablenkung aus der Wirklichkeit bis zum vollkommenen Ästhetizismus, der sofort der Satire verfällt. Köhmbold, ebenfalls ein reicher Kaufmannssohn und Erbe, nimmt »Rache« an den Frauen, die ihm nichts bedeuten können, da er impotent ist, indem er sich einem exklusiven Ästhetizismus verschreibt:

> Köhmbold reckte, mit einem mordgierigen Lächeln, einen Finger nach oben. Claude sah hinauf: da hing eine Frau von der Decke. Sie war erhängt an ihrem Haar. Es war rot und metallisch, und ihren Hals schnürte es zu, wie ein blutiger Strick. Elektrische Birnen saßen an den Enden ihrer Haarsträhnen, an den Spitzen ihrer schlaffen Hände und Füße, vor ihren Brüsten, auf dem muschelförmigen Fleisch zwischen ihren Schenkeln (5,183).

Sein Ästhetizismus wird mit dem Versagen vor der Frau ausdrücklich in ursächlichen Zusammenhang gebracht. Alles in seinem speziell zum Genuß der Schönheit eingerichteten Gemach besteht aus Frauenleibern, der Blick gleitet

> über die Vasen ganz aus verschlungenen Frauen, über die Schalen aus tanzenden; über den Tisch, den sie trugen, und dessen Platte ihr ineinandergeflochtenes Haar war; über die Gläser, die aus ihnen entstanden und aus denen sie nippten; über die Blumen, deren Stengel in ihren Köpfen staken und sich mit ihrem Blut ernährten (5,181).

Köhmbold genießt weibliche Schönheit ohne Leben, ohne Seele; »diese Weiber aus Gips, Glas, Ton, Stein oder Porzellan«, so erklärt nun Claude bei einem Besuch Köhmbolds, »sind zwar auch seelenlos, aber darunter leidet man verhältnismäßig nicht so« (5,182). So entstehen die makabren Phantasien: »Das Wahre wäre eine richtige Leiche, die überhaupt nichts merkt. Da wüßte man wenigstens, warum man so allein ist« (5,183). Eine Leiche – oder eine Statue aus Stein, wie sie die Herzogin von Assy liebt:

> Die Statuen!... Die werden mich nie beleidigen durch Gier und Niedrigkeit. Sie verlangen nichts, als daß ich sie liebe, um mir alles zu geben, was sie sind. Sie vergreifen sich nicht an mir (2,316).

Früher hatte Claude erklärt:

Wenn es eine Schönheit gegeben hat, woher kam sie? Ich vermute: aus starken Empfindungen, unter der Faust von Leidenschaften hervor, und durch Menschen, die zum Handeln noch das gute Gewissen hatten ... Aber die Schönheit der Schwachen? Der Ästhetizismus der gänzlich Untauglichen? Der Aufputz des verödeten Lebens? Persönliche Zahnstocher? Danke, ich passe (5,95).

Jetzt, nachdem er sich bei Köhmbold von dessen »Rache« an der Frau hat mitreißen lassen, erkennt Claude seine Verwandtschaft mit den Ästheten:

Ute und seine lange, unfruchtbare Sehnsucht nach ihr hatten ihn geschwächt, ihn für die Frau verdorben, ihn zum Ästheten gemacht ... Und nun gehör' ich doch zu der Gilde, in der Pömmerl und Köhmbold sind (5,187).

»Kleiner Ästhet« (5,186) nennt ihn Theodora Gigereit. Aber Claude übersieht hier, daß es nicht die Schauspielerin Ute, sondern seine zurückgestaute Innerlichkeit ist, die ihn »schwächte«. Doch auch die volle Einsicht würde ihm nicht helfen: es ist der granitene Grund des Problems aller Schwachen, daß selbst äußerste Klarsicht die ratlose Suche nach dem Leben (»ich will leben, will leben« 5,532) nicht ersetzen kann. Die Entschlossenheit, auf das Leben nicht zu verzichten, treibt aber das Problem und damit das Werk Heinrich Manns weiter.

Die Zugehörigkeit Claudes zur Gilde der Ästheten ist geeignet, die von Heinrich Mann angestrebte und in hohem Maß erreichte Kommunikation des individuellen Konfliktes mit dem Zeittypischen beispielhaft zu zeigen. Als »Schönheit der Schwachen« erscheint in der JAGD NACH LIEBE der Jugendstil und seine Ausschmückung des Alltäglichen mit Kunst. Auch in Claudes Villa ist der Speisesaal

weiß und von silberweißen Linien kühl überzogen. Auf den kleinen Tischen erhoben sich weiße Kerzen, weiße Servietten und weiße Chrysanthemen. Man setzte sich in schmale, weißlackierte Lehnstühle, vor Teller, auf deren Boden weiße Lotosblumen von Mondlicht bläulich geschminkt schienen. Die Früchte ruhten auf den weißen Bogen porzellanener Märchenkronen (5,265).[5]

Auch das Theater, das Claude baut, soll von »letztem Chic« werden: »Ein Saal wie ein Stall – aber Linien! Und die Ausstattung der Stücke mit Möbeln von Van de Velde, Riemerschmid und solchen Leuten ...«

---

[5] Vgl. hierzu Van de Velde: »Und wenn Enttäuschung, Trauer oder Langeweile ihre kalte Hand auf unsere Seele legen, suchen wir Orte aus, wo Glas und Silbergerät auf glänzenden Tischplatten in die Spiegelscheiben lachen, wo auf weißgedeckten Tischen um jedes Glas eine Schlar kleiner, fröhlich strahlender Seelchen tanzt, wie Blumen zitternd, deren Stiele der Wind schaukelt.« (Zum neuen Stil, München 1955, p. 178.)

(5,424). Aber dies alles sind »gebrechliche Linien«, »Farben für Neurastheniker« (5,251 u. 481), Ästhetizismus, Flucht vor der Wirklichkeit,
dies alles repräsentiert, wie auch die Schauspielerin Ute, das aus der
Sehnsucht, nicht aus der Stärke, geborene »schöne Leben« (5,273), welcher Begriff ja das zentrale Programm der Jugendstilperiode umschreibt.[6] Und so läuft die Kritik am Ästhetizismus in die satirische
Spitze aus: »... sagen Sie doch selbst, ob zwischen Möbeln aus den Vereinigten Werkstätten irgend 'ne starke Leidenschaft möglich ist?«
(5,251). Die individuelle Veranlagung des Romanhelden, sich in un-
fruchtbarer Sehnsucht nach dem Leben zu verzehren, kommuniziert
so verdeckt mit dem satirisch beleuchteten Zeitphänomen des Jugend-
stils.Auf ähnliche Weise werden auch sonst die Hauptgestalten Heinrich Manns von der Satire mitbetroffen, ist seine Prosa zugleich subjektiv empfunden und objektiv beschreibend.

Von Kindheit an leben die Schwachen in ihrer einsamen Traumwelt,
von jeher kennen sie die »Enttäuschung«, daß die Wirklichkeit nicht in
den Ahnungen aufgeht, und von früh auf begleitet sie Furcht vor kommenden Enttäuschungen. Zum Leben geraten sie in den Doppelbezug
von Sehnsucht und Furcht; Angst, eine weite, unfaßbare Lebensangst
gehört zu ihrem Grundgefühl. Angst empfindet Claude vor Ute, er
»würde sein Leben lang nichts begehren als sie, und er hatte Angst davor« (5,121). Angst kehrt auch vor jeder »Tat« Claudes wieder und
gleichwohl ersehnt er die Tat glühend. Schon im SCHLARAFFENLAND
wurde die besondere Faszination der Tat im Spannungsfeld der Lebensschwäche satirisch vermerkt: »Für uns moderne Litteraten geht nichts
über das Genie der That. Napoleon, Bismarck, Türkheimer!« (1,101).
Eine Reihe von Situationen, die sich in den Werken wiederholen, wie
Duellszenen[7] oder die Bootsfahrt auf stürmischer See,[8] zeigen »Taten«,
bei denen der Schwache seine zur Todesangst gesteigerte Furcht gewaltsam durch »Haltung« überwindet. »Die Tat« ist auch der letzte Abschnitt der Novelle PIPPO SPANO (1905) überschrieben und vor ihr ver-

---

[6] Vgl. die vorzügliche Dissertation von Elisabeth Klein, Jugendstil in deutscher
Lyrik, Diss. phil. Köln 1958. Zum »schönen Leben« p. 23/36. Klein weist auch auf
die Skepsis Van de Veldes gegenüber dem »schönen Leben« hin (p. 29), die ihn
vom idealistischen Lebensprogramm des deutschen Jugendstils abhebt. Schönheit,
Linien sollen bei ihm das Entsetzen vor der Langeweile tilgen. Wo in deutschen
Zeugnissen der Begriff »Sehnsucht« steht, sprechen französische nüchtern von »Til-
gung der Langeweile«. Eine ähnliche Skepsis spricht aus Heinrich Mann (»Aufputz
des verödeten Lebens«).

[7] Vgl. 2,318; 3,186f.; 5,131; 397; 7,332; V,128; IX,233.

[8] Vgl. 4,280; 5,297; 328; IX,272.

sagt Mario Malvolto – die »verachtete Tat, die alles löst« (7,574) bezeichnet hingegen am Ende von ZWISCHEN DEN RASSEN die entscheidende Veränderung.

Das Phantasieglück, das jede Begegnung Claudes mit Ute bedeutet, trägt Schuld, daß er die Differenz von Traum und Wirklichkeit durch leidende Selbsterniedrigung ausgleicht, daß er nicht die Kraft hat, Ute für sich zu fordern, sondern sie um Liebe bittet, »wie ein Bettler um ein Geldstück« (5,30), daß er in einem aus Verlangen und Verzicht widersprüchlich gemischtem Zustand verharrt und die Abhängigkeit von einer Frau, die seine Liebe nicht erwidert, weder aufzulösen noch zur Erfüllung zu führen imstande ist. Als quälendster Aspekt der Lebensschwäche erscheint im Frühwerk immer wieder die Unfähigkeit zu lieben. So heißt es von Jean Guignol in den GÖTTINNEN: »Er wurde nicht geliebt, der Arme, – aber er liebte auch nicht: das ist schlimmer. An der Sehnsucht, lieben zu können, zerbrach er« (4,252). In der Liebe reicht auch jenes »aber innerlich hab' ich's« Claudes nicht aus, neben die seelische Bindung an ein »Traummädchen« tritt die körperliche Realität der Frau, beide hoffnungslos voneinander geschieden. Mit einem »Entschluß« zu Frauen »gegen bar« (5,117), einem Ergebnis der Reflexion, überspringt Claude die Differenz von Traum und Wirklichkeit gewaltsam, aber vergeblich. Während er seelisch vollständig auf Ute bezogen bleibt, verkehrt er wahllos mit Kokotten. Ute ist die »immer Begehrte, nie Besessene« (5,389), das Verhältnis zu ihr bedeutet die Fixierung der Trennung von seelischer und körperlicher Sphäre, ihr Ausdruck ist die aufreibende, «mit unterirdischen Zärtlichkeiten« (5,125) erfüllte Begleiterrolle Claudes. Die vollständige Trennung von »Seele« und »Fleisch« (3,54), von »Gefühl« und »Tat«, von Innerlichkeit und Wirklichkeit zeigt sich auch hier. Aber noch in den spätesten Romanen werden ganze Passagen erst als Einlösung dieser ursprünglichen Situation verständlich; so im EMPFANG BEI DER WELT:

Derselbe Mann besitzt – woher, durch Gnade – nunmehr den Sinn für ihren Körper: eine unschätzbare Tugend, die unmittelbarste, die ein Mann haben kann, die allein dauerhafte, wo sie echt ist. Die Echtheit aber fühlt sie: auch sie schätzt über alles ihren Körper. N'aimant que sa propre chair, das Wort ist ihr geheimer Schlüssel, in der Intimität mit dem Spiegel. Plötzlich ist hier ein zweiter, sie zu verstehen, bis in jede Falte. Das macht ihn mit ihr eins (E. 304).

Dazwischen liegt die Erkenntnis der Schauspielerin Leonie, daß »ein geschwisterliches, begierdeloses Verhältnis« ein Umweg gewesen sei, den sich vorzuspiegeln »nur ein Mann imstande« sein konnte (VIII,409), ein Mann, der »mit abnormer Sinnlichkeit« alles in der Phantasie »vorwegnahm« (VIII,430) und sich in »Reinheitsphantasien« (VIII,412) verstrickt hatte. Die Liebe ist im Frühwerk das ernsthafteste »Problem« der Schwachen, bei dessen hartnäckiger Zergliederung Heinrich Mann in Bezirke der Psychoanalyse eindringt. Aber auch dieser Komplex muß auf die zeitgenössische Gesellschaft rückbezogen werden.

Eine ähnliche Schwierigkeit bietet die soziale Selbstbehauptung. Das Leben als Streben nach Macht ist dem Schwachen, dem in Wahrheit Sanftmütigen, zutiefst fremd. Der empfindsame »Erbe« wäre zum »Existenzkampf«, von dem ihn sein Reichtum ausnimmt, untauglich. Statt nach Macht zu streben, empfindet er im Innersten »Güte« und »Menschlichkeit«, als welche sich die Schwäche im Sozialen zunächst auswirkt. »›Aber die Nerven werden schwächer, und man kommt zur Güte.‹ ›O! Der Gütige wäre immer ein Schwacher?‹ ›Da nur Schwäche Geist hervorbringt und Güte von Erkenntnis abhängt . . .‹« heißt es in ZWISCHEN DEN RASSEN (7,161). An vielen Stellen bezeichnet »gütig« diejenige Haltung eines Menschen, die es erlaubt, die kriegerische Härte des Daseinskampfes außer acht zu lassen und sich seelenhaft mit anderen verbunden zu fühlen. »Heute war sie gütig«, resümiert Claude einen Tag mit Ute. In ihren sozialen Beziehungen erfahren die Schwachen ein beständiges Fluktuieren zwischen Augenblicken, in denen sie »weich«, gütig, feig, gefühlvoll, liebend, »innig und weltvergessen« (3,63), »weltfremd und unterdrückt« (7,223) sein »dürfen«, und jenen, in denen sie »hart«, scharf, verletzend, zynisch, frech, unzugänglich sein »müssen«. »Es galt, sich gegenseitig Furcht einzuflößen, durch stark betonte, männliche Tugenden, durch Kälte, brutalen Wirklichkeitssinn und äußerste Reizbarkeit« (1,416). Die eine Haltung ist die der Seele entsprechende – »Er war auf einmal erweicht, unfähig einen Menschen leiden zu machen, und ganz beglückt durch die eigene Schwäche« (3,210) – die andere, verhärtete, glauben die Schwachen dem Lebenskampf schuldig zu sein. Sie empfinden den Zwang dazu als eine Erniedrigung durch das »Leben«, die sie nicht verstehen, ja Fühllosigkeit wird sogar als »böse« angesprochen (2,306). Wo die Schwachen hingegen sich dem »Leben« anpassen und ihre Güte gewaltsam aufgeben, wird dies zur Quelle der vielen »falschen Töne«. Die Unterdrückung der Güte ist dann ein Akt jener charakteristischen »Selbstvergewaltigung« (VIII,296) aus Reflexion wie der Entschluß zu Frauen »gegen bar«. Deshalb kann der Schwache die falschen Töne auch vernehmen und den Schluß ziehen: »Sie renommieren mit Cynismus, Doktor, . . . Sie müssen ein gütiger Mensch sein« (5,224).

Die Schwachen Heinrich Manns sind empfindsame Spiegel der Güte, die sich beim geringsten Anhauch von »Ungüte« sofort beschlagen, den Kontakt mit Mitmenschen verlieren und in »Einsamkeit«, »Fremdheit«, »Lieblosigkeit« zurücksinken. »Güte« ist die einzige gebrechliche Brücke über die Fremdheit zwischen Mensch und Mensch, insbesondere über die zwischen den Geschlechtern. Hatte Nietzsche das Verhältnis der Geschlechter als »Kampf« aufgefaßt, so ist der Schwache auch unfähig, diesen »Kampf« auszufechten.

Güte ist der innersten Zone des Werkes, der WELT DER HERZEN zugeordnet. Die Dissonanz zwischen dem »Herz« und dem (gesellschaftlichen) »Leben«, das dem Schwachen unfaßbare Herzlosigkeit bleibt, die Dialektik zwischen Innerlichkeit und Feindseligkeit der Welt, ist auch in die symbolische Formel FLÖTEN UND DOLCHE[9] eingegangen, die als Vignette die Bände der Kurt-Wolff-Ausgabe Heinrich Manns von 1917 zitiert. Sie symbolisiert die lange Zeit unaufhebbare Zweistimmigkeit von außen und innen. Wo Hofmannsthal den »glorreichen, aber gefährlichen Zustand«[10] der Magie, der Herrschaft über alle Dinge kennt, in dem außen und innen kommunizieren und alles auch eins ist, besteht Heinrich Mann auf einer schneidenden Dissonanz. Statt der magischen Kommunikation steht die »Vergewaltigung«, die Vergewaltigung der Seele durch die Welt und die der Welt durch den Schwachen, sei es im Rausch angemaßter Stärke, in der Reflexion, im Zynismus, als »Tyrann« oder als »Künstler«. Übergänge werden in Antithesen zerspalten.

Der andere Leitbegriff ist »Menschlichkeit«. So hat erst sein Gefühl für Ute Claude »zum Menschen« gemacht. Ute, durch die Kunst aus dem Leben gedreht, urteilt am Ende: »Ich bin dann kaum Mensch gewesen« (5,591). Claude wirft ihr »Mangel an Menschlichkeit« (5,480) vor, die Kunst habe »etwas Unmenschliches« (5,392) aus ihr gemacht. Wo immer der Schwache seine Schwäche annimmt, muß ihm »Menschlichkeit« als höchster Wert erscheinen; wo er sie verwünscht, im Namen eines »starken Lebens«, wo er ihr entflieht, in das sterile Reich der Schönheit, ist das Menschliche ein Unwert: – für den Berauschten das zu Überfliegende, Abzustreifende, für den Leidenden das zu Betäubende, zu Leugnende, für den Ästheten das Gemeine, das »Viehische«. »Das sind ja Viecher«, äußert der Ästhet Köhmbold. »Es sind auch nur Menschen«, antwortet Claude. Und wieder Köhmbold: »Das leugne ich

---

9 Heinrich Mann, Flöten und Dolche, München 1905.
10 Hugo von Hofmannsthal, Ad me ipsum. In: Die Neue Rundschau, Jg. 1954, p. 358–380; das Zitat p. 358.

ja nicht. Um so schlimmer« (5,83). Es genügt an dieser Stelle, die Spannung der Lebensschwäche zum »Menschlichen« festzuhalten, später wird auf die programmatische Bedeutung der Menschlichkeit zurückzukommen sein.

Die Schwäche äußert sich auch so, daß Claude unfähig ist, die sozialen Gegensätze von arm und reich »auszuhalten«. Je stärker einer ist, so sieht er, um so ungerechter vermag er zu sein. Je schwächer, um so empfindsamer, um so gerechter. »Mir ist es einfach nicht gegeben, diese soziale Ungerechtigkeit ruhigen Blutes mit anzusehen« (5,197).

> In seinem Namen, für ihn als Ziel und Spitze, geschah eine ganze Wildnis handfester Geldgeschäfte, bei denen Scharen von schweißbedeckten Männern einander umherhetzten, in staubigen Stuben voll grüner Register glänzenden Blicks und geängsteten Herzens um ihre Existenz rangen; bei denen Individuen untergingen, Familien zerstört wurden, Arbeitermassen auf einmal ohne Brot waren. In seinem Namen! Und er, Claude, wie er hier stand, fühlte sich unfähig, in einem Gedränge auf den Fuß seines Nebenmannes einen Kotfleck zu treten, und sollte es ihn selbst vor dem Überfahrenwerden retten! (5,192)

Claudes Haltung gegenüber den Mitmenschen ist Nachgiebigkeit, Güte, Verzicht auf persönliche Genugtuung und Rache – soziales Mitleid. »Ich bin schwach, ich will lieber weiterzahlen, um nur hinter meinem Rücken keine Tränen zu wissen und keinen knurrenden Magen...« (5,205). Durch den Roman zieht sich, in der Form individueller »Gereiztheiten« (5,129) Claudes und zu keiner These verfestigt, die Polemik gegen die Reichen, also auch gegen die eigene Möglichkeit des Erben, ein sorgenloses Genußleben zu führen. »Das Eigentum, – ich weiß nicht, ob es Diebstahl ist, aber Unsinn ist es, Unsinn...« (5,198) äußert Claude auf den Spuren Proudhons, für ihn tritt die »Verdichtung alles Harten, Stupiden und Unmenschlichen« am »besitzenden Menschen« (7,152), dem Bürger, besonders hervor. Claude führt ausdrücklich einen Arbeiter in ein vornehmes Münchner Café. Drei Jahre später hingegen wurde Heinrich Mann, nach den Angaben im ZEITALTER (Z.215), Zeuge, wie ein Arbeiter aus einem vornehmen Berliner Café hinausgeworfen wurde, weil er Arbeiter war – eine Episode, die für ihn zu einem Symptom der ganzen Epoche wurde.[11] In Claudes, das Bürgerliche provozierender Sympathie für den Arbeiter vermischt sich sein über die Güterverteilung empörter Gerechtigkeitssinn mit dem Gefühl für die »Würde

---

11 Vgl. zur Arbeiterepisode der »Jagd nach Liebe« auch die Erläuterungen Victor Manns, Wir waren fünf, Bilder der Familie Mann, Konstanz 1949, p. 132.

des Menschengeschlechts« (7,184), die im Arbeiter beleidigt wird, und mit Bewunderung für die Selbstverständlichkeit des »einfachen Lebens«. Denn Claude denkt sich den Arbeiter »ohne feinere Regungen, ohne Bedenken, Zweifel und seelischen Jammer« (5,199). Gewaltsam drängt auch Claude alle »feineren Regungen« beiseite:

> Woher kommt es, daß ich auf Smyrnateppichen umhersteige mit einer in Zartheiten bewanderten Seele, und nicht an einem großen Ofen stehe, mich schwarz mache, schwitze und dabei ans Fressen denke? (5,199)

Seine Sehnsucht wäre: »Schlicht leben, arbeiten für diese Frau. Für jeden neuen Hut, den sie brauchte, Nächte durchwachen...« (5,510).

Der Zusammenhang von Schwäche mit sozialem Mitleid und mit der Forderung nach sozialer Gerechtigkeit wird in hitzigen Auseinandersetzungen Claudes mit einem seiner Gegentypen, dem Millionär Panier, einem »Greis aus kräftigeren Zeiten« (5,100; 209), der sich in den Gründerjahren heraufgeboxt hat, durchgezeichnet. Er seinerseits, der faunische Sexualität, Brutalität, physische Stärke, Erfolg mit totalem Mangel an Reflexion, Gerechtigkeitsgefühl und seelischer Verfeinerung vereint, lehnt den Sozialismus ab.

> Ihr mit eurem Sozialismus. Ich möcht' doch wissen, wozu man noch 'n richtiger Kerl ist, wenn jeder Lumpenhund dasselbe kriegen soll... (5,204).
>
> Darauf wartet das Pack ja bloß, daß man soziales Empfinden kriegt und die Zähne verliert. Dann stecken sie einen in die Tasche. Selber einstecken, oder eingesteckt werden, man hat bloß die Wahl. Nöh, so lang' wir noch jappen, knöpfen wir den andern die Taschen ab. Hurrjeh, könnt' uns passen (5,208).

Die »Proleten« sind nach Paniers Meinung »Schufte«, und dem Arbeiter mit der Überzeugung »Aber wart's nur, s'kracht scho no amol« (5,207) droht er mit dem Militär wie der Fabrikbesitzer Heßling später im Roman DIE ARMEN (1917). Die Begründung seiner von Zweifeln unbelasteten Existenz und der sozialen Ungerechtigkeit, die seine Art des Unternehmertums darstellt, lautet stets einfach und bedenkenlos: »weil wir 'n Kerl sind, 'n richtiger Kerl!« (5,203). Mit Empörung wird Heinrich Mann Jahrzehnte später in EIN ZEITALTER WIRD BESICHTIGT die ebenso schlichte Antwort vermerken, die in der realen Welt Hugo Stinnes, Besitzer eines der größten Industriekonzerne der Welt, auf die Frage, »wofür er so furchtbar verdiene« gab: »Für meine Kinder« (Z.283).

Gibt es eine Begründung der Lebensschwäche? Sie geht, wie gezeigt, bis in die Kindheit zurück, ja sie erscheint, von dort aus gesehen, wie ein Steckenbleiben in dem Prozeß, der ins Leben führen sollte. Immer wieder taucht auch die regressive Sehnsucht nach dem in sich beruhigten, märchenhaften Zustand der Kindheit auf,[12] immer wieder wird das Motiv der fehlenden Mutterliebe angeschlagen, ohne das, wie die Psychoanalyse aufgezeigt hat, das ungeheure Liebesbedürfnis der Schwachen nicht zu verstehen wäre. »Mein Vater ist krank und meine Mutter liebt mich nicht. Ich habe niemand gehabt als dich [sc. Ute]« (5,581). Unter »Demütigungen, ohne Liebe, mit Aufwallungen wesenloser Sehnsucht« (5,60) verging Claudes Jugend. »Wenn sie mich je lieb gehabt hätte...« (5,13; 56). Und von dem jungen Nino Sventatello heißt es: »Sein Leben! Es bestand ganz aus einer Kindheit, einsam und arm an Liebeserwärmung« (3,249). Claudes Mutter ist jenes sinnliche, eitle »Weibchen«, das, im Vergleich mit emanzipierten Frauen, ewig »unmündig« bleibt. Heinrich Mann hat sein Portrait später in der »Mai« Lolas sorgfältig ausgemalt. Die diesem Frauentyp eignende Lieblosigkeit gegenüber dem eigenen Kinde tritt ebenfalls im Roman Eugénie oder Die Bürgerzeit (1928) hervor. Das Kind Gabrielens, dieser scheue, einsame Junge vergegenwärtigt die nur angedeutete Jugend Claudes oder Ninos. Auch die Mutter des Prinzen Heinrich in der Königlichen Hoheit Thomas Manns, eine ganz der Pflege ihrer stattlichen Schönheit hingegebene Frau, bringt ihrem Kind nur eine theatralische Liebe ohne Wärme entgegen. Völlig gleichlautend wird die Senatorin Rodde in Doktor Faustus geschildert.[13]

Das Trauma, das in irgendeiner Form allen Schwachen widerfuhr, deckt Lola, eine weibliche Gestalt der Lebensschwäche, auf. Sie, deren rastlose Reflexion bis in frühe Schichten der Erinnerung vordringt, stößt dort, in analoger Umkehrung des Geschlechts, auf ihren Vater.

> Pai tat das! Er war der Erste, der mir die Liebe verbitterte. Ich glaube an keinen Menschen mehr, seit er mich, sein kleines Mädchen, in einem fremden Garten heimlich verließ. Er hat mir Mißtrauen und Menschenhaß fürs Leben mitgegeben. Durch seine Schuld habe ich alle Liebe, die mir je entgegenkam, verkannt und versäumt: seine eigene und Ernestes ... (7,432)

Die Symptomatik der schwachen Menschen Heinrich Manns ist identisch mit der des ohne Mutter- oder Vaterliebe aufgewachsenen Kindes. Die Parallelen zu Rilke sind in diesem Punkt erstaunlich.[14] Durch die

---

12 Vgl. den Fiebertraum Lolas 7,530.
13 Thomas Mann, VI,431.
14 Vgl. hierzu Rilkes Haßliebe zu seiner Mutter, seine Sehnsucht: »Hätt ich doch eine Mutter besessen, so schlicht, so im tiefsten Grunde mühefromm, wie diese Alte.« (Brief an Lou vom 8.9.1897. In: Rainer Maria Rilke – Lou Andreas-Salomé, Zü-

Werke bis zu den HENRI-QUATRE-Romanen bleibt Furcht vor dem Verrat, insbesondere vor dem Verrat in der Liebe, der empfindlichste Punkt aller Schwachen. Sie sind geradezu besessen von der wahnwitzigen Angst, verraten zu werden, wo sie vertrauten; »Verrat« wird zu einem Schlüsselbegriff Heinrich Manns. Einen Exzeß dieses Angsttraums, daß das eigene fühlende Herz, »das einzige auf Erden« (IX,151) von einer versteinernden Welt umschlossen werde, einen an Kleist gemahnenden Exzeß des Mißtrauens preßt die Novelle LIEBESPROBE von 1907 zum Teil in wörtlichen Übereinstimmungen mit dem Schicksal Lolas auf wenigen Seiten zusammen.

Die Lebensschwäche ist jedoch in einen größeren Zusammenhang eingebettet. Heinrich Mann verstand sie, in Übereinstimmung mit der ganzen literarischen Epoche des *fin de siècle*,[15] als »Dekadenz«. Die Herzogin von Assy sinnt:

> Bin ich nicht die letzte, zerbrechliche Tochter von Vätern, die zu stark waren? Die Väter, haben sie mir nicht längst alles vorweggenommen, ähnlich vergessenen Träumen, die schöner waren als alles, was wir ausrichten möchten? Sie haben Städte gegründet, Rassen unterworfen, Küsten beherrscht, Dynastien errichtet, Reiche befestigt: – kann ich es auch nur ahnen in all seiner Fülle, solch Leben eines Assy? (3,110)

> Nichts blieb nach ihnen übrig; sie hatten alles verbraucht; das letzte Gold, die letzte Kraft, die letzte Laune und die letzte Liebe (3,117).

Als Symbol der Verkleinerung ihres Lebens gesellt sich der Herzogin die Eidechse: »Inmitten einer Übermacht von Saft und Triebkraft fühlte man sich der schwachen Eidechse verwandt« (4,197), die Herzogin ist die »letzte zerbrechliche Tochter sagenhafter Riesenkönige«, die Eidechse »der urweltlichen Ungeheuer schwache kleine Verwandte« (2,16).[16] Aber auch die Oliven werden zum beziehungsreichen Symbol:

rich/Wiesbaden 1952, p. 31). Ferner das Waisenmotiv: »Ich habe kein Vaterhaus / und habe auch keines verloren / meine Mutter hat mich in die Welt hinaus / geboren« (Tagebücher aus der Frühzeit, Leipzig 1942, p. 380) sowie Chanson Orphelin I u. II (a.a.O. p. 191 bzw. 199). »Wir haben unsere Mütter kaum je gesehen, und unserer Väter seltene Zärtlichkeit drang nicht bis zu uns« (a.a.O. p. 226).

15 Vgl. den Artikel »Dekadenz« von Fritz Martini, Reallexikon der deutschen Literaturgeschichte, Bd. I, Berlin 1958.

16 Die Eidechse ist schon bei Nietzsche das Bild der Schwäche, allerdings mit verändertem Akzent: ihr gleicht der Rekonvaleszente, sich bescheiden dem Leben wieder Nähernde, der die »Sonnenflecke an der Mauer« zu schätzen weiß (Friedrich Nietzsche, Werke in drei Bänden, hrsg. v. Karl Schlechta, München 1954/1956, Bd. I, p. 442). Vgl. auch die Verschlüsselung im Namen Nino Degrandis – »von den Großen«. Er sieht aus »wie einer seiner Florentiner Vettern vor vierhundert Jahren« (3,129), aber er ist schwach, dem frühen Tod bestimmt, wie auch der Renaissance-Jüngling, den Rilke preist: Giuliano da Medici (Tagebücher, a.a.O. p. 68).

Sie waren Schönheit und Reichtum, die Oliven! Sie waren von der Wollust so schwerer Fruchtbarkeit ganz müde und mürb. An ihren Wurzeln, unter gestauten Wassern, bildeten sich Fäulnisherde ... (4,31)

Neben dieser feudalen Dekadenz kennt Heinrich Mann die bürgerliche. So bekennt Claude:

Ich bin das Endergebnis generationenlanger bürgerlicher Anstrengungen, gerichtet auf Wohlhabenheit, Gefahrlosigkeit, Freiheit von Illusionen; auf ein ganz gemütsruhiges, glattes Dasein. Mit mir sollte das Ideal bürgerlicher Kultur erreicht sein. Tatsächlich ist bei mir jede Bewegung zu Ende; ich glaube an nichts, hoffe nichts, erstrebe nichts, erkenne nichts an: kein Vaterland, keine Familie, keine Freundschaft. Und nur der älteste Affekt, und der letzte der stirbt, macht mir noch zu schaffen. Ich habe ihn kaum, aber ich gedenke noch seiner. Die Liebe: alle die Grausamkeit, alle die Lust an Gefahren, all der Wille zu zerstören und selbst aufzugehn in einem anderen Wesen – woher nähme ich letzter, schwacher Bürger so viele Gewaltsamkeiten! ... (5,530)

Das Ergebnis verfehlter »bürgerlicher Anstrengungen« ist ein Mensch, dessen feinere Organisation, dessen »neurasthenisches« Nervensystem, dessen ästhetische Sensibilität ihm fast keine Lebensmöglichkeit gerade in der bürgerlichen Gesellschaft mehr läßt. Das Ergebnis ist eine Art Nihilismus (»Ich glaube an nichts, hoffe nichts, erstrebe nichts, erkenne nichts an...«), eine Unfähigkeit, in der Wirklichkeit zu handeln, in den Worten Hofmannsthals: »Wir besitzen nichts als ein sentimentales Gedächtnis, einen gelähmten Willen und die unheimliche Gabe der Selbstverdoppelung.«[17] Dekadenz am Ende »bürgerlicher Anstrengungen« und feudaler Ausschweifungen enthüllt eine in ihnen verborgene Fehltendenz, die sich am Leben selbst verging.

Dem Dekadenzbegriff Heinrich Manns fehlt der antichristliche Affekt Nietzsches, wonach Dekadenz als Folge der lebensverneinenden Moral der »Kranken« und »Schlechtweggekommenen« zu verstehen ist. Er wertet das Dekadenzphänomen in erster Linie gesellschaftskritisch aus, doch ist die biologistische Begründung in Übereinstimmung mit Anschauungen der Zeit nicht zu übersehen.

Schon das Skizzenheft München 1893 (Findbuch Nr. 466) verzeichnet unter dem 10.3.1894 ein Gespräch über »Neurastheniker« und »Organiker«. Und noch 1938 schrieb Heinrich Mann über Nietzsche, dieser sei »unterworfen gewesen dem Versagen der Nerven, wie es im letzten Drittel des Jahrhunderts um sich griff. Die Medizin hielt nicht Schritt, der wichtigste nervöse Mittelpunkt wurde gewöhnlich beiseite gelassen, eine Therapie des sympathicus gab es nicht« (N. 300). Dieses »Versagen der Nerven« und ein

---

17 Hofmannsthal, Prosa I, p. 171.

ähnlich verbreitetes Versagen der Lungen erscheinen als häufigste biologische Dekadenzsymptome. Eine eigentümliche Bedeutung kommt dabei dem »Sonnengeflecht« (dem plexus solaris, einem Teil des nervus sympathicus) und der »Therapie des sympathicus« zu. Erläuterungen fehlen bis jetzt in der Heinrich-Mann-Literatur, doch scheinen eigene Erfahrungen aus der Zeit, als H.M. eine »Jugendtuberkulose« auszuheilen hatte, insbesondere Erinnerungen an einen Arzt in Riva am Gardasee, darin fortzuleben. So heißt es im Roman DER ATEM (1949): »Er war der Mann, der atmen lehrte, in seiner Gewißheit über die Erregungen der körperlichen Mitte. Das Sonnengeflecht beherrscht die Funktionen, samt ihrer höchsten. Es ist das Sonnengeflecht, es bestimmt das Denken, macht es hinfällig oder groß« (p. 314). »Den Atem ordnen, heißt hier, das erregte Sonnengeflecht abstellen...« (p. 316). »Auf das Glücklichste war alles geordnet von ihrem Sonnengeflecht, ein Nervensystem der Mitte, das wenige bei sich entdecken« (p. 313/14). Und im EMPFANG BEI DER WELT: »Was dir zu schaffen macht, ist das Sonnengeflecht, ein geheimnisvoller Sitz des Lebens: wird nie beachtet, noch weniger behandelt. Diese Nervenzentrale leitet unsere Affekte. In dem Maß wie die geistigen Funktionen bestimmt sind von den triebhaften, hängt das Gehirn vom Sonnengeflecht ab. Erkrankungen des Gehirns sind zurückzuführen auf das Sonnengeflecht, dies in emotionellen Fällen; das sind die einzig wichtigen... Wenn Denker irrsinnig werden, ist nicht zuerst ihr Denken gestört, sondern ihr Fühlen. Das Sonnengeflecht entartet, bevor das Gehirn davon weiß. Ein Philosoph –.« (E. 298; die Anspielung geht auf Nietzsche). In diesem Sinn heißt es im ZEITALTER von Hitler und seiner »Rasselbande« (p. 331): »So siegt man nicht, die Haltung ist biologisch ungesichert. Ihre moralische Verworfenheit folgt aus der Irreleitung der Nerven und einem unbeherrschten Sonnengeflecht« (p. 57). Die Deutschen während der Luftangriffe »werden üblicherweise wahnsinnig von einer Angst, die ihr Sonnengeflecht auch im Schlaf produziert« (p. 329). Von Churchill heißt es dagegen: »Sein Plexus und Gehirn halten stand« (p. 482). Auch Thomas Mann hing dieser Theorie an; eine Stelle im DOKTOR FAUSTUS lautet: »er... litt am Sympathikus, dem Sonengeflecht, von dem so viele Beängstigungen und verfrühte Todesgefühle ausgehen« (Thomas Mann, VI, 382).
Ähnlich häufig erscheint die Lungenschwäche als Dekadenzsymptom, z.T. wiederum als nervöse, von einem verkrampften Sonnengeflecht verursachte Atemstörung. In der Endphase Claudes geht seine Schwäche »zuzeiten in teilweise Lähmung über; seine Atmungsorgane neigten fortwährend zu Entzündungen« (5,571). Die Herzogin von Assy leidet zuletzt an »asthmatischen Anfällen« (4,262), »der Atem der Herzogin pfiff, ein dünnes, oft unterbrochenes Rinnsal von Luft, durch ihre Kehle, stockte, kehrte wieder, versagte ganz und entlud sich auf einmal und mit Rasseln...« (4,306). In DER ATEM meditiert Madame Kobalt: »Siehst du, daher mein gestörter Atem, meine Mühen ihn zu ordnen... Mein versagender Atem quittierte für ein Leben, das vielleicht mißverstanden war« (p. 332). Der Satz »Versagende Nerven, bedrohte Lungen, rachitische Brustkörbe, eine geschwollene Prostata, ein wenig Fäulnis hier und da verteilt im Körper...« (3,268) aus den GÖTTINNEN darf deshalb als früh feststehende Formel der biolo-

gischen Seite der Dekadenz verstanden werden. Die Herzogin ist gegen Ende im Begriff, den »Doktor von Männingen« in Riva aufzusuchen; von ihm, der Tiefatmungen und Bergbesteigungen empfiehlt, berichtet Jakobus Halm: »Nun, dem Doktor von Männingen verdanke ich's, daß ich heute mein Selbstvertrauen wieder habe, und Ziele und ein festes Lebensmaß« (4,273).[18]

In gewissem Sinne kann also die Lebensschwäche »geheilt« werden, wie es schon in der Novelle DAS WUNDERBARE hieß »... wenn auch die nach jenem Stern zurückverlangende Seele besiegt wurde von dem Körper, der gesundete und stärker ward als je« (VIII,36) und in der Novelle SCHAUSPIELERIN: »... und du wirst noch unanständig gesund« (VIII,448). Gesunden würde aber Verzicht auf das rauschhaft gesteigerte, heroisch-kranke Leben bedeuten, diesen Weg weist die Herzogin von Assy zurück: »Nein, er gehörte nicht dazu«, so urteilt sie über Halm, »da er sich klein machte, da er sich bescheiden konnte und ernüchtert weiterleben mochte« (4,278). Dieser Weg der Ausnüchterung aber und vor allem seine weitreichenden geistesgeschichtlichen und philosophischen Entsprechungen, die Überwindung der »Dekadenzinstinkte« Nietzsches einschließlich der ausschweifenden Feier des dionysischen Lebens »bis zum letzten Axthieb« (4,282), wird für Heinrich Mann von größter, auch politischer Bedeutung. »Die innerste Haltung jedes hohen Menschen ist Nüchternheit« hält er 1936 den Deutschen in ihrer Verirrung, der nationalistischen »Rauschsucht«, entgegen. (TAG, 37)

Die Situation des sensiblen, ästhetisch empfindenden »Erben« gerade in der bürgerlichen Erwerbsgesellschaft, die ihn hervorbrachte, spiegelt eine Stelle in der drei Jahre nach der JAGD NACH LIEBE entstandenen Novelle SCHAUSPIELERIN noch einmal. Rothaus, der im Gegensatz zu Claude im Dienste der väterlichen Firma steht und »unsere frühzeitige Kenntnis eines bevorstehenden Zusammenbruchs einem dritten Hause gegenüber, das noch nichts davon wußte«, ausnützen mußte, klagt:

> Sie können sich kein Dasein vorstellen wie meins. Ich bin am falschen Platz in dem Leben, das ich führen muß, wenn nicht im Leben überhaupt. Dort, wo ich mit meinem Innern stehe, ist es einem nicht mehr natürlich, die Gebärden der Wirkenden mitzumachen. Man sieht an allen Lächerlichkeit und Schmutz. Ich aber bin gezwungen zu handeln. Ich muß mich, Tag für Tag, wie ein Bürger benehmen, meinen Widerwillen, meine Scheu verheimlichen, meinen Sauberkeitstrieb ausschalten und meine Weichheit vergewaltigen; muß feilschen, mich mit aller Welt um Geld raufen, dem Sturm der fremden Raubgier standhalten, selber Nachteile zufügen, die Tränen der anderen, ausgemünzt, in meine Taschen schieben ... (VIII,423).

---

18 Vgl. die Angaben A. Kantorowiczs über die Riva-Aufenthalte Heinrich Manns in »Die Göttinnen«, Berlin 1957, p. 760 sowie jetzt Klaus D. Seckelmann, Ein Tusculum für Dichter und Künstler. Aus der Geschichte des Sanatoriums Dr. med. Christof Hartung von Hartungen, Riva am Gardasee. In: Deutsches Ärzteblatt, Berlin Jg. 1969 H. 5 u. 6.

Die Stelle gibt ein Beispiel, wie und welche Art der »Erkennbarkeit« des Lebens Heinrich Mann in seiner Dichtung herstellt. Durch das Medium des Individuellen wird das Gesellschaftliche erfühlbar. Die ganze bislang als »Lebensschwäche« erörterte seelische Disposition Claude Marehns, ja der zentrale Konflikt Heinrich Manns mit dem Bürgertum wird in gedrängter Form hier ausgesprochen, wie auch alle weiteren Metamorphosen dieses Konfliktes, alle in den Novellen oft mit erbarmungsloser, »überrealistischer« Konsequenz durchgezeichneten Facetten von hier aus verständlich werden. Die am eigenen Leib erfahrene, gesellschaftskritisch zugespitzte »Dekadenzsituation« darf als innerste, die Erkenntnis führende Kraft im Frühwerk angesprochen werden. Vergegenwärtigt man sich, welche Gestaltung in Hofmannsthals MÄRCHEN DER 672. NACHT die gleiche Situation des »Erben« (»Ein junger Kaufmannssohn, der sehr schön war und weder Vater noch Mutter hatte...«) findet, so wird das Zurückbleiben Heinrich Manns an Magie der Sprache und dichterischem Glanz zugleich mit der schärfer auf Entzauberung, auf analytische Durchdringung der gegenwärtigen Gesellschaft gerichteten Tendenz sichtbar. Diese hat auch die Interpretation angemessen aufzunehmen.

Der »Erbe«, der von »überarbeiteten Vätern stammt« (1,123), wird bei Heinrich Mann zu einer festumrissenen Gestalt, ja zu einer literarischen Formel. Er ist physisch geschwächt, sein Selbstgefühl ist labil, er ist ein Träumer und abgesperrt vom Leben, er tritt ohne Arbeit den Reichtum der Väter an. Mit ihm beginnt das flackernde, verlöschende Lebensgefühl, Lebensferne und Lebenssucht, soziales Mitleid, Güte, Krankheit, Künstlertum, Komödianterei, das bürgerlich Unsolide in jeder Hinsicht, mit ihm beginnt »Verschwendung und Ausschweifung« (1,123), welche Formel sich schon im SCHLARAFFENLAND findet. Die »Dekadenzsituation« bildet das weitverzweigte beherrschende Motivgeflecht des Frühwerks aus. Die Dekadenzbegriffe Heinrich Manns und Thomas Manns haben vieles gemeinsam, doch zeigt sich in der Haltung ihrer »Schwachen« ein bedeutsamer Unterschied. Während die Lebenskranken Thomas Manns resignieren –

Ein altes Geschlecht, zu müde bereits und zu edel zur Tat und zum Leben, steht am Ende seiner Tage, und seine letzten Äußerungen sind Laute der Kunst, ein paar Geigentöne, voll von der wissenden Wehmut der Sterbensreifen...[19]

verzehrt glühende Lebenssucht die Schwachen Heinrich Manns. Während in den BUDDENBROOKS bürgerliche Dekadenz in aristokratische

---

[19] Thomas Mann, VIII,252.

Lebensferne sublimiert wird, wendet sich eine lebensferne Aristokratin in den GÖTTINNEN, die zwei Jahre später abgeschlossen wurden, lebenssüchtig dem Plebejischen zu. Dieser Gegensatz erscheint nicht ohne Bedeutung für den unterschiedlichen Zeitpunkt der späteren Hinwendung Heinrich und Thomas Manns zur Demokratie. Er wirkt sich aber auch in der frühen Abkehr Heinrich Manns von der Künstlerproblematik aus, denn auch der Künstler wurde ja zunächst als Dekadenzerscheinung des Bürgerlichen verstanden.

Der Begriff des »Erben« empfängt bei Heinrich Mann erst innerhalb eines umfassenderen Vorstellungskreises, innerhalb eines idealtypischen soziologischen Generationsschemas der Kaiserzeit, seinen vollen Sinn. Nach diesem Schema folgt auf die Generation der Liberalen von 1848 eine Generation der »Väter«, die selbst noch »klein begannen«, deren Vermögen aber in der Gründerzeit überstürzt anwuchs, die Generation der »Spekulanten«, der Türckheimer und Panier, zu der auch der Vater Claude Marehns gehört. Die Generation der »Erben« hingegen ist um 1870 geboren und tritt um 1890 ins Leben. Sie meint Heinrich Mann in der Briefstelle: »...nehme ich mir wieder einen Millionärsroman in Aussicht, nämlich den Roman der zweiten Generation, derer die's durchbringt.«[20] Zu ihr gehören Heinrich Mann, der im Kriegsjahr 1871 geboren wurde, der »Jubeljüngling« (5,466; X,157) Claude (»Sie müssen bedenken, erzeugt bin ich von einem angehenden Fünfziger, der zukkerkrank war« 5,142), der »Untertan« Diederich Heßling, von dessen Vater es heißt: »Er war Büttenschöpfer... hatte dazwischen alle Kriege mitgemacht und nach dem letzten, als jeder Geld fand, eine Papiermaschine kaufen können« (IV,6) und Wilhelm II., der seit der Entlassung Bismarcks 1890 selbst zu regieren begann. Über ihn schreibt Heinrich Mann im Essay KAISERREICH UND REPUBLIK von 1919: »Ein glänzender Erbe, der alle Hände voll zu tun hatte mit Einheimsen, Prunken, Spielen, kann den Ernstfall nicht wollen« (XII,50) und im Roman DER KOPF von 1925: »...der Genießer und glänzende Erbe, der er ist, der Regisseur seiner Macht, meilenweit entfernt, sie im Ernst zu gebrauchen...« (K.218).[21]

Nach den »Erben« kommt indessen die Generation ihrer Söhne, die Jugend, die den Zusammenbruch überlebt und enttäuscht 1918 aus dem

---

20 Brief Heinrich Manns vom 2.12.1900, zitiert nach Weisstein, a.a.O. p.62, Anm. 1.
21 Einen Aufriß der Vorstellung Heinrich Manns von Aufstieg und Verfall der Bürgerklasse findet sich in der »Tragödie von 1923«, XII,107ff., ein weiterer Reflex im »Kopf«, p. 505/06.

Krieg zurückkehrt. Zwischen diesen Generationen entsteht der Vater-Sohn-Konflikt der Expressionisten, den sie im Protest Heinrich Manns gegen die »Väter« und das Bürgertum vorgebildet sahen. Heinrich Mann seinerseits verstand den expressionistischen Konflikt analog zu seinem eigenen jugendlichen Ausbruch aus der Bürgerwelt, den schon äußerlich der Entschluß bedeuten mußte, Schriftsteller zu werden anstatt den väterlichen Getreidehandel zu übernehmen (vgl. dazu Z. 211).

Der Begriff des Erben taucht in der ganzen Literatur um die Jahrhundertwende auf, sowohl im dichterischen wie im allgemeinen Sprachgebrauch. Bei Heinrich Mann ist er innerhalb dieses Generationsschemas zeitgeschichtlich sehr genau bestimmt.[22] Ihn umgibt zunächst die Atmosphäre der wilhelminischen Gesellschaft um 1900, als deren Hauptmerkmal die mit wachsendem Wohlstand einsetzende Auflockerung bürgerlicher Lebensstrenge, die Hinwendung zum Lebensgenuß bis ins Prahlerische und Verschwenderische gelten darf.[23] Die Gestalt des Erben wird sodann zunehmend davon abgelöst dichterisch verfügbar, das Gesamtwerk enthält eine lange Reihe von »Erben«. Erbe ist der »junge Jessel« (1,123) im SCHLARAFFENLAND, die Herzogin von Assy und Prinz Phili in den GÖTTINNEN, Claude Marehn und Köhmbold in der JAGD NACH LIEBE, der Untertan Heßling, der Fürst in den Novellen DER TYRANN (1907) und AUFERSTEHUNG (1911), Kaiser Wilhelm II., Rothaus in der Novelle SCHAUSPIELERIN (1906), Harry Seiler im Drama SCHAUSPIELERIN (1911), der »geborene Erbe« Elchem in der Novelle SUTURP (1929), unfruchtbare Erben sind die Valois-Könige in den HENRI-QUATRE-Romanen, ein »ratloser Erbe« (VII,726), ein »Erbe mit dem unentschiedenen Gesicht« (VII,721), ein »mißtrauischer Monarch, der sich selbst nicht glaubt« (VII,722) König Jakob von England, Erbe in diesem Sinn ist auch Friedrich der Große. Über Maupassant bemerkt Heinrich Mann 1905: »Auch die Fülle seines Werkes ist die Unbesorgtheit eines Erben [nämlich Flauberts]« (XI,110).

---

[22] Da Weisstein den aus der französischen Literatur angeeigneten soziologischen Gesichtspunkt Heinrich Manns außer acht läßt, erscheint der »Erbe« bei ihm bedeutungslos am Rande (»Marehn wird denn auch als Jüngling bezeichnet, der zur Majorennität heranreift und bald das Erbe seines Vater antreten kann«, a.a.O. p. 60). Anderseits verdeckt Weisstein die an der Gestalt Paniers ausdrücklich geübte Kritik am Besitzbürgertum durch eine in diesem Zusammenhang deplacierte Sympathie für P. (»Daher auch die rauhe Schale, wie sie für derartige Menschen charakteristisch ist ... ist er aber irgendwie sympathisch, da er Mensch bleibt und nicht wie die anderen Charaktere zur Marionette entartet«, a.a.O. p. 59). H. M. kommt es aber gerade auf die »Verdichtung alles Harten, Stupiden und Unmenschlichen im besitzenden Menschen« (7,152) an.

[23] Vgl. die überzeugende Charakterisierung bei Harry Pross, Vor und nach Hitler. Olten und Freiburg i. Br. 1962, p. 104ff.

Der »Erbe« weist immer zugleich auf eine physische, seelische und eine gesellschaftlich-finanzielle Disposition und diese letztere ergibt ein weiterführendes Kriterium für die Gestalten Heinrich Manns: neben den verschwenderischen Erben tritt als Abwandlung einer ursprünglich gleichen Situation der Enterbte, der aus dem Elternhaus Verstoßene, der innerhalb der bürgerlichen Gesellschaft »Deklassierte«, der Besitzlose. Zum ersten Mal taucht in der Novelle DAS HERZ (1910) ein Enterbter auf, Hauptgestalt des Romanes DER KOPF ist der Enterbte Claudius Terra. In EUGÉNIE (1927) schließlich, dem wieder zurückgreifenden Roman der »Bürgerzeit« scheidet die Familie des Konsuls West durch den Verlust ihres Vermögens aus der bürgerlichen Lebenssphäre aus. Alle diese »Deklassierten« werden Besitzlose (»Wir haben nichts, aber wir haben einander« V,210), aber sie treten damit zugleich in einen neuen, elementaren Lebensbezug: sie werden, wie es so viele in den zwanziger Jahren erfuhren, »Daseinskämpfer« oder »Lebenskämpfer«, es beginnt das »ernste Leben«. Unter diesem Hinblick zeigt sich ein stetiger Übergang vom großen Themenkomplex der »Dekadenzsituation« zu dem des »Lebenskämpfers«. »Lebenskämpfer« erscheinen z.B. im Roman DIE GROSSE SACHE (1930), eine Lebenskämpferin ist Marie Lehning im Roman EIN ERNSTES LEBEN (1932), als »Lebenskämpfer« vor allem wird Henri Quatre (1935) geschildert, auch die Novellen SUTURP (1929) und EINE LIEBESGESCHICHTE (1944) bilden dieses Motiv in einer bestimmten Richtung weiter. Ideell beginnt die Linie des Lebenskämpfers jedoch schon mit dem Aufbruch zur Tat Arnold Actons in ZWISCHEN DEN RASSEN (1907), sie führt über die Novelle DAS HERZ, über den Arbeiter Ballrich in DIE ARMEN (1917), über die »intellektuellen Lebenskämpfer« Terra und Mangolf im KOPF (1925) und die HENRI-QUATRE-Romane durch bis zu den Lebens- oder Existenzkämpfern im späten Roman EMPFANG BEI DER WELT (1950).

Der Begriff des Erben wurde um dieser seiner genaueren Faßbarkeit willen bis jetzt festgehalten. Er ist nunmehr entbehrlich und kann für die weitere Untersuchung im allgemeineren des »schwachen Menschen« aufgehen. An dieser Stelle war das zentrale Dekadenzphänomen einschließlich seiner biologistischen Begründung zu beschreiben. Für Heinrich Mann gewinnt zweierlei vor allem weiterreichende, auch ideologische und zuletzt politische Bedeutung: der unbedingte, oft hysterisch zunächst sich gebärdende Wille zum Leben, zum Genuß des wirklichen Lebens, zu Gleichberechtigung und Glück, der jeden träumerischen Verzicht ausschließt und jede gesellschaftlich erzwungene Askese denunziert – und die besondere Dekadenzerfahrung der Minderwertigkeit, der mangelnden Selbstachtung, des Selbsthasses. Sie entfaltet sich erst in der gesellschaftskritischen und moralistischen Lebensinterpretation ganz: das Gefühl der Minderwertigkeit begreift Meinrich Mann als Ursache aller »Ausschweifungen«, individueller und kollektiver – »Sie hätten es nicht nötig, aber sie fühlen sich schlecht weggekommen, und schweifen daher vorsätzlich nach der Seite des Selbstgefühles aus« (TAG, 69) –, Selbstachtung hingegen wird zur Voraussetzung der Menschenwürde und jeglicher Humanität. Auf beides wird immer wieder zurückzukommen sein.

b) Ute Ende – die »Schauspielerin«

Die Schauspielerin Ute Ende wird ganz durch ihre Kunstbesessenheit charakterisiert. Es trifft zu, was Claude ihr vorwirft, daß sie aus ihrem Körper und ihrer Seele »Kunst« macht,

> ein Kunstwerk, zusammengesetzt aus Brusttönen und Gekreisch, aus Schminke, Atlas auf Pappe gefüttert, aus tragisch wankenden Schritten ... Deine Arbeit, deine geliebte Arbeit ist darauf gerichtet, daß du deine gut gewachsenen Glieder der Reihe nach unterbindest und eine echte Empfindung nach der andern erstickst, bis sie alle absterben. Dafür schraubst du dir Kunstglieder ein und verstellst deine Lunge, dein Hirn und deine Augen zu Kunstempfindungen. Wenn die Verwandlung fertig ist, pflanzst du dich vor tausend Dummköpfe hin, und es kommt nun darauf an, daß die Puppe, die du aus dir gemacht hast und die Papa und Mama sagen kann, den Dummköpfen draußen auf die Nerven geht, daß sie Tränen loslassen oder einen Lachkrampf kriegen. Dann triumphierst du, dann wirst du berühmt und bist am Ziel! (5,62f.)

In der Tat erlebt Ute ihre Kunst vor allem als Berauschung ihres Selbstgefühls, als Macht über die Menge. Es ist die höchste Genugtuung ihres Ehrgeizes, durch ihre »geliebte, gepflegte, täglich geübte« (5,68) »erarbeitete Persönlichkeit« (5,595) über das Publikum zu herrschen. Der »Bürger« ahnt nichts von den »Höhen und Tiefen, wohin uns unsere Kunst trägt« (5,316), er sammelt in siebzig Jahren nicht »die Erregungen, die Rauschzustände der Persönlichkeit, die dem Künstler ein Abend bringt« (5,316), er hat »nur eine Rolle« im Leben, der Schauspieler hingegen »die ganze Leier« (5,64) in sich. Die Künstler sind, weil sie sich selbst zusehen, weil sie wissen, »was auf unserem Gesicht steht«, »schöner« und weil sie nichts »Niedriges« fühlen dürfen, »besser« (5,315) als die anderen. »Vor allem leben wir. Ihr seid höchstens am

Leben« (5,315). Den »dumpfen Bürger« (5,65) trifft eine ästhetisch motivierte Verachtung.

Im Gegensatz zu Claude besitzt Ute herrischen Willen, statt seiner Nachgiebigkeit zeigt sie egoistische Rücksichtslosigkeit. Sie hat »unangreifbare Überzeugungen« (5,192), sie setzt sich über Konventionen hinweg, so daß Claude zu ihr sagen kann: »Du machst dir selbst Gesetze, du bist dazu stark genug« (5,341). So erscheint Ute als Gegentyp der Lebensschwachen. Aber ist sie, »die dem Ruhm, der Arbeit, dem starken, berauschten Leben Bestimmte« (5,331), die »immer nach dem Rausch vom Beifall ganzer Volksmassen verlangt hatte« (5,367) – ist sie wirklich eine solche »Starke«?

Vieles spricht dagegen. In der Schilderung vermischen sich Faszination und Kritik. Dies ist, wie immer bei Heinrich Mann, untrüglich am Physiognomischen abzulesen. Ute Ende besitzt alle Attribute der »grande beauté« Heinrich Manns; eine hohe, schlanke Gestalt, Hände voll und wie aus Wachs geformt, an schmalen, festen Gelenken, Finger, üppig und leicht nach außen gebogen, lange, gewölbte Schenkel – kupferrotes Haar. Fast alle Abenteuerinnen und Schauspielerinnen Heinrich Manns haben diese Attribute, auch die Herzogin von Assy färbt in der Zeit ihrer höchsten Glut ihr schwarzes Haar rot. Diese grande beauté, der er noch seinen letzten Roman DER ATEM widmet, »dieser übermächtige Fluß von Linien, der all sein Leben auf immer umrankte und in Fesseln hielt...« (5,389), wie Claude sagt, ist die Gestalt höchster, ästhetisch betonter, weiblicher Faszination. Sie kulminiert in der »Pracht« des Haares, in dem die »roten und violetten Metalle« (5,283) verschmelzen.

Das Haar bedeutet »das Geschlecht des Weibes, ihre Macht funkelt als Diadem in allen Flechten. Eine Frau mit dünnem Haar ist eine Entweibte, ein abstoßendes Wesen« erklärt der Maler Jakobus Halm (3,203). So aktualisiert sich bei Heinrich Mann die alte symbolische Bedeutung des Haars als Inbegriff der geheimnisvollen, dämonischen Lebenskraft eines Menschen, die in Mythen und Märchen erscheint – vgl. die megarische Königstochter Scylla, die ihrem Vater das »Lebenshaar« (crinis vitalis) raubt, worauf er besiegt werden kann (Ovid, met. VIII, v. 85); oder die drei roten Haare in KLEIN-ZACHES von E. T. A. Hoffmann. Auch als Claude versucht, die abweisende Ute zu überwältigen, ist es Utes gelöstes Haar, das ihn von ihr trennt, »es spannte sich dicht, metallisch um sie her, schloß sie ab gegen ihn und seine Küsse. Er riß es fort, vergewaltigte, noch ehe er ihren Körper bezwang, ihre Seele, die mit violetten Lichtern in ihrem Haar blitzte...« (5,473). Hieraus erhellt auch das Bedürfnis des »Schwachen« Della Bernardesca, Gildas Haare abzuschneiden, ehe er sie liebt (5,494). Den Schwachen Rothaus hingegen führt die Entfernung des Haares vor die tiefste Unmöglichkeit zu lieben. Er denkt sich das Haar der Frauen »mit den Händen weggehalten«, der »weibliche Reiz« ist dann »ein beseitigter Trug«, es tritt die »fremde Familie«, der »fremde Geist« hervor (VIII,401). Rothaus aber ist es in der äußersten Entfernung von allem Kreatürlich-Menschlichen unmöglich, die »Töchter und Schwestern der anderen zu lieben« (ib.).

In Utes Haar ist ihre Seele, d. h. »ihr Wille, ihre Kraft, ihre Kälte und ihr Feuer« (5,101). Das Feuer ihrer ichbezogenen Ekstasen, das Feuer des Machtrausches in erdichteten Bühnenleidenschaften und die Kälte der Selbstsucht, die sie allem nur Menschlichen entgegenbringt. In diesem Doppelklang ekstatischer Innerlichkeit und Lieblosigkeit nach außen erkennt Claude immer mehr das »Elend ihrer Stärke inmitten ihres Mangels an Menschlichkeit« (5,480), ihre hinreißende Schönheit erscheint ihm als »kalte Pracht«. Kälte steht in ihren »grauen und weiten Augen«, mit denen sie »rücksichtslos« Claudes trübere »durchsucht« (5,59) – »ihre grauen Blicke waren kalte, messende Eroberer« (5,480) – Kälte klingt aus ihrem Lachen: »Jedesmal grub dieses schöne, geliebte Geräusch, das ohne Seele war, in seiner Wunde« (5,169). Ute gleicht dem »einsamen Schwan« in Nymphenburg, der »steil, kalt, nur auf seine Linie bedacht« (5,125) ist.

Ehrgeiz und Erfolg, zwei Begriffe, die bei Heinrich Mann immer hohlere Resonanz gewinnen, bestimmen ihr Leben. Der Karriere zuliebe kann sie sich Panier hingeben, während sie im übrigen stolz darauf ist, daß in ihr nie »eine der niedrigen Regungen entstanden war« (5,327): »Nein, mit der Wärme meines Blutes ist es glücklicherweise eher faul« (5,17).[24] Der Preis ihres Künstlertums besteht in der Unfähigkeit zur Liebe. Um Künstlerin zu sein, ist sie »draußen« »eine tote Figur« (5,475), Claude nennt sie im entscheidenden letzten Gespräch »ein Monstrum«.

> »Bin ich's? Dann ist auch mein Körper eines. Was er für Angst, für Empörung leidet bei der Annäherung des Mannes ... Und was ich meinem Ehrgeiz, meiner Kunst für ein Opfer bringe ... Aber ich tu's, ich bin stark« (5,476).

Dies ist das »Elend ihrer Stärke«, daß sie nicht nur wie jeder Künstler für die Kunst »arbeitet«, sondern ihr Leben, ihre Menschlichkeit, ihre Weiblichkeit »opfert«; daß ihre Überzeugung, ein Leben »in der höher gefärbten stärkeren Welt ... die das Kunstwerk ist« (5,475), zahle ihr eigenes Leben reicher und rauschender aus, eine folgenschwere Selbst-

---

24 Aber leidenschaftlich deklamiert sie jene Stelle aus der »Emilia Galotti«: »Ich habe Blut, mein Vater; so jugendliches, so warmes Blut, als eine. Auch meine Sinne sind Sinne usw.« (5,16).

täuschung, ein Lebensirrtum ist, weshalb Claude ihr Künstlertum schließlich »eine Schande« (ib.) nennt. Sie hat, wie alle Schwachen, die Berauschung ihres Selbstgefühls, die Bestätigung ihrer »Macht« von außen nötig; sie ist, wie Claude, aus dem Leben in Träume verdreht; ihre Träume sind die Gestalten der Kunst, deren Leidenschaften sie fühlt, indem sie ihre »Rollen« spielt, aber sie selbst ist, wie Claude, dem »keine erlösende Geste« bleibt, eine »tote Figur«, obwohl sie die »Gesten« kann – doch sind es nicht die erlösenden.

> Künstler sind nicht die Menschen der großen Leidenschaft, was sie uns und sich auch vorreden mögen ... man wird nicht dadurch mit seiner Leidenschaft fertig, daß man sie darstellt, man ist mit ihr fertig, wenn man sie darstellt

erklärt pointiert Nietzsche.[25] Ute ist voller »Angst« vor dem Mann, wie Claude voller »Angst« vor der Frau. Sie ist Ästhetin, die das reale Leben durch das verräterische »schöne Leben« der Kunst ersetzt, sie ist ein unbewußter weiblicher Narziß: sie ist die weibliche Form des »schwachen« Menschen Heinrich Manns. Ihr Urteil »Vor allem leben wir. Ihr seid höchstens am Leben« ist vollständige Selbsttäuschung. Sie selbst ist »höchstens am Leben« und lebt einzig in der Phantasie; ihr Spiel ist unbewußte Flucht vor dem »Mann« und dem Leben und läßt sie auf die Dauer – leer. Am Sterbebett Claudes ist sie »liebebedürftig ... zum ersten Mal im Leben« (5,588), es durchzuckt sie in einer flüchtigen Anwandlung und in der Ungewißheit, ob Sentimentalität oder Wahrheit, die Erkenntnis: »Ich bin dann kaum Mensch gewesen ... Ich hab' Herz und Sinne, alles an meine Kunst verschwendet: sie hat mir's wenig gelohnt« (5,591).[26] Vor dem Leben ist die unfruchtbare Schauspielerin, wie ihr Name meint, tatsächlich ein »Ende«.

Die Herkunft der »Schauspielerin« als eines Lebensentwurfs aus der Phantasiewelt der Schwachen wird in ZWISCHEN DEN RASSEN noch einsichtiger. Lolas Jugend, die mit psychoanalytischer Einfühlung geschildert wird, einsam, voll frühen Schmerzes, in phantastischen Aufwallungen fluktuierend, genährt von der Lektüre französischer Romantiker, darf in ihren wesentlichen Zügen auch für Ute gelten. Bedeutungsvoll ist ein Opernerlebnis, es ist wie die lange gesuchte Erlösung aus der wundgeriebenen Leidenswelt ihrer Jugend:

---

25 Nietzsche, a.a.O., III,622.
26 Zum Problem der Frau als Schauspielerin vgl. Gerhard Lutz, Zur Problematik des Spielerischen. Eine Erörterung unter besonderer Berücksichtigung der Romane und Novellen des frühen Heinrich Mann. Diss. phil. Freiburg Bg. 1952, p. 52ff.

Woran sie jemals ahnungsvoll gerührt hatte, das war hier aufgeschlossen und entzaubert. Der letzte Duft schöner Blumen, Namen, Gesichter schien hier herausgepreßt. Die Worte klangen alle voller und sinnreicher, die Dinge hatten höhere Farben, die Mienen erglänzten inniger. Hier wiederholte sich, hätte man meinen sollen, das Leben Lolas in stärkerem Licht: als habe sie dort auf der Bühne ihr eigenes Herz, höher schlagend, vor Augen. Alles, wofür man sonst keine Verwendung wußte, konnte hier spielen. Man konnte sich ganz geben, wie man war; denn die Menschen hielten endlich das, was man sich von ihnen versprach (7,42).

Auch an dieser Stelle häufen sich die bezeichnenden Komparative; sie vereinigt alle Elemente, die den Kern der ästhetischen Ablenkung der »schwachen« Frau bilden. Das Theater bietet die »höher« gefärbte Wirklichkeit der Einbildung ohne die Häßlichkeit der realen, und das Gefühl, endlich eine »Wahlheimat« (7,123) in der Kunst gefunden zu haben, ist so überwältigend, daß hieraus die dilettantische Verwechslung von Kunst und Leben entsteht, der viele Schwache Heinrich Manns in verschiedener Gestalt und in verschiedenen Graden unterliegen. Die Kunst verspricht das »starke Leben«, das »schöne Leben«, ein ideales Leben ohne Menschen – in äußerster Spannung zu allem Menschlichen, Erfüllung der dichtenden Phantasie und Schutz vor der gemeinen Wirklichkeit. Aus diesem Opernerlebnis entsteht spontan der Wunsch, Schauspielerin zu werden, das Zauberwort Schauspielerin wirkt auf Lola, als sei sie dadurch »erlöst und mit sich selbst bekannt gemacht« (7,42). Was aber ist dies anderes als eine Umschreibung des doppelsinnigen narzißtischen Spiegelerlebnisses – Erkenntnis des Eigenen, die wie Erlösung wirken und unfruchtbare Verstrickung in das Ich bedeuten kann. »Kunst und Leben, beide im Triumph! Kunst und Feste« (7,171) ist die Formel der Schauspielerin für ihren illusionären Lebensrausch – »man ist grauenhaft allein« (7,175) und »Ich bin dann kaum Mensch gewesen« (5,591) diejenige der Ernüchterung: Unfruchtbarkeit das abschließende Verdikt.

Auch die Gestalt der »Schauspielerin« unterliegt fortschreitenden Abwandlungen. Sie differenzieren bald nach der einen, bald nach der anderen Seite ihren Lebenskonflikt, die Spannung zwischen dem Menschlich-Liebebedürftigen und dem Traum der Kunstbesessenheit, welcher Ehrgeiz, Herrschsucht, Selbstgenuß und Spieltrieb umschließt. Es ergeben sich ausschließlich tragische und tragikomische Lösungen; wie schon an der Gestalt des »Erben« tritt das Gesellschaftliche immer stärker hervor.

Schon die Abenteurerin Violante von Assy spielt ihr Leben als »ein schon vor der Geburt vollendetes ›Kunstwerk‹« (3,330) durch. In dilettantischer Vermischung stellt sie alle Seiten des Lebens dar und ist in allen die Schauspielerin ihrer selbst, als welche sie in einer Dichtung Jean Guignols auch auftritt. Sie kennt nur den Rausch der vielen »Rollen« des Lebens und keine verpflichtende Wirklichkeit und will ernüchtert nicht weiterleben. Dagegen bedeutet die Gestalt Ute Endes eine spürbare Einengung und Präzisierung des Problems. Ute spielt nicht mehr dilettantisch ihr Leben, sondern opfert es der Kunst als ihrer »Arbeit«. Sie erfährt noch deutlicher als die Herzogin am Ende, inwiefern sie das Menschliche verfehlte. Sie spielte »zu ruchlos« (5,472) mit Claude und wird in ihrer Lebensferne ein »Monstrum« genannt. Die Verschärfung der Kritik ist unverkennbar.

Noch genauer wird die »Künstlerin« in den beiden 1906 entstandenen, gegensätzlichen Novellen SCHAUSPIELERIN und DIE BRANZILLA isoliert. Alle Lebensstationen Utes bis zu den ersten Engagements, erweitert um die »Theatersucht« (VIII,377) der Mädchenzeit, dienen zur bloßen Exposition der Novelle SCHAUSPIELERIN. Die neue Erfahrung ist die Liebe, in der die Schauspielerin Leonie das »verstiegene Dasein« (VIII,410) verlassen will. Aber Rothaus, ihr Geliebter, ein typischer »Erbe«, ist zu schwach für seine eigene Liebe und zieht sich von Leonie unter rätselhaften Umständen zurück. Erst nachdem sie fassungslos ertragene Qualen physisch überlebt hat, leitet sie allmählich ihr Leiden in Kunst hinüber, entdeckt sie wieder ihren »Spieltrieb«, nennt sie sich »Komödiantin« (VIII,449). Die gebrochene »Komödiantin« wider Willen kann jedoch nicht mehr mit der ahnungslosen ehrgeizigen Schauspielerin im jugendlichen Kunstrausch verglichen werden. Zwischen beiden liegt ein vollständiger Zusammenbruch.

Die Gegenbewegung zeigt die Sängerin Branzilla. Sie heiratet einen Tenor, aber sie verzehrt sich in der Qual darüber, »daß er das Leben hat und die Kunst obendrein« (VIII,365). Statt sich von ihm ins Leben führen zu lassen, wozu Leonie bereit war, will sie ihn, entsprechend ihrer Kunstauffassung, zum asketischen Künstler erziehen. Ihr Kunstfanatismus steigert sich zu vollendeter Boshaftigkeit, tyrannischer Herrschsucht und Unmenschlichkeit. Sie treibt ihren Mann zum Selbstmord, ihre Tochter wirft ihr vor: »Oh, Menschlichkeit hast du nie gekannt...« (VIII,394), sie selbst gibt zu: »Es geht mir nicht gut; es ist mir niemals gut gegangen; und auch mir sind meine Entbehrungen nicht bezahlt worden« (VIII,374), auch sie ist ein »singendes Monstrum« (VIII, 374). 1908 erschien die Novelle zusammen mit der Novelle DER TYRANN unter dem Sammeltitel DIE BÖSEN. Er deutet die nunmehrige Distanzierung von der »Künstlerin«, genauer vom »Nurkünstler«, wie

Nietzsche später genannt wird,[27] an. Als Seitenstück zu Pippo Spano, als Loslösung von Nietzsche und seiner Auffassung von Kunst, deutet die Novelle auch Rolf N. Linn.[28]

Lola, die Heldin von Zwischen den Rassen (1907) wurde von der alternden Branzilla noch zur Sängerin ausgebildet, aber ihr Künstlertum verblaßt wiederum vor der größeren Gewalt der Liebe. Sie hatte mit ihrem Gesang »Herzen werben«, »in Herzen Liebe . . . und in einem Stück Erde eine Heimat« (7,175) entdecken wollen, er war also unbewußter »Umweg« ihrer Sehnsucht nach Liebe. Die schwierige Rückkehr aus dem »schönen Leben«, aus der »harten Ausnahmewelt« (7,175) der Künstlerin drängt in diesem Roman die Kunstproblematik rasch zur Seite. Die »Künstlerin« erscheint im Leben Lolas nur als Durchgangsphase durch das Ästhetische. Dagegen nimmt wiederum Flora Garlinda in der Kleinen Stadt (1909) unter großen Anfechtungen das Ausnahmeleben, den Weg zum Ruhm als Schicksal auf sich: »Als ob man etwas hätte außer sich. Güte? Alles Große ist ohne Güte . . . Uns gebührt keine Gemeinschaft . . . Aber es gilt, um groß zu werden, sein Herz ganz fest zu halten . . .« (8,521). Sie ist nur eine Spielfigur unter den vielen der »Kleinen Stadt« und treibt das Problem der Schauspielerin nicht über die bisher erreichte Stufe der Klärung hinaus. Aber auch sie empfängt vom Hauptgeschehen des Romans, der Läuterung zur Menschlichkeit, die Deutung, auf die es Heinrich Mann ankommt: ihre Lebensferne, ihr Abgleiten ins Bösartig-Egoistische tritt unbeschönigt hervor.

Nach einem Jahrzehnt fast pausenloser Produktion machte sich Heinrich Mann mit dem Theater »ein leichteres Leben«.[29] Auch die nach 1909 entstehenden Dramen entwickeln die Gestalt der Schauspielerin weiter. Zunächst bringt der Einakter Varieté (1909/10) eine Abwandlung ins Zynische, in Wedekind-Atmosphäre und -Milieu. Ohne Bindung an wirkliche Kunst erschöpft sich die Varieté-Künstlerin Leda D'Ambre in spielerischer Komödianterei, die sie in geschäftlichen Erfolg umzusetzen weiß. So aber befindet sie sich, wie schon die »Künstlerin« Rosa Fröhlich im Professor Unrat, in voller unwissend-zynischer

---

27 Im »Zeitalter« werden Nietzsche und Wagner »Nurkünstler« genannt (p. 164). Der Begriff gehört zum Vokabular des ethischen Aktivismus der zwanziger Jahre; so heißt es bei Kurt Hiller: »Wer ist des Geistes? Der Nur-Weise nicht; dem fehlt Verwirklichungswille. Der Nur-Künstler nicht; dem fehlt Ethos (und oft: logische Sauberkeit) usw.« (Der Aufbruch zum Paradies, München 1922, p. 98). – Die »moralische Verurteilung des Komödianten« hat Schröter (Anfänge, p. 99–103) sehr überzeugend herausgearbeitet.
28 Rolf N. Linn, Heinrich Mann's »Die Branzilla«. In: Monatshefte f. d. dt. Unterricht, Vol. L (1958), p. 75–85.
29 Heinrich Mann, Kurze Selbstbiographie (Zenker II,877,5).

Übereinstimmung mit dem bürgerlichen Leben: »Wo Liebe ist und wo Kunst ist, nun da ist Geschäft« (X,76). Im folgenden Drama SCHAU-SPIELERIN (1910/11) gibt Heinrich Mann dem Stoff der gleichnamigen Novelle eine tragische Wendung. Die Künstlerin will »abdanken«, ins Leben treten und scheitert an dessen Kleinbürgerlichkeit wie auch an ihrer eigenen Schwäche. Die Novelle DIE VERRÄTER (1924) sodann hat den Lebensweg der Schauspielerin bis zur bürgerlichen Ehe als einer Form des Selbstverrates fortgedacht. Diese Schauspielerin beanspruchte zuerst »Ruhm und Glück«, später nur noch »Vergnügen und Ruhe«, aber sie blieb immer »allein« (IX,300). Sie erfuhr im bürgerlichen Leben »die Stumpfheit der Reichen und das verkümmerte Innere der Herren«, wohingegen sie selbst »vornehm« durch ihre Sehnsucht ist und nicht in die »Welt der Zufriedenen« (ib.) gehört. Im Roman DER KOPF (1925) dagegen erscheint das Leben der Schauspielerin Lea als eine weit aus-einandergezogene »Katastrophe ohne Ausweg und Trost« (K.288), als Schicksalslinie eines gebrochenen Herzens, das in Perversion und spä-tem Selbstmord endet. Die entscheidende Episode, in der Lea den Ver-rat ihres Geliebten »wegspielt« (K.303), veröffentlichte Heinrich Mann mit geringen Veränderungen als selbständige Novelle unter dem Titel SZENE (1924).

Die Novelle SUTURP von 1929 schließlich läßt auch die Linie der Schauspielerin in den Themenkomplex des »ernsten Lebens«, des Exi-stenzkampfes, einmünden. Die Zone des ästhetischen und des erotischen Konfliktes wird rasch durchschritten, ausführlicher zeigt die Novelle die Verstrickung der Liebenden in gesellschaftlichen Ehrgeiz und Besitz-streben. Sie bleiben, wie schon die Liebenden in EUGÉNIE, am Ende ein-ander als einziger Besitz, die Novelle schließt: »Sie müssen weiterleben. Sie müssen sich hinkämpfen, um weiterzuleben« (IX,272). Die Dreieck-situation der Novelle zwischen dem »Erben« (Elchem), der »Schau-spielerin« (Franziska) und dem Rechtsanwalt Belling ist als Übergangs-situation zwischen der sterbenden Welt ausschweifender Erben und dem »ernsten Leben« zu deuten: mit Elchem spielt die Schauspielerin eine groteske Komödie – an der Seite Bellings, eines »zielbewußten Arbei-ters« (IX,251) kämpft sie um ihr Lebensglück.

Damit ist der Lebenskonflikt der Schauspielerin, der die Widersprüche des Bürgerlichen an den Tag bringt, vollständig durchkomponiert und läuft gleichsam aus: in der Novelle EINE LIEBESGESCHICHTE, die in mehrfacher Hinsicht an SUTURP anknüpft, ist die Liebende keine Schau-spielerin mehr, aber die entstellende Verbindung von Liebe und Ge-schäft steht nunmehr, als paradoxe Form, das Lebensglück zu erfahren und zu verspielen, zur Parabel der untergegangenen bürgerlichen Gesellschaft erhoben, ganz im Mittelpunkt. Aufschlußreich genug bildet sie den Abschluß der Novellistik Heinrich Manns.

Diesen Befund hätten Einzelinterpretationen noch zu differenzieren; hier kam es nur darauf an, gegenüber mannigfachen Mißverständnissen den Zusammenhang des Motivstranges und die durchgehende Linie der Gestaltung aufzuzeigen. Eingehendere Betrachtung würde den ausgesprochen »problembewußten« Charakter dieser Novellistik erweisen können.

Ute Ende hatte erklärt:

Wir beherrschen alle unsere Glieder ... Wir wissen auch, was auf unserem Gesicht steht und daß wir nichts Niedriges fühlen dürfen, damit es nicht, wie bei euch, darauf stehe. Uns sieht man ja zu. Wir selbst sehen uns zu (5,315).

So ist die »unheimliche Gabe der Selbstverdoppelung« auch eine wesentliche Eigenschaft der »Schauspielerin«. Durch sie wurde Leonie in der Novelle endlich zur »Komödiantin«:

In ihr war eine Bühne, auf der sie selbst, noch einmal und verkleinert, ihre Erlebnisse spielte, sich müde spielte. Sie sah sich zu, dieser Puppe dort unten; gab sich Nachdruck; klatschte sich Beifall; ward bald länger gefesselt von der Wiederholung ihres Schicksals als von ihrem Schicksal selbst, länger von dem mit lauten Gebärden erfüllten als von dem still durchpilgerten; vergaß, indes sie sich ihre Leiden vorführte, manchmal, daß sie litt; vergaß es häufiger (VIII,449).

Die Wesensverwandtschaft der Schauspielerin mit Claude Marehn, aus dem sich in der Phantasie »ein anderer« löst, der alles spielt, wozu ihm die Gesten fehlen, ist unverkennbar. Claude meditierte, allein auf der Bühne seines für Ute erbauten Theaters, über seinen seelischen und finanziellen Zusammenbruch: »Schau's mit an, spiel's durch, auf deiner eigenen Bühne!« und fährt dann fort: »Versteh' denn ich selbst meinen Monolog? Versteh' ich denn mein Leben? Man wird zum schlechten Mimen, spielt die unverstandenen Stücke eines anderen ...« (5,465). So ist die Gestalt der Schauspielerin nur die Konzentration einer besonderen Eigenschaft aller Schwachen. Sie können nur die Gesten dieses Lebens nachahmen, in seine »Rollen« schlüpfen und werden so im realen Leben, einem »unverstandenen Stück«, zu »schlechten Mimen«, zu unsicheren »Komödianten«. Max Reinhardt habe, so erinnert sich Heinrich Mann im ZEITALTER, den Schauspieler »als einen Beauftragten der ganzen Seele« angesehen, der keine ihrer »Tiefen« und »Verirrungen« auslasse: »alle kann er nachahmen und sie erlernen durch die Geste« (Z. 220). Zu eben dieser Fertigkeit sind die Schwachen dem unverständlichen, gefühllosen Leben gegenüber verurteilt, stets sind sie geneigt – und gezwungen –, vor der Realität ins Spiel auszuweichen. Zur Lebensschwäche gehört notwendig »Komödie«.

Die Herkunft der Künstler- und Komödiantenpsychologie im Werk Heinrich Manns aus der Zeit- und Kulturkritik Nietzsches hat Schröter im einzelnen nachgewiesen. Die Einsichten Heinrich Manns in die Unwahrhaftigkeit des Spielerischen verfestigen sich zu einer Kritik am Komödianten, die durch das ganze weitere Werk zu verfolgen ist. Diesen Komplex negativer Bezüge umschreibt das große Wortfeld »Komödie«. Zu ihm gehören »Komödiant«, »Komödianterei«, »Schauspieler«, »Mime«, »Seiltänzer«, »Tänzer«, »Spieler«, »Spiel«, »Rolle«, »Maske«, »Nachahmung«, »Nachäffen«, »Schwindeln« sowie weitere Zusammensetzungen und Ableitungen (z. B. zu tanzen: »tänzeln«, »Abtanz«, »Getänze«). So ist es nicht erstaunlich, daß Heinrich Mann das Griechische, eine antike Provinz der Künstler- und Komödiantenhaltung, ein einziges Mal im Gesamtwerk gerade im Verlauf dieser Klärung des Spielerischen aufsucht. Zwei seiner Novellen, MNAIS und DIE RÜCKKEHR VOM HADES, spielen in Hellas. MNAIS zeigt einen Bildhauer, dem das Leben hingeht, während er es in Marmor bannt. »Noch immer der Narr ... der Spieler« (10,302) begrüßt ihn der Freund seiner Jugend. Die Novellen PIPPO SPANO (1903), MNAIS (1906), DIE BRANZILLA (1906) und SCHAUSPIELERIN (1906) bilden einen thematischen Vierklang, wandeln das Künstlerproblem nacheinander am Beispiel des Dichters, des Bildhauers, der Sängerin und der Schauspielerin ab.

DIE RÜCKKEHR VOM HADES hingegen entstand zwischen der KLEINEN STADT und den Dramen; sie vollendet das Bild des »Komödianten«, wie er sich Heinrich Mann nunmehr darstellt. »Noch an vielen Grabtafeln tanze ich vorbei, bevor sie auf meine schreiben: Diese hier spielte die Liebe« (10,226). So die Worte der Komödiantin Heliodora. Und der Schauspieler Pandion gesteht:

> Da ich das Göttliche spiele, glaube ich nicht daran. Ich glaube an Heliodora, eine Komödiantin, und bleibe für mich, selbst wenn ich liebe. Der Ernst des Lebens ist mir unbekannt, denn ich fand die Menschen schwach und die Dinge ohne Sinn. Spiele ich aber, sind sie sinnvoll, und ich bin stark (10,224).

Aus der Gegenwart von 1910 in griechische Antike versetzt, spiegeln diese Sätze voller Leichtigkeit noch einmal Glanz und Elend jener Komödianterei, die ein Leben, wo die »Dinge ohne Sinn« sind, unvermeidlich aus sich hervortreibt. Programmatisch stellt sich ihr der spätere Romantitel Ein ernstes Leben entgegen.

Das Fortleben dieser Anschauung des Komödianten in der Charakterisierung des Österreichers, als den Heinrich Mann Hitler vor allem sieht, ist deutlich:

> Mit Recht sind die Österreicher beliebt wegen ihrer künstlerischen Veranlagung. Die Wurzel davon ist freilich Komödianterei, und diese verrät einen Menschen, der sich über die Wirklichkeiten hinwegtröstet, für das Leben den Schein nimmt und sich das Dasein, das sonst zu schwer auf ihm lasten würde, spielend leichter macht. Etwas zu viele bekannte Österreicher waren Schauspieler, das ist festzuhalten (Hass, 81)

Die Kritik am »Spielerischen« im Werk Heinrich Manns, die Gerhard Lutz übte, übersieht, daß Heinrich Mann demnach mit den Gefahren des Spielerischen und der Schauspielkunst bestens vertraut war. Dies bezeugt auch sein Essay Schauspielerinnen von 1926, wo es heißt:

> Überdeutlichkeit ist das erste ... Meistens legen sie sie auch im Leben nicht ab, die Schauspielerin weniger als ihr männlicher Kollege ... Ihre Art, sich zu fühlen, stammt aus Rollen. Es wäre zuletzt kein Wunder, wenn ihre bürgerliche Laufbahn sich aus lauter oft wiederholten Erfolgsstücken zusammensetzte ... Das Wirkungsbedürfnis, von der Bühne in den Alltag übertragen, richtet fragwürdige Dinge an. Wirkung höchsten Grades ist herrschen, unbeschränkt herrschen. Nun zeigt es sich, daß, abgesehen von Imperatoren oder Diktatoren, die sich gehen lassen, kein menschliches Wesen so erbarmungslos und so glanzvoll seinen Machttrieb in Szene setzt wie die Diva ... Freilich herrscht sie ins Leere (XI,289).

Im Zeitalter steigert sich die Einsicht in die Gefährdung des Schauspielers fast zu einer Absage:

> Diese gelernten Sprecher des öffentlichen Empfindens, das meistens selbst nicht echt ist, laufen immer Gefahr, Lakaien des Publikums zu sein. Jeder, den dies bedrückt, entzieht sich dem Dienst auf seine Art (Z.222).

Die Kritik Lutz' übersieht andererseits, daß Heinrich Mann schon im Untertan den »Schauspieler« als den »repräsentativen Typus dieser Zeit« (IV,197) bezeichnete. Wenn er also »soziale Zeitromane« schreiben wollte, mußte er auch die Schauspielerei als »Tatsache(n) der inneren Zeitgeschichte« (IV,196), als Symptom der Schwächung des Lebensgefühls der Zeit aufnehmen und gestalten. Auch Lutz wertet einseitig als »Confession«, was in den Dienst der Zeitanalyse gestellt wird. Noch aus den Bemerkungen im Zeitalter geht hervor, wie sehr Heinrich Mann die Epoche vor 1914 andererseits als große Zeit des Schauspielers ansah. »Ein einzelnes kurzlebiges Geschlecht wird dennoch seine stärksten Eindrücke von der Bühne herab empfangen haben« (Z. 219). »Unsere Welt, ihr geistiges Gesicht, das Theater mit dabei, begann damals unvermerkt unterzugehen« (Z. 222). Zugleich wird offenbar, wie sehr Heinrich Mann sich nunmehr im Alter wiederum noch dieser »unserer Welt« vor 1914 zugehörig fühlte – ein Gefühl, das in vielen Brechungen auch den letzten Roman DER ATEM durchzieht. In ihm wendet er sich noch einmal der frühen großen Gestalt, der Abenteurerin, nicht ohne verklärende Akzente, zu.

Wenn Lutz in den frühen Werken mit Recht eine »Welt unendlich spielerischer Hohlräume«, in denen sich kein Schicksal bilde,[30] antrifft, wenn er das Dilettantische der Vermischung von Kunst und Leben hervorhebt, so fehlt nur die Präzisierung, daß Heinrich Mann nicht der Erfinder, sondern der Darsteller dieser Hohlheit war, daß er nicht der Dilettant, sondern der Künstler war, der das Dilettantische gestaltete. Dies gilt für die ganze Werksphäre der »Komödianterei«. Die Interpretation Heinrich Manns kann nur gewinnen, wenn sie hier wie auch in anderen Zusammenhängen Sätze aus der Rede DICHTKUNST UND POLITIK von 1928 wörtlich ernst nimmt und allererst für Heinrich Mann gelten läßt:

> Der Bildner seiner Menschen bleibt unzufrieden mit ihnen. Sie sind, was ihre Gesellschaft, ihr Zeitalter wollen, das ist falsch. Sie sind, was ihr Staat braucht, das ist vom Übel. Er kennt sie, aber er kennt heimlich auch ihr verwandeltes Bild. Hinter allem Menschlichen, das er wiedergibt, wartet erst das nie gesehene wahrhaft Menschliche. Dies empfiehlt er, ohne es zu nennen. Dorthin strebt er, so unerlaubt es der Wirklichkeit und ihren Mächten auch erschiene (XI,315).

Blitzartig wird vor dem Hintergrund dieser Sätze der Sinn der negativen Vollendung der Liebe, wie sie etwa in EINE LIEBESGESCHICHTE Gestalt gewinnt, begreiflich.

c) Das Bruder-Schwester-Verhältnis Claude – Ute

Die romanhafte Zergliederung der unglücklichen Liebe des Erben Claude zu der Schauspielerin Ute bildet das Hauptgeschehen der JAGD NACH LIEBE. Alle Elemente zum Verständnis dieses komplizierten Liebesbezugs sind in der seitherigen Betrachtung der Lebensschwäche bereits angelegt; seine Analyse erschließt zahlreiche Formeln, Motivkonstanten und sonst unbegreifliche Verhaltensweisen der Gestalten im übrigen

---

[30] Lutz, a.a.O. p. 90.

Frühwerk. Glücken oder Scheitern des elementaren Liebesverlangens entscheidet für Heinrich Mann unwiderruflich über das Leben.

Ute wurde das erste Objekt der vorher »gegenstandslosen« Aufwallungen der Sehnsucht Claudes, seine Traumliebe. Seither befindet er sich im Zustand demütigender Selbsterniedrigung um der Liebe willen, er hat Ute zum Existenzgrund seines Lebens erhoben. »Nun war er zwanzig, und nun lebte er mit Ute. Jeder Schritt, den er machte, jeder Gedanke, in den er einlenkte, führte zu ihr« (5,117). Ute empfindet ihn, wegen seiner Schwäche, Anpassungsfähigkeit und künstlerischen Sensibilität, als den ihr nächststehenden Menschen, aber sie liebt ihn nicht, jederzeit ordnet sie den Umgang mit ihm ihrem Karriere-Kalkül unter. Da so der Traumidentifikation keine Gegenseitigkeit beschieden ist, wird sie illusionär, phantastisch, eine unentwegte Dissonanz, die zwiespältige Fixierung der Trennung von Körper und Seele; die anfängliche Beziehung wird als »Bruder-Schwester-Verhältnis« (5,380; 464) bezeichnet.

Dieses konnte zunächst auch als Glück erscheinen. Dann aber zeigt es sich, daß eine Phase freundschaftlichen Einvernehmens nichts anderes war als »der kurze Stillstand eines langen Leidens ... das zu etwas Schlimmem führte« (5,121), daß dieses Verhältnis die fortgesetzte Ent-Ichung Claudes bedeutet. Er versteht sie zunehmend als Folge seiner Schwäche: »Ich bin nicht stark, auch meine Liebe ist nicht stark genug, um dich zu erobern« (5,222). Immer drängender wird zugleich das Verlangen nach dem wirklichen Vollzug der Liebe.

Das bloß Seelenhafte der Liebe gewann schon in der ersten veröffentlichten größeren Novelle Heinrich Manns DAS WUNDERBARE von 1894 Gestalt; sie spielt in Italien. Sie ist ein Dokument des starken Einflusses Maeterlincks und des praeraffaelitischen Geschmacks der Zeit.[31]

Die Geliebte leidet dem Tod entgegen, »ihr Dasein berührte sich schon hier ... mit der Unendlichkeit« (VIII,29), »ihre Augen waren übermäßig weit geöffnet und durchscheinend, Augen, die von der Welt nichts mehr sahen« (ib.), ihre Gestalt wird aufgelöst in stille Schönheit, Duft und weißes Schweben. Der Geliebte ist von ihr grenzenlos abhän-

---

31 So erinnert die Geliebte an den »leidenden Reiz« eines Madonnenbildes von Fra Angelico (VIII,29). Vgl. auch: »Botticelli, den jetzt alle lieben« (VIII,70). Noch Halm in den »Göttinnen« wollte die Pallas des Botticelli malen, er bemerkt: »O, wir malen keine Pallas, wir sind selber Pallas: auch in unseren Augen brennt unsere Seele« (2,276). Zum praeraffaelitischen Geschmack vgl. Rudolf Kassner, Die Mystik, die Künstler und das Leben. Über englische Dichter und Maler im 19. Jahrhundert. Accorde. Leipzig 1900, ferner R. M. Rilke, Florenzer Tagebuch, in: Tagebücher aus der Frühzeit, a.a.O.

gig, in ihm wühlt die Angst, sie könnte verklingen »wie ein einmal vernommener Ton von drüben« und ihn in »namenloser Verlassenheit« (ib.) zurücklassen. »Ich mußte ihr folgen, es war unmöglich, ihr nicht zu folgen. Ich war krank und sterbend gleich ihr. Ich wollte es sein« (ib.). Diese Liebe ist ein tiefempfundenes gemeinsames Leiden der Seelen, die aus den Körpern heraustreten. Sie transzendieren alle irdischen Fesseln, ihre »Erfüllung« ist Erfüllung im gemeinsamen Traum:

> Und während unsere Augen sich trafen und lange, lange ineinander vertieft blieben, erfuhr ich, daß endlich, dennoch, die Trennung unserer Körper besiegt sei, daß sie nun ganz mein Traum geworden und ich der ihre, und daß wir fortan ohne Furcht und sicheren Schrittes miteinander in die Unendlichkeit wandelten (VIII,33).

Diese Liebe ist eine ewige Vereinigung der Seelen, die nunmehr keine diesseitige Bewegung mehr kennen: das unablösbare Sehnsuchtsziel, die eigentliche Erfüllung des irrealen Insel-Glücks ist der Tod. »Wir werden fortgehen. Was tun wir in einer sterbenden Welt?« (VIII,34).

Von besonderem Interesse und charakteristisch schon für den frühen Heinrich Mann ist die Einordnung dieser Traumliebe in das Leben. Sie wird erstaunlicherweise von der Rahmenhandlung zur vorbürgerlichen Phase im Leben Siegmund Rohdes, eines mit feineren, »künstlerischen« Sinnen ausgestatteten Menschen, relativiert. Sie wird zur »romantischen« Phase im landläufigen Sinn dieses Wortes. »Ich kehrte heim und erarbeitete mir ein bürgerliches Glück« (VIII,36). Ohne Anstrengung, vielmehr »natürlich« wird diese Seelenliebe überlebt und vergessen. Die absolute Scheidung des Wunderbaren vom Wirklichen erlaubt, beides rein zu erleben, die Trennung gerade wird Fundament der bürgerlichen Existenz. Der Mensch, so würde die Folgerung lauten, »überlebt« erst das Wunderbare, ehe er bürgerlich wird und das Leben ihm die Arbeit stellt. Und es ist besser, ein einziges Mal vom vollen »außerweltlichen« Schein des Wunderbaren getroffen zu werden, als immer weiter »den gemeinsamen Idealen unserer Jugend«, wie nun das Wunderbare benannt wird, nachzujagen (VIII,37).

In der Seele freilich, die zugegebenermaßen nie wieder so innig in ein anderes Wesen eingeweiht wurde, blieb der »Widerschein eines fernen Sternes« (VIII,36) zurück. Aufschlußreich genug wurde die »nach jenem Stern zurückverlangende Seele« »von dem Körper, der gesundete und stärker ward als je« »besiegt« (ib.). So zerfällt das »Leben« in die Welt der weißen, leidenden Seelen und in den bürgerlichen Alltag. Rohde ist keinesfalls ein »Schwächling«, doch war die romantische Phase gewissermaßen eine »schwache« Phase, während er sich rekonvaleszent in

Italien befand. Er war »geschwächt«, der bürgerlichen Welt entrückt, aber der spiritualisierten, todessehnsüchtigen Liebe, des »Wunderbaren« teilhaftig – als gesunder Mensch ist er ohne Traum, ohne Sehnsucht, aber er bewältigt in Beruf und Familie das Leben. Während das Wunderbare im Mittelpunkt der Novelle steht und den jungen Dichter fasziniert, weist dieser Novellenrahmen schon auf die gesellschaftskritische Tendenz.[32]

Eine Traumvereinigung begründet auch die tiefere Bindung Claudes an Ute. Sie nimmt einmal, als Ute ihm einen Traum erzählt hatte, Gestalt an:

> Claude dachte an den Frühling des vorigen Jahres, mit seinem still wie bei Bruder und Schwester dahingerauschten Glück. Auf einem Gange in Nymphenburg waren die unterirdischen Zärtlichkeiten plötzlich alle verschüttet... Nun seufzte ein Sommer, dehnte sich, Schweißperlen auf der Stirn und mit ausgebreiteten Armen. Aus Ute – sie wußte es nicht – aber aus Ute war für einen Augenblick ein kleines, warmes Mädchen getreten, als träte es aus dem Häuschen auf der Waldlichtung. Mit Claude, der auch verwandelt war, hatte es die großen Leiden erfahren und die starken Wonnen. Sie hatten hoch gelebt, um schlimm zu enden. Ja, durch Verbrechen, Ausgestoßenheit, Armut, Schande waren sie immer wieder einander in die Arme gestürzt (5,323).

Auch hier tritt aus Claude der Schauspieler seiner Träume, aus Ute ein »Traummädchen« und zusammen erfahren sie – so träumt er – jenes *Manon*-Schicksal der Liebe, das für Claude zum Inbegriff seiner Sehnsucht wird. Wiederum lebt Claude in der bloßen Phantasie – getrennt von der Frau, die wieder fortgeht »in überwältigende Weiten aus Nachtblau und Silber« (ib.). »Kein Wort hielt sie zurück, kein Aufschrei, keine Geste. Die Arme, die er halb erhoben hatte, Claude ließ sie wieder fallen« (ib.). Auch bei anderer Gelegenheit wird jenes tiefere Gefühl heraufgerufen und Ute erscheint ihm als »das kleine Mädchen, dem er, aus der Einsamkeit seines Knabenlebens heraus, seine ersten Zärtlichkeiten gebracht hatte, das sie mit einem Prinzessinnenlächeln angenommen hatte...« (5,474) und als welches sie – sein Traum wurde.

> »Prinz« und »Prinzessin« sind die vielbezüglichen Chiffren für die einsame, vor dem Leben stehende Inselseele, die in den Schwachen träumt. »Als sie [sc. Ute] die Königin des Don Carlos war, verschmolz Claude, dahinten in seiner Loge, mit dem Prinzen und seiner Sehnsucht« (5,369). Auch Prinz Phili in den GÖTTINNEN verkleidet sich als Don Carlos (2,84). Prinz Klaus Heinrich in der KÖNIGLICHEN HOHEIT, auch er ein »Schwacher«, erkennt in Imma Spoelmann eine »Prinzessin«, seine »kleine Schwester«, »seinesglei-

---

32 Vgl. hierzu die Interpretation der beiden Novellenfassungen bei Schröter, Anfänge, p. 74–77.

chen« (Thomas Mann II,274). Auch sie besitzt jene »übergroßen« Augen der Praeraffaeliten: »... und lauschte mit ganzer Seele, indes ihre Augen, so übergroß, so dunkel glänzend, in seiner Miene forschten« (p. 326). Dazu im Brief Thomas Manns an seine Braut Katja: »... weil Sie, wie ich das Wort verstehe, eine P r i n z e s s i n sind. Und ich, der ich immer ... eine Art Prinz in mir gesehen habe ...« (Thomas Mann, BRIEFE 1889–1936, Frankfurt 1961, p. 56). »... und ich habe ziemlich viel prinzliches Empfinden« (a.a.O., p. 71). Bei Hofmannsthal und Rilke statt »Prinz« bzw. »Prinzessin« auch »Kaiser«, »Königin«, »Fürstin«. Noch das »phantastische Kind« Felix Krull bildet sich ein, »daß ich der Kaiser sei« (VII,271), bildet sich ein, »heute ein achtzehnjähriger Prinz namens Karl zu sein« (p. 279).

Ein Irrtum ist es jedoch, wenn Claude sich für den »Tänzer« aus Utes Traum hält: die Gegenseitigkeit der Traumidentifikation widerfährt dem Schwachen auf der Stufe Claude Marehns nicht mehr. Aufschluß- reich genug wird nun aus Utes Traum ein Theaterstück fabriziert und so der Traum als »romantisches Theater« in der bürgerlichen Wirklichkeit zugleich untergebracht und aus ihr eliminiert, als »Poesie«, wie in der Novelle. Charakteristisch für Heinrich Mann ist es, daß er auf dieser säuberlichen Trennung von Seele und bürgerlicher Wirklichkeit, auf dieser Zerreißung des Lebens als einem Phänomen der Zeit besteht.

Ute als »kostbare Prinzessin« ist »kühl« (5,62), es ist Ute in einsamer Unerreichbarkeit. Das Traummädchen hingegen ist »heiß«, es ist der Traum der sinnlichen Erfüllung. Von diesem Traummädchen heißt es später, Claude habe es in Hingerissenheit geliebt, er sei von ihm »zu hohem Leben und zu schlimmem Ende geküßt worden« (5,384).

So passiv erwarten alle Schwachen, von der Frau zur Liebe und damit zum Leben erlöst zu werden. »Da lag sie auf seiner Brust, ihn zu erlösen, ihn in das Heiligtum des Lebens zu retten, ihm langen Atem einzublasen, ihn alles vergessende Empfindungen und starke Gebärden zu lehren« (VIII,311). Viele sind »frauensüchtig« (5,176), geraten in erniedrigende Abhängigkeit von der Frau wie Della Bernardesca, den Claude als »seinesgleichen« emp- findet. »Fällt es dir nicht auf, daß heute fast immer der Mann in den Ar- men der Frau hängt« – »er weint nach einer Gefährtin«, »nach einer Er- löserin aus seiner nihilistischen Einsamkeit« (5,6) konstatiert Ute. Entspre- chend heißt es: »Claude, süß betäubt, lehnte sich fester an sie« (5,491). »Und da wiegte nun Utes Schritt seinen eigenen, und sein Herz zersprang fast von all dem Leben, das ihre Hände hineinfüllten« (5,531).

Die Liebe ist im Zusammenhang der Dekadenz »der älteste Affekt und der letzte der stirbt«, sie »jagt« im Blut des schwachen Menschen, der »von den alten, jähen Vergewaltigungen durch Gefühle« (5,98) noch träumt. Claude ist deshalb »für die Liebe auf der Welt« (ib.), seine große Sehnsucht, »durch Liebe stark zu werden« (5,585), ist von tödlichem Ernst: »lieben können« bedeutet »leben können«, folgerichtig geht Claude, nachdem er weder mit Ute noch mit Gilda die Erfüllung der JAGD NACH LIEBE fand, und sein Leben zunehmend im »Ätherrausch« wie Frau Claire Pimbusch im SCHLARAFFENLAND hinfristete, im »Marasmus« zugrunde. Spießls »Analyse« hatte die Wahrheit des Schwachen richtig apostrophiert:

> »Nach Liebe ... Es versteht sich, daß er sich ganz umsonst abhetzt. Du möchtest schon; du möchtest dich fahren lassen, dich hingeben können, mitjagen. Es wird aber nie was draus werden, weil du ein viel zu hochstehendes Individuum bist. So wirst du immerfort nach Erlebnissen und Zuständen gieren, die dir dein gebildeter Geschmack verbietet – und bist im Grunde, weil Vater und Mutter so schlecht assortiert waren, 'ne ganz verfehlte Existenz ...« (5,99).

Während in der Novelle DAS WUNDERBARE der Traum sich selbst zu genügen schien, ist der unentwegte Versuch, die Differenz von Traum und Wirklichkeit zu überwinden, das Kennzeichen der Claude-Marehn-Stufe. Dieses Bestreben führt von der Erkenntnis, daß das Bruder-Schwester-Verhältnis die Liebe verfehlt, schließlich zu einer »Tat«. Am Ende einer langen Kette von Ereignissen unternimmt Claude zitternd den konsequenten Versuch, »stark« wie ein »Kerl« zu sein und Ute, die er doch als Schwester fühlt, zu vergewaltigen – ein aus der Reflexion entsprungener, ebenso gewaltsamer Versuch, dem Traum Wirklichkeit zu verschaffen, wie der Entschluß zu den Frauen »gegen bar«.[33] Er muß scheitern und führt die endgültige Trennung von Ute bis zu Claudes Sterben herbei. Jeder der »Höhepunkte« dieses Unverhältnisses bedeutet für Claude eine grenzenlose Erschütterung, aus ihnen besteht sein Leben über Jahre hinweg; für Ute hingegen sind es flüchtige Szenen der Wirklichkeit, aus denen sie soviel emotionale »Aufrüttelung« (5,293) zieht, wie sie braucht, um in der Theaterwelt wieder »gut« zu spielen.

Das Bruder-Schwester-Verhältnis, als eine illusionäre Form der Liebe unter Schwachen, aber auch als wirkliche, den Inzest streifende tröstliche Geschwisterliebe, besitzt im Werk Heinrich Manns eine Bedeutung,

---

[33] Vgl. das abgespaltene Fortleben dieses Motivs als satirischem Beispiel für »Ruchlosigkeit«: »Ich kann, wenn ich will, meine Schwester vergewaltigen, dem Tüchtigen steht die Bahn frei. Mir ist nichts verboten, ich bin jenseits von Gut und Böse« (IX,336). Dagegen wird im Essay »Der König von Preußen« (1949) mit »Zivilisation« der Verzicht assoziiert: »Die Zivilisation, er fürchtet mit keinem Verstoß sie zu schänden, er liebt sie zu sehr. Er würde, vor seinem Bewußtsein, auch seine Schwester nie geschändet haben, so nahe ihnen in Jugendtagen, von Vater und Mutter verfolgt, der Vollzug der Gefühle war« (F. 157).

die in der vorliegenden Literatur bis jetzt übergangen wurde. Alle natürlichen Geschwistersituationen bis zu Henri Quatre und seiner Schwester Cathrine, zu Friedrich dem Großen und seiner Schwester umgibt eine besondere geschwisterliche Zärtlichkeit; ähnliches gilt auch für Thomas Mann.[34] Die Geschwisterliebe errichtet eine Innigkeit gegenseitigen Verstehens, an die kein Bezug zu »fremden« Menschen je heranreichen, ja die, wie in WÄLSUNGENBLUT, die einzige Erweiterung der prinzenhaften Einsamkeit der vom Leben abgesperrten Schwachen sein kann. »Aber ich gebe zu, daß das Bild anmutigen Geschwistertums von jeher einen gewissen Zauber auf mich ausgeübt hat«, gesteht sogar noch Felix Krull.[35]

Dem Bestreben, das Geschwisterverhältnis Claude – Ute zu überwinden, wirkt die Befriedigung entgegen, die dieses selbst gewährt: es erspart die Begegnung mit der Wirklichkeit. Beide bewegen sich, wie Gerhard Lutz für alle Schwachen nachgewiesen hat,[36] in einem idealen Spielraum – Ute in dem der Theaterrollen, Claude in dem von Dichtung und Phantasie. Alle Schwachen aber sind aktuelle oder potentielle Dichter oder Künstler in irgendeiner Form. Ihre Grundgeste, das Zurückweichen vor der Wirklichkeit, übersetzt in der übermächtigen Phantasie, wie bei E. T. A. Hoffmann, die Geliebte in die Sphäre des »Wunderbaren«, des »Ideals«, der »Göttin«, wo sie unerreichbar wird. Claude leidet an der Vergeblichkeit, diejenige zu erreichen, die eine aktive Kraft in ihm selbst unerreichbar macht, weil wichtiger als ein Objekt der Sehnsucht die Aufrechterhaltung der Sehnsucht selbst ist; weil die Liebe der »Träumer«, nach der Unterscheidung Jean Pauls, eine »Liebe der Empfindung« und nicht des »Gegenstandes« ist,[37] weil sie, wie Jean Guignol und Mario Malvolto, aber auch Arnold Acton bezeugen, verwandt ist mit einer dichterischen, romantisierenden Kraft, die das Unendliche des eigenen Gefühls will. Solche Liebe ist subjektive Illusion, die verfliegt, wo sie auf die Wirklichkeit stößt: »Er reist in das Ungewisse, voll des Traumes von einer Frau, die vor ihm herfährt. Nicht erwachen! Sie in Wirklichkeit nie einholen!« (XII,306), »... denn wer

---

34 Vgl. Siegmund und Sieglinde in »Wälsungenblut« und den deutlichen Reflex im »Felix Krull« (VII,345f.), Klaus Heinrich und Dietlinde in der »Königlichen Hoheit«, »Der Erwählte«, ferner die Seejungfer mit dem Fischschwanz, die Adrian Leverkühn seine »Schwester in der Trübsal« nennt (VI,457).

35 Thomas Mann, VII,588. Vgl. die weite Verbreitung des Motivs der »Geschwisterliebe« in der Literatur um 1900: bei Trakl, Musil, Rilke, dem frühen George, Friedrich Huch, Ina Seidel, Heinrich und Thomas Mann, später bei Leonhard Frank (»Bruder und Schwester«) und Frank Thieß (»Die Verdammten«).

36 Lutz, a.a.O. p. 88f.

37 Jean Paul, Titan. Sämtliche Werke, Hist.-krit. Ausgabe, I. Abt. Bd. 9, p. 121.

eine Sehnsucht verwirklicht, büßt sie auch« (XII,312) heißt es lakonisch
später.

Der Anblick der spielenden Ute hatte Claude zur Liebe hingerissen,
das Opernerlebnis hatte in Lola den Wunsch erweckt, Schauspielerin zu
werden. Die »Kunst« verspricht ein »höher gefärbtes« Leben, das die
Schauspielerin in sie hineindichtet und mit dem Leben verwechselt, die
Schauspielerin verspricht Claude ein Leben der großen Leidenschaft,
das Claude in sie hineindichtet und mit ihr verwechselt. Dies ist die
gleiche Formel ihrer verwandten Seelen, für die es, auf der Stufe Claude
Marehns, keine Erfüllung außer der phantastischen gibt. Es ist der
gleiche Anlaß, der die Schauspielerin und die Liebe zur Schauspielerin
erweckt, nur die Form der »Illusionierbarkeit« ist verschieden: die
Schauspielerin projiziert ihre Sehnsucht auf sich und versetzt sich selbst
unter die Kunstwerke, der Schwache hebt das Ziel seiner Sehnsucht in
den idealen Raum einer Statue hinauf und nennt diese schonende Verbindung von Begehren und Unerreichbarkeit Liebe. Freilich kennt er
auch das Wesen seiner Sehnsucht und ihrer Bedingung:

> Du bist ja die immer Begehrte und nie Besessene – vielleicht könnte ich dich
> nie besitzen, selbst wenn du mir die Arme öffnetest, weil meine Sehnsucht
> viel mehr will als ein Leben gewähren könnte... (5,389)

Und auf Utes Worte »Da nimm mich!« griff er

> in die Luft, wild, schreckensvoll. Dann brachen ihm die Arme herab, Blei
> lag auf seinen Schultern, er fiel auf einen Stuhl am Tisch; darauf legte er
> das Gesicht und schluchzte trocken (5,390).

Statt der »Tat« also Tränen, »das Wunder überstieg meine Kräfte«
(5,472); Claudes eigene dichtende Sehnsucht hüllt die »Prinzessin« seiner Liebe in das Gewand der Unerreichbarkeit. Sie ist auch, wie es in
einem berühmt gewordenen Satz aus den GÖTTINNEN heißt,

> eine geliebte Ferne, ein Märchenziel, wo in Weben und Klingklang von
> Mondsilber und Harfen, über flimmernde Terrassen und nachtblaue Cypres-
> sen das unmögliche Gefühl steil aufquoll, ein himmelhoher Springstrahl,
> der nie zurückfiel (3,206).

Das Maß der Selbsterkenntnis ist indes bei Claude und Ute verschieden, Claude ist ihr um die Erkenntnis der Differenz von Phantasie und
Wirklichkeit voraus. Er will deshalb den Traum l e b e n, sein Verhängnis ist jedoch, daß er den T r a u m leben will. Wenn er Ute für stark
hält, und sie ins Leben ziehen will, verfällt er einem neuen Irrtum: stark
ist sie nur als Künstlerin. Wenn er also diejenige, die sich selbst in das
starke Leben, um dem Menschlichen zu entgehen, hinaufgedichtet hat,

in das Leben hinunterzieht, würde er paradoxerweise die gleiche Stärke zerstören, die er dadurch zu gewinnen hofft, würde er Ute gerade in die trübe Menschlichkeit zurückversetzen, der er mit ihr entfliehen will. Er will Ute a l s Starke aus der Sphäre, in der sie allein stark erscheinen kann, herausnehmen, dieser Zirkel scheint unauflösbar.

Dies ist die in Claude Marehn erreichte Stufe des Schwachen. Die Unfruchtbarkeit phantastischer Erfüllung ist sicher erkannt, aber das Ziel der Erfüllung ist noch immer phantastisch und keineswegs die Wirklichkeit. Claude begehrt Ute als Frau, d. h. als Schwache, obwohl er sie als Schauspielerin, d. h. als vorgeblich Starke liebt; der Prozeß des Romans ist die Ausbreitung dieser Paradoxie. Claude kann die Dimension der Phantasie gar nicht verlassen, obwohl ihn sein Wirklichkeitssinn unablässig dazu zwingt. Das Unverhältnis Claude–Ute ist eine wiederholte Spiegelung des Gleichen.

Ute ist jedoch nicht nur die Vorspiegelung jener Stärke, welche die Kunst verleiht, sondern auch der des Geschlechts, die dem Schwachen Leben heißt. Gerhard Lutz hat die Spaltung der Liebe in die beiden idealen Fluchtlinien Gott und Tier, Marmorkälte und Wollust, übermenschliche Kunst und untermenschliche Animalität dargelegt.[38] Sie heißen, auf die Frau bezogen, unnahbare Künstlerin und erotisches Ungeheuer. Die Faszination Utes auf Claude beruht darauf, daß sie nicht nur die Erlösung in der Kunst verkörpert, sondern auch das ästhetische Versprechen der Erlösung im Rausch der Sinnlichkeit gibt. An der Herzogin von Assy war beides als Phase der Minerva und der Venus unterschieden worden. In der JAGD NACH LIEBE hingegen finden beide Fluchtlinien ihre eigene Gestalt, in Ute und Gilda.

Ein erstes »geschwisterliches, begierdeloses Verhältnis« (VIII,409), ein solcher Zustand phantastischer und ästhetischer Seelenliebe ist in allen Liebesbeziehungen der Schwachen Heinrich Manns wirksam, auch wo in anderen Gestaltungen nur knapp, indirekt, in bestimmten Formeln darauf angespielt wird. Aus ihm entfaltet sich ihr nervöses, ausweichendes, hysterisch-gequältes, oft sonderbares Verhalten. Er erfährt in ZWISCHEN DEN RASSEN und in der Novelle SCHAUSPIELERIN eine ähnlich differenzierte Behandlung wie in der JAGD NACH LIEBE. Der Erbe Rothaus spielt flüchtig auch auf die Pharaonen an:

Aber wissen Sie vielleicht das vom König von Ägypten? Ein sehr einsames Individuum. Er berührte nie die Leiber der Fremden; er konnte nur eine heiraten: seine Schwester (VIII,424).

---

38 Lutz, a.a.O. p. 108ff., p. 120–123.

Zunehmend wird diese skrupelvolle Umgehung der Liebe auch mit der bürgerlichen Gesellschaft und ihrer Tabuierung des Geschlechtlichen in Verbindung gebracht. Das Geschlecht ist für Heinrich Mann ein Urphänomen des Lebens, Tabuierung und Ausschweifung aber werden schließlich als zusammengehörige Seiten des gleichen gesellschaftlichen Zustandes erkannt.[39] Die Liebe, die ausgeschlossen bleibt, verschafft sich unterhalb und außerhalb der Gesellschaft abenteuerlich ausschweifend ihr Recht. Deshalb schließt die Novelle LIEBESSPIELE von 1917 betont an die JAGD NACH LIEBE und an die Situation des ausschweifenden »Jubeljünglings« an. Auch jene Liebesspiele, die der Erbe Elchem (in SUTURP) inszeniert, wären zu erwähnen. Vor dem ERNST DES LEBENS erweisen sie sich als Formen der Entartung.

---

[39] Vgl. wiederum die ähnlich dringliche Entfaltung des ganzen Komplexes bei Rilke, etwa in den »Briefen an einen jungen Dichter«, wo Rilke vom »Geschlecht, das ihnen auferlegt ist« spricht (Insel-Bücherei Nr. 406, p. 24) oder im »Brief des jungen Arbeiters« (»Die entsetzliche Unwahrheit und Unsicherheit unserer Zeit hat ihren Grund in dem nicht eingestandenen Glück des Geschlechts ...«) von 1922.

KAPITEL III

DAS »STARKE LEBEN«
UND DER RHYTHMUS VON RAUSCH
UND ERNÜCHTERUNG

a) Liebesrausch. Die *Manon-Lescaut*-Parallele.
Das Verhältnis Heinrich Manns zur Oper

Lebensferne ist die Wahrheit und Wirklichkeit der Schwachen, die Sehnsucht, ins Leben zu gelangen, der existenzielle Anlaß, sich aus der Schwäche fortzudichten. Die verschiedenen Ausprägungen des »starken Lebens« umschließen die Kontrastwelt.

Ute »war das reiche, starke Leben in all seiner, Claudes Herz schwellenden Fülle« (5,377), sie hatte in Claude stets eine ganz bestimmte Vorstellung leidenschaftlicher Liebe erweckt: »Für Ute mich in Armut, Schande, Laster stürzen, für sie das letzte Goldstück auf einen Spieltisch werfen und in einer Dachkammer mit ihr sterben!« (5,521). Gilda Franchini hingegen, Utes Rivalin, eine Schauspielerin, die sich in der Kunst »austobt« (5,379) und als »muntere Liebhaberin« (5,374) nur spielt, was sie im Leben auch ist, eine Frau voll glühender Sinnlichkeit, dieses »schwache, leuchtende Gefäß fabelhafter Leidenschaften« (5,496), verkörpert die Erfüllung des Traumes, den Claude mit Ute zu erleben hoffte. Sie löst vom ersten Augenblick der Begegnung an bei Claude alle mit der Chiffre »Italien« zusammenhängenden Vorstellungen aus. Sofort, nachdem er erfahren, daß sie Deutsch-Italienerin sei, fühlt Claude sich »entrückt«, »unter einer Nacht, irr durchsprenkelt von Blüten und Sternen« (5,384):

> Seine und ihre Sinne stürzten einander entgegen. Er wußte, das war sie: jenes kleine heiße Mädchen, das einmal, nur in einem Traum, aus Ute hervorgesprungen war, als träte es aus der Hütte am Sommerwalde; das Claude in Hingerissenheit liebte, von dem er zu hohem Leben und zu schlimmem Ende geküßt worden war … Er liebte Ute, während sein Blick und der der Franchini sich umarmten – nur Ute (ib.).

Claudes ganzes liebeleeres Leben ist überwölbt von dem roten Phantasma dieses »starken Lebens«, dieses Liebestraums voll äußerster Faszination, den seine Sehnsucht, wo immer sie erregt wird, formuliert. Seinen innersten Kern bilden drei Elemente:

Das »hohe Leben«, der ungeheure Rausch der Sinne, eine fiebrige Verzückung der Liebenden, die Heinrich Mann in seinen italienischen Passagen zu immer feurigeren Steigerungen hinaufzuheben weiß.

Das »In Armut, Schande, Laster stürzen«, das, gemessen an den Maßstäben der bürgerlichen Gesellschaft, Abenteuerliche und Unbedingte dieses »hohen Lebens«.

Das »schlimme Ende«, das »In einer Dachkammer mit ihr sterben«, der – wenigstens in der Vorstellung – stereotyp zu jeder Liebesbeziehung Heinrich Manns gehörige Liebestod, der in letzter Steigerung der Verzückung die Welt als Ganzes zurückläßt.

Aus vielen Belegen sei eine beispielhafte Abwandlung dieser Kernvorstellung der »Leidenschaft« herausgegriffen:

> Er hat ein Liebespaar aufgefunden, das geflohen war. Man wollte ihrer Liebe nicht wohl. Sie hatten kein Geld, die Stadt zu verlassen. Sie haben sich in einer Dachkammer eingeschlossen, niemand wußte von ihnen. Manchmal vor Tag ist eines von ihnen fortgeschlichen, um ein paar Kohlblätter zu sammeln von der Straße. Sie haben nicht gemerkt, wie sie abmagerten und gelb wurden. Sie haben den Schmutz nicht gesehen, der sie bedeckte, haben die verpestete Luft nicht gerochen. Sie wußten nichts von ihrem Elend, fühlten nichts, als daß sie sterben durften, während sie einander in den Armen lagen (5,556).

Im Zusammenhang der zitierten Stelle fährt Claude fort »Das ist Liebe... Und nur das«, während im Roman EMPFANG BEI DER WELT, wo die Episode ein zweites Mal leicht variiert vorgetragen wird, der Satz abschließt: »Drei Tage später wurden sie aufgefunden, beide von der Liebe tot, der wörtliche Liebestod« (E. 364). Er wird in den Werken unzählige Male seufzend ersehnt. Schon die Seelenliebe in DAS WUNDERBARE führte zu einem »Aus der Welt gehen« der Liebenden, dort als Erlösung des unaufhörlichen Leidens an der irdischen Körperlichkeit. Aber auch die sinnliche Liebe steigert sich zu einer Vereinigung von solcher Absolutheit, daß die Ausdehnung des Lebens in der Zeit belanglos wird und der Tod zu einem »Sterben-dürfen«, dem kein Wunsch mehr entgegensteht. Gleichzeitig wird in dem Beispiel der Einspruch der Gesellschaft laut, sie will »ihrer Liebe nicht wohl«. Im EMPFANG BEI DER WELT heißt es viel genauer: »So beschlossen sie zu sterben. Nicht eigentlich zu sterben, das war der Zweck nicht. Nur, zu lieben, wenn sie auch starben.« Sentenziös faßt Gilda ein gleiches Jugenderlebnis zusammen: »Wir durften uns nur lieben, wenn wir starben« (5,385).[1]

Der Schwache kann die Liebe nur in solcher Unbedingtheit ersehnen, aber er selbst hat kein einziges Gefühl ohne Bedenklichkeit, schlechtes Gewissen und den steten Zwang zur Schauspielerei. Die größte Faszination des Liebestods ist deshalb gerade, daß er die Liebe irrevokabel macht, nach ihm gibt es keinen Verrat und keine Treulosigkeit mehr, welcher Verdacht die Schwachen bis zum Äußersten treibt. »Wenn er sie in seine Arme holte, der Wunsch, er möge jetzt sterben, vor Ablauf der Minute, damit seine Liebesworte wahr blieben« (XI,151). Das »Füreinander-sterben-Können« wird geradezu zur Probe der Liebe. »Sage: würdest du für mich sterben? Ja? Ganz sicher? Ach ja, du würdest dich vielleicht fallen lassen, dich vom Wasser ergreifen lassen. Aber würdest du dich erschießen? Sage auch das! ...« (7,515). So Lola bohrend in ZWISCHEN DEN RASSEN. Und die Herzogin von Assy: »Aber für mich – für mich sein Leben zu wagen, dazu war er also doch imstande?« (2,318). So äußerlich versuchen sich auch alle »schwachen« Frauen bei ihren »vergeblichen Versuchen, Liebe zu fühlen« (4,252) Bestätigung der Liebe zu errechnen; und im Gegensatz zu Mario Malvolto, dem eben an dieser Unfähigkeit zum Liebestod seine Komödie bewußt wurde, bestätigt sich Jean Guignol durch die Komödie seines wirklichen Selbstmordes die Echtheit seiner Liebe, d. h. seines Irrtums: »Ich liebe Sie! Und ich thue es nicht eines schönen Verses wegen – da ich ja sterbe!« (4,247). Auch durch Claudes Leiden geistert, wie eine geheime Lust, von Todesangst begleitet, »die leidvolle Sehnsucht, mit Ute zu sterben«, »sie entstieg seiner Brust, eine Sekunde, dann hatte er sie hinuntergeschluckt« (5,329).

Das leuchtende Gegenbild der Labilität und der Todesangst hingegen kristallisiert sich immer wieder in der naiven Todesbereitschaft legendärer Liebenden aus, wie sie Heinrich Mann mit dem ihm oft eigenen lakonischen Brio ohne Rücksicht auf irgendeine Wirklichkeit erzählt:

> Im Garten Boboli . . . hatten zwei junge Leute gesessen. Der Jüngling führte ein abgerissenes Blatt an den Mund und starb. Man bezichtigte das Mädchen und fragte es aus. »Ich weiß nichts. Er nahm ein Blatt von dieser Pflanze hier und sog daran – wie ich.« Und sie starb. An der Wurzel der Pflanze hatte eine Schlange gelegen und sie vergiftet (5,507).

---

[1] Die knappe Novelle »Die Verjagten« (erstmals veröffentlicht 1917 unter dem Titel »Vermischtes aus der Zeitung«, später in »Die Tote« (1921), heute in den Novellenbänden unter dem Titel »Römische Chronik« aufgeführt), die mit dem Sturz der Liebenden von einem Balkon angesichts der Menge endet, ist nichts anderes als eine Entfaltung dieses einen Satzes.

Die reflektierte Vorstellung ungebrochen leidenschaftlicher Liebe, die Vorstellung einer »lang hin rauschenden Leidenschaft« (VIII,385), verkörpert sich in ihrer reinsten Form im Schicksal der Manon Lescaut des Abbé Prévost:

> Ein Roman, nicht wahr? in dem die Liebenden sich ganz jung begegnen, ganz jung, eigentlich Kinder – und es ist fürs Leben, für eine Leidenschaft, die stärker ist als das Leben selbst. Er verläßt für sie seine Familie, seinen Stand, sinkt, wird Falschspieler. Sie nötigt ihn zu stehlen, bei einer Gelegenheit – ja, als sie, um sich und ihrem Liebsten Geld zu verdienen, sich einem reichen Alten hingegeben hatte. Da stiehlt er, – er, der Edelmann, der sich nur mit seiner Familie zu versöhnen brauchte, und hätte Vergnügen und Ehre. Nein! Manon ist mehr als Ehre und mehr als Vergnügen. Durch Verbrechen, Ausgestoßenheit, Armut, Schande stürzt er immer wieder in ihre Arme – bis ins tödliche Elend, bis in jene von ihrem Sterben ganz rot bestrahlte Wüste (5,252).

Mehrfach taucht dieser *Manon-Lescaut*-Bezug in den Werken Heinrich Manns auf: in der Jagd nach Liebe und im Roman Empfang bei der Welt; eine weitere Erörterung findet sich im Essay Die Wege des Geschlechts von 1931. Danach ist Manon »die Frau in ihrer Höchstwirkung auf den Mann«, der Chevalier Desgrieux »gehört zum Geschlecht der unbeirrbaren Liebhaber, die nie zur Besinnung kommen«, ihre Geschichte rührt noch immer, »weil sie so lange her und doch jederzeit möglich ist« (XII,185). Andererseits ist festzustellen,

> daß Beziehungen wie diese äußersten, schon verklärten, allmählich ein entfernteres Bild geworden sind; niemand rechnet darauf, sie zu erleben. Dennoch waren sie einst, wenn auch das Äußerste, so doch nur die letzte Zucht des Üblichen. So wurde geliebt, wenn man liebte (XII,187).

Diese Vorstellung ragt auch in den Roman Die Jagd nach Liebe. Die erste Begegnung mit Gilda führte Claude «in eine ganz neue Luft. Ganz darin, in Wellen von Jasminduft und in Stößen eines lauen Sturmes saß die Franchini« (5,381). Mit den gleichen Worten wurde die Claude erschütternde Musik auf einem Fest beschrieben:

> ... eine schwere, süße Melodie wogte auf einmal im Zimmer, eine Melodie, vom Duft des Jasmins, mit dem Wogen eines lauen Sturmes, eine Melodie, die jung machte, über die Welt einen roten Schein stürzte, und die zu Sehnsucht hinriß (5,249).

Dies aber ist die Melodie Manons, eine die Wirklichkeit überflutende, der großen Leidenschaft huldigende Musik, die das Versprechen jenes Glückes ausstrahlt, das die Schwachen so vergeblich suchen: die Musik der Oper Manon Lescaut (1893) von Puccini. In genauer Parallele zum Schicksal der Manon verläuft nun die Liebe Claude–Gilda (Kap. XII), Claude spielt im Rausch dieser Liebe die »Rolle« des Chevalier Desgrieux. Aber gerade auf der vorgeprägten Folie des »Romans« hebt sich seine wahre Schwäche ab. Sein Versagen vor dem Verbrechen wird für Gilda/Manon zum Kriterium: »er kann nicht lieben ... was geht mich einer an, der nicht lieben kann« (5,570). Das »starke Leben« mit Gilda enthüllt sich als Selbsttäuschung wie vordem die Liebe zu Ute, und wird zu keiner »befreienden Geste«. Die literarische *Manon*-Parallele dient der Entlarvung dieses Liebesrausches als eines »Fiebers« und darüber hinaus der Hauptabsicht des Romans, der Entlarvung der Lebensschwäche.[2]

Es ist nicht ohne Bedeutung, daß diese Parallele in Opernform angeführt wird. Heinrich Mann hat seinem Rückblick EIN ZEITALTER WIRD BESICHTIGT unter dem Titel DIE GEISTIGE LIEBE ein Puccini-Kapitel eingefügt, in dem er bekennt, daß ihn die Musik Puccinis »sofort« in den »Zustand einer vollkommenen Liebe« (Z. 275) versetze. Er nennt Puccini einen »vollkommenen Darsteller des leidenschaftlichen Lebensgefühls jener Tage: seinem Schmelz, Aufschwung, Todesverlangen« (Z. 275). Auch Heinrich Mann war, wie Puccini, ein Darsteller dieses leidenschaftlichen Lebensgefühles aus Sehnsucht nach dem Leben, er glaubte Puccini, den er nicht persönlich kannte, bis in seine geheimsten Regungen zu verstehen, weil er sich selbst in dieser Musik wiedererkannte. Der *Manon*-Parallele kommt hier eine bestimmte Bedeutung zu: sie vergewissert noch einmal die Unmöglichkeit, die sich schon in den GÖTTINNEN abgezeichnet hatte, das Leben bedenkenlos als Rausch zu feiern, sie enthüllt das Opernhafte dieser Gefühle, wie umgekehrt Heinrich Mann, der in seinen italienischen Jahren den Operntruppen »von Stadt zu Stadt« (Z. 276) nachreiste, damals erfuhr, was er später gelassen ausspricht: daß »die leidenschaftliche Verzücktheit seiner [sc. Puccinis] Erfindungen, die Macht der Sinne, der Sturm der musikalischen Sprache« »eitel Schein« seien, »daß seine Haltung, der Stil seiner

---

2 Offenbar unvollständiger Lektüre ist es zuzuschreiben, wenn Weisstein (a.a.O. p. 60) die Manon-Parallele fälschlich auf Ute Ende bezieht und sodann ihre vermeintliche Unstimmigkeit aufdeckt: »... entsteht der Konflikt aus Marehns verzweifelter und unbefriedigter Liebe zu Ute Ende, eine Liebe, die H.M. mit der des Chevalier Des Grieux in ›Manon Lescaut‹ in Bezug setzt. Der Gegenstand seiner sklavischen Hingabe freilich hat nichts gemein mit der Heldin von Prévosts Roman, die daran zugrunde geht, daß sie ohne Liebe und Luxus nicht leben kann, während Ute Ende gänzlich liebeleer ist.« Die Zerrissenheit Claudes zwischen Ute und Gilda und somit jenes »Innenschicksal«, dessen Analyse bei H.M. das größte Gewicht besitzt, wird deshalb bei Weisstein überhaupt nicht in die Erörterung aufgenommen.

Personen in das Alltägliche nicht einbezogen werden dürfen, dort träfen sie nicht zu« (Z. 278). Diese Erkenntnis immunisiert gegen die Verführung durch Kunst, der die Schwachen erliegen, sie hilft, Kunst und
Leben wieder zu scheiden. Jene Sehnsucht, welche Musik, welche Kunst
überhaupt in den Schwachen erregte, findet nur in der Kunst wiederum
Erfüllung,[3] von nun an schreibt Heinrich Mann der Musik erlösende
Kraft zu. Schon in der KLEINEN STADT von 1909 heißt es: »Es geschieht
viel Trauriges in dem Stück, und dennoch, wenn man die Musik hört,
scheint es einem, daß es keine Unglückliche mehr auf der Welt gibt«
(8,240). Er suchte in der Musik den schlackenlosen Ausdruck des Gefühls: noch der greise Heinrich Mann schätzt neben Mozart (vgl. Z. 6)
vor allem Tschaikowsky,[4] Debussy,[5] Mascagni (Z. 143; E. 256), Massenet,[6] Puccini, Ravel (E. 132ff.; A. 264). Er folgt in der Musik nicht
mehr der um 1910 beginnenden Verfremdung des Gefühls, die er in
seinem literarischen Werk jedoch selbst vornimmt. Er weiß, daß es nach
diesem Zeitpunkt »ein Unterfangen« wäre, weiterhin »diesem Zeitalter
die nichts als wohllautende Schönheit anzubieten« (Z. 280) und trauert
dennoch Puccini nach, bei dem »der Herzensdrang, etwas Schönes zu
machen, einen energischen Wohllaut und machtvolle Inbrunst« (Z. 277)
gefunden hatte und der »viel Glück, das beste Lebensgefühl eines Kontinents« (Z. 276) und der Zeit vor 1914 mit sich genommen hat.

Die Bedeutung der Oper für Heinrich Mann ist damit noch nicht erschöpft. Die Schwachen sind hilflos der erotischen Faszination, dem
»antico fascino« (E. 170), dem Sturm der Gefühle preisgegeben. Insofern nun Musik, wie in der DON-JUAN-Interpretation Kierkegaards,[7]
als vollkommener Ausdruck des Erotischen verstanden werden kann,
darf die Oper als ideales Medium jenes künstlerischen Bedürfnisses
Heinrich Manns bezeichnet werden, Leidenschaft selbst auszudrücken.
Solange er sich jedoch der spezifischen Möglichkeiten der Oper noch
nicht bewußt war, versuchte er, die Schauer »leidenschaftlicher Ver-

---

3 Vgl. die Wirkung des Gesanges auf den Prinzen Friedrich: ». . . Schwer, hiernach
die Erde zu ertragen.« Erbprinz: ». . . Die Arie noch einmal? Eine andere?« –
Friedrich: »Nichts. Ich wäre zu unglücklich. Das Glück, das Musik mich ahnen
läßt, gibt es nicht.« (F. 105).
4 »Die Symphonie Pathétique erreicht wahre Wunder an Schönheit und Macht, je
näher die Stunde, da sie das letztemal vor mir aufrauscht« (Z. 500; 45).
5 Vgl. Thomas Mann, Brief über das Hinscheiden meines Bruders Heinrich (X,522),
sowie Z. 163.
6 »Eine geliebte Musik« nennt Heinrich Mann den »Werther« Massenets im Brief
vom 3. 2. 1949 an Dekorationsmaler G. (Zenker II,976,1).
7 Vgl. S. Kierkegaard, Die unmittelbaren erotischen Stadien oder Das Musikalisch-
Erotische. Entweder/Oder, Düsseldorf, 1956, p. 47–145.

zücktheit«, die »Macht der Sinne«, den »Sturm der musikalischen Sprache« in die Romanprosa einfließen zu lassen.[8] Offenbar sah er jedoch
immer mehr in der Oper selbst das angemessene Ausdrucksmedium der
Leidenschaft und gelangt so zur Beschreibung der W i r k u n g der Oper –
z. B. in ZWISCHEN DEN RASSEN:

> Und als die kleine Logentür hinter ihr dumpf zuklappte und harfend, mit
> verbleichenden Sternen und erster Morgenröte ein Garten von Tönen, ja
> plötzlich ein klingendes Paradies sie aufnahm, da stand sie, bebte, ver-
> schluckte Tränen, fühlte die Brust sich spannen und das Flügelrauschen der
> Erlösung über ihren zugedrückten Lidern. Das Glück! Diese Töne waren
> das Glück. Zwei Stimmen, zwei liebende Stimmen erhoben sich über Knecht-
> schaft, Folter, Richtstätte, als zwei liebesbleiche, feurig gewappnete Engel.
> Alle Schranken fielen. Mächtig glänzend öffneten sich Himmel, die ganz
> Liebe waren (7,444).

So empfindet Lola die Musik der Oper TOSCA. Im folgenden Roman,
der KLEINEN STADT, rückt dann die Beschreibung einer Opernaufführung, ironisch gebrochen in den Kommentaren der Zuschauer, in den
Mittelpunkt des Werkes. Die Oper, so bemerkt Heinrich Mann schließlich im ZEITALTER, erweckt »schmerzliche Begeisterung« (Z. 275), es sei
»folgenreich, eine einzige *Kleine Stadt* singend zu machen« und von
jeher habe er in Puccini den Urheber »nicht nur des leidenschaftlichsten
Gesanges, auch des gehobenen Gefühles seiner Mitwelt empfunden«
(Z. 276). Die Oper entrückt ins Illusionäre, aber dies bedeutet für Heinrich Mann nicht nur den Verlust der Wirklichkeit, sondern auch die Erfahrung einer höheren Reinheit und All-Liebe. Zu den »Folgen« der
Opernaufführung in der KLEINEN STADT gehören deshalb leidenschaftliche Verwirrungen, aber auch ein Augenblick der Verbrüderung, der
Läuterung ihrer Bewohner. Er habe in diesem Roman »Wirkungen des
Enthusiasmus« aufgesucht, schreibt Heinrich Mann in seiner Erwiderung an Lucia Dora Frost von 1910[9] und »Begeisterungen führen (o,
auf Umwegen, durch Ernüchterung und Erschlaffung, durch wilden
Widerstand des Thieres im Menschen) zur Vergeistigung«. So schließt er:

> Ich spreche nur von einem lächerlichen kleinen Advokaten, der aus Liebe
> zu seiner lächerlichen kleinen Stadt eine Art Held wird. Ich spreche nur von

---

[8] Das Opernhafte etwa der »Göttinnen« hebt Ihering hervor; nicht zu Unrecht
nennt er sie »eine Oper«, »in der Verdi die politischen Szenen, Puccini die Liebes-
duette, Richard Wagner die ›Erlösung‹ und Richard Strauss die Selbstvernichtung
der Menschen komponiert zu haben scheinen« (Ihering, a.a.O. p. 28).

[9] Heinrich Mann, Die kleine Stadt. Brief an Fräulein Lucia Dora Frost. (In: Die
Zukunft, 70. Bd. (1910), p. 265–266).

einem kleinen Volk, das, voll aller Laster und Niedrigkeit, dennoch in einem Augenblick der Liebe, verbrüdert auf seinem staubigen Stadtplatz, einen unwiderruflichen Schritt aufwärts tut, zur Größe.[10]

Darin wird die eigentümliche Verbindung des Sozialen und Politischen mit dem Erotischen bei Heinrich Mann sichtbar. Eine Schlüsselerkenntnis lautet: »Die romanischen Demokratien wurzeln in erotischer Erregbarkeit.«[11] Daher auch die in Deutschland überhaupt nicht verstandene Legierung von Oper, CONTRAT SOCIAL und grotesker Lächerlichkeit in diesem Werk. Aber Kunst und Politik im weitesten Verstand wurzeln für Heinrich Mann, übereinstimmend mit seiner Erfahrung des Romanischen, in »erotischer Erregbarkeit«, und im Enthusiasmus das Ideal. Deshalb vermag Musik, reinster Ausdruck der Leidenschaft, Gefühle des Glücks, der Freiheit und höchsten Menschlichkeit zu erwecken.

b) Kunst- und Italienrausch

Nicht wahr, darum kennen Sie heftigere Empfindungen als – wir. Weil Sie eine heißere Heimat haben. Ich war nie dort. Ich habe Vorstellungen von Leuten mit Kalabreserhüten, Leuten, die, während alles blau flimmert, auf eine Postkutsche schießen. Sind Sie einmal überfallen? (5,382/83)

So lautet die prompte Assoziationsreihe Claudes bei der ersten Begegnung mit Gilda. Seine Vorstellung reduziert Italien auf die wenigen Elemente »Abenteuerlichkeit – heiß – blau – Sinnlichkeit – Verbrechen«. Sie tauchen schon in den Italien-Halluzinationen Claire Pimbuschs im SCHLARAFFENLAND auf:

Wie lebt solch ein Italiener? Er denkt nur daran, die Fremden zu bestehlen und einem anderen ein Mädchen wegzunehmen. Er gibt seinem Rivalen einen Stich zwischen die Rippen und holt sich in der nächsten Kirche die Absolution, damit ist es wieder gut. Das alles passiert in einer unverschämt blauen Gegend ohne Stimmung (1,426).[12]

Dies sind anschauungslose Ausschweifungen der Phantasie im Zustand des Ätherrausches, Frau Pimbusch war wie Claude noch nie in Italien. Italien ist ein vom Druck der banalen Wirklichkeit hervorgetriebenes kitschiges Wunschbild, Sehnsuchtsziel und Inbegriff der Befreiung von

---

10 a.a.O. p. 266.
11 Heinrich Mann, Der Fall Murri. (In: Die Zukunft, 55. Bd. (1906), p. 161–168), p. 161.
12 Vgl. die spätere Spiegelung im »Tonio Kröger«: »Kunst, nicht wahr? Sammetblauer Himmel, heißer Wein und süße Sinnlichkeit...« (Thomas Mann, VIII,306).

allen Zwängen des Bürgerlichen schlechthin. Nicht das Italienerlebnis Heinrich Manns, sondern dieses kitschige Wunschbild ist hier Gegenstand der literarischen Fixierung.

In Florenz erlebt Claude dann eben dieses von der Sehnsucht ausgeborene Italien im »Rausch« und »Fieber«, mit allem, was zu seiner Vorstellung davon gehört: er fühlt sich verwandelt, glücklich, »allem verwandt, was stark und schön war« (5,486), er kann lieben und wird geliebt. Nach einer Nacht, in der Claude »vor Glück lachend« Gildas »Fleisch atmete« (5,504), genießen sie das »Fest dieses Tages«. Dem »sorglosen Blick« bieten sich »lauter glückliche Dinge«, die Plätze von Florenz sind »Festsäle«. »Man hatte blaue Gedanken, fuhr glänzenden Auges ins Blaue, stieß Lachen aus, das in Blau verwehte« (ib.). Und von dem Piazzale Michelangelo erblickt Claude

> die Hügel von Florenz, wie lauter im Kreise um die Stadt gelagerte Frauen, die Brüste nach oben, die Arme unter dem Kopf, einen Schenkel aufgestellt, in dem kraftvollen Winkel, womit an der Statue der Aurora, dort am Sockel des großen David, der linke Schenkel die gestreckte Linie des Körpers durchbrach. Sie erwachten zu Wollust, die Hügel von Florenz, wie diese Frau (5,487).

Das oftmals absolut gesetzte »blau« wird zur Farbe der mit dem ganzen Italienkomplex verbundenen Glückshoffnung, »rot« die Farbe orgiastischer Sinnlichkeit, wie schon Claude die Wüste vom Sterben Manons »rot bestrahlt« (5,252) schien.

> Das Rot [sc. des Abendhimmels] ward heftiger, die Hände von Claude und Gilda bebten näher beieinander auf dem Geländer. Sie faßten nacheinander, gleichzeitig. Mit Angst und Entzücken, die Lippen halb offen, leise und rasch atmend, und unter hervorgestoßenen Liebesworten, beugten sie sich hinüber, flogen Seele an Seele in dieses die Welt verzehrende Feuer (5,508).

Wie der Chevalier Desgrieux wird Claude in Italien zum Spieler, er lernt dabei »Geiz, Haß und alle Leidenschaften« (5,522) kennen, er fühlt sich von seiner Sehnsucht erlöst und die JAGD NACH LIEBE am Ziel.

In Florenz empfindet er die »Leidenschaft der Steine, die von Palästen, Türmen, Statuen auf ihn herniederwütet« (5,486), die »Kunst der Starken« ist die Renaissance. Sie berauscht Claude, hingerissen erblickt er die nächtliche Loggia dei Lanzi, in deren Beschreibung die Prosa Heinrich Manns ihre ganze Wucht und Fülle entfaltet:

> Vor dem Tor der Nacht leuchtete stumpfweiß und steil der riesige Brunnengott. Vier Rosse, die Wogen durchstampfend, schleppten ihn. Am Rande der Schale räkelten sich Frauen mit kleinen Köpfen und langen Schenkeln,

und turnten knabenhaft Satyrn und Faune. Der Marzocco hockte grausam auf seinem schmalen Sockel, unter dem wilden Gebirge des alten Palastes. Und die hohe Halle der Bildwerke öffnete sich übergewaltig, auf die Knie reißend.

Da prangte der untadelige Schauspieler, der den Perseus gab, und trug die finstere Schönheit des Medusenhauptes in jener Geste gen Himmel, die ihres wahren Mörders würdig gewesen wäre und die er nicht gefunden hatte. Judith, gedrungen und dunkel, sah gar nicht hin, wie der fürchterliche Kopf zu ihren Füßen sich verzerrte. Aber sie selbst war der Täter ... Da balgten sich Muskelmassen aus Tier und Mensch. Der Räuber der Frau schritt unbewegt über den Besiegten weg, der geduckt und erbärmlich war. In den Hüften zurückgebogen, ein gigantischer Ringer, stützte er die Last empor, die in üppiger Anmut ihr Fleisch nach allen Seiten wand, hilflose Angst in die Lüfte weinte, und ihre weichen Arme begehrenswert ausstreckte, ganz oben auf der Pyramide erhabener Fleischlichkeit (5,486).[13]

»Fleischlichkeit« ist zugleich ein Stichwort für die Kunst der Starken, ja Kunst schlechthin: »Die Kunstwerke! Es ist wahr, sie alle sind Fleisch, sind die Verherrlichung des Fleisches, aber nur in der Kunst ist es Herr und ist edel« (7,442). Auch die Oper, die Musik Puccinis, bestätigt: »Das Fleisch konnte heilig sein. Diese Musik heiligte es« (7,444). Die Kunst ist der gereinigte Ausdruck jener Leidenschaftlichkeit, die dem Schwachen fehlt und in die er gleichwohl alle Lebenshoffnung setzt. Und so nimmt Claude vor allem Grausamkeit, Unempfindlichkeit, Mordlust, brutale Kraft und Wollust an den Renaissance-Statuen wahr, alle Leidenschaften der Starken sind in ihnen versteint. Die Schöpfer solcher Gestalten

hatten mit dem Tumult ihrer Sinne die Welt erfüllt. Es war, als hätte man den starken, klaren Glockenklang, der über die Stadt hinströmte, bis an die Grenzen der Erde gehört. Dante und Cellini waren mächtig durch ihre Sinne. Alle diese hatten nur durch die Heftigkeit, mit der sie begehrten, Steinen zum Leben verholfen, Worte in Gestalten verwandelt ... (5,506).

Nietzsche schrieb:

Die Kunst erinnert uns an Zustände des animalischen v i g o r ; sie ist einmal ein Überschuß und Ausströmen von blühender Leiblichkeit in die Welt der Bilder und Wünsche; andrerseits eine Anreizung der animalischen Funktionen durch Bilder und Wünsche des gesteigerten Lebens – eine Erhöhung des Lebensgefühls, ein Stimulans desselben.[14]

---

13 Vgl. die Beschreibung der gleichen Loggia dei Lanzi, die Rilke wenige Jahre vorher (1898) gab (Tagebücher, a.a.O. p. 22 f.). Er unterliegt nicht der Berauschung und hebt den Unterschied hervor: »Diese Hallen hat ein Herr des Lebens gewölbt ... Ich empfinde gleichsam den Takt tieferer Atemzüge, gegen den mein Atemholen ein Kindertrippeln ist« (a.a.O. p. 23).

14 Nietzsche, III, 536.

In vollständiger Entsprechung hierzu erlebt Claude die Kunst der Renaissance als Erhöhung seines Lebensgefühls und Rausch, er »durchträumt« sie »stolz und siegreich« (5,486). Und die Herzogin von Assy bekennt: »Ich werde wie sie [sc. die Statuen], üppig und gewaltsam. Ich beginne zu leben, verschwenderisch und unbedenklich« (3,111). Claude wird die ernüchternde Einsicht Lolas erst erfahren:

> Wir [sc. Künstler] erhöhen es [sc. das Fleisch] über alle menschlichen Maße, über alle menschliche Kraft; und finden doch Kraft und Maß in uns selbst! Dann kriechen wieder Menschen, klein wie je, darunter hin, und wir selbst haben die Augenblicke unserer Größe vergessen und begreifen sie nicht mehr (7,443).

Gilda erscheint Claude eine »Tochter« sinnenstarker italienischer Künstler, sie ist

> ein kleines Florentiner Kunstwerk. Ihre Brüder stehen hier in den Loggien, auf den Plätzen, ihre Väter sind die großen Künstler von einst. Vom Meißel jener tragen ihre Glieder noch die Spur. Ihr Leben ist voll von allen großen Gesten, die jene quälten und zum Schaffen zwangen (5,494).

So gilt die Verwandtschaft der zeitgenössischen Italiener mit den Kunstwerken der Renaissance mehr oder weniger für sie alle. Claude erkennt die Italiener insbesondere in einer ganz bestimmten heldischen Jünglingsschönheit wieder, deren Inbegriff der David des Michelangelo ist. Er fehlt in keiner Florentiner Passage Heinrich Manns. Die Italiener sind, in der Sicht der Schwachen,

> stärkere(n), wärmere(n) Menschen, die nicht zersetzt waren durch Verstehen, die nur dachten solange sie sprachen, die nicht mit schmerzlicher Kleinlichkeit das Werden ihres inneren Schicksals verfolgten, sondern bei denen alles von draußen kam. Wie vor zweitausend Jahren gingen unter ihnen Götter umher und verteilten Schicksalsschläge. Sie waren nicht mit ihrer durchgesiebten Seele allein. Nicht in einsamem Verstehen gingen sie dem schweren Tod entgegen. Auch er war eine Laune von draußen (5,496).

Die eine Linie dieses Italienkapitels ist der hohe Rausch, in den sich Claude hineindichtet. Die andere ist die der Ernüchterung. Im Zustand der Ernüchterung fühlt Claude sich in einer »Komödie« mitwirken. »Er, Claude Marehn aus München, führte doch nicht im Ernst ein Abenteurerdasein?« (5,521). Dann fühlt er sich dem italienischen Leben nicht mehr gewachsen, er fühlt sich

> schwach, wurzellos und überempfindlich. Der Glockenklang stürmte zu stark durch diesen zu heftigen Himmel. Die Blässe der Frauen war zu glühend. All dies Leben war zu wach und schleierlos unter den schrägen, grünen Fensterläden der blendenden Straßen (5,487).

Dann wundert er sich darüber,

wie tot die Bilder waren, und daß keine Statue mehr etwas von der Leidenschaft verkündete, die an ihr gehämmert hatte. Von der Stadt war die
Größe abgefallen. Statt der Geister von Dante und Ginevra degli Amieri
eilten Kommis in Regenmänteln dahin und trollten sich Fremde mit grünen
Hütchen. Der Scirocco nahm Claude den Atem, machte ihn zeitweilig so
schwach, daß er sich an ein Haus lehnen mußte, ermüdete sein Gehirn so,
daß er fürchtete, im Gehen einzuschlafen (5,525).

Im Zustand der Ernüchterung fühlt er, daß er dennoch nicht lieben
kann, fühlt den Anteil des »Marasmus« an seiner Schwäche, erkennt
sein Glück als hektisches Fieber. »Wenn ich dies Italien zehn Jahre lang
kennte, was wäre es noch? Das Glück ist nicht gar lange fühlbar, das
Leiden selbst interessiert zuletzt nicht mehr...« (5,527). Italien wird
nunmehr zur Diskussion gestellt. Der Italien-Faszination tritt, entsprechend der langen Tradition dieser literarischen Konstante, die Italien-
Enttäuschung entgegen. Beide sind gleich heftig. Nun wähnt sich Claude
»auf einer langen Reise in einem Lande, worin man ewig fremd
bleibt« (5,572). Die Fieberschauer des Glücks in Florenz heißt er nun
den »Versuch, eine fremde Sprache zu sprechen« (ib.).[15] Die Ernüchterung Claudes folgt jedoch nicht einem einmaligen Rausch, vielmehr
taumelt Claude in einem Zustand agonaler Zerrissenheit zwischen bei-
dem in immer schärferem Rhythmus hin und her. Jedem Zustand entspricht das Einsetzen des Scirocco bzw. Tramontana, die wütende Vereinigung mit Gilda bzw. die Herrschaft von Utes Bild in Claudes Phantasie, sowie eine radikale Reflexionskette, die den jeweiligen Gegenzu-
stand zerfasert. Sie mündet in die Erkenntnis: »Nun weiß ich's. Nun ist
auch das aus. Beides aus: mit Ute und mit Gilda« (5,514). Dennoch
wiederholen sich Rausch und Ernüchterung noch mehrfach. Diese Um-
schlägigkeit enthüllt nicht nur die jeweilige »Komödie« oder »Wirklichkeit«, sondern auch eine auf der Stufe Claude Marehns unaufhebbare
Zerrissenheit. Mit der endgültigen Desillusionierung beider Liebesbeziehungen ist deshalb sein Leben sinnlos geworden und endet bald darauf in vollständiger Zerrüttung. Gilda, die gemäß der *Manon*-Parallele
ebenfalls stirbt, hat über ihn das endgültige Verdikt gesprochen: er
kann nicht lieben. Der Unfähigkeit Utes zur Liebe, so muß er einsehen,
entspricht seine eigene.

Es wäre jedoch falsch, Gilda für »stark« zu halten. Schon die Tatsache, daß sie Deutsch-Italienerin ist, also *zwischen den Rassen* steht,

---

15 Vgl. eine ähnliche Italien-Enttäuschung des frühen Rilke im Brief an Lou Salomé
vom 12. 5. 1904, a.a.O. p. 153ff.

weist darauf hin – »laut Nietzsche bewirkt so etwas Neurastheniker und Artisten«, betont Heinrich Mann in einer autobiographischen Skizze von 1904.[16] Gilda ist vielmehr die »schwache« Frau, die die Erlösung im Rausch des Geschlechts sucht, wie Ute im Rausch der Kunst. Gilda ist in der Liebe gleich hartnäckig zwischen einem Deutschen (Claude) und einem Italiener (dem Delegato) zerrissen wie Claude zwischen Ute und Gilda. Sie repräsentiert außerdem nicht die naturhafte tierische Glückseligkeit, wie Lady Olympia, Contessa Paradisi oder die zweite Frau des Malers Halm in den GÖTTINNEN, sondern ist deren hektische Schauspielerin, sie ist wie Claude auf der *Jagd nach Liebe.* »Ein Mondstrahl, durch dichte Tannen gefiltert, traf aus unbekannter Höhe die Stirn der schwachen, phantastischen Liebenden« (5,563) heißt es an einer Stelle von Gilda. Sie und Claude spielen sich, in spiegelbildlicher Verkehrung des Geschlechts, das gleiche vor und unterliegen sowohl der gleichen Täuschung, daß der andere leidenschaftlich lieben könne, wie der gleichen Enttäuschung, daß der andere nicht lieben kann, wie sie auch den gleichen typischen Tod der frühen Zerrüttung erleiden. Beide anerkennen auch die trügerische Maxime, welche die schwindsüchtige Enrichetta in der Novelle ENTTÄUSCHUNG (1896) formuliert: »Schwach wie sie selbst war, konnte ihr ein Schwacher nicht helfen« (VIII,147).

So waltet in den Beziehungen Claude–Ute und Claude–Gilda das gleiche Mißverständnis, daß die Geliebte auf jeweils andere Weise »stark« sei – ein Mißverständnis, dessen Aufdeckung vernichtend wirkt, solange Schwache jene Meinung Enrichettas teilen und sich Erlösung von der wie immer auch angemaßten Stärke des anderen versprechen. Das Problem der Schwachen wird es jedoch gerade sein, ihre Schwäche anzunehmen.

Aufschlußreich schrieb Heinrich Mann in der autobiographischen Skizze von 1904:

> Ich ging, sobald ich konnte, heim nach Italien. Ja, eine Zeitlang glaubte ich zu Hause zu sein. Aber ich war es auch dort nicht; und seit ich dies deutlich spürte, begann ich etwas zu können.

Obwohl dies 1904, ein Jahr nach Vollendung der JAGD NACH LIEBE geschrieben wurde, darf daraus nicht geschlossen werden, der Roman selbst stelle das Dokument dieser Italienentfremdung dar. Da Heinrich Mann spätestens mit den GÖTTINNEN »etwas konnte«, ist diese vielmehr vor 1900 anzusetzen. Die »Heimkehr« nach Italien galt, wie auch

---

[16] Autobiographische Skizze von 1904. Wiederabdruck in: Expressionismus. Literatur und Kunst 1910–1923, a.a.O. p.92.

82

die erste Italienreise Rilkes, dem Italien der Frührenaissance und spiegelt sich in Novellen wie CONTESSINA oder DAS WUNDERBARE. Mit der Italienentfremdung erst wurden sodann Italienrausch und -enttäuschung als Stoff Heinrich Manns verfügbar, den er in den Italien-Romanen von den GÖTTINNEN bis ZWISCHEN DEN RASSEN aufarbeitete. Nur so darf auch die JAGD NACH LIEBE in Bezug zu einer persönlichen Italien-Enttäuschung Heinrich Manns gesetzt werden.

c) Machtrausch und Ohnmacht. Die Faszination der Brutalität

Junker von Eisenmann, »immer heilig überzeugt von seinem Recht zu leben, zu vergewaltigen, in Reiterstiefeln aufzustampfen, wie seine seligen Väter es gewohnt waren« (5,134), ist »eigentlich Claudes Gegenspieler« (5,159), ein »Herr«, ein »Kerl«, wie auch Panier. Täter besitzen statt der ahnungsvollen, empfindungsreichen Seele der Träumer eine »schleierlose«, harte. Die »Tat«, die spontane Tat aus der Fülle gelassenen Machtbesitzes, ist, neben der Leidenschaft in Liebe und Kunst, die dritte wichtige Verwirklichung von »Stärke«. Die Aura der Faszination, welche die »Gefahr«, die »Tat«, Grausamkeit und jede Äußerung von Macht im Gefühl der Schwachen umgibt, begegnete schon mehrfach. Peinlich genau registriert Claude jede eigene Tat. »Ich hätte mich nie für einen so unbedenklichen Tatmenschen gehalten« (5,177), staunt er über sich selbst, als er für Ute ein Haus erbaut und dazu die Unternehmer »hetzt«. In jeder Gefahr steht er Ängste aus – wenn er auch seine »Feigheit« durch »Haltung« verbergen kann – und trotzdem feiert er die Gefahr als Stimulans seines Lebens.

> Und sie war ein Glück, ein unverhofftes, strenges Glück, diese Gefahr, die über das einsame Ich hereinbrach, seine eingeschlossenen Ängste schweigen hieß und sich mit ihm messen wollte. Claude war auf einmal ganz gestählt von der Aufgabe, die sie ihm stellte ... (5,328).

Begreiflicherweise zieht ihn, der überall hinfuhr, »wo sich ein wenig berauschter Sinn und eine leichte Belebung des Gefühls erhoffen ließ« (5,152), ein Lebensphänomen an, in dem er sich »gestählt« und unter dem Joch einer Aufgabe dem »Leben« näher fühlen kann.

Die Gefahr vermittelt dem Schwachen das Gefühl der Macht, eine illusionäre Persönlichkeitssteigerung, wie die leidenschaftliche Liebe, die Kunst, oder die Luft Italiens. Ja, in gewisser Hinsicht ist der Grad des subjektiven Machtgefühls, das ein Lebensphänomen zu gewähren vermag, wie es auch Nietzsche lehrte, die entscheidende Kategorie des

Schwachen,[17] des Ohnmächtigen, und das Werk Heinrich Manns ist eine reiche Fundgrube aller psychologischen Phänomene, die im Sinne der Lehre Alfred Adlers[18] mit dem Geltungsstreben des Individuums und dessen verdeckten Genugtuungen verbunden sind. Die Schwachen Heinrich Manns werden von Unsicherheit und Minderwertigkeitsgefühlen beherrscht, ihr Selbstgefühl ist labil,[19] es oszilliert verwirrend zwischen Schwäche und Rausch, es ist empfindlich abhängig von äußerlicher Selbstbestätigung, sei es durch Menschen, sei es durch »heroisch« ausgestandene Gefahrensituationen. Die Schwachen entwickeln ein sensibles Prestigegefühl, sie entwickeln, was Adler »vorgeschobene Charakterzüge«[20] nennt, Vorkehrungen gegen das Versagen, überwaches Mißtrauen, ein zu forsches, auf Einschüchterung berechnetes Auftreten. Sie sind geneigt, alle zwischenmenschlichen Verhältnisse, auch die Liebe, die Kunst oder das Erwerbsleben, primär als Machtrelationen aufzufassen.

Wie auch die Ungerechtigkeit der Besitzverhältnisse drückt sich deshalb vor allem die Brutalität der gesellschaftlichen Machtskala in ihr Gefühl ein. Ihren Mechanismus verrät der Schauspieler Arnold: »Er hatte soviel Macht erspielt, daß er keinen Mächtigen mehr achtete: Alle waren schlechtere Komödianten als er« (5,36). Als vorübergehende Verführung erfährt dies auch Lola, ihr »Machtmittel« ist Schönheit: »Häßlich und fremd, hatte sie die Menschen gehaßt. Fremd und schön, sah sie von ihnen weg« (7,70).

Die innerste Zone der das ganze Werk Heinrich Manns durchziehenden, bald auch ins Politische ausgeweiteten Machtproblematik ist dies aus Faszination und Grauen gemischte Verhältnis des Schwachen zur Macht; das Kernproblem, aus dem das sittliche Problem der Machtausübung erwächst, ist die Überwindung der Berauschung, welche die Macht verströmt. Heinrich Mann legt dies, wie stets, in der individuellen Psychologie bloß. So erzählt Arnold Acton, der sich zu seiner Verteidigung einen Revolver kaufen mußte:

... aber Sie wissen noch nicht, welche beschämenden Neuigkeiten mich mein Revolver über unsere Seele lehrte. Ich erfuhr, daß ich ungerecht und hart

---

17 Vgl. Nietzsche z.B. »Das Kriterium der Wahrheit liegt in der Steigerung des Machtgefühls« (III,919) u. passim.
18 Alfred Adler, Über den nervösen Charakter. München u. Wiesbaden, ³1922.
19 Vgl. eine Charakterisierung der Dekadenz, die Heinrich Mann 1906 gibt: »... in sinnliche und sittliche Überfeinerung, in Ästhetentum, in Schwächung des Selbstgefühls, als Folge zu vielfältiger Einsicht«. (»Mache«. In: Die Zukunft, 54. Bd. (1906), p. 500–502; das Zitat p. 502.)
20 Adler- a.a.O. p. 22.

sein könne; daß Mut und ritterliches Ehrgefühl vorwiegend in einem Stahl-klotz stecken; und daß unschwer Gewaltmensch wird, wer das Mittel zur Gewalt in der Tasche fühlt (7,200).

Hier befindet sich ein Schwacher in der so oft ersehnten, mit Italien assoziierten Situation, sich selbst ohne Hilfe der Polizei, auf der freien Wildbahn des Lebens gewissermaßen, verteidigen zu müssen. In der Phantasie erleidet er freilich vorher »zehn Tode« und bei der realen Be-gegnung mit einem »zerlumpten Angreifer« schenkt er dem seinen Re-volver – was er indes nachhaltig erlebt, ist die Berauschung seines Selbst-gefühls. Arnold, der grübelnde Zergliederer und Psychologe, generali-siert diese persönlichste Erfahrung:

> Viel schlimmer noch als unsere Ohnmacht ist's, wenn wir zufällig zur Macht gelangen. Der Schwache kommt dann in Gefahr, die Herrschaft über seine Nerven zu verlieren; die abscheulichsten Triebe des primitiven Menschen werden wieder in ihm heraufdürfen. Denken Sie an die neurasthenischen Könige von jetzt, an ihre Rückfälle in blöde Tyrannei, an ihre Sucht, wehr-loses Wild niederzuknallen, an ihre Gier nach dem kriegerischen Gepränge der Starken ... Kein Mensch kann verächtlicher sein, als solch ein Schwa-cher, der den Geist und die Menschlichkeit, für die er ausgestattet und denen er verpflichtet wäre, verleugnet und sich zu den Starken und Rohen schlägt (7,162).

Arnold erfuhr an sich, wie aus Schwäche tyrannische Instinkte, Grau-samkeit und Gewalttätigkeit entstehen können. Aber schon in den GÖTTINNEN hatte der scharfe Skeptiker Siebelind den Schwachen, der sich zur Brutalität der Macht hinaufdichtet und seine bescheidene Menschlichkeit verfälscht, zu einem bedeutenden Typus der Zeit erklärt und in einem bitteren Ausbruch von Klarsichtigkeit, die gemeinten Zeit-genossen nur leicht mystifizierend, das lügnerische Entarten des ge-schwächten, sehnsüchtigen, ästhetischen, kleinen Lebensgefühls in eine erzwungene Orgie so der Sinnlichkeit wie der Macht, das Umschlagen von Dekadenz in Barbarei inmitten bürgerlicher Kultur, unerbittlich angeklagt:

> So steht es mit dir, Nino: ein ausschweifender Wille, Begierden, die die Welt umarmen, in einem unzulänglichen Körper. Und so sind sie alle! Alle sind so, die heute dem Leben recht geben und seiner Gewalt!
> Wer sind deine Brüder, Nino? Ein Monarch voll zehrender Sucht, Länder zu zerstampfen und Meere zu peitschen: er reibt sich in tiefem Frieden seine skrophulosen Gliedmaßen, die leicht kalt werden. Der Soldatensän-ger des neuen Imperiums: Blut, Lorbeer, Tropensonne glühen und rauschen, wo er die Leier schlägt, und entfesseln Raubtierschreie; er aber ist ein Männchen, das die Hitze im weiten Kaiserreiche seiner Ideen nicht aushält. Der großartige Dichter der großartigsten Rasse; er preist auch unermüdlich die Schönheit an, die große, lebenstrotzende Schönheit, die auf seinem Bette

liegt; – aber seine Väter haben sie gezeugt, und seine Kunst ist ein einziger Incest . . . Und der erhabene Philosoph, die Vollendung von Jahrtausenden: er lebt dreiundzwanzig und eine halbe Stunde seiner Gesundheit, um in den letzten dreißig Minuten einen Hymnus niederzuschreiben – an das Leben . . . Versagende Nerven, bedrohte Lungen, rachitische Brustkörbe, eine geschwollene Prostata, ein wenig Fäulnis hier und da verteilt im Körper, – aber noch bis in eure Anfälle von männlicher Hysterie hinein die Brunst nach Größe: so seid ihr alle. Kleiner Nino, du bist ein bedeutender Typus deiner Zeit . . . Du möchtest sein, was du nicht bist . . . (3,267/68). (Hervorhebungen v. H. M.)[21]

Diese unangemessene Bejahung der Gewalt aus der Sehnsucht nach Leben, diese verderbliche Euphorie der Schwäche, zu der die Schwachen jeden Augenblick bereit sind, ja, der sie bewußt und heroisch ihre Existenz opfern, diese merkwürdige Diskrepanz von Sein und Schein, die, wo sie Kunst oder Philosophie wird, die Eigenschaft hat, ihrerseits neuen Rausch, »Raubtierschreie« zu entfesseln, steht, in ungezählten Einkleidungen und immer schärfer seziert, im Mittelpunkt des Frühwerks Heinrich Manns. Zugleich wird hier sichtbar, wie das Psychologische ins Politische übergeht, wie Heinrich Mann Anschluß an die Diskussion um die Macht gewinnt, die das politische Denken der wilhelminischen Zeit beherrscht.

Aber der hellsichtige Siebelind selbst ist, in beispielhafter Verknappung, das Opfer jener Euphorie. Nach einer Liebesnacht mit Lady Olympia zählt er sich zu den »Glücklichen«, verzichtet auf »Geist«, fühlt sich von den »Verschmähten« zu den »Begehrten« auf die »andere geistige Welthälfte« (3,243) entrückt:

Wir Glücklichen folgen unseren Trieben. Nur kein verständnisvolles in andere Hineinkriechen! Nur keine Selbstquälerei: wie ekelhaft! Der Geist überhaupt ist verächtlich; bloß das Unglück hat ihn (3,244).

Schon wenige Augenblicke später bricht er, auf immer verschmäht, zusammen. Die Euphorie war die Erfüllung des »übermenschlichen Bedürfnisses« des Reflektierenden, des Wissenden, »sich einmal im Leben zu täuschen, rosig zu sehen, zu glauben, zu feiern und zu preisen« (3,158). Viele Schwache erleben die gleiche illusionäre Euphorie, so

---

21 Mit Gewißheit ist der »Monarch« als Apostrophierung Kaiser Wilhelms II., der »Philosoph« als solche Nietzsches zu verstehen, wahrscheinlich ist der »großartige Dichter« eine Anspielung auf D'Annunzio, dessen Züge auch Jean Guignol in den »Göttinnen« trägt. Den »Soldatensänger« glaubt Weisstein mit Rudyard Kipling identifizieren zu können (Heinrich Mann, a.a.O. p. 54, Anm. 43). Zu dem bedeutsamen »So seid ihr alle« vgl. die stark autobiographisch gefärbte Novelle »Das Kind« (1929): »›So sind sie‹ sagte Carl. Er stampfte auf und rief: ›So sind alle!‹ – ein Wort, über das ich mehrere Tage lang nachdachte« (IX,49).

Jakobus Halm als Maler der »hysterischen Renaissance«, Jean Guignol als Dichter eines orgiastischen heidnischen Lebens, der Knabe Nino, Mario Malvolto, Claude Marehn und Arnold Acton, aber auch Professor Raat als Geliebter und Manager Rosa Fröhlichs, auch die Herzogin von Assy in ihrer letzten Phase als Venus vulgivaga, auch Gilda Franchini. Aber auch Rilke beschreibt diese tödliche Form der Euphorie gleichlautend in der erhaltenen Skizze seines »Militärromans« als die hektische Kraftleistung des Knaben Gruber in der Turnstunde, die seinen Tod herbeiführt.[22] In den Umkreis dieses Phänomens gehört ebenfalls der Untergang Aschenbachs im TOD IN VENEDIG, es wird noch einmal bedeutungsvoll auch in der teuflischen »Illumination«[23] Leverkühns im DOKTOR FAUSTUS.

Überhaupt wird beim Studium der Werke Heinrich und Thomas Manns die Folgerichtigkeit erkennbar, mit der im DOKTOR FAUSTUS spät das Leben jenes Nietzsche selbst in die Darstellung einfließt, dessen verführerische Philosophie am Beginn stand und die gesamte Literatur um 1900 überschattet – denn er selbst ist, im Leben wie im Denken, ein repräsentativer Vertreter der hier gemeinten »Schwäche«. In bestechenden Formulierungen finden sich alle Affekte der Schwachen Heinrich Manns schon bei ihm. Er aber ist auch der große Fälscher, Umdeuter, Umwerter seiner Schwäche in Stärke, wie er sich selbst »mancherlei feinere Falschmünzerei'[24] nachsagen läßt, er ist der Eintänzer des dionysischen Lebensgefühls und des euphorischen »Selbst-Betrugs«, der Souffleur des Willens zur Täuschung, die der Schwache zur »Selbst-Erhaltung« (ib.) nötig hat und die Siebelind brandmarkt – Nietzsche, der, wie alle Schwachen, »sparen« und »Hygiene« treiben muß, möchte, mit den Worten Siebelinds, »sein, was er nicht ist«: Dionysos.

d) Zusammenfassung

Als Gleichsetzung von Glück mit ungebrochenem Selbstgefühl, Leidenschaftlichkeit, Furchtlosigkeit, Gewissenlosigkeit, Machtgier, Abenteuerlichkeit, Ungerechtigkeit, Geistlosigkeit, Brutalität und Todesverachtung erscheint die Kontrastwelt der Schwachen im Wunschtraum des »starken Lebens«. Jedes einzelne Glied dieser phantastischen Gleichung evoziert in der Reflexion der Schwachen zwanghaft alle übrigen, und filtrierende, vergleichende, Konsequenzen ziehende Reflexion begleitet unablässig ihre unsicheren Versuche, die Gesten des Lebens nachzu-

---

22 Rilke, Tagebücher, a.a.O. p. 162ff.
23 Thomas Mann, VI,331.   24 Nietzsche, I,438.

ahmen. In der Reflexion ist diese Glücksvorstellung des »starken Lebens« der einzige feste Bezugspunkt, an dem die Phänomene des Lebens gemessen werden – oft in der Form logischer Schlüsse wie »Ich kann Unternehmer hetzen, also bin ich ein Tatmensch«, »Ich werde geliebt, also zähle ich zu den Glücklichen«, die Trugschlüsse und Kurzschlüsse sind. In diesen Konklusionen stehen die einzelnen Merkmale jeweils der Schwäche und der Stärke für einander ein: »Einer, der nicht prügeln kann, verrät vielleicht einen, der nicht lieben kann« (5,525) oder, im *Manon*-Kapitel: wer nicht stehlen kann, kann nicht lieben. Oder beim Freitod Jean Guignols: »Ich liebe Sie! ... da ich ja sterbe!« (4,247). Und als rein logische Umkehrung des bürgerlich pazifizierten Lebens ist auch die Sehnsucht Claudes zu verstehen:

> Einmal dem Schutz der Polizei entlaufen, und genötigt sein, mit Vorsicht um die Ecken zu biegen! Eine Landstraße, auf der ich mein Leben verteidigt hätte – die führte vielleicht zur Liebe zurück! (5,531)

Das »starke Leben« bündelt alle mit solcher Logik konstruierten Gegensätze der eigenen Schwäche, es fügt die analytisch erkannten Aspekte des Lebens phantastisch zusammen, es ist mit der ganzen Energie der schweifenden Sehnsucht aufgeladen und verströmt grenzenlose Faszination. Das Bestreben, die Schwäche zu überwinden, wirkt als Selbstverachtung auf den Schwachen zurück und beflügelt ihn als Sehnsucht, in tragende, überindividuelle Zusammenhänge aufzugehen.

Er lebt so in einer durch ihn selbst nach »stark« und »schwach« polarisierten Doppelwelt. In ihr schlägt sich die immer gleiche »Psychologie der Schwäche« nieder, die den Nährboden der Menschengestaltung im Frühwerk bildet. Ihre eigentümlichste Seite ist die Euphorie, das widerstandslose »Umkippen« der Schwachen in vorgebliche Stärke. Zum »Schwachen« Heinrich Manns gehört die Neigung zur Ausschweifung, zu »Fieber« und »Rausch«, zur Komödianterei und zur tyrannischen Gewalt. Er wird freilich stets ernüchtert oder aufgezehrt auf seine Schwäche zurückverwiesen. Zu jedem Glied der abstrakten Gleichung des »starken Lebens« gehört der entsprechende Rausch, in dem es als Wirklichkeit erlebt wird, und die entsprechende Ernüchterung, jedes ist von Lust und Grauen umgeben, jedes wird zugleich ersehnt und verachtet. Im Frühwerk ist zumeist Italien Schauplatz und Chiffre des Rausches, die Phasen seines stereotypen Ablaufs hat Gerhard Lutz zutreffend als Stufen der »Sehnsucht«, »Lüge« und »Enttäuschung« beschrieben.[25]

---

[25] Lutz, a.a.O. p. 88 ff.

Wo immer die Schwachen sich berauschen, beginnen die berühmten »hysterischen« Töne in den Werken Heinrich Manns, das »Kreischen der Gefühle« (4,286), die ernsthafte »Komödie« vor sich selbst, Entfesselung und Hemmungslosigkeit bis zur Orgie. Diese Welt selbstbetrügerischer Vertauschung von Sein und Schein, lange Zeit die meist erörterte Schicht im Frühwerk, führt Heinrich Mann zu immer umfassenderer Einsicht in den Lebenskonflikt der Dekadenz, sie ist die erste, stark psychologisch, ja psychoanalytisch gefärbte Stufe eines literarischen Erkenntnisprozesses, der sich als Selbstdeutung und Zeitdeutung zugleich entfaltet.

Im Wunschtraum des »starken Lebens« vollzieht sich eine Umkehrung jenes Zivilisationsprozesses, den etwa Nietzsche als »Verinnerlichung des Menschen« beschreibt. Sie entsteht,

> indem mächtige Triebe, denen mit Einrichtung des Friedens und der Gesellschaft die Entladung nach außen versagt wird, sich nach innen zu schadlos zu halten suchen im Bunde mit der Imagination. Das Bedürfnis nach Feindschaft, Grausamkeit, Rache, Gewaltsamkeit wendet sich zurück, »tritt zurück«, im Erkennen-wollen ist Habsucht und Erobern; im Künstler tritt die zurückgetretene Verstellungs- und Lügenkraft auf; die Triebe werden zu Dämonen umgeschaffen, mit denen es Kampf gibt usw.[26]

Auch bei Heinrich Mann erscheint Verinnerlichung bis zur völligen Isolierung vom wirklichen Leben als Resultat des Zivilisationsprozesses, als »Endergebnis generationenlanger bürgerlicher Anstrengungen, gerichtet auf Wohlhabenheit, Gefahrlosigkeit, Freiheit von Illusionen; auf ein ganz gemütsruhiges, glattes Dasein« (5,530). Das »starke Leben«, dieses imaginierte, »von jeder Verantwortung, allem Denken befreite« Schicksal: »lieben und betrügen, sich durchschlagen, Hunger haben wie ein Tier und tafeln wie die Götter, gehetzt werden und atemlos lachen« (7,537) spiegelt das ungeheure, um die Jahrhundertwende verbreitete »Unbehagen« innerhalb der bürgerlichen Kultur, es bedeutet einem erstickenden Lebensgefühl Ausbruch aus der gesamten Bürgerlichkeit, Wiedergewinnung der Freiheit, Anschluß an ein elementares Leben als Regreß auf das Primitive, Undomestizierte, Kreatürliche vor jeder Kultur,[27] es strebt den »Durchbruch«[28] an, um den die Diskussion im DOKTOR FAUSTUS kreist. Er führt zu dem zweideutigen Zeitphäno-

---

26 Nietzsche, III,418.

27 Schon Nietzsche, dessen Philosophie als Erlösung von diesem »Unbehagen« empfunden wurde, geriet deshalb in die Nähe Rousseaus, gegen den er sonst innerhalb des Werkes polemisiert, und Tolstois, mit dem er sonst wenig gemein hat (vgl. R. A. Nicholls, Beginnings of the Nietzsche vogue in Germany. In: Modern Philology, Vol. 56, 1958/59, p. 24–37; das Zitat p. 29).

28 Thomas Mann, VI,428.

men der »Re-Barbarisierung«,[29] das in diesen Jahrzehnten in allen Künsten zu beobachten ist. Der direkte Einfluß Nietzsches bei der Ausbildung des gesamten Vorstellungskomplexes bei Heinrich Mann ist unverkennbar. Dieser gehört zu den frühesten intensiven Nietzsche-Lesern in Deutschland.[30] Nietzsches Individualismus stärkte das eigene jugendliche Selbstbewußtsein:

> Wir vertrauten mit Freuden dem Individualisten, der es bis auf das äußerste war, dem Gegner des Staates ... 1890 und die nächsten Jahre war dies eine Haltung der persönlichen Unabhängigkeit. Derart bereitete man sich auf die eigenen Leistungen vor, und höchst willkommen war dieser Philosoph (N. 277).

---

[29] Thomas Mann, VI,491.

[30] »Der Band, der die Bücher ›Jenseits von Gut und Böse‹ (2. Auflage, Leipzig 1891) und ›Zur Genealogie der Moral‹ (2. Auflage, Leipzig 1892) enthält, ist von ihm durchgearbeitet, mit vielen Unterstreichungen, Randbemerkungen, Kommentaren und auf der letzten Seite mit Hinweisen auf die ihm wichtigsten Problemkomplexe versehen« (A. Kantorowicz, »Nachwort« zu den »Göttinnen«, Berlin 1957, p.767). Vgl. hierzu die Darstellung Schröters, Anfänge, p.68ff. Banuls (H.M. p.35) bezweifelt eine Behauptung Heinrich Manns, Nietzsche um 1890 begegnet zu sein, wahrscheinlicher sei, daß eine Notiz im Tagebuch 1893/94 (»Nietzsche geb. 15. Okt. 44«) auf diesen Zeitpunkt verweise. Schröter (Anfänge p.69) schließt »Also sprach Zarathustra« als Quelle Heinrich Manns aus. Dagegen enthält die Gedichtsammlung »Im Werden« (HMA Nr.435) zwei Gedichte Heinrich Manns, »Bekehrungsgeschichte« und »Vor der Entscheidung«, in denen sich ein Zarathustra-Erlebnis, eine »Bekehrung« zu »Übermenschenglück« und elitärer Herrenmoral spiegelt. (Vgl. hierzu die Darstellung Hahns a.a.O. p.342ff. Hahn datiert »Bekehrungsgeschichte« auf den 31.1.–1.2.1891, »Vor der Entscheidung« auf 15.3. 1891.) Die Gedichte lauten:

Bekehrungsgeschichte

Weither erschien ihm's, und es war ihm fremd
Und unbequem. Er sucht es zu vergessen.
Doch plötzlich, wie er mitten drin gesessen
In all dem Patchouli-Kloakenduft
Des Lebens, seines Lebens – plötzlich hemmt
Ihm was den Atem: war denn nicht die Luft
Durchschmutzt, in der er vegetiert? – Sekunden
Lauscht er dem Schlag, der in sein Denken ging.
Wuchtend, ausgreifend schlug er Ring auf Ring
Und zittert leise nach und war verschwunden.

Dann, auf dem Heimweg, während schon den Flor
Die Nacht sich von der Stirne strich, es glommen
So matt herab die Sterne, wie beklommen,
Erinnerungsbeklommen – wieder nun
Er würde sie besitzen wie zuvor,
So war es ihm, zu seelenstarkem Thun,
Wie vordem wieder würden sie ihn führen,
Und an des Sternlichts ruhig mildem Saum
Flöß ihm hernieder seiner Jugend Traum,
Und nichts Gemeines könnt ihn mehr berühren.

So wie aber das »starke Leben« in seiner Faszination geschildert und zugleich als größte Verirrung der Schwachen entlarvt wird, ist auch der Einfluß Nietzsches nicht mehr ungebrochen. Zusammen mit dem »starken Leben« als Befreiung von erstickender Bürgerlichkeit und durch-

> Und wieder nach dem Zarathustra langt
> Er nun, als ob es sich von selbst verstände
> Daß dort gewißlich seine Sehnsucht fände,
> Wonach sie, jäh erwacht, verlangend späht.
> Je mehr er liest, die Träume fliehn, ihm bangt
> Vor Eiseshauch, der ihm entgegen weht. –
> Doch als ein neuer Tag durchs Fenster glühte,
> Er fand gesundet ihn und hart zum Streit,
> Fand einen Menschen – mehr noch: Männlichkeit –
> Und alles andre war verscholl'ne Mythe.*

> ### Vor der Entscheidung
>
> Du willst nicht auf dem alten Pfade
> Der Herde gehn,
> Der, ohne Überraschung gerade,
> Das Ziel läßt sehn,
> Das Ziel, die fette grüne Weide,
> Drauf ruht und – frißt das liebe Leben.
> Du siehst die Andern vorwärts streben –
> Doch Du hältst an der Wegesscheide.
>
> Und harrst, welche der inneren Mächte
> Die andere zwingt:
> Wie gern zum Alltagsziele brächte
> Dich der Instinkt!
> Dazwischen zirpt wohl eine Grille
> Zum Anfang nur, doch brausend schwellen
> Die Töne an. Des Blutes Wellen
> Gehn hoch, wie sie durchjauchzt der Wille.
>
> Der Wille, der durch Dorngehege
> Die Spur Dir zeigt,
> Auf nie betretnem Felsenstege
> Zur Höhe steigt
> Und wenn zerkracht die letzte Brücke,
> Die mit der Welt von Maulwurfshügeln
> Ihn je verband, mit goldnen Flügeln
> Sich schwingt zum Übermenschenglücke ...
>
> Wohl kann, zu einsam groß, erzitternd
> Dein Ich zergehn
> Und wie ein Meteor zersplitternd
> Zu Staub verwehn –
> Doch wo am dürren Zaun, im Thale,
> Du starbst, wird wie im Märchenscheine
> Aufleuchten Deine Stirn, die reine,
> Die nie befleckt vom Sklavenmale.*

* Abdruck mit Genehmigung des Aufbauverlages Berlin – Weimar.

schauter Selbsttäuschung wird auch seine widersprüchliche Lehre in ihrer moralischen Konsequenz zur Diskussion gestellt.

Die Abwendung von der Bürgerlichkeit begründet auch die »entlarvende« Darstellung des Bürgers. Schon sehr früh, im Roman IN EINER FAMILIE von 1894 oder in der Novelle EIN VERBRECHEN von 1897, schildert Heinrich Mann, wohl in Anlehnung an Flauberts MADAME BOVARY, etwa die »Bürgersfrau« (VIII,82) als geheime, bis ins Lasterhafte ausschweifende »Abenteurerin«, wie sie auch Thomas Mann z.B. in den Novellen LUISCHEN von 1900 und ANEKDOTE von 1908 sieht. Er fühlte im Bürger den Abenteurer, den Rauschsüchtigen, den unter der Oberfläche der Rechenhaftigkeit nach Anarchie Dürstenden, den er im PROFESSOR UNRAT ausbrechen und zum Tyrannen einer Stadt aufquellen ließ; er fühlte den Kitzel der vom Alltag zurückgestauten Orgie. Dabei nimmt er Impulse jener raffinierten Kunst des Rausches auf, von der Baudelaire und Wagner europäische Begriffe gegeben hatten, aber er begreift das Orgiastische wie das »Wunderbare« als irrationale Kehrseite der rationalen bürgerlichen Kultur.

Wiederum fehlen Entsprechungen zur seelischen Situation der Schwachen innerhalb des Bürgerlichen in der zeitgenössischen Wirklichkeit keineswegs. So wurde millionenfach und beinahe orgiastisch das »Glück der Gefahr«, das Glück der »erlösenden Tat« etwa beim Ausbruch des Weltkrieges von 1914, wie viele Zeitgenossen übereinstimmend berichten, erlebt. Er wirkte wie eine Befreiung aus einer unheimlichen Stagnation und Dekadenz des bürgerlichen Lebens. Obwohl die einzelnen die Sinnlosigkeit alles Handelns intensiv gefühlt hatten, wurde der kollektiven Tat Sinn zugeschrieben und die einzelnen empfanden es in grenzenloser Begeisterung als Glück, daran teilnehmen zu dürfen: »...und eine betäubende Zugehörigkeit riß uns das Herz aus den Händen«, schrieb Robert Musil im Herbst 1914.[31]

---

[31] Robert Musil, Europäertum, Krieg, Deutschtum. Gesammelte Werke in Einzelausgaben, hrsg. v. Adolf Frisé. Hamburg 1952–1957, Bd. II, p. 597. Dort auch: »...während es sich doch um ein Glück handelt, über allem Ernst um eine ungeheure Sicherheit und Freude. Der Tod hat keine Schrecken mehr, die Lebensziele keine Lockung. Die, welche sterben müssen oder ihren Besitz opfern, haben das Leben und sind reich...« (p.598). – Ferner: Thomas Mann, Gedanken im Kriege (Die Neue Rundschau 1914, p.1471–1484): »...hatten [sc. wir] im tiefsten gefühlt, daß es mit der Welt, mit unserer Welt nicht mehr weiter gehe« (p.1474). »Wie hätte der Künstler, der Soldat im Künstler nicht Gott loben sollen für den Zusammenbruch einer Friedenswelt, die er so satt, so überaus satt hatte!« (p.1475). Vgl. ferner den Rückblick im »Doktor Faustus«: »In unserem Deutschland, das ist gar nicht zu leugnen, wirkte er [sc. der Krieg] ganz vorwiegend als Erhebung, historisches Hochgefühl, Aufbruchsfreude, Abwerfen des All-

Wenn der Protest gegen das Bürgerliche während des Weltkriegs und nach dem Zusammenbruch der bürgerlichen Gesellschaft sowohl im Expressionismus wie auch im Faschismus zum Ausdruck kam, mußte sich zu diesen Phänomenen in Kunst und Politik für Heinrich Mann ein intensiver Bezug ergeben: die Dekadenzerfahrung erscheint bei ihm als Vorzustand und Inkubationszeit beider. Die Verherrlichung der »Gefahr«, das bewußte »vivere pericolosamente« als Erlösung aus einem sinnentleerten Leben ist ein Element des Faschismus und zeigt dessen Nähe zur geistesgeschichtlichen Situation der Dekadenz, ohne daß er damit freilich als geschichtliches Phänomen hinreichend erklärt wäre. Ohne die Kultivierung der Brutalität, der Stärke, der »Tat« als einer faszinierenden Größe an sich, die ideologisch vielfach begründet wird, ohne die damit verbundene Abwertung des Menschlichen, die auch in den Reflexionen der Schwachen überall auftaucht, wäre der Faschismus undenkbar. Dies wird noch näher auszuführen sein. Das Erliegen des Literaten vor der Faszination der »Tat«, das Umschlagen von Ästhetizismus in nihilistischen Heroismus, von Dekadenz in Faschismus, wie er zuerst in Italien auftrat, demonstriert beispielhaft der Handstreich auf Fiume, den einer der berühmtesten Dekadenzdichter, Gabriele D'Annunzio, 1918 unternahm. Aber auch die Essays Gottfried Benns von 1933 beleuchten später dieses Umschlagen, die REDE AUF MARINETTI überdies eine zeitweilige Identifizierung von expressionistischer (futuristischer) und faschistischer Tendenz.[32] Auch die heroischen und euphorischen Seiten der »Psychologie der Schwäche« stellen eine »Tatsache der inneren Zeitgeschichte« (IV,196) im Sinne Heinrich Manns dar.

tags, Befreiung von einer Welt-Stagnation, mit der es so nicht weiter hätte gehen können, als Zukunftsbegeisterung, Appell an Pflicht und Mannheit, kurz, als heroische Festivität« (VI,399). Eine ähnliche Schilderung gibt Ernst Glaeser, Jahrgang 1902. Berlin 1931, p. 187ff. Vgl. auch die Darstellung Golo Manns, Deutsche Geschichte des 19. und 20. Jahrhunderts, Frankfurt/Main 1959, Kap. »Stimmungen«, p. 572ff. Zur soziologischen Deutung des Ekels an der bürgerlichen Gesellschaft und der Flucht in das Kriegserlebnis vgl. Hannah Ahrendt, Elemente und Ursprünge totaler Herrschaft. Frankfurt/Main 1955, p. 526ff.

[32] Benn, I, p. 476–481. Darin: »Wir haben von hier aus verfolgt, wie Ihr Futurismus den Faschismus mit erschuf« (p. 476). Dazu die Ausführungen Werner Milchs, Über nachfaschistisches Denken. Kleine Schriften zur Literatur- und Geistesgeschichte. Heidelberg/Darmstadt 1957, p. 241–265, vor allem p. 250ff.

KAPITEL IV

DIE DOPPELWELT DER LEBENSSCHWÄCHE

a) Lebensschwäche als moralisches Dilemma zwischen »Ruchlosigkeit« und »Menschlichkeit«

In der Zerrissenheit zwischen Ute und Gilda fällt Claude doppelter Desillusionierung anheim. In ähnlicher Weise steht Lola in ZWISCHEN DEN RASSEN zwischen dem feurigen Wirklichkeits- und Gewaltmenschen Conte Pardi und dem tatenlosen aber geistvollen Träumer Arnold Acton. Die Welt der Seele, des »Wunderbaren«, des Schönen, des Rausches und der Entrückung, die »leidenschaftliche Poesie der Nacht« (7,354), die »bläuliche Verzauberung« (7,187) der Mondwelt, die Fieberluft der Liebe ist im Frühwerk von der Welt der Körper, von einer »schmutzigen, nüchternen und gemeinen« (7,354), von einer häßlichen, »lahmen und boshaften« (3,249) Wirklichkeit mit »mäßiger Alltagssonne« (7,188) hoffnungslos geschieden. In dieser Doppelwelt irren die Schwachen zwischen Extremen hin und her; wo sie nicht in e i n e r Sphäre vorsätzlich resignieren, werden sie zwischen beiden zerrieben. So empfindet Lola: »Was sollen mir dieser Italiener und dieser Deutsche? Sie machten sich gegenseitig erstaunlich unwichtig, hoben einander auf. Man ward müde und verstand sich selbst nicht mehr« (7,219). Im hartnäckigen mehrfachen Wechsel von Rausch und Ernüchterung, von Euphorie und Öde in den italienischen Passagen der JAGD NACH LIEBE und von ZWISCHEN DEN RASSEN gewinnt die Zerrissenheit Gestalt, entsteht eine immer tiefer greifende Lähmung des Lebens. Kontradiktorische Urteile setzen an jedem Lebensphänomen an. Seele erscheint als »Aristokratie der Empfindung« und als das Leben auslaugende Verinnerlichung, die »Sturm und Jammer« (5,519) bringt; »Sinnenglück« als »das allein vollkommene, als das einzig ungetrübte, mühelose, immer erreichbare« (7,373) und als »düstere Unzucht, ein Selbstverrat an Nacht und Schmutz« (IX,402); Künstlertum als »höheres, stärkeres Leben« und als »Schande«; Stärke als selbstverständlicher Lebensbesitz und als geistlose Brutalität; das Leben als rauschendes Fest und in seiner Gemeinheit. Die Zerrissenheit wurde in der Novelle DAS WUNDERBARE in ein Nacheinander von Traum und bürgerlichem Leben gebracht, sie prägt als unvermitteltes, grelles Nebeneinander der Gegensätze das Gesellschaftsfresko der GÖTTINNEN und wird einzig in der Gestalt der Herzogin heroisch und mühsam verschleiert; sie bricht in der JAGD NACH LIEBE in ihrer vollen Schärfe auseinander und findet in ZWISCHEN DEN RASSEN ihre konsequenteste Ausformung. Es zeigt sich das innerste Bestreben, die Materie des Lebenskonfliktes gleichsam logisch zu reinigen und ihren antithetischen Gehalt an den Tag zu bringen. In ZWISCHEN DEN RASSEN ist Heinrich Mann diesem Ziel am nächsten gekommen, er schuf darin eine bis ins kleinste Detail der Zweiwertigkeit adäquat durchgebildete antithetische Romanform als genauesten Ausdruck seiner primären Lebensdissonanz. Die von allen Zeitgenossen beklagte Spaltung des Lebens in bürgerliche Wirklichkeit und in die Welt der empfindenden Seele erscheint bei ihm schließlich als Dilemma, aus dem nach keiner Seite ein Ausweg möglich ist, weil beide Seiten zugleich negative und positive Momente vermischen: der banalen, aber machtvollen Wirklichkeit steht die seelen- und geistvolle, aber ohnmächtige Innerlichkeit gegenüber.

Von besonderem Interesse ist für Heinrich Mann der moralische Aspekt dieser Situation. Der Schwache legt an alle Lebensphänomene den Maßstab der Stärke und der Schwäche an. Der Schwache selbst bewertet die Schwäche, die als Lebensuntauglichkeit erscheint, aber seine Wirklichkeit ist, negativ, und die Stärke, die er als lachende Herrschaft über das Leben versteht, aber nur im Rausch erfährt, positiv. Diese Wertskala stimmt mit einer solchen Nietzsches durchaus überein, die dieser in heftiger Polemik gegen christliche Moral zu Beginn des ANTICHRIST formuliert:

Was ist gut? – Alles, was das Gefühl der Macht, den Willen zur Macht, die Macht selbst im Menschen erhöht.
Was ist schlecht? Alles, was aus der Schwäche stammt.
. . .
Die Schwachen und Mißratenen sollen zugrunde gehen: Erster Satz u n s e r e r Menschenliebe.[1]

Indem ein Schwacher diesen Satz anerkennt und auf sich selbst überträgt, gerät er in einen peinlichen Selbstwiderspruch. Es entsteht Selbsthaß und Selbstverachtung; um der eigenen Verachtung zu entgehen müßte der Schwache also »stark« werden (»Herrgott, diese Schwäche muß doch zu besiegen sein« 5,343).

---

[1] Nietzsche, II,1165.

Aber ebenso intensiv empfinden die Schwachen ein zweites Wertgefälle: das von der Menschlichkeit zur Unmenschlichkeit. In der Wirklichkeit des Lebens erscheinen beide Polaritäten jedoch verschränkt: im Starken, im ruchlosen Gewaltmenschen ist der positive Pol der Lebensstärke mit dem negativen Pol der Unmenschlichkeit, im Schwachen der negative der Lebensschwäche mit dem positiven der Menschlichkeit verbunden. Das ersehnte »starke Leben« bedeutet also gleichzeitig jene Brutalität, Ungerechtigkeit, Unmenschlichkeit, die Claude an seinen Gegentypen Panier und von Eisenmann bewundert und verachtet – die Güte und höhere Menschlichkeit aber, die er besitzt, ist an die Lähmung des Willens, an die Neurastheniker-Existenz und Lebensuntauglichkeit gekoppelt: »O! der Gütige wäre immer ein Schwacher?« – »Da nur Schwäche Geist hervorbringt und Güte von Erkenntnis abhängt...« (7,161). Um dem eigenen Gefühl für Menschlichkeit zu genügen, müßte der Schwache also – schwach bleiben. Wie immer diese Konstellation auch betrachtet werden mag, so läßt sich die Lebensschwäche in ihr nur als Dilemma darstellen, als Dilemma zwischen »Ruchlosigkeit« und »Menschlichkeit«.

Schwäche wird ferner mit »Nicht-lieben-Können« gleichgesetzt, Stärke mit »Lieben-Können«. Um aus dem Selbstgenuß der Innerlichkeit ins Leben, aus Selbstbespiegelung zur Liebe zu gelangen, muß der Schwache also erstarken, jede »Verstärkung« aber empfindet er vor allem – mit den Worten Nietzsches – als »Verböserung«.[2] Zu einer solchen »Verböserung« wollte sich Claude aufraffen, als er zitternd versuchte, Ute, die Schwesterseele, zu vergewaltigen, eine solche »Verböserung« bis zur Ruchlosigkeit hätte Mario Malvolto auf sich zu nehmen, wollte er seinem Renaissance-Idol Pippo Spano gleichkommen. Der »Verböserung« stehen aber die »Bedenken« gegenüber: »Herrgott, diese Schwäche muß doch zu besiegen sein. Ein lächerliches Bedenken kann doch nicht recht behalten gegen das Glück, das ruft! Das Glück fürs Leben!« (5,343). Die Schwachen leiden an »zu viel Verstehen, zu viel Bedenken, zu viel Voraussicht des Jammers der anderen« (VIII,296). Jeder Versuch, »ruchlos« zu sein, enthüllt, daß die »Bedenken« stärker sind:

Ich kann es nicht. Die Bedenken behalten recht. Sie sind zu alt, soviel älter als ich. Und durch seelische Verfeinerung, durch unzulängliche Nerven heißt das, werden sie nicht gerade erstickt... (5,344).[3]

---

2 Nietzsche, III,647.
3 Zur Aktualität des Gegensatzes ruchlos–bedenklich um die Jahrhundertwende vgl. das Zeugnis Thomas Manns in den »Betrachtungen eines Unpolitischen«, XII,538.

Jeder Versuch, »ruchlos« zu sein, stößt Claude auf sein Gewissen und seine Gewissenhaftigkeit. Dies entlarvt auch die *Manon-Lescaut*-Parallele; das Verbrechen eines Diebstahls aus Liebe, das zur »Rolle« des Chevalier Desgrieux gehört, ersetzt Claude durch eine peinliche »Komödie« (5,547ff.), das Geld erstattet er später gewissenhaft zurück (5,570). Claude hat nur die Wahl zwischen seiner angeborenen Menschlichkeit und der Komödie der Ruchlosigkeit, die mit der Komödie der Liebe und der Stärke verbunden ist. Er erfährt die Dekadenzsituation als moralisches Dilemma.

Dies manifestiert sich konkret an vielen Einzelszenen. So teilt Panier, der »Greis aus kräftigeren Zeiten« (5,100), in Claudes Gegenwart an dessen Geliebte eine übermütige Ohrfeige aus. Die geschlagene Frau akzeptiert die grundlose Züchtigung, weil Panier die Macht dazu hat. Sie würde sie auch von Claude akzeptieren, weil sie ihn hintergangen hat. Was sie jedoch nicht versteht, ist Claudes Verzicht auf jegliche Gewalt, sein zweifelndes »Soll ich mich an dem armen Wesen rächen...« (5,205). Ihm drängt sich in dieser Situation die bittere und wie immer radikal formulierte Erkenntnis auf: »Sie wird mich nicht verstehen, ich werde ihr Mißtrauen einflößen. Es ist menschlicher gehandelt, und sie wird mich achten, wenn ich sie einfach in die Ecke werfe« (ib.). Claude formuliert damit unter dem Druck einer festgefügten Wirklichkeit das Prinzip der in ihr gültigen Machtmoral: die Koppelung menschlicher Achtung an die Machtdemonstration. »Menschlich« ist es, sich dem jeweils Stärkeren und dem jeweils Schwächeren gegenüber entsprechend den Machtrelationen zu verhalten und damit jede Störung eingespielter Zusammenhänge zu vermeiden. »Wer von der Ordnung, dieser kalten Weisheit der Dinge, weicht, ist bestimmt, in Bitternis zu enden« (VIII,276). Provozierend wird im entsprechenden Kontext die Bedeutung von »menschlich« in ihr Gegenteil verkehrt. Die Paradoxie des Satzes »Es ist menschlicher gehandelt usw.« tritt schärfer hervor, wenn er allgemeiner formuliert wird. Er lautete dann: »Es ist menschlicher, unmenschlich zu sein«, oder, aus der Sicht der Schwachen: »Es ist unmenschlich, so menschlich sein zu müssen.« Der Zwang der Wirklichkeit zur »Verbösung« wird so als sprachliche Paradoxie greifbar. Er ist eine Konstante in der Lebenserfahrung der Schwachen. Aus dem latenten moralischen Dilemma, das sich hier als Bedeutungsumkehrung von »menschlich« manifestiert, führt eine Hauptlinie der Reflexion im Frühwerk zu »Rousseaus Rat«: »Menschen, seid menschlich! Welche Weisheit gibt's für euch außerhalb der Menschlichkeit!« (7,183) in ZWISCHEN DEN RASSEN und zur »Schule der Menschlichkeit« (8,528) in der KLEINEN

STADT. Sie zeigt in der Verkürzung die Richtung an, in welcher das Werk Heinrich Manns fortschreitet und verrät, welche Bedeutung einer Begegnung mit Rousseau, die in diesen Jahren erfolgt sein muß, zuzumessen ist.

Jeder Versuch, die Lebensschwäche zu überwinden, zwingt zu einem Abschweifen ins Unmenschliche, ins »Unmenschliche und Übermenschliche« zugleich, wie es Nietzsche vorhersagt (»Der höhere Mensch ist der Unmensch und Übermensch: so gehört es zusammen«),[4] oder, wieder von der anderen Seite betrachtet, zur »Selbstvergewaltigung« (VIII, 296). Wenn der Schwache seine Schwäche schon nicht physisch überwinden kann, so ist es ihm immer möglich, »dem Leben recht zu geben und seiner Gewalt« (3,267) und Stärke als Unmenschlichkeit zu usurpieren: als künstliche »Haltung«, die vermeintlich eben diesem Leben entspricht. Daraus entsteht die tyrannische Variante der Schwäche, die für Heinrich Mann neben der »komödiantischen« außerordentliche Bedeutung gewinnt. Ein Ansatz dazu blitzt auch in der Empfindung Claudes auf: »Er ahnte auf einmal die Möglichkeit, leiden zu machen, wie er litt. Er sah die an ihrem Haar erhängte Frau in der Luft baumeln. Vor Rachsucht schwindelte es ihm« (5,185). Nietzsche schon zog ein Element der Rache in seiner Psychologie des Künstlers ans Licht, Künstler seien »verbrannte Kinder«, »in einer langwierigen Rache am Leben begriffen«.[5] Auch die Künstler Heinrich Manns verstehen des öfteren ihre Kunst als Rache am Leben. Ebenfalls befreit sich der »Tyrann« Heinrich Manns von dem Leiden an seiner Schwäche nicht, indem er ins Leben gelangt oder das Leiden am Leben akzeptiert, sondern indem er sich am Leben »rächt« und andere »leiden macht«.[6]

In den Mittelpunkt eines Romans rückt die tyrannische Variante zum ersten Mal im PROFESSOR UNRAT (Niederschrift 1904). »Rachsucht« und »Menschenhaß« (6,265) treiben diesen Schultyrannen bis zur Anarchie. Auch im folgenden Roman ZWISCHEN DEN RASSEN ist mehrfach von »Tyrannen« die Rede; Arnold weitet seine Erfahrung mit dem Besitz eines Revolvers zur Genesis des Tyrannen aus Schwäche aus: »Viel schlimmer noch als unsere Ohnmacht ist's, wenn wir zufällig zur Macht gelangen…« (s. o. p. 85). Weitere Analysen tyrannischer Instinkte bringen die Novellen ABDANKUNG (1905) und DER TYRANN (Mai/Juni 1907). Dieser italienische Fürst ist ein solcher Schwacher, der »zufällig«,

---

4 Nietzsche, III,520.
5 Nietzsche, II,620.
6 Tyrannische Züge des Leidens am Leben treten auch in Thomas Manns Novellen »Tobias Mindernickel« und »Gladius dei« hervor.

98

d. h. durch den Zufall der Geburt, zur Macht gelangte. In der Beschreibung häufen sich alle Symptome und Epitheta der Schwäche: er ist ein »Künstler« (10,330), der sich in Verkleidungen unter das Volk mischt, er spielt seiner Besucherin Raminga eine »erbärmlich meisterhafte Komödie« (10,338) vor. Seine Furcht ist, daß man ahne, »daß ich lieber gut gewesen wäre« (10,338), auch er träumt von »Menschengüte auf anderen Sternen« (10,347), er gesteht: »Nichts hat ein Tyrann so sehr zu fürchten wie die Menschlichkeit, für die er vielleicht geboren wäre« (10,339). Raminga entdeckt in ihm »ein Kind« (10,326), sie findet ihn »rein und verirrt, schüchtern, zum Größten fähig und der Liebe bedürftig. Das nur ist wahr« (10,342).

Das Abrücken Heinrich Manns vom »Nurkünstler«, die Kritik am »Tyrannen« spiegelt sich in dem Titel DIE BÖSEN, unter dem DIE BRANZILLA und DER TYRANN 1908 veröffentlicht wurden.[7] Ein Porträt offenbar des gleichen »Tyrannen« enthält auch die Novelle AUFERSTEHUNG (Zenker: »um 1910«).[8] Eine knappe Formel des »Erben« begegnet gleich zu Beginn: »Dieser Herzog! Man hat nie gewußt, ob er leben könne. Zwanzig Jahre alt und ich habe ihn nach Atem ringen sehen. Nur der Anblick seines Goldes verschaffte ihm Luft« (VIII,243).[9] Auch er wird als Komödiant und böse charakterisiert:

> War ich nicht doch ein Narr? Habe ich mich nicht vergebens geopfert, einem Schicksal, dem kein Gott zusieht? Mein Leben, dies feierliche, bedrohte, böse und einsame Leben, ganz im Grunde nehme ich's nicht ernst; ich spiele es mir, ich bin ein Komödiant – wie? Und wer weiß, ob ich nicht auch ein andres hätte spielen können? (VIII,277)

Die Verwandtschaft des Tyrannen mit allen übrigen Schwachen ist offenkundig, in dieser Gestalt wird eine weitere Spielart der Schwäche herausgetrieben, durchschaut und als ein weiteres Stück individueller und gesellschaftlicher Erkenntnis den übrigen hinzugefügt. Tyrannische Züge zeigt in der Folge der »Untertan« Heßling, sie erkennt Heinrich Mann bei Hitler, sie verleiht er dem Phillip II. des HENRI QUATRE und schließlich dem Friedrich II. der TRAURIGEN GESCHICHTE...

Das Lebensproblem der Schwachen scheint somit unter den Bedin-

---

7 Die moralische Verurteilung des Komödianten hat insbesondere Schröter, Anfänge, p. 98 ff. hervorgehoben.
8 Zur Interpretation der Novellen »Der Tyrann« und »Auferstehung« vgl. Rolf N. Linn, Portrait of two despots by Heinrich Mann. In: The Germanic Review, Bd. XXX (1955), p. 125–134.
9 Freilich notiert Heinrich Mann schon unter dem 10. 3. 1894: »Nicht unvorteilhaft, Neurastheniker zu sein. Man kann dabei 100 Jahre alt werden« (Findbuch Nr. 466).

gungen der gleich intensiv empfundenen Gegensatzpaare Stärke–Schwäche und Menschlichkeit–Unmenschlichkeit nicht anders lösbar als um den Preis der Abtötung des Herzens, der erzwungenen Ruchlosigkeit. Es kann jedoch nicht länger übersehen werden, daß der Gegensatz Stärke–Schwäche biologisch orientiert ist – weshalb der Schwache nicht ohne weiteres stark werden kann – während die Wertpolarität menschlich–unmenschlich der moralischen Ebene zugehört. Beide Polaritäten scheinen sich so lange zu paralysieren, als dieser Unterschied übergangen wird. Die entscheidende, dem Dilemma zugrunde liegende Koppelung moralischer Werte an vitale darf als die Nietzsche'sche Formulierung des Dekadenzproblems angesprochen werden. Sie findet in seiner Setzung »schlecht ist alles, was aus der Schwäche stammt« Ausdruck und ist letztlich aus seiner »Grundgleichung Sein = Wert«[10] abzuleiten. Aus ihr folgt ohne weiteres »schwach sein = minderwertig«.

Man kann nun das moralische Problem der Lebensschwäche gleichsam im »Drehsinn« Nietzsches durchlaufen. Er geht von der Menschlichkeit später Kulturen aus und entwertet sie als Schwäche. Somit gelangt er folgerichtig zur Stärke und muß deren Unmenschlichkeit als »Ruchlosigkeit« bejahen. Diese Bewegung vollzieht der Schwache Heinrich Manns primär mit, da er in ihr die Erlösung von seinem Leiden vermutet. Er wird jedoch von der Unmenschlichkeit aufs stärkste abgestoßen, so daß er über die Bejahung der Menschlichkeit zur Annahme seiner Schwäche wieder zurückgelangt. Dies kann als gegenläufiger »Drehsinn« Heinrich Manns bezeichnet werden. Die Gestalt der Herzogin von Assy ist deshalb so schillernd, weil sie unter dem Nachvollzug von Nietzsches heroischer Haltung überall Anzeichen dieser Gegenstrebigkeit erkennen läßt – in den Formeln Heinrich Manns: Gerechtigkeitssinn, Leidensfähigkeit, Mitleid, Bedenklichkeit, Grauen vor dem Tod: »Aber die eigene Härte schmerzte sie ...« (4,248), »und mit Furcht vor sich selber« (4,249), »Wehe mir, wenn ich schwach werde! Ich bin einzig auf meine Nerven gestellt« (4,259).

Die Menschlichkeit, die Heinrich Mann schließlich nicht aufgibt, zwingt ihn deshalb, die Koppelung von moralischen Werten an vitale zu lösen, d.h. den von Nietzsche abgesteckten Problemspielraum zu verlassen. Er muß, um ihn in seinem »Drehsinn« aufzubauen, mit der neuen Gleichung »Menschlichkeit ist eine Stärke« beginnen. Dieser Punkt der Umkehr, der Umwertung, wird in den Worten Ramingas, die sie dem »Tyrannen« zuruft, sichtbar: »Sie sind nicht schwach: Sie

---

[10] Eugen Fink, Nietzsches Philosophie, Stuttgart 1960, p. 18.

haben ein menschliches Herz! Erkennen Sie es an!« (10,346). Die in ZWISCHEN DEN RASSEN vollzogene Umkehr spiegelt sich sodann in der positiven Bewertung der gleichen, von Nietzsche als »Verinnerlichung« negativ bewerteten Dekadenzerscheinungen. Über den Gegensatz zwischen machtgläubigem Nihilismus und dem Menschenglauben Rousseaus führt Arnold Acton aus:

> Heute gilt eine hoffnungslose Auffassung der menschlichen Zukunft. Dennoch ist es klar, daß mit der Abnahme der rohen Kraft auch die Grausamkeit an Gebiet verloren hat. Was hindert mich zu glauben, daß der Geist, der die Folterkammern sprengte: daß der Geist auch die Waffenmagazine sprengen wird (7,183).

Die Umkehrung aber zeitigt notwendig die Folgerung »Unmenschlichkeit ist eine Schwäche« bzw. die Forderung »Der Starke soll menschlich sein«. Sie gerade ist der *horror* Nietzsches, die Schande, wie er glaubt, die ebenso die christliche Moral wie ein demokratisches Zeitalter dem Starken als dem Vertreter des »höchsten Lebens« antut – obwohl diese Verbindung bei ihm selbst als »Caesar mit Christi Seele«[11] anzutreffen ist. Mit der Forderung »Der Starke soll menschlich sein« wird der Arbeiter Ballrich im Roman DIE ARMEN an die Besitzenden, Terra im Roman DER KOPF und schließlich König Henri Quatre an die Großen des Reiches herantreten. Von Henri Quatre heißt es, aufschlußreich für diesen Zusammenhang, er demonstriere der Welt, »qu'on peut être fort tout en restant humain« (VI,618). Henri Quatre wird im Werk Heinrich Manns die Verbindung der beiden positiven Pole, die Synthese von »Stärke« und »Menschlichkeit« verkörpern, während der »Tyrann« die Verbindung der beiden negativen Pole »Schwäche« und »Unmenschlichkeit« darstellt.

In der Wertperspektive Nietzsches, dessen oberster Wert das »tropische«[12] Leben um jeden Preis, auch um den der Ruchlosigkeit, ist, sieht sich der Schwache unausweichlich in das Dilemma versetzt, stark zu werden (= Anlaß zum Rausch, heroische Haltung, Verleugnung der Schwäche) bzw. wenigstens unmenschlich (= tyrannische Variante) oder zugrunde zu gehen (»die Schwachen und Mißratenen sollen zugrunde gehen ...«). In der entstehenden moralischen Wertperspektive Heinrich Manns hingegen, dessen Perspektivpunkt »Menschlichkeit« ist, selbst schließlich um den Preis eines rauschlosen Lebens, sieht sich der Starke, der Inhaber der Macht, der moralischen Nötigung ausgesetzt, »schwach« zu werden (eine solche Schwächung bedeutet z. B. Mitleid) oder sich we-

---

[11] Nietzsche, III,422. [12] Nietzsche, II,653.

nigstens menschlich zu verhalten – wie Henri Quatre zeigen wird – oder (wenigstens moralisch bzw. literarisch) zugrunde zu gehen – in welche Richtung die Absicht Arnolds, Pardi zu töten, weist.

Als eigentümlicher Gang des Frühwerks Heinrich Manns darf diese konsequente Übersetzung der Dekadenzsituation in ein moralisches Problem gelten. Die Antithetik gipfelt im Widerstreit des Wertsystems der Ruchlosigkeit mit dem der Menschlichkeit, in einer ausgebreiteten Diskussion der »obersten Werte« und »Wünschbarkeiten«, wie Nietzsche sagt. Die Phänomene der Ambivalenz, der Zerrissenheit, sind Ausdruck einer zunächst vorherrschenden Unentschiedenheit, ja Ratlosigkeit im tiefsten; wo der »Drehsinn« Nietzsches überwiegt, wie in den GÖTTINNEN, da färbt sich alles im Sinne der Lebensfeier Nietzsches heroisch, aber die Gegenkraft bleibt überall kritisch und gegenstrebig sichtbar (etwa in Siebelind); wo beide Systeme gleich stark sind, paralysieren sie sich in der tödlichen Form doppelter Desillusionierung (wie im Falle Claudes); wohingegen der »Drehsinn« Heinrich Manns an Kraft gewinnt, wie in ZWISCHEN DEN RASSEN, führt er zur Aufrichtung der Menschlichkeit, zur moralischen Widerlegung Nietzsches, wie er damals verstanden wurde – aber so, daß seine Akzentuierung der vitalen Werte nicht zerstört, sondern weitergeführt wird: der Schwache muß ins Leben treten, indem er, geführt von seiner Menschlichkeit, zum Täter wird.

Die zunehmende Abkehr von der »Ruchlosigkeit« des todestüchtigen heroischen Lebens, die sich auf dieser inneren Linie des Werkzusammenhangs abzeichnet, ist die größte Stärke der Schwachen, ihr Zu-sich-selbst-Finden ist die wichtigste und folgenreichste Entscheidung, die im Frühwerk Heinrich Manns fällt. Sie stellt aber nicht einen »Umschlag« dar, »der in gewisser Weise die Abkehr vom bisher Vertretenen, ja sogar einen Bruch mit ihm bedeutet«,[13] sondern, wie einsichtig wurde, die Entscheidung einer lange Zeit unauflöslichen Zweiwertigkeit, die Entscheidung des moralischen Dilemmas im ästhetischen Spannungsfeld zwischen Ruchlosigkeit und Menschlichkeit.[14]

---

[13] So Specht, a.a.O. p. 5.

[14] Die hier gegebene Deutung des »Frühwerks« ist zu ergänzen durch die Resultate der in den Arbeiten Schröters, Zecks und Hahns inzwischen gelungenen weiteren Aufhellung der literarischen Tätigkeit H. M.s in den neunziger Jahren. Vor die hier konstatierte Phase der Ambivalenz und Zerrissenheit ist auf der Ebene theoretischer Äußerungen eine solche konservativer Entschiedenheit zu setzen. Andererseits lassen sich auf der individuellen Konfliktebene Ambivalenz und Zerrissenheit zurückverfolgen bis z. B. der Novelle »Haltlos« von 1890, ja darüber hinaus bis in die Jugendlyrik.

Da Nietzsche seine »Umwertung« der christlichen bzw. platonischen »Werte« als Rückgängigmachung einer früheren, gegen das Leben gerichteten »Umwertung« auffaßte, verläuft die Rückgängigmachung Nietzsches bei Heinrich Mann in paralleler Richtung zu jener ersten platonischen »Umwertung«. Die Nähe zum Christentum, in die er damit gelangt, manifestiert sich später des öfteren (z.B. in der großen Beichte der Baronin Hartmann in MUTTER MARIE von 1927, die als über Jahrzehnte hinweg verspätete reuige Annullierung des abenteuerlichen Lebens der Herzogin von Assy verstanden werden darf). Es ist jene Nähe zum Christentum, in die jede grundsätzlich humanistische Position angesichts der Barbarei rückt.[15]

Aus dieser Position nimmt Heinrich Mann in den zwanziger Jahren eine Neubewertung des naturalistischen Aufbruchs vor. Mehrfach weist er auf die idealistische Wendung in den Jahren um 1890 hin:[16]

> Der europäische Geist hatte während des Daseins derer, die jetzt Fünfziger sind, einen glücklichen Augenblick, es war 1890 und noch einige Jahre nachher. Die 1870 Geborenen traten in die Welt ein, und viele von ihnen brachten geistige Bedürfnisse mit, die vielleicht nur einmal in solcher Reinheit vorgekommen sind. Sie liebten soziale Gerechtigkeit, Völkerfrieden, das auf Vernunft zu errichtende Menschenglück, und sie glaubten daran. Sie waren Utopisten, die von der Natur und ihrer Bitternis erlernten, es zu sein (XII,102/03).

Da Heinrich Mann »1890 und noch einige Jahre nachher« keineswegs als solcher Utopist auftrat und mehrfach Kritik am Naturalismus übte[17] – über Hauptmanns WEBER 1894: »foncièrement antipathique à mon goût« –, spiegeln diese Sätze, was ihm aus späterer Sicht als entschei-

---

15 Vgl. dazu Rudolf Bultmann, Humanismus und Christentum. H.Z.176 (1953), p. 1–15.

16 Vgl. dazu die Spiegelung im »Emanuel Quint« Gerhart Hauptmanns: »Man rechnete allen Ernstes mit einem gewaltigen allgemeinen gesellschaftlichen Zusammenbruch, der spätestens um das Jahr Neunzehnhundert eintreten und die Welt erneuern sollte ... Über vielen Tischen politisierender Volkskreise schwebte damals ... gleich einer bunten, narkotischen Wolke die Utopie. Was bei dem einen diesen, bei dem andern jenen Namen hatte, war im Grunde aus der gleichen Kraft und Sehnsucht der Seele nach Erlösung, Reinheit, Befreiung, Glück und überhaupt nach Vollkommenheit hervorgegangen: das gleiche nannten diese Sozialstaat, andere Freiheit, wieder andere Paradies, Tausendjähriges Reich oder Himmelreich ...« (Sämtliche Werke (Centenar-Ausgabe), hrsg. v. Hans-Egon Hass, Bd. V, Darmstadt 1962, p. 363.)

17 Vgl. den Essay »Neue Romantik« (in: Die Gegenwart 42, 1892, p. 40–42) und die Ausführungen Schröters (Anfänge, p. 9–12) dazu, ferner die Tagebuch-Eintragungen vom 17. 1. 1894 »Über Naturalismus und Romantik« und den negativ urteilenden Bericht über die Aufführung von Hauptmanns »Weber« vom 26. 9. 1894, woraus das obige Zitat (Findbuch Nr. 466).

dende geistige Prägung seiner Generation erschien. Die ursprüngliche Kritik am Naturalismus schrumpft jetzt zusammen zu dem Vorwurf, er sei literarisch geblieben. Dieser Vorwurf, der schon die Naturalismus-Satire im SCHLARAFFENLAND trägt, wird noch einmal in der Konfrontation Claudius Terras im KOPF mit dem Dichter Hummel (= Schlüsselfigur für Gerhart Hauptmann) gestaltet. Auf Hummels Frage »Sie glauben nicht, daß ein Umschwung kommt?« antwortet Terra »Nicht vom Stückeschreiben« (K. 133). Die Entwicklung Heinrich Manns aber verlief erst nach der Entscheidung gegen Nietzsche in Richtung der behaupteten »geistigen Bedürfnisse« der 1870 Geborenen.

b) Das Frühwerk als Reflexionszusammenhang

Es liegt nahe, den Zusammenhang des Frühwerks nunmehr unter den bis jetzt gewonnenen Einsichten zu betrachten. Die Bemerkung Thomas Manns –

> Das Mißverständnis zwischen Leser und Autor besteht öfters darin, daß jener das eben vorliegende Werk als ein Absolutes und für sich Stehendes sieht und wertet, während es diesem Stufe, Versuch, Bindeglied, Mittel und Vorbereitung bedeutet (Th. Mann, XI,574).

– diese Bemerkung gilt uneingeschränkt für Heinrich Mann. Wie unablässige Reflexion eine Qualität seiner Protagonisten ist, so konstituiert sie sichtlich auch den Zusammenhang der Werke. Beständig wird Anschauung in Erkenntnis überführt, die jeweils bewußt gewordenen Gehalte leben dann immer verkürzter oder formelhaft oder karikiert in den folgenden Werken weiter. Oft ist sogar die Kenntnis früherer Werke zum Verständnis solcher Formeln unerläßlich, aber auch die Bedeutung des einzelnen Werkes läßt sich genau erst festlegen, wenn es auch als Durchgangsstufe gestaltender Reflexion verstanden wird. In diesem Sinne können mit einiger Vorsicht die Hauptgestalten der Romane als jeweilige Einkörperungen einer durch sie hindurchgehenden Reflexion miteinander verbunden werden.

Die Göttinnen

Überträgt man die Resultate der Analyse der Lebensschwäche auf Violante, Herzogin von Assy – als Antwort auf die Frage Georg Spechts, «was in ihr erscheinen solle«,[18] die er letztlich nicht überzeugend zu be-

---

18 Specht, a.a.O. p. 99.

antworten vermochte – so muß sie eindeutig als Lebensschwache bezeichnet werden. Verhüllt ist das gesamte Grundmuster des schwachen Lebens zu erkennen: von der einsamen, traumüberladenen Jugend, über die Selbstberauschung durch Macht, Kunst und Sinnlichkeit, die sie in drei Phasen im Zeichen der Diana, Minerva und Venus erlebt, über den immer hektischeren Taumel durch Rausch und Ernüchterung, bis zu jenem »Marasmus«, in dem auch Claude und Gilda verenden. Sie lebt, in furioser Übersteigerung, der Ausgeburt ihrer Phantasie, dem Rausch des »starken Lebens« nach und erfährt dabei, allerdings erst spät, daß sie ihm nicht gewachsen ist: ihr Leben zersetzt sich unter Angstschauern in »wollüstigen Wahnsinn« (4,247) und röchelnden Verfall, begleitet von Blutsturz, asthmatischen Anfällen, Fieberschweiß, Öde. Sie ist die Schauspielerin ihrer selbstgeschaffenen Träume und keine Renaissancegestalt,[19] und die Unfruchtbarkeit ihres Abenteuerdaseins holt sie, wie viele Schwache, am Ende ein: im vergeblichen Wunsch nach einem Kinde.

Dennoch erscheint sie ihren Freunden als Personifizierung des launisch vielgestaltigen und unerschöpflichen Lebens, herrisch, unbeugsam und mitleidlos, und auch das damalige Publikum verstand sie so; noch H. F. Schöpker will sie als »Ideal des großen Renaissancemenschen schlechthin«[20] aufgefaßt wissen und übersieht die Symptome ihrer Schwäche vollkommen. In ungewöhnlichem Maße gelingt es ihr, sich selbst und der Welt diese Suggestion der Stärke aufzuzwingen. Im Bewußtsein, daß das Leben keinen anderen Sinn hat, als den, den man ihm gibt, daß es Wille zur Macht, Schein und Spiel ist, erzwingt sie die zügellose Feier des Lebens »bis zum letzten Axthieb« (4,282), schiebt sie störende Erkenntnisse beiseite, verbirgt sie zwischen den Euphorien die Symptome des Verfalls und spielt ihr Leben als schon vor der Geburt vollendetes »Kunstwerk« (3,330) durch. Die Maxime dieser mühsamen, heroischen Unehrlichkeit lautet: »Es wäre unstolz zuzugeben, daß wir selber enden können« (4,231). Dazu kommt, was in der JAGD NACH LIEBE das »Elend ihrer Stärke« bezeichnet wird: die scheinbare Kälte und Unnahbarkeit der ästhetisch von Leben und Liebe abgewendeten schönen Frau; ihre Flucht in die Kunst, die wie eine Stärke erscheint, Verlockung ausstrahlt und die Schwachen zur Liebe hinreißt. Wie Ute für Claude, wird die Herzogin schon in der Diana- und

---

[19] So auch Weisstein (Heinrich Mann, a.a.O. p. 41): »Doch ist Violante kaum der schönen Ruchlosigkeit fähig, die Nietzsche an Cesare Borgia lobt...«
[20] Heinz Friedrich Schöpker, Heinrich Mann als Darsteller des Hysterischen und Grotesken. Diss. phil. Bonn 1960, p. 95.

Minerva-Phase den Schwachen irrtümlich zum Versprechen der Lust. Schließlich ist es die virtuose, den Rausch vergegenwärtigende Sprache Heinrich Manns, welche die Euphorien der Herzogin visionär mitvollzieht und jene Welt des Scheins als ästhetische Kunstwirklichkeit aufbaut, in der die Herzogin als erdichtete Dichterin des Scheins aufgeht.

Das Verwirrende dieser Romane ist, daß sie die überwirkliche Erfüllung aller dichtenden Phantasien der Lebensschwachen, ihrer eigenen und der ihrer Anbeter, und auch der Heinrich Manns, das rote Phantasma der Ruchlosigkeit nach außen und eine sich auszehrende Schwache nach innen in der gleichen Gestalt ist. Sie ist nur als Schwache, welche die volle Ambivalenz und Paradoxie der polarisierten Welt Heinrich Manns, wie sie beschrieben wurde, auf sich vereinigt, zureichend zu verstehen. Sie bewegt sich gleichzeitig innerhalb der Wertsysteme der Ruchlosigkeit und der Menschlichkeit. Sie ist eine literarische »Chamäleon-Natur«, an der alle Symptome der Stärke und der Schwäche durcheinander erscheinen: sie hat Herz und ist grausam; sie ist nachdenklich, leidend, mitleidend und ruchlos; sie ist vom Tod tief erschüttert und schreitet über Leichen; sie ist keusch, viele Jahre, und ein erotisches Ungeheuer; ihr Leben ist ein kühles »Kunstwerk« und sie ist, wie alle Schwachen, liebebedürftig – »›Man soll mich nur lieben‹, wiederholte sie ganz schwach« (3,286) – ist auf der verzweifelten Jagd nach Liebe, wie sie das Ziel einer gigantischen Jagd nach Liebe ist; sie geht in das mythische Leben unter Hirten und Zentauren ein und ist rauschgiftsüchtig wie Claire Pimbusch: sie ist heidnisch ewig und modernasthmatisch. Sie hat den aristokratischen Schauspielerinnenbezug Utes zum Volk und ist venus vulgivaga – alles dies aufgeteilt auf die verschiedenen Lebensphasen. Sie kann als eine groß angelegte Ausformung des um 1900 häufig auftauchenden Topos Venus-Maria verstanden werden.

Alle diese Widersprüche vereinigt die Herzogin oberflächlich im Elan der heroischen Haltung, auf den jedoch zutrifft, was bei Thomas Mann Herr Klöterjahn über die Schrift des Dichters Spinell bemerkt: »Auf den ersten Blick scheint es ganz sauber, aber bei Licht besehen ist es voller Lücken und Zittrigkeiten.«[21] Die Herzogin lebt den aristokratischen Individualismus sichtbar unter den Bedingungen des Schwachen, der für jeden Lebensgenuß »bezahlt«. Der in ihr Gestalt gewordene »Renaissancismus« ist der endgültige, beschleunigende Vollzug der Dekadenz unter der Maske des ästhetisch kommandierten Lebens. Daran läßt Heinrich Mann keinen Zweifel. Noch der brünstigste Rausch verliert

---

21 Thomas Mann, VIII,257.

nicht den Charakter eines im tiefsten ratlosen Nachvollzugs von Gesten des ersehnten vollen Lebens. Und die Prosa Heinrich Manns, auch wo sie Glut und Entrückung beschreibt, bleibt stets genau, knapp und nüchtern.

Die Jagd nach Liebe

In den GÖTTINNEN war die ungeheure Widersprüchlichkeit des frühen Heinrich Mann gleichsam explodiert. In der Gestalt der Herzogin übertönt Ruchlosigkeit nur unter Anstrengungen ihre Menschlichkeit. In dem sie umgebenden Gesellschaftsfresko sind alle widersprüchlichen Elemente des Lebenskonfliktes oft nebeneinander schneidend formuliert. Dabei kam, so scheint es, Heinrich Mann die volle Tragweite der Widersprüche, aber auch das Ausmaß ihrer heroischen Umdeutung im Aristokratismus Nietzschescher Prägung zum Bewußtsein. Mit der JAGD NACH LIEBE engt er in einem Akt strenger Selbstbeschränkung die Optik auf den Mittelpunkt des Konfliktes, den »schwachen Menschen«, ein. Von der schonungslosen Durchleuchtung eines Menschen, dessen Lebenskraft »schon versagte, als er zwanzig war« (VIII,274), erhofft er weiterführende Auskunft. Die gesamte Konfliktmaterie der GÖTTINNEN wird als strikt individuelles Spektrum der Schwäche zusammengefaßt. Genauer heben sich nun der Rauschcharakter der »glücklichen« Phasen und die Sphäre der Illusionen von der Lebenswahrheit der Schwäche ab. In der agonalen Zerrissenheit manifestiert sich die Zerreißung des Lebens, ein Ausweg zeigt sich nicht, das Verdikt »unfähig zu lieben« scheint endgültig, die Differenz von Traum und Wirklichkeit bleibt unaufhebbar.

Die folgenden Werke treiben die kritische Entlarvung des Schwachen weiter. PIPPO SPANO zeigt ihn als Komödianten im Leben, den Renaissancismus als lächerliche Selbsttäuschung, als spielerische Verblendung. Im UNRAT gewinnt die tyrannische Variante Gestalt. Wie schwierig eine Lösung des Lebenskonfliktes jedoch ist, zeigt die Tatsache, daß Heinrich Mann den gesamten ambivalenten Komplex in schärfster Zuspitzung noch einmal in ZWISCHEN DEN RASSEN aufnimmt.

Zwischen den Rassen

Dieser Roman ist zugleich Gegenstück und Fortführung der JAGD NACH LIEBE. Alle Zweiwertigkeiten sind in jedem Punkt als Antithese organisiert. Der »schwache« Träumer wird in radikaler Vereinfachung mit dem Deutschen, und der ruchlose Gewaltmensch mit dem Italiener identifiziert, und das Bild beider im Gefühl und in der Reflexion der Frau, die zwischen diesen beiden »Rassen« steht (wie schon Gilda), unbarmherzig nach beiden Seiten durchgezeichnet. Lola vereinigt die Züge Utes und Gildas in einer Gestalt. Sie ist in doppeltem Sinne schwach: insofern die Frau das »schwache« Geschlecht repräsentiert und im Sinne der Dekadenz. Spürbar kommt der Darstellung zugute, daß die problematische Lebensschwäche mit der natürlichen weiblichen Schwäche einerseits zusammenfällt. Die Schwächung der »décadents« wird so als Annäherung an das Grundgefühl weiblichen Lebens erkennbar und wird von ihnen auch so verstanden: als Verweiblichung. Andererseits hebt sich die Lebensschwäche der Frau von der natürlichen weiblichen Schwäche als das »Elend ihrer Stärke«, als eine der Frau nicht zukommende Stärke ab, die sie hindert, eigentlich Weib zu sein: als Vermännlichung: »Ist es lästig, ein halber Mann zu sein!« (7,358). Künstlertum, emanzipierte Lebensweise und vor allem die Gabe zergliedernder Reflexion, die Lola Gabriel in hohem Maße besitzt, erscheinen als Symptome dieser als Stärke maskierten Lebensschwäche des Weiblichen selbst.

In antithetischer Verschärfung durchläuft ZWISCHEN DEN RASSEN noch einmal alle Knoten des Lebenskonflikts auf der Seite der Frau, während Arnold Acton gegen alle Verführungen des »starken Lebens« gefeit ist: sie leben in seiner Erinnerung, sprechend genug, als beendete »italienische« Phase. Über die Stufe des Geschwister-Verhältnisses zwischen Lola und Arnold, über die Stufe doppelter Desillusionierung hinaus stößt der Roman vor zu dem Neuen: Einsicht und Stärke der Liebe zweier Schwachen zueinander sind so angewachsen, daß sie ihre ästhetische Isolation durchbrechen und sich in ihrer ursprünglichen Schwäche annehmen können, daß sie auf alle phantastischen Abschweifungen und hektischen Erhöhungen des Lebens schließlich verzichten und jene Behauptung »Schwach wie sie selbst war, konnte ihr ein Schwacher nicht helfen« (VIII,147) zerbrechen können – indem Arnold zum entschlossenen Handeln, Lola gerade dadurch zur wirklichen Hingabe erstarkt und beide zum ersten Mal eine Wirklichkeit gegenseitiger Liebe empfinden, die im ganzen Frühwerk nicht anzutreffen war.[22] Die ästhetische Isolierung wird jetzt als Schwäche entlarvt:

> Denn ich war stolz auf meine Einsamkeit, die doch nur Schwäche war. Nicht aus Stärke stehen wir allein, ohne über ein anderes Wesen unsere Hand auszustrecken. Jetzt bin ich gebrochen und dennoch erstarkt, Sehnsucht tat es (7,474).

---

[22] Vgl. dazu auch den Brief an Nena vom 25. Juli 1905, »Nachwort« z. d. »Göttinnen«, a.a.O. p.781.

Nunmehr verwandeln sich alle unglückseligen Konstellationen. Die
»Tat« ist nicht mehr die Verschleierung der Angst, sondern Vollzug der
»Güte« (7,506), die Kunst als machtsüchtige »Verherrlichung des Ichs«
(7,476) und »Rache« am Leben (7,472) ist abgetan und nährt sich fort-
an aus der Liebe:

> Einem Dichter erschließt Liebe alle Schicksale. Früher trieb starre Herrsch-
> sucht die Welt durch meine Visionen. Jetzt ist, was sie in Bewegung setzt,
> Liebe. Das große Getriebe meiner Gesichte hat einen innigeren Gang. Plötz-
> lich steht alles still: steht und neigt sich vor dir (7,507).

Das Seelische und das Körperliche sind nunmehr in der Liebe vereint, so
daß ihre isolierten Fehlzustände, bloßes Traumglück und zynische Reflexion, »künstlerhafter Genuß ihrer Keuschheit« (7,506) und Raserei
der Sinne, sich verlieren, »sie war eine Frau wie die anderen« (7,559)
heißt es jetzt von Lola. Innerhalb des spezifischen Bezugssystems, das
im Frühwerk entstanden war, bedeutet dieser Durchbruch zur Liebe
zugleich das Ende der Selbstsucht, der Einsamkeit, des Minderwertig-
keitsgefühles, Aufhören einer Duldsamkeit, die sich jede Erniedrigung
gefallen läßt, er bedeutet Frauwerden, Mannwerden, Gleichwerden mit
dem Volk, Befreiung von einer empörenden Gesellschaftsordnung, die
identisch ist mit heuchlerischer doppelter Moral und ungerechten Besitz-
verhältnissen (beinahe fiele der »Durchbruch« mit einem Wahlsieg der
Sozialisten zusammen), er bedeutet Absage an das außerordentliche
Schicksal (»Kein Schicksal, auch meines nicht, darf uns glauben machen,
wir seien einzig und erlitten Ungeheures. Sich bücken unters Gewöhnliche« 7,554), Bekenntnis zum Leben statt der romantischen Flucht in
den Tod (zum ersten Mal wollen Liebende Heinrich Manns entschieden
»zusammen leben« 7,573) – Bekenntnis zur Demokratie. Der Mut der
Liebe sollte sich nicht im Ertragen von »Armut, Laster und Schande«,
als äußeres *Manon*-Schicksal, bewähren, sondern als inneres: als Ertragen aller, auch der ästhetisch bedingten, Belastungen der Menschlichkeit,
bis zur vollständigen Auflösung des negativen Effektes, den zwei sich
liebende, vom »starken Leben« bezauberte Schwache aufeinander ausüben.[23]
  Am Tage der Wahl in Florenz befindet sich Lola auf der Piazza della
Signoria inmitten der Volksmenge, welche begeistert Veteranen Gari-
baldis applaudiert:

---

23 Er wird auch in »Zwischen den Rassen« mehrfach erfahren: »Dieser ist ein
   Mensch – und zu fein, zu sehr mir gleich, um es mit dem Leben aufzunehmen, das
   lügt und vergewaltigt« (7,494). – »Sie glichen sich, konnten einander nicht helfen,
   und schleppten einander nach« (7,523).

Lola atmete tiefer in dieser bewegten Luft: bewegt von der ungeheuren Güte der Demokratie, ihrer Kraft, Würde zu wecken, Menschlichkeit zu reifen, Frieden zu verbreiten. Sie fühlte es wie eine Hand, die sie befreien wollte: auch sie. Allem Volk sollte sie gleich werden, sollte erlöst sein. Ringsum sahen alle sie frei und derb an, ohne Vorbehalt, ohne jene höfliche Fremdheit. Sie war keine Fremde; sie war eine Frau wie die anderen; wie die Mädchen mit den Veilchen unter der Wange, konnte jeder sie begehren (7,559).

Die konkrete Situation und ihre äußerste abstrakte Bedeutung, das sich selbst fühlende Volk und die Kraft der Demokratie, »Frieden zu verbreiten«, das Erotische, das Geistig-Abstrakte und das Politische bilden eine Ganzheit des Erlebens. Die Gefühlsbewegung wird zum Erlebnis des Geistes und die Bewegung des Geistes, Erkenntnis, zum unmittelbaren Gefühlserlebnis. Wenn man bei Heinrich Mann statt Indifferenz und artistischem Glanz das Erlebnis sucht, so wird man es immer in dieser Gestalt bei ihm finden. Einem Minimum an äußerer Wirklichkeit entspricht ein Maximum an leidenschaftlichem innerem Erleben und geistiger Bedeutung. Entsprechend gestaltet der Romanschluß als konkrete Wirklichkeit nur die Wandlung Lolas und Arnolds zur Liebe und das innere Erlebnis der Revolution, der Tat, des freien Leben, das diese Wandlung bedeutet – nicht die Revolution und die Taten selbst. Wenn die frühere Kritik Heinrich Mann vorwarf, es fehle ihm erlebte Wirklichkeit, so verkennt sie, wie er Wirklichkeit erlebt und was ihm vordringlich Wirklichkeit ist: ein jeanpaulisch gesteigertes inneres Erleben. Wenn Thomas Mann in den BETRACHTUNGEN betont, der »Zivilisationsliterat« sei nicht der Volksmann, als den er sich gebe, so hat er recht, was den Menschen Heinrich Mann angeht, aber er verkennt die geistige Wirklichkeit und Tragweite des rousseauischen Gefühlserlebnisses der Demokratie, das Heinrich Mann hier gestaltet. Er verkennt ganz entschieden die Bedeutung der moralisch-politischen Konsequenzen, da er zu diesem Zeitpunkt Politik noch nicht dem humanen Problem zurechnet. Wenn er an den Bruder schreibt, der Schluß des Romans KÖNIGLICHE HOHEIT sei »wohl ein bißchen populär verlogen – wie zuletzt auch der Schluß von ZWISCHEN DEN RASSEN«,[24] so bahnt sich in diesen Worten ein Mißverständnis an – denn für Heinrich Mann ist dieser Schluß n i c h t »populär verlogen« –, das sich wenige Jahre später ganz enthüllt.

Die angeführten Sätze spiegeln die Erlösung einer grüblerischen, einsamen deutschen Seele im wärmeren Lebensgefühl eines romanischen

---

[24] Brief vom 26.1.1910 an Heinrich Mann. A. Kantorowicz, Heinrich und Thomas Mann, a.a.O. p. 87.

Volkes. Lola holt in diesen Augenblicken das innere Geschehen der Französischen Revolution, eine in Deutschland fehlende geschichtliche Erfahrung, die Verbrüderung mit dem Volk, im Gefühl ein. Die später zu erörternde Bedeutung, welche Heinrich Mann nunmehr der Französischen Revolution als einem fortwirkenden Geschehen zuschreibt (s. u. p. 216), wird von hier aus verständlich. Die Begriffe, mit denen die italienische Gesellschaft in ZWISCHEN DEN RASSEN kritisiert wird, Menschenwürde, Freiheit, Gerechtigkeit, Gleichheit, »Güte der Demokratie«, Sozialismus, weisen historisch und so, wie sie Heinrich Mann versteht, nach Frankreich. Der Ausweg aus der Verstrickung in ästhetische und heroische Ruchlosigkeit, der Ausweg aus einem Konflikt, der sich zur hoffnungslosen Antithese zwischen deutschem und italienischem Wesen, zwischen Leben nach innen und Leben nach außen, verschärft hatte, die zwischen Geist und Tat, Schönheit und Wirklichkeit vermittelnde, mäßigende dritte Größe heißt Frankreich. Unter dem Einfluß der Rousseau-, Voltaire-, Zola-, Anatol France- und schließlich der späteren Montaigne-Rezeption erfährt sie im weiteren Werk eine Steigerung zu intellektueller Vorbildlichkeit.

Dieses erotisch-politische Erlebnis der Demokratie erwächst unmittelbar aus der Leidenswelt der Lebensschwäche. Mit dem »Durchbruch« zu einem neuen Lebens- und Gemeinschaftsgefühl ist die Dekadenzsituation endgültig überwunden, die Lebensschwäche verliert den Charakter des subjektiv nach Lösung drängenden Problems im Werk Heinrich Manns. Die Bedeutung dieses »Durchbruchs« für das weitere dichterische und essayistische Schaffen kann gar nicht überschätzt werden.[25] Mit ihm wird der moralische Konflikt im Frühwerk entschieden. Im deutschen Roman, dem das Politische und insbesondere das Erlebnis republikanischer Ideale im wesentlichen fremd geblieben war, schlägt Heinrich Mann am Ende von ZWISCHEN DEN RASSEN einen neuen Ton an. Noch heute klingt der angeführte Abschnitt ungewöhnlich. Erst recht ergab sich eine äußerste Spannung zur bürgerlichen Literatur der wilhelminischen Zeit.[26] Ganz erhellt die vorwegnehmende Bedeutung

[25] Auch Ulrich Weisstein betrachtet »Zwischen den Rassen« als eines »der für Manns Persönlichkeit aufschlußreichsten Werke« (a.a.O. p. 88), doch bietet seine Einführung ein Mosaik verschiedenartigster Erläuterungen, die sich z. T. weit vom Romangeschehen entfernen, ohne zu einer Würdigung des entscheidenden Durchbruchs im Zusammenhang des Frühwerks zu gelangen.

[26] Wie aufreizend solche Passagen gewirkt haben müssen, wie pointiert ihre Unterbringung im Romantext zu verstehen ist, beleuchtet der Streit, den Heinrich Mann wenig später mit dem Insel-Verlag allein über Verwendung des Wortes »Demokratie« hatte:
»Ich sehe immer deutlicher, daß meine Verbindung mit dem Insel-Verlag ein

dieser Hinwendung zur Demokratie erst, wenn man sie in Beziehung setzt zu den späteren Versuchen, Demokratie in Deutschland zu verwirklichen.

Die KLEINE STADT schließt unmittelbar an die nunmehr erreichte Lösung des Lebenskonfliktes an. Sie bringt eine echte Hinwendung zum Volk, zum Komischen, zur Oper, zur Wirklichkeit des italienischen Lebens, sie ist der liebenswürdige Roman der Entkrampfung, der grundsätzlichen Versöhnung mit dem Leben, das Ende des Kunst- und Italienrausches. Alle Facetten des Lebenskonfliktes sind in einer außergewöhnlichen Vielzahl von Gestalten objektiviert, alles einzelne und Unvollkommene ist zurückbezogen auf das Ganze des Lebens, auch die Fieberliebe Albas und Nellos, die tragischen Stimmen eines Liebesduetts hoch über den derben Massenszenen dieser komischen Oper, eines Liebesduetts leidenschaftlicher Verzücktheit, die auch hier aus dem Leben führt. Die KLEINE STADT schließt den eigentümlichen, späteres Geschehen vorwegnehmenden Weg Heinrich Manns im Frühwerk »von der Behauptung des Individualismus zur Verehrung der Demokratie«[27] ab. Zwar läßt der Roman ihre Bewohner ein gemeinsames Stück in der »Schule der Menschlichkeit« (8,528) vorwärtsgelangen, doch verlassen sie alle, auch der fortschrittliche Advokat Belotti, grundsätzlich den Kreis des Menschlich-Unzulänglichen nicht. So darf gerade im Hinblick auf die »Kleine Stadt« noch einmal auf das Selbstverständnis Heinrich Manns hingewiesen werden:

> Der Bildner seiner Menschen bleibt unzufrieden mit ihnen . . . Hinter allem Menschlichen, das er wiedergibt, wartet erst das nie gesehene wahrhaft Menschliche. Dies empfiehlt er, ohne es zu nennen. Dorthin strebt er, so unerlaubt es der Wirklichkeit und ihren Mächten auch schiene (XI,315).[28]

Die in der inneren Anschauung gegen Ende von ZWISCHEN DEN RASSEN

---

schwerer Irrtum war. Solchen Grad hatte meine Erfolglosigkeit bei Langen [sc. dem Verlagshaus Langen] nie erreicht. Aber Langen würde es mir auch nicht unmöglich gemacht haben, einen Prospekt erscheinen zu lassen, weil das Wort ›Demokratie‹ darin vorkommt. Ich hatte neulich diesen Prospekt geschrieben . . . Kippenberg beanstandete, im Namen seiner eigenen Principien und der des Verlages, das Wort, worauf alles zugespitzt war . . .« (Brief vom 11.1.1910 an Maximilian Brantl. Mitgeteilt von Paul Schroers, Philobiblon Jg. II (1958), p. 313).

27 So Notizbuch von 1909 (= Findbuch Nr. 471).

28 Zur Interpretation der »Kleinen Stadt«: Ulrich Weisstein, Die kleine Stadt: art, life and politics in Heinrich Mann's novel (in: German Life and Letters, Vol. XIII, 1960, p. 255–61), sowie Ulrich Weisstein, Die arme Tonietta. Heinrich Mann's triple version of an operatic plot (in: Modern Language Quarterly, Vol. XX, 1959, p. 371–377). Die Resultate beider Studien werden im Kapitel VI der Monographie Weissteins übernommen.

erreichte und in der KLEINEN STADT ganz in Erscheinung tretende neue Bejahung des Lebens und der Menschlichkeit fällt zusammen mit einer ähnlichen Wandlung Thomas Manns im Roman KÖNIGLICHE HOHEIT, der im selben Jahr 1909 wie die KLEINE STADT erscheint. Dort finden sich Sätze, die wie Reflexe brüderlichen Einvernehmens den Schluß von ZWISCHEN DEN RASSEN aufzunehmen scheinen; sie sind Herzog Albrecht in den Mund gelegt:[29]

... Ich bin kein Aristokrat, ich bin das Gegenteil, aus Vernunft und aus Geschmack. Du wirst zulassen müssen, daß ich das Juchhe der Menge nicht aus Dünkel verschmähe, sondern aus Neigung zur Menschlichkeit und zur Güte. Es ist ein erbärmliches Ding um menschliche Hoheit, und mir scheint, daß alle Menschen das einsehen müßten, daß alle sich menschlich und gütig gegeneinander verhalten und einander nicht erniedrigen und beschämen sollten.[30]

In die gleichen Jahre fällt Hofmannsthals zunächst unverstandene Wendung zur Komödie, zur Oper, zum »Sozialen«. Und im weitesten Zusammenhang der neuen Lebensbejahung dieser Dichter-Generation darf auch die ansteigende Vertrautheit Rilkes mit dem »Hiesigen« erwähnt werden. Aber nicht nur in der Literatur, auch in Musik und Malerei bezeichnen die Jahre um 1909 einen entscheidenden Wendepunkt, den Durchbruch eines neuen Lebensgefühles und Ausdruckswillens, der sich vielfach als »Expressionismus« verstehen sollte.

Abschließend kann das Dekadenzphänomen der Lebensschwäche als Problemmitte des Frühwerks und Mutterlauge seiner Gestaltenfülle bezeichnet werden. Am Ende dieser Schaffensperiode ist die Lebensschwäche ein durchgeführtes, durchreflektiertes, literarisch verfügbares und moralisch gedeutetes Phänomen. Seinen Kern bildet ästhetisch gefärbte Lebensferne und ihre erkannten Neigungen zu Komödianterei, zu Gewalt und Ausschweifung. Wo immer künftig Heinrich Mann »Ausschweifung« antrifft, schließt er unbeirrbar auf Schwäche, wo ihm Schwäche begegnet, erwartet er ebenso gewiß Ausschweifungen. Diese

---

[29] Nicht zufällig. Großherzog Albrecht, der »ältere Bruder« trägt offensichtlich Züge Heinrich Manns. Vgl. Victor Mann (Wir waren fünf, a.a.O. p. 292): »In diesem Augenblick war er [sc. H.M.] in Haltung und Sprache ganz und gar Albrecht, Klaus Hinrichs älterer Bruder in ›Königliche Hoheit‹.«

[30] Thomas Mann, II,146/47. – Vgl. den Selbstkommentar Thomas Manns: »In dem Schicksal meiner drei fürstlichen Geschwister, Albrechts, Klaus Hinrichs und Dietlindens, malt sich symbolisch die Krise des Individualismus, in der wir stehen, jene geistige Wendung zum Demokratischen, zur Gemeinsamkeit, zum Anschluß, zur Liebe, die stürmischer und vorbehaltloser in Heinrich Manns fast gleichzeitig erschienener Romandichtung ›Die kleine Stadt‹ zum Ausdruck gelangt.« (XI,571).

intime Kenntnis wendet er nun auf Zeit und Zeitgenossen an, die Lebensschwäche wird zum hauptsächlichsten Erkenntnismedium und Mittelpunkt seiner Menschenkunde. Wenn z.B. der UNTERTAN mit dem Satz beginnt: »Diederich Heßling war ein weiches Kind, das am liebsten träumte, sich vor allem fürchtete und viel an den Ohren litt«, so wird gleichsam in einem einzigen Akkord die ganze »Psychologie der Schwäche« angeschlagen, sie wird nun als Psychologie des »Untertanen«, gesättigt mit den Details der wilhelminischen Zeit, entfaltet.

Aber ebenso lassen sich unschwer noch in der TRAURIGEN GESCHICHTE VON FRIEDRICH DEM GROSSEN die gleichen Formeln der Lebensschwäche erkennen, wenn es von dem jungen Kronprinzen heißt, »son Altesse a trop d'imagination« (F. 20); Offiziere sollen »aus dem Weichling einen Mann« machen (F. 23), er selbst nennt sich einen »Hasenfuß« (F. 60), der König nennt ihn den »schwachen Fritz« (F. 39), er ist »Sohn und Erbe« (F. 57), er neigt zu Dichtung und Musik, er liebt seine Schwester über alles (»Oh! tendresse innommable. Sensibilité jamais satisfaite. Je vais mourir, et n'aurai pas connu l'amour« F. 60), und vor der schönen Gräfin Orzelska steht der Kronprinz wie Claude vor Ute:

> ... er verliert die Haltung: seine Arme fallen hilflos an den Hüften hin. Zu seiner Rettung macht er aus der Not eine Tugend und reckt sich militärisch, als sollte er Befehle empfangen (F. 111).

Während Claude sich an der Musik von MANON LESCAUT berauscht, findet sich in der »outline« der TRAURIGEN GESCHICHTE die Bemerkung: »An Italian concert intoxicates him« (F. 128); wie alle Schwachen stürzt sich auch der Kronprinz in Ausschweifungen (»Abenteuer«, »ungezügeltes Leben« F. 129) und es fehlt nicht die entlarvende Neigung zur Gewalt: »Friedrich, sonst ein Philosoph und zartes Gemüt, wird hart und bedenkenlos, sobald er handelt« (F. 129).

In die verschiedenartigsten Stoffe zeichnet Heinrich Mann die »Psychologie der Schwäche« ein; es gibt in seinem Werk keine wesentliche Gestalt, die nicht als weitere Metamorphose der Lebensschwäche in eine der vielen möglichen Richtungen, der ästhetischen, der erotischen, der leidenden, der gütigen, der geistigen, der tyrannischen, der komischen, der tragischen, der hysterischen, oder als Kontrastfigur dazu zu verstehen wäre. Die Lebensschwäche und ihre existenzielle und moralische Überwindung bzw. die Spiegelungen dieses Prozesses auf der ideologischen Ebene, die Bewegung vom heroischen Nihilismus zu Menschlichkeit und Demokratie und die schließliche Demonstration aller Facetten dieser beiden Welten im Lichte von Gut und Böse, als aufklärerischen

Humanismus und Barbarei, ist das »große, alle Lebensstadien überdauernde Thema«[31] Heinrich Manns, das Richard Exner und mit ihm
auch andere Kritiker vermißten, sie ist das scheinbar unerschöpfliche
Reservoir und Schlüsselphänomen in seinem Werk. Rückblickend auf
die Epoche der Dekadenz, verallgemeinernd, auch sich selbst historisch
betrachtend, bemerkt Heinrich Mann 1931: »So viel innere Schwäche
ist früher bei Lebenden nicht bemerkt worden. Als sie nicht mehr zu
verkennen war, veranlaßte sie geradezu neue literarische Formen«
(XI,374). Aber nicht nur die Phänomene, auch der Begriff der Schwäche
bleibt im ganzen Werk erhalten; noch wenn Heinrich Mann, wiederum
zehn Jahre später, Montaigne rühmt, spielt dieser Begriff eine bedeutende Rolle:

> Was bleibt, angesichts der Lage des Menschen, übrig außer: seine Schwäche
> zu achten und gegen ihn nicht immer recht haben zu müssen. Da dies eine
> Definition der Höflichkeit ist: der Skeptizismus ist vom geistigen – und
> politischen – Verkehr mit Menschen die kultivierteste Form. Richtig ver-
> standen, gelangt er zur Güte und zu einer Tatkraft, die Güte will (Z.190).

So ist die Erfahrung der »Schwäche« in jeder Hinsicht ein unter dem gesamten Werk ausgehaltener Orgelpunkt, sie verbindet das Früheste mit
dem Spätesten, Rausch und Hysterie des *décadent* mit Skepsis und
Güte des Moralisten.

c) Überwindung der »Ruchlosigkeit«
als vorwegnehmende Überwindung der »faschistischen« Tendenz

Schließlich ist noch gesondert auf einen Aspekt einzugehen, der schon
mehrfach anklang: auf die innere Nähe zum Faschismus. Zu diesem
Phänomen, so wurde gesagt, ergab sich für Heinrich Mann ein intensiver Bezug. Er nahm in EIN ZEITALTER WIRD BESICHTIGT für sich in
Anspruch, schon vor dem Auftauchen des Begriffs eine Anschauung des
noch ungeborenen Faschismus besessen zu haben. Dabei unterschied er
eine italienische und eine deutsche Variante. Über die italienische
schrieb er:

> Den italienischen Faschisten abzustreiten, hätte ich kein Recht: ich habe ihn
> entdeckt und dargestellt, als er sich selbst noch lange nicht begriff, viel
> weniger die politische Macht wollte. Sein Faschismus ist nicht Weltanschau-
> ung, nicht ausgebrütet aus fremden Eiern. Er ist die einfache Herrschsucht
> des Blutes, ist erotischer Herkunft: – erotisch bleiben sie dort, was immer

---

[31] Richard Exner, Die Essayistik Heinrich Manns: Autor und Thematik (In: Symposium, Vol. XIII (1959), p. 216–237), p. 230.

sie täten. Dasselbe herrschsüchtige Blut arbeitet roh im Faschisten und in den Meistern der schönen Dinge sublim.
Traurig, wenn ich es nicht wüßte. Die erste, frischeste Erfahrung meines Lebens war dieses Land der Liebe (Z. 416).

Eine solche verwahrloste Aufgipfelung »einfacher Herrschsucht des Blutes«, die »erotischer Herkunft« ist, erscheint im Untergang des Conte Pardi. Von ihm, der seine ganze Existenz ruiniert hatte, heißt es:

> Pardi focht nur noch, um zu fechten und mit dem Bewußtsein, auch den Fußbreit Boden, worauf er sein Florett führte, werde er aufgeben müssen. Er scheute nicht mehr Ungesetzlichkeiten noch Unzartheiten: blieb ihm nur die furchterregende Gebärde, die große Maske, der alles erschütternde Abgang. Er war dabei, seinen Rest bürgerlicher Ehre abzustreifen, und behauptete um so wuchtiger die des Helden ... Mit einer todverachtenden Freude sah sie ihn alles, was er war, wie ein Feuerwerk in die Luft schikken. Gleich war das letzte abgebrannt; der Rest war Pulverdampf und Nacht. Inzwischen aber genoß man einen berauschenden Jubel, einen glänzenden Leichtsinn. Und man empfand sich vergrößert und stärker beleuchtet, wie auf einer Bühne (7,540/41).

Im KOPF wird daraus die satirische Sentenz: »Ein schöner Sprung in den Abgrund befriedigt ästhetisch wie wenig anderes auf der Welt« (K. 165).

Der Zugang Heinrich Manns zur deutschen Variante des Faschismus ergibt sich aus der vorsätzlichen Ruchlosigkeit der Schwachen. Von ihr, und damit indirekt von Nietzsche, distanziert sich Arnold Acton entschieden:

> Kein Mensch kann verächtlicher sein, als solch ein Schwacher, der den Geist und die Menschlichkeit, für die er ausgestattet und denen er verpflichtet wäre, verleugnet und sich zu den Starken und Rohen schlägt (7,162).

Ein Ertrag des Frühwerks ist die Kenntnis des Ausgangs, den der Versuch der Schwachen, zur Stärke zu gelangen, nimmt: er entartet zu demjenigen Rückfall in Barbarei, den die Aufhebung der Kultur als rationalisierender Gegenkraft zur rohen Natur bedeuten würde. Immer wieder wird der Selbstwiderspruch ausgeformt, in den die Schwachen geraten, wenn sie ihre Menschlichkeit – als angebliche »Niedergangsmoral« im Sinne Nietzsches – an sich selbst unterdrücken, und wird gleichsam der Beweis geführt, daß sie untergehen müssen, wenn sie sich den Bedingungen der Stärke, der vermeintlichen Gesundung, unterstellen.
Der »Euphorie der Schwäche«, in der dies erfahren wird, galt das größte Interesse Heinrich Manns. Es treten an ihr bald naiv heroische,

bald lächerlich-donquijotteske, bald nihilistisch-zerstörerische, bald satanische Züge hervor. Sie führt von der menschlichen Wahrheit ab, aus ihr entsteht das verhängnisvolle *sacrificium intellectus*, das Siebelind beglückt verkündete, sie führt mit Sicherheit aus dem Leben und ist somit eine falsche Verherrlichung des Lebens. Sie enthüllt sich als todessüchtige, düstere Romantik, als orgiastische Selbstzerfleischung, als dionysische Lust am eigenen Untergang, eingekleidet in die verführerischsten Farben des rauschenden Lebens, als Verantwortungslosigkeit; die »verantwortungslosen Ausschreitungen des Hochgefühls« (TAG 31) werden zu einem festen Begriff Heinrich Manns.

Mit der »hysterischen Renaissance« der GÖTTINNEN und im übrigen Frühwerk, die auf dieser Euphorie beruht, nimmt er Konsequenzen aus der Dekadenz,[32] bestimmte Konsequenzen aus Nietzsche gewissermaßen literarisch-experimentell vorweg, die in der nationalsozialistischen Ideologie tatsächlich gezogen wurden,[33] wie umgekehrt in seinen Augen der Faschismus nichts anderes sein konnte als der Vollzug von »Dekadenz« im Politischen.[34] Er überträgt seine Erkenntnisse sowohl auf die Individuen wie auf das Kollektiv. So war Hitler für ihn ein verfehlter Künstler, ein »Komödiant«, ein »Hysteriker« (HASS p. 103), »der leibhaftige Irrationale« (Z. p. 186), ein »mondial exedierender Wüstling« (Z. 342), voller Minderwertigkeitsgefühle, später im Zustand einer »verwahrlosten Ekstase« (Z. 359). Die für den Schwachen Heinrich Manns

---

32 So auch Linn, ohne allerdings den Zusammenhang mit Nietzsche hineinzunehmen: »The picture of the despot as drawn by Heinrich Mann ... is the portrait of the weakling in power ... Convincing as they are in their role as despots, Alessandro and the Duke of Lagoscuro are also decadents, and this fact is most impressive. It shows that Heinrich Mann experienced and explored decadence so deeply that he discovered the elements of tyranny latent in it long before flesh-and-blood dictators appeared on the contemporary political scene. When they did rise to prominence in our own time, they demonstrated their resemblance to the portrait drawn by Heinrich Mann in 1911 clearly enough for the best known interpreter of decadence, Thomas Mann, to say of Hitler: ›This man is my brother‹.« (Linn, a.a.O. p. 134).

33 Hermann Rauschnings »Gespräche mit Hitler« vermitteln, so schreibt Ernst Nolte, »den lebendigen Eindruck eines träumenden Denkens von unheimlicher Gewaltsamkeit, das sich als Neuvollzug Nietzscherscher Konzeptionen versteht« (Eine frühe Quelle zu Hitlers Antisemitismus. H. Z. Bd. 192 (1961), p. 585). – Vgl. ferner die nach 1945 aufflammende, über die Zeitschriften verstreute Diskussion Nietzsches im Zusammenhang mit dem Nationalsozialismus, der ihn zu seinem »Klassiker« erhoben hatte. Aus marxistischer Sicht: Georg Lukàcs, Schicksalswende. Beiträge zu einer neuen deutschen Ideologie. Berlin 1948. Kap. Der deutsche Faschismus und Nietzsche.

34 Dazu die Bemerkung Thomas Manns von 1952: »Was aber 1895 eine interessante ästhetische Haltung, Paradoxie und Schöne Literatur gewesen war, das wurde 1933 akute Politik ...« (Der Künstler und die Gesellschaft, X,396).

als typisch erkannte »Furcht, betrogen und verraten zu werden, ist das Fundament seines Tuns und Wesens« (Z.349). »Verdrängung, Überkompensation, Komplexe, der ganze Freudsche Wortschatz wäre anzuwenden« (HASS, 89). Die (deutschen) Faschisten waren für ihn Schwache, Impotente, Unfruchtbare, Schauspieler, die ihre eigene Wunschvorstellung der Stärke auf sich selbst projizierten und an deren Vollzug nur zugrunde gehen konnte. Die Materie war Heinrich Mann vertraut, er hatte, wie man überspitzt sagen könnte, den Faschismus schon in seinem Frühwerk studiert und Kräfte, die kommende Jahrzehnte bewegen sollten, seismographisch erfühlt.

Die n a t i o n a l e Euphorie der Schwäche entwickelte sich unter dem stimulierenden Einfluß der Niederlage von 1918 aus dem schwankenden Selbstgefühl der »mit der Besessenheit des Zuspätgekommenen« (TAG 26) als Macht in die moderne Geschichte eingetretenen Deutschen. »Jetzt werden«, so schreibt Heinrich Mann 1935, »alle historischen Enttäuschungen zu schnaubender Rache, und Minderwertigkeitsgefühle, erworben durch die unglückliche Geschichte, entladen sich in einer nationalen Bösartigkeit...« (TAG 33), und er spricht von den »Ausschweifungen ihrer nationalen Rauschsucht« (TAG 36).

Als die eigentliche Erfüllung des Faschismus, als kollektive Form der todessüchtigen Lebensfeier faßt Heinrich Mann – ganz in Übereinstimmung mit der Theorie Mussolinis[35] – den Krieg auf. Dieser wird im Kapitel DER SICHERE KRIEG des Essaybands DER HASS von 1933 – der »pünktlich vorgenommenen Würdigung des Tausendjährigen Reiches in seinem Einweihungsjahr« (Z. 155) – prophezeit: »Die Hitler-Diktatur wird verständlich allein im Hinblick auf den Krieg schlechthin« (HASS, 171). »Alle Taten der Hitlerei jetzt, da sie an der Macht ist, bekommen ihren Sinn erst, wenn man an den nächsten Krieg denkt« (HASS, 172). Der Krieg ist die Aktion großen Stils, in die der nihilistische Kult der heroischen Tat und der leeren Bewegung als Weg aus der nationalen Schwäche und Minderwertigkeit mündet – Faschismus er-

---

[35] Mussolini erläuterte: »A cette époque, ma doctrine était celle de l'action ... Le fascisme ne procédait pas d'une doctrine préétablie: né d'un besoin d'action, il fut action; il ne fut pas un parti, mais dans les deux premières années il fut anti-parti et mouvement ... Le facisme ... ne croit ni à la possibilité ni à l'utilité de la paix perpétuelle ... Seule la guerre porte aux maximum de tension toutes les énergies humaines et imprime un sceau de noblesse aux peuples qui ont le courage de l'affronter.« (Vgl. Dictionnaire diplomatique, Paris 1933, Artikel »fascisme«.) Ferner: Artikel »Faschismus« im Staatslexikon, hrsg. v. d. Görres-Gesellschaft, Bd. III, Freiburg i. Br. 1959. – Über den Protest der Frontgeneration gegen die bürgerliche Gesellschaft in der »brutal-reinen Aktion« (vgl. Hannah Ahrendt, a.a.O. p. 531.

scheint so als nachträgliche Ideologisierung dieser psychologischen Verfassung mit Hilfe der jeweiligen nationalen Ideologie.

Durch seine Eingeweihtheit in diese psychologische Verfassung war Heinrich Mann schon am Anfang der Hitler-Herrschaft ihres Endes absolut gewiß, ihre Triumphe waren in seinen Augen »erfolgreicher Unfug« (Z. 286). »Die Niederlage den beiden beibringen [sc. Wilhelm II. und Hitler in ihren jeweiligen Kriegen] war schwer. Ihnen die Niederlage vom Gesicht ablesen konnte jedes Kind« (Z. 182). »Vom Gesicht ablesen« ist abgekürzter Ausdruck und meint: vertraut sein mit allem, was dieses Gesicht bedeutet und ankündigt, Psychologie und Ideologie, so vertraut, wie der Romancier vertraut ist mit der Physiognomie seiner Gestalten, so vertraut auch allerdings, wie gerade der Romancier Heinrich Mann mit gerade diesen Gestalten, Ausgeburten der nationalen Schwäche, zu sein glaubte.

Was er in langen literarischen Reflexionen als falsche Feier des Lebens ausgeschieden hatte, das sah er später im Faschismus als minderwertige, lärmende Ideologie wieder auferstehen. Hitler blieb deshalb in seinen Augen schlechte Literatur, was gleichsam nur einem Volk verborgen bleiben konnte, das seine Literatur so mangelhaft zur Kenntnis nahm wie das deutsche. Heinrich Mann hatte jene nihilistische Pervertierung der heroischen und ästhetischen Ideale Nietzsches, die dieser übrigens voraussah und vor der er warnte, jene Geistfeindlichkeit, jene Rückfälligkeit in primitive Instinkte inmitten der Zivilisation, jene Abwertung und Entleerung des Menschlichen durch übertreibende Gestaltung in seinen Werken schon ans Licht gezogen und erkannt, die im Faschismus so bestürzende Wirklichkeit wurde. Er hatte dabei noch einmal erfahren, was schon Novalis mit größter Bestimmtheit aussprach:

> Das Ideal der Sittlichkeit hat keinen gefährlicheren Nebenbuhler als das Ideal der höchsten Stärke, des kräftigsten Lebens, das man auch das Ideal der ästhetischen Größe (im Grunde sehr richtig, der Meinung nach aber sehr falsch) benannt hat. Es ist das Maximum des Barbaren und hat leider in diesen Zeiten der verwildernden Kultur gerade unter den größesten Schwächlingen sehr viele Anhänger erhalten. Der Mensch wird durch dieses Ideal zum Tier-Geiste – eine Vermischung, deren brutaler Witz eben eine brutale Anziehungskraft für Schwächlinge hat.

Dieses Wort zitiert Thomas Mann in seinem Nietzsche-Essay[36] und führt es im DOKTOR FAUSTUS weiter, wo Zeitblom anmerkt:

> Hier kann niemand mir folgen, der nicht die Nachbarschaft von Ästhetizismus und Barbarei, den Ästhetizismus als Wegbereiter der Barbarei in eige-

---

[36] Thomas Mann, IX, 700.

ner Sache, wie ich, erlebt hat, – der ich diese Not freilich nicht aus mir selbst, sondern mit Hilfe der Freundschaft für einen teuren und hochgefährdeten Künstlergeist erlebte.[37]

Das ist, in ironischer Negation, da der »hochgefährdete Künstlergeist« ja auch Thomas Mann ist, das Seitenstück zu jenem Satz Heinrich Manns »Dasselbe herrschsüchtige Blut arbeitet roh im Faschisten und in den Meistern der schönen Dinge sublim. Traurig, wenn ich es nicht wüßte.« Und so wird das Ideal des »starken Lebens« im DOKTOR FAUSTUS schließlich dem Teufel selbst in den Mund gelegt:

Ist wirklich nicht, was wirkt, und Wahrheit nicht Erlebnis und Gefühl? Was dich erhöht, was dein Gefühl von Kraft und Macht und Herrschaft vermehrt, zum Teufel, das ist die Wahrheit, – und wär es unterm tugendlichen Winkel gesehen zehnmal Lüge. Das will ich meinen, daß eine Unwahrheit von kraftsteigernder Beschaffenheit es aufnimmt mit jeder ersprießlich tugendhaften Wahrheit.[38]

So endet hier Nietzsches Gedanke, in dessen Namen die Abdankung der Moral zugunsten des Lebens geschah, der Gedanke von den lebenerhaltenden Lügen, vom lebenerhaltenden Schein und der Macht als einem Kriterium der Wahrheit – in der Verteufelung. Schon 1910 aber begleitete den Aufbruch des »Politikers« Heinrich Mann eine Wendung gegen die gleichen Gedanken Nietzsches: sowohl im Essay GEIST UND TAT wie im Essay VOLTAIRE – GOETHE aus diesem Jahr ist von einem Volk die Rede, das die »lebenerhaltenden Lügen« (XI,15) verschmäht, das »ehrlich bleibt und führe es zur Auflösung« (XI,15). »Der Geist«, so bestimmt er mit dem Blick auf das ideale Frankreich, »ist das Leben selbst, er bildet es, auf die Gefahr, es abzukürzen« (XI,9), und Freiheit ist jetzt »der Wille zu dem als gut Erkannten, auch wenn das Schlechte das Erhaltende wäre« (XI,20). Damit hatte er jede Verbindung mit der bürgerlichen Kultur und Literatur endgültig zerrissen und eine neue moralisch-politische Position gewonnen. Sie findet alsbald radikale Anwendung auf die vorgefundene politische Situation des Deutschen Reichs: in dem kurzen Essay »REICHSTAG« von 1911.

d) Nietzsche in der entlarvenden Sicht Heinrich Manns

Heinrich Mann verstand Nietzsche noch wörtlich, wie es heute, bei der erkannten Widersprüchlichkeit und Vieldeutbarkeit seiner Werke, nicht mehr statthaft wäre. Die Frage einer angemessenen philosophischen

---

[37] Ders., VI,495. [38] Ders., VI,323.

Nietzsche-Interpretation kann deshalb hier ausgeklammert werden. Alle hier gegebenen Hinweise auf Nietzsche beziehen sich auf dessen auch heute noch erfahrbare Wörtlichkeit. Auch die Nietzsche-Rezeption Heinrich Manns gibt weniger Aufschluß über die Philosophie Nietzsches als über deren mächtige und schillernde Wirkung auf die Zeitgenossen.

Im wörtlichen Verstand erschien Nietzsche als Apologet der dionysischen Feier des diesseitigen Lebens und des herrschsüchtigen aristokratischen Individuums, als Rechtfertiger grausamer Gewissenlosigkeit aus dem Lebensprinzip der Macht, als Befürworter einer naturalistischen Moral, die dem Leben in allem recht gab, einer Art Darwinismus im Zusammenleben der Menschen, als Befürworter selbst der gesellschaftlichen Ausbeutung, was ihm insbesondere die marxistische Kritik vorwirft. Auch die konkrete Forderung nach eugenischen Maßnahmen findet man bei ihm. Im Unterschied zu manchen Zeitgenossen, die daraufhin Gewalt- und Übermenschentum verherrlichten, ist das Verhältnis Heinrich Manns zu Nietzsche, wie alles im Frühwerk, ambivalent. Es spaltet sich in die Verführung durch Nietzsche, den diese Generation als Befreier von erstickender Bürgerlichkeit empfand, und in eine Linie satirischer Abwertung und Entlarvung. Sie setzt gerade bei Heinrich Mann, dem Kenner der Lebensschwäche, an der schon immer bemerkten Verfälschung oder Umdeutung der eigenen Lebenswirklichkeit in den Schriften Nietzsches an. Dieser, der »mehr als hundert Tage im Jahr vollkommen arbeitsunfähig«[39] war, der in jedem physischen und psychischen Sinn ein unsäglich Leidender, ein Entsagender[40] war, hat den äußersten Notstand der Schwäche (»ein Glas Wein oder Bier des Tages reicht vollkommen aus, mir aus dem Leben ein ›Jammertal‹ zu machen«[41]) unter dem Einfluß einer Euphorie, die er selbst nicht zu durchschauen vermochte, in den letzten Jahren zur »großen Gesundheit« erklärt, die selbst noch die Krankheit umfasse.

Wie sein Zustand in Wahrheit beschaffen war, schildert er selbst in den Kapiteln WARUM ICH SO WEISE BIN und WARUM ICH SO KLUG BIN

---

[39] Albert Soergel und Curt Hohoff, Dichtung und Dichter der Zeit. Vom Naturalismus bis zur Gegenwart. Bd. I, Düsseldorf 1961, p. 353.

[40] »Denn die furchtbare und fast unablässige Marter meines Lebens läßt mich nach dem Ende dürsten, und nach einigen Anzeichen ist mir der erlösende Hirnschlag nahe genug, um hoffen zu dürfen. Was Qual und Entsagung betrifft, so darf sich das Leben meiner letzten Jahre mit dem jedes Asketen irgendeiner Zeit messen...« (Brief vom 14.1.1880 an Malwida von Meysenbug). – Dazu Heinrich Mann: »Er hoffte kurz vorher auf einen Schlaganfall – womit er sich eine Blöße gab, wie nicht zu leugnen. Es war eine schlimme Bloßstellung seines segnenden Jasagens« (N. 301).

[41] Nietzsche, II, 1083.

des ECCE HOMO, die seine Selbstinterpretation mit der minutiösen Darlegung der gebotenen Hygiene eines »Schwachen« beginnen. Ohne Mühe läßt sich in den Schriften der dritten Phase auch eine stete Vermischung jener beiden Haltungen aufspüren, die im DOKTOR FAUSTUS auf die Ehe Ines Roddes mit Dr. Insitoris aufgeteilt wurden:

> Aber hier vertrat nun einmal der eine Part das, was er w a r, nämlich die Lebenskränklichkeit, und der andere das, was er a n b e t e t e, nämlich die Kraft, und so mußte man sie gewähren lassen.[42]

Eine schlechterdings nicht vorstellbare Vermengung aller Qualitäten des strotzenden Lebens und der gebrochensten »décadence-Instinkte« zieht sich auch durch die Beschreibungen des »höchsten Menschen«, und man konnte fragen, ob nicht »Caesar mit Christi Seele« geradezu die geheimere, utopische Formel des »Übermenschen« sei.[43]

Man braucht jedoch, um die irreführende Umdeutung ins Licht zu rücken, nicht ausdrücklich auf die physische Basis Nietzsches hinzuweisen – obwohl gerade er mit Vorliebe Philosophie auf »Physiologie« und »Biographie« reduzierte[44] –: es genügen seine Schriften. Hinter seiner ekstatischen Bejahung der Ewigkeit und der Lust des Lebens, in die der ZARATHUSTRA ausklingt, steht

> das Ideal des übermütigsten, lebendigsten und weltbejahendsten Menschen, der sich nicht nur mit dem, was es [sc. das Leben] war und ist, abgefunden und vertragen gelernt hat, sondern es, s o w i e e s w a r u n d i s t, wiederhaben will, in alle Ewigkeit hinaus, unersättlich d a c a p o rufend, nicht nur zu sich, sondern zum ganzen Stücke und Schauspiele . . .[45]

In den Notizen hingegen findet sich die Konfession:

> Ich will das Leben nicht w i e d e r. Wie habe ichs ertragen? Schaffend. Was macht mich den Anblick aushalten? Der Blick auf den Übermenschen, der das Leben b e j a h t. Ich habe versucht, es zu bejahen – ach![46]

---

[42] Thomas Mann, VI,385.

[43] »Der römische Caesar mit Christi Seele« (Nietzsche, III,422). Die Frage stellt Erich Heller, Über die Bedeutung Friedrich Nietzsches. Eine Rede (In: Merkur, XV. Jg. (1961), p. 1–16), p. 16.

[44] Vgl. hierzu: »Auch hinter aller Logik . . . stehen . . . physiologische Forderungen . . . was jede große Philosophie bisher war: nämlich das Selbstbekenntnis ihres Urhebers und eine Art ungewollter und unvermerkter mémoires . . .« (II,571). – Dazu Eugen Fink (a.a.O. p.43): »Vielleicht hat kein Philosoph in einer so extremen Weise sich aus seiner Biographie verstanden und gedeutet wie Nietzsche . . .«

[45] Nietzsche, II,617; Hervorhebungen von Nietzsche.

[46] Zitiert nach Heller, a.a.O. p. 14/15. – Dazu Thomas Mann: ». . . und Nietzsches Lebensbejahung ist als paralytische Euphorie aufs heilloseste kompromittiert.« (Betrachtungen eines Unpolitischen, XII,427).

Auf diese Umdeutung fällt von der Lebensschwäche in den Werken Heinrich Manns ein besonders hartes Licht zurück: Nietzsche erscheint als »Schwächling« in der Euphorie und seine Philosophie, vergleichbar dem »starken Leben«, als kontrastierender Wunschtraum, den er aus sich herausdichtet – ein Gesichtspunkt, der ihm übrigens auch bewußt war.[47]

Auf der Entlarvung dieser Umdeutung, auf Entsagung als der nicht zu übersehenden Wahrheit der Schwachen bestehen die Gebrüder Mann – Eingeweihte und Wissende – unerbittlich; sie brauchen viele Werke, um den Tonfall eines solchen »Achs« vor dem Leben in den verschiedensten Lebensbezügen zu instrumentieren. Von ihm nimmt die Linie kritischer Immunität gegen Nietzsche ihren Ausgangspunkt, bei Heinrich Mann in Gestalt satirischer Abwertung, die von Roman zu Roman an Schärfe zunimmt.

Sie beginnt, was gelegentlich übersehen wurde, in den GÖTTINNEN selbst, sie beginnt mit jenem schon angeführten Satz:

> Und der erhabene Philosoph, die Vollendung von Jahrtausenden: er lebt dreiundzwanzig und eine halbe Stunde seiner Gesundheit, um in den letzten dreißig Minuten einen Hymnus niederzuschreiben – an das Leben... (3,268).

Diese Definition des »Philosophen«, die, abgesehen davon, daß Nietzsche einen »Hymnus an das Leben«[48] komponiert hat, in einem Ausmaß, das kaum in das allgemeine Bewußtsein gedrungen ist, w ö r t l i c h auf ihn zutrifft, wird im Werk Heinrich aber auch Thomas Manns geradezu zur Formel eines öfters ironisierten Menschentyps, die Diskrepanz zwischen Wunsch und Wirklichkeit wird als bald tragische, bald komische Fallhöhe ausgemessen. Diese Formel aus den GÖTTINNEN nimmt Thomas Mann Jahre später im Dichter Axel Martini in der KÖNIGLICHEN HOHEIT wieder auf. Martini hatte die Residenz mit

---

47 Mehrfach beschreibt Nietzsche die Perspektive der »Kranken-Optik« auf das Leben, er gesteht: »Ich machte aus meinem Willen zur Gesundheit, zum L e b e n , meine Philosophie...« (II,1072).

48 »Hymnus an das Leben« für gemischten Chor und Orchester, komponiert von Friedrich Nietzsche. Leipzig 1887. (E 39 des Nietzsche-Archivs.) – In dieser Form ist der »Hymnus« eine Komposition Peter Gasts, die er unter dem Namen Nietzsches veröffentlichte. Ihr liegt jedoch eine Komposition Nietzsches mit dem gleichen Titel für Singstimme und Klavier zugrunde. Der Text ist ein »Gebet an das Leben« überschriebenes Gedicht von Lou von Salomé, das Nietzsche im August 1882 vertonte. – Vgl. hierzu die Briefe Nr. 160 (an L. v. Salomé), 161 (a. d. Schwester), 162 (an L. v. Salomé)in der Schlechta-Ausgabe. – Ferner: Lou Andreas Salomé, Lebensrückblick, Zürich/Wiesbaden 1951, p. 47 und p. 212.

Poesiebüchern unter dem Titel »Evoe« und »Das heilige Leben« beglückt. Er lebt im Notstand der Hygiene, aber er bekennt ihn ein:

Die Entsagung ist unser Pakt mit der Muse, auf ihr beruht unsere Kraft, unsere Würde, und das Leben ist unser verbotener Garten, unsere große Versuchung, der wir, zuweilen, aber niemals zu unserem Heil, unterliegen.[49]

Entsagung, die auch die Lebenswirklichkeit Nietzsches war, ist im DOKTOR FAUSTUS die – nunmehr »teuflische« – Bedingung der Genialität Adrian Leverkühns. Ebenfalls im FAUSTUS ist Dr. Insitoris eine späte Spiegelung jenes Typs, »der, während ihm die Schwindsucht auf den Wangenknochen glüht, beständig schreit: wie ist das Leben so stark und schön«.[50] Eben diese Diskrepanz hatte schon Nino in den GÖTTINNEN in hohem tragikomischem Aufflug verkörpert, diesen Typ repräsentiert *mutatis mutandis* auch die Herzogin von Assy, der Dichter von Heines in EUGÉNIE und abgemildert noch Madame Kobalt in DER ATEM, im FELIX KRULL der »brustschwache« Leutnant Übel.[51]

Auf die Apostrophierung des »Philosophen« in den GÖTTINNEN (1903) folgt die Verspottung der Nietzsche-Mode von 1900 in der JAGD NACH LIEBE (1903 – 5,89ff.), in ZWISCHEN DEN RASSEN (1907 – 7,142; 182; 240), während Nietzsche selbst im Essay GEIST UND TAT von 1910 als Anführer jener »abtrünnigen Literaten«, die die wahre Berufung des Geistes im Stich ließen, angesprochen wird. Der »Mensch des Geistes«, so heißt es nun, politisch pointiert,

wirkt in Deutschland seit Jahrzehnten für die Beschönigung des Ungeistigen, für die sophistische Rechtfertigung des Ungerechten, für seinen Todfeind, die Macht, welche seltsame Verderbnis brachte ihn dahin? Was erklärt diesen Nietzsche, der dem Typus sein Genie geliehen hat, und alle, die ihm nachgetreten sind? (XI,12)[52]

Auf dieser Linie liegt noch die mehrdeutige Erwähnung Nietzsches im KOPF (1925), wo Claudius Terra an der Tafel des Reichskanzlers erklärt, »der Geist werde sich erkenntlich zeigen und das Bestehende loben. ›Ein Wort sagt alles: Nietzsche!‹« (K. p. 167). Diese verblüffende Stelle von vieldeutiger Bosheit wendet sich zunächst gegen die anwesenden »Kulturmenschen«, denen der Name Nietzsches ungefähr im Jahre

---

[49] Thomas Mann, II,178.
[50] Thomas Mann, VI,382.
[51] Thomas Mann, VII,316.
[52] Vgl. dazu Friedrich Meinecke (Die Idee der Staatsräson, München 1960, p. 482), der von dem »merkwürdige(n) und penetrante(n) Einfluß Nietzsches« spricht, »für den zwar der Staat das kalte Ungeheuer blieb, der aber der Macht und dem Machtmenschen sein Hohes Lied gesungen hat.«

1898 gerade nichts sagt. Sie wendet sich sodann gegen Nietzsche selbst, der mit seinem politisch nicht differenzierten Ja zum amoralischen Leben »so wie es war und ist« nun von einem ausschließlich politischen Standpunkt aus auf sein »Bekenntnis zur Macht mit all ihrem Stumpfsinn« (N. 290) wie Heinrich Mann später formuliert, festgelegt wird. Zugleich wird im Schutze der Unkenntnis Nietzsches aber auch alles das berufen, was er ja auch gegen das Bestehende, insonderheit gegen das »Reich« Bismarcks auf dem Herzen hatte,[53] und der Name Nietzsches wäre im Munde Terras, der bei solchen Anlässen »scharf, formelhaft und doppelsinnig« (K. 167) redet, durchaus geeignet, die anwesenden Spitzen des Reiches gewissermaßen in die Luft zu sprengen, wüßten sie nur, was er bedeutete. Denn lapidare Feststellungen Heinrich Manns über das »Reich«, welche die Essays KAISERREICH UND REPUBLIK von 1919 und DAS BEKENNTNIS ZUM ÜBERNATIONALEN von 1932 einleiten, führen die Kritik Nietzsches am Reich auch unmittelbar fort.

Vor der Erwähnung Nietzsches im KOPF liegen Ausführungen über ihn in KAISERREICH UND REPUBLIK. Sie bezeugen, daß inzwischen eine Unterscheidung zwischen Nietzsche und Nietzsche-Mißverständnis stattgefunden hat.

> Nietzsche hat, wie jedes große Talent, einen Zeitgeist um mindestens zehn Jahre vorweggenommen. Seine Amoralistik wie sein Aristokratismus sind Gewächse des Jahrganges 1870. Sie reiften früher bei ihm als im Lande; aber hinter Borgia handelte Bismarck, und seinen philosophischen Willen zur Macht beflügelte das Deutsche Reich. Der Gegenstand seines Machtwillens freilich war größer als diese: es war der Geist. Irdisch würde er, wie Flaubert, die Herrschaft einer Akademie verlangt haben, anstatt eines Klüngels von Waffenfabrikanten und Generalen. Moralfrei hieß für ihn: wissend, nicht: tierisch. Wenn im Jahre 1914 viele der Unseligen, die hinausgetrieben waren gegen eine mißverstandene Welt, in ihren Tornistern den ZARATHUSTRA getragen hätten, dann ist aus ihren Tornistern Lachen erschallt. Mit ihnen kämpfte, leider, kein Nietzsche (XII,46).

In diesem Essay werden zum ersten Mal, wie später dann immer, Wagner und Nietzsche als zweideutige Verführer der Deutschen zusammen genannt.

Der Nietzsche-Bezug sowohl Heinrich wie Thomas Manns gipfelt schließlich und endet jeweils in einer offenen »Abrechnung«. Sie nimmt zuerst Heinrich Mann vor, in seinem Essay NIETZSCHE von 1939, dessen Urteile im Kapitel GUT UND BÖSE von EIN ZEITALTER WIRD BESICHTIGT weiterleben. Ihm folgt, wie es mehrfach geschah, Thomas Mann, mit

---

53 »Nietzsches war aber doch der gute Europäer, der Hasser des ›Reiches‹ ...« (Z. 164).

seinem Essay Nietzsches Philosophie im Lichte unserer Erfahrung von 1947, der das essayistische Schlußwort zum Doktor Faustus bildet.

Der Nietzsche Heinrich Manns ist ein Muster seiner späten Prosa. Er vereinigt kompromißlose Kritik und Milde, Einfachheit des Stils mit nuancenreicher Brüchigkeit. Er atmet skeptische Zurückhaltung und ist gleichwohl von der unerschütterlichen Liebe durchwärmt, die dem frühen Idol gebührt. Die Kapitel gehen im ganzen einen ruhigen und weisen Gang, souverän gehandhabte Syntax, Wortstellung und Interpunktion legen im einzelnen die Gedanken auf ihre Pointe fest, die Sätze sind vielfach kurz, die Sprache eigenwillig geistvoll, ironisch, lakonisch, auch bissig und bitter.

Der Essay bezeugt, daß sich Heinrich Mann auch jetzt in der Zone des wörtlichen Nietzsche-Verständnisses bewegt, wenngleich er Nietzsche um die Widersprüche vermehrt, die der »Zwanzigjährige« einst übersehen hatte. Obwohl er Nietzsche etwa auch am eigenen Exilschicksal mitverantwortlich machen kann, schätzt er insgesamt die Verdienste höher als die Verfehlungen ein – beide werden aufgezählt und »im Lichte unserer Erfahrung«, d. h. im Hinblick auf das Dritte Reich, wie es sich 1939 darstellte, gewogen.

> Um sogleich das Schlimmste einzugestehen: er hat »alle, die den Wert des Lebens zu verdächtigen suchen«, dem Messer des Chirurgen empfohlen. Die Entmannung ist ein Einfall dieses Kranken, der nur zu wenig Mann war. Er würde sich wundern, sähe er jetzt, von wem sie tatsächlich vorgenommen wird, und an wem. Die Kastrierten, das waren nach ihrer Natur und Gesinnung die Männer; die es ihnen aber zufügen, das ist an Leib und Seele der ohnmächtige Abhub. (N. 293)

Das Verwirrende und Widersprüchliche bei Nietzsche wird behutsam auf eine geheime Zweistimmigkeit zurückgeführt. »Sein Bekenntnis zur Macht in all ihrem Stumpfsinn, es wird fortwährend begleitet von einer zweiten, geheimen Stimme, er vermöchte sie nicht zum Schweigen zu bringen« (N. 290). »›Der freie Mensch ist unsittlich‹, verfügt Nietzsche, der gerade das nicht war« (N. 295). Und sein Ja zum Leben: »Nietzsche vergewaltigte sein Herz, sein Ja klingt schrill« (N. 296). »Sein Jasagen – er ist dazu gekommen auf der Flucht vor seinem Leiden, in die fremde Welt der Herren dieser Erde, und was für Herren« (N. 298).

Dazu hätte Heinrich Mann manche Äußerung aus den Briefen zitieren können. Dort hat Nietzsche, der furchtbar Gepeinigte, mehr als einmal seinen Tod ersehnt. Dort erscheint er in seiner ungeschminkten

Schwäche, in der Lebensverfassung gleichsam eines Claude Marehn, auch mit der gleichen existentiellen Nötigung zu erstarken, welche die Quelle aller Fälschung wird. In den Briefen findet sich der erschütternde Satz:

Es sind die höchsten Opfer, die mein Gang im Leben, im Denken von mir verlangt hat, – noch jetzt schwankt nach einer Stunde sympathischer Unterhaltung mit wildfremden Menschen meine ganze Philosophie: es scheint mir so töricht, recht haben zu wollen um den Preis von Liebe, und sein Wertvollstes nicht m i t t e i l e n zu k ö n n e n, um nicht die Sympathie aufzuheben. H i n c m e a e l a c r i m a e.[54]

Jene Opferung des Menschlichen also, zu der seine Philosophie, soweit sie geschichtsmächtig wurde, auch ermuntern sollte, er hielt sie seiner »Wahrheit« zuliebe für nötig und vollzog sie unter Schmerzen als erster selbst (». . . echt und ernst war seine Selbstüberwindung« N. 279). Wohin zielt aber seine Philosophie? Man würde die Antwort der »geheimen« Stimme nicht ohne weiteres vermuten: »Ich möchte dem menschlichen Dasein etwas von seinem herzbrecherischen und grausamen Charakter n e h m e n«.[55]

Um wieviel gebrochene Herzen, um wieviel Grausamkeit sollte aber das folgende Dasein unter Berufung gerade auf ihn vermehrt werden! Das Paradoxe kommt ihm selbst gelegentlich durchaus zu Bewußtsein: »Nein! D i e s e s Leben! Und ich bin der Fürsprecher des Lebens!«[56] Er, der die kriegerische Härte des Daseins in allen Zungen beschwört, gibt in den Briefen z. B. zu, jedes verächtliche Wort über Rée und Lou von Salomé »macht mir das Herz bluten; es scheint: ich bin schlecht zur Feindschaft gemacht . . .«[57] Schon in einem der folgenden Briefe nimmt er sein erstes wahres Gefühl jedoch zurück, zwingt er sich, seinem »Ideal« zuliebe, zur Feindschaft und nennt Rée und Lou »solches Gesindel«, »nicht würdig, meine Stiefelsohlen zu lecken«. »Sie hören, w i e ich m i r ›die Moral lese‹: aber um bis zu dieser ›Weisheit‹ zu kommen, hat es mich fast das Leben gekostet.«[58]

In dieser Umschreibung wirkt sich die einzigartige, das Geistige und das Physische vermengende Erfahrung Nietzsches aus: solange er »schwach« war, d. h. liebebedürftig, mitleidig, mitfühlend, sehnsüchtig nach dem Menschlichen, war er auch »krank« bis auf den Tod – es hätte ihn die Schwäche »fast das Leben gekostet«. Seit er sich aber der Pflege

---

54 An Peter Gast, 20. Aug. 1880; Hervorhebungen von Nietzsche.
55 Brief vom Dez. 1882 an H. von Stein, III,1195.
56 Brief vom 22. 2. 1883 an Franz Overbeck.
57 Brief an Overbeck, Sommer 1883, III,1209.
58 Brief an Malwida von Meysenbug, August 1883, III,1211 bzw. 1210.

der Ärzte entzog und sein eigener Arzt wurde, seit er sich zu seinem »Ideal« bekannte, zu steiler, aristokratischer, unmenschlicher Einsamkeit und fühlloser Feindlichkeit, zu den Bedingungen der »Stärke«, seither fühlte er sich wieder kräftiger, produktiver, gesünder: »Er machte aus seinen vielen Leiden eine neue, höhere Gesundheit; er sprach sich gesund« (N. 300). »Ein Leben, nur erträglich durch die Künste seines Willens, durch Umdeutung und Überwindung: er hat sich überredet, es sei gut, es sei der Wiederholung wert, und nicht nur seines« (N. 300). Als Antidot der Schwäche verordnete er sich deshalb Unbarmherzigkeit, die Weisheit des kriegerischen Lebens, und auch diesen Aphorismus schrieb Nietzsche: »Die großen Epochen unseres Lebens liegen dort, wo wir den Mut gewinnen, unser Böses als unser Bestes umzutaufen.«[59]

Wohin diese Weisheit in der Zwischenzeit führte, referiert nun Heinrich Mann:

> Unentwegt fährt er fort: »Man muß lernen, v i e l e « – von ihm betont – »zum Opfer zu bringen und seine Sache wichtig genug zu nehmen, um die Menschen nicht zu schonen.« Geschieht schon, und hätte ihm sonst nichts gefehlt, dann wäre kein Grund zu klagen... Eine seiner Strafen wäre, zu hören, welche Intelligenzen heute mit der seinen in demselben Atemzug genannt werden, weil sie, wie er, die Gewalt gelehrt haben... Seine »blonde Bestie« bliebe ihm in der Kehle stecken; er hat ohnehin nie Bescheid gewußt weder über ihre Haarfarbe noch über ihre niedrige Physiognomie. Er würde von seinem »Jasagen« nicht vieles noch einmal sagen (N. 294).

Und es fehlt in dieser »Abrechnung« nicht der Einwand, den Nietzsche zwar kannte, aber ohne Gewicht beließ:

> Unerklärt, wenn nicht beiseite gelassen [sc. in der »Genealogie der Moral«] bleibt fortwährend, durch welches Wunder ein Sieg der Schwäche zwei Jahrtausende nicht nur vorhalten, sondern Taten zeitigen konnte, Taten des Geistes, unvergleichlich stärkere als die geschichtlichen Strecken vorher. Ferner: da sogenannte Schwache und Kranke allerdings gesiegt haben, waren sie in Wirklichkeit krank und schwach? Den sogenannten Starken, die untergingen oder sich umbildeten, muß zu ihrer Erhaltung mehreres gefehlt haben. Die Natur, mit der Nietzsche es grundsätzlich hielt, hat hierfür Beispiele aus ihrem Reich genug geliefert: Nietzsche übersah sie (N. 288).

Deutlich zeigt dieses späte Zurückkommen auf den Sieg der »Schwäche«, der sich auch im Frühwerk abgezeichnet hatte, inwiefern dieses Zweifel an Nietzsche, Widerlegung Nietzsches, Errichtung einer Gegenposition

---

[59] Nietzsche, II,632.

bedeutete. Warum aber siegt, in Zwischen den Rassen und, wie Heinrich Mann ausführt, ebenso, aufs Große gesehen, in der Geschichte, der Schwache? Warum geht ein Conte Pardi unter?

Die Antwort ist einfach und weittragend. Die stolze Haltung eines Pardi lebt aus der Überzeugung, ein heldischer Untergang sei jederzeit einem bescheidenen Leben vorzuziehen. Das Leben ist der Güter höchstes nicht, sondern – das Heroische oder, wie es beißend im Kopf heißt: »Ein schöner Sprung in den Abgrund befriedigt ästhetisch, wie wenig anderes auf der Welt« (K.168). Dem Schwachen aber ist das Leben, auch um den Preis der Gewöhnlichkeit, das höchste Gut. Wenn Anhänger eines heroisch-ästhetischen Ideals »im Grunde« einig sind, »lieber unterzugehen« (K.624), so ist es nicht weiter verwunderlich, daß, auf geschichtliche Verhältnisse übertragen, die »Schwachen« überleben, daß solche Schwäche, das Einverständnis mit den Bedingungen des kreatürlichen Lebens – geschichtliche Stärke ist. Nietzsche hat dies gesehen[60] und gleichwohl sich in seiner Philosophie in jedem Punkt für den Primat des Ästhetischen und für die »kürzere Existenz« entschieden.

Heinrich und Thomas Mann hingegen haben Gründe, sich trotz aller Hinneigung zum Ästhetischen und Aristokratischen davon zu befreien und ringen sich zum Vorrang des bedingungslos Menschlichen durch. Die Aufdeckung der geheimeren Todessehnsucht und Unmenschlichkeit im bloß Ästhetischen und die Aussonderung heroischer Abwege ist ein gemeinsames großes Thema im Lebenswerk der Brüder, das sie, mit charakteristischen Unterschieden und Phasenverschiebungen, verschieden scharf und verschieden reich, gestalten.

Die Renaissance am Anfang der neueren Geschichte, so heißt es im Nietzsche-Essay Heinrich Manns, habe ihr schon alle »Modelle« geliefert:

Der Skeptiker, der Revolutionär, der ungeheure Künstler, auch der Demokrat und Sozialist, wie denn nicht der Faschist: alle empfahlen sich damals der Nachwelt durch einen Glanz – so glänzen nur die Ersten, die Modelle für Jahrhunderte (N.295).

Cesare Borgia aber, in den sich Nietzsche »vergafft« habe, nehme einen Platz »allenfalls in einer hinteren Reihe« ein. Der wahre Fürst der Renaissance sei König Henri Quatre, den Nietzsche nie erwähne. An ihm rühmt Heinrich Mann, daß er »seiner Natur gemäß« handelte, wenn er Montaigne befolgte, welcher schrieb: »Alle Ausschreitungen

---

60 Vgl. »Warum die Schwachen siegen«, III,707ff.

bekommen einen unheilvollen Sinn, zumal unser Geschmack ebensowenig zuläßt, was zu hoch als was zu niedrig ist.« Es folgt, als Zitat, was Montaigne vom Fürsten fordert und Henri Quatre, in der Sicht Heinrich Manns, verkörpert:

> Er leuchte von Menschlichkeit, Wahrheit, Treue, Mäßigung und besonders Gerechtigkeit: seltene Merkmale, verkannt und verbannt. Einzig den Willen der Völker kann er mit Erfolg zu seiner Sache machen, und keine anderen Eigenschaften können, wie die genannten, den Willen der Völker auf ihn lenken, denn ihnen sind es die nützlichsten. Nichts ist volkstümlich wie Gutsein (N. 295/96).

»Das Jasagen zum Leben«, fährt Heinrich Mann in entscheidender Wendung gegen Nietzsche fort, »kann auch diese Laute haben, und sie zeugen von einem Geist, der einig mit dem Herzen ist« – dies wiederum gegen Nietzsche, bei dem Geist und Herz sich befehden. Und noch einmal taucht, in der typischen Zuspitzung Heinrich Manns, das Argument der geschichtlichen Dauer auf: während »kein Tritt eines beliebigen Borgia« übrig blieb, sei Frankreich erhalten geblieben, »das Frankreich, wie ein König mit seinem Volk es geschaffen hat – Demokrat, der er schon war, und neigte zum Sozialismus schon hin« (N. 296).

Anders als Nietzsche will also Heinrich Mann sein Ja zum Leben artikulieren. Von der Aussonderung des ästhetischen Individualismus im Verlauf der Schaffensperiode bis 1909 bis zu einer von Nietzsche weit abweichenden Renaissance-Deutung in den HENRI-QUATRE-Romanen kann sein Werk als weiterführende Bezugnahme auf Nietzsche verstanden werden. Die Selbstinterpretation, welche die Kritik an Nietzsche impliziert, rückt Heinrich Mann geradezu in die Rolle eines Fortsetzers Nietzsches, nicht als Philosoph, sondern als Moralist. So zieht er z.B. aus Nietzsche eine Auffassung des Arbeiters, die seine eigene ist. Nietzsche sei »der erste außerhalb des Sozialismus« gewesen, der dem Arbeiter »die ganze Macht nicht nur zugestand, sondern als Pflicht auferlegte«. »Desgleichen hat er, der Einzige außerhalb der Kirche, das Christentum in seiner wirklichen Erfüllung und Größe angeschaut« (N. 299). Und Heinrich Mann gibt zu verstehen, daß auch er sich in dieser Lage befindet. Nirgends in der eingesehenen Literatur zu Heinrich Mann wurde bis jetzt die positive Auffassung des Christentums, die er im NIETZSCHE-Essay erraten läßt, berücksichtigt.

Größe, wie sie Nietzsche verstand, als bloße Willenskraft, die hinter Zielen wie »Züchtung und ›andererseits‹ Vernichtung« steht, »ist der Irrtum eines hohen Geistes über sich und seine Art« (N. 299). Echte Größe äußert sich dagegen in strenger Bescheidenheit, die Heinrich

Mann freilich bei Nietzsche ebenfalls findet. »Einfache Wahrheiten erkennen und aussprechen; den Menschen ein einfaches Glück zusagen und bereiten: der Größte vermag darüber nichts, oder vermag nur noch, sich zu enthalten.« Dies ist die Quintessenz des späten, auf die Skepsis und Güte Montaignes verweisenden Moralisten – in ihr deutet er, behutsam und mit dem gebotenen Respekt, seine Art der Fortsetzung Nietzsches an.

Der Unterschied zwischen Nietzsche und Heinrich Mann, in den die Betrachtungen dieses ersten Teiles mündeten, wird noch einmal präzis benannt. Er liegt in der Beurteilung der »Euphorie der Schwäche«, jenes Phänomens, das von den GÖTTINNEN bis zur KLEINEN STADT im Mittelpunkt des Frühwerks steht und immer kritischer zergliedert wird. Es gebar die hysterische Lebensfeier, aber sein entscheidender Aspekt ist moralischer Natur: »Man setze an Stelle der Schwäche den Heroismus ein, jedes sittliche Gesetz verkehrt sich sofort in sein Gegenteil« (N. 290), heißt es lakonisch. Beide, Nietzsche und Heinrich Mann, als »décadents«, waren Kenner der Schwäche und ihrer Euphorien; an diesem Phänomen begegnen sich Philosoph und Romancier, in seiner Beurteilung auch scheiden sie sich. An ihm entzündet sich Heinrich Manns eigene entlarvende, Nietzsche implizit »rückgängig« machende Tendenz, statt des Heroismus wieder die Schwäche, d. h. das Menschliche einzusetzen, dessen Stärke aber nunmehr im Geist, der Tat wird, gesehen wird.

Von den Irrtümern Nietzsches, welche die Zeit enthüllte, bleibt im Resümee Heinrich Manns, daß sie Irrtümer aus einer einzigartigen Leidenschaft der Erkenntnis waren (»Es gibt bei ihm nichts anderes, das völlig erlebt und eindeutig gemeint wäre« N. 298). Es bleibt das Verdienst, daß »durch ihn allein außerhalb der Kirche ... Gott und die Moral noch einmal die Fragen ersten Ranges geworden« (N. 298) sind – »Dem Christentum zu Ehren hat er eigentlich mehr geschrieben als zu seinen Unehren: man messe anstatt der Breite die Tiefe, und man beachte, wo das Herz schlägt« (N. 279) – es bleibt, daß er dem Staat die »Kultur« und die Freiheit des Gedankens entgegensetzte.

> Hier ist endlich der Nietzsche, der eine vergessene Jugend einst berechtigt und befähigt hat, sich loszusagen, um frei zu sein, worauf in guten Fällen die neuen, unabhängigen Leistungen gefolgt sind (N. 297).

Dies zusammengenommen ist für Heinrich Mann Grund genug, ihn trotz Ironie und mancher Befremdung zu verehren und den Essay mit dem Satz »Er ruhe in Frieden« zu beenden.

Die Deutung des Frühwerks als eines teilweisen Erliegens vor Nietzsche und als moralische Überwindung dieser Ablenkung, gleichbedeutend mit nachdrücklicher und dann ins Politische übersetzter Befestigung der Menschlichkeit wird so durch den NIETZSCHE-Essay vielfach bestätigt. Für einen Augenblick will selbst das Gesamtwerk unter dem Aspekt einer ausgedehnten moralistischen Korrektur an Nietzsches Ja zum Leben erscheinen. In EIN ZEITALTER WIRD BESICHTIGT nennt Heinrich Mann ihn und Richard Wagner »zweigesichtig, zweideutig«, dort auch steht sein letztes Wort: »Was läßt sich dagegen noch anfangen mit der Apologie des Bösen? Was mit Nietzsche, einem gutherzigen Wesen, schwach, auf Schonung angewiesen, und forderte den Menschen bedenkenlos!« (Z. 162).

ZWEITER TEIL

DIE HERAUSBILDUNG DES MORALISTISCHEN SYSTEMS AUS DER KRITIK DER WILHELMINISCHEN EPOCHE: »DER KOPF«

EINLEITUNG

DER KOPF (1925), das mittlere Hauptwerk Heinrich Manns, und in gewisser Hinsicht Seitenstück zu dem im Jahr zuvor erschienenen ZAUBERBERG des Bruders,[1] ist ein exzentrischer, labyrinthischer Roman des Scheiterns vor dem geschichtlichen Hintergrund der Jahre 1890–1917, ein Roman voller Schocks, Perversionen, Abgründe, Zynismen; ein Wirbel konstruierter Situationen, grotesker Intrigen, lächerlicher Auftritte, maßloser Affektausbrüche. Bürgerliche Solidität löst sich in fiebriges Lebensgefühl auf, individuelle, gesellschaftliche, wirtschaftliche und politische Zusammenhänge werden auf den Generalnenner des überfälligen gemeinsamen Untergangs verrechnet, eine gewinnsüchtige, machtgierige, ausschweifende Gesellschaft und die zunehmende, prahlerische Labilität der kaiserlichen Politik, die auf »Paradoxen« (37)[2] beruht, stürzen in folgerichtigem Zusammenhang der Katastrophe von 1914 entgegen. DER KOPF ist persönliche Rechenschaft ebenso wie Gesellschafts- und Kulturkritik in Form einer moralistischen Romanphantasie über der real abgelaufenen Geschichte. Er zeigt eine dem »Irrationalismus« und der Abenteuerlichkeit verfallene bürgerliche Gesellschaft ohne sittliche Kraft in folgerichtigem, aber vor der Vernunft vermeidbarem Untergang, er ist Dokument einer Verzweiflung am Menschenverstand, die sich bis zum Irrsinn erhitzen kann. In verzweifeltem Wettlauf mit der Zeit kämpft sein Held, Claudius Terra, gegen gesellschaftliche Widervernunft, verborgenen »Blutdurst« (219) und moralische Indifferenz, in deren Schoß die Katastrophe heranreift. Der KOPF ist das Drama des Intellektuellen, der im Namen der Erkenntnis und der Menschlichkeit gegen sein Zeitalter revoltiert. Er ist ein tragikomischer Roman im genauen Sinn jener Bestimmung Hebbels, wo-

---

1 Vgl. den Kommentar Thomas Manns vor Lektüre des »Kopfes«: »... vermute aber im Voraus, daß das Prinzip der Arbeitsteilung zwischen uns Brüdern gewahrt ist« (Brief vom 23. 4. 1925 an Julius Bab).

2 Alle Zitate mit bloßer Seitenangabe beziehen sich im zweiten Teil des Buches auf den Roman »Der Kopf«, Berlin/Wien/Leipzig 1925. Außerhalb dieses Teiles wurde die Sigle K verwendet.

nach man »vor Grauen erstarren« möchte, »doch die Lachmuskeln zucken zugleich«, wonach

> auf der einen Seite wohl der kämpfende und untergehende Mensch, auf der anderen jedoch nicht die berechtigte sittliche Macht, sondern ein Sumpf von faulen Verhältnissen vorhanden ist, der tausende von Opfern hinunterwürgt, ohne ein einziges zu verdienen.[3]

Dies ist die genaue Umschreibung des »Lebens wie es ist« (43), in der irrationalistischen Auflösungsphase der bürgerlichen deutschen Gesellschaft, wie Heinrich Mann sie sieht.

Die befremdlichen Romanzusammenhänge treten fiebrig ans Licht oder bleiben dunkel, unverständlich, über weite Strecken versplittert. Alles einzelne ist flackernd, ungesichert, vieldeutig. Dem Leser, der sich im Verstehen immer wieder irrt, bleibt schließlich nichts anderes übrig, als sich vollständig einem phantastischen Geschehen auszuliefern. Es folgen im verwirrenden Presto der Szenen orientierende und desorientierende Impulse, feste Maßstäbe brechen zusammen, Erwartungen werden geweckt und enttäuscht, scheinbar Gültiges löst sich in Widersprüchlichkeit, überraschende Verwandlung und abruptes Ende auf, selbst reine deus-ex-machina-Effekte werden offenbar nicht verschmäht. Der Leser muß die Wege unberechenbarer Affekte, nicht beschriebener Ortswechsel, die Bedeutung grotesker, schicksalhafter Situationen von dem Geschehen selbst lernen, wobei jeder aufgehellte Zusammenhang erneut ins Befremdliche abgleiten kann. Es stellt sich eine Welt schwankender, vieldeutiger Augenblicksbezüge her, alles, auch das Absurde, ist jeden Augenblick möglich. Die Figuren des Romans sind Marionetten, die blutiges Schicksal, das Geschichte wurde, agieren. Sie vermengen reines Herz mit Schwäche und Teufeleien, Idealismus und Charakterlosigkeit, Geschichte und Groteske.

In diesen Aussagen wird aber die Deutung selbst greifbar, die Heinrich Mann der Epoche gibt: Auflösung, Labilität, Widersprüchlichkeit, Unberechenbarkeit spiegeln »das geheime Wesen unseres deutschen Staates mit seinen tiefen Beziehungen zu der Weltenunvernunft« (65), die zerrissene Darstellung ist selbst unmittelbare Aussage. Der Tendenz zur Verunklärung und Verzweiflung antwortet jedoch eine andere zur Entlarvung, Sichtbarmachung, zur Anprangerung und Verkündigung. Dem, was ist und im Unglück endet, tritt entschieden das, was sein soll, wenn auch notwendig nur in der Reflexion und als Stachel der Kritik,

---

[3] Friedrich Hebbel, Sendschreiben zu »Ein Trauerspiel in Sizilien«. Sämtliche Werke, hist.-krit. Ausgabe, ed. v. R. M. Werner, Berlin 1901–1907. Bd. II, p. 379.

entgegen. Dem Roman liegt, wie zu zeigen sein wird, ein geschlossenes, gedanklich verfestigtes System moralischer und historischer Wertungen, eine umfassende und alle eigentümlichen Meinungen Heinrich Manns vereinigende Konstruktion der (negativen) gesellschaftlichen Wirklichkeit zugrunde. Die Bedeutung des KOPFES innerhalb des Werkes beruht nicht zuletzt darauf, daß er eine Gesamtdeutung der wilhelminischen Epoche gibt, die alle früheren Werke in ihrer Essenz aufarbeitet. Sie gipfelt in einer moralischen Verurteilung dieser Gesellschaft und ihrer in der Katastrophe endenden Politik: im Namen der Vernunft und der Menschenwürde; sie führt zugleich zur religiös gefärbten Selbstbesinnung des selbstherrlichen Geistes »ohne Weltfrömmigkeit« (518); sie endet mit dessen demonstrativem Selbstmord. Der KOPF ist die komplexeste und unzugänglichste Einlösung des frühen Entschlusses, »soziale Zeitromane zu schreiben« (XI,261), die Heinrich Mann gegeben hat.

Zweifellos werden in diesem Roman mehrere, recht verschiedene Intentionen simultan durchgeführt. Es kreuzt sich die Absicht, innerhalb der Trilogie DAS KAISERREICH die führende Gesellschaftsschicht zu behandeln, mit der gedanklichen und künstlerischen Entwicklung, die nach dem Durchbruch zur »Tat« in ZWISCHEN DEN RASSEN zur positiven Darstellung der Einheit von Leben, Geist und Tat drängt. Diese Kreuzung war schon in den ARMEN (1917) – innerhalb der Trilogie der ROMAN DES PROLETARIATS – sichtbar geworden: der Arbeiter Ballrich, der aufbricht, um, ein später Kohlhaas, gegen die Ungerechtigkeit zu kämpfen, ist zugleich eine ideelle Weiterbildung Arnolds. Die dritte Intention ist die Vertiefung des ROMANS DER FÜHRER zur komplexen Deutung der ganzen Epoche. Der Roman ist deshalb gleichzeitig künstlerische Weiterentwicklung und stofflicher Rückgriff: die sechste oder siebte, jedoch abschließende Schilderung der Wilhelminischen Zeit. In ihn fließt die verzweifelte Lebensstimmung des Untergangs unmittelbar ein, aber auch die von der Geschichte inzwischen bestätigte Gewißheit der früher nur leidend erfühlten Schuld dieser Gesellschaft vor dem Leben. Der stoffliche Rückgriff zeigt sich am verblüffendsten darin, daß noch einmal die gesamte narzißtische Welt der Lebensschwäche mit allen Dissonanzen – eine Welt, die doch im Frühwerk in jeder Hinsicht entlarvt und abgestreift worden war – ausgebreitet wird. Vielfach begegnet schon bekanntes, auch autobiographisch gefärbtes Material, z.B. sind die Hauptvorgänge der frühen Novelle DIE GEMME (1896) in das erste Kapitel DIE FRAU VON DRÜBEN eingearbeitet. Das Schicksal Claudius Terras soll das Schicksal einer Generation, des »blutgetauften Geschlechts« (135) von 1871, der Generation Heinrich Manns, das Schicksal der »Erben«, typisch repräsentieren. Es faßt daher alle bisherigen Einsichten des analytischen Denkens in Romanen, Novellen und Essays synthetisch zu einem paradigmatischen Lebenslauf im Kaiserreich Wilhelms II. zusammen. Das Einzelne hat überall grundsätzliche Bedeutung. Der »Konflikt mit dem Leben« ist nunmehr als innerster Kern der gesamten Gesellschaftsordnung erkannt, er spiegelt ihre Schuld vor dem Leben, er tritt in der Katastrophe bloß ans Licht. Die unglücklichen Perversionen der »Lebensschwäche« werden als dieser Gesellschaft entsprechende, von ihr bedingte und sie bedingende Lebenslage geschildert. Die individuell erlittenen Probleme der früheren Werke treten nun zu einer komplexen Konstruktion der Epoche zusammen, in der sie ihren eigentlichen Sinn enthüllen. Die Konstruktion integriert gleichmäßig Individuum, Gesellschaft, Wirtschaft, Politik und Geschichte. Alle Linien münden in den gleichen Tatbestand des fehlgehenden Lebens innerhalb einer Herrschaftsstruktur und »Moral«, die lebensfeindliche und unmenschliche Züge zeigen. Ihnen steht auf allen Ebenen eine gewußte Vernunftmoral entgegen. Sie besitzt eine von Heinrich Mann ausgesprochene und, wie zu belegen sein wird, auch tatsächlich weitgehende innere Verwandtschaft mit der Geistesart und der Moralphilosophie Kants.

Die bisherige Kritik vermochte, wofern sie den KOPF überhaupt erwähnt, mit dem Roman wenig anzufangen. Sie einigte sich wohl allzu bereitwillig auf künstlerisches Scheitern, auf die »Strukturschwäche dieses Werkes«,[4] ohne aber das, was selbst in diesem Fall noch bliebe, näherer Betrachtung zu unterziehen. Ihering gesteht dem Roman zwar »schon als Plan einen einsamen Rang«[5] in Deutschland zu, will aber ebenfalls darin, daß »erfundene Gestalten in erfundenen Situationen historische Funktionen» (ib.) übernehmen, darin, daß das Werk »teils Schlüsselroman, teils Zeitsatire, teils realistisches Epos«[6] sei, eine künstlerische Verfehlung erblicken. Boonstra findet in ihm neben sehr plastisch wirkenden Szenen »völlig unorganische, ausgeklügelte Episoden«[7] – da aber als »ausgeklügelt« der ganze Roman gelten darf, ist damit noch wenig gesagt. Schließlich hebt Hardaway hervor, daß Heinrich

---

4 Weisstein, a.a.O., p. 130. – Zu einem viel positiveren, wenngleich ideologisch gefärbten Urteil gelangt N. Serebrow (Heinrich Manns Antikriegsroman »Der Kopf«. In: Weimarer Beiträge, 1962, p. 1–33) in der bisher einzigen längeren Untersuchung des Romans. Er zählt ihn »zu den bedeutendsten Werken Heinrich Manns« (p. 1). Seine Untersuchung stützt sich auch auf Material des Heinrich-Mann-Archivs in Ost-Berlin, ist aber von Ungenauigkeiten nicht frei.
5 Ihering, a.a.O., p. 74.   6 a.a.O., p. 75.   7 Boonstra, a.a.O., p. 22.

Mann trotz seiner demokratischen Überzeugung in dem Roman kein
»portrayal of inspiring, living examples of democracy«[8] gibt, daß seine
Kämpfer gegen die wilhelminische Militärmonarchie »exceedingly
puny warriors« (ib.) sind, daß nichts sein Vertrauen in den kommenden Sieg demokratischer Menschlichkeit ausdrücke. Auch dies trifft zu –
doch hängt alles davon ab, wie die Negativität bei Heinrich Mann verstanden wird.

So erwägt etwa Hardaway, ob Heinrich Mann »in DAS KAISERREICH
and in many of his other works, simply ... his particular genius for
keen criticism, irony, satire, and caricature« ausspiele, »all else being
secondary«[9] – wie dies, zum Teil in gehässiger Form, ja auch von früheren deutschen Kritikern behauptet wurde. Dabei bleibt aber die
Frage nach der Notwendigkeit, ja Unvermeidbarkeit der Satire bei der
Darstellung dieser Epoche im Gesellschaftsroman ganz außer acht.
Gerade sie muß aber mit allem Nachdruck gestellt werden. Wollte man
Heinrich Mann einfach darauf festlegen, »weakness, imperfection, inconsistency, and evil of the human soul rather than its higher qualities« (ib.) darzustellen, so würde man die alles entscheidende Führung
durch die gegebene Wirklichkeit, die realistische Bindung an einen gesellschaftlichen »Befund«, verkennen. Die bewußte Bindung an einen
reflektierten soziologischen Befund war in dieser Form dem deutschen
Roman, zumal dem Entwicklungsroman, fremd, sie spiegelt Erkenntnisse, die Heinrich Mann aus der Betrachtung des französischen Romans, insonderheit der soziologischen Methode Balzacs oder Zolas,
gewonnen hatte. Viele Mißverständnisse und halbrichtigen Urteile über
Heinrich Mann resultieren nicht zuletzt daraus, daß er nach Kriterien
beurteilt wurde, die am deutschen Roman mit seinem insgeheim fortwirkenden Vorbild, dem WILHELM MEISTER, entwickelt worden waren.
Der gesellschaftliche Befund aber, der diesem Autor vorlag, war negativ, das Versagen aller Gegenkräfte, der Weg in die Katastrophe war
geschichtlich vorgezeichnet.

Auf die Bindung an den gesellschaftlichen Befund beruft sich Heinrich Mann in einer Pariser Rede von 1927 selbst; dort erläutert er.

Je n'ai pas mis en romans la révolte sociale, puisque j'en voulais à la
societé allemande contemporaine et qu'elle était loin alors de toute révolte
véritable. Mais je me suis efforcé de mettre à nu son armature (XII,358).[10]

---

[8] R. T. Hardaway, a.a.O., p. 330.

[9] a.a.O., p. 333.

[10] Die entscheidende Stelle wäre zu übersetzen: »... weil es mir um die zeitgenössische deutsche Gesellschaft ging, die damals fern von jeder wahren Umwälzung
war.«

Weil also, so wäre sinngemäß fortzuführen, in der wilhelminischen Gesellschaft keine revolutionär denkende bürgerliche Intelligenz die soziale Erneuerung vorantrieb, weil sozialer Aufstieg nur in parvenuhaften Formen möglich war, die politische Macht in Händen der feudalen Kaste blieb und der Denkende zum Außenseiter wurde –: weil es dieser gesellschaftlichen Wahrheit entspricht, müssen auch die Protagonisten, die »Erkennenden«, in diesem Roman irregehen, müssen sie die Ziele des Geistes, Mangolf als ehrgeiziger Parvenu und Terra als enterbter, deklassierter Bürgerssohn, mit verwerflichen Mitteln verfehlen. Das »besondere Innenschicksal« (XI,94) der Gestalten spiegelt zugleich das jeweilige »Klassenschicksal« – auch noch im Protest. Die Epoche erscheint als Einheit – »allgegenwärtig ist die Zeitseele, die Seele der dargestellten Epoche« (XI,171) – im Roman laufen, wie es im Zola-Essay heißt »kollektive Rollen«, »Zeitschicksale, nackte Triebe oder Klassenbeschränktheiten« (XI,172) ab.

Die Antwort auf Hardaway ergibt sich daraus von selbst. Weil es in der geschilderten Epoche keine erfolgreichen Kämpfer für die Demokratie in Deutschland gab, konnte Heinrich Mann auch aus seinen Helden keine machen; was Hardaway selbst bloß vermutet, trifft zu:

> Wilhelminian society is at present wholly dominated by the evil of authoritarianism; the allegedly democratic elements in Germany are too helpless and confused to offer hope of successful resistance, hence there is no outlook for improvement now or soon; but regeneration through democracy will surely come in the future, however dim and distant this may be. If this was his [sc. Heinrich Manns] intent, one must concede, that his short-range pessimism was justified and highly prophetic, but one must also say that he did not effectively convey his longrange optimism.[11]

Auch darf hier noch einmal daran erinnnert werden, wie Heinrich Mann seine Gestalten, gerade auch die Romanhelden, aufgefaßt wissen will:

> Der Bildner seiner Menschen bleibt unzufrieden mit ihnen ... Hinter allem Menschlichen, das er wiedergibt, wartet erst das nie gesehen wahrhaft Menschliche (XI,315).

So gilt auch von Terra, wie von Julien Sorel: »... er hat gekämpft – in unreiner Art notgedrungen«:

> Er hat tapfer gekämpft und ist unterlegen, vor allem sittlich. So geht es fast allen hier bei uns, das kennen wir, gerade deshalb ist der Lebenskämpfer Julien seither in so vielen Gestalten späterer Romane und Stücke aufgetreten (XI,54).

---

11 Hardaway, a.a.O., p. 332.

Liest man den 1931 erschienenen Essay über Stendhal im Hinblick auf den KOPF, so ergeben sich überhaupt zahlreiche aufschließende Bezüge:

> Er mußte der Sekretär eines Ministers sein und haßte das herrschende System. Er hatte ein aussichtsloses, aber stürmisches Liebesverhältnis mit der Tochter des Ministers (XI,51/52)... Er begehrte alles, was über ihm stand, und seine Leidenschaft war jedesmal vermischt mit Haß. Er war feurig, mußte verschlagen sein, haßte sein Geschick und darum alle anderen... Verzweifelt wühlend, hatte er die Selbstachtung schon verloren, als er endlich auch mordete... Gerichtet ist in diesem Roman die Ordnung, die es dahin kommen ließ. Einer der Begabtesten mußte sein ganzes junges Erdenleben unter Heucheln verbringen – mit dem Erfolg, daß er zuletzt mordet (XI,52).

All dies gilt unter veränderten Umständen auch für den KOPF. Und wie Stendhal in LE ROUGE ET LE NOIR die ausgebrannte Epoche der Schwäche schildert, welche der kraftvollen napoleonischen folgte, so setzt Heinrich Mann die Lebensschwäche der »Erben« in der wilhelminischen Zeit in ein Verhältnis zur robusten Stärke der Bismarck-Ära und der Gründerjahre. Deshalb vereinigt Reichskanzler von Tolleben die hünenhafte Statur eines Bismarck mit der erbärmlichsten Schwäche.

Heinrich Mann räumt später ein, »die Mächte der Bosheit, der Dummheit und leeren Herzen« (Z.441) hätten ihn zur Darstellung früher bewogen als die der Güte. Wenn aber Hardaway glaubt, er sei deshalb

> in general simply incapable of visualizing and portraying in warm colors the strong, consistently admirable, inspirational figures which some great writers occasionally succeed in creating[12]

so erweist sich dieses Urteil, mit dem Hardaway ja nicht allein steht, im Hinblick auf die Gestalt Henri Quatres als verfrüht und unzutreffend. Daß Hardaway seine 1954 veröffentlichte Studie ohne Ausblick auf die HENRI-QUATRE-Romane abschließt, legt die Vermutung nahe, er habe diese – 19 bzw. 16 Jahre nach ihrem Erscheinen – noch nicht gekannt. Die unleugbare satirische Negativität im Werk Heinrich Manns hingegen muß aus dem Auftreffen seiner Konzeption des Gesellschaftsromans auf die vorgegebene wilhelminische Gesellschaft verstanden werden. Ihm ergab sich daraus die Notwendigkeit, die schwachen Geschöpfe eines »minderwertigen Zeitalters« (XI,55) zu schildern – wie ja auch das Problem, in die deutsche Unglücksepoche von 1890 bis 1945, in ein »kriminelles Zeitalter« (Z.166), in eine »Pause der Humanität« (Z.170) hineingeboren zu sein und sich damit abfinden zu

---

[12] Hardaway, a.a.O., p.333.

müssen, in den Reflexionen über das eigene Leben immer wieder anklingt.

Bis heute ist DER KOPF noch nicht eigentlich erschlossen. Wenn er auch nicht zu den erstrangigen Werken der zwanziger Jahre gehört, so birgt er dennoch eigenwilligere geistige und künstlerische Gehalte, als es die unbefriedigende Charakterisierung zuletzt durch Weisstein[13] ahnen läßt. Thomas Mann zählte ihn 1925

> amongst the strongest and most beautiful attainments of this brilliant and, in the best sense of the word, sensational author, ranking in my mind with his masterpieces DIE KLEINE STADT and PROFESSOR UNRAT.[14]

Heinrich Mann selbst schätzte ihn sehr hoch ein: »Ich habe länger daran gearbeitet als an jedem anderen Roman, sieben Jahre, von 1918 bis 1925...«[15]

Entscheidend für das Verständnis des labyrinthischen Romans sind die bisher gewonnenen Einsichten in das Phänomen der »Lebensschwäche«. Unverkennbar bildet es das Grundmuster des Verhaltens der wichtigsten Romanfiguren Terra, Mangolf, Alice und Lea. Die äußeren Stationen im Leben der am stärksten aus autobiographischer Substanz zehrenden Gestalt, Claudius Terra, sind: Heranwachsen als Sohn und Erbe eines Getreidehändlers aus lübischer Patrizierfamilie. Enterbung wegen der ersten Liebe des Jünglings zu einer reisenden Abenteurerin, der »Fürstin« Lili. Hochstaplerisches Abenteurerdasein, zuletzt als Karussellbesitzer auf dem Oktoberfest. »Reklamechef« einer schwindlerischen »Generalagentur für das gesamte Leben« in Berlin, die einen Tag nach Terras Eintritt platzt. Liebe zur Tochter des Staatssekretärs und späteren Reichskanzlers Grafen Lannas. Verspätete Beendigung eines Jurastudiums, das die »Fürstin« bezahlt, sodann langjährige Praxis als Armenanwalt. Anschließend mehrere Jahre Reichstagsabgeordneter, dann Syndikus und Direktionsmitglied der Firma Knack (=Krupp), einer der größten Rüstungsbetriebe im Ruhrgebiet, bis zum Ausbruch des Weltkrieges. In diesen Tagen verliert er die Stellung in der Schwerindustrie und inszeniert das Ende des Reichskanzlers von Tolleben mittels eines Autounfalles. Als Schreiber bei einem Kriegsgericht rettet er »hunderte armer Teufel, die sich auf ungesetz-

---

13 Weisstein, a.a.O., p. 130–132.
14 Zitiert nach Weisstein, a.a.O., p. 139, Fn. 64.
15 Manuskript »Der Kopf«, HMA Nr. 304 (= Zenker II,936), Faksimiledruck in: Kulturaufbau. Düsseldorf Jg. 1950, Nr. 6, p. 139. Dazu aus den jetzt veröffentlichten Briefen an Max. Brantl: »So etwas schreibe ich nicht mehr. Es war das Vollständigste u. das Höchste, das ich zu leisten hatte« (Brief v. 2. 5. 1925).

liche Art vom Sterben gedrückt hatten« (632). Danach wieder Armenanwalt, Tätigkeit bei einem Zirkus, 1917 Selbstmord aus Verzweiflung über den sinnlos weitergehenden Krieg, zusammen mit dem
damaligen Reichskanzler Wolf Mangolf, seinem Jugendfreund. Der
Roman beginnt mit dem Zustand »vor dem Leben«; das Karussell-
besitzerdasein ist die Phase der äußersten Lebensflüchtigkeit, Zynismus
tarnt den Versuch, die Reinheit zu bewahren. Auf sie folgt der ent-
schlossene »Eintritt« ins Leben – zuerst, um ehrlich als Armenanwalt
Gerechtigkeit zu verbreiten, sodann, um in der Rolle eines Reichstags-
abgeordneten im »Geheimkrieg gegen die Macht« (520) zu kämpfen,
und schließlich, auf dem Höhepunkt der Selbstverleugnung, um als
Syndikus in der Industrie »Macht« zu erlangen – Macht, um die her-
aufziehende Katastrophe zu verhindern: zuletzt, und vollkommen aus-
sichtslos, durch Beseitigung des Reichskanzlers. Aus dem Idealisten
wurde ein vergeblicher Mörder. Danach verliert das Geschehen die
Spur Terras und wendet sich, bis zum gemeinsamen Selbstmord, der
Kanzlerschaft Mangolfs während des Krieges zu.

Im gegebenen Zusammenhang wird es die Aufgabe der Analyse sein,
insbesondere zum moralisch-politischen Fundament dieser Aburteilung
der Epoche als wichtigster Vorstufe zur moralistischen Haltung in den
Henri-Quatre-Romanen vorzudringen.

Das vollständige Manuskript des Kopfes befindet sich im Heinrich-
Mann-Archiv in Ost-Berlin (Findbuch Nr. 8). Außerdem wird dort ein
Konvolut zum Teil nur noch schwer lesbarer Bleistift-Notizen und Ent-
würfe zum Kopf (Findbuch Nr. 11) aufbewahrt. Aus ihnen läßt sich
die Entwicklung einiger Roman-Komplexe bis zur endgültigen Fassung hin ablesen. Sie vermitteln einen Begriff von der Intensität, mit
der sich Heinrich Mann mit Politik und Diplomatie der Epoche von
1890–1918 beschäftigt hat. Einerseits hat er Werke wie Bernhard von
Bülows Deutsche Politik, Berlin 1916, und insbesondere Ernst Graf
zu Reventlow, Deutschlands auswärtige Politik, Berlin [10]1918,
gründlich durchgearbeitet, andererseits lassen eine Reihe von erhaltenen
Zeitungsausschnitten erkennen, daß er die in rascher Folge erscheinenden Memoiren der Größen der abgelaufenen Epoche, von der Politik
bis zum Hofklatsch, aufmerksam registrierte. Dabei bleibt offen, welche
Werke er selbst las, und wo er es – wie oft auch Thomas Mann – bei
Details und Zitaten aus den Besprechungen bewenden ließ, wie vielfache Unterstreichungen nahezulegen scheinen. Immer wieder werden
jedenfalls die Konstellationen der europäischen Hauptmächte von 1900–
1914 durchgerechnet, zu Äußerungen der Hauptakteure in Bezug ge-

setzt und mit Tatsachen der Wirtschaftsentwicklung und Kolonialpolitik belegt. Das Konvolut bestätigt, was Heinrich Mann später schreibt: »Die diplomatische Geschichte des Bismarckschen Reiches hat mich damals unaufhörlich beschäftigt, ich beherrschte sie schon wie ein Fachmann« (Findbuch Nr. 304).

KAPITEL V

DAS »LEBEN WIE ES IST« –
DIE ENTSTELLUNG DES MENSCHEN IN DER
»BESTEHENDEN GESELLSCHAFTSORDNUNG«

a) Die Vereitelung der Liebe – der Anteil der Lebensschwäche

Der Zwanzigjährige stürmte die Straße hinan. Sie war steil, der Wind
strich her, ihm stockte der Atem. Wie sehr er stürmte, der Körper meinte
zu erstarren, so weit voraus lief ihm die Seele (19).

Schon der Beginn des Romans gibt die fliegende Glut, das Tempo
dieser Prosa an, schon der erste Satz birgt die ganze Situation des
»Zwanzigjährigen« – eines wie Heinrich Mann im Jahre 1891 Zwanzigjährigen –, die Situation des jugendlichen Aufbruchs in das Leben
in ihrer für diese Generation als typisch erlebten und gewußten
Gestalt: die Seele aus dem Körper gerissen im Sog übergroßer Sehnsucht, der Atem »stockend« – Hinweis auf die geheime Lebensschwäche
–, die fremde, überhaupt nicht erblickte Welt widerständig, »steil«,
und die irrige Absicht, sie zu überfliegen:

Ich werde die Hindernisse des Lebens überfliegen, anstatt sie niederzu-
kämpfen, Erfolge gehören dem Glücklichen. Zuerst glücklich sein! (196)

Schon der Beginn setzt die Dissonanz von Ich und Welt, führt in den
innersten Konflikt, trägt die Vorstellung »wie wenn der Körper einem
Seelenfluge folgen wollte« weiter, die sich bereits in der Novelle DAS
WUNDERBARE (VIII,20) dreißig Jahre früher findet.

Noch einmal also erscheint im KOPF jene Zerreißung von Körper und
Seele, die alle Liebesbeziehungen unter Schwachen komplizierte, doch
nunmehr in abschließender Gestaltung. In verhängnisvoller Ergänzung
wirkt die narzißtische Ich-Bezogenheit der Schwachen mit den Nötigungen der Gesellschaft zu jener Zerreibung der Liebe zwischen den
Ansprüchen des »Herzens« und der Welt zusammen, deren Dichter
Heinrich Mann wird. Als Kern dieses über das Lebensglück unwiderruflich entscheidenden Problems wird ein tragischer Widerstreit von
selbstsüchtiger Hemmung und Hingabeverlangen, von Ehrgeiz und

Liebesbedürfnis in den Liebenden selbst sichtbar. Daß dem »Herzen« eine alles übersteigende Sehnsucht eingeboren sei; daß Erfüllung der Sehnsucht nur in flüchtigen Augenblicken der Innigkeit, die sofort unter dem Ansturm der Welt zerrinnen, stattfindet; daß die Menschen auf irrigen Abwegen das Glück schuldhaft verfehlen –: dies sind Gewißheiten, die Heinrich Mann bei seinen Gestaltungen begleiten. Ungewisser sind die Ursachen des Irrtums und die Quellen der Schuld. »Anteile« fallen auf die Untüchtigkeit der »Lebenskränklichen«, auf Vätergenerationen, auf die Verfassung der Gesellschaft, und auf sie mit großer Bestimmtheit, auf die Unzuverlässigkeit des Herzens selbst: »Er hatte das unsichere Herz, das alle Lebenden haben, womit sie einander versuchen« (M. p. 184). Über die zumeßbaren Anteile der Schuld hinaus jedoch bedeckt das »rätselhafte und irreführende« (599) Leben die letzten Abgründe mit Dunkel, das Heinrich Mann unter allen faßbaren, mit Schärfe entblößten und dennoch unzureichenden Schuldzusammenhängen nicht tilgt. Die irreführende Rätselhaftigkeit des Daseins gehört zu seinen Grunderfahrungen.

Die Liebe eröffnet dem »Schwachen« die entscheidende Erkenntnis, daß die reine Innerlichkeit, in der er bis dahin lebte, vor der Realität versagt. Liebe entsteht in ihm als eine zarte Regung der Seele, die sich, wie es alle platonisierenden Liebeslehren beschreiben, zwar am Anblick der Frau entzündet, aber von deren Besitz nichts weiß. Liebe ist für den Träumer zuerst eines jener »großen Wörter«, von denen in Thomas Manns Novelle ENTTÄUSCHUNG die Rede ist. So kann er sagen, er würde sich vielleicht »niemals einer Frau genähert haben, hätte er nicht gehört und gelesen von einem Vorgang namens Liebe« (VIII,434). Die hartnäckig festgehaltene, desillusionierende »Wahrheit« der Liebe jedoch ist, daß sie vom »Besitz der Frau« nicht zu trennen ist und daß gerade »die Überrumpelung des Fleisches« (VIII,435) jenes erste zarte Gefühl – zerriß, wie Nietzsche einmal formulierte: »Die Sinnlichkeit übereilt oft das Wachstum der Liebe, so daß die Wurzel schwach bleibt und leicht auszureißen ist.«[1] »Er haßte es nun, das Fleisch. Er beschloß, ihm nie wieder zu erliegen« (VIII,435) heißt es von Rothaus, der nun aus der »Schwäche, die ein Schicksal war« eine Leidenschaft macht und vor der Liebe flieht (VIII,436). Er liebt und flieht gleichzeitig vor der Liebe – die Wirkung dieser Zwiespältigkeit auf die Geliebte ist Leiden: »verstört« empfängt er von ihr »das einzige, kostbare Lebensgefühl dessen, der sein Leben lang im Sterben lag: das Gefühl, leiden zu machen« (VIII,436).

---

[1] Nietzsche, II,632.

Aus dieser Erschütterung über den Einbruch der Sinnlichkeit in eine Welt der Sehnsucht entfaltet sich die gesamte Struktur des Erotischen im Werk Heinrich Manns. Sie gibt den Anstoß zu der ebenso erlösenden wie verhängnisvollen Scheidung in Körper und Seele, in »Schmutz« und »Reinheit«, die auch Lüsternheit und »Sittlichkeitsfanatismus« gebiert und verwandelt noch im moralischen Bewußtsein von Gut und Böse weiterlebt.

> Er machte aus seiner Schwäche eine Kraft, rechnete sich seine Enthaltsamkeit als Selbsterhöhung an, das schlechte Gewissen in seinen Begehrlichkeiten als edle Scheu des Einsamen, nannte gemein, was sich ihm verschloß, und schmutzig, was er nicht begreifen konnte. (VIII,435)

An dieser Stelle beginnen Hemmung und Verdrängung, die kompensierenden Schübe und Verfärbungen im Seelischen, die Umdeutung im Bewußtsein, es beginnt, gemessen am Naiven und der Norm – Neurose und Perversion.

Diese Erfahrung der Liebe bedeutet vor allem »Erkenntnis«. Eine unbestimmt-träumerische, von »Wörtern« ins Leben gerufene Vorstellung wird durch die Erkenntnis dessen, »was ist«, durch »Wahrheit« ersetzt. Der naive Lebensvollzug, die Kindheit, zerbricht beim Durchbruch der »Erkenntnis« in der Reflexion, sie endet in der Desillusionierung. Was vorher war, waren

> Mißverständnisse, dies Alles. Niemals war so das Leben gewesen. So war nur die Unwissenheit, die besonnte Oberfläche. Eines Tages erfuhr man eine Wahrheit, sie war ungeahnt und so furchtbar, daß Dir für immer Spiel und Lachen verging (41).

Die »besonnte Oberfläche« zersetzt sich, statt ihrer treten überall »feige Handlungen und unreine Beweggründe« (42) hervor und breiten sich im Bewußtsein des Enttäuschten aus: »keine der kindlich verehrten Gestalten stand noch fest – und keiner der alten Glaubenssätze!« (42). Die »Wahrheit« ist: »Ich fühle mich selbst nicht rein und vermag ebensowenig vom Schmutz der anderen abzusehen« (IX,180).

Die Enttäuschung ist eine der schneidendsten Erfahrungen Heinrich Manns. Sie ist es, die auf dem scharfen Begriff des (enttäuschenden) »Lebens wie es ist« besteht. Ihr Echo hallt außerordentlich lang in den Werken nach. Jede Enttäuschung, jede Belehrung durch die Wirklichkeit wird zuerst von den Schwachen nicht positiv als eine »Erfahrung«, sondern als Beleidigung und Demütigung ihres Selbstgefühls aufgenommen. Es entsteht in ihnen die heiße Scham, jemals naiv gewesen zu sein, die Scham, von den Erwachsenen »betrogen« worden zu sein. Im

Augenblick, da »Spiel und Lachen verging«, begann ein tödliches Ressentiment gegenüber der trügerischen Welt, verletzliches Mißtrauen, voreilender Verdacht, künftig betrogen oder verraten zu werden (wie er z. B. die Korrespondenzen Heinrich Manns mit seinen Verlegern beherrscht), es begann das lang unstillbare Bedürfnis, sich zu »rächen«. Kunst verstehen die Schwachen als »Rache am Leben«, Enthaltsamkeit ist »tiefere Rache an ihrem Schicksal« (464) und die spätere moralistische Haltung ist unverkennbar auch eine Transformierung jenes Bestrebens, die Beleidigung, die »Beschmutzung« am Leben zu rächen.

Für den desillusionierten Blick auf das Leben charakteristisch ist die »beständige nahe Empfindung des Stoffes, aus dem wir gemacht sind« (IX,180) – der Ekel, der erbittert festgehalten wird, weil er sich nicht auf einen verbesserlichen Mißstand, sondern auf die unverbesserliche Verfassung des Daseins selbst, wie es dem Schwachen erscheint, bezieht:

> Unsere Gerüche, ein animalischer Blick, die Bedürfnisse unserer Sinne: alles beleidigt mich bis zu Tränen; und komme ich, wie jetzt, aus einer Menschenmenge, möchte ich mich zu meiner Reinigung hier an die Landstraße in den frischen Kot legen (IX,180).

Eine Komponente des Konfliktes ist ein der Innerlichkeit zugeordneter Begriff der Reinheit, der wie sie in den Zwiespalt gerät: daß er aufs deutlichste und schmerzlichste, »bis zu Tränen«, empfunden wird und dennoch vor dem Leben, vor unserer eigensten Verfassung versagt, daß wir – rein und unrein sind.

Der Durchgang durch einen sehr ähnlichen Zustand der »Erkenntnis« und des Ekels erhält sich auch in der desillusionierenden Prosa Thomas Manns bis in die letzten Werke. Noch Felix Krull, in seinem großen Discours über das »unanständige Thema« der Liebe, behauptet, das Verhältnis der in ihrer Haut abgeschlossenen Individuen untereinander laufe »grundsätzlich und von Natur« »auf Ekel« hinaus.[2] Die Liebe aber sei die einzige Ausnahme, die »das eherne Gesetz«, daß jeder ausschließlich sich selbst nicht widerlich ist« (ib). aufhebt. Wo aber immer einer, wie Herr Roland (in der Novelle HELDEN 1905), das Bewußtsein der eigenen Widerlichkeit, oder, wie Rothaus (in der Novelle SCHAUSPIELERIN 1906), jene erbarmungslose Klarsichtigkeit nicht verliert, ist ihm auch verwehrt, diese Ausnahme mitzuvollziehen.

> Ich bringe es nicht fertig, die Töchter und Schwestern der andern zu lieben! Denn ich liebe die andern nicht; ich ziehe mich innerlich zusammen bei ihrer Berührung. Mich mit ihren Körpern, mit ihren eigenen, ins Weibliche übersetzten Körpern vermischen? Niemals! (VIII,401)

---

2 Thomas Mann, VII,639.

Der Erkennende macht »die Gebärden der Wirkenden« (VIII,422) nicht mehr mit, er bleibt nüchtern in der Vereinigung, das Bewußtsein der Einsamkeit, der lebenslänglichen »Einzelhaft« (VIII,402) verläßt ihn nicht, die Liebe wird zum »frommen Betrug« (ib.) sie wird unmöglich: »Wie unmöglich die Liebe ist für unsereinen! Man ist allein und hinter eisernen Pforten« (VIII,401). »Für ihn, der gewiß war, in allen Umarmungen allein zu bleiben, war Liebe eine düstere Unzucht, ein Selbstverrat an Nacht und Schmutz...« (VIII,402).

Innerlichkeit und Sinnlichkeit also treten auseinander. Der Desillusionierung durch die Reflexion entspricht auf der weiblichen Seite die durch Verführung (Violante, Ute, Lola). In zerrissenem, ratlosem Schwanken zwischen Entsagung und bloßer Animalität suchen die Schwachen die Lösung. Die Animalität bedeutet zeitweilig Anpassung der Vorstellungen des Schwachen an die Sinnlichkeit, die er als unabdingbare Verfassung der Welt erfahren mußte. Entsagung hingegen versucht den beleidigten Begriff der ursprünglichen Reinheit zu erhalten – und beides sind Haltungen ressentimentgeladener höherer Rachsucht. Die Vorstellung der »Nonne« und geistlicher Entsagung taucht überall auf. Die Wendung ins Ästhetische im Frühwerk bedeutete auch Suche nach jener Reinheit – Entsagung, wie sie auch die MINERVA-Phase der Herzogin von Assy kennzeichnet. Die Künstlerinnen machen aus allen Leidenschaften Kunst, ihr Herz gehört »nur Gott« (VIII,359). »Geht in ein Kloster! Schließt Euch ein, acht Jahre lang, und lernt singen!« rät die Sängerin Branzilla (VIII,358). »Die Kunst, die Gott selbst ist« (VIII,369) bedeutet dem schwachen Künstler, im Gegensatz zu dem Sänger Cavazzaro, der »das Leben hat und die Kunst obendrein« (VIII, 365) Askese, »einsame Marter« (VIII,371), Arbeit »in der Zucht des Herrn für die Ewigkeit. Ich bin seine Nonne...« (VIII,350) erklärt wiederum Branzilla. Gerade die Wendung zum Ästhetischen erweist sich indes als eine sublime Form der Hinwendung zum Erotischen; mit innerer Folgerichtigkeit geht deshalb die Kunst-Phase der Herzogin in die VENUS-Phase über.

Die Insuffizienz der reinen Innerlichkeit vor der Realität wird ein durchgehendes, schmerzliches, mit Ressentiment besetztes Thema Heinrich Manns. An dieser Stelle scheidet er sich von Rilke, dessen früheste Erfahrung der reinen Innerlichkeit von verblüffender, oft wörtlicher Ähnlichkeit war. Heinrich Mann stellt, wie schon einmal Nietzsche, unter dem Zwang der »Erkenntnis«, die Realität über die Innerlichkeit, während es die besondere Lebensaufgabe Rilkes wurde, die Innerlichkeit so weit auszudehnen, daß es gelang, die Welt in sie hineinzunehmen. Bei Heinrich Mann wirkt das entgegengesetzte Bestreben, die Innerlichkeit so weit zu veräußerlichen, als es der Druck der Realität, den die Reflexion anerkennt, erfordert, zynisch oft und blutenden Herzens. Aus der Niederlage vor der Wirklichkeit, aus dem von der Reflexion erzwungenen »Selbstverrat des Geistes« entsteht bei Thomas Mann Ironie, die, nach seiner Definition, noch immer, wenn auch ohne Hoffnung, für den Geist »wirbt«,[3] – der ungleich schwächere und verletzlichere Bruder Heinrich saugt sich aus ihr Ressentiment und Zynismus, und der entgegengesetzte Pendelausschlag treibt ihn dazu, in der Preisgabe des Lebens an den Geist die Niederlage wieder rückgängig zu machen. In dieser Haltung wurde er eines der Vorbilder des expressionistischen »Aktivismus«.[4]

Die Liebe zerfiel in Formen des reinen seelischen und sinnlichen Vollzugs. Terra begegnet der Frau unter dreierlei Gestalt, als »Geliebter, Schwester und Dirne« (191). Sie sind »verschiedene Formen, in denen das Leben ihn beglückt hatte, die Augen, mit deren Zauber es ihn gefangen hielt...« (606). Ein Abgrund von Angst und Fremdheit waltet zwischen den Geschlechtern; die Frau, die auch allegorisch das »Leben« bedeutet, ist, als Geschlechtswesen, ein Wesen »von drüben«. Immer schon waren den Schwachen die Mädchen »rätselhafte Geschöpfe« (1,286), »Wesen aus anderen Welten« (VIII,300) und auch der junge Rilke hatte diese »andere Welt« der Mädchen gefühlt, aber ihm war sie, als »Frühlingswelt« der Mädchen v o r dem Sommer des Geschlechts, nicht fremd, sondern so vertraut, daß er sich lange als ihr Dichter verstand.

Die »Schwester« lebt in geheimnisvoller Identität mit dem Bruder, sie ist vertraut, »diesseits« des Abgrundes – und dennoch schon Frau. Die »Geliebte« aber ist noch Schwester im Seelischen und dennoch das andere Geschlecht, auch eine fremde Frau von »drüben«. Nur die Dirne jedoch ist ganz »drüben«, auf der Seite der Sinnlichkeit, von der sich die Seele schon im eigenen Körper getrennt hatte. »Geliebte« und Dirne gehören dem äußeren Leben, dem »Ernstfall« (375), dem Widerspruch des Traumichs an. In Gestalt der »Frau von drüben«, der Abenteurerin Lili, war Terra zum ersten Mal das »Leben« begegnet.

Die Schwester übt auf den Bruder stärkste Anziehungskraft aus, sie ist ihm, wie allen Schwachen, Mittlerin zur »fremden« Frau, die Furcht einflößt und fasziniert wie das Leben. Sie ist das »übernahe We-

---

[3] Thomas Mann, XII,25/26.
[4] Vgl. Walter H. Sokel, Der literarische Expressionismus. München 1959, p. 180 u. p. 202.

sen« (589), »Schwester! nur Du kannst fühlen was ich fühle« (189), auf ihr ruht der »zeitlose Blick des Bruders« – vor dem Tod der Schwester sinniert er: »Sie seien beisammen – und beisammen doch erst die Wesen, als die sie einst geboren waren. Irrtum, auseinander zu gehen, Irrtum die Scham« (589). Die Liebe Terras bleibt im Seelischen immer an die Schwester gebunden.

> Die, die ich liebe, ist eine fremde Frau; nur soweit sie Dir nahe kommt, können wir uns begegnen. Du gleichest allem, was mich ergreift. Die Augen, in die ich, länger als in alle anderen, zu blicken bestimmt bin, werden von anderer Farbe, anderer Art als Deine, und doch Deine sein (189).

Deshalb gleichen Alice, die Tochter des Reichskanzlers Lannas, und Lili, die Dirne, der Schwester. »Sie ist eine fremde Frau und hat das Haar meiner Schwester. Eine Dirne, und hat, gereifter, ihren Mund« (48). »Er fühlte im selben Augenblick wie Schwester und Geliebte ineinander übergingen als das gleiche, seine ganze Hingebung heischende Wesen« (190). In der Zersplitterung fühlt Terra die Einheit:

> Noch einmal sah er Lea ihm sterben – und bedachte, auch Lili, die Frau von drüben, sei wohl gestorben in dieser Gestalt. Auch sie konnte aussehn wie Lea. Er träumte, ihm habe eine einzige Geliebte gelebt statt der drei. Hatte er nicht auch schwesterlich Alice gefühlt, und manchmal seine Schwester mit Sinnen, wie sonst die Frau von drüben? Darum starben sie alle fast am gleichen Tag. Seine geliebten Frauen waren einig, sich zu gleichen und gemeinsam zu sterben. Dahin nun alles, dahin die verschiedenen Formen, in denen das Leben ihn beglückt hatte, die Augen, mit deren Zauber es ihn gefangen hielt, dahin sein süßer Hauch . . . (605)

Der Schwester hatte Terra vor ihrem Tod geklagt: »Andere Frauen waren dazu berufen, mir die Welt zu eröffnen, oder meine Sinne, oder meinen Geist. Aber mein Herz? Aber mein Herz!« (592). Es gehörte der Schwester. –

Die Geliebte aber ist, wie einst Ute, das unerreichbare Sehnsuchtsziel, eingehüllt in den Zauber des Seelischen, und aus ihr spricht, wie aus Leonie, »eine helle strenge Begierdelosigkeit, ein geistiges Zu-ihm-hin, das von der Verachtung des Fleisches etwas wundervoll Prickelndes bekam« (VII,402). Die Geliebte ist

> mehr als eine Geliebte. Ihr gehörte die Schwesterseele – und der Zauber ihres Geschlechtes war enthalten in einem Fleisch, das eine namenlose Verwandtschaft zu weihen schien. Der Gedanke, es zu berühren, schlug einen mit dem heiligen Grauen, das den Inzest umgab. Man trat zurück; man liebte sich in Gedanken, ohne daß auch nur die Hände sich streiften. So war hier das Schicksal . . . (VIII,403).

Anstelle der deutsch-brasilianischen oder deutsch-italienischen Abstammung der weiblichen Helden früherer Romane ist die Geliebte Alice halbfranzösischer Herkunft. Ihre »geistreichen Augen« (68) verstrahlen »gütigste Ironie« (231), sie lassen Terra die »Gefährlichkeit des Lebens« (176) vergessen, er sieht in Alice »ein hohes und gütiges Geschöpf«, das »nur Menschlichkeit im Sinn« hat (ib.). Sie ist also nicht dämonisches Geschlechtswesen, sondern setzt die geschilderte Linie Violante – Ute – Lola der durch Geist und Ehrgeiz gebrochenen »schwachen« Frau fort, die zwischen Entsagung und Sinnentaumel das »aufgegebene«, aber ihr selbst fragwürdige Geschlecht zu bewältigen sucht – Alice auf der Seite von Ehrgeiz und ausschließlicher, später religiös verklärter Entsagung, trotz der »zeitlosen« Liebe zu Terra und der Ehe mit Tolleben, dem sie sich verweigert. Auch Alice zeigt Züge der verräterischen »Vermännlichung« der schwachen Frau:

> Sie gefällt mir kaum wie eine Frau, und läßt mich doch nicht los. Sie ist ein unausgewachsenes Kind, und überdies geistreich wie ein Mann, was tue ich mit ihr. Aber wenn ich denke, daß ich sie nicht mehr da wissen, sie nicht mehr zu mir her zwingen und mein machen sollte, tut sich das Grab auf. (192)

Und die Kehrseite jenes »Schicksals«, daß man sich hier »nur in Gedanken liebte«, bricht in der verzweifelten Schmähung auf, die den Blick auf das hemmende »Elend ihrer Stärke« freigibt: »Haha, heiraten doch Sie, wenn Sie können, einen geistreichen Blick, einen unfaßbaren Hochmut und ein nicht vorhandenes Herz!« (94). – Von der Abenteurerin Lili aber heißt es: »Jene Frau war ihm erstes Abbild der Welt gewesen, seine Weltliebe, sein Sündenfall« (601). Sie, die das »Leben wie es ist«, d. h. ohne den Überschwang zauberischer Gefühle und ohne Herz, bedeutet, verkörpert nach dem Durchgang durch jenen Zustand, in dem Liebe unmöglich war, das bloße, begehrte wie verachtete »Glück der Sinne«. Von ihr hat Terra ein Kind.

Diese Zerlegung des Weiblichen bewahrt die Grundantinomie Heinrich Manns: die Unvereinbarkeit von Herz und Welt. Der notwendige Eintritt ins Leben bedeutet Heraustreten aus jener überschwenglichen Innerlichkeit, wo einzig und einsam das Herz, das eigene und das der Schwester, schlägt, Hinübertreten in die Herzlosigkeit der Welt – ein Hinübertritt, der in der Geliebten, die ein Leben lang Ziel der Sehnsucht bleibt, das Leben nicht erreicht; wo er aber das Leben »vorbehaltlos« wie es ist, den Körper der Frau, erreicht, in der »Frau von drüben«, da ist es Selbstvergewaltigung, Selbsterniedrigung, Selbstüberredung, (»Ich fliehe mit einer schlechten Frau, so ist es, so bleibt es, ich will es nicht anders« [43]) aber, in der zugespitzten Situation des ekstatischen Zwanzigjährigen, das Leben, (»Was willst Du, Vater, mit Deinen Polizeiberichten, dort, wo es mir um das Leben geht!« [28]) das Leben – und daher unausweichlich: »Furchtbare Frau dort drüben, die unkennbar und doch unausweichlich ist!« (25). Dieser problematische Satz ist die anfängliche, von Maupassant aufgenommene Formel für den »Erotiker« Heinrich Mann, der als Dichter nicht Erotiker aus Lust und Fülle, sondern aus zwiespältiger Qual und Sehnsucht ist. In seinen Werken findet sich die nach Musil wohl aufschlußreichste, wenngleich im Psychologischen verbleibende Deutung der Geschwisterliebe.

Die hier vorgetragene Interpretation wird bestätigt durch die im Heinrich-Mann-Archiv aufbewahrten Notizen zum KOPF. Dort heißt es über Terra:

> Er lebt dem Ideal, glaubt aber nicht an seine Verwirklichung. Seele und Welt berühren sich nicht. In der Liebe keine Verbindung von Sinnlichkeit und Empfindung. Ein Mädchen, das man liebt, ist nicht das Weib, das man begehrt (Frau v. drüben – Gräfin). Dies ist nur die Schwester, wie sich endlich herausstellt.

Eine ähnliche Veranlagung schreibt die unveröffentlichte Novelle CARLA (1909) der Schauspielerin zu:

> Sie war Komödiantin. Dem Körper was des Körpers, rasche Liebesanfälle, die man im Grunde verachtet ... Sie war intelligent und sinnlich. Sie hat voneinander getrennt, ihren Verstand genossen und ihr Fleisch ...

In der Aufspaltung des Weiblichen, die sich schon in der Dreigestalt der Herzogin von Assy, gestützt auf die mythologische Venus-Vielgestalt, ankündigte, klärt sich nunmehr erlösend das komplizierte, verstörte Verhältnis des Schwachen zur Frau, die Verwirrungen, die Exzesse, die Schwüle der frühen Romane, die überall die Liebe zerlegten in das hemmende Geschwisterverhältnis, in sterile Unberührbarkeit und schwülstigen Exzeß. Die Erfahrung des Weiblichen unter zersplitterten drei Gestalten rettet das Leben der Sehnsucht, sie leistet zugleich Anpassung an die Welt und besiegelt dennoch, worüber kein Zweifel sein kann, die Verfehlung, die Verwüstung der innersten Zone des Herzens, die Zersprengung der Liebeskraft, von der jenes Glück abhängt, das dem Zwanzigjährigen den Erfolg verbürgte: »Erfolge gehören dem Glücklichen. Zuerst glücklich sein!« (196).

Die Einzelheiten dieser Vereitelung der Liebe im erotischen Spannungsfeld der Lebensschwäche fügen sich zum Bild einer schweren Neurose, die das erwachende Geschlecht, da alles Geschlechtliche gesellschaftlich tabuiert war, in einem übersensiblen Knaben hervorrief. Man kann das Kapitel EROS MATUTINUS in Stefan Zweigs Erinnerungen DIE WELT VON GESTERN (1944)[5] wie einen kulturgeschichtlichen Kommentar zu Heinrich Mann lesen und es ist kein Zufall, daß am Ende jener WELT VON GESTERN die Psychoanalyse die unter der Prüderie verborgene kollektive Neurose ins Bewußtsein hob.

Eine befreiende Wirkung der Psychoanalyse auf Zeitgenossen wurde vielfach bezeugt, sie war geradezu eine systematische Entfaltung einer aphoristischen Erkenntnis Nietzsches, die er Jahrzehnte früher aussprach: »Grad und Art der Geschlechtlichkeit eines Menschen reicht bis in den letzten Gipfel seines Geistes hinauf« (II,626) – eine Erkenntnis, die uneingeschränkt für die Gestalten Heinrich Manns gilt. Wie eine gelebte Ergänzung dieser Zersplitterung der Liebe von seiten der Frau muten auch die Lebensumstände der Lou Andreas-Salomé an. Ihr LEBENSRÜCKBLICK[6] läßt ähnliche, rätselhaft geschiedene Erfahrungen des Männlichen ahnen. Sie hatte früh Liebe als geistige Zuneigung erfahren, sie lebte, wie mit Paul Rhée, lange Zeit mit Männern in geistiger Freundschaft oder fühlte sie wie Brüder, sie verweigerte, wie Alice, ihrem Mann den Vollzug der Ehe. Von 1911 an ergab sie sich dann einem leidenschaftlichen Studium der Psychoanalyse, in dem sie Aufschluß über sich selbst erfuhr, Freud bezeichnete sie »als meinen Wendepunkt«.[7] So scheint es, daß ihr individuelles Leben das Zeittypische, von dem sich Heinrich Mann in den Werken befreit, in besonderem Maße verkörpert.

b) Die Vereitelung der Liebe – der Anteil der Gesellschaft.

Wie in den Romanen Fontanes erscheint im KOPF die Gesellschaft als dem individuellen Glück entgegenstehende Macht. Während Fontane jedoch mit Vorliebe den Gegensatz auf verschiedene Personen aufteilt

---

[5] Stefan Zweig, Die Welt von gestern. Erinnerungen eines Europäers. 11.–20. Tausend. Suhrkamp 1949. »Aber die Angst vor allem Körperlichen und Natürlichen war tatsächlich von den obersten Ständen bis tief in das ganze Volk mit der Vehemenz einer wirklichen Neurose eingedrungen« (p. 91). »Aber in dieser ungesund stickigen, fast parfümierter Schwüle durchsättigten Luft sind wir aufgewachsen. Diese unehrliche und unpsychologische Moral des Verschweigens und Versteckens war es, die wie ein Alp auf unserer Jugend gelastet hat...« (p. 87).
[6] Lou Andreas-Salomé, Lebensrückblick. Grundriß einiger Lebenserinnerungen. Aus dem Nachlaß hrsg. v. Ernst Pfeiffer. Zürich 1951.
[7] In der Schule bei Freud. Tagebuch eines Jahres. 1912/1913. Aus dem Nachlaß hrsg. v. Ernst Pfeiffer. Zürich 1958. p. 143.

(z.B. auf Frau Treibel und ihren Sohn), während seine Liebenden die Gesellschaft durchschauen und auf sie zu verzichten bereit sind, greift die entstellende Kraft der Gesellschaft bei Heinrich Mann mittels des Ehrgeizes am ungeschütztesten Punkt der Schwachen, in ihrem Selbstgefühl an und entfacht in ihnen selbst den Konflikt zwischen Ehrgeiz und Liebe. Individuelles Geltungsstreben, »Herrschsucht«, »Ichsucht« vermischen sich im Ehrgeiz mit der gesellschaftlich vorgeprägten Hochschätzung von Macht und Erfolg zu jener egoistischen Verblendung, welche Liebe vereitelt, von der aber die Schwachen Genugtuung und Ausgleich ihres geringen Selbstgefühls erwarten. Obzwar auch ihnen jene »Wahrhaftigkeit, Natürlichkeit und Güte«,[8] die Fontane so oft beruft, das Ideal bedeutet, so fehlt ihnen gleichwohl die »Ergebung«, die »nicht das absolut Beste, nicht der Friede selbst«, aber doch »das, was dem Frieden am nächsten kam«,[9] ist. Sie verlangen gerade das »absolut Beste«, die Erfüllung des Ehrgeizes u n d der Liebe, wie auch, im Politischen, den Frieden selbst. Und wo die Liebenden Fontanes, im Falle, daß beides unmöglich ist, »ein verschwiegenes Glück« abseits der Gesellschaft, wie in L'ADULTERA, STINE, IRRUNGEN, WIRRUNGEN zu verwirklichen suchen, für das sie »früher oder später, um des ihr ersparten Affronts willen die stille Gutheißung der Gesellschaft«[10] erwarten, können die Protagonisten im KOPF nicht umhin, ihrem Ehrgeiz die Liebe zu opfern, im Falle Terras unter gleichzeitigem Protest gegen diese Gesellschaft. Ehrgeiz wird für Heinrich Mann der am individuellen Ausgang sichtbare und nachprüfbare Inbegriff aller gesellschaftlichen Verirrungen und Verfälschung des Menschen. Er erweist sich als machtvolle Fehlform des ursprünglichen Glücksverlangens, wie die heroische Haltung sich als falsche Lebensfeier erwies.

Das Problem wird in der Novelle DIE EHRGEIZIGE (1914) isoliert. Sie läßt Frau Camuzzi, die Frau des Gemeindesekretärs aus der KLEINEN STADT, den Weg des äußersten Ehrgeizes als den der äußersten Beschmutzung gehen und zur großen Intrigantin werden. »Sich anschmiegen, sich hineinstehlen in die Welt der großen Liebe; hassen, verführen und betrügen« (VIII,175) hält sie für den unvermeidlichen Weg zu gesellschaftlichem Erfolg. Auf der Höhe des Erfolgs verfällt sie aber dennoch einer wirklichen Liebe – die Novelle eilt zu dem unerbittlichen Schluß von grundsätzlicher Bedeutung: am Ende läßt Ehrgeiz das »Herz« leer, Erfolg kann Liebe nicht herbeizwingen. »Weh dem,

---

8 Theodor Fontane, Gesammelte Werke. Erste Serie. Berlin o.J. (1905–1912) Bd. V, p. 81; p. 224.
9 a.a.O., p. 93.   10 a.a.O., p. 224.

der ein Herz hat!« lautet die zynisch gefärbte Umkehrung der eigentlichen Erkenntnis: »Weh dem, der dem Ehrgeiz verfällt.«

Ehrgeiz in Übereinstimmung mit der geheimen Hemmung zur liebenden Hingabe machte die Künstlerinnen Heinrich Manns zum menschlichen »Monstrum« (5,476), sie gestehen etwa: »Es geht mir nicht gut; es ist mir niemals gut gegangen; und auch mir sind meine Entbehrungen nicht bezahlt worden« (VIII,374). »Ich wollte es nicht... Es war der aufgezwungene Kampf. Ich wäre besser im Verborgenen eine Frau gewesen. Erduldet habe ich im Grunde lieber als gesiegt« (586). So lautet die höhere Wahrheit über alle diese Künstlerinnen. Am Ende zergeht der Ehrgeiz in Nichtigkeit: »›Die Macht? Ich weiß, was es um die Macht ist‹, sagte Alice langsam... ›Aller Ehrgeiz dahin?‹ murmelte Terra. ›Wie konnte ich diese Welt seiner wert finden!‹ sagte ihr Achselzucken« (555).

Ehrgeiz unterscheidet vor allem die beiden Jugendfreunde Terra und Mangolf, die in zwei Varianten den »Intellektuellen« verkörpern. Terra beschreitet den Weg der »unbefleckten Vernunft, Mangolf den der »vergewaltigten Vernunft« (38). Terra, eine Zeitlang der »reine Tor«, zieht es vor, das Leben, um der möglichen Besserung willen, zu hassen, wo es widervernünftig ist, und jede Berührung zu verschmähen. Mangolf hingegen verschmäht, wie Frau Camuzzi, auch nicht die erniedrigendste, weil seine totale Weltverachtung auch eine Weltvernichtung und damit Selbstvernichtung im Geiste ist. Er wirbt, von »Selbsthaß« zerfressen, in »tiefster Wollust der Selbstverachtung« um die Welt »wie um eine schlichte Hure« (38). Ehrgeiz ist ihm »eine Leidenschaft, dem Gelichter unbekannt, aber wirkend aus geheimer Tiefe, und darin in steter, geheimnisvoller Verbindung mit dunklen Kräften« (59). Er, wie auch Frau Camuzzi, »berechnet« die Welt, (während Terra, um »rein« zu bleiben, nicht mit ihr »rechnet«), er zieht nach jedem Lebensschritt die »Bilanz«.

Mangolfs Liebe »fürs Leben« ist Terras Schwester Lea. Solange sie keinen Erfolg hat, kam sie nicht in Frage: »Liebte man denn eine erfolglose Schauspielerin?« (53). Nachdem er sie jedoch am Abend seines Hochzeitstages hatte spielen sehen, ist Mangolf »unwiderruflich entschlossen«, sich scheiden zu lassen und Lea zu heiraten (303). Die Schauspielerin, die an seinem Hochzeitstag ihr brechendes Herz spielte, gab ihm »Kraft für das Opfer« seiner Karriere, das er »bei ihrem Glücksglänzen nie auch nur erwogen hatte. Er gehörte ihr, sie ihm« (303). Lea hatte jedoch an diesem Abend den Gedanken, ihr Leben zu beenden, »wegzuspielen« vermocht und war verwandelt: nun glaubt sie nicht mehr an die Erfüllung der Liebe:

> Noch einmal würde ich vielleicht nicht durchkommen, Lieber. Und könnte es denn ausbleiben, daß Du mich doch noch verläßt? Ich weiß etwas Besseres ... Du behältst Deine Frau, sie wird mein bester Schutz sein, Du wirst mir nicht mehr untreu werden. (303)

Sofort revidiert darauf Mangolf seinen »unwiderruflichen« Entschluß, er stattet Lea »Dank für die Rettung aus höchster Gefahr« ab. »Wir sind nicht dazu da, unserem Herzen zu folgen« (402), wird er später Alice erklären.

Mit geringen Veränderungen wird diese Passage als tragische Novelle SZENE (1924) von dem Roman abgetrennt. Noch klarer tritt dort der Augenblick der »Einsicht« Mangolfs hervor:

> Ich werde herunterkommen durch meine bürgerliche Heirat. Keine andere Frau als diese [sc. Lea] kann mir Glück bringen. Die Laufbahn! Um als Mensch zu versinken? Indes sie dort oben leuchtet. Indes sie mit anderen Männern ihre Seelenkräfte übt und davon leuchtet! Das darf nicht sein. (VIII,455)

Es bleibt kein Zweifel, daß die Karriere Mangolfs auf dem vollkommenen Verlust seiner Selbstachtung beruht, daß er wie ein Sträfling »Sand karrt in Unehren« (144) und »als Mensch versinkt«. Der Verzicht Leas auf ihn bedeutet für sie freilich das gleiche: den Verlust ihrer Selbstachtung und inneren Zusammenbruch. Die »Gefahr« wäre gewesen, daß beide aus der Erniedrigung in den menschenwürdigen Zustand der Erfüllung ihrer Liebe sich erhoben hätten. Der Sieg der Gesellschaft statt dessen bedeutet die Verwüstung jener innersten Zone des »Herzens«, des zartesten Bedürfnisses und der entscheidenden Beglückung, die für Heinrich Mann Voraussetzung jeder Lebensbewältigung bleibt. Lea gleitet, trotz glänzender Erfolge, gebrochen und teilnahmslos, im Leben weiter, sie wird Lesbierin und endet im Selbstmord. Mangolf steigt zwar zum Reichskanzler auf, aber seine nur zu diesem Zwecke geehelichte Frau Bellona, die ihn wirklich geliebt hatte, verläßt ihn tief enttäuscht, er ist »arm an Menschen« (550), »unbeliebt« (609), seine eigene Tochter haßt ihn, auch er erfährt den Bankrott seines Ehrgeizes und tötet sich.

> Deine Karriere! Nur Deine Karriere! Von jeher nur Deine Karriere! ... Warum hast Du Deine Geliebte verlassen? ... Du hast weder sie noch mich je geliebt. Du kannst nicht lieben. (552)

In unlösbarer Verklammerung bestimmen die gleichen Kräfte die glücklose Liebe zwischen Terra und der »Geliebten«, Alice, der Tochter des Reichskanzlers Lannas; ihr verhängnisvolles Ineinandergreifen zeigt die Begegnung in »Liebwalde« in extremen Umschlägen. Immer wieder wird auf den gesellschaftlichen Ehrgeiz Alices hingewiesen:

> Aber selbst in seinem Traum trennten sie sich sogleich, er erblickte die Geliebte wieder, wie sie beim Abschied dastand, von ihrem Ehrgeiz wie von einer Krankheit befallen, in einer Haltung, als fröre sie ... (333)

Am Abend ihrer Verlobung mit Tolleben äußert sie, sie würde jemand, den sie liebte, »mitten in seiner schönsten Karriere nicht heiraten, denn eins würde man einander vorwerfen, die Karriere oder die Liebe. Viel eher, wenn er gar nichts wäre« (350).

Dieser Fall tritt am gleichen Abend ein; der Abgeordnete Terra hat inmitten der glänzenden Gesellschaft seine »Idee«, die Abschaffung der Todesstrafe, unterbreitet und war »abgeblitzt« – er ist ein »erledigter Faktor« (380), er fühlt sich »am Ende seiner Geisteskämpfe« (382), von der Gesellschaft »als unbrauchbar« (381) ausgestoßen. Nun wäre er »gar nichts« mehr und frei zur Liebe, allein ihm, vor dessen innerem Auge der Tod steht, bedeutet die Niederlage die tiefste Beugung seines Selbstgefühls und sie – übersteigt seine Liebe. Er erblickt Alice:

> Er traf geradezu in zwei Augen, sie standen voll Qual des Abschieds, voll unvergänglichen Herverlangens. Die Gestalt suchte, die Finger gekrümmt, Halt an glatter Wand. Es gab keinen; wer vorbeiging, konnte sie nehmen und fortziehen, in dieser Minute wäre sie geflohen mit ihm! Eben in der Minute seiner Niederlage! Als er dann vorbeiging, schluchzte sie auf. Er sah sie wehrlos, allen Irrtümern ihres Ehrgeizes entrückt und fluchtbereit sein eigen, – so lange das Schluchzen währte. Schnell ging er (380).

Wiewohl sich in allen Augenblicken die Gefühle anders färben, setzen sich die gleichen Festlegungen in allen Begegnungen fort: im Spannungsfeld aus Liebe, Ehrgeiz und Entsagen, wechselseitig von Selbstbefangenheit, Unvermögen, Engstirnigkeit, voreiligem Hohn und Haß überwältigt, verfehlen beide das Leben. In Augenblicken, da Terra ganz in seiner Liebe aufgeht, stößt er auf den »besorgten« Ehrgeiz Alices, in den Augenblicken, da Alice in »unvergänglichem Herverlangen« bebt, stößt sie auf die »Lebensschwäche« Terras, als Unfähigkeit zu handeln; als unüberwindliche Scheu vor der Geliebten, die er als »Rätsel« ins Grab nehmen wird (476); als empfindliches Selbstgefühl, das Terra im Augenblick der Demütigung mehr beschäftigt als die Liebe. Beide sind »Gestalten des Unvermögens«, beide nehmen sich in der Hingabe schon zurück, versäumen um der »Geschäfte des Ehrgeizes, Masken weltlichen

Treibens« (351) willen ihr innerstes Leben und werden wechselseitig aneinander schuldig.

> Einander verraten und verlassen. Einander bekämpfen, finden und nicht kennen. Einander hassen, einander verfallen sein – und kaum fünfundzwanzig Jahre sind wir alle. (80)

lautet eine der meist in Infinitiven gegebenen, charakteristischen Zusammenfassungen, die die Romane durchziehen. Eine andere lautet:

> Wiederbeginn, neuer Verrat, seiner, ihrer, samt Haß, Widerstand, und Treue. Erfüllung? Genuß? Fast nie, vor lauter Kämpfen. Aber unverbrüchliche Treue, trotz allen Gewalten des Lebens, bei Erniedrigungen, im Selbstverlust (464).

Das Lebensgefühl verwandelt sich nunmehr in das Gefühl eines lange dauernden, komplizierten Unglückszustandes, in dem sich die frühen Entscheidungen unaufhaltsam erfüllen. Er ist weder Ehe noch Liebe, aber auch »weder Scheidung noch Ehebruch« (476). Wie in den früheren Romanen treten die einzelnen Seiten wechselnd und ohne Sinn hervor, verbunden mit desperaten Versuchen, den Teillösungen und Augenblickszuständen Sinn zuzuschreiben. »Ehrgeizige Bravour« (475) führte irre, in »Würdelosigkeit des Herzens« (595) – »unfaßbare Verwirrung« (490), »verfehltes Leben« (491), »Rätsel« bis zum Grab (476) sind zu beklagen. Alice und Lea sind unsichere Schwache, Frauen »auf hohem Drahtseil«, denen »fester Boden und Lebenssicherheit« (554) fehlt. Trotz der Schuld, in die sie sich verstricken, »streiften« sie nur das Leben; »Was ist ihr die Welt? Ein notgedrungener Spaziergang« (580), heißt es von Lea. Die Kunst, die einst »Gott selbst« war, verzehrt nunmehr ihr »ganzes Liebes- und Lebensvermögen« (463), sie muß sie, da die Heirat und der Wunsch, »im Verborgenen eine Frau« zu sein (586), mißlang, weiterhin ausüben. »Ihre Qual ist zum Leben selbst geworden, – das unentrinnbarer ist als ein Mann« (468). Ihre »Ausschweifungen sind Maske, sind Angst, sind Leere hier nach Versäumtem« (463). »Verstehen Sie denn, daß wir unser ganzes Leben einen Mann lieben, dem wir nie gehören?« Die Antwort »Nur dann lieben wir ihn« (463) darf nicht wörtlich, sondern nur in der Färbung durch ein resignierendes, gebrochenes Herz verstanden werden, sie fälscht die Not zur Tugend: unter den entstellenden Bedingungen des Lebens ist Liebe und Besitz des Geliebten unmöglich.

> Hier ging es weit und in Dunkel – ruhelos. Nie würden sie in Betten liegen wie Liebende. Sie würden in die Irre gehen, würden Bosheit und Furcht erleiden. Der letzte ihrer Vorsätze, zu lieben, war nun verfehlt (495).

So lauten die Befunde des Unglücks, »so war hier das Schicksal«, – »rätselhaft und irreführend« (599). Die richtige Haltung, »schlichte Gefühle«, »ein niemals abgelenkter Wille, Glück zu nehmen, zu geben, (475) wurden verspielt. Alice, weder von ihrem Mann, dem sie sich verweigerte, noch von ihrem Geliebten, der den »Gürtel der Verzauberung« nicht zu lösen wußte, berührt, kinderlos, eine schwache Liebende, die zur Ehrgeizigen, dann zur Enttäuschten, dann zur Entsagenden wurde, verwandelt sich vor der Katastrophe zum »Engel des Untergangs« (555), »schmal, ganz weiß, abweisend für immer« (606).

> Jede Hoffnung auf Erfüllung längst abgetan, – aber ins Geistige erhoben und Gott geweiht, konnte unvergänglich in einer Frau die Leidenschaft währen, die sterblich unwürdigen Ursprungs war (555).

Ihre »verwandelte Schönheit« fühlt Terra »als neue Macht, als den Ausdruck jener letztgeborenen Kraft, die verurteilt und beendet» (583).

Als verderblichstes Instrument gesellschaftlichen Ehrgeizes erscheint die Vernunftehe. Im KOPF werden zwei Ehen geschlossen, sie bedeuten für zwei Männer die Karriere zum Reichskanzler, für die vier Partner die Befriedigung ihres gesellschaftlichen Ehrgeizes, aber für sie und zwei weitere »verratene« Liebende Zersprengung des innersten Glücks. Jeweils die gleichen Menschen werden in Vernunftehen so unglücklich, daß sie zu Mordabsichten (495) gelangen und »handhaben« die Ehe dennoch zur Erreichung gesellschaftlicher Zwecke, als »Rache« an anderen, als Mine, die im Kampf der Intrigen hochgeht. Die bittere Polemik gegen die heuchlerische Moral der feudalen und großbürgerlichen Gesellschaft in ZWISCHEN DEN RASSEN wird im KOPF weitergeführt. Als ein Lola unfaßlicher Widerspruch erschien dort, daß Conte Pardi mit voller Überzeugung im Parlament gegen die Ehescheidung kämpfen wollte, während er selbst die Ehe nicht einhielt. Denn das Kriterium dessen, was gesellschaftlich möglich ist, ist nicht etwa die Wahrheit, wie Lola und auch Terra meinen, sondern welcher Teil der Wahrheit wem und wann öffentlich, das heißt, so, daß er diese Kenntnis nicht mehr abstreiten kann, bekannt wird. Die »Gesellschaft« weiß und verschweigt nach allgemeiner Übereinkunft, was sie weiß, »die äußere Geltung, das Übereinkommen war alles» (5,400). Muß die Gesellschaft jedoch Abweichungen zur Kenntnis nehmen, so hat sie gemäß der Übereinkunft mit Abscheu zu reagieren: »Von der Bernabei, deren elf Liebhaber jeder herzählen konnte, zog sich von heute auf morgen alles zurück« (5,400), als sie mit einem Geliebten ertappt worden war. Der Gatte hat, wenn er seine Frau ertappt, sie zu verstoßen, er hat sich mit dem, der die Wahrheit aussprach, als dem »Beleidiger« seiner Ehre zu duellieren – ohne Rücksicht auf den Tatbestand, oder darauf, daß man ihm das gleiche vorwerfen könnte, oder auf den Zeitpunkt (wie in EFFI BRIEST). Die verstoßene Bernabei zeigt, als Lola sie besucht, statt der erwarteten »Empörung« »Heuchelei«. Die Argumentation Lolas »Empört Sie's denn nicht, daß jetzt plötzlich alle jene Frauen Sie verleugnen, die Ihre Schuld längst kannten, und deren eigene Vergehen jedem bekannt sind?« (7,406) stößt auf totales Unverständnis. Statt der Ungerechtigkeit dieser Moral bejammert sie folgerichtig einzig das »Pech«, überrascht worden zu sein bzw. ihre »Ungeschicklichkeit« – noch als Ausgestoßene verläßt sie die Bahnen der Konvention nicht um Haaresbreite. Die Gesellschaftsmoral, die auf »Paradoxen« beruht und eine »doppelte« Moral ist, erscheint vor der unerbittlich verbindenden Vernunft als Farce. Die Gesellschaft wird in den Romanen Heinrich Manns deshalb grundsätzlich durch satirische Mittel als Farce dargestellt, der sich seine Protagonisten nur unter Preisgabe der Vernunft, durch das »Opfer des Denkens« und Annahme einer »Maske« einpassen können. Die Lächerlichkeit der Farce wird, in der Nachfolge Fontanes, aber viel schärfer, bei allen Duellsituationen ins Licht gerückt. Im KOPF wird diese doppelte Geschlechtsmoral von der Gesellschaft selbst als willkommene Mechanik im Kampf der Intrigen gegeneinander eingesetzt: »Gut, einen Mann, dem sonst nicht beizukommen wäre, beseitigt man herkömmlicherweise vermittels der Geschlechtsmoral« (409).

Innerhalb einer Gesellschaftsordnung, die die Liebe mittels der Vernunftehe gegen den Sinn des Lebens reglementiert, aber gleichzeitig ihre abwegige Erfüllung erlaubt, sofern sie verborgen bleibt, wird das Wissen, das jeder vom anderen besitzt, zum verderblichen Machtmittel. Deshalb übersetzt Terra an mehreren Stellen die »Idee« des Duelles in ein »Was wissen Sie von mir. Wissen gegen Wissen, wer einen Rest behält, behauptet das Feld« (207). Die Liebe müßte gegen die Gesellschaft erzwungen werden, »Wir durften uns nur lieben, wenn wir starben« (5,385) zieht sich als Grundtenor der Vereitelung der Liebe von der Seite der Gesellschaft durch alle Werke. Terra bereut später, daß er Alice nie kompromittiert hat: »Dann würde diese Frage des Herab- oder Hinaufsteigens (sc. auf der sozialen Rangleiter) in diesem Augenblick weder Ihnen noch mir irgend Kopfschmerz machen können« (345). Terra »liebte sie zu sehr, um ihr zu schaden« (192), wie Claude Marehn, wie Arnold Acton. Die Verhältnisse des »Lebens wie es ist« zwingen Terra zu dem bitteren Fazit, daß er seine Liebe zu Alice und ihre Gegenliebe zugleich nur hätte durchsetzen können, indem er sie »kompromittiert« hätte, indem er ihr gesellschaftlich »geschadet« hätte, indem er sie kraftvoll aus allen Zusammenhängen herausgerissen hätte – aber eben das war seinem Gefühl für sie unmöglich. »Du wirst sie nicht entführen. Du liebst sie zu sehr, um ihr zu schaden. So sind wir nicht... Wir leiden lieber selbst« (192), hatte ihm bitter die Schwester Lea früh prophezeit. Selbstlosigkeit also, übergroße Liebe, der Gewalt mit dem Gefühl unvereinbar ist, werden zu einer fassungslos erkannten Ursache des Verhängnisses. Da sich aber dieses gewaltlose Gefühl nicht als Unrecht empfindet, so geht die ratlose Tendenz dahin, dem Leben vorzuwerfen, daß es so beschaffen ist, daß »zu große Liebe« zum Verderben ausschlägt. Wie aber sollte sich Liebe je begrenzen? Wie könnte sie sich je zur Gewalt verstehen? So lautet die Paradoxie, auf welche die vom Leben belehrte Reflexion des Schwachen stößt.

Die Vereitelung der Liebe, die im Zusammenwirken von Gesellschaft und Lebensschwäche unausweichlich sich vollzieht, ist ein Befund der Diagnose, die im KOPF gestellt wird. Diese Gesellschaft suggeriert dem Menschen, insbesondere dem in seinem Selbstgefühl erschütterten, das »Herz« dem gesellschaftlichen Ehrgeiz unterzuordnen – irrtümlich und zu seinem bleibenden Schaden. Unerfüllte oder verdrängte Liebeskraft gebiert neuen kompensierenden Ehrgeiz, der seinerseits aufs neue »rächend« andere Liebe zerstört. In unendlichem Prozeß entstellt somit die Gesellschaft den Menschen und, sofern die Verwüstung der innersten »Liebes- und Lebenskraft« den Menschen unglücklich macht, gehören zu ihr nach der Meinung Heinrich Manns notwendig unglückliche Menschen, wie umgekehrt ihre unglücklichen Menschen auf eine falsche Gesellschaftsordnung weisen. Sie trägt ihr entstellendes Prinzip des Kampfes aller gegen alle auch in die Beziehungen der Liebenden: die Liebe wird zum »Kampf der Geschlechter« degradiert, Liebende werden »Feinde«, die Partner einer Vernunftehe sind »Verbündete« im Kampf gegen die anderen. Wo immer Heinrich Mann eine Liebesbeziehung als »Kampf der Geschlechter« beschreibt – und er treibt ihn, wie in den Novellen LIEBESSPIELE (1917) und DIE VERRÄTER (1924) zu äußersten Konsequenzen:

> ...und beobachteten sich doch wie zwei Ringer auf einem engen Stück Boden mit Gräben und Buschwerk, am Rande eines Morastes, wo man umsichtig kämpfen mußte inmitten aller Raserei. In diesem Blick, der eine unmeßbare Zeit währte, besaßen sie einander. Sie überlisteten sich, triumphierten abwechselnd, röchelten abwechselnd, zwangen einander auf die Knie, vergingen (IX,158).

– wo immer die Liebe zum Kampf ausartet, gilt er Heinrich Mann als verfehlter Vollzug, als Verfehlung »unsicherer Herzen«, welche auch die gesellschaftlichen Nötigungen im unbegreiflichen »Irregehen« der Liebenden reproduziert.

Der Verzicht auf Kampf aber, der dem besseren Wissen der Schwachen entspricht, bringt sie ebenfalls um die Erfüllung der Liebe. Unermüdlich schildert Heinrich Mann jene seelischen Deformierungen, deren Zusammenhang mit unerfülltem Liebesverlangen durch die Psychoanalyse hinreichend erforscht wurde. Er läßt jedoch keine Zweifel daran, daß er innerhalb einer Gesellschaft, die das Menschliche entstellt, Ästhetizismus, gequälte Entsagung, das »Elend der Stärke«, Geschwisterliebe, bloße Animalität, Homosexualität als einander gleichzusetzende Formen der Entstellung betrachtet, die die erste Pervertierung in neuen Perversionen fortsetzen. Sie alle sind Produkte der gesellschaftlich bedingten Verdrängung und Störung der Liebe, Formen des Unglücks, der Zerrissenheit, Teilbefriedigungen, Maßlosigkeiten, Selbstentfremdung. »Sie hatten nicht lieben gelernt in ihren empfindlichsten Jahren, nicht lieben, sondern hassen. Dies ist der Kern« (XII, 72). Dies gilt für viele Gestalten Heinrich Manns, es gilt für die Gesellschaftsordnung, die er zeigt: »Bürgerliche Art, deren Sache Liebe nicht ist« (S. J. 163). Die Liebe blieb in der bürgerlichen Gesellschaft »außerhalb, wild schweifend, gefährlich und gefährdet. Sie wurde gefürchtet und gehaßt wie das Verderben, aber zehrend begehrt wie das stärkere Leben (XII, 190) resümiert er in Übereinstimmung mit Stefan Zweig nun, da die Epoche »überstanden« ist.

Es scheint, daß Heinrich Mann mit großem Staunen – »Das Merkwürdige aber ist, daß die Geschlechter sich heute besser vertragen als in manchem anderen Augenblick« (S. J. 305) – in den Jahren nach dem Ersten Weltkrieg das viel unbefangenere, naivere Verhalten der Jugend sah und nun erst den Umfang der nervösen Gehemmtheit seiner eigenen Generation, der Generation der Terra und Mangolf, des »tragischen Geschlechts«, das um 1870 geboren und um 1890 ins Leben getreten war, ermessen konnte. »Sie reichen sich die Hände«, stellt er nun mit Staunen von den »Geschlechtern« fest, während für seine Generation gilt, was er von Maupassant schrieb:

> Bei Maupassant, einem Herrn der guten Gesellschaft, ist die Frau geradezu von anderer Rasse, unerforschlich und drohend, die tiefste, immer gegenwärtige Gefahr des Mannes (S. J. 305).

In einer Sammlung von Novellen Maupassants, die als Band V jener

KLEINEN BIBLIOTHEK LANGEN 1897 erschienen war, deren im gleichen Jahr herausgekommener Band IV DAS WUNDERBARE UND ANDERE NOVELLEN von Heinrich Mann enthielt, konnte dieser lesen:

> Wie tief gegründet auch die Liebe sein mag, welche den Mann mit dem Weibe verbindet, so bleiben sie sich doch im Geist und in der Sache fremd, verehrte Frau; sie führen Krieg miteinander, sie gehören verschiedenen Rassen an ... Sie pressen sich die Hände, ihre von Liebesglut durchschauerten Hände; aber nie drücken sie sich die Hände in freier und unverbrüchlicher Aufrichtigkeit ...[11]

Eben dies aber galt für die neue Jugend, ihr intensiveres und zugleich harmloseres Körpergefühl, das sich im Tanzen offenbarte, ließ ihn den Mangel an Unbefangenheit ermessen, der seinesgleichen in solche Furcht vor dem Geschlecht, in Exzesse des Ekelgefühls und schwüler, um »das Weib« kreisender Reflexionen getrieben hatte. Von der Jugend nach 1920 glaubt er, sie sei »viel glücklicher als ehemals Junge, die sich Problem waren, die weniger Welt, mehr Tiefe suchten und die an der Frau litten« (S. J. 310). Der rückwärts gewandte, das eigene Leben durchdringende Prozeß endet folgerichtig zugleich in einer Erhellung der verborgensten Anfänge in der Kindheit und in der grundsätzlichen Überwindung der Gehemmtheit: in der Novelle DAS KIND und in der Novelle SUTURP, die beide 1929 erschienen und mit denen bezeichnenderweise die Novellenproduktion Heinrich Manns versiegt – abgesehen von der einen LIEBESGESCHICHTE, die in EIN ZEIALTER WIRD BESICHTIGT (1945) eingearbeitet wurde. In SUTURP findet sich die aufschlußreiche und auf dem Hintergrund dieser ungeheuren Lebenskomplikation erst voll einzusehende Stelle:

> Ich habe schon vieles versäumt. Als ich ganz jung war, hielt ich die Mädchen für Wesen aus anderen Welten, daher tanzte ich auch schlecht. Seit gestern begreife ich wieder alles, was ich längst vergessen hatte, muß aber jetzt handeln, als hätte ich das nüchternste Geschäft vor. Sonst wären wir verloren (IX,250).

»Verloren« meint: so verloren, wie die Schwachen, die ihre Geliebte nie erreichen und in »Würdelosigkeit des Herzens« verkommen. »Handeln« heißt, den »Gürtel der Verzauberung«, der das »Wesen aus anderen Welten« umgibt, lösen, in die »Wirklichkeit« gelangen, statt »besinnungslos drauflos empfinden« (IX,157) – und das heißt insgesamt, wie am Ende von ZWISCHEN DEN RASSEN: das exzentrische,

---

[11] Maupassant, Pariser Abenteuer, Paris/München/Leipzig 1897, p. 29 (= Kleine Bibliothek Langen, Bd. V).

»hysterische« Gebaren ablegen, ein »gewöhnlicher Mensch« werden, wobei »gewöhnlich werden« wie ein »weniger« klingt, aber für Heinrich Mann den alles entscheidenden Fortschritt bedeutet.

Daß jenes »tragische Geschlecht« von 1870, mit Rilke zu reden, die Liebe nicht leistete, daß es in erotische Hysterie, in ein überkultiviertes, ästhetisches Lebensgefühl, in Kunstrausch und Machtrausch abgedrängt wurde und damit seine Ohnmacht maskierte, wird zugleich auch politisch motiviert: ihm war die freie Entfaltung in den politischen Raum hinein versagt:

> Auch 1890 kam ein gutes Geschlecht auf, alles in allem doch wohl das beste bis jetzt. Intellektuell und sozial gerichtete junge Leute, Arbeiter, die lernen wollten und Glauben hatten, eine wirtschaftlich aufsteigende Gesellschaft, in der geistige Kräfte mitwuchsen. Nur, die Machtverhältnisse der Monarchie waren unverrückbar, unerschütterlich; kein Wachsen der Intelligenzen half. Mein jetzt erschienener Roman DER KOPF stellt jenes tragische Geschlecht dar. Talente mußten zur Literatur gehen, die Macht hatte nur reservierte Sitze, Opposition blieb draußen, um wieviel mehr Erneuerungswille (S. J. 217).

Von der im KOPF erreichten Stufe der Einsicht aus fällt neues Licht auf die Lebensschwachen und das eigene Werk, das sich mit ihnen beschäftigte. Die Schwachen erscheinen nun als »reizbarere Naturen« (583), in denen die allgemeinen Tendenzen der Gesellschaft früher und vernichtender zum Ausdruck kommen, sie sind »früher verzweifelt als wir andern am Wert der Selbsterhaltung« (583) unter solchen Lebensbedingungen und lebten »die Katastrophe voraus« (582), sie sind, wie es von Lea in den Notizen zum KOPF heißt, »das Opfer der Gesellschaft und ihrer eigenen Zartheit«. Sie wurden, weil sie in sich das Bild einer reineren Menschheit trugen, vom Leben tiefer gedemütigt, aber es fällt auf sie, wie auf Erwin Lannas, den entsagenden Liebenden, den träumenden »Spaziergänger«, auch der Vorwurf, ihre ganze tatenlose Liebe »habe nicht mehr vermocht als ein Schatten« (599).

Die frühen Romane der Dekadenz aber erscheinen nun nachdrücklicher noch als subjektiv erlebte Gestaltungen eines objektiven Schicksals, als sie schon immer so konzipiert waren. Die Urteile Heinrich Manns über seine Generation zeigen, daß er seine persönlichen Erfahrungen in der allgemeinen Tendenz bestätigt sieht, so daß ihm die Reihe der früheren Werke selbst zum Dokument jener Qualen werden konnte, welche die Epoche in ihren sensibelsten Individuen zeitigte. Das Frühwerk erscheint nun als Prozeß der Bewußtwerdung, in dem ein solches Individuum seine zufällige, noch unerhellte, aufs äußerste in Frage gestellte Lebenssituation austrägt; dieser Prozeß ist Zeit- und

Selbstanalyse in einem. Sie breitet die »schwermütigen Begierden« und »außergesetzlichen Ungeheuerlichkeiten« (IX,157), die in dem Konflikt mit dem Leben herauffiebern, von Mal zu Mal schärfer durchleuchtet aus, nimmt von den Zeitumständen von Mal zu Mal mehr auf und zieht immer grundsätzlichere Schlüsse.

Heinrich Mann schrieb sich gleichsam in einem einzigen produktiven Ansturm bis zum »Durchbruch« am Ende von ZWISCHEN DEN RASSEN ein erstes Mal ans Licht; der Plan einer Trilogie DAS KAISERREICH verrät die Absicht, sodann, von trigonometrischen Punkten der Erkenntnis aus und nunmehr im Besitz verläßlicher gesellschaftlicher Winkelsätze, das Leben im »unverrückbaren« Machtstaat noch einmal zu vermessen. Eine aus orientierungslosem und schwülem Schmerz begonnene literarische Produktion wurde sich allmählich eines undeutlichen Planes bewußt und vollendete ihn wissend: was schließlich aufgeführt ist, ist das rundherum einsichtige Gebäude der Erkenntnis der Lebensschwäche und ihrer dialektischen Verankerung in der Epoche. Ungleichmäßig beleuchtet im zerrissenen Helldunkel der Darstellung und dem Verständnis verfremdet liegt es dem KOPF zugrunde. Aus intensivem Leiden wandelte sich die Schwächung des Lebensgefühls in ein einzigartiges Vehikel der Erkenntnis. Auf die Phase der Anschauung und der Berauschung folgte die des »Geistes«. So heißt es im ZEITALTER:

> In Laufbahnen wie meiner ist das erste die Anschauung. Ich habe gesehen und gestaltet, bevor ich den Sinn der Dinge begriff. Die treue und hochgespannte Darstellung erwirbt zuletzt auch Geist (Z. 153).

Daß hier »Anschauung« und nicht »Leiden« als das erste bezeichnet wird, entspricht der späteren antiromantischen Haltung, vom eigenen Gefühl abzusehen (»Die Untersuchung eigener Schmerzen habe ich damals, aus Furcht, sie für immer festzulegen, auf bessere Zeiten verschoben« Z. 208), vermag aber nicht über den wahren Sachverhalt, den Beginn durch Steigerung des eigenen Leidens (s. o. p. 24) hinwegzutäuschen.

Für Heinrich Mann ist der Übergang zur Erkenntnis, zum »Geist«, gleichbedeutend mit einer »Auffindung der Moral«, mit »ihre(r) überlegte(n) Geburt für das einzelne Gewissen« (Z. 153), denn »das Moralische ergibt sich aus begriffenen Zusammenhängen» (Z. 466). Er bedeutet Übergang vom »Ästheten« zum »Moralisten«. Darüber wird später noch zu handeln sein. Die »begriffenen Zusammenhänge« aber gerinnen zu abstrakten Prinzipien, die in der Reflexion und in der Prosa immer mehr in Erscheinung treten. Die hier in Frage stehende »Er-

166

kenntnis« ist die Zerstörung der Liebe innerhalb gesellschaftlicher Zusammenhänge, in denen sie als Prinzip nicht wirksam ist – welcher Fehl
sich in den einzelnen Individuen, und in den Lebensschwachen zuerst,
als Unglück vollendet. Persönlichstes Lebensgefühl spricht aus dem
Satz in MUTTER MARIE: »Selbst Unglück haben oder anderen Unglück
bringen, ich habe nicht erfahren, daß sich auf dritte Art leben läßt«
(M. 191).

c) Die »Blutspur« durch das »Leben wie es ist«

> Das Völkchen gefällt mir, sprach er in den Lärm, denn der Streit, den die
> Tische um die bedienenden Damen führten, war in eine Prügelei über-
> gegangen. Ein wahrer Igel aus wehrhaften Männern wälzte sich, hackend
> und beißend, in der Pfütze, die ein umgeworfener Sektkübel verbreitete.
> Kampfrichter stiegen auf die Stühle und gaben wilde Zurufe von sich, die
> Damen des Hauses kreischten hingerissen, der Kapellmeister paukte den
> Hohenfriedberger Marsch. Terra, aufmerksam in dies kleine, aber bewegte
> Leben versenkt, dachte: »Blutgetauftes Geschlecht« (135).

So wird eine Prügelei in einer »Music-hall« geschildert. In die vordergründige Beschreibung ziehen Formulierungen wie »Igel aus wehrhaften Männern«, »dies kleine, aber bewegte Leben«, »blutgetauftes Geschlecht« unvermutete Bedeutungen. Erblickt wird eine gewöhnliche
Wirtshausprügelei, aber gesehen wird sie als »kleines Leben«, transparent für das »große«, als Ausschnitt aus dem »täglichen Kampf der
Menschen untereinander« (264), als zufällig und flüchtig entstehendes
Sinnbild des Krieges. Unter dem nachdenklichen Blick Terras wird ein
Stück Wirklichkeit von größeren Reflexionszusammenhängen einge-
sogen und überformt, woraus sich die sprachliche Tendenz zur weitreichenden Anspielung und flüchtigen Allegorisierung nährt. Nirgendwo erscheint Wirklichkeit im KOPF um ihrer selbst willen, sondern immer als Symptom, als Indiz in dem bohrenden Prozeß gegen das
»Leben wie es ist«.

Kampf bestimmt das Leben »wehrhafter« Männer noch im geringsten, auf ihn ist jedermann eingerichtet und trainiert, weshalb die Anwesenden ebenso selbstverständlich ihre Rollen als Publikum und
Kampfrichter aufnehmen, wie der HOHENFRIEDBERGER MARSCH satirisch sinnvoll mit dem Geschehen harmoniert. Die Zustimmung Terras
»das Völkchen gefällt mir« ist ernsthaft und zynisch zugleich. Ernsthaft, weil die Männer jenen Kampfgeist besitzen, der Terra abgeht,
und den das Leben inmitten einer von heroischen und darwinistischen
Anschauungen beherrschten Zeitgenossenschaft offenbar erfordert. Der

Zynismus aber wird deutlich, wenn Terra sodann bemerkt, »daß Geist sich am durchschlagendsten im Handeln zeigt« – er richtet sich ebenso gegen das »Völkchen«, das alles andere als Geist demonstriert, wie gegen Terra selbst, der sich als Vertreter des »Geistes« fühlt, aber nicht handelt. Auch darin spiegelt die Szene das große Leben wider: den von Heinrich Mann beklagten Fehlzustand, daß Geist und Tat in Deutschland auseinanderklaffen. Der satirische Diminutiv »Völkchen« stellt überdies einen geheimen Bezug zum Publikum in »Auerbachs Keller« her (»Den Teufel spürt das Völkchen nie...«, Faust, Vers 2181), der Satz »Ein wahrer Igel aus wehrhaften Männern wälzte sich...« parodiert den Klang Wagnerscher Stabreime und spielt verborgen auf Nietzsche an, der das neugegründete Deutsche Reich einen »heroisch gestimmten Igel« genannt hatte.[12] Als Ganzes entblößt die Szene satirisch die aggressive Unvernünftigkeit der kleinbürgerlich-nationalistischen Lebensauffassung, aus deren Sphäre die Wörter »wehrhaft«, »blutgetauft« und der HOHENFRIEDBERGER MARSCH stammen, sie gehört in das weitgespannte Motivgeflecht der »mörderischen Beziehungen« (135) unter Menschen, die in einer »Blutspur, die durch das gesamte Leben führt« (574) visionär konvergieren. Diese »Blutspur«, das Leben unter dem Aspekt des gegenseitigen Tötens, ist ein weiterer solcher »begriffener Zusammenhang« des Moralisten. Das erhaltene erste Blatt eines früheren Entwurfs (Findbuch Nr. 9) fixiert auch als Titel: DIE BLUTSPUR. ROMAN.

Dem Roman ist, als Wegweiser in das mörderische Leben, die Einleitung VOR NEUNZIG JAHREN[13] vorangestellt. Dort erschlägt in jäh aufflammendem Affekt ein Vorfahr Terras einen Vorfahren Mangolfs, seinen langjährigen Freund, während einer Schlacht Napoleons und um des Profites willen, den sie als Getreidehändler dabei hätten machen können; er wird sofort als Mörder erhängt. Ihn erhängen Offiziere, die

---

[12] Noch im Nietzsche-Essay von 1939 führt Heinrich Mann das Zitat im Wortlaut an (a.a.O., p. 297).

Daß im Essay »Kaiserreich und Republik« von 1919 und später immer wieder Wagner und Nietzsche genannt werden, unterstreicht, wie sehr die Sicht Heinrich Manns mit der französischen übereinstimmt; beide Namen sind in französischen Darstellungen der imperialistischen Periode Deutschlands zumeist von zentraler Bedeutung.

Die hintergründige satirische Formel »Das Völkchen gefällt mir« wird später variiert (Es kommt der Tag, a.a.O., p. 47):

»Ein einsichtsvoller Jude, wie sie oft sind, erkennt darin die überschwengliche Laune eines Völkchens, das ihm wohlgefällig, ja ein Gegenstand seiner wehmütigen Bewunderung wäre, wollte es sich nur nicht denn als Opfer ausersehen.«

[13] Diese Einleitung ist identisch mit der Novelle »Der Mörder«, erstveröffentlicht in der Novellensammlung »Der Jüngling«, München (Zolnay) 1924.

soeben ihre Soldaten zum Morden in Form einer Schlacht kommandiert haben. Durch sprachliche und zeitliche Parallelisierung werden beide Geschehnisse in Verbindung gebracht. Die Einleitung schließt mit dem Auftritt des Kaisers. »Die Sonne... strahlte auf seinen Sieg. Er kam geritten mit seiner Marmormiene, im Abstand hinter ihm der glänzende Schwarm. Sein Pferd tänzelte gewandt zwischen den Leichen« (14).

Pointiert bricht die Prosa hier ab, es folgt gleichsam eine pathetisch bewegte, lange Pause, ehe der Roman beginnt. Das Ästhetische und das Tödliche wird in diesem letzten Satz zugleich evoziert, aber das eine Wort »tänzelte« verrät, daß das Tödliche ganz im Ästhetischen aufgehoben ist, in der spielerischen Eleganz, mit der der Kaiser seine Schlachten schlägt, in der ästhetischen Befriedigung eines vollkommenen Sieges, in der Delikatesse, mit der sein Pferd zwischen Leichen »tänzelt«. Erst in der Prosa reden die Toten, sie auch klagt die »Marmormiene« des Kaisers unüberhörbar an: sie zeiht ihn der Unempfindlichkeit, der Gleichgültigkeit gegen Menschen.

Mord erscheint als ein elementarer, jederzeit im Menschen aufflammender Uraffekt. »Sie töten sich. Das ist bei Menschen der Anfang, die ersten Beziehungen, die Spur« (89), die zur BLUTSPUR durch das ganze Leben wird. Die Tragödie Leas ist eine Form dieser Beziehung, eine langgestreckte Gestalt des Tötens – ihr Tod ist Mangolf, der sie um der Karriere willen verließ, während sie »fürs ganze Leben« auf ihn bezogen blieb. Aber auch Terra erfährt den Impuls zu töten als solch jähen Affekt. So im ersten Streitgespräch mit Mangolf, das einen Punkt durchläuft, in dem beide, jeder »tödlich gespannt, zu kämpfen für seine Wahrheit« (39) einander den Tod wünschen. Nur weil sie keine »einfachen Naturen« sind, weil es nicht um »Geld«, sondern um »Geist« geht, kommt es nicht, wie bei ihren Vorfahren, zur Tat. Auch während der Begegnung Terra – Alice, die mit dem Entschluß zur Flucht begonnen hatte, überfällt Terra der Affekt zu töten, so daß er »irr« mit »gekrampften« Händen den Tod der Geliebten und den eigenen denkt:

Die kahlen Büsche ließen einen engen Platz frei, genug um Dich zu rächen, bevor Du selbst stirbst. Gebückt, mit knotig geöffneten Armen stand der tierartige Umriß eines Baumes im weißlichen Himmel, als Sinnbild des Mordes, und hinter den Büschen das überall gurgelnde Wasser schwoll an und rief, gleich zu vergießendem Blut (233).

Eine »Urfeindschaft«, deren einzig angemessener Ausdruck der Mord wäre, waltet auch zwischen Terra und dem Junker von Tolleben:

Das ist er, der Feind! Von fremder Sprache, anderen Körper- und Geistes-
formen, aus widerlichem Fleisch und einem Blut, das meinem Gift ist, –
mordäugiges Tier der Urnacht, dem ich im ganzen Leben nur das eine Wort
zu sagen haben werde: Stirb! (206)

Terra erfährt an sich und anderen den Impuls zum Mord als Relikt
einer primitiveren Vergangenheit und ständige Gefährdung des Menschlichen.

Manche bringen sich selbst um ... Andere wählen ein Opfer, aber beides
ist der gleiche Wahnsinn, der wahnsinnige Gipfel jener Verachtung, die
wir Menschen für uns und unser Blut haben. Ich weiß, was ich sage, ich habe
sie bis zur Neige geschmeckt. (218)

So besitzt das »Leben wie es ist« ein mörderisches Gesicht, das Terra in
der inneren Vision, als Summe aller »mörderischen Beziehungen« erblickt:

Von seinem Sessel hing tot der Direktor. Erschlagen umarmten einander
die Ringer. Mordrufe heulten aus Gassen, und eine Straße mit den unaus-
löschlichen Spuren vergossenen Blutes führte rückwärts an den Rand eines
Schlachtfeldes, wo einer seiner eigenen Väter Mörder oder Opfer des
Freundes ward, führte vorwärts bis wohin? Zu neuen Schlachten, neuen
Brudermorden? Er fühlte sich kämpfen mit Mangold, wollte aufschreien
und stöhnte nur: »Schaffen Sie die Todesstrafe ab!« (217)

Wie bei der Vereitelung der Liebe greifen individuelle und gesellschaftliche Momente verhängnisvoll ineinander. Aus der »bestehenden Gesellschaftsordnung« ergeben sich indirekte Wirkungen, die Menschen in
den Tod treiben, ja zu ihr gehören Institutionen, die das Morden zur
Pflicht machen, Institutionen, durch die die Gesellschaft selbst tötet, wie
beim Vollzug der Todesstrafe, beim Duell, oder im Krieg. Es steht sogar so, daß der Mordcharakter dieser Institutionen dem allgemeinen
Bewußtsein entschwunden ist, so daß Kanzler Lannas auf die Forderung, die Todesstrafe abzuschaffen, antworten kann: »Ich bin nicht
Gott. Sie lehnen sich gegen Gott auf« (217). Alle Auslassungen Heinrich
Manns über Todesstrafe, Duell und Krieg, über tödliche Konsequenzen
gesellschaftlicher Situationen, sind so beißend formuliert, daß sie den
vergessenen »Mordcharakter«, aber auch die aktive Täterschaft der
Gesellschaft, die in sie eingegangen ist, wieder ins Bewußtsein heben.

Solange im Frieden auf gesetzliche Weise Blut fließt, können Kriege keine
Verbrechen sein. Aber Menschen werden die Tötung unschuldiger Soldaten
schwerer hinnehmen, wenn nicht einmal mehr Mörder so sterben müssen.
Selbst die führenden Stände, die dann die Todesstrafe verurteilen gelernt
haben, weil sie nicht mehr besteht, werden den noch drohenden Krieg zu
begünstigen sich endlich schämen lernen. Den höheren Funktionen der Blutmacht ist erst beizukommen, wenn ihre ersten, untersten gestört sind. (220)

170

»Wer Blut fordert«, so meint Terra, »will nicht Gerechtigkeit, sondern Macht, die Juristen wie die Militärs« (220). Die Todesstrafe wäre somit ein Mittel zur Stützung des Machtgefüges, das seinerseits auf dem Gipfel der Erregung Terras als Verkleidung anarchischer Instinkte aufgefaßt wird:

> Ihr wollt töten! Die Strafe für einen Mord war niemals Strafe, sie war die heißersehnte Gelegenheit für den intellektuellen Blutdurst der führenden Stände. Auf den einen Auswürfling, der aus Trieb oder Not tötet, kommen die hunderte der Gerichte, Polizei und Presse, die tausende der Öffentlichkeit, die, abscheulicher als der Auswürfling, zum Töten eine Ideologie brauchen. Dieselbe sublimierte Blutgeilheit bietet Staatsgewalt und Vaterland auf, damit Krieg wird. Im Volk wollen den Krieg nicht einmal die Mörder, – Sie aber, Graf Lannas? (219)

Alle Macht im Kaiserreich ist deshalb Blutmacht und die Verachtung des Menschen ist in das Fundament der Gesellschaftsordnung eingelassen:

> Wer wird zuhöchst geehrt? Der euch am geringsten achtet. Welcher Stand geht allen anderen vor? Der euch töten darf. Dem Staatsmann empfiehlt es sich, Kriege anzufangen, nur so ist er sicher, in die Geschichte zu gelangen. (218)

Dies letztere bestätigt der Kanzler: ein verhinderter Krieg bringt weniger Ruhm als ein begonnener. »Töten dürfen« bezieht sich jedoch auf die Institution des Duells. Man muß, um die Rolle zu verstehen, die das Duell in den Werken Heinrich Manns spielt, sich voll vergegenwärtigen, daß er noch in einer Zeit lebte, in der tatsächlich Menschen im Duell umkamen. So wird ihm das Duell zu einem hervorragenden Beleg der gesellschaftlichen Widervernünftigkeit. Ein »ehrenrühriger« Anlaß steht in keinem Verhältnis zum Wert eines Menschenlebens.

Das Duell erscheint bei Heinrich Mann als eine satirisch entwertete Farce mit blutigen Folgen, deren Ungeheuerlichkeit nur dem jeweils Betroffenen in der elementaren Todesangst bewußt wird. Im Duell ist eine aus Urzeiten heraufreichende, der Gesellschaft selbst nicht bewußte »Blutgier« institutionalisiert, es zeigt Heinrich Mann die öffentliche Verleugnung der Menschlichkeit an, es trägt, wie die Todesstrafe, zu der »Blutspur« bei. Von der Situation der unbezweifelten Todesangst schließt die moralistische Reflexion auf die verfehlte Lebensordnung zurück. So vermischen sich, wie bei der Vereitelung der Liebe, auch in den »mörderischen Beziehungen« sowohl irrationale Wurzeln im Menschen als auch »falsche« gesellschaftliche Prinzipien. Aus jedem »mehr als Liebe« – »Wir haben mehr gewollt als solch eine Liebe. Wir wollten etwas Ungeheures. Jetzt könnten wir uns nichts mehr geben als Bitterkeit« (IX,307) – wurde eine »weniger als Liebe«, jedes »mehr als das Leben«, wie jener verselbständigte Ehrenkodex, mündet in ein »weniger als das Leben« – in den Tod. Daß aber die Achtung und Erhaltung des Lebens, als dem allgemeinsten Interesse aller, die oberste menschliche, insbesondere gesellschaftliche Verpflichtung sei, ist für Heinrich Mann nach der Überwindung der ästhetizistischen Phase eine unerschütterliche Gewißheit, die ihm überall gerade die Todesangst, oder mit anderen Worten: das prompte Zurückweichen des Individuums, wenn es von der Gesellschaft zum Sterben gezwungen wird, bestätigt. Der Kampf für die Abschaffung der Todesstrafe soll deshalb nicht der Entschuldung des Verbrechens dienen: er gilt dem Töten schlechthin, er weist symbolisch auf die Achtung vor dem Leben.

Die BLUTSPUR des Lebens resultiert aus unzähligen Formen eines »täglichen Kampf(es) der Menschen untereinander« (264), wie ihn Terra als Armenanwalt vorbeiziehen sah:

Eltern gegen die gefährlich werdenden Kinder, Junge gegen ausgediente Alte; die Selbstzerfleischung elender Mütter, die ihre Säuglinge quälen, und alternder Männer, die den Rest der Kraft lieber gleich vertrinken; lumpige Übervorteilungen, um derenwillen ganze Familien selbst sich ausrotten wollen, Verwandte, die haßerfüllt allesamt herfallen über einen der ihren, der anders denkt, anders lebt; Körperverletzungen unter Leidensgenossen wegen einiger Pfennige; arme verwirrte Kindesmorde der verführten Mägde und die Grausamkeit der Wucherer kalt und ordnungsmäßig wie das Gesetz, die Schwachen aber immer und überall ohne Mitleid für einander, – ihm begegneten alle Wirrsale der Unvernunft, der ganze menschliche Ausverkauf, die vollständige soziale Zoologie. (264/5)

Dieser Unglückszustand, die Entstellung des Zusammenlebens der Menschen zum »Krieg des Lebens« (589), zu einem »Zustand des gehobenen Menschenfraßes« (547) ist der Anblick des gemäß dem darwinistischen Begriff vom »Kampf ums Dasein« organisierten »Leben wie es ist«. Der »Kampf ums Dasein« war Heinrich Mann ein Greuel, die fundamentale moralische Verfälschung, die Rechtfertigung der Unmenschlichkeit, aber gerade ab 1890 setzte er sich im Selbstverständnis der Zeitgenossen durch. Das Leben als Kampf aller gegen alle bedeutete ihm permanenten Bürgerkrieg in Friedenszeiten, weshalb er den Krieg unter Völkern nur als graduelle Steigerung jener »Wirrsale der Unvernunft« auffaßte.[14] Deshalb verwandelte sich für Terra die Wirtshausprügelei

---

14 »Der Krieg bestätigte restlos die Auffassung vom bürgerlichen Leben, die Wedekind seit Jahrzehnten behauptete. Das bürgerliche Leben war ganz unverstellt

zum flüchtigen Sinnbild des Krieges; der Krieg ist die unausweichliche, selbstverständliche Konsequenz einer Deutung des Lebens als »Kampf ums Dasein«, das Massensterben der massivste Einwand gegen das »Leben wie es ist«; auf den Krieg weisen die geheimen Feuerzeichen des nahenden Untergangs, die nun in der Prosa auftauchen: »... aber im nächtlichen Himmel lebte ihr Feenleben die Lichtreklame noch; große Sterne gingen auf und unter, über Dächer liefen Feuergestalten« (568). »Kleider hießen tangofarben, sie hatten den Ton der Flamme, die nur erst züngelt« (568). Und beim Ausbruch eines Gewitters: »Blau und rot wie Blumen schlug es ihnen vor die Füße. Zwischen zwei Nächten erblickten sie einander als Flammen« (587). Rot ist im KOPF nicht mehr die Farbe der Sinnlichkeit, sondern der BLUTSPUR durch das Leben; an den wenigen Stellen, an denen es bewußt gesetzt wird, weist es immer auf »mörderische Zusammenhänge«. Der Große Generalstab residiert in einem »roten Gebäude« (560).

In der Interpretation Heinrich Manns leitet der Weltkrieg vor allem soziale Spannungen nach außen ab. Vom siegreichen Krieg erwarten die feudalen Kreise die Befestigung ihrer bedrohten Machtpositionen, d. h. eine weitere Verhinderung der Demokratisierung, die Industrie, neben Kriegsgewinnen und Erwerbungen im belgischen und französischen Industrierevier, die Verhinderung eines Sieges der »Umsturzpartei«, der Sozialdemokratie (der dann freilich durch den Krieg erst beschleunigt wurde):

Noch zehn Jahre Gewerkschaften und sie werden uns über, wir sind fertig. Darum keine Zicken mehr, Krieg und dalli ... Richtig durchgreifen ist schließlich das Menschlichste ... Nachher bauen wir auf, dann kommt erst unsere Blüte. Siegen oder nicht, läßt uns kalt. Der Feind ist das Arbeiterschwein (562).

So erläutert ein Generaldirektor die Situation. Der Krieg verheißt der Industrie das große Geschäft, und die nationale Propaganda, etwa des Flottenvereins oder des Alldeutschen Verbandes, die von der Industrie durch bedeutende Zuwendungen unterstützt wird, erscheint als ideologische Umschreibung ihres einzigen Zieles: des Geschäftes. »Nationalhaß soll sein, woher sonst Geschäfte!« (562) heißt es in radikaler Verkürzung. Terra entdeckt schließlich, daß die deutsche und französische Rüstungsindustrie auf Umwegen aneinander beteiligt sind: »Krieg

---

eben das, was es unter Beschönigungen schon längst gewesen war: Kampf bis aufs Messer, unnachsichtige Härte, schamlose Ausnutzung jedes Vorteils. Es ward offen eingestandene Verachtung sittlichen Geistes, Pochen auf das Schlechteste in uns, nackte Bestialität« (S.J. p. 90).

hieße«, so folgert der Kanzler, den Terra davon in Kenntnis gesetzt hatte,

> daß diese Leute gemeinsam auf alle Fälle verdienen. Die sind beieinander rückversichert. Beide Völker können untergehen, beide Firmen werden blühen (436).
>
> Welch eine Moral! Lassen Sie diese Leute nur erst zur offenen Herrschaft kommen und Sie werden ein Weltbild erleben. Nur noch Magen. Man wird an uns zurückdenken, wie an gütigste Weise (435).

Der Weltkrieg erscheint als Konsequenz jener amoralischen Machtgesinnung, die Heinrich Mann in der Epoche, da Wilhelm II. Deutschland zur Weltmacht erheben wollte, als Resultat aus Sozialdarwinismus, Nietzsche und völkischer Romantik von den führenden Schichten des Bürgertums Besitz ergreifen sah. Er versteht ihn als folgerichtig einsetzende Katastrophe. Sein Roman gibt im wesentlichen nicht die epische, sondern die moralische Gestalt der Epoche. Diese Absicht bestimmt die satirische Haltung und zwingt z. B. zur Ausweitung auf das neuartige Gebiet der Industrie-Satire. Sätze wie »Nationalhaß soll sein, woher sonst Geschäfte« oder »Siegen oder nicht, läßt uns kalt« sind bitterböse Konklusionen, die das politisch-moralische Verhalten der Zeitgenossen ans Licht ziehen. Diese sind »Makler des Todes« (417), sie stehen geradezu im »Geruch« des Todes, wie Professor Tasse,[15] der Repräsentant des Alldeutschen Verbandes, der aufdringlichen »Jodoformgeruch« (342) verströmt. »England ist ä dummes Luder« gehört zu den Grundüberzeugungen dieses sächsischen Chirurgen; in seinem Denken ist der Krieg schon Wirklichkeit:

> Wenn wir nämlich dereinst mit unserem Erbfeind blutige Abrechnung halten, dann machen wir auch gleich Schluß mit England. Da hat es keine Ausrede mehr, ran ans Messer! (343)

Ebenso ist das Denken jener Marionette, die offenbar Ludendorff verkörpert, vollständig auf den Krieg ausgerichtet:

> Der Totenkopf mit der Diktatur ... kannte keine Schrecken. Die internationalen Fragen seien nur durch Blut und Eisen zu lösen ... Der Totenkopf siegte mühelos über die ganze gegen uns verbündete Welt, die Offiziere staunten. Aber auch die Niederlage hielt er für ein durchaus erträgliches Unglück. Innere Zerrissenheit, das Chaos selbst, gebar dann endlich die Diktatur, die uns schon längst fehlte ... Was sich glänzend anhörte, nur leider roch es so schlecht. Der selige Tasse hatte nur erst nach Jodoform gerochen, dieser lange Knochen strömte schon Verwesung aus (563).

---

15 Schlüsselfigur für den Vorsitzenden des Alldeutschen Verbandes, den Leipziger Professor Hasse.

So erscheinen die führenden Kräfte des Reichs im Lager der Militärs, der Schwerindustrie und des Bürgertums im KOPF wie eine einzige gespenstische Verschwörung des bornierten Ungeists zum Krieg, dieser ist in ihren Augen nicht die gefürchtete, tödliche, sondern eine angestrebte, oft verherrlichte Konsequenz ihrer Gesinnungen. Statt des Entsetzens, das sich Terras und Mangolfs im Sommer 1914 bemächtigt,

> sind alle einverstanden, daß es [sc. ihr Blut] fließe. Neu erkämpfte Tatkraft sollte sie reinigen von Entnervung und Unzucht der allzu langen Friedenszeit (547).

DER KOPF vergegenwärtigt die Gesellschaft als komplexe Montage »begriffener Zusammenhänge«, welche die »feststehende Vernunftwidrigkeit des Lebens« (65) hervortreten läßt. Die satirische Darstellung ist moralisch pointiert und enthüllt die in dem vernunftwidrigen Leben schlummernde Tendenz zur Katastrophe. In der moralistischen Sicht ist der Krieg weniger historisches Ereignis und Verhängnis als Erfüllung dieser Tendenz zur Katastrophe, er ist eine Orgie des Sterbens, die größte Ausweitung der BLUTSPUR durch das »Leben wie es ist«. In den Tagen des Kriegsausbruches bringt der Sohn Terras seine Mutter um, er selbst fällt später an der Front; die Schwester Terras begeht Selbstmord und Terra führt in seiner Verzweiflung den Tod des Reichskanzlers herbei. Nunmehr gelten wieder die primitiven »mörderischen Beziehungen« unter Menschen; der Krieg bedeutet für Heinrich Mann, wie einst der Krieg von 1870 für Flaubert (vgl. XI,111–113), von allem Anfang an den »Zusammenbruch der Kultur (und des Kulturgedankens)«,[16] den Musil später konstatiert. Er bedeutet die veränderte Fortführung der gleichen grundsätzlich lebensfeindlichen und falschen moralischen Prinzipien, welche das Leben auch vorher entstellten und deren reale Folgen in der visionären BLUTSPUR durch das gesamte Leben als »Sekretionen des Menschenleides« (Z. 474) zusammenfließen.

d) Die »Moral« des »Lebens wie es ist«

Die (falsche) »Moral« des »Lebens wie es ist« richtet sich nach Erfolg und Macht. Das Wort »Erfolg« wird im KOPF zur Abbreviatur eines ganzen »Weltbildes« von äußerster Fragwürdigkeit, denn »Erfolg« kann jeder Täuschung zufallen, kann auf Schein, der die Wahrheit

---

[16] Robert Musil, I, 1618. – Im »Kopf« entsteht ein Augenblick, in dem etwas »abschnurrt«: ». . . Terra hörte es. Die Zivilisation setzte aus« (565).

überspielt, beruhen. Gleichwohl trifft Terra den Erfolg als universalen Maßstab der Gesellschaft an: Erfolg gewinnt die mitmenschliche Achtung, Erfolglosigkeit signalisiert Ohnmacht, und Ohnmacht fällt der Verachtung anheim.

Bei Terras Eintritt in die »Generalagentur für das gesamte Leben«, einer Allegorisierung des »Lebens wie es ist«, wird er mit dem obersten Prinzip bekanntgemacht: »Wer nicht als Sieger anfängt, kommt nie ans Ziel. Zuerst Erfolg – dann meinetwegen Arbeit« (103). Als Reklamechef soll er »Gerüchte verbreiten«, die Menschheit in ein »aufregendes Dunkel« versetzen und sich dabei »durch Sachlichkeit nicht beirren lassen«. »Wer nichts weiß, kann alles wagen« (102). »Gut ist, was Erfolg hat« (100) ist der Kernsatz dieser allgemein verständlichen ›Moral‹, die jedes Bemühen um Wahrheit, Gerechtigkeit, um Richtigkeit und Vernunft einfach außer Kraft setzt. Wo einer nicht nach Erfolg strebte, sondern, wie Terra, nach Verwirklichung von Gerechtigkeit, verliert er Glaubwürdigkeit und Verständigungsmöglichkeiten und erst, seit Terra als Syndikus ein Interesse an Geld und Erfolg zeigt, wird er allerseits verstanden und respektiert:

> Vertragsgegner wie Vertragsfreunde gewöhnten sich sichtlich, ihn für voll zu nehmen. Dahin die ironische Hochachtung für den Intellektuellen und seine verdächtigen Ansprüche. Terra redete nichts Schwieriges mehr, er verklausulierte nichts. Fast war ihm zu trauen. Massig, klotzig und unbeirrt aufs Geld los, er gehörte dazu (423).

Es zeigt sich, daß dieser Moral des platten Lebens die Bedeutung eines Kommunikationsmittels, fast die einer Sprache, zukommt. In ihr wird das Individuum durch ein »Interesse«, nicht durch Menschlichkeit oder Vernunft, definiert. Kommunikation unter solchen Individuen findet statt als Verschlingung ihrer Interessen. Dabei entstehen Interessenbündnisse und -gegensätze, in ihrem Widerstreit aber verkommt das Leben zum »Krieg des Lebens« (589). »Der sogenannte Friede mit seinem abgeschmackten trostlosen Existenzkampf«, so schreibt der alternde Heinrich Mann, »besorgt sich seine Legion Gefallener ohnedies« (Z. 159). Innerhalb dieses Kampfes ist die einleuchtende Existenzbedingung notwendig der Erfolg; er führt zum Aufbau einer Machtposition, die das Leben garantiert und Bewunderung und Liebe magisch nach sich zieht. So war schon der erste gesellschaftskritische Roman Im Schlaraffenland (1900) beschaffen. Sobald Andreas Zumsee dort die Gesellschaft nachahmte, gelangte er zu Erfolg, die Imitation aber geriet zur satirischen Enthüllung.

Im KOPF geht Heinrich Mann über die Persiflage hinaus. In ihm wird ein prinzipieller Zusammenhang zwischen der Erfolgsmoral und der Mißachtung des Lebens, zwischen Erfolgsmoral und Zerstörung der Liebe, zwischen Interessen und Katastrophe sichtbar. Die Erfolgsmoral bereitet einen Kampfplatz des individuellen Strebens nach Selbstverwirklichung und gewährt diese doch nur den wenigen Erfolgreichen, ihr Glück ist das Glück weniger und, im Falle der Katastrophe, das Unglück aller, ihr »Friede« heißt bloß: Ausgleich der Interessen. Ihr gehört wesensmäßig kontinuierliche Labilität der Verhältnisse und keine grundsätzliche Versöhnung zu, die Moral des Erfolgs als Inbegriff der menschlichen Entstellung wird Gegenstand der Revolte des »Intellektuellen«. Den Interessen, die außer dem einen allgemeinen notwendig Partikularinteressen sind, kommt im moralischen Zusammenhang grundsätzliche Zweitrangigkeit zu. Sie werden unmoralisch, wo sie sich absolut setzen, was freilich ihr erstes Bestreben ist. Der Haß Heinrich Manns gegen Industrie und Adel speist sich aus dieser Quelle. Beide Inhaber der realen wirtschaftlichen und militärisch-politischen Machtpositionen im Kaiserreich erstreben in seiner Sicht nichts weiter als die gedankenlose Ausübung ihrer absolut genommenen, daher ungerechten und, da beide den Krieg bejahen, das Gemeinwohl gefährdenden Interessen.

Das Reich ... war die künstliche Erhaltung eines fortwährend lebensunfähigen Großgrundbesitzes. Es war die Verschwörung des Staates mit den Konzernen, mit der Klasse der Verdiener, die Abneigung des regierenden Personals, irgendetwas unmittelbar mit dem Volk zu tun zu haben, sein Widerwille, irgend jemand einzulassen in den geschlossenen Kreis der wirtschaftlichen und politischen Mitschuldigen – dies nach 1918 wie vorher (HASS 12).

»Knackstadt«, das Zentrum der Schwerindustrie im Ruhrgebiet, trägt seine »Vollendung« in sich selbst: »Knackstadt und sein Betrieb tragen das göttliche Mal, sie sind einzig und allein um ihrer selbst willen da« (412). Adel und Industrie sind für Heinrich Mann durch das bloße demokratische Prinzip der Gerechtigkeit bedroht, er interpretiert ihr Verhalten als Befestigung ihrer Interessen um jeden Preis. »Es gibt genau besehen, nur eine einzige wirksame Idee; keiner der an Geld und Gut zu viel besitzt, fürchtet sich vor einer anderen« erklärt Terra (136). Auf die verzweifelte Frage »Welche Idee vertritt die Industrie?« (435) gibt es dagegen nur die eine Antwort: das Geschäft und seine Ausweitung. »Wir brauchen immer größeren Absatz, und dabei wird er immer schwieriger« (486). Den Druck, den dieses »Interesse« im KOPF auf die Politik ausübt, mag eine Passage aus dem Buch des heute vergessenen alldeutschen Justizrats Class illustrieren:

> Oder wir bemerken, daß nicht nur im Inland der wirtschaftliche Kampf ums Dasein sich täglich verschärft, sondern daß auch der Absatz nach außen immer schwieriger wird ... Dann werden wir finden, daß den aus diesen Umständen sich ergebenden Bedürfnissen einer nahen Zukunft das heutige Deutschland mitsamt seinen Kolonien nicht Genüge tut, so daß wir Land erwerben müssen ...[17]

Bezeichnend ist auch hier die darwinistische Vokabel »Kampf ums Dasein«, die dem Selbstverständnis der Zeit so einleuchtend erschien. Im Sinne dieser Äußerung spricht Heinrich Mann von der Industrie, »die selbstherrlich ihre Welt auf den kommenden Krieg gründete« (545).

Das »Interesse« des Adels ist die Erhaltung der ständisch gegliederten Gesellschaftsordnung. Seine Privilegien und herkömmliche Geltung strahlen Demütigung und Verletzung der gleichen Menschenwürde aus, die der empfindliche Terra in jeder Begegnung mit dem Junker von Tolleben als Beleidigung erfährt. Tolleben sieht auf den Bürgerlichen herab, »als hätte er höchstens das besiegte Dänemark vor sich« (113). Die Interessen des Adels stehen denen der zur Macht im Staate drängenden »Kohlehändler« im Kaiserreich zwar entgegen, doch können sie durch Vernunftehen, Erhebungen in den Adelsstand und Ordensverleihungen überbrückt werden. Mit dem Adel schließlich ist die Institution der Monarchie verbunden, die Heinrich Mann geradezu als vernunftwidrige Abhängigkeit eines großen Staates von den Zufällen eines schwachen Monarchen definiert, indem er sich auf den Anschauungsunterricht Wilhelms II. beruft. Monarchie, Adel und Industrie sind für ihn den Argumenten der Vernunft gleicherweise unzugänglich, stehen der Durchsetzung der Gerechtigkeit entgegen, erhöhen Kriegsgefahren und enthalten die Macht im Staate einer angemessenen Verwaltung vor.

Das wahre Gesicht des »Lebens wie es ist« aber, die »Interessenherrschaft« (615) tritt erst im Krieg hervor. Krieg ist der ideale Zustand, in dem »die einen mit gutem Gewissen Übergewinne machen, dafür daß die anderen starben« (617). Sterben aber bedeutet im »Leben wie es ist« »das einzige Unverzeihliche« (122), denn es besiegelt den Mißerfolg. Alles in diesem Leben ist Geschäft. Leitmotivisch zieht sich durch den Kopf ein dem Marquis von Keith Wedekinds entnommener Satz: »Nur mit der bestehenden Gesellschaftsordnung lassen sich gute Ge-

---

[17] Daniel Frymann (Pseudonym für Justizrat Class), Wenn ich der Kaiser wär, o.O. 1913, 4. Aufl., p. 137.

schäfte machen«.[18] Er ist die satirische Umkehrung der eigentlichen
Feststellung: »Mit der bestehenden Gesellschaftsordnung lassen sich nur
Geschäfte machen.« Für Terra war das geschäftsmännische Benehmen,
»massig, klotzig und unbeirrt aufs Geld los« (423) zuerst nur eine
Maske, nach seinem »Eintritt« in die Gesellschaft aber versucht er, sie
festzuhalten. Er übersetzt seinen »Geisteskampf« für die Vernunftideale in ein »Geschäft« mit der bestehenden Gesellschaftsordnung.
»Heute wissen Sie, daß gerade der Idealist es besonders notwendig hat,
auch Geschäftsmann zu sein« (312) belehrt ihn der Reichskanzler.
Freilich gelingt es nicht vollkommen: »Er hatte zynisch zu sein als
Geschäftsmann gelernt, noch nicht als Liebender« (427). Wenn Alice
von ihren »Interessen« spricht, fühlt Terra »den Tod im Herzen«
(428). Die Liebenden werden aneinander zu »Gläubigern« (428). »Lebensziele, gesetzt es seien welche, wurden einfacher Verhandlungsgegenstand« (439). In gleichem Maße aber, in dem Terra Geschäftsmann
wird, verrät er seine Vernunftziele, auf Mangolfs Frage kurz vor dem
Ende: »Behauptest Du, wie alle Welt, wir Idealisten verständen von
Geschäften nichts?« erfolgt die Antwort:

> Noch schlimmer, wenn wir sie verstehen. Ich faßte den Entschluß, meine
> Geschäfte mit der bestehenden Gesellschaftsordnung zu machen. Das
> Schlimmste, was geschehen konnte, ist eingetreten: ich habe sie gemacht
> (633).

So werden »Ehrgeiz«, »Erfolg«, »Macht«, »Interesse«, »Geschäft«, im
KOPF zu untereinander verbundenen Chiffren, die das entstellte und
entstellende »Leben wie es ist« regieren. »Erfolg« und »Macht« jedoch
hypostasieren das Zufällige. Diesen Kern des »Lebens wie es ist« enthüllt der Roman auch auf einer allegorischen Ebene.
Die »Generalagentur für das gesamte Leben«[19] ist eine satirische

---

18 Der Wortlaut bei Wedekind ist: »Gute Geschäfte lassen sich nun einmal nur innerhalb der bestehenden Gesellschaftsordnung machen!« (Marquis von Keith, 2. Auf-
zug).
19 Auf einem Zeitungsausschnitt vom 25. Aug. 1921, der bei den Notizen zum »Kopf«
aufbewahrt wird und wegen Auszügen aus Gräfin Treuberg, Zwischen Politik und
Diplomatie, Straßburg/Paris o.J. handschriftlich dem Komplex »Altgott« zugeordnet ist, findet sich ein weiterer Artikel »Vom Krach der Sportbanken«, der stoffliche Anregung zur Allegorie der Generalagentur gegeben haben dürfte. Diese
»Sportbanken« spekulierten mit dem Geld ihrer Einleger, ihre »Direktoren«
glauben an ihre »Phantastik«, das ganze Wirtschaftsleben, so wird ausgeführt, sei
jetzt eine Art »Sportbank«.
Eine ähnliche Agentur spielt noch einmal in der 1926 entstandenen, aber erst 1965
veröffentlichten Novelle »Die roten Schuhe« (in: Heinrich Mann, Künstlernovel-
len, Henschelverlag Berlin 1965) eine Rolle. Unmittelbar aus dem Romanzusam-
menhang herausgewachsen, faßt sie das Scheitern der Geschwister mit größerer
Unerbittlichkeit.

Allegorie; die Agentur hat zwei Abteilungen, »Geschäft« und »Vergnügen«,[20] und stellt dennoch das »gesamte Leben« dar. Die Agentur bringt das Volk mittels Schwindelgeschäfte um sein Geld, mit dem »Mohrchen« im Auftrag des Direktors »spielt«, ihr Gedeihen hängt zuletzt vom Glücksspiel, von Fortuna ab. Das »gesamte Leben« ist Schwindel und Lüge, seine Moral die des Erfolgs, sein innerstes Wesen Fortuna. Die Allegorie wird auf das Kaiserreich ausgeweitet: der Direktor ist der Reichskanzler, »Mohrchen« bedeutet die Schwerindustrie, die das Geld des Volkes für Rüstungen verschluckt (148), das Kaiserreich ist eine auf Fortuna gebaute Schwindelagentur. Den Zufall repräsentiert auch kaiserliche Laune, auch mit ihr muß der Direktor-Reichskanzler »spielen«:

> »Bleibt Seine Majestät. Wie der Kaiser entscheidet, ist immer die rollende Glückskugel.« Plötzlich hatte er [sc. Lannas] Sorgenfalten. »Man sagt, durch meine Kunst und Gewandtheit fällt sie meistens ins richtige Loch« (337).

Und schließlich unterstreichen Aussprüche des Geheimrats Mangolf vom Auswärtigen Amt mehrfach die Abenteuerlichkeit Kaiserlicher Politik: »Das Regime, dem wir dienen, ist so verwickelt, daß mit einiger Sicherheit nur auf den Zufall zu rechnen ist; – und auch nicht auf ihn, denn Begabung kann ihn durchkreuzen« (256). »Unsere Politik? keine Ahnung. Ihr Kurs wird immer planloser, je näher man steht. Ihr Geheimnis ist aber, daß sie kein Ziel hat. Wer dies heraus hat, den befördert mein Chef« (278).[21] Der Kaiser als Opernkomponist, ein »Regisseur seiner Macht«, ein »glänzender Erbe« (218) und das Reich eine Schwindelagentur, deren Schicksal Fortuna ist –: dies sind Elemente des negativen Urteils über die »bestehende Gesellschaftsordnung« und ihre Moral des Erfolgs. Macht und Erfolg sind die innersten Prin-

---

20 Diese Formel findet sich auf einem ebenfalls aufbewahrten Zeitungsausschnitt vom 24. 4. 1924, in dem über eine Denkschrift des Kronprinzen Rupprecht vom Juli 1917 referiert wird. Es heißt dort: »... Alles tanzte um das goldene Kalb. Wie ein fressendes Gift hatte der Mammonismus von Berlin aus sich verbreitet und eine entsetzliche Verflachung des ganzen Denkens bewirkt. Man sprach wenigstens in Berlin fast nur noch vom Geschäft und Vergnügen.«

21 Vgl. hierzu den Brief Rathenaus an W. Kröner vom 28. 9. 1917: »Was Sie beklagen, beklage auch ich: und wenn Sie alles zusammenfassen, so lautet es: ›Führerlos‹. Wir haben genug tüchtige Menschen, und für stille Zeiten reicht das; aber in unseren Tagen erfahren wir, was wir längst wußten: Tüchtigkeit ist nicht Führerschaft. Es fehlt diesen Menschen das Inkommensurable: sie wissen bestenfalls, was ist, sie wissen nicht, was wird. Führerschaft aber enthält einen Teil nachtwandelnder Prophetie usw.« (Walther Rathenau, Ein preußischer Europäer. Berlin 1955, p. 234).

zipien der gesamten Romankonstruktion des »Lebens wie es ist«, ihnen ist die Entstellung der Liebe, der Krieg des Lebens, der Kampf der Interessen, der »trostlose Existenzkampf«, die BLUTSPUR durch das Leben zugeordnet.

e) Die Politik des »Lebens wie es ist«

Die ERDACHTEN GESPRÄCHE zwischen Terra und dem Kanzler der Zeit, Grafen Lannas (= Reichskanzler von Bülow, 1900–1909), spielen dessen Politik, das »System Lannas« gegen die Vernunft aus. Wofern Macht nicht nach den unverrückbaren Prinzipien der Vernunft verwaltet wird, ergibt sich notwendig das pragmatische Prinzip des »Gleichgewichts der Mächte«, das »System des schönen Gleichmaßes« (433), wie Reichskanzler Lannas selbstzufrieden seine Politik nennt. Macht ist, obwohl der Sprachgebrauch die vage Prägung »Machtgedanke« kennt, keine Idee der Vernunft, sondern Ausfluß der Selbstdarstellung eines Wesens. Sie ist in der moralistischen Betrachtung Teil der bloßen »Natur« des Menschen. Macht ist, wenn sie, wie hier, gesellschaftlich-politisch verstanden wird, vor allem, wie auch das Recht, in bezug auf andere gedacht, sie ist jedoch, im Gegensatz zum Recht, ein notwendig relativer Begriff. Der Ohnmächtige wird ohne sein Zutun mächtig, wenn bislang Mächtigere abtreten, der Mächtige wird entmachtet schon wenn Mächtigere auftreten. Quantität und Qualität der Macht ist deshalb nie absolut und vor allem nicht für die Dauer bestimmbar: Machtverhältnisse befinden sich in unaufhörlicher Veränderung. Im Begriff der Macht muß ihre Veränderlichkeit, ihre Labilität, ihre Zufälligkeit mitgedacht werden. Wer ausschließlich auf seine jeweilige Macht baut, setzt keck auf Möglichkeit und Geschicklichkeit, jede eintretende Änderung zu seinen Gunsten zu meistern. Vom Standpunkt der Vernunft verrät er, da dann, was ja unmöglich ist, diese Geschicklichkeit unendlich sein müßte, entweder Kurzsichtigkeit oder offene Abenteuerlichkeit.

Im Wesen der Macht liegt, daß sie ständig »aufrecht« erhalten werden muß, ihr Bestand ist ein ununterbrochener Balance-Akt. Im Machtprinzip liegt eine wesensmäßige Nötigung zum »Gelingen« der Balance, zum unausgesetzten »Erfolg«: wer sich nur auf seine Macht verließ, wird von allen verlassen, wenn sie stürzt. Zum Machtprinzip gehört daher unaufhörliches Schwanken und im Falle des Mißlingens: die Katastrophe. Eine Politik, deren Ziel die Erhaltung des Friedens wäre und die gleichwohl allein auf dem Machtprinzip beruhte, was beides auf das »System Lannas« zutrifft, ist deshalb schon ein Widerspruch in sich, weil sie damit den Frieden von ihrem Erfolg oder Mißlingen abhängig macht und somit ihrer wesensmäßigen Labilität überantwortet. Diese Politik wäre wiederum nur sinnvoll für eine einzige Macht von idealer Unbegrenztheit, welchem Ziel auch alle Mächte zustreben. Aber gerade für eine einzige Macht wäre sie auch wieder überflüssig. Das Machtprinzip muß vor der Vernunft als Instrument zur Erhaltung des Friedens ausscheiden, es ist vom Standpunkt des Moralisten »unsittlich«; und ist, wovon der Moralist überzeugt ist, nur irgendeine Alternative zu der von jeher praktizierten Machtpolitik denkbar, so muß dem, der von ihr nicht abläßt, Krieg als absichtliches oder unwissentliches Ziel seiner Politik zugeschrieben werden: dies ist die freilich von der Versailler Kriegsschuldthese vollständig unterschiedene Meinung Heinrich Manns im Hinblick auf das Kaiserreich. Glücksspielcharakter, Labilität, Erfolg sowie Katastrophe sind so gesehen völlig gleichgeordnete, unvermeidliche Akzidenzien der Machtmoral des »Lebens wie es ist«, ihr entspricht im Politischen das labile Gleichgewicht der Mächte ohne einen gegründeten, dem bloßen »Erfolg« entzogenen Frieden. Damit ist aber gerade das »System Lannas« umschrieben, es ist das »System des Erfolgs« par excellence, ganz zu Recht nimmt Lannas an, sein Ausscheiden allein bewirke die Katastrophe: »Gefahr oder nicht, wichtig ist nur, daß ich bleibe« (441).

Der Kanzler ist entschlossen, nicht zu handeln wie »irgendein ephemerer Wagehals von General« (211), er schmeichelt sich, ein Goethe-Kenner und »Staatsmann der Zivilisation« (216) zu sein.

> »Mein Gott, ... sollte es nicht möglich und erlaubt sein, unser starkes, aber rauhes Regime der modern denkenden Welt mundgerecht zu machen? Wir könnten es neuzeitlich handhaben lernen, es in humaner Form vor der Welt vertreten, sie würde es uns danken« (166).

Über der Politik Lannas' liegt daher eine tiefe Zweideutigkeit und lähmende Halbheit: »Ich treibe Machtpolitik«, sagte Lannas doch noch, »und ich treibe sie mit Überzeugung. Aber auch die Humanität hat ihre Politik: die Humanität, denn es gibt nicht nur eine falsche« (359). Der Wortsinn wird satirisch verkehrt: Humanität hat gerade keine Politik, sie kann niemals taktieren und sich an den Erfolg binden, sie fordert zur klaren Entscheidung auf. Das aber wäre nach Lannas »falsche« Humanität, seine richtige, »politisch rentable« Humanität, der humane Anstrich von Machtpolitik ist in Wahrheit die falsche. Die Zweideutigkeit aber einer auch humanen Machtpolitik ist verderblicher als reine Machtpolitik oder wirkliche Humanität.

Der Ausgangspunkt Lannas' ist der »Lauf der Welt« (217), seine Politik geht von »Tatsachen« aus, nicht von Ideen, wie der »Ideologe« Terra verlangt. Sie ist ein »ausgewogenes System« der »Kunst des Möglichen« (439) und läßt sich selbstgewiß und ahnungslos auf das unendliche Spiel der Mächte ein. Dieses Spiel hat eine geschlossene und, sieht man von der Ideenlosigkeit ab, einleuchtende Logik, eine eigene, scheinbar zureichende Vernünftigkeit, deren Lannas sich glücklich bewußt ist und die er nach und nach vorträgt – eine Vernünftigkeit, die naturgemäß in der artistischen Geschicklichkeit des leitenden Staatsmanns gipfelt und genau mit ihr endet. Er ist nicht »Ideologe«, sondern läßt sich geschmeichelt nachsagen, er könne »auf dem Seil tanzen«, denn auch Bismarck, dem dieses Spiel abgelernt ist, wurde »Jongleur« genannt. »Das Gleichgewicht erhalten!« erklärte Lannas. »Das ist meine Aufgabe« (513). Daraus folgt:

> Wir helfen uns von Fall zu Fall ... Heute mit dem gegen jenen, morgen gegen beide, übermorgen mit ihnen gegen einen dritten. Es wird gut gehen, der geborene Staatsmann hat es in den Fingerspitzen (214).

Im Sinne dieser Spielfreiheit ist es ein »Erfolg«, daß das Bündnis mit England zu Beginn des Jahrhunderts vermieden, und überdies das von Bismarck übernommene Bündnis mit Rußland aufgelöst werden konnte: nun erst hat Lannas die Hände ganz frei für das Spiel »von Fall zu Fall«. Freilich muß Lannas folgerichtig auch »mit Bismarck« bekennen: »Nie konnte ich mich eines Erfolges richtig freuen. Immer kam gleich die nächste Sorge« (428) und bekommt so die wesensmäßige Bodenlosigkeit einer Gleichgewichtspolitik zu spüren, wenn auch nur als flüchtiger Anflug düsterer Laune. Denn diese Politik der Balance harmoniert aufs glücklichste mit seinem Naturell. In der »Geschicklichkeit« findet er auch seine persönlichste Genugtuung. Er ist stolz auf seine »Kunst, mit allem fertig zu werden« (512). »›Wir haben das Spiel in der Hand‹ sagte der leitende Staatsmann von morgen und schien in der Luft seine Karten auszubreiten, mit Händen wie ein Taschenspieler« (87). Die Gefahr für den Frieden, der erklärtermaßen auf der Spitze seiner Geschicklichkeit balanciert, übersieht er meist, im übrigen würde sie ihm schmeicheln. »Ihr System, Durchlaucht«, konstatiert Terra mit unanfechtbarem Hohn, »spricht für sich selbst. Die Nachwelt wird es geradezu verehren« (433).

»Einer erledigt immer den anderen: das ist Staatsweisheit« (314). Das Prinzip des Kanzlers ist, möglichst viele Kräfte sich gegenseitig aufreiben, die übrigen aber auf sich zukommen zu lassen, dann »die

Zügel zu ergreifen« und das Schlimmste dadurch zu verhüten, daß er »haarscharf am Abgrund« (523) vorbei dahin führt, wohin er will. Öffentliche Persönlichkeiten müssen »gelegentlich Gefühle... adoptieren, mit denen sie nicht übereinstimmen« (216). Der Kanzler »adoptiert« jedoch eine Sache, auch das Gute, »frühestens in dem Augenblick, als Erfolg so gut zu erwarten war wie Mißerfolg« (334). Den »Entschluß zu etwas Gutem, das er wohl gewollt hätte«, so erkennt Terra, entringt ihm deshalb »nicht die Sache selbst«, sondern höchstens »das Drängen Vieler« (334).

Demgemäß erhält Lannas den Frieden, indem er sich selbst an die Spitze der jeweils zur Katastrophe treibenden Kräfte setzt und für ihre ungefährliche Entladung sorgt. Deutschland und der Kaiser wollen »Erfolge« sehen. Deshalb ist

> auf den Tisch schlagen ... in Anbetracht dieses Landes noch die kleinere Gefahr für den Frieden. Nicht dabei sein ist die größere. Man weiß nicht, was ich alles verhindere. Wir brauchen Frieden (432).

»Ich bin geschickt genug, ihn [sc. den Krieg] jedesmal zu verhindern, im selben Augenblick, da ich ihn herauszufordern scheine« (514). Daß e r den Krieg nicht wolle, sei deshalb die beste Bürgschaft dafür, daß er nicht komme. Deshalb ist selbst das »Schauspiel unserer Isolierung« (512) auf der Konferenz von Algeciras für ihn belanglos, denn er bürgt sich selbst für den Frieden: die Wirkung dieser Zweideutigkeit auf die Welt, die ja von seiner *reservatio mentalis* inmitten der herausfordernden Geste nicht unterrichtet ist, schenkt er keine Beachtung. Andererseits aber glaubt er n i c h t – und dies ist entscheidend – an den »ewigen Frieden«:

> »Ich stärke künstlich die Landwirtschaft gegen die Industrie, denn von Industrieprodukten könnten wir im Kriegsfall nicht leben. Ich bilde mir nicht, wie die Freihändler, den ewigen Frieden ein. Denke ich darum ernsthaft an den Kriegsfall?« Pause, strenge Selbstschau. »Er könnte eintreten gegen alle meine Voraussicht. Wäre ich altpreußisch nur für Landwirtschaft, hätte ich ihn vorbereitet. Ginge ich neudeutsch mit der Industrie, hätte ich ihn sicher. Allein das Gleichmaß kann ihn aufhalten. Ich bin der, der immer rüstet, aber nie kämpfen wird. Mein Feld ist das Ergebnislose« (433).

Die zweideutige Unentschiedenheit des »Systems« wird hier offenkundig. Lannas wird nie kämpfen, aber er rüstet. Er will den Frieden, aber er duldet es, daß Deutschland der Welt ein martialisches »Schauspiel« gibt. Obwohl er den Frieden will, »bildet« er sich anderseits aber den »ewigen Frieden« nicht »ein«, aber trotzdem sucht er keine Bündnispartner für den Ernstfall des Krieges. Er gibt zu, daß der Krieg »gegen alle meine Voraussicht« eintreten könnte, dann nämlich, wenn das empfindliche Gleichgewicht für einen Augenblick aus der Kontrolle geriete, aber er ist nach keiner Seite hin konsequent. »Mein Feld ist das Ergebnislose« – dieser Satz bestätigt zutreffend, daß, dem äußeren Schein zuwider, ein stabiler Friede ebensowenig erreicht wurde, wie je eine Krise (bis 1909) zum Krieg führte. Lannas hält beides für möglich und verhindert nichts – dies, obwohl das Reich den Frieden braucht und auch der Kaiser bei jeder »sichtbaren Kriegsgefahr« »plötzlich zum vorsichtigsten Menschen« (523) wird. So hat Lannas am Ende weder wie Bismarck den Krieg »meisterhaft vorbereitet« noch die Katastrophe verhindert. Später wird Heinrich Mann schreiben:

> Man muß immerfort aufpassen und handeln. Wer bloß zusieht, wartet vergebens, daß Frieden wird: es wird nur Krieg. Der Krieg kommt schon, wenn man einfach nichts gegen ihn tut. Nicht angreifen beweist nichts (HASS 170).

Voller Hohn lobt Terra im Reichstag den »humanen Anstrich bei innerer Unerbittlichkeit«, den das System besitzt, den Kanzler als »Diplomaten der weichen Hand und des stählernen Griffs« (536). Diese eitle und dilettantische Vermengung von Machtpolitik und anempfundener Humanität ist verhängnisvoll, in Wirklichkeit ist das System Lannas »ein gewissenloses System, das alle sechs Monate aus Leichtsinn zur Kriegsgefahr wird« (479). »Mit dem Guten drohte er nur«, so erkennt Terra. »Was helfen konnte, war ihm bloß Mittel, die Lage zu erhalten. Er bediente sich der Ideen, er verwirklichte sie nicht« (441). Die »Idee« des »ewigen Friedens« müßte konstruktiver Inhalt der Politik sein. Endet der persönliche Erfolg Lannas', so hat er die Katastrophe »mit allen seinen Erfolgen nur noch sicherer gemacht« (524), eine Katastrophe, die hinter jedem Fehler Lannas' immer lauerte und gegen die er deshalb nichts unternahm, weil er an sie als zum »Lauf der Welt« gehörig glaubte. Mit den zutreffenden Worten Lannas', die er bei seinem Rücktritt (1909) ausstößt, spricht er zugleich seinem abenteuerlichen »System« das Urteil:

> Ihr alle bereut noch, daß Ihr mich vernichtet. Ihr glaubt zu erben, aber mich beerbt keiner. Nach mir kommt nichts. Ich war der Letzte, ich trug noch den Bau, ich allein. Jetzt der Zusammenbruch! (541)

Lannas glaubt, die »Erhaltung der Lage«, das erfolgreiche Lavieren von Krise zu Krise sei das Äußerste, was dem »Lauf der Welt« an Stabilität abzugewinnen sei. Er lähmt somit nicht nur darüber hinausgehende

Versuche, grundsätzliche Aussöhnungen als stabile Elemente in die Politik einzuführen, sondern bürdet dem »Lauf der Welt« außerdem noch die eigene Unberechenbarkeit auf, in deren Schutz sich überdies deutsche Machtentfaltung auf allen Gebieten vollzieht. Das »System Lannas« ist die der Machtmoral des »Lebens wie es ist« adäquate Politik, sie ist für Heinrich Mann ebenfalls ein unheilvoller Ausdruck von »Irrationalismus«.

In Bereichen, in denen aber eine rationale Ordnung denkbar ist – und dies trifft für die Politik zu – setzt Heinrich Mann Irrationalismus mit Verantwortungslosigkeit und Glücksrittertum gleich. Das irrationale Verhalten, gemessen wiederum an der autonomen Vernunft, ohne auf die historischen Gründe einzugehen, erscheint in seinen Auswirkungen lebenzerstörend statt lebenerhaltend. Es bleibt daher den Intellektuellen Terra und Mangolf unbegreiflich, daß Vernunft den lebenzerstörenden Charakter das »Leben wie es ist« nicht zum Besseren hin veränderte. Nur Gedankenlosigkeit vermag dies Unbegreifliche zu erläutern: »Die Erlebnisse der Menschen sind immer dasselbe gedankenlose Elend, nur erträglich, weil gedankenlos« (633). Und nur Verzicht auf Logik hilft, dabei auszuharren: »Wo an ihrer Unvernunft alle sterben müßten – bis dorthin mag ich nicht logisch sein « (184), resigniert einmal Terra.

Denken sich die beiden hingegen folgerichtig durch das »Leben wie es ist«, so sind sie gezwungen, den unbegreiflichen Rest ex negativo und resignierend zu definieren: offenbar besitzen Menschen die »unvergängliche Leidenschaft, sich zu opfern« (637), offenbar liegen Katastrophen im »Wesen des Menschen« (633), da Menschen, wo sie schon Katastrophen nicht wollen, gleichwohl das, was geeignet wäre, sie zu verhindern, nämlich das Regime der Vernunft, nicht verwirklichen. Indem sie das »Gesetz der Katastrophe« (321), ein Attribut der brutalen Machtmoral und ihres *summum bonum*, des »Erfolgs«, formulieren, erheben die Intellektuellen Terra und Mangolf den durchgehenden Irrationalismus des Lebens wie es ist« »zur Höhe des Gedankens« (633). Sie sprechen in diesem Begriff die *passio* ihres Lebens, die Vergewaltigung der Vernunft aus; der Ausbruch des Krieges sowie ihre und des Volkes Unfähigkeit, ihn rechtzeitig zu beenden, bestätigen das Scheitern der Vernunft; sie wählen, da es auch für die Massen schon lange »Pflicht« war zu sterben, den Abgang in den Tod. Das »Leben wie es ist« verbirgt hinter vordergründiger Ordnungsliebe und platter Vernünftigkeit die Kräfte der Selbstzerstörung.

KAPITEL VI

DAS LEBEN WIE ES SEIN SOLL –
DIE UTOPIE DER VERNUNFT

a) Der »Intellektuelle« Heinrich Manns,
die Ideale der Vernunft und die Empörung gegen das Bestehende

Mit dem »Durchbruch« am Ende von ZWISCHEN DEN RASSEN beginnt
eine aufsteigende Linie des »Geistes«. Dieser betrachtet nicht mehr die
heroische Selbstberauschung als Erfüllung des Lebens, sondern setzt die
Vernunft zur Sachwalterin des Lebens ein. Im KOPF heißt sie »leben-
fördernd« schlechthin. »Geist« und »Vernunft« werden zentrale Begriffe Heinrich Manns; seit dem ZOLA-Essay von 1915 und zunehmend
in den zwanziger Jahren tritt »Sittlichkeit« als wesentliche Qualität des
Geistes hervor: »Nun muß man wissen, daß gerade der unvoreingenommene Geist in der Erkenntnis Gesetze des Sittlichen findet und endlich beide gleichsetzt« (XII,120).

In dieser Überzeugung lebt die Hauptgestalt des KOPFES, Claudius
Terra. Er ist, verglichen mit der Tradition, eine ungewöhnliche Romanfigur. Er vereinigt abstrakte Vernunft mit der emotionalen Erregbarkeit, mit dem labilen Selbstgefühl und der übermächtigen Phantasie
der Schwachen. Daraus resultiert sein ins Koboldhafte übertretendes
Verhalten. Als Vernunftwesen ist er nicht im Sinne des Entwicklungs-
romans der Suchende, der Erfahrende, zur Einsicht und Übersicht Rei-
fende – denn der reinen Vernunft trägt die Erfahrung nichts zu – sondern von allem Anfang an der Wissende, wider die »bestehende Ordnung« abstrakt Rechthabende. Gleichwohl erzwingt der reale Widerstand des Lebens ein tieferes Eingehen auf die Wirklichkeit, doch wird
dieser Prozeß zugleich als unvermeidlicher tragischer Abfall des Geistes
von sich selbst verstanden.

Terra besitzt, wie alle Intellektuellen Heinrich Manns, die Gabe,
ununterbrochen Leben in abstrakte Erkenntnis zu verwandeln. Er lebt
das Leben nicht eigentlich, er »durchschaut« und »zergliedert« es. Er
gerät dadurch in einen gefährlichen Gegensatz zum »Leben wie es ist«,
das nicht durchschaut werden will. Aus der Erkenntnis aber folgte für

Heinrich Mann schon immer »die Auffindung der Moral, ihre überlegte Geburt für das einzelne Gewissen« (Z. 153). Die aufgefundene Moral führt zu »sittlichen Forderungen« an das »Bestehende«. »Sie haben nichts, stellen nichts vor und treten an die Dinge mit sittlichen Forderungen hinan. Sie sind genau das, was man jetzt anfängt, einen Intellektuellen zu nennen« (100). Das Leben aus der Vernunft zu entwerfen, mit einer Vernunftutopie als »sittlicher Forderung« den vorgefundenen Lebensverhältnissen gegenüberzutreten, kurz: unbeirrbar zu wissen, »was sein soll«, ist die zweite Fähigkeit dieses Intellektuellen. Terra beschreitet den Weg der »unbefleckten Vernunft«, er gehört zu der Art Mensch, »die nicht von Tatsachen, nur von Ideen ausgeht« (218), er ist »Ideologe«, er steht, mit den Worten Lannas', auf der Seite des »idealistischen Anarchismus« (312). Im Laufe des Romans tritt Terra dreimal mit einer »Idee« hervor, er verkündet die Vernunftidee der Menschenwürde, er verlangt die Abschaffung der Todesstrafe, er schlägt dem Kanzler, um den drohenden Krieg zu verhindern, die Verstaatlichung der Erz- und Kohlegruben vor.

Die Vernunftidee der Menschenwürde verkündet Terra nach Mitternacht in einer »Music-hall«. Er erklärt dem Dichter Hummel (der Züge einer Hauptmann-Karikatur trägt):

Tatsächlich will ich nichts – fast nichts, oder doch nicht viel; nur einfache praktische Dinge, zum Beispiel, daß mir niemand auf die Hühneraugen tritt. Daß man nicht fortsieht, wenn ich dastehe – und nicht lacht, bei dem was ich der Welt zu sagen habe (136).

Oberflächlich spricht nur Überempfindlichkeit und Humorlosigkeit. Nach einer Pause, in der Terra »immer stumm wie ein Erbitterter« trinkt, »schmettert« er jedoch in das Lokal:

Es gibt genau besehen, nur eine einzige wirksame Idee; keiner, der an Geld und Gut zu viel besitzt, fürchtet sich vor einer anderen. Was ich von geistigem Dynamit in mir habe, hat jede Hure.

Dieser krasse Satz ist schlechterdings unverständlich. Eine Stelle aus den GÖTTINNEN gibt jedoch weiteren Aufschluß. Dort wurde die Prinzessin Lilian Cucuru von ihrer lebenstüchtigen Mutter gezwungen, als Maitresse einflußreicher Männer »für den Unterhalt der Ihrigen« (2,148) zu sorgen. Sie erträgt die Erniedrigung durch die Gesellschaft als von der bürgerlichen Moral emanzipierte Frau, in der Haltung jener kalten Verachtung und geistigen Empörung, die später Ute Ende charakterisiert. Ihr Haß entlädt sich als »geistiger Dynamit«, indem sie in einem Buch die Korruption der römischen Gesellschaft schonungslos entlarvt:

die ausgehaltenen Männer, die verkauften Frauen, die hochgestellten Falschspieler, die Nebeneinnahmen der Würdenträger, die Polizei im Dienst privater Leidenschaften und die vertuschten Verbrechen und die Liebesgeschichten wider die Natur, – die ganze Leier (4,85).

Von ihr heißt es: »Zu ihrem Unglück scheint sie Wert zu legen auf Menschenwürde. Ich fürchte fast, sie lebt innerlich in Empörung« (2,150). Auch sie illustriert somit die Geburt des Moralisten (bzw. Literaten) aus der Demütigung durch die Gesellschaft. Für die abstrakte Vorstellung Heinrich Manns gehört offensichtlich zu jeder »Hure« Empörung gegen die Gesellschaft, jene Empörung, die auch Lola bei der ausgestoßenen Bernabei vergeblich suchte (7,406). Seine Gestalten setzen überall Gerechtigkeit voraus. Die Dirne bedeutete für Heinrich Mann, wie für die ganze sozialkritische Literatur der Zeit, einen Fall derjenigen Erniedrigung, die im »Leben wie es ist« jederzeit stattfindet. So erklärt Terra der Dirne »Lili«: »In Deinem ganzen gesegneten Dasein hast Du für Dein Fortkommen nichts weiter getan, als was die bürgerliche Gesellschaft den Ihren unbedingt zur Pflicht macht« (281), nämlich »unsere Seele preiszugeben, sie den Vorübergehenden hinzulegen, sie schänden zu lassen« (VIII,259), welche Erniedrigung in der Novelle AUFERSTEHUNG auch ein Orden auf der Brust eines verdienten Mannes bezeugt.

In der Music-hall fährt Terra sodann, in der provozierenden Art Frank Wedekinds, fort: »Jede Hure hat ihre Geltung bei Gott, ihre Unverletzlichkeit, geistige Hoheit, ihr Recht auf Menschenwürde!« – Die persönliche Kränkung Terras wurde als Beleidigung der Menschenwürde registriert. In diesem Begriff begegnet sie allen anderen unter ihm subsummierten Erfahrungen, wird mit ihnen gleichgesetzt und kann nunmehr in der verkürzten Assoziationskette: »ausgelacht werden – ungerechte Besitzverteilung – Hure – Recht auf Menschenwürde« ausgesprochen werden. Dieses Beispiel beleuchtet das abstrakte Verfahren Heinrich Manns. Inhalte, die wie an den Haaren herbeigezogen erscheinen, fallen für ihn im Begriff zusammen, können untereinander ausgewechselt werden und werden in der aggressivsten Weise formuliert. Wenn die Idee der Menschenwürde, die »fast nichts«, nämlich den bescheidensten Anspruch jedes Menschen verbürgt, »geistiger Dynamit« ist, so wiederum nur, weil Terra in diesem Augenblick die gesamte aufklärerisch-demokratische Gesellschaftsordnung mitdenkt, wie sie ja im Kaiserreich mit dem »Umsturz« des Bestehenden identifiziert wurde. Jeder minimale äußere Anlaß erregt in Terra sofort das gesamte intellektuelle Starkstromsystem. Der Bezug auf die GÖTTINNEN zeigt, daß den Montagen des KOPFES intellektuell vollständig auskristallisierte Zusammenhänge zugrunde liegen und illustriert, daß die Substanz der moralistischen Wendung in den GÖTTINNEN, von der Ruchlosigkeit nur überschrieen, schon bereit lag.

»Der Kampf um meine Menschenwürde«, erklärt Terra weiterhin in der Music-hall, »ist ein für allemal mein ganzer Daseinsgrund auf Erden. Verschaff ich mir Achtung, prost Rest, dann hab ich sie auch Euch verschafft!« (137). Die »Erkenntnis« führt den Intellektuellen über die Vernunftutopie als sittlicher Forderung zur Empörung gegen das »Bestehende«, zur »Tat«. Sie erfolgt im Namen von Vernunftideen und betrifft deshalb kein den Interessen des »Lebens wie es ist« vergleichbares Interesse, sondern das Wohl aller, das ungeschändete Leben. »Du sollst im Namen Vieler leben. Dies unterscheidet Dich!« trägt die innere Stimme auf. Terra fühlt die Berufung zu »Sendung und Führerschaft« (280), ihr nächstes praktisches Ziel heißt: »Ihr sollt euch nicht mehr umbringen müssen.« Von den Politikern der Macht, die »Makler des Todes« sind, setzt sich Terra ab: »Ich bin kein Politiker, mein Leitstern ist einzig die lebenfördernde Vernunft, ich will dem Tod, der überall lauert, ein Bein stellen« (328). Schon mit der nächsten »Idee«, der Abschaffung der Todesstrafe, stößt er auf die allgemeine Unvernunft. Der Kanzler setzt sie mit »Auflehnung gegen Gott« gleich, der Oberadmiral von Fischer (= von Tirpitz) gerät auf die Bemerkung »Das Volk hängt nun einmal an seiner Todesstrafe« (378) und der bloße Zufall, in Gestalt des Kaisers, entscheidet schließlich negativ über diese Forderung der Vernunft. »Todesstrafe abschaffen! Attentäter hätten gedacht, ich bin meschugge ...« (379). Die Presse schließlich überzieht die »Wirrsale der Unvernunft« mit ideologischen Phrasen: nur ein »romanisches Land« habe bis jetzt die Todesstrafe abgeschafft usw. Auch von der Unvermeidbarkeit des Krieges sowie von seiner Herrlichkeit sind alle überzeugt. Um ihn zu vermeiden, fordert Terra schließlich, als Notwendigkeit der »lebenfördernden Vernunft«, das »Monopol des Staates auf Erz- und Kohleförderung« (437), das ja auch Bismarck schon in Erwägung gezogen hatte. In der verkürzten moralischen Perspektive auf die Interessenmechanik steht für Terra fest: »Krieg entscheidet, wer die Kohle hat« (437). Der Industrie wäre damit ihre heimliche, ihr nicht zukommende »Macht im Staat« (438) genommen, die Möglichkeit, Katastrophen zu befördern, »in denen nicht sie selbst untergehen würden, nur, wenn es hoch kommt, der Staat« (439). Doch erweist sich das Leben insgesamt als immun gegen die Vernunft, Terras unbeirrbare Rechtlichkeit erscheint als verbohrte Tolpatschigkeit, sein

Glaube an die Vernunft als »idealistischer Anarchismus«, er selbst als ein »abseitiges Phänomen« (439). Nur durch »List und Tücke«, so schließt er, könne er die Menschen noch um »die ersehnte Metzelei« (321) bringen, er taucht in den »Geheimkrieg gegen die Macht« (520) unter und wird selbst ein führender Mann der Rüstungsindustrie.

Durch diese dem Kanzler so lästigen »Ideen« Terras schimmert das geschlossene System einer rationalen Utopie des »Lebens wie es sein soll«, deren wesentliche Elemente von der Philosophie der Aufklärung entwickelt oder doch wieder aktualisiert wurden. Ihr oberstes Ziel ist die Erhaltung des Lebens aller in der größtmöglichen, nur durch die Gesellschaft nach Gesetzen notwendig eingeschränkten Freiheit. Sie definiert den Menschen nicht durch seine irrationale Natur, sondern als Vernunftwesen, sie ersetzt den »Krieg des Lebens« durch den Vernunftbegriff der Gesellschaft. Sie geht von der Gleichheit aller Menschen aus, sie ersetzt das Machtprinzip durch das der Gerechtigkeit, den Naturzustand durch den Rechtszustand, den Konflikt der »Interessen« durch Verhandlungen, unendliche Friedlosigkeit durch die Vernunftidee des ewigen Friedens. Dieser Utopie der Vernunft entspricht die Staatsform der Republik und eine »moralische Politik«, deren mechanische Garantie in ihrer vollständigen Öffentlichkeit läge. Sie fordert die Respektierung der Menschenwürde des Individuums ebenso wie eine Weltregierung nach Vernunftprinzipien, die Ächtung der Gewaltanwendung und die Herstellung eines Rechtszustandes zwischen den Völkern als Garantie des Friedens. Sie ist indes undenkbar ohne ununterbrochene Aufklärung der Menschen über ihre Rechte und Pflichten, ohne Freiheit der öffentlichen Meinung, ihre Voraussetzung wären eigenverantwortliche, unterrichtete und zum Gebrauch der Vernunft angeleitete Menschen – das Gegenteil von »Untertanen«. Alle einzelnen Institutionen müßten gemäß den Maximen der Menschlichkeit, Wahrheit und Gerechtigkeit so ausgestaltet werden, daß überall das jeweils allgemeinere Interesse über das besondere regiert, insbesondere müßte Besitz überall, wo er Wenigen ungerechte Macht über Viele gibt, begrenzt werden. Die Erfüllung dieser »sittlichen Forderungen« bedeutete das ersehnte Leben in »Menschlichkeit«.

Inmitten des »Bestehenden« bewegt sich die Marionette Terra nach den Maximen dieser utopischen Ganzheit, deshalb gibt jeder ihrer Lebensschritte einen so schrillen Klang im »Leben wie es ist«. Wenn Terra handelt, verfehlt er unwillkürlich das eigene »Interesse« und verwirklicht bloß Gerechtigkeit. »Freundchen, Dich zu heiraten, wäre Selbstmord!« (281) gesteht ihm deshalb die Fürstin Lili, die Personifikation des »voraussetzungslosen« Lebens. »Voraussetzungslos« heißt bei Heinrich Mann immer: von den Tatsachen ausgehend, nicht von Ideen. Der unausgesprochene Bezug auf diese utopische Ganzheit hellt das Verhalten Terras dort auf, wo es aus der Situation oft schwer verständlich erscheint, diese Ganzheit erklärt typische Verkürzungen wie die Überzeugung, die Abschaffung der Todesstrafe verhindere den Krieg; in solchen Gleichsetzungen sind jeweils die vermittelnden Glieder ausgelassen, sie bestehen bloß im Begriff.

Denken ist für Heinrich Mann eine »Leidenschaft« im vollen Umfang des Wortes: Gedanken beflügeln Terra ekstatisch oder schmettern ihn vollständig nieder. Der Körper Terras, seine Physiognomie, ist den heftigen Bewegungen des Gedankens unterworfen, im Augenblick der Erkenntnis keucht er, rollt den Blick, fletscht die Zähne, ballt die Fäuste zu Klumpen, »verschränkt und löst seine plumpen Finger« (216), zuckt und lallt willenlos. »Was er sprach, erschien ihm. Er schlug sich durch Gesichte hindurch, die Gedanken trafen ihn wie Keulenschläge« (219). Diese Art zu denken und die Gewohnheit, nur die abstrakten Resultate seiner Denkprozesse hervorzuschleudern, entrücken ihn für seine Umwelt ins Unheimliche, so sehr, daß Lannas, nach einem Gespräch mit ihm, den Eindruck hat, »als sei der Teufel abgefahren« (221). Gedanken und Gefühle kommunizieren dergestalt, daß jede Erregung in Reflexionen gipfelt und Reflexionen fieberhafte Affekte entfesseln: jede Demütigung Terras provoziert die Idee der Menschenwürde, andererseits schlägt Vertretern des Adels und der Industrie jener Haß entgegen, der der Gesellschaft gilt, die sie vertreten. In der persönlichen Demütigung erfährt Terra immer die Demütigung der Idee, weshalb ihm das Leben in dieser Monarchie ein Gang »wie durch einen Platzregen« von Demütigungen (137) ist.

Gedanken wie Begegnungen mit der Realität lösen in den Schwachen Heinrich Manns den gleichen maßlosen phantastischen Widerhall aus, der sie stets umwirft. »Phantasie, mein Glück, meine Qual« (237) gesteht auch Terra. Gefühl und Geist auf der einen Seite, Geist und Phantasie auf der anderen Seite gehen ineinander über. Gerade diese Eigenart ermöglicht das literarische Experiment des KOPFES, das Urteil der abstrakten Vernunft nach moralischen Prinzipien, welches sie über diese Epoche fällt, in einem Roman auszubreiten. Terra ist das lebende Vehikel der Vernunft: in das verletzliche Gefühl des Schwachen drückt sich alles Vernunftwidrige der Zeit ein und tritt in den Aggregatzustand der Erkenntnis über, die Phantasie des Schwachen aber ist die schweifend-spekulative Kraft, welche die Vernunftutopie des Lebens über der irrelevanten Wirklichkeit entwirft. Unschwer zu sehen ist, daß der einstige Konflikt der Schwachen mit dem »Leben« nunmehr zum Konflikt der Vernunft mit der Gesellschaft vergeistigt wurde, unschwer auch, daß die Identität von »ausgekochtem Lebenskenner« und »kümmerlichem Poeten in der Dachkammer« (105), die dem Direktor, einem »Genie der Spekulation« (110) nachgesagt wird, auch als verschlüsselte Selbsterkenntnis Heinrich Manns gewertet werden darf; sie bezeichnet die äußersten Extreme seines Wesens.

Als historisch verbürgter Einbruch jener Vernunftutopie galt Heinrich Mann die Französische Revolution. Auf sie wird weiter unten noch einzugehen sein. Aber auch sonst sah er in Frankreich den »Intellektuellen« immer in Empörung gegen das Bestehende, im Kampf gegen die Lügen der Gesellschaft, so Voltaire wie Victor Hugo oder Zola. In seinem Werk war Frankreich im Zusammenhang mit dem Revolutions- und Napoleonstoff immer näher gerückt (AUFERSTEHUNG 1911, MADAME LEGROS 1913, DER WEG ZUR MACHT 1918), im KOPF tritt nunmehr das zeitgenössische republikanische Frankreich neben die deutsche Monarchie, freilich nur in der inneren geistigen Projektion. Der Unterschied zwischen den beiden Ländern, der im nächtlichen Gespräch Terras mit dem französischen Ministerpräsidenten hervortritt, ist einfach und doch entscheidend. In beiden wird das Gute von den »Interessenten des Bösen« (518) bedroht – aber in Frankreich müssen sie im Dunkeln wühlen und Vernunft, wenigstens der ungebrochene Glaube an sie, bestimmt das äußere, öffentliche Gesicht; in Deutschland hingegen darf »kein anderes Gesicht öffentlich hervor«, die Vernunft lebt kümmerlich im Dunkeln. In Deutschland steht der »Alldeutsche Verband« »großmächtig im Vordergrund«, in Frankreich hingegen die »Liga für Menschenrechte« (518). Vor dem Franzosen zieht Terra das verzweifelte Fazit seines Lebens:

Ich habe ein Leben geführt wie ein Sträfling. Ich war der Ausgebrochene, der seine Schande versteckt. Meine Schande verdankte ich dem Besten in mir, meiner Menschenwürde. Wohl dem, der keine hatte! Ich habe, um mich durchzusetzen, lügen müssen. Den Mächtigen die Geschäfte besorgen, damit ich heimlich gegen sie arbeiten konnte. Ihnen mein Menschentum vorspielen zum Gelächter – da als Mensch zu handeln, dort, wo ich lebe, der beste Witz ist. So macht man selbst Geschäfte, wird reich und kann die Reichen beraten. Ich bin alles nur um zu verraten. Ich weiß vor Schleichwegen nicht mehr ein noch aus. Ein ganzes Leben in Lug und Trug! (519)

Der Franzose hingegen kann unverrückbare Zuversicht in die Vernunft ausstrahlen. Er selbst hat, im Gegensatz zu Terra, Macht, und die

Macht dient dazu, die »Interessenten des Bösen« »in ihr unehrliches Dunkel« zu bannen, indes der Frieden, anders als in Deutschland, wo der Reichskanzler gar nicht an ihn glaubt, »offen triumphiert«; in Frankreich können Intellektuelle »offenen Krieg« gegen die unvernünftigen Mächte führen, in Deutschland wäre dieser »schon vor Beginn« verloren. Der Franzose vertraut auf die Kraft der Vernunft; »Sozialismus« und »Pazifismus« sind »Ideale«, die man als »Ausgleich friedlicher Vernunft mit der gegebenen Menschennatur« (518) zu verwirklichen sucht. Er verweist Terra die Verzweiflung als »Schwäche«:

> Warum seid ihr schwach, warum? Wie kann eine Mehrheit Vernünftiger ruhig zusehen, daß ihr Land isoliert wird wie ein Pestträger – nicht durch Verschwörung, sondern allein durch den Gegensatz zwischen seinem willkürlichen Kastenregiment und der gesamten europäischen Demokratie (518).

Der Franzose rechnet mit der gebrechlichen Welt und glaubt dennoch an die Vernunft, er vereinigt Geist und Tat, die in Deutschland getrennt sind, er besitzt »Weltfrömmigkeit«, während Terra »nur Intellektuelle ohne Weltfrömmigkeit«, wie er selbst und Mangolf, kennt: »Ihr wißt nicht, wie trostlos das Leben sein muß, in dem sie gedeihen« (518). Der Franzose spricht selbstsicher, immer zu einem gedachten Publikum, im Licht der Lampe; Terra raunt, kaum sichtbar, aus dem Dunkel des Zimmers, voll schlechten Gewissens. Terra bewegt sich in Extremen, der Franzose verkörpert hier und immer für Heinrich Mann jenes Mittlere, das weniger rigoros ist und mehr erreicht. Von der Vorstellung dieser französischen, weltfrommen »Mittelmäßigkeit« fällt zuletzt auf Terra scharfe Kritik. »Idealisten« wie Terra erheben alles »zur Höhe des Gedankens« (633), und das heißt, daß sie sowohl die unglücklichen Züge des »Lebens wie es ist« verabsolutieren, wie auch ihre abstrakte Menschheitsbeglückung die Menschen überfordert. Sie »verlangen zu viel« (633), sie treiben alles »auf die Spitze« und befördern selbst noch Katastrophen: »Ihr unstillbares sittliches Bedürfnis schafft Katastrophen, wohin Ihr Fuß tritt« (126). Wer wirklich nützen will, darf nicht von jener abstrakten Geistigkeit sein, muß »weltfrommer« als Terra, d. h. geistig auch etwas »unehrenhafter« sein: die Revolte der Vernunft, so wäre zu schließen, muß selbst innerhalb der Grenzen des Menschlichen verbleiben.

> »Alle wirklichen Lenker der Menschheitsgeschicke waren im Geistigen mittelmäßig. Gegenbeispiele gibt es nicht. Und das ist gut. Denn die Mittelmäßigen«, sagte Terra, »handeln menschlicher als wir ... Mit Mittelmäßigen als Führern haben die Menschen einige Aussicht, dem Schlimmsten

zuletzt noch zu entgehen. Vor allem bleiben die Mittelmäßigen als Führer unentwegt am Leben; ihre geistige Unehrenhaftigkeit erlaubt es ihnen« (633).

Die Vernunftutopie des Lebens ist für Heinrich Mann die aller Geschichte vorgegebene Zielvorstellung, die ihrerseits, seit sie vollständig ins Bewußtsein trat, jeder Geschichtlichkeit entzogen ist. Das Frankreich vor 1914, die III. Republik, repräsentiert keineswegs das (unerreichbare) Ideal der verwirklichten Vernunft, wohl aber, da seine öffentliche Meinung an die Vernunft, an die Menschenrechte glaubt, das (erreichbare) Ideal der richtigen moralischen Haltung. Dieser Unterschied wurde, wenn Heinrich Mann Francophilie vorgeworfen wurde, immer übersehen. Die Vorstellung von der nützlichen Mittelmäßigkeit der Führer leitet sichtbar zu den HENRI-QUATRE-ROMANEN über, die unmittelbar nach der Vollendung des KOPFES als Stoff auftauchen (1925) und auf der nunmehr erreichten Ebene des großen Staatsgeschäfts die gesamte Materie, den Kampf für die Vernunft, im geschichtlichen Decor der französischen Renaissance, weiterführen.

b) Das Dilemma der Vernunft – die »Schule des Lebens« und die »Tragik des Geistes«

Er lächelte zeitweilig mit einem Hohn, der an Irrsinn erinnerte ... Dann aber bekam er ein Vatergesicht, sah gutmütig dem Traum nach, der seine Kinder entführte, um schließlich, indes das Karussell schon langsamer ging, als der gewöhnliche Aufpasser an seinem Posten zu stehen, plump, schofel und mit Geschäftsmiene (61).

So wird der karusselldrehende Terra auf dem Rummelplatz beschrieben. Der Satz schließt den ganzen Spielraum der Fremdheit ein, der Utopie und Leben trennt, er nennt die Haltungen, in die Terras Leben zersplittert und die, wie hier, in rastlosem Fluktuieren seine Physiognomie beherrschen und sein sprunghaftes Benehmen in unterschiedlichen Schüben inspirieren:

– den *Traum*, die Reinheit der geistesgeschichtlich immer gleichen, mit großer Sicherheit gewußten Ideale der Vernunft, die Utopie von einem Leben, in dem die »wilde« Natur des Menschen in Güte besänftigt wäre, ein künftiges Leben, das die Kinder »entführte« ohne ihre Menschlichkeit zu entstellen.

– *Hohn* auf das »Bestehende«, auf die »Wirrsale der Unvernunft«, die auf Katastrophen zutreibt und damit dem »Wesen des Menschen« entgegenkommt, Hohn, der in schneidenden Zynismus abgleitet, Terra an den Rand des Irrsinns bringt – der aber noch immer den Protest der Vernunft enthält.

– gewaltsame *Anpassung* an das Leben. Sie ist als »*Schule des Lebens*« bewußt unternommener Versuch, der Wirklichkeit gegenüber der Abgezogenheit bloßer Vernunftvorstellungen Rechnung zu tragen, Korrektur am phantastischen Übersteigen des Lebens. Sie kann auch, wie hier, das Aufsetzen einer Tarnkappe, zynisches Untertauchen im »schofelen« Leben, sie kann Abstumpfung und Resignation bedeuten.

Selten ist das Lebensproblem Heinrich Manns, die Beschaffenheit seiner Intellektualität und seiner tiefsten Ängste, das Oszillieren seines Weltverhältnisses zwischen Liebesbedürfnis und dem ungeheuerlichsten Mißtrauen, das Pathetische und das Sentimentale seiner Gefühle und seine Kraft im Utopischen so vollständig an einer Gestalt abzulesen wie an Claudius Terra. Diese drei Haltungen, der utopische Traum einer besseren Welt, der Hohn auf das Bestehende und die Lebensschule drücken Grundtendenzen aus, die in unterschiedlichen Legierungen und Brechungen das Gesamtwerk prägen. Hinter ihnen steht auf der jetzt erreichten Stufe das ununterbrochene Dilemma, das ›leben‹ inmitten des falschen Lebens für Terra bedeutet: entweder handelt er unvernünftig, wider sein besseres Wissen, aber in Übereinstimmung mit dem Leben – oder er handelt in Übereinstimmung mit der Vernunft, entsprechend der Erkenntnis, aber wider das (entstellende) Leben. Sein Auftreten ist bald zu laut oder zu leis, zu spät oder zu früh, zu gewaltsam oder zu lächerlich, zu abgefeimt oder zu hilflos; in allem aber ist die Dissonanz, die zwischen seinem Selbstverständnis und dem Selbstverständnis des »Lebens wie es ist« besteht: Terra denkt sich durch das Leben, das nicht durchdacht werden will. – Von diesen drei Haltungen soll der »Hohn« erst im folgenden Kapitel über den satirischen Dichter besprochen werden.

Das Dilemma der Vernunft beginnt im Zustand einer »Präexistenz«, den auch Heinrich Mann kennt. Er ist ihm jedoch nicht der Zustand eines magischen Allwissens, sondern die Erfahrung des reinen »Geistes«, des unendlichen Denkens, Aufenthalt im grenzenlos Vernünftigen, Zustand radikaler Erkenntnis in der Reflexion. In ihm entsteht sowohl der Vernunfttraum vom Leben wie auch die vollständige Desillusionierung durch die Erkenntnis der »Wahrheit«. In ihm scheiden sich Terra und Mangolf in der verschiedenen Beurteilung der Vernunft: »Du schwörst auf die Vernunft. Aber das Unvernünftige sitzt in uns allen viel tiefer, und in der Welt bewirkt es viel mehr« (38) erkennt Mangolf. Im Namen dieser »Erkenntnis« vollzog Nietzsche seine berühmte antisokratische Wendung gegen die Vernunft zur Irrationalität des Lebens hin, die nunmehr Mangolf nachvollzieht. Es ist jene »Erkenntnis«, die im Dr. Faustus dem Teufel in den Mund gelegt wird: »Ist wirklich nicht, was wirkt, und Wahrheit nicht Erlebnis und Gefühl?«[1] und die für die Verschiedenheit des deutschen Denkens vom westlich-rationalistischen so bezeichnend ist. Für Heinrich Mann stellt sie im Kopf entschieden den Weg der »vergewaltigten Vernunft« (38) dar, den Mangolf geht: er wird der willige Diener der bestehenden Macht, so wie Nietzsche an der einzigen Stelle im Kopf, die ihn erwähnt (167), nur noch als Geist, der das Bestehende lobt, als Apologet der Macht, verstanden wird.

Im Zustand der Prä-existenz wurde die »niemals verschmerzte Geistesreinheit der noch unbefangenen Jünglinge« (624) erfahren, in ihm wurzelt das Bedürfnis, die schicksallose Reinheit durch das ganze Leben zu bewahren, jene Vorstellung asketischen Lebens, mönchischer Enthaltung, einer Existenz als »reiner Tor«, einer Fürst Myschkin-haften Unberührtheit, eines Wirkens für den »Heiligen Geist« als einer positiven Auslegung der *imitatio Christi*, die allenthalben im Kopf und anderen Werken anklingt. »Bleibe rein und verzichte, sei ein Spieler, Lächler und halte die Armseligkeit zum Besten« (95). Für Terra, der den Weg »der unbefleckten Vernunft« geht, entsteht daraus die erste Phase einer Weltflüchtigkeit, einer Absentierung von Leiden und Leben, die sich zynisch färbt, denn Zynismus ist seine paradoxe Form, Reinheit in Schmutz zu bergen. Während Terra seine Weltflüchtigkeit später wieder aufgibt, lebt sie neben ihm in Gestalt des Träumers Erwin Lannas weiter, der jederzeit »aus der Welt gehen kann« (287). Er ist »ein Spaziergänger, der gerade vorbeikommt, wenn die anderen lachen oder weinen« (456), er verzichtet und duldet, er ist im Sinne Robert Curtius' eine Abwandlung des Topos Knabe und Greis[2] (puer senex), in dessen Nähe die Schwachen Heinrich Manns sich immer befinden.

Terra und Mangolf leben in der gleichen Ausgestoßenheit und Andersheit unter den Naiven wie Tonio Kröger, doch isoliert sie nicht ihr Künstlertum, sondern die Leidenschaft des Denkens. Sie ziehen dunklen Haß auf sich, es ist, als trügen sie im ganzen Leben ein Zeichen auf der Stirn:

Von Achtung, ja Auszeichnung umgeben, gedachte er der schlimmsten Demütigungen seiner dunklen Jugend als himmlischsten Taues. Damals begegnetest Du in jedem beliebigen Gedränge Blicken der Abneigung und des Hohnes. An Menschen der Masse, die auf Deiner Stirn ein Zeichen lasen,

---

1 Thomas Mann, VI,323.
2 Ernst Robert Curtius, Europäische Literatur und lateinisches Mittelalter, Bern, 2. Aufl. 1954, p. 108 ff.

gebrach es Dir nie. Heute sind sie nicht ganz betrogen, aber gebändigt. Du
genießest Ruf und Schutz. ... Für solche Wesen kleidest Du Dich korrekt,
machst Dir ein glattes Gesicht. Dennoch erschrickt manchmal einer: Deine
Maske hat sich verschoben. Sieh Dich vor! Auf der Tribüne vorhin warst
Du versucht, die Zähne zu fletschen, und Ungeheuerlichkeiten hinauszu-
schmettern! (315)

Peinigend empfinden sie das Unverhältnis des Geistes zum gemeinen
Leben:

Furchtbar, sich großer Bestimmung bewußt, mehr als gemeinen Willens,
der Kraft, die Menschen unterwirft, sich verzehrend bewußt zu sein – und
am Anfang zu stehen, keinem bekannt, mir selbst im Wege! Sie widmen
mir Nichtachtung und gleichwohl Mißtrauen ... (225).

Ein Ausweg, um die Andersheit zu verbergen, ist vielfältige Maskierung. Die Maske stülpt schützend das Uneigentliche über das Eigentliche, sie hält die Beschmutzung des Lebens von der Reinheit fern, sie
kennt viele leidende und zynische Nuancen bis zur höhnischen Nach-
äffung des »schoflen« Lebens. Das Leben, in dem »als Mensch zu handeln der größte Witz ist« (521) hatte Terra schon bei den ersten »Geh-
versuchen« dafür bestraft, daß er es ursprünglich »ernst nahm« (63).
Um den »verschiedensten Zumutungen« nicht mehr mit solcher »gott-
verdammter Hilflosigkeit« (60) gegenüberzustehen, hatte Terra von
einem Abenteurer seine hochstaplerische Geschicklichkeit, einschüchternd
aufzutreten, seine infernalische »Abgefeimtheit«, die vollendete Kunst
der Erpressung als Praktiken der Maskierung erlernt: Terra verschwindet in vielfachem Rollenspiel, das Leben wird aus Notwehr zur »Komödie« (261;299) abgewertet, die Komödie aber setzt verborgen den
Weg der »unbefleckten Vernunft« noch immer fort. Terra und viele Gestalten Heinrich Manns zerfallen in einen inneren Monolog und Masken für die Welt. »Bleibe das Eine für Dich, sei das andere für ihn, so
ist das Leben« (417) belehrt Terra seinen Sohn. »Lerne Dich einfach so
ausdrücken, daß nicht Du, sondern er seine Freude daran hat« (417).
Daraus entstand der »Kurialstil« (313) Terras, in dem er die banalen
Floskeln der Welt für die Welt bombastisch und entlarvend aneinander-
reiht.

Unter Schmerz- und Haßgefühlen gestehen sich Terra und Mangolf
»ihr brüderliches Weltbild« (225), das grausame Unverhältnis ihres
Geistes zu ihrer Machtlosigkeit im »unverrückbaren« Machtstaat:

Du bist geistiger als alle, die Dich nicht durchlassen wollen. Du bist adeliger.
Das Opfer des Denkens kannst Du nicht bringen. Wir sind herrschsüchtig.
Aber an ihr Reich, ihre Macht mit Deinem Denken nicht rühren dürfen,
nur um mitzuherrschen? (226)

Die unerschütterliche Verfassung der Klassengesellschaft ist derart, daß der Staat, »seine besten Kräfte erst dumm und heuchlerisch machen muß, bevor er sie brauchen kann« (226). Der Denkende muß sich verleugnen.

> Du bist klein, bist abhängig von Wesen, die nach dem Recht der Natur Dir untergeben wären. Du mußt Dich in ihre Art einfühlen, Dein besseres Wissen hat sich auszugleichen mit ihrer Gesinnung, Du verleugnest Dich täglich. Wie lebst Du! (52)

In der typischen Weise Heinrich Manns wird das objektive gesellschaftliche Unverhältnis von Geist und Macht als subjektive Bedrückung, als individuelles Unglück, als schwärende Wunde des Geistigen erfahren. Die Verfassung der Gesellschaft drückt den »Intellektuellen« in Selbstverleugnung zurück; das Mißtrauen, das die Naiven dem Reflektierenden entgegenbringen, findet in der ihm aufgenötigten Heuchelei eine scheinbare Berechtigung und so tritt zur »Komödie« das bezeichnende schlechte Gewissen. Terra schleicht sich in die Gewohnheiten des Lebens ein, unter Menschen bewegt er sich angstvoll lauernd, stets erfüllt vom schlechten Gewissen, von Mißtrauen und dem flackernden Argwohn, erkannt und wie ein Verbrecher ergriffen zu werden. Zu Zeiten verfremdet sich in den Werken Heinrich Manns alles zu einem Gestrüpp von Fallen, Anschlägen und Intrigen, wie in der Novelle KOBES; zu Zeiten verdichtet sich das Gefühl der Ausgestoßenheit zum Angsttraum eines von Verfolgungswahn Besessenen. »Am stärksten war euer Einfluß, wenn ich es mit dem Aufgebot übermenschlicher Kräfte darauf anlegte, euch zu entgehen« (95) schleudert Terra etwa einem ahnungslosen Gast in einem Wirtshaus entgegen. In der steten Furcht, erraten und verraten zu werden, überwuchert Mißtrauen den geringsten freundlichen Ansatz: »Die Einladung des Staatssekretärs war möglicherweise eine Falle, den Gönner spielte er, um Terra sicherer zu verderben« (173). Ohne gütige Hilfe brechen seine Kontakte bei der geringsten Belastung ab und versinken in bodenlosen Verdächtigungen. »Mißtrauen bleibt gleichwohl geboten« (M. 185) ist der unerschütterliche Glaubenssatz vieler Gestalten Heinrich Manns, »soweit Vertrauen überhaupt geraten scheint bei der Unsicherheit unserer Herzen« (S. J. 281) lautet die stete Einschränkung. Kaum sonst in der deutschen Literatur außer bei Kafka dürfte es solche grausamen Konstruktionen des Mißtrauens und hilfloser Angst geben wie bei Heinrich Mann; als Beispiele seien die Novellen LIEBESPROBE (1907), DIE VERRÄTER (1924) und KOBES (1925) genannt.

Die bewußte Verlarvung ist nur ein Aspekt in dem größeren Komplex, der sich als »Schule des Lebens« im skeptischen Weltverhältnis Heinrich Manns immer mehr ausbreitet. Das Wortfeld um diesen Begriff, »Anfänger« (418), »Lebensschüler« (231), »Lehrzeit« (328), »Lehrmittel der Welt« (374), das Leben als Abfolge von »Prüfungen« (423) erhält sich bis in die letzten Werke; den breitesten Raum nimmt dieser Komplex in den HENRI-QUATRE-Romanen ein; noch der späte Romantitel EMPFANG BEI DER WELT (1945) gehört in diesen Zusammenhang. Im Zustand v o r dem Leben wurde die Welt in maßloser Subjektivität phantastisch »überflogen«, mit dem »Eintritt« ins Leben beginnt sie als realer Widerstand verändernd in die bloße Subjektivität einzudringen. Zuerst reagiert Terra ausschließlich zynisch, allmählich jedoch breitet sich die Erkenntnis aus, daß auch die Welt, wenn sie besser wäre, in die reine Innerlichkeit aufgenommen werden müßte. Dies wird in der Vorstellung der »Lebensschule« positiv aufgenommen, wenn auch im KOPF noch weitgehend zynisch praktiziert. Der Akzent verschiebt sich langsam vom Protest gegen die unmöglich erlaubte Anpassung an das entstellte Leben zur Einsicht in die bleibende Notwendigkeit, realitätsgerecht zu handeln.

Aus diesen Umständen ergibt sich innerhalb des fundamentalen Dilemmas der Vernunft die abstrakte Logik der Lebensstationen Terras. Aus dem Zustand v o r dem Leben flieht er in die zynische Spielerexistenz des Karussellbesitzers n e b e n dem Leben. Um der Geliebten würdig zu werden, muß er jedoch ins Leben eintreten. Seine ersten Taten, bei denen er sich rigoros vernünftig verhält, erzeugen Katastrophen, seine Tätigkeit als Armenanwalt verpufft wirkungslos in den untersten Schichten. In einer neuen »Lebenspraxis« verbindet er nunmehr den Kampf für die Vernunft mit der zynischen Anpassung und spaltet gewissermaßen die eine Aufgabe in zwei Teile: es gilt, die Gewohnheiten des »Lebens wie es ist« mitzuspielen und dabei dessen Vertrauen zu erwerben, sie aber insgeheim »auf lange Sicht« zu Zwecken der Vernunft zu lenken. Die »Schule des Lebens«, wie verzweifelt und zynisch sie auch vordergründig praktiziert werden mag, wird der positiv aufgenommene Umweg durch das Leben zu den Zielen der Vernunft. Da es die »Forderung der Epoche« (440) ist, Geschäftsmann zu sein, übersetzt Terra den Kampf für die Vernunftideale in Geschäfte mit der bestehenden Gesellschaftsordnung und seine »Lebensziele« in »Verhandlungsgegenstände« (439). Aber er bezahlt die »Komödie« zu Zwecken der Vernunft mit tiefer Depression:

Denn Du bist gekommen, die anderen zu betrügen. Ideen auf lange Sicht gedenkst Du den harmlos in den Tag Lebenden heimtückisch anzuhängen. Dafür heuchelst Du, lügst, schmeichelst, trägst Maske, versagst Dir nach Kräften den letzten Rest von Selbstbehauptung (316).

Terra muß jedoch erfahren, daß die eiserne »Logik der bestehenden Gesellschaftsordnung« die Früchte seiner Selbstverleugnung, seines »Geheimkriegs gegen die Macht« entwertet. Das »Zeichen« auf der Stirn des Intellektuellen war so sichtbar, daß die »Komödie« nie Erfolg haben konnte. »Kein kühner Anlauf trägt Dich hinüber, langfristiger Dienst schmuggelt unmerklich Dich ein, Du siegst nicht, Du wirst geduldet!« (189) so weiß die unbestechliche innere Stimme. Wie sehr Terra sich verstellte – er, der alles zergliederte, durchschaute, teuflisch berechnete, um des Guten willen, um den Krieg zu verhindern, er selbst wird »durchschaut« und somit wieder auf die Unauflösbarkeit des Dilemmas zurückgewiesen: »Verfluchter Jesuit, der Kollege! Was hilft es ihm aber, wenn jeder es auf hundert Schritte sehen kann? Das sind meistens die Naivsten« (319). Das Leben eines Sozialisten, der im Reichstag redlich und vergeblich mit nüchternen Argumenten gegen hohlen Patriotismus räsonnierte, war, so erkennt Terra,

> falsch angewendet worden, denn es war begründet auf einer Rechnung mit der menschlichen Vernunft. Mit ihr ist nicht zu rechnen. Wer das seine besser anwenden will als dieser Sozialist, stellt in seinem Plan den menschlichen Drang nach dem Chaos ein, das menschliche Gesetz der Katastrophe (321).

Aber auch Terra, der danach verfuhr, scheiterte, und erst recht scheitert wenig später die »vergewaltigte Vernunft« Mangolfs, der die Vernunftziele so lange preisgab, bis er die Macht hatte, um sie zu verwirklichen.

Am Schluß des KOPFES treten die Varianten des Kampfes für die Vernunft zu jenem Spektrum des Scheiterns zusammen, das in der prismatischen Brechung durch das irrationale Leben entstand. Das Ringen Terras mit dem »Leben wie es ist« jedoch ist keine wirkliche »Komödie«, es trägt vielmehr Züge des Tragikomischen. Mit satirischem Pathos zieht Terra das tragikomische Fazit des Romans, nachdem er auch noch zum vergeblichen Mörder geworden war: »Wir können nach Gottes unerforschlichem Ratschluß nicht anders enden denn als Verbrecher« (483). Dieses Spektrum des individuellen Scheiterns aber ist die romanhafte Aufarbeitung unwiderruflicher Geschichte in der Innensicht des Moralisten: der Einspruch der Vernunft gegen die Katastrophe war in dieser historischen Situation vergeblich, die ästhetische Katastrophe des Romans bedeutet, wie im ZAUBERBERG Thomas Manns und im MANN

OHNE EIGENSCHAFTEN Robert Musils, die moralische der Epoche und die tatsächliche ihres Gesellschaftsgefüges.

Zugleich ist dies Scheitern ein Beispiel dessen, was Heinrich Mann nunmehr »Tragik des Geistes« nennt und im Leben Christi wie auch in der Gestalt Napoleons und gelegentlich im Faust-Stoff zu erkennen glaubt. »Die furchtbare Tragik des Geistes hat sich vollzogen: er verdirbt an seinen Taten« (S. J. p. 33). »Der Handelnde entgeht der Schuld nicht, aus reinen Gedanken werden Verbrechen« (S. J. p. 179) heißt es im Nachruf auf Anatole France von 1924. Und über Napoleon: »Auch dieser Sohn des Menschen konnte fragen: Herr, warum verließest du mich und mußte antworten: weil ich selbst mich verließ« (S. J. p. 33). Im Doppelselbstmord vollziehen Terra und Mangolf selbst die Kreuzigung des Geistes durch die Welt nach dem unvermeidlichen Abfall von der reinen Idee und damit von sich selbst:

> Mangolf hatte als Letztes das unbezweifelbare Gefühl, er ersteige, in Gestalt jenes Christus, leicht und glücklich jenen Hügel... Sie fielen kreuzweise übereinander... Terra und Mangolf ruhten und formten ihr Kreuz (637).

Das Ende der menschlichen Vernunft mündet in dieser Phase Heinrich Manns in religiöser Interpretation. Sie wurde bis jetzt, weil sie in das Bild des »Aufklärers« schlecht paßte, kaum beachtet und in der marxistischen Interpretation übergangen, obwohl an ihrer Ernsthaftigkeit, der das romanisch-katholische Erbe der Mutter entgegenkam, nicht zu zweifeln ist. Im KOPF erscheint ein Mönch als Vertreter eines neubegründeten Ordens, der Terra belehrt, daß sein Glaube an die Menschheit statt an Gott Stolz sei (595), der ihm mit den Worten, die einst ein Mönch in Tirol zu Heinrich Mann sprach (vgl. Z. 199), erklärt: »Ich werde für Sie beten« (597) und ihm prophezeit: »Es ist Ihr Weg. Sie sind bestimmt, zu glauben.« Am Ende zeiht Terra sich und den Freund der Sünde des Stolzes (634) und bekennt, daß er an Gott glaubt (635).

Der folgende Roman MUTTER MARIE (1927) aber gestaltet die stockende, große Beichte der Baronin Hartmann, das Bekenntnis ihres unkeuschen Lebens, ihre Unterwerfung unter die Gnade, ihre »Verdemütigung« (M. 194). Diese Beichte nimmt die Ausschweifungen der Abenteurerinnen Heinrich Manns zurück; sie bedeutet, nach Jahren, einen ergänzenden Abschluß der GÖTTINNEN im Bewußtsein der Sünde. Die Fähigkeit zu urteilen, die in ihrer Reinheit von Gott wäre, so lautet die Erkenntnis dieser Jahre, ist aufs äußerste bedroht von der Sünde des Stolzes:

Sie wollen urteilen über die Welt? Keine Leidenschaft trübt das Vermögen zu urteilen, das von Gott ist, – wie der Stolz. Hüten Sie sich! Er ist Todsünde – und von den sieben die erste (M. 192).

Aufschlußreich schreibt Heinrich Mann später in seinem DEUTSCHEN LESEBUCH: »... in jedem Voltairianer steckt mit Recht ein katholischer Moralist.«[3] Eine Reihe weiterer Betrachtungen über das Christentum hier (TAG 57–67) und im NIETZSCHE-Essay von 1939 bezeugen eine religiöse Unterströmung, die freilich nie so weit hervortrat wie in der Mitte der zwanziger Jahre, im KOPF und in MUTTER MARIE. Es waren dies Jahre einer unter dem Eindruck der chaotischen deutschen Verhältnisse vorgenommenen schonungslosen Selbstprüfung, Jahre außerordentlicher geistiger Energie, in denen die um 1910 im aktivistischen »Geist« gefundene Basis des moralistischen Weltbildes mancherlei Modifizierungen und Differenzierungen unterlag.

Einzelne der hier herausgearbeiteten Züge werden in den Notizen zum KOPF noch schärfer beleuchtet. So notiert Heinrich Mann über Terra:

an der Phantasie leidend, von ihr lebend. Nimmt im Geist vorweg, was bliebe ihm sonst. Die Gegenwart gewährt nichts. Mit der Phantasie beurtheilt er die Menschen übertrieben.

An anderer Stelle heißt es:

Die Gegenwart gewährt ihm nichts, er kann nicht umlernen. Grimassierender, geduckter, höhnender Intellektueller, Produkt des Reiches. Wird es immer mehr, ist es am meisten zur Zeit des Triumphes Lannas' (IV) danach – und eigentlich immer – ist er für Lannas ein Hofnarr.

Rückblickend auf Terras erste Lebensphase:

Er hat bisher am Rande gelebt, wie traumhaft und obenhin, ohne ernsten Zusammenhang mit den Tatsachen der Welt, nur um der Gefühle und der Eindrücke willen, die Menschen konnten an ihn nicht heran. Gespielte Erfahrungen, Das Caroussel, das Theater, die Kuppelei; ein Schatten, der erschreckt und nicht eingreift.

---

[3] Tag 76. Mit Bezug auf »Mutter Marie« heißt es hier: »Ich habe einst über das Sakrament der Beichte einen Roman geschrieben und erfuhr im Lauf der Arbeit die ganze unsterbliche Macht einer Lehre, die den Menschen, jedes menschliche Einzelwesen aufnimmt über persönliche Mängel hinweg, anthropologische Schranken hinweg, und es ungeachtet seiner zufälligen Bedeutungslosigkeit namenlos erhöht durch die Ehrfurcht vor seiner unvergänglichen Natur« (p. 66). – Für das Urteil Weissteins über die Beichte in der Hedwigskirche: »Überzeugend wirkt jedoch weder diese noch irgendeine andere Szene der MUTTER MARIE; und keiner der darin vorkommenden Charaktere vermag uns menschlich anzusprechen« (Weisstein, Heinrich Mann, a.a.O., p. 143) finden sich keine Anhaltspunkte.

Über die Versuche, sich anzupassen:

> Terra stellt sich die Anderen noch immer viel lebenskundiger und gepanzerter vor. Er wird furchtbar, um so zu sein, wie sie.

Eine andere Abgrenzung lautet:

> Gradliniger Ideologe, kann nicht umlernen. Gegensatz Mangolf, der sich anpaßt und zweideutig wird. Gegensatz aber auch der Journalist (III beim Minister) der vom Sozialdemokraten, zum Liberalen und zum Conservativen geworden, nur Form ist, ohne inneres »Centrum«, und sich einen Intellektuellen nennt.

Terra suggeriert sich selbst:

> Herrschen! die Welt will Herrschende und Beherrschte. Du kannst nicht rein bleiben. Auch der Schwester ist das Gefühl alles, daher der Mißerfolg.

Er erklärt in diesem Sinn dem Dichter Hummel in der Music-hall:

> Ich will herrschen. Was ich bin und kann, soll sich besser bezahlt machen, als alle anderen Talente. Dabei will der Geist an die Spitze. Das bändigt die Reichen, nicht Ihr armes Gesindel nur. Mich selbst durchsetzen, dann setze ich den Menschentyp durch, der ich bin. Vor dem Erfolg stark [gestr.: tapf] bleiben, soll auch eine Kunst sein.

c) Der Moralist als satirischer Dichter

Der Intellektuelle Heinrich Manns entwirft unwillkürlich, was sein soll, und erkennt sodann, was ist; die bloße Feststellung der Differenz aber färbt sich auf der Stufe des KOPFES sofort und unvermeidlich satirisch. Aus der Erkenntnis, so ergab sich, entsteht die »überlegte Geburt« der »Moral«, wo sich danach die Erkenntnis wieder dem Leben zuwendet, entstehen Zynismen, den Zynismus aber erhebt die Satire zum pädagogischen Prinzip des Moralisten. Satire ist für Heinrich Mann die Beschreibung des unvernünftigen Lebens aus dem höheren Standpunkt der Vernunft, den dieses Leben selbst nicht einnimmt, obwohl es ihn nach der Meinung des Satirikers einnehmen k ö n n t e und s o l l t e. Daß der Moralist unverzüglich satirisch wird, zeigt, daß er hier nicht ohne den Willen, die Menschen in aggressiver Form zu bessern, gedacht werden kann. Später, in den HENRI-QUATRE-Romanen, tritt an die Stelle der Aggressivität das eigene ausstrahlende Beispiel, an die Stelle von Zynismus Güte.

> Die Menschen richtig lenken, wie sie es gewohnt sind, nämlich im Kreise; sie in Bewegung setzen, berauschen, beschwindeln, ihnen ihr Geld abnehmen und sie zum Teufel schicken: – tu als Staatsmann mehr für sie, wenn Du kannst! Oder bin ich ein Dichter? (63)

Mit diesen Worten erhebt Terra seine Tätigkeit als Karussellbesitzer zum satirischen Gleichnis. An ihm läßt sich die Struktur des Satirischen bei Heinrich Mann ablesen. Tragend ist stets die Feststellung eines Elementes der bestehenden Wirklichkeit, hier: daß die Menschen gewohnt sind, gelenkt, berauscht und beschwindelt zu werden. Alle derartigen Feststellungen sind Abwandlungen des einen demonstrativen »So ist das Leben«, das den Roman durchzieht und welches das Sein vom Sollen, die Wirklichkeit von der utopischen Möglichkeit beharrlich abrückt. Die Feststellung jedoch schießt über das Festgestellte hinaus und wird durch bloße Logik zynisch: »Es war alldeutsches Philosophem, in der Politik die Moral ›überwunden‹ zu haben und grundsätzlich nur zu tun, was abscheulich war« (XII,41). In der Feststellung wird das »Leben wie es ist« zur »Höhe des Gedankens« (633) erhoben und auf grundsätzliche Begriffe gebracht. Die zynische Feststellung komplettiert den »Lauf der Welt« (217) zum Kreislauf (der Dummheit), sie formuliert, was geschieht, in seiner Idealität: als Gesetzlichkeit, und unterschlägt im gleichen Atemzug, daß das Leben keiner solchen Gesetzlichkeit gehorcht; sie unterschlägt, daß es, wiewohl dies wenig wahrscheinlich ist, im nächsten Augenblick auch anders, nämlich besser, sein könnte. Die Unvernünftigkeit des unvernünftigen Lebens ist nicht »feststehend«, obwohl sich die »Logik der bestehenden Gesellschaftsordnung« (272) sofort gegen den herstellt, der sich in ihm unbeirrt nach Gesetzen der Vernunft bewegen wollte. In der Erkenntnis erstarrt das Leben, das geschieht, zum »Leben wie es ist«, und insofern das »Leben wie es ist« schlecht ist, erstarrt es in seiner Negativität. Das Zynische, das nunmehr entsteht, ist die Festlegung des Lebens auf seine Schlechtigkeit, die ihm die Freiheit abspricht, sich zum Guten hin zu verändern, von der es freilich kaum Gebrauch machen wird. Der Satiriker, indem er das Leben zynisch konstatiert, unterschiebt dessen Schlechtigkeit Prinzip und übertreibt sie dabei. Wenn schon das Leben nicht geradlinig auf ein Vernunftziel hin fortschreitet, sondern sich anscheinend im immer gleichen Kreise dreht, so wird es dennoch in seiner Negativität übertreibend vollendet, wenn Terra daraus folgert, die Menschen »richtig« lenken heiße, sie im Kreis herumlenken.

Innerhalb der Absicht, die Menschen zu bessern, übernimmt die zynische Übertreibung jedoch die Funktion, gerade diejenige Besserung, die sie auszuschließen vorgibt, in die Wege zu leiten. Indem der Satiriker vom Leben redet, als sei es prinzipiell schlecht, fordert er den Widerspruch, daß es besser sei, heraus – einen Widerspruch, von dem er hofft, er werde die Besserung selbst bewirken. Satire ist deshalb die schonungslose Konfrontierung des Lebens mit seiner Erkenntnis aus dem höheren Standpunkt der Vernunft – in der Absicht der Besserung, die sich gerade in der aufreizenden Leugnung der Möglichkeit dieser Besserung verbirgt. Sie breitet sich über die Phänomene des Lebens aus, indem sie an jedem soviel der Lächerlichkeit preisgibt, als der Vernunftutopie widerspricht. Daß sich der Satiriker der Übertreibung grundsätzlich bewußt ist, wenn auch dieses Bewußtsein im Augenblick der Verzweiflung oder des Hasses sich verdunkelt, zeigt etwa die korrekte Einschränkung der folgenden Stelle: »Das Regime, dem wir dienen, ist so verwickelt, daß mit einiger Sicherheit nur auf den Zufall zu rechnen ist: – und auch auf ihn nicht, denn Begabung kann ihn durchkreuzen« (256). Diese Einschränkung eröffnet wiederum die Möglichkeit, auch besser zu sein, die dem Regime im ersten Teil des Satzes abgesprochen wurde. Freilich bleibt das Sinnvolle aus Zufall so weit hinter den Forderungen der Vernunft zurück, daß sich die Einschränkung sofort mit neuem satirischen Gehalt erfüllt.

Zynismus ergibt sich im KOPF aus einer bestimmten Art, das, was ist, so zu konstatieren, daß dessen Widerspruch zu der Vernunft in die Augen springt. Hieraus erhellt die Eigenart der Satire: sie will bessern, aber sie will durch Erkenntnis bessern. Das »Leben wie es ist« will jedoch nicht durchschaut werden, es will irrational bleiben, es erstickt oder verdrängt jeden Ansatz zur Selbsterkenntnis. Wo immer Absichten und Folgen, Ursachen und Wirkungen im gleichen Bewußtsein zusammentreten und erkannt werden, treten seine katastrophalen Züge hervor, deshalb beharrt die »bestehende Gesellschaftsordnung« auf ihrer Unschuld, indem sie die Selbsterkenntnis erstickt. So weigert sich Reichskanzler Lannas, aufgeklärt zu werden: »Gewisse Dinge dürfen Sie wissen, aber der mächtigste Mann nicht.« »Das Gleichgewicht erhalten! ... Das ist meine Aufgabe. Ihre ist es, Entdeckungen zu machen, die es stören!« (313). Jene Illusion der Unschuld, die das »Leben wie es ist« nicht aufgibt, meint Terra, wenn er aggressiv zusammenfassend von »sämtlichen Infamien« spricht, »die nötig sind, damit ein Mensch in aller Unschuld sein täglich Brot ißt« (634). Der Satiriker arbeitet jener Verdunkelungstendenz des »Lebens wie es ist« entgegen, indem er ihm die Selbsterkenntnis, die es stets abdrängt, mit aggressiven Mitteln, unter absichtlicher Verletzung der gesellschaftlichen Tabus, aufzwängt. Der Ausspruch Max Kommerells: »Zynismus ist das Rechthaben eines großen Verstandes auf Kosten der Scham«[4] könnte für Heinrich Mann

---

4 Zitiert nach H. E. Holthusen: Max Kommerell und die deutsche Klassik, in: Das Schöne u. das Wahre. Neue Studien zur modernen Literatur. München 1958, p. 145.

abgewandelt werden: »Zynismus ist das Rechthaben der rigorosen Vernunft auf Kosten jener Unschuld, welche die Gesellschaft an den Tag legt, um ihre Unvernünftigkeit nicht zur Kenntnis nehmen zu müssen.« Daß aber die Satire in gewisser Hinsicht nicht über sich hinauswirkt, weil sie zum Verständnis jene Erkenntnisse wieder voraussetzt, denen sie selbst entspringt, und daß der Versuch, durch Erkenntnis bessern zu wollen, sich in lähmender Abhängigkeit von der geringen Erkenntniskraft der Menschen befindet –: diese Einsicht steht am Ende der moralistischen Reflexion im Kopf, sie bezeichnet den Punkt, an dem die satirische Aggressivität ratlos in Resignation übergeht: »Aber sie begreifen nichts ... das ist ihr großes Glück« (636). Auch dies gehört zum »Sosein« der Gesellschaft, das sich der Denkende in der »Schule des Lebens« am Ende einprägen muß; und so versieht Terra die »Einführung« seines Sohnes in das Leben mit dem fassungslosen Hinweis, daß dem »Leben wie es ist« das Bewußtsein von sich selber fehlt:

Sieh' es Dir an, mein Sohn Claudius ... Es ist das Leben, es ist die Welt ... Auslese aus Politik, Kunst, Wirtschaft führt sich Dir in Natur vor. Sie denkt an nichts Böses. So ist sie (467).

Im Kopf geht die zynische Sicht auf das Leben hauptsächlich von der Marionette Terra aus, sie ist Subjekt, aber auch Objekt der Satire. Da Terra sich dem »Leben wie es ist« anpaßt und sein Handeln seinen Begriffen davon folgt, wird sein Benehmen zur steten Quelle zynischer Übertreibung, zur satirischen, entlarvenden Parodie. Ein Beispiel ist der »Trinkakt«, den Terra beim Zutrinken umständlich vollzieht. Er verdeckt die eigene Hilflosigkeit, imitiert das unverständliche Gebaren der anderen und entartet sofort zur schrillen Parodie. Die Augenblicke, in denen Terra »auftritt« und Maske für die Welt trägt, werden durch seine übertriebene »Abgefeimtheit«, durch wohleinstudiertes, einschüchterndes Benehmen, aber auch durch eine Reihe stereotyper sprachlicher Wendungen gekennzeichnet. Er »springt« dann mit Menschen »um« (56), er »befingert« alles richtig, er spricht »zeremoniös, unter scharfem Mienenspiel«, »klangvoll durch die Nase« (55), »hell trompetend« (56) und mit »eherner Stimme« (63); es geschieht freilich, daß er, wenn ihm jemand zuvorkommt, unvermittelt »wehrlos« (57) wird und stottert.[5]

---

5 Die Gestalt Terras spiegelt Züge Frank Wedekinds. Dessen Auftreten war »von nahezu schauriger Niegesehenheit« (XI,399), er erzeugte »Grauen und Gelächter« zugleich (Zeitalter, p. 202). Auch W. ist ein »höherer Mensch in der Schule der Demütigungen« (XI,402); »die ›Menschenwürde‹ tragisch zu behaupten, war einzig ihm gegeben« (Z. p. 204). Wedekind-Zitate erscheinen in leitmotivischer Funktion; auf den letzten Satz des »Marquis von Keith«: »Das Leben ist eine Rutsch-

Wo immer Terra »schmettert«, spricht er uneigentlich, zynisch, »für die Welt«, wo er im Innersten getroffen wird, »murmelt«, »stottert« oder »keucht« er. Oft zeigen nur diese sprachlichen Formeln den Wechsel der beiden Stimmen in seinen zerrissenen Äußerungen an. Ebenfalls zur zynischen Maske gehört im Sprachlichen sein – Wedekind fortsetzender – »Kurialstil« (313). Er setzt die »Floskeln« (202) des »Lebens wie es ist« bombastisch aneinander:

> Eure Exzellenz wird im Verlauf Ihres hoffentlich langen und glücklichen Wirkens für das Vaterland vielleicht Gelegenheit bekommen, sich der demütigen Worte eines Niedriggeborenen, Unberufenen zu erinnern (220).

Da es im »Leben wie es ist« auf Wirkung, »Aufmachung« (166) ankommt – »Das Leben ein Plakat, sagt der Monarch seinem Volk, und täglich versteht es ihn besser« (278) – so ist das Zerrbild, das Terra gibt, voll knalliger Effekte: seine »falsche Würde und Übermoral« (474) fällt auf, er wird durchschaut, die Menschen fühlen, daß seine »ausdrucksvolle Sprechart« »Seinesgleichen«, nämlich den Ohnmächtigen, nicht zusteht (423).

Der Zynismus Terras schützt sein allzu empfindliches »Herz«, er kommt jeder möglichen Blamage zuvor, indem er die eigene Innerlichkeit schneidend an die Welt preisgibt, um sie desto sicherer vor ihr zu verbergen. »Was meine Schwester betrifft, ein pompöses Weib, werde ich mir erlauben, sie den Herren bei der ersten Gelegenheit hierselbst vorzuführen« (58) – in diesem dröhnenden Satz gibt Terra verbergend die zärtlichste Bindung an die Schwester preis. Eine andere Stelle zeigt, wie Zynismus und Hilflosigkeit ineinander greifen, um Innerlichkeit und Welt voreinander zu schützen.

> Da fühlte Terra sich bewegt, nahe bis zu Tränen, weil hier Wohlwollen waltete und Arme sich zu öffnen schienen. Dem ungewohnten Ereignis gegenüber mußte er sich zusammennehmen, um scharf, formelhaft und doppelsinnig wie sonst zu antworten (167).[6]

---

bahn«, spielt offenbar der Turm auf dem Oktoberfest an, von dem die »schwindelnde Nachtfahrt« »schnell und unendlich wie Gedanken« (89) »in das Leere« (90) hinabführt. – Vgl. über Wedekind: »Es waren noch seine plumpen, des Griffes sicheren Hände« (XI,412), über Terra: »Ein Gesicht, das sich verrenkte vor Hohn und Haß, Augen wie brennende Abgründe, und plumpe Hände formten um die gesprochenen Dinge ihre Griffe grauenerregend sicher« (238). – Heinrich Mann gibt später an: »Ich habe bei Mangolf am Häufigsten an Harden gedacht. Terra habe ich so sehr an Wedekind angenähert, daß er seine Sprache und Sätze aus seinen Stücken spricht« (Findbuch Nr. 304).

[6] Vgl. schon in den »Göttinnen«: »... seine Stimme klang nach geheimem Händeringen. Plötzlich nahm er sich zusammen und schnarrte ...« (3,11); ferner 3,41.

Hinter der Maske geschehen andere Eruptionen des Gefühls, hinter den bombastischen Phrasen läuft der innere Monolog, dort erklingen die wahren, überschwenglich schmerzlichen, frohlockenden, verzweifelten Töne. Auch für die innere Stimme bildet Heinrich Mann sprachliche Formen aus, die sich erst in den HENRI-QUATRE-Romanen voll entfalten. Es sind Infinitivsätze, bald von monotonem Schmerz erfüllt: »Einander verraten und verlassen. Einander bekämpfen, finden und nicht kennen. Einander hassen, einander verfallen sein – und kaum fünfundzwanzig Jahre sind wir alle« (80), bald dem Ich befehlend: »Nicht dies! Nicht beichten, die Verantwortung seiner selbst nicht fortgeben, nicht Menschen zur Last fallen. Schweigen. Allein weiterkämpfen...« (602). Auch andere elliptische Formen häufen sich: »Noch immer Narr Deiner Träume, noch immer nicht Mann, – und dastehen im wässerigen Schneefall, mit dieser Episode von Liebe...« (197), »Jetzt schroff kehrtum; die Büsche durchbrochen mit Ungestüm und davongestürmt im herben Trotz Deiner Jugend« (234). In den Passagen, die das »Du« des inneren Monologs regiert, wie »Dafür heuchelst Du, lügst, trägst Maske usw.« (316) fließen vielfach Selbstgespräch und Dialog mit dem Freund ununterscheidbar ineinander: das gleiche lebenslange Ringen um Existenzerhellung wird bald im einen, bald im anderen laut, beide sind verschiedene Interpretationen geistiger Existenz in einer ungeistigen Welt und jeder ist des anderen Beichtiger, des anderen zweite richtende Stimme.

Aber auch die Sprache Heinrich Manns selbst enthüllt die Negativität des »Lebens wie es ist«. Sie ist reich an zynischen, ironischen, höhnischen, gehässigen und schnoddrigen Nuancen, welche die Entstellung im einzelnen bezeichnen. Sie konsolidiert das gesamte moralistische System in sprachlichen Chiffren, Begriffsnetzen und bedeutungshaltigen Wortfeldern, wie die um »Erfolg«, »Geschäft«, »Schule des Lebens«, »Krieg« und »Kampf«. Insbesondere breitet sich in ihr mit dem Wortmaterial aus dem kaufmännischen Leben jene Versachlichung zynisch aus, die die Abtötung des Menschlichen durch die berechnende »Erfolgsmoral« spiegelt. Liebende werden aneinander zu »Gläubigern« (428), Lebensziele werden »Verhandlungsgegenstand« (439), man zieht »Bilanz«, ehe man heiratet. Des weiteren ist das Physiognomische für Heinrich Mann ein wahrhaft unerschöpfliches Ausdrucksfeld vielfältiger Beziehungen. »Schmutzfarbe der Haut, der Augen, besorgte Fältchen der Gier bis auf die Glatze« (470) lautet die Beschreibung Dr. Mörsers (Neffe des Industriellen Knack, Geschäftsmann, Homosexueller). Auch die klassischen Mittel der Satire, die Metaphern aus dem Tierreich, spielen eine besondere Rolle, die noch zu erwähnen sein wird.

Auffallend an der eingangs zitierten Karussellszene ist der völlig zusammenhanglos hingeworfene Satz: »Oder bin ich ein Dichter?« Er ist außerordentlich aufschlußreich. In der Tat ist Terra in doppelter Hinsicht der Dichter dieses »kleinen Lebens«. Einmal, indem er in die unregelmäßige Ergebnislosigkeit des Lebens, in den »Lauf der Welt«, den Kreislauf als Gestalt negativer Idealität hineindichtet. Zum anderen, indem er das Leben in dieser Gestalt reproduziert, indem er den »hölzernen, grell bemalten Zauber« (61) »in Bewegung« setzt und zynisch selbst die trügerische Wirklichkeit des Lebens herstellt, welche die Kinder, während sie im Kreise fahren, imaginäre »Abenteuer« erleben läßt. »Ich gebe ihnen Illusionen wie ein Dichter« heißt es noch in einer Fassung der Notizen zum KOPF.

Der »dichtende« Blick ist der eigentliche Schlüssel für das Verhalten der Marionette Terra. Mit der Phantasie lebend geht er übertrieben auf die Wirklichkeit ein, sieht er sie tiefer, sieht er in einer Wirtshausprügelei ein »kleines Leben«, Abbild des großen, des Kriegs. Er sieht in allem das negativ Bedeutende des »Bestehenden« vor dem Hintergrund des »Lebens wie es sein soll«; erkennend stellt er die zynisch vervollständigte Gestalt des »Lebens wie es ist« erst her und wird, wo er sie reproduziert, ihr Dichter. Es ist dies ohne Zweifel der Begriff des satirischen Dichters, wie ihn Heinrich Mann in diesem Roman selbst erfüllt. Auch der Roman ist ein Karussell der Bosheiten, ein »grell bemalter Zauber«, den der Dichter in Bewegung setzt, eine trügerische Wirklichkeit, in deren Abenteuer sich der Leser verliert. Für den Augenblick eines geistreichen Bezugs erkennt sich der Dichter in seiner Gestalt.

Innerhalb des Romans ist Terra nicht der einzige, der das »Leben wie es ist« aus der Erkenntnis reproduziert. Auch die satirische Allegorie, die GENERALAGENTUR FÜR DAS GESAMTE LEBEN, ist eine solche zynische Schöpfung, ihr »Dichter« ist der Direktor von Praß. Er ist, so wenig wie Terra, der abgefeimte Lebenskenner, als welcher er ihm begegnet, sondern ein Geistesverwandter, worauf die zunächst unverständliche Bemerkung bei der ersten Begegnung weist: »... da erschrak Terra vor der Glut seiner schwarzen Augen: sie sagten Irrsinn vorher, – und glichen sie nicht seinen eigenen?« (99). Auch der Direktor ist ein Vertreter des »Geistes«, er hat das Leben »durchschaut« und als »Generalagentur für das ganze Leben« in idealer satirischer Vollendung reproduziert – in diesem Fall, wie es das Leben will, zur kommerziellen Auswertung. Deshalb ist der Posten Terras, Reklamechef dieser Agen-

tur, die wichtigste Neuerung »in der Geschichte des reinen Geistes. Es
ist erreicht, er wird dem gesamten Leben nutzbar gemacht« (101). Deshalb ist alles ununterscheidbar »Geschäft und Vergnügen«, »Hirnge-
spinst, Geistererscheinung oder Schwindel« (105), wie auch der Roman.
Der Direktor hält sich für einen »ausgekochten Lebenskenner« und ist
»ein kümmerlicher Poet in der Dachkammer«, der »erschrickt, wenn die
Wirklichkeit heraufsteigt« (105). In dieser Hinsicht ist kein wesent-
licher Unterschied zwischen Terra, der das Karussell dreht, dem Direktor, dessen Agentur das »Leben wie es ist« reproduziert, zum Zwecke
geschäftlichen Betrugs, und Heinrich Mann, der dieses Leben spiegelt,
als Roman und um die Menschen zu bessern. Alle drei treffen in der
Bestimmung des satirischen Dichters überein, sie spiegeln sich wiederholt ineinander, und es ist eine Verschachtelung mehrerer satirischer
Konstruktionen, wenn Heinrich Mann den Leser das Leben »erkennen«
läßt, das dieser Roman bedeutet, indem er Terra das Leben »erkennen«
läßt, das die Generalagentur bedeutet und das der Direktor »erkannt«
und in der Agentur zynisch reproduziert hat, der seinerseits eine Gestalt der satirischen Phantasie seines Dichters ist. Im Gegensatz zum
»Leben wie es ist«, das die Selbsterkenntnis erstickt, ist der Roman-
autor nicht nur imstande, sich in seinen Geschöpfen zu spiegeln, sondern auch, indem der »Dichter« Terra im Direktor den »kümmerlichen
Poeten« erkennt, sogar dazu, eine Parallele dieser Selbsterkenntnis in
den Roman selbst zu verlegen.

In gewisser Hinsicht ist also die GENERALAGENTUR dem Roman
gleichgesetzt, beide sind Produkte des Schwindels als »geistiger Leistung« (100). Wenn Terra den Betrieb der Generalagentur durchschaut
und damit zum Auffliegen bringt, so bezeichnet diese Katastrophe auch
den Augenblick, in dem er die Sphäre bloß literarischer Taten, wie es
seine Besprechung der Kaiserlichen Oper war, und wie es für Heinrich
Mann der Roman ist, (der seinerseits gewissermaßen die Beschreibung
einer »Kaiserlichen Oper« ist) verläßt und zu realen »Taten« als Rechtsanwalt, als Reichstagsabgeordneter, später als Syndikus, schreitet. Jene
Abdrängung des Talents zur Literatur, die, wie erwähnt, Heinrich
Mann beklagt, weil die Macht im Kaiserreich »reservierte Sitze« hatte
(S. J. 217), wird also von den Gestalten dieses abgedrängten Talents in
aufsteigender Linie von ZWISCHEN DEN RASSEN über den KOPF zu den
HENRI-QUATRE-Romanen literarisch rückgängig gemacht. Heinrich
Mann weitet das Literarische zum Politischen hin aus, er sieht nun auch
eine Gemeinsamkeit zwischen Dichter und Politiker. So hieß es ja an
der angeführten Stelle: »Die Menschen richtig lenken, wie sie es ge-

wohnt sind usw. .... – tu als Staatsmann mehr für sie, wenn Du kannst! Oder bin ich ein Dichter?« Sieht man von der zynischen Fassung ab, so ist die Gemeinsamkeit zwischen Staatsmann und Dichter die Lenkung von Menschen, »unsere Arbeit«, so heißt es in der Betrachtung DER BLAUE ENGEL WIRD MIR VORGEFÜHRT, »ist die eines besonders selbständigen und einfallsreichen Regisseurs. Romane schreiben, von dieser Seite gesehen, heißt Regie führen«.[7] Betont man hingegen die R i c h t i g k e i t der Lenkung, so ist das Gemeinsame der Moralist, der »zu denken und zu wissen« (220) berufen ist und als Staatsmann handelt. Es ist Heinrich Mann deshalb bedeutsam, daß Napoleon als Leutnant Romane schrieb (XI,138); als einen tätigen Moralisten wird er Henri Quatre schildern, als Moralisten, die zugleich Literaten sind, wollte er später, in begrifflicher Abstraktion von der Realität, die Politiker Churchill, Roosevelt und Stalin sehen. In ES KOMMT DER TAG heißt es schließlich: »Cicero ist das Urbild dessen, der handelt, wenn er redet und wenn er schreibt« (TAG, 225). Wie sehr er Dichtung nunmehr unter dem moralistischen Aspekt betrachtet, zeigen einige über die Essays der zwanziger Jahre verstreuten Äußerungen.

> Wäre die Gesellschaft vollkommen und endgültig, so weiß ich nicht, was Literatur sollte. Unter Ausgeglichenen, Dauernden, oder völlig Glücklichen gäbe es keine. Denn Dichtung ist Gericht sowohl wie Trost. Darum droht auch keine Gefahr, daß sie jemals unnütz wird.[8]

Somit wäre Dichtung nachgerade eine Funktion der Unvollkommenheit des Lebens, und ein Aspekt dieser Funktion wäre das Gericht, das der Dichter als Moralist, wie Heinrich Mann im KOPF, über die Zeit, die er bessern will, hält. Dieses Zitat zeigt auch den Vorrang des Lebens vor der Kunst, der selbst inmitten des frühen Kunstrausches eine durchgehende Linie der Künstlerproblematik Heinrich Manns bildete. In dem Maße jedoch, in dem sich der Schwerpunkt seines Interesses dem »Leben wie es sein soll« zuwendet, in dem es ja keine Literatur mehr gäbe, verblaßt die Künstlerproblematik. »Die Kunst ist nur Werkzeug. Wer selbst hoch stieg im Geistig-Sittlichen, hat manchmal fast verges-

---

[7] Heinrich Mann, Das öffentliche Leben, a.a.O., p. 327. – »Einen Roman schreiben, heißt Regie führen« trug Heinrich Mann dann auch in das Gästebuch Arthur Kutschers ein (Faksimile in Arthur Kutscher, Der Theaterprofessor. München 1960, p. 104).

[8] S.J. 267. Ferner: »Wenn das Leben eine allgemein verständliche Angelegenheit wäre, bezweifle ich, daß es Romane gäbe« (XI,69). »Worte und Sätze sind unter anderem auch Gegenwehr, ein ganz und gar glückliches Zeitalter hätte keine Literatur« (XI,40). »Der junge Soupault behauptet sogar, daß er aus Schwäche schreibt. Er hält die Literatur zur Not für ein Mittel zum Zweck« (XII,299).

sen, daß er sie besitzt« (XI,325). Hierin dürfte der Grund dafür liegen, daß Heinrich Mann, trotz der sonst erkennbaren Parallelität im Werkrhythmus der Gebrüder Mann, später keinen dem DOKTOR FAUSTUS vergleichbaren Künstlerroman geschrieben hat. Mit der Definition des Dichters als eines Moralisten, der das Wissen von Gut und Böse sinnlich gestaltet,[9] gibt er diesem eine vom Dekadenzbegriff des Dichters sehr verschiedene Deutung. »Die Kunst«, so heißt es wiederum im ZEITALTER, »ist um ihrer selbst willen ernst zu nehmen. Dies festgestellt, ist sie eine der sozialen Mächte« (Z.226). Kunst allein, wiewohl sie um ihrer selbst willen ernst zu nehmen ist, bedeutet ihm, wie auch der »aktivistischen« Richtung des Expressionismus,[10] noch nicht die ganze Wahrheit: sie steht jetzt in einem dienenden Verhältnis zum Geist und wird als soziale Macht begriffen. Der »Intellektuelle«, der Erkennende, rückt in den Mittelpunkt der moralistischen Konzeption des Dichters. Entsprechend der rationalen Auffassung Heinrich Manns kommt zum Moralisten im Dichter die »reizbarere Natur«, die ihn befähigt, den Ideen »Auftrieb und Macht von Leidenschaften« zu geben: »Sie können greifbare Gestalten der Sinne werden bei ihm« (XI,308/9).

Diese Verschiebung des Begriffes von Dichtung manifestiert sich deutlich auch im Stil Heinrich Manns: als eine, in der Befürchtung, nur zu verführen, zweifellos bewußt vorgenommene Immunisierung der Sprache gegen ihren berauschenden Rhythmus und allzu großen Glanz. So läßt er 1915 Zola sich selbst anbefehlen: »Und fort mit dem aristokratischen Künstlerstil, er liefert Kunstleckerbissen, die menschlich nicht mitzählen. Starke Werke wären mir lieber« (XI,165).[11] Die eigen-

---

9 Im »Zeitalter« wird Heinrich Mann schreiben: »Daher habe ich erst jetzt den vollen Sinn für die schöpferische Begabung des Menschen. Er ist das Wesen, das von Gut und Böse weiß: das macht ihn zum Gestalter« (p. 500).

10 Vgl. die sehr ähnlichen Auslassungen Kurt Hillers (Der Aufbruch zum Paradies, München 1922, p.97), eines Theoretikers des Aktivismus, über Kunst: »Kunst ist wenig, wenn sie nichts ist als Kunst. Es gibt Höheres als Kunst.« – »Für den großen Künstler ist, daß er Künstler ist, Nebensache; er dient dem Geist« (p.96). – »An allen großen Kunstwerken ist, daß sie Kunstwerke sind (und nicht Religionen, Philosophien, nicht Politiken), Zufall und Nebensache.« (Verwirklichung des Geistes im Staat. Beiträge zu einem System des logokratischen Aktivismus. Leipzig 1925, p.29).

11 Pünktlich kommentiert der erbitterte Bruder in den »Betrachtungen eines Unpolitischen«: »Aus Furcht vorm Artistischen fängt man an, mit dem Besen zu schreiben, puritanisch-asketisch, in gehackten Sätzen – um die Tugend zu versinnlichen. Der Stil gilt für gerettet, wenn nur die Syntax französisch ist« (Thomas Mann, XII,548). – Indirekt charakterisiert diesen Stilwillen Heinrich Manns in einem ganz anderen Zusammenhang der spätere Reflex: »Ohne Weichheit, der Klang gebrochen, die Absicht neutral, um nicht zu bezaubern, erinnert die Stimme ihn daran, usw.« (A. 98).

tümlichste Erfahrung aber, die in den moralistischen Begriff des Dichters eingeht, ist,

> daß jemand, der schließlich nur Erfindungen schreibt, eine Art Mitschuld fühlen kann am Gang der wirklichen Welt. Ihre Taten, die oft schlimm waren, haben ihn beschwert wie eigene Fehler und Mißerfolge. Ihre Langsamkeit im Bessern macht ihm noch immer heiß, als bliebe er selbst schmählich hier stecken ... Der Schriftsteller hat, ohne daß er handelte, Gewissen für die Handelnden (XI,309).[12]

Und so lautet die nunmehrige Auffassung der Kunst innerhalb dieses Literaturbegriffs, in einer Formulierung von 1927:

> Literatur ist niemals nur Kunst, eine bei ihrem Entstehen schon überzeitliche Dichtung gibt es nicht. Sie kann so kindlich nicht geliebt werden wie

---

[12] Nicht zu überhören ist hier der Bezug auf Goethe: »Der Handelnde ist immer gewissenlos; es hat niemand Gewissen als der Betrachtende« (Maximen und Reflexionen, hrsg. v. M. Hecker, Weimar 1907, Nr. 241). Diese Maxime zitiert und paraphrasiert Nietzsche: »Wie der Handelnde, nach Goethes Ausdruck, immer gewissenlos ist, so ist er auch immer wissenlos; er vergißt das meiste, um eins zu tun, er ist ungerecht gegen das, was hinter ihm liegt, und kennt nur ein Recht, das Recht dessen, was jetzt werden soll« (Nietzsche, I,216). Während aber die Maxime des späten Goethe epimetheisch, geradezu als »schärfste Absprache gegen alles Prometheische« (Gerhart Baumann, Maxime und Reflexion als Stilform bei Goethe, Karlsruhe 1949, p. 43) zu verstehen ist, deutet sie Nietzsche prometheisch um. Möglicherweise wurde diese Stelle (aus der vielgelesenen zweiten unzeitgemäßen Betrachtung »Vom Nutzen und Nachteil der Historie für das Leben«) zum Ausgangspunkt eines fatalen Mißverständnisses, das sich in der wilhelminischen Zeit an die Maxime heftet: als habe Goethe die Gewissenlosigkeit des Täters entschuldigen wollen.
Eine willkürliche Sammlung von Belegen ergibt: Otto Baumgarten 1916: »Goethe sagt im Gedanken an das Stückwerk unseres sittlichen Handelns, das nie über jeden Einwand erhaben, jedes Bedenken hinaus liegen kann: »Der Handelnde ist immer gewissenlos; es hat niemand Gewissen als der Betrachtende« (Politik und Moral, Tübingen 1916, p. 150). – Ludwig Klages 1917: »»Der Handelnde ist immer gewissenlos; es hat niemand Gewissen als der Betrachtende« (Goethe). Demgemäß weisen wir als irrig die Behauptung zurück, das Gewissen sei eine gemeinmenschliche Erlebnistatsache ...« (Brief über Ethik. In: Mensch und Erde. Sieben Abhandlungen. Jena [3]1929, p. 126). – Friedrich Meinecke 1924: »Er [sc. Goethe] wußte es: »Der Handelnde ist immer gewissenlos«« (Die Idee der Staatsräson, München [2]1960, p. 505). – Lion Feuchtwanger noch 1956: »Mir fiel ein der Goethesche Satz: »Der Handelnde ist immer gewissenlos, Gewissen hat niemand, nur der Betrachtende«, und als ich nun kopfschüttelnd betrachtete, was ich damals handelnd hervorgebracht hatte usw.« (Centum opuscula, Rudolstadt 1956, p. 613). – Heinrich Mann dagegen variiert den epimetheischen Sinn: »Der Schriftsteller hat, ohne daß er handelte, Gewissen für die Handelnden«, und im letzten Roman: »Aber handeln macht nicht vertraut, am Wenigsten am Tod und Leben handeln: nötig ist, zu betrachten« (Der Atem, a.a.O., p. 98). Dazu der Reflex: »Eins ist handeln: er aber betrachtet auch« (VII,434), und im weiteren Zusammenhang noch die Charakterisierung Henri Quatres: »qui saura se juger tout en agissant« (VI,378) – »der sich wohl zu beurteilen weiß, während er handelt.«

Musik. Denn sie ist Gewissen – das aus der Welt hervorgehobene und vor sie hingestellte Gewissen. Es wirkt und handelt immer. Wer es verfolgt, kann eine Zeitlang die Welt den Unbedenklichen allein überliefern. Dann kommt für das Gewissen ein um so größerer Tag (XI,264).

Dieses Engagement des Gewissens und die Erfordernisse einer selbstverständlich gewordenen Kunst bestimmen während der kurz danach anbrechenden Zeit, in der das Gewissen verfolgt und Deutschland den »Unbedenklichen« überliefert wurde, den weiteren Weg Heinrich Manns, die Wahl der Anlässe und der literarischen Formen, vom großen Erziehungs- und Staatsroman bis zum politischen Pamphlet.

KAPITEL VII

MORAL UND POLITIK

a) Kant und kantischer Geist bei Heinrich Mann

> ...*und ein Deutscher ohne Illusionen*
> *mußte sein, wer als erster die Mög-*
> *lichkeit des ewigen Friedens bewies.*
> *Manchmal wird es schwer, Kant unter*
> *Deutschen zu sehen*... (XIII,478).

Früh schon rückt die Französische Revolution in den Mittelpunkt der politischen Anschauungen Heinrich Manns, sie bleibt ihm lebenslang gegenwärtiger Bezugspunkt, ein eingehend studiertes[1] Ereignis. Nach den Anklängen im Umsturzversuch der Herzogin von Assy in Dalmatien erscheint die Französische Revolution wiederum in ZWISCHEN DEN RASSEN als Inbegriff aller menschheitlichen Hoffnungen Arnold Actons; von da an reißt die Kette der Bezugnahmen bis zuletzt nie mehr ab.[2] Für Arnold Acton war »dies arkadische Verbrüderungsfest«[3] der »Lohn« der »glücklichen Menschen des achtzehnten Jahrhunderts«, die »an die irdische Vervollkommnung des Menschengeschlechts« glaubten, ein

---

[1] Im Heinrich-Mann-Archiv der Deutschen Akademie der Künste befindet sich das Exemplar Heinrich Manns von Jules Michelets siebenbändiger »Histoire de la revolution française«. »Die Randbemerkungen, Fußnoten, Nachschriften auf leeren Blättern am Ende jedes Bandes und Notizen auf eingelegten Blättern würden zusammengestellt beinahe wieder einen ganzen Band füllen. Viele dieser Bemerkungen wachsen sich zu kleinen Essays aus« (Alfred Kantorowicz, Heinrich Manns Henri Quatre-Romane. In: Sinn und Form, 1951, H. 5, p. 38). Dazu Thomas Mann schon in den »Betrachtungen eines Unpolitischen«: »Wir wissen längst, daß er geistig in einer hundertdreißig Jahre zurückliegenden Epoche, der Französischen Revolution, lebt und webt.« Heinrich Mann sei ein »ausgemacht verspielter Kopf, der sich an Michelets Revolutionsgeschichte überlesen hat, wie Don Quijotte an seinen Ritterbüchern...« (XII,333). Im »Zeitalter« wird Michelet »der überdimensionale Dichter der Revolution« (p. 7) genannt,

[2] Vgl. den abschließenden Essay zu diesem Thema »Die Französische Revolution und Deutschland« (in: Aufbau, 1. Jg. (1945), p. 205–210), aber auch noch den Brief vom 26. 5. 1949 an den Dekorationsmaler G. (in: Aufbau, 6. Jg. (1950), p. 583).

[3] Der Ausdruck findet sich schon im Flaubert-Essay von 1905: »... dieses arkadische Verbrüderungsfest, dieses weite Morgenrot, in das eine bis zur All-Liebe verklärte Menschheit starrt« (XI,103).

»Ausbruch des Besseren im Menschen« (7,185). Die Revolution ist Hein-
rich Mann allererst ein faszinierendes Beispiel für die Möglichkeit des
»Geistes«, durch die Tat »einzugreifen in das Gefüge der Wirklichkeit«
(XI,208); im Grunde meint er immer nur diesen idealen Augenblick.
Als dessen Bezeugung wirft die Revolution einen »märchenhaften
Schein« über die Jahrhunderte und »die Geschichte hat keinen anderen
Sinn mehr, als jener großen Stunde Dauer zu geben und dem Geist, der
das Geschlecht jener Jahre beseelte, die Welt zum Körper« (XI,8). Der
Blick Heinrich Manns ruht nicht auf der »Degeneration des französi-
schen Reformunternehmens«,[4] auf der »Verwandlung von Vernunft-
priestern in Kopfabschneider«,[5] wie es sein Neffe Golo Mann formuliert, sondern auf der Menschheitsidee, die im Augenblick des »arkadischen Verbrüderungsfestes« sichtbar wurde,

> als die Grenzen der Provinzen fielen, der Adel abdankte, auf weiten Fel-
> dern die Zehntausende der Föderationen sich Liebe schwuren; als Bauern
> einander sagten, daß die Revolution nicht Frankreich gehöre, sondern der
> Menschheit, und Abgesandte aller Völker herbeizogen, um der französi-
> schen Nation Ehre und Bruderschaft zu entbieten (XI,8).

Neben diesem theatralischen Verbrüderungsfest am 14. Juli 1790 auf
dem Marsfeld zu Paris, das die Geschichtsbücher als Geburt der französischen Nation bezeichnen, ist es immer wieder der 4. August 1789,
an dem der Adel freiwillig allen Privilegien entsagte, der Heinrich
Mann zum Inbegriff jenes einzigartigen Geistes wird.

Zwei Jahre vor ZWISCHEN DEN RASSEN schrieb er über Choderlos
de Laclos:

> Die Revolution bereitet ihm als einzelnem nur Enttäuschungen; er aber
> hängt an der großen, geliebten Abstraktion; will niemals glauben, daß
> außer einem kleinen Haufen Unverbesserlicher jemand ihr entgegen sein
> könne. Geblendet vom Starren in die weite Morgenröte, verliert sein Blick
> die Tatsachen (XI,33).

Wenn Heinrich Mann dies sehen konnte und dennoch das Enttäuschende
des äußeren Ablauf übergeht, so nicht, weil auch er die Tatsachen verliert, sondern offenbar weil er Gründe zu haben glaubt, an der »großen,
geliebten Abstraktion«, an der Idee, festzuhalten,[6] Gründe, bewußt in

---

[4] Golo Mann, Friedrich von Gentz. Geschichte eines europäischen Staatmannes,
Zürich/Wien 1947, p. 41.

[5] a.a.O., p. 46.

[6] Aufschlußreich ist, wenn er noch 1924 in einem Nachruf auf Anatole France
schreibt:
»Dies ist europäisch, ist westlich: Ideen lieben, aber ihrer Verwirklichung die
Härte nehmen wollen. Übergänge suchen. Das Herkommen achten, noch wenn

jeder Tat »neben ihrer praktischen Wirkung ihr geistiges Gepräge« (XII,26) zu sehen, Gründe, die in der vor 1914 in Deutschland weit verbreiteten Geringschätzung der bloßen Idee zu suchen sind.

Als Aufbruch der Vernunft steht die Revolution jeder späteren Wirklichkeit gleichsam so lange noch bevor, als diese nicht ihre Prinzipien in sich aufgenommen hat:

> Unter uns Menschen des zwanzigsten Jahrhunderts lebt auf und handelt weiter die französische Revolution. Sie ist ewig, ist übernationales Geschehen im Angesicht der Ewigkeit. Im Schein von Blitzen hat sie einst für Augenblicke vorweggenommen, was noch die künftigen Jahrhunderte unserer Welt mit täglicher Wirklichkeit erfüllen soll (XII,63).

Wo immer somit Demokratisierung autoritäre Machtgefüge ablöst, wo immer Freiheit, Gerechtigkeit und die Menschenrechte durchgesetzt werden, geschieht in diesem Sinne »französische Revolution«. So bekräftigt Heinrich Mann noch einmal 1939:

> Die alten Kämpfe gehen weiter. Die Kämpfer wechseln, ihre Erfahrung hat sich vermehrt: das Ziel ist, wie je, die Freiheit. Auch in uns handelt noch immer die Französische Revolution.[7]

Mit der ideellen Auffassung setzt Heinrich Mann e i n e der beiden Haltungen gegenüber der Revolution fort, die sich in Deutschland bald nach dem Ereignis herausgebildet hatten. Sieht man Kant und seinen Schüler Friedrich Gentz als frühe Vertreter beider an,[8] so setzt er die kantische Haltung fort, wie umgekehrt der Thomas Mann der BETRACHTUNGEN EINES UNPOLITISCHEN die des Burke-Übersetzers Gentz teilt. Sie war ja auch in Deutschland im allgemeinen weiter verbreitet.[9]

---

man es verwirft. Mit Menschen gütiger verfahren als mit Gesinnungen, sie schonen als immer mögliche, immer bereite Pflanzstätte der Ideen. Von der ganzen Revolution liegt ihm nur der Beginn, l'Aube, der erste, noch unbefleckte Aufgang des neuen Tages, neuen Seelentages in Menschenstirnen, die schwärmerisch vor hell gerötetem Himmel stehen« (S.J. p. 180).

[7] Die Frz. Rev. u. Dtd., a.a.O., p. 210.

[8] Vgl. Kurt von Raumer, Ewiger Friede. Friedensrufe und Friedenspläne seit der Renaissance. Freiburg/München 1953, besonders Kap. 6, Kant und Gentz, p. 151–207. Ferner Golo Mann, a.a.O., vor allem Kap. 2, Französische Revolution, p. 36–59.

[9] Vgl. H. A. Korff (Geist der Goethezeit, Bd. II, Leipzig 1958, p. 349/50): »Es ist nun für Goethe und für die Klassik überhaupt bezeichnend, daß die R e v o l u t i o n ... ausschließlich von ihrer fragwürdigen Seite, ausschließlich als eine Z e r s t ö r u n g d e r O r d n u n g, nicht aber als der Versuch zu einer Neuordnung angesehen wird« (Sperrungen bei Korff kursiv). – Dazu die spätere Bemerkung Thomas Manns über den »ungeheuren Einfluß« von Edmund Burkes konservativen »Reflections on the Revolution in France«, aus denen er selbst noch zur Zeit des Ersten Weltkrieges zitiert habe (Thomas Mann, X,395).

Aus der Französischen Revolution gewinnt Heinrich Mann die in der wilhelminischen Zeit weit zurückgedrängte Anschauung, daß der Staat kein unerreichbares Gebilde, sondern lebendige Funktion des politischen Verhaltens seiner Bürger, daß er machbar und veränderlich sei:

> Der Staat hängt einzig ab von uns Menschen, von unserem Willen und Blut. Ob er gut ist, entscheiden unsere Tugenden und Laster; und er führt uns hinan oder drängt uns hinab, je nachdem unsere Triebe ihn beherrschen oder unser Ideal. Selbst für sich verantwortlich, erfüllt ein Volk seinen Staat mit seinen schöpferischen Kräften, – indes Machthaber höchstens seine erhaltenden nutzen, wenn nicht gar seine noch nicht menschlichen (XII,15).

Die unmittelbare Übertragung dieser Anschauungen auf das Kaiserreich führt ihn zu der Überzeugung, daß Demokratisierung, Orientierung der Politik an Prinzipien der Vernunft, die Verwandlung der »Untertanen« in Staatsbürger, in ihm eine noch ausstehende Notwendigkeit sei. Daß niemand an die »Kraft des Gedankens, sich in Wirklichkeit zu verwandeln« (XII,26) glauben mochte, erscheint ihm als wesentliches Merkmal des späten neunzehnten Jahrhunderts – das der »Selbsttätigkeit der Materie« (XII,63) den Vorzug gab – und insbesondere des Kaiserreiches Wilhelms II.: »Für Ideen leben anstatt für Erwerb und Genuß – vom Ende des Jahrhunderts bis 1914 schien es unmöglich, es würde ausgesehen haben wie Selbstbetrug oder wie Spaß« (XII,12). 1919 spricht er von der »vollkommene(n) Geistwidrigkeit eines Zeitalters wie des abgetanen Kaiserreiches« (XII,67). »Die Überzeugung, in historisch bedingten Abhängigkeiten zu leben, ließ keinen noch so entfernten Gedanken an irgendeine revolutionäre Möglichkeit zu« (XII,69/70). Bei den Deutschen

> hatte das Bestehende recht, weder in der sozialen Struktur noch an der gegebenen Einschätzung der Menschen ward bei ihnen gerüttelt. Alles war geschichtlich begründet, also gottgewollt (XII,69).

Dagegen lebt in Heinrich Mann ein aus den Ideen des 18. Jahrhunderts gewonnenes intellektuelles Gegenbild der Wirklichkeit; wenn er nach 1918 schreibt, »zu oft ist beklagt worden, die deutsche Revolution habe keine geistigen Vorbereiter gehabt. Sie hatte dennoch ein paar« (XII, 70), so denkt er, und mit Recht, an sich.

Im Kaiserreich dominierte

> der Staat und seine Größe statt des Menschen und seines Glücks. Die Macht statt der Sittlichkeit, die Macht des Stoffes, nicht die des Geistes. Die Verachtung der Vernunft – und damit die Verachtung des Menschen, statt des europäischen Glaubens an seine höhere Bestimmung (XII,13).

Das deutsche Bürgertum, das »im vorgeschrittensten Europa das letzte mit völlig starrem Gewissen« (XII,40) – gemeint ist soziales Gewissen – war, huldigte dem Staatsbegriff des »berüchtigten Treitschke« (XII,47), der »die ethischen und juristischen Doktrinäre des Staatsbegriffs mit wenig wählerischem Spott übergoß«,[10] wie sich Ernst Troelsch erinnert, und nicht oft genug betonen konnte, der Staat sei »zum ersten Macht, zum zweiten Macht und zum dritten nochmals Macht«.[11] Dagegen verkündet Heinrich Mann, diese »wurzellose Ideologie der Macht« (XII, 28) werde

> das große Dementi erfahren, daß die wahre Wirklichkeit in den Geistern besteht, nicht in den Tatsachen. Sie werden einer Macht begegnen, die diesen Machtpolitikern noch nicht dämmerte, der Idee (XII,14).

Die »Idee« ist für ihn kein kraftloses oder bloß schönes Wort, sondern mit konkretem, Wirklichkeit stiftendem Inhalt erfüllt und gleichbedeutend mit einer freien Menschheit als Ergebnis der Bemühungen des Geistes. An der Idee wird sich das »kommende Deutschland« orientieren. Die »abseits Denkenden« im Kaiserreich, so bemerkt er nach Kriegsende, »standen keineswegs, wie Beschränktheit ihnen nachredet, zum Feind, sie standen zum kommenden Deutschland – und damit auch zu einer Welt, die erst noch kommt« (XII,60). Was sich mit einer Erneuerung vor allem ändern wird, ist die seitherige »Ansicht vom Staat, das Gefühl vom Volk, die Stellung zur Menschheit, die Grundempfindung des Lebens selbst« (XII,14). Herrschte in Deutschland das platte Macht- und wirtschaftliche Erfolgsdenken, so nimmt dieser Heinrich Mann eigene, mit dem Zeitgeist aufs heftigste dissonierende Idealismus die extreme Gegenposition ein; hatte der Historismus das Gefühl, in »historisch bedingten Abhängigkeiten« zu leben, bestärkt, so ist Heinrich Mann vom Bewußtsein der Veränderbarkeit aller Abhängigkeiten erfüllt. Die wichtigste Dimension Heinrich Manns ist die Zukunft, und wenn die politische Romantik im wesentlichen Vergangenheit in die Zukunft projizierte, so entwirft er diese entschieden aus dem reinen »Geist«. Was er von Napoleon schrieb, »Einbildung, Idee, Vorwegnahme des in der Ferne, jenseits seines Daseins erst Möglichen waren

---

10 Ernst Troeltsch, Politische Ethik und Christentum. Göttingen 1904, p. 5.

11 Zitiert nach Gerhard Ritter, Machtstaat und Utopie, München und Berlin, ²1941, p. 138. Zur genaueren Würdigung Treitschkes vgl. das Treitschke-Kapitel Friedrich Meineckes in »Die Idee der Staatsräson«, München 1960, p. 460–480. Zu dem angeführten Treitschke-Satz schrieb Meinecke 1946: »Das unbedachte Wort Treitschkes hat viel dazu beigetragen, den Machtrausch im deutschen Bürgertum hervorzubringen.« (Die deutsche Katastrophe, a.a.O., p. 84).

sein Lebensgrund« (XI,139), gilt von ihm als politischem Denker selbst und bezeichnet seine besondere Kraft.

Während er in seinem ersten politischen Essay GEIST UND TAT von 1910 noch »die Geistesführer Frankreichs, von Rousseau bis Zola« (XI,10) zum Vorbild nimmt und im Essay VOLTAIRE–GOETHE aus dem gleichen Jahr außerordentlich harte Kritik an Goethe übt – »Seine ›innere Freiheit‹ ist in Wahrheit die Beschönigung eines Lebens, das vielem hat entsagen und vieles hat verbergen müssen« (XI,18) –, so schreibt er 1917 von dem »kommenden Reich« der Deutschen: »Der menschheitlich denkende Goethe wird in ihm wirken, und der freiheitliebende Schiller ihm nicht weniger verschmolzen sein als Kant, Gesetzgeber der Vernunft« (XII,15). Dies ist die erste Erwähnung Kants, und sie geschieht offensichtlich in dem Bestreben, Deutschland mit seinen »menschheitlich« denkenden Geistern in Beziehung zu setzen. »Der Friede auf Erden und die Gerechtigkeit der Welt sind deutsche Gedanken, so gut es französische oder griechische sind« (XII,65) erinnert Heinrich Mann fast beschwörend in der nach der Niederlage gerade von ihm zu erwartenden Deutung des Geschehens KAISERREICH UND REPUBLIK von 1919.

Das neunzehnte Jahrhundert, so heißt es dort, sei »im ganzen eine Zeit des Versagens« gewesen »nach jenem achtzehnten, das der Menschengröße so reich vertraute und darum ihr unvergängliche Beispiele gab« (XII,63) – wie etwa die Französische Revolution.

> Der ihr befreundete, ihr gewachsene Geist Deutschlands, Kant, kehrt nun, von weither, zurück in den Worten Wilsons, da zeigt es sich erst, wie sehr Deutschland sich selbst entfremdet war (ib.).

Aber umgekehrt war Heinrich Mann durch seine Kennerschaft des französischen achtzehnten Jahrhunderts ein Kant »gewachsener« Geist und wurde diesem nun offensichtlich »befreundet«. Wie wichtig ihm die positive, ja begeiserte Stellung Kants zur Französischen Revolution[12]

---

12 In einer seiner letzten abgeschlossenen Schriften, dem »Streit der Fakultäten« von 1798 handelt Kant z. B. von der Französischen Revolution unter der Überschrift »Von einer Begebenheit unserer Zeit, welche die moralische Tendenz des Menschengeschlechts beweist«. Er schreibt, ganz im Sinne auch der Auffassung Heinrich Manns: »Denn ein solches Phänomen in der Menschengeschichte v e r g i ß t s i c h n i c h t m e h r, weil es eine Anlage und ein Vermögen in der menschlichen Natur zum Besseren aufgedeckt hat, dergleichen kein Politiker aus dem bisherigen Lauf der Dinge herausgeklügelt hätte . . .« (Immanuel Kant, Der Streit der Fakultäten. Philos. Bibliothek, Bd. 252, Hamburg 1959, p. 87. Sperrung von Kant). Vgl. dazu Karl Vorländer, Kants Stellung zur Französischen Revolution. In: Philosophische Abhandlungen, Hermann Cohen zum 70. Geburtstag dargebracht. Berlin 1912, p. 247–269.

war, geht aus dem Umstand hervor, daß er sie im anekdotischen Reflex noch mehrfach anführt.[13]

Der Kant-Diskussion während des Weltkrieges hatten die Friedensvorschläge Wilsons neue Nahrung gegeben.[14] Die Erwähnung Wilsons läßt vermuten, daß der im allgemeinen Bildungsbewußtsein vernachlässigte und von der politischen Theorie der Zeit nicht anerkannte »Politiker« Kant[15] in diesem Zusammenhang in das Blickfeld Heinrich Manns rückte:

> Über die weiten Grenzen Deutschlands gelangen alle Gedanken. Es sammelt sie, verstärkt sie mit dem seinen [sc. Geist] und bringt sie zuweilen denen zurück, die vergeßlich oder weniger ausdauernd sind – so wie andere jetzt ihm die Gedanken Kants zurückbringen (XII,65/66).

Und wenige Sätze später:

> Ziehen wir alle Keime des Bessern ans Licht, bei ihnen wie bei uns. Glauben, um zu schaffen! Vergessen wir jenen Wilson nicht, blieb er in seinen Erfolgen auch noch so weit hinter seinem Gewissen zurück.

---

[13] 1927: »Nach dem Erscheinen der französischen Revolution hat Deutschland anfangs lange ihren Auswirkungen in der Welt zugesehen. Es war nicht ohne Wißbegier. Denken Sie an Kant, wie er von seinem unabänderlichen Spaziergang abwich, um etwas früher die Nachrichten aus Frankreich zu bekommen!« (XII,347). Ebenfalls 1927: »Kant, le plus pacifique des hommes, s'écartait de son chemin journalier, ce qui ne lui arrivait jamais, pour avoir un peu plus tôt les nouvelles de Paris« (XII,361). Erstaunlich, daß André Gide drei Jahre später den gleichen Umstand in seinem Tagebuch erwähnt: » Je songe à Kant (c'était bien lui, n'est-ce pas?) qui se détournait de sa promenade accoutumée sous les Linden de Königsberg pour aller à la rencontre des nouvelles de la Revolution française« (Trentehuitième cahier. Œvres complètes, publiées p. L. Martin-Chauffier, 1932–1939, Bd. XV, p.458). Denkbar wäre eine gemeinsame Quelle, aber auch, daß Gide einen der Pariser Vorträge Heinrich Manns gehört hatte. – Dann 1944 in »Ein Zeitalter wird besichtigt«, in einer abkürzenden Formel der späten Prosa: »Klopstock und Kant, in ihrer Begierde für die Ereignisse in Frankreich, detonieren« (p. 6). 1945: »Kant, der den ewigen Frieden für vernünftig und erreichbar hielt, ist vor der Französischen Revolution nicht zurückgeschreckt, weil sie Blut vergoß. Hölderlin, der die Helden verehrte, nahm unter sie Jesus und den Convent auf. Als es für die Revolution am ungewissesten stand, war er bereit, die Feder hinzuwerfen und kämpfen zu gehen« (Die Franz. Rev. u. Dtd., a.a.O., p. 209).

[14] Zur Kant-Diskussion: A. Aulard, La paix future d'après la revolution française et Kant. Paris 1915. Johann Plenge, 1789 und 1914. Die symbolischen Jahre i. d. Geschichte d. polit. Geistes. Berlin 1916. – Zur Würdigung Wilsons: César Chabrun, Kant et M. Wilson (In: Revue des deux mondes, 6. Pér. t. 37 (1917), p. 848–861). Karl Vorländer, Kant und der Gedanke des Völkerbundes. Mit einem Anhang: Kant und Wilson (= Philos. Zeitfragen Nr. 3) Leipzig 1919.

[15] Die Geltung des »Politikers« Kant im 19. Jahrhundert und insbesondere in der wilhelminischen Zeit kann hier nicht eingehend untersucht werden. Offenbar konnte jedoch sein Ansehen nicht mit dem Macchiavellis, Hegels und Treitschkes konkurrieren. Daß Otto Baumgarten (Politik und Moral, Tübingen 1916) von Luther, Calvin und Friedrich dem Großen handelt, ohne Kant auch nur zu er-

Wiederum blickt Heinrich Mann nicht auf den historischen Ausgang, auf den »Erfolg« Wilsons, sondern auf die Idee, die den Anstoß gab, auf das »Gewissen«, das handeln wollte. In dem Bestreben, »alle Keime des Bessern« für die Situation von 1919 fruchtbar zu machen – die für Heinrich Mann bei allem Unglück hoffnungsvolle Geburtsstunde des lang ersehnten republikanischen Deutschland – in diesem Bestreben mußte er in Kant den deutschen Vertreter jenes Geistes des 18. Jahrhunderts erblicken, an dessen »ewige Wirksamkeit« er ohnehin glaubte –: mit Kant, so mochte ihm scheinen, konnte auch er nach Jahrzehnten eines ruhelosen Reisedaseins und Jahren »innerer Emigration« während des Weltkrieges in das ihnen beiden entfremdete Deutschland zurückkehren. Nunmehr brauchte er seinen Vernunftglauben nicht mehr als französisch anzusehen und konnte von den Vernunftidealen sagen, sie seien »deutsche Gedanken, so gut es französische oder griechische sind«, nunmehr brauchte er seine eigene geistige Gewißheit nicht mehr als weiterwirkende französische Revolution umschreiben, sondern konnte sie mit der kantischen Allgemeingültigkeit der Vernunft begründen und so nennt er Kant tatsächlich einige Jahre später (1928) »die reine Gestalt des Geistigen« (XI,314).

Im ZEITALTER schreibt Heinrich Mann, jeder seiner politischen Essays sei »ein Ausbruch des gequälten Gewissens« (Z.181) gewesen. Dieser

---

wähnen, ist aufschlußreich für den Stand der politischen Theorie vor 1914, die gleiche Auslassung bei Friedrich Meinecke (Die Idee der Staatsräson in der neueren Geschichte, 1924) erscheint hingegen durch die Problemstellung gerechtfertigt – die Staatsräson findet in der Tat bei Kant keine spezielle Würdigung, sie ist in seinem Sinn gar keine »Idee«, nur ein empirisches Faktum. – Wo Kant überhaupt erwähnt wird, geschieht dies stets mit starken Einschränkungen – bei Ernst Troeltsch (Deutsche Zukunft, Berlin 1916, p.61–111) auf reine »Privatmoral« im Gegensatz zur »Staatsmoral«. Während des Krieges verschieben sich dann offenbar die Positionen: »Es sind nicht die Schlechtesten, die in diesem Kriege durch eigene Erlebnisse zu einer ähnlichen Auffassung geführt wurden, wie auch Kant sie vertrat, daß nämlich durch höchste Steigerung des Kriegselends die Menschen endlich aus Zwang und Not zur Abschaffung des Krieges oder doch zur bittersten Feindschaft ihm gegenüber kommen müßten« (Erich Franz, Politik und Moral. Göttingen, 1917, p.69. – Vgl. ferner die gegenüber »1789 und 1914« erstaunlich veränderte Stellung Johann Plenges zu Kant in »Die Geburt der Vernunft«, Berlin 1918, pass.). Uneingeschränkt, wie auch Erich Franz, bekennt sich sodann Fr.W. Foerster in seinem umfassenden Werk »Politische Ethik und politische Pädagogik« (München 1918) zu einer kantischen Einhelligkeit von Moral und Politik. (Dazu Meinecke: »Eine Diskussion mit ihm [sc. Foerster] ist eigentlich nicht möglich, denn er spricht nicht die gleiche Sprache, die der deutsche Historismus geschaffen hat, sondern die des alten christlich-mittelalterlichen Naturrechts.« Die Idee der Staatsräson, a.a.O., p.500). Erwähnenswert ist noch, daß die politische Hauptschrift Kants, der Entwurf »Zum ewigen Frieden« mindestens zweimal im Jahre 1917 neu aufgelegt wurde (Insel-Bücherei Nr. 228 und Forum-Verlag München).

Ernst wurde ihm lange Zeit nicht zugebilligt und doch zeigt die Reihe zum Teil glanzvoller politischer Essays von GEIST UND TAT (1910) bis zum BEKENNTNIS ZUM ÜBERNATIONALEN (1932), wenn man sie heute in ihrem Zusammenhang betrachtet, den Prozeß einer vom Gewissen geführten politischen Bewußtseinsbildung; sie bestätigt, daß er von dem Augenblick an, in dem er sich der »intellektuellen Politik« (Z. 227) zuwandte, Politik als ein Problem der Moral verstand und in ihm, dem Betrachter und sozialen Romancier, ein immer umfassenderes »Gewissen für die Handelnden«, wie er es dem Schriftsteller zuschrieb (XI, 309), entstand. Sein Protest gegen das Kaiserreich, das Leiden an der europäischen Katastrophe und sein an Rousseau entzündetes Gefühl menschheitlicher Verantwortung drängten ihn, nach der Begründung einer nicht bloß auf nationaler Selbstverherrlichung beruhenden Politik zu suchen, die Lösung konnte auf der Ebene abstrakter Reflexion nur in einer moralischen Theorie der Politik bestehen.

Sie aber konnte er bei Kant, in der Schrift ZUM EWIGEN FRIEDEN. EIN PHILOSOPHISCHER ENTWURF von 1795 finden – als systematische Darlegung alles dessen, was weniger präzis aber leidenschaftlich auch in ihm lebte und zur Geist-Macht-Antithese auskristallisiert war. Wohin ihn seine Reflexion führte, spricht eine antithetische Gegenüberstellung Kant – Fichte aus, die mit der Präzision des abstrakt zu Ende gedachten Problems formuliert ist. Sie findet sich in dem DICHTKUNST UND POLITIK (1928) überschriebenen BERICHT AN DIE PREUSSISCHE AKADEMIE DER KÜNSTE, SEKTION FÜR DICHTKUNST. In ihm unternimmt Heinrich Mann eine grundsätzliche Beschreibung der Aufgaben des Schriftstellers im demokratischen Staat, eine Definition des Verhältnisses von Geist und Macht also, wie es »sein sollte«. »Im allgemeinen Bewußtsein«, so heißt es dort mit überraschender Wendung, »steht Kant höher als Fichte«:[16]

> Der Verfasser der »Reden an die deutsche Nation« hat eine nationale Gruppe, der er zufällig selbst angehörte, ungerecht beleidigt gefunden. Anstatt die Gerechtigkeit schlechthin, hat er der fremden Ungerechtigkeit nur die Gerechtigkeit seiner Gruppe entgegengesetzt, und auch sie war natür-

---

[16] Neun Jahre vorher hatte dagegen Karl Vorländer (Kant als Deutscher, Darmstadt 1919, p. 3) noch festgestellt: »In dieser Hinsicht ist er [sc. Kant] in der allgemeinen Schätzung entschieden hinter seinem philosophischen Nachfolger Fichte zurückgeblieben, den man gerade jetzt wiederum, und gewiß mit Recht, als Erzieher zum Deutschtum preist.« Und weitere drei Jahre früher hatte Ernst Troeltsch geschrieben: »Fichte ... der ja auch mit Kant zusammen der geistige Heros unserer heutigen Kämpfe ist und dessen Reden an die deutsche Nation – vielleicht – erst heute wirklich gelesen werden« (Deutsche Zukunft, a.a.O., p. 72).

lich ungerecht. Er hat zu seinen Deutschen und über sie in unhaltbaren Übertreibungen geredet. Was er sagte, gilt nur bei ihnen, und sogar bei ihnen gilt es seither nur in national erregten Augenblicken. Er ist der Denker, der seine Lehren auf seine Erfahrungen und auf seine Leidenschaften gründet. Dort bestehen sie, solange irgendeine Wirklichkeit ihnen entspricht. Im Geist bestehen sie nicht.

Auf die Wirklichkeit, wie sie ist, sich nicht einlassen, ihre Ausreden nicht kennen wollen; den Geist für unabhängig halten von den Zufällen des wirklichen Geschehens wie auch von dem Lande, in dem der Denker geboren ist; den Menschen lieben nicht als ihm selbst verwandte Gruppe, nur als immer gültige Idee, und diese dort aufsuchen, wo ein geschichtlicher Augenblick sie gerade leibhaftig zur Welt bringt, wäre es auch jenseits der Grenze; den Staat herausfordern durch das Bekennen der Wahrheit, bis er eingreift und den Denker verwarnt; ohne Ansehen fordern, was wahr und gerecht wäre, den Ewigen Frieden fordern, während ein Zeitalter der Kriege soeben anbricht: dies ist die reine Gestalt des Geistigen. Dies ist Kant (XI,313/14).

Infinitivsätze sind ein feststehendes Element der Prosa Heinrich Manns, ihnen vertraut er oft die innersten Regungen, die entscheidenden Entschlüsse seiner Gestalten oder, wie hier, Gehalte von maximenhafter Verbindlichkeit an. Die Antithese Fichte–Kant beleuchtet den Begriff einer absoluten und für alle gleichen Gerechtigkeit, dieser zusammenfassende Satz summiert unter Anspielung auf den Konflikt Kants mit dem preußischen König, der ihn »verwarnte«, wesentliche Prinzipien kantischen Denkens und mündet in der Gleichsetzung des seitherigen Geistbegriffs mit Kant. Auch der Begriff des »Sittlichen«, der in den zwanziger Jahren Mittelpunkt eines ganzen Wortfeldes[17] wird, darf in Sätzen wie »Nun muß man wissen, daß gerade der unvoreingenommene Geist in der Erkenntnis Gesetze des Sittlichen findet und endlich beide gleichsetzt«[18] (XII,120) nunmehr im Sinne des kantischen »Sittengesetzes« verstanden werden. Lautete schon im ZOLA-Essay ein Satz: »Er erkennt Vergeistigung nur an, wo Versittlichung erreicht ward« (XI,206), so wird nun die kantische Gewißheit daraus, daß der Geist »in der Erkenntnis Gesetze des Sittlichen findet«, und während dort zwar von Wahrheit, Freiheit, Gerechtigkeit schon die Rede war, zählt Heinrich Mann seit dem Artikel LEBEN – NICHT ZERSTÖRUNG vom

---

17 Es finden sich z.B.: das Sittliche, das Geistig-Sittliche (XII,98), Sittlichkeit (XII, 13), Gesittung (XII,100), Versittlichung (XI,206), entsittlichen (XII,24), die sittlich-wirtschaftliche Welt (XII,58), sittlicher Ernst (XII,22), sittliche Leidenschaft (XII,35).

18 Dazu die – auch sprachlich ähnliche – Weiterführung im »Henri Quatre«: »Das muß man wissen: wer denkt soll handeln und nur er. Dagegen gibt es das sittlich Ungeheure außerhalb der Grenzen der Vernunft« (VI,565).

Dezember 1917 den Frieden, und später »Frieden und Recht« (XII,35),
unter die Vernunftideale:

> Wir sollen den Krieg hinter uns lassen aus Erkenntnis und seelischem Wissen. Wir sollen wissen und uns bewußt bleiben, daß die Ansichten und Urteile, die uns den Krieg als erträgliches Auskunftsmittel oder gar als befreiendes Erlebnis zeigten, falsch waren und niemals richtig werden können. Die große Zeit soll künftig der Friede sein: das Leben, nicht seine Zerstörung (XII,17).

Auch dies war durch die Anschauung des »arkadischen Verbrüderungsfestes« schon vorbereitet. Heinrich Mann befindet sich in diesen Jahren in einer »pazifistischen« Phase, wie es die marxistische Kritik bezeichnet; auch Victor Hugo und Strindberg werden nun »ans Licht gezogen«:

> Jetzt werden Vorhersagen Victor Hugos verbreitet, die viel früher hätten wirksam gemacht werden sollen; und jene »Friedensnovelle« Strindbergs[19] berührt jetzt viele mit solchem Schauder, als seien Geister der Zukunft zwischen ihnen umgegangen, und erst nachträglich erführen sie es (XII,27).

Als satirische Personifikation des »reinen Geistes« erscheint Kant schließlich in der expressionistischen Novelle KOBES von 1923, die während der Arbeit am KOPF entstanden war. »Ich heiße Sand« stellt sich ein koboldartiges Männchen vor. »Nicht Kant. Nur Sand. Ich war Privatdozent. Bin Doktor der Philosophie, der Naturwissenschaften und anderer inzwischen abgebauter Spezialitäten« (IX,316). »Er hatte einen zu großen Philosophenkopf, kahl, plattnäsig, sonst war er gering« (IX,314). Das Männchen trägt die Physiognomie Kants, aber es heißt »Sand«. Dieser Name entfaltet an anderer Stelle seinen satirischen Gehalt: »Nicht Kant. Nur Sand. Ich bin trocken und unfruchtbar, aber beweglich – und bewahre keine Spur« (IX,330). Das Männchen verkörpert das vollkommene Denkvermögen und haust in einem Zettelkasten, es verkörpert den Geist, aber nicht, wie einst Kant, in seiner »reinen Gestalt«, sondern in einer solchen der äußersten Entstellung, zu der die Zeit den »Geist« (und somit auch Kant) degradiert hatte. Zynisch zieht sich der Geist selbst dieses Gewand an und definiert sich so, wie ihn die Zeit deformiert hat und zugleich allein gelten läßt: als unfruchtbare, trockene Beweglichkeit des Verstandes, die keine Spur hinterläßt:[20] aus Kant wurde Sand.[21]

---

[19] Gemeint ist Strindbergs Schweizer Novelle »Die Utopie in der Wirklichkeit« von 1884.

[20] »Bewahren« steht hier für »hinterlassen«. Daß beide Verben im Sprachgefühl Heinrich Manns offenbar einander vertreten können, zeigt eine andere Stelle,

Ähnlichkeiten bis in den Wortlaut der Sprache verraten, daß das Männchen eine groteske Fortbildung des »Intellektuellen« Terra ist, es zeigt den Intellektuellen auf der Stufe totaler Machtlosigkeit und im Dienste des allmächtigen Wirtschaftskönigs Kobes.[22] Wenn nach Schiller der »glühende Trieb für das Ideal« »der einzig wahre Beruf zu dem satirischen wie überhaupt zu dem sentimentalen Dichter ist«,[23] so tritt in diesem Männchen das »Ideal« Heinrich Manns, der kantische Geist, welcher Sittlichkeit bedeutet und die Welt erfüllen sollte, in einer anklagend-zynischen Schrumpfgestalt vollständiger Entmächtigung in Erscheinung. Auch Terra kämpft für die Vernunftutopie aus kantischem Geist, und wenn die Gesellschaftssatire im KOPF in dem Maße durchgreifender als im SCHLARAFFENLAND ist, als der tragikomische Charakter der Wirklichkeit vor dem Hintergrund eines geistigen »Ideals« entblößt wird, so ist es nicht übertrieben zu sagen, Heinrich Mann habe gerade aus Kant weitere Ermutigung zur Satire aus dem nun auch von Kant befestigten höheren Standpunkt der reinen Vernunft gezogen.

Es fragt sich jedoch, mit welchem Recht die Berufung auf Kant geschieht.[24] Liegt ihr wie bei Schiller ein intensives Kantstudium zugrun-

---

wo umgekehrt nur »bewahren« im Sinne der Sprachnorm richtig sein kann: »... alles an ihr, Leib und Seele, stieß alle seine Liebkosungen von selbst zurück und hinterließ keine Spur von ihnen« (IX,162).

21 Vielleicht nimmt Heinrich Mann in dem Namen einen Vorwurf auf, den ihm Edschmid wenige Jahre zuvor machte: »Ach, dieses Ufer ist nackt und ohne Farbe. Es bröckelt Sand ihm aus der Hand. Weiter nichts. Es bleibt vielleicht die Schilderung der Zeit, das Herzeigen der Konflikte, nicht ihre Überwältigung« (Die doppelköpfige Nymphe, a.a.O., p. 166). Wenn das Unfruchtbare des Sandes hier berufen wird, so freilich nicht im Sinne Edschmids, der, einem idealistischen Begriff von Dichtung folgend, annimmt, Konflikte, auf denen die Zeit beharrt, könnten durch Dichter »überwältigt« werden. Dagegen personifiziert Heinrich Mann in der Gestalt Sands gerade die vollständige Entmachung des »Geistes« in der Wirklichkeit von 1923 als auf keine Weise zu tilgendes gesellschaftliches Faktum.

22 »Kobes« dürfte sprachlich als Amalgam aus »Kopf« und dem Namen »Stinnes« zu deuten sein. Der Name ist satirisch zu verstehen: wie schon der Roman »Der Kopf« (ursprünglich »Der Kopp« – vgl. Zeitalter, p. 216) die politischen Spitzen des Reiches schilderte, aber den Intellektuellen Terra als wahren, wenngleich machtlosen »Kopf« (vgl. K., p. 599) bezeichnete, so befehligt der Industriemagnat »Kobes« zwar die gesamte geistlose Wirklichkeit, aber er ist kein »Kopf« – der wahre, aber machtlose »Kopf« ist Sand.

23 Schiller, Sämtliche Werke, Säkularausgabe, Bd. XII, p. 196.

24 Eine angemessene Darstellung des Kant-Bezugs Heinrich Manns fehlt bislang. Obwohl Boonstra (a.a.O., p. 57) die Stellung Kants und Heinrich Manns zum Völkerbund referiert, setzt er beide in keinen Bezug zueinander, und in seiner Darstellung des politischen Denkens Heinrich Manns fehlt jeglicher Hinweis auf ein kantisches Element. Die übrige Literatur, einschließlich der Monographie Weissteins, kennt ebenfalls keine Beziehung zu Kant; Rosenhaupt zitiert den Kant-

de? Dafür spricht wenig, und der Gebrauch, den Heinrich Mann verschiedentlich vom kantischen Begriff der »praktischen Vernunft« macht, und zwar gerade im landläufigen Sinne bloßer Lebensklugheit,[25] schließt die Lektüre zumindest der KRITIK DER PRAKTISCHEN VERNUNFT sogar mit Sicherheit aus. Andererseits aber läßt sich die Kenntnis mindestens der beiden Schriften ZUM EWIGEN FRIEDEN und IDEE ZU EINER ALLGEMEINEN GESCHICHTE IN WELTBÜRGERLICHER ABSICHT mit Sicherheit nachweisen.

Der Entwurf ZUM EWIGEN FRIEDEN, auf den die Gegenüberstellung Fichte–Kant hinweist, befindet sich noch jetzt, und zwar in einer Ausgabe von 1917 – dem Jahr, aus dem die erste nachweisbare Erwähnung Kants (XII,12) stammt – in der nachgelassenen Bibliothek Heinrich Manns.[26] Und aus der grundlegenden geschichtsphilosophischen Schrift IDEE ZU EINER ALLGEMEINEN GESCHICHTE usw. nimmt Heinrich Mann später Hauptpassagen in sein DEUTSCHES LESEBUCH von 1936 auf.[27] Es darf aber als wahrscheinlich angenommen werden, daß die erste Lektüre dieser Schrift ebenfalls in die zwanziger Jahre fällt. Die damalige Begegnung mit Kant erstreckte sich somit mit Bestimmtheit auf den »Politiker« Kant – ihn meinen noch die letzten Erwähnungen von 1945 und 1946. Heinrich Mann sah die »zurückkehrenden« Gedanken Kants in Übereinstimmung mit den seinen und so konnten auch die übrigen Werke Kants, insofern jener »ewige« Geist in allen Menschen nach gleichen Gesetzen wirkt, nichts enthalten, was er nicht als Bestätigung im Einklang mit der eigenen Denkrichtung, im Einklang mit jenem »Ideen-System« hätte betrachten können, zu dem sich der »Zivilisationsliterat« – nach dem Zeugnis Thomas Manns – »einsam, selbständig und fast ohne Lektüre« »durchgedacht« hatte und das nicht unbedingt

---

Absatz aus der Gegenüberstellung Kant–Fichte zweimal fehlerhaft (»Der Dichter um die Jahrhundertwende usw.«, a.a.O., p. 206 und »Heinrich Mann und die Gesellschaft«, in: Germanic Review, XII (1937), p. 276), vor allem jeweils ohne den entscheidenden Schlußsatz »Dies ist Kant«. So konnte dann Richard Exner (Die Essayistik Heinrich Manns: Autor und Thematik. In: Symposium, Vol. XIII (1959), p. 216–237) noch vor wenigen Jahren die entscheidende Charakterisierung Kants durch Heinrich Mann irrtümlich als Charakterisierung Heinrich Manns durch Rosenhaupt zitieren (a.a.O., p. 224), ohne den Originaltext zu erkennen.

[25] »... und Gerechtigkeit zu erstreben sogar wider praktische Vernunft« (XI,310) – eine im Sinne Kants unmögliche Formulierung. Ferner: S.J., p. 547; VI,441; VII, 193.

[26] Es handelt sich um einen Faksimile-Nachdruck der Erstausgabe von 1795 für die Mitglieder der Forum-Gesellschaft, hrsg. v. Wilhelm Herzog, Berlin/München (Forum-Verlag) 1917 (= Forum-Werke Bd. II).

[27] Heinrich Mann, Es kommt der Tag, a.a.O., p. 79/80 und p. 232–234.

neu, aber »persönlich neu erfühlt und erdacht«[28] war. Er konnte sich jetzt gewissermaßen als kantisch urteilender Geist verstehen. Ein ähnlich positives Verhältnis zu Kant, insbesondere zu dem »Politiker« Kant ist auch bezeichnend für die aktivistische und pazifistische Strömung dieser Jahre.[29]

In der Tat ist die Ähnlichkeit des Denktypus, eine ähnliche, wo nicht geradezu gleichlautende Auffassung der menschlichen Bestimmung bei Kant und Heinrich Mann, insbesondere aber eine ähnliche geistige Radikalität des politischen Denkens erstaunlich, wenngleich Heinrich Mann nicht über die Schärfe philosophischer Begriffe gebot. Durchaus aufschlußreich ist z. B. die außergewöhnliche und in derselben Richtung erfolgende Einwirkung Rousseaus auf Kant wie auf Heinrich Mann, und zwar handelt es sich um die in Deutschland ja ganz vereinzelte Wirkung Rousseaus als Verfasser des CONTRAT SOCIAL. Nach eigenem Zeugnis wurde Kant durch die Lektüre Rousseaus vom »Stolz der Gelehrten«, die den »Pöbel« verachten, erlöst und zur inneren Anschauung der Gleichheit geführt, die sich am Grunde seiner entschieden republikanischen Gesinnung für immer erhielt.[30] Auch Heinrich Mann wurde durch Rousseau einer Einsamkeit, der Isolierung des schwachen und hochmütigen Ästheten, entrissen, wie der Roman ZWISCHEN DEN RASSEN eindrucksvoll bezeugt,[31] ja, vieles spricht sogar dafür, daß er den für sein gesamtes weiteres Werk entscheidensten Anstoß einem enthusiastischen Rousseau-Erlebnis verdankt.

---

[28] Thomas Mann, a.a.O., XII,387.

[29] Vgl. den heftigen Protest, den Kurt Hiller 1916 dagegen erhob, daß Thomas Mann (in der Studie »Der Taugenichts«, Die neue Rundschau 1916, p. 1478–1490) Kant für den Krieg des kaiserlichen Deutschland beanspruchte: »... alle Philosophie gipfelte für ihn [sc. Kant] in der Ethik und in dem, was wir Heutigen ›Politik‹ nennen; vollends den Verfasser des Entwurfs ›Zum ewigen Frieden‹ ... diesen radikalen Pazifisten Kant als kulturhistorisches Phänomen, gleichviel unter welchem Gesichtspunkt, mit dem kulturhistorischen Phänomen Krieg zu vergleichen – welch ein Geschmack!« (Taugenichts/Tätiger Geist/Thomas Mann. In: Verwirklichung des Geistes im Staat, a.a.O., p. 52). Eine weitere Bezugnahme auf Kant a.a.O., p. 221.

[30] Der junge Kant hatte den »ganzen Stolz der Gelehrten« und den »ganzen Durst nach Erkenntnis« gefühlt:

Es war eine Zeit, da ich glaubte, dies alles könnte die Ehre der Menschheit machen, und ich verachtete den Pöbel, der nichts weiß. Rousseau hat mich zurechtgebracht. Dieser verblendete Vorzug verschwindet; ich lerne die Menschen ehren und würde mich viel unnützer finden als die gemeinen Arbeiter, wenn ich nicht glaubte, daß diese Betrachtung allen übrigen einen Wert geben könne, die Rechte der Menschheit herzustellen. (Vermischte Schriften, Philos. Bbibl. Bd. 50, p. 322).

[31] Vor allem 7,183ff.

Dieser Anstoß brachte ihn dazu, den ästhetischen Kult der Persönlichkeit, des »Ausnahmelebens«, die für die deutsche Bildungsschicht in der wilhelminischen Zeit so bezeichnende tiefe Verachtung des Politischen, zu verlassen und Begriffe moderner politischer Verantwortung – eben jene Ideologie der Demokratie, die dem Insel-Verlag so sehr mißfiel (s. o. p. 111, Fn. 26) – in sein Werk einzubeziehen. Der Ausspruch Kants »Rousseau hat mich zurechtgebracht« bietet geradezu den Schlüssel für die Wandlung Heinrich Manns zum »intellektuellen Politiker« und politischen Moralisten.[32] Einem Selbstbekenntnis kommt gleich, was er 1915 von Zola berichtete:

> In seinen Anfängen hatte er das politische Handwerk verachtet, wie nur je ein Literat. Jetzt sah er wohl, was die Politik in Wirklichkeit war: ›das leidenschaftlich bewegte Feld, auf dem das Leben der Völker ringt, und wo Geschichte gesät wird für künftige Ernten von Wahrheit und Gerechtigkeit‹ (XI,209).

Das Bekenntnis zu Rousseau und später zu Kant erklärt aber auch eine bestimmte Fremdheit des Politikers Heinrich Mann im wilhelminischen Deutschland. Ihr entspricht andererseits eine äußerste Entfernung der damaligen und späteren deutschen Anschauungen von kantischen Prinzipien der Politik.

Es gilt nun, außer der gemeinsamen Rousseau-Rezeption Übereinstimmungen zwischen Kant und Heinrich Mann auch im einzelnen nachzuweisen. »Im einzelnen« kann dabei, der Eigenart dieses Denkens entsprechend, nur heißen: das Grundsätzliche der einzelnen Gegenstände von Moral und Politik betreffend – denn, wie zu zeigen sein wird, entspringt für Kant und für Heinrich Mann aus einem bestimmten Ansatz der Vernunft alles weitere, wie auch charakteristisch für beide die beständige Trennung von Prinzip und Anwendung ist. Eine

---

[32] Thomas Mann nennt den Zivilisationsliteraten einen »Rousseauit(en) reinsten Wassers« (XII,386). – Die Behauptung Klaus Thoenelts (Heinrich Mann und sein Frankreichbild. Diss phil. Freiburg/Br. 1960), Heinrich Mann habe Rousseau (und Balzac) »ganz bewußt ihrer auch metaphysisch begründeten Weltsicht wegen aus seinem Frankreichbild ausgeschlossen« (p. 50), läßt sich ganz offenbar nicht halten. Statt zahlreicher Belege seien nur die Sätze aus der Erwiderung Heinrich Manns an Lucia Dora Frost von 1910 angeführt: »... und da seitdem im Lande des Contrat Social ein Volk von immer menschlicherer Art in vielen Anläufen ein jedesmal weniger verzerrtes Bild der Freiheit und Gerechtigkeit aufgestellt hat, auf der Grundlage des Traumes vom Contrat Social, mit keiner anderen Begründung: sollten wir nicht endlich weniger fest auf die Hoffnungslosigkeit der Massen und des Menschengeschlechtes pochen?« (a.a.O., p. 266). – Was Balzac angeht, so hat Klaus Schröter (Anfänge, p. 115–158) jetzt sogar seine besondere Vorbildlichkeit für Heinrich Mann überzeugend herausgearbeitet.

kurze und notwendig vereinfachende Darlegung der kantischen Begründung der Moral soll dies erläutern.

Die große denkerische Entdeckung Kants, die er selbst mit allen Zeichen einer solchen beschreibt, ist die Erkenntnis, daß die Vernunft ein objektives Kriterium für Gut und Böse besitzt. Es kann dieses Kriterium jedoch gerade um der geforderten allgemeinen Verbindlichkeit willen nicht inhaltlich, es muß vielmehr formal sein: die positive Antwort Kants auf die Grundfrage der Ethik »Was soll ich tun?« ist jenes regulative Prinzip: »Handle nur nach derjenigen Maxime, durch die du zugleich wollen kannst, daß sie ein allgemeines Gesetz werde.«[33] Dieser kategorische Imperativ ist ein formales Prinzip, durch dessen Anwendung es jedoch gelingt, inhaltliche Bestimmungen des Guten von unbezweifelbarer weil aus der reinen Selbstbewegung des Denkens und nicht aus (immer bloß zufälliger) Erfahrung hervorgegangener Gültigkeit zu gewinnen. Es sind dies die »Ideen« der Vernunft, wie die der Gerechtigkeit, der gleichen Menschenwürde, des Staates, des ewigen Friedens usw. Sie bilden zusammen die »moralische Welt«, eine nirgendwo vorhandene, nur intelligible, aber mit Notwendigkeit intelligible Welt, ein »corpus mysticum der vernünftigen Wesen«,[34] einen Spezialfall aller Utopien: die Vernunftutopie.

Diese »moralische Welt« ist bloß »denkbar« und aus keiner Erfahrung beweisbar, aber deshalb auch aus keiner Erfahrung widerlegbar, sie ist eine bloß mögliche Welt. Aber sie ist die einzige nach den Gesetzen der Logik denkbare mögliche Welt und deshalb, so lautet der weitere Übergang, die zu verwirklichende, sittlich notwendige. Wenn die Vernunft überhaupt imstande ist, so argumentiert Kant, allgemeine Maximen des Handelns anzugeben, welche die Erfahrung transzendieren – und solche resultieren aus der Anschauung des corpus mysticum der intelligiblen Welt – so müssen diese zugleich das Gesetz der Sittlichkeit sein, denn sie soll dann der Mensch von seiner Vernunft erfahren, sie stellen den Zweck dieses von Natur aus dem Menschen zukommen-

---

[33] Kant, Grundlegung zur Metaphysik der Sitten. Phil. Bibl. Bd. 41, p. 42. Dieser Passus wird auch zitiert in dem von Heinrich Mann mit herausgegebenen Lesebuch »Morgenröte«, New York 1947, p. 302.

[34] Kant, Kritik der reinen Vernunft, Phil. Bibl. Bd. 37a, p. 731. Auch Heinrich Mann kennt »eine derart hohe Vernunft, hoch und tief wie eine Mystik« (VI,502), die aus einem »Vernunftrausch ... von Gleichheit und unbegrenzter Vervollkommnung« (XI,216) entsteht: »Aber ganz zuletzt bleibt das Geheimnis, das mit den Worten ›Zauber des Vollkommenen‹ nur genannt, nicht erklärt ist. Warum betört höchste Vernunft uns nicht weniger als Gewalt und Übermaß? Der klarste Anatole France hat seine Mystik wie Balzac und Dostojewski« (XI,128).

den Organs dar. Alle ebenso klaren wie subtilen logischen Argumentationen Kants etwa in der GRUNDLEGUNG ZUR METAPHYSIK DER SITTEN lassen sich dahingehend zusammenfassen, daß sie auf der Grenze zwischen unendlichem Relativismus und einem absoluten Moralgesetz, das sich jedoch unserer Erkenntnis entzieht, zur Auffindung eines Dritten, zur Ausbildung des Begriffs einer unbeweisbaren, aber auch unwiderlegbaren, im Denken jedoch mit Notwendigkeit erreichbaren und als möglich vorstellbaren »moralischen Welt« im Grenzorgan der Vernunft führen. Diese Vorstellung genügt aber, um »in praktischer Absicht« Gut und Böse des menschlichen Handelns nach Grundsätzen zu bestimmen. Die Natur in ihrer Zweckmäßigkeit hat zureichende moralische Kriterien in Gestalt solcher gesetzhafter Vorstellungen der reinen Vernunft in den Geist des Menschen gelegt; der Mensch kann nach Befragung der Vernunft grundsätzlich richtig handeln, und da er es kann, so lautet der entscheidende Übergang, so muß er es auch. Die Ideen der Vernunft stellen in Wirklichkeit imperativische Normen unseres Handelns, das »Sollen« dar. Aus dem gleichen Übergang ergibt sich auch die Freiheit des Willens: da der Mensch sinnvoll, d.h. ohne Widerspruch dem logischen Begriffe nach, als frei handelndes Wesen vorgestellt werden kann, so muß er es auch. Deshalb scheidet Kant vom Reich der Natur, in dem die Notwendigkeit des Naturgesetzes herrscht, das »Reich der Freiheit«, in dem ausschließlich die reine Vernunft regiert. Sie formuliert als praktische Vernunft das »Sittengesetz«, welches der Mensch kraft der Freiheit, das zu wollen, was er soll, wenn er, als gesellschaftliches Wesen, leben will, befolgen kann. Es stellt eine grundsätzliche Theorie des Handelns vor aller Erfahrung dar, die aber gerade in der Praxis verwirklicht werden soll.

Diesen Kern seiner Ethik entwickelt Kant in der GRUNDLEGUNG ZUR METAPHYSIK DER SITTEN von 1785 und in der KRITIK DER PRAKTISCHEN VERNUNFT von 1788. Welchen Eindruck gerade diese Werke, die später hinter der KRITIK DER REINEN VERNUNFT zurücktraten, machen konnten, spiegelt etwa die Äußerung Jean Pauls:

> Wenn Sie werth sein wollen, daß Sie die Sonne – des Stoizismus bescheinet, so kaufen Sie sich ums Himmels Willen 2 Bücher, 1) Kants Grundlegung zu einer Metaphysik der Sitten und 2) Kants Kritik der praktischen Vernunft, 1788. Kant ist kein Licht der Welt, sondern ein ganzes strahlendes Sonnensystem auf einmal.[35]

Mit diesem Ansatz hat Kant jeder aufklärerischen Überschätzung der

---

[35] Brief an Pfarrer Vogel vom 13. 7. 1788. Sämtliche Werke, a.a.O., III. Abt., Bd. 1, p. 244.

Vernunft Grenzen gezogen, aber auch die Skepsis David Humes von ihr abgewendet. Die Vernunft gilt nur für den Bereich des menschlichen Handelns, in diesem aber, und das heißt konkret, in der gesamten geschichtlichen Welt des Menschen, gilt als Norm n u r das Gesetz der Vernunft. Aus der Existenz der intelligiblen Welt folgt nicht die Rationalität des einzelnen empirischen Menschen, sondern die Rationalität der Prinzipien der Sittlichkeit. Die Ethik Kants ist eine Fortbildung stoisch-naturrechtlichen Denkens, d. h. ihr liegt als einzige Voraussetzung die Annahme einer mit der Natur des Menschen gegebenen, in allen Menschen und zu verschiedenen Zeiten gleichen Vernunft zugrunde – in der Formulierung Kants:

> aber da es doch, objektiv betrachtet, nur e i n e menschliche Vernunft geben kann: so kann es auch nicht viele Philosophien geben, d. i. es ist nur e i n wahres System derselben aus Prinzipien möglich.[36]

Sein System der Vernunft ist, wie alles naturrechtliche Denken, zwar normativ, zugleich aber untrennbar von der metaphysischen Freiheit des Menschen, die Normen des Handelns im eigenen Denken aufzusuchen und gemäß den Entscheidungen des eigenen Gewissens zu vollziehen. So konnte Schiller an Körner schreiben:

> Es ist gewiß von einem sterblichen Menschen kein größeres Wort noch gesprochen worden als dieses Kantsche, was zugleich der Inhalt seiner ganzen Philosophie ist: Bestimme Dich aus Dir selbst![37]

Die Ethik Kants atmet den klassischen Geist der Versöhnung des Individuums mit dem Allgemeinen in der Freiheit der Person. Zwar ist es »Pflicht« des Individuums, dem moralischen Gesetz entsprechend zu handeln, aber der kantische Pflichtbegriff hat nichts mit dem landläufigen zu tun, vielmehr soll die Pflicht gerade »niemals zur Gewohnheit werden, sondern immer ganz neu und ursprünglich aus der Denkungsart hervorgehen«.

---

[36] Kant, Metaphysik der Sitten. Philos. Bibl. Bd. 42, p. 5. – Vorklänge dieser Behauptung findet man bei allen Lehrern des Naturrechts; Samuel von Pufendorf z. B. schreibt: »Kurz gesagt, die Grundsätze des Naturrechts sind zu allen Zeiten dieselben gewesen, aber gewisse einzelne Vorschriften wechseln nach der Verschiedenheit der menschlichen Zustände und Verhältnisse. Das gleichbleibende Wesen des Naturrechts drückt sich in verschiedenen (aber einander nicht widerstreitenden) Vorschriften aus, weil der Mensch, der ihnen zu gehorchen verpflichtet ist, verschiedene Seinsweisen hat.« (Vorrede zu »De officio hominis et civis, § 14. Samuel Pufendorf, Die Gemeinschaftspflichten des Naturrechts. (= Dt. Rechtsdenken, hrsg. v. Erik Wolf, H. 5) Frankfurt/Main 1943, p. 11.) »Es gibt eine gemeine Meinung, wonach jedermann die Kenntnis des Naturrechts angeboren ist« (a.a.O., p. 19).
[37] Brief an Körner vom 18. 2. 1793.

Aus der abstrakten Formel des kategorischen Imperativs entfaltet Kant seine Ethik, seine Rechts- und Staatsphilosophie, wie sie die Metaphysik der Sitten vorträgt, seinen Geschichtsbegriff, seine Politik, seinen »ethikotheologischen« Begriff der »natürlichen Religion«. Aus seinem Ansatz folgt absolute Rationalität und apriorische Struktur der Sittlichkeit; beruhte letztere auf irgendeiner Erfahrung, so wäre sie triebhafter Selbstliebe und dem Zufall ausgesetzt und der »Kanon der reinen Vernunft«[38] in seiner objektiven Gültigkeit zerstört.

Ist somit die Rationalität der Sittlichkeit im Denken notwendig, so bleibt noch immer das Problem, die »triebhafte Natur« einer Rationalität unterzuordnen, die als »moralische Anlage« ebenfalls zur »Natur« gehört. »Tugend« besteht nach Kant in dem unentwegten Bemühen, diese Unterordnung aus Einsicht zu vollbringen, das »radikal Böse« des Menschen hingegen besteht in seiner »eingewurzelten« (= radikalen) Neigung, nicht das moralische Gesetz zur Bedingung der Erfüllung der Selbstliebe, sondern die Selbstliebe zur Bedingung der Erfüllung des moralischen Gesetzes immer dort zu machen, wo beide Prinzipien miteinander in Konflikt geraten.

> Die Bösartigkeit der menschlichen Natur ist also nicht sowohl B o s h e i t , wenn man dieses Wort in strenger Bedeutung nimmt, nämlich als eine Gesinnung (subjektives P r i n z i p der Maximen), das Böse a l s B ö s e s zur Triebfeder in seine Maxime aufzunehmen (denn die ist teuflisch), sondern vielmehr V e r k e h r t h e i t des Herzens, welches nun der Folge wegen auch ein b ö s e s H e r z heißt, zu nennen. Dieses kann mit einem im allgemeinen guten Willen zusammen bestehen und entspringt aus der Gebrechlichkeit der menschlichen Natur zur Befolgung seiner genommenen Grundsätze nicht stark genug zu sein, mit der Unlauterkeit verbunden, die Triebfedern (selbst gut beabsichtigter Handlungen) nicht nach moralischer Richtschnur voneinander abzusondern usw.[39]

Der Mensch ist nach Kant weder gut noch böse, sondern »radikal böse«, d. h. stets zu jener »Verkehrtheit des Herzens« geneigt, obgleich er einen »im allgemeinen guten Willen« besitzt. Man kann also von der »bösen Natur« des Menschen, dem »faulen Fleck unserer Gattung«,[40] sprechen, ohne deshalb den Willen zum Guten und die Möglichkeit der Besserung auszuschließen. Hieraus folgt die moralische »Pflicht« des Menschen, sich zu bessern und die Lehre Kants von der Perfektibilität sowohl des Individuums wie der Gesellschaft, die Lehre vom jederzeit

---

[38] Kant, Kritik der reinen Vernunft, a.a.O., p. 720.
[39] Kant, Die Religion innerhalb der Grenzen der bloßen Vernunft. Philos. Bibl. Bd. 45, p. 39.
[40] a.a.O., p. 41.

234

möglichen Fortschritt durch »Aufklärung«, der zuerst im »Denken« geschieht, und die Anschauung, daß die »Geschichte der Freiheit vom Bösen«[41] ihren Ausgang nimmt und sich prinzipiell »vom Schlechtern zum Bessern allmählich entwickelt«,[42] weil ja weder dem Menschen noch der Menschheit jemals die Freiheit abgesprochen werden kann, besser zu werden, als sie waren. Besserung ist jederzeit »Pflicht«:

> Wenn aber jemand bis zu einer unmittelbar bevorstehenden freien Handlung auch noch so böse gewesen wäre (bis zur Gewohnheit als anderer Natur): so ist es nicht allein seine Pflicht gewesen, besser zu sein, sondern es ist jetzt noch seine Pflicht, sich zu bessern; er muß es also auch können . . .[43]

Hieraus folgt die für das moralische und historische Urteil entscheidende Einsicht:

> Eine jede böse Handlung muß, wenn man den Vernunfturprung derselben sucht, so betrachtet werden, als ob der Mensch unmittelbar aus dem Stande der Unschuld in sie geraten wäre[44]

– hieraus folgt die Lehre von der absoluten Verantwortung des Menschen für sein Handeln. Aber auch für alles, was als Geschichte geschieht, tragen Menschen die Verantwortung, wobei sowohl das Individuum wie die Gesellschaft Subjekte der Zurechnung sind.

Indem Kant, da alles Sollen zeitlich verstanden den Begriff einer unendlichen Zukunft enthält, die intelligible Welt in die Geschichte projiziert, wird sie zum »Endzweck« der Geschichte in »weltbürgerlicher Absicht«. Im Einklang mit der »radikal bösen« Natur des Menschen entsteht der kantische Pflichtbegriff der Hoffnung auf den möglichen Sieg des »guten Prinzips«, wobei kein empirischer Rückschritt jemals die Gültigkeit dieser Hoffnung als einem Vernunftbegriff, dem keinerlei Erfahrung zugrunde liegt, aufheben kann.

Die Ethik Kants läuft nun in allen inhaltlichen Bestimmungen auf ein Handeln »als ob« hinaus, auf ein Handeln, als ob die intelligible moralische Welt erreichbar wäre, weil dadurch allein die pflichtgemäße »Annäherung« an das höchste moralische Gut gewährleistet wird – indes das Ideal selbst, woran Kant keinen Zweifel läßt, »eine unausführbare Idee«[45] bleibt. Diese »Paradoxie«,[46] die Kant einräumt, daß näm-

---

41 Kant, Kleinere Schriften zur Geschichtsphilosophie, Ethik und Politik. Philos. Bibl. Bd. 47 I, p. 56.
42 a.a.O., p. 64.
43 Kant, Die Religion innerhalb . . ., a.a.O., p. 44.
44 a.a.O., p. 43.
45 Metaphysik d. S., a.a.O., p. 18.
46 Metaphysik d. S., a.a.O., p. 206; ferner Grundlegung z. e. M. d. S., a.a.O., p. 63, Kritik der praktischen Vernunft. Philos. Bibl. Bd. 38, p. 74.

lich gerade reine Theorie der Vernunft die Praxis des moralischen Handelns bestimmen soll, blieb der unverstandenste Teil seiner Ethik, obwohl ohne weiteres einleuchtet, daß jede Moral, die ihre Prinzipien der Wirklichkeit entnimmt, immer nur die bestehende (unvollkommene) Wirklichkeit reproduziert und daß eine solche Moral die menschliche Freiheit, die Welt zum Besseren hin zu verändern, welche von der Differenz zwischen Sein und Sollen, vom Besitz einer »Utopie«, abhängt, tilgt. Dem »radikal Bösen« der menschlichen Natur stellt Kant das radikal Utopische der Vernunft als Pflichtbegriff und einzig denkbare sinnvolle Zielvorstellung des Handelns gegenüber.

In diesem innersten Punkt ist das moralistische Weltbild Heinrich Manns vollkommen identisch mit der Auffassung Kants. Zusammenhängend läßt sich belegen, wie die moralistische Konstruktion aus der frühen Sehnsucht nach Reinheit, aus dem Traum einer »seelenhaften Menschheit« herauswächst. So antwortet Herr Roland in der Novelle HELDIN von 1905 auf den Wunsch Linas »Ich möchte, daß Sie das andere sähen: das was sein könnte und im Grunde auch ist«:

> Wie manche Nachtstunde – denn ich schlafe nicht – stehe ich mit verschränkten Armen im Schatten dieses Tores und erträume mir ein glänzendes Ausundein von Menschen mit freien, edlen Geistern, leicht und klar wie die Farben, in die sie gekleidet sind, biegsam und stark wie ihre Klingen. Keine Dürftigkeit, kein Schmutz und nichts Fragwürdiges ist in den Seelen; alles verläuft rasch und gut. Welch Leben! (IX,209)

Diese Sehnsucht färbt sich in den folgenden Jahren rousseauisch und damit politisch, sie macht sich den »Traum des Contrat Social«, den »Traum eines Romanciers«[47] zu eigen, sie gebiert jene menschheitliche All-Liebe, die Heinrich Mann in der Französischen Revolution Tat werden sah, jene All-Liebe, die er immer wieder als erotisch-politischen Mittelpunkt des Opern-Erlebnisses beschreibt.

Zehn Jahre nach der Novelle HELDIN, im ZOLA-Essay, ist aus der Sehnsucht ein sicher gewußter Erkenntniszusammenhang, aus dem Traum eine Programm der Vernunft geworden:

> ... jetzt aber erstreckt sich sein Sinn für das Leben auf Dinge, die noch ungeboren hinter dem Leben sind, in der Zukunft, im Geist ... Er erkennt Vergeistigung nur an, wo Versittlichung erreicht ward ... Er ist gewillt, Vernunft und Menschlichkeit auf den Thron der Welt zu setzen, und ist so beschaffen, daß sie ihm schon jetzt als die wahren Mächte erscheinen, als

---

[47] Heinrich Mann, Die kleine Stadt (Erwiderung an L. D. Frost), a.a.O., p. 266 bzw. p. 265.

236

jene, die, Zwischenfällen zum Trotz, zuletzt doch jedesmal allein aufrecht bleiben. Die Geschichte gehört in immer steigendem Maße ihnen ... (XI, 206).

Auf dem Wege über französisches Denken, insbesondere über Rousseau und Zola, ist damit eine Geschichtskonzeption erreicht, wie sie ausgefaltet in der kantischen IDEE ZU EINER ALLGEMEINEN GESCHICHTE IN WELTBÜRGERLICHER ABSICHT ihren Niederschlag fand, erwuchs aus dem Traum einer seelenhaften Menschheit, die »immer gültige Idee« des Menschen, ist Heinrich Mann zu einem Kant »gewachsenen« Geist herangereift. Die einstige Sehnsucht der Schwachen trifft sich in fortgedachter Gestalt mit jenem »Als-ob«, das Kant zur Vernunftmaxime des Handelns erhob, kommt mit der Vorstellung einer bloß möglichen »moralischen Welt« überein, der in steigendem Maße, »Zwischenfällen zum Trotz«, die Geschichte gehört, und was Kant systematisch aus der reinen Vernunft begründet, lebt auch in der unablässigen Reflexion, im »Ideensystem« des »so beschaffenen« Heinrich Mann. Überblickt man die Ethik Kants, so kann man von hier aus in ihr die systematische Darlegung jenes entscheidenden Schrittes Heinrich Manns über den Bannkreis Nietzsches hinaus erblicken, den er als »Auffindung der Moral, ihre überlegte Geburt für das einzelne Gewissen« »vermöge Erkenntnis« (Z.153) beschrieb. Und als »Reaktion gegen Nietzsche und Bismarck auf einmal« bezeichnete in den BETRACHTUNGEN auch Thomas Mann völlig zutreffend den »vom Zivilisationsliteraten geleitete(n) Prozeß« – nur bewertete er ihn, damals noch, als »geistige Kapitulation Deutschlands und seine Einordnung in die Weltdemokratie«[48] – negativ. Die Fortsetzung dieser Linie im HENRI QUATRE, wo »Vernunft und Menschlichkeit« tatsächlich »auf den Thron« gesetzt werden, bis zum utopischen »grand dessin« dieses Königs wird im dritten Teil der Arbeit zu zeigen sein.

Auch das Selbstverständnis Heinrich Manns beruht auf der Gewißheit, daß es »doch nur e i n e menschliche Vernunft« geben kann – »man hat die schon vorbereiteten Gedanken einfach mitzudenken, jeder ein Teil der allgemeinen Vernunft (XII,475) –, daß ihr ein »Sollen« entspringt und daß die Vernunftbegriffe dieses Sollens der gesamten geschichtlichen Welt des Menschen als sittlicher Entwurf zugrunde liegen müssen. »Geist«, »Vernunft«, »Sittlichkeit«, »Gewissen«, »Erkenntnis«, »Gedanke«, »denken«, »wissen« beschreiben abwechselnd und im Wortgebrauch Heinrich Manns fast synonym diese zentrale Anschauung.

---

[48] Thomas Mann, XII,392.

Nur von einem rationalen und normativen Geistbegriff aus ist dieses Wortfeld angemessen zu verstehen. Dagegen schreibt Thomas Mann, in der Tradition des nachkantischen irrationalen deutschen Geistbegriffes und gesättigt von den Erfahrungen des deutschen Historismus, noch 1952:

> Denn der Geist ist vielspältig, und j e d e s Verhalten zur Frage des Menschen ist ihm möglich, auch das der Inhumanität und Antihumanität. Der Geist ist nicht monolithisch, er bildet keine geschlossene Macht, gewillt, Welt, Leben, Gesellschaft nach ihrem Bilde zu formen...[49]

Es sei »ein oft widerlegtes Vorurteil«, daß der Geist »den Ideen der Freiheit, des Fortschritts, der Humanität wesentlich verbunden bleibt« (ib.). Damit bezeugt Thomas Mann unverkennbar seine Verwurzelung im relativierenden Historismus des 19. Jahrhunderts. Aus der Feder Heinrich Manns, aber auch Kants, wären solche Sätze undenkbar. Beide würden nicht die Tatsache, die hier festgestellt wird, anzweifeln, aber Geist auf seiten der »Inhumanität und Antihumanität« nicht mehr als »Geist« bezeichnen. Beide verstehen unter »Geist« im engsten Sinn rationales Denken und sind davon überzeugt, daß dieses gerade »den Ideen der Freiheit, des Fortschritts, der Humanität wesentlich verbunden bleibt«. So ist zu verstehen, wenn Heinrich Mann, wenige Jahre vor diesen Feststellungen seines Bruders, in der entgegengesetzten Richtung formuliert:

> Der Begriff des geistigen Menschen, des Intellektuellen oder Geisteskindes, umfaßt das Menschengeschlecht. Die Unzugänglichen beweisen die Macht des Gedankens durch ihre Falschheit – auch sie ist nicht leicht durchzuhalten. Intellektuell kann ein Bauer sein... Der Mensch soll gedeihen, und kann es, wenn er denkt.[50]

Das »Gedeihen«, die Entfaltung des Lebens, ist der allgemeinste normativ formulierbare Lebenssinn. Es hängt beim Menschen jedoch vom Denken ab, das potentiell allen Menschen zukommt, weshalb der Begriff des geistigen Menschen das »Menschengeschlecht« umfaßt. Ausdrücklich wird auch hier ein bloß intelligibler »Begriff« des Menschen statuiert, den die empirische Existenz unvernünftiger Menschen nicht in Verlegenheit bringt. Wohl aber begründet er eine Einteilung der Menschen in solche, die sich durch Gebrauch ihrer Vernunft zur möglichen Höhe ihres Menschseins erheben, und in solche, die dem Geist »unzu-

---

[49] Thomas Mann, Der Künstler und die Gesellschaft, X,394/95.
[50] Zeitalter, p.49. Dazu die Ausführungen über »Wissen«, über die »Pflichten und Rechte des Intellektuellen« in »Es kommt der Tag«, a.a.O., p.216ff. sowie über »grundsätzliche« Gedanken in »Die Frz. Rev. u. Dtd., a.a.O., p.206ff.

gänglich« bleiben, als welche bei Heinrich Mann die auf seiten der »Inhumanität und Antihumanität« Stehenden erscheinen. Diese Einteilung in »Intellektuelle«, die am gleichen Begriff des Lebens, »wie es sein soll« teilhaben, und »Unzugängliche«, Verstockte, Dumme, Böse schimmert überall durch das moralistische System des späteren Heinrich Mann. Aus ihr ergibt sich wie von selbst ein kantischer Begriff von »Aufklärung«, demzufolge diese im »Ausgang des Menschen aus seiner selbstverschuldeten Unmündigkeit«[51] durch Erweckung des »Keimes«, für den die Natur »am zärtlichsten sorgt, nämlich den Hang und Beruf zum freien D e n k e n«[52] besteht (»Und die Maxime, jederzeit selbst zu denken, ist die Aufklärung«[53]). Der »Intellektuelle« Heinrich Manns wäre identisch mit einem dergestalt »Aufgeklärten« im Sinne Kants. Deshalb schließt der König Henri Quatre an den Satz des Jesuitenpaters Ignatius »Wir sind weltlich gesinnt und unterstellen alles dem Verstande, auch die Gewalt« (VII,716), in dem Henri »nicht ohne Verwunderung« auch seine »Ansicht« erkennt, die Frage an: »Wie will Ihre Gesellschaft die Menschen lehren, richtig zu denken?«, auf die er freilich erfährt, daß ein »höherer Verstand«, nämlich der Orden, gemeint ist, während die einzelnen Menschen »nicht denken, sondern gehorchen sollen« (VII,717).

Auf der Allgemeingültigkeit und -verbindlichkeit der Vernunft gründet der besondere Anspruch, die »Sendung« (z.B.XI,163;280;VII,366 u. passim) der Intellektuellen Heinrich Manns, auch sein eigener Anspruch in der unablässigen geistigen Auseinandersetzung mit Wilhelm II. oder Hitler. Aus der Verbindlichkeit der Vernunft leitet er die Gewißheit ab, daß sich Nichtdenken in einer mit Sicherheit als falsch zu bezeichnenden (moralischen) Haltung niederschlägt, die deshalb, früher oder später, zusammenbrechen muß – freilich nicht ohne durch »Ausschweifung« ins »sittlich Ungeheure« jenseits der Vernunft ihre Falschheit bis zum Exzeß zu bezeugen:

Es ist eine Gattung Mensch: die will die düstere Erdenschwere, und Ausschweifungen liebt sie im Grauen und in der unreinen Verzückung. Das werden seine ewigen Gegenspieler sein, er aber ist ein für alle Male der Abgesandte der Vernunft und des Menschenglücks (VI,561).

---

[51] Kant, Akademie-Ausgabe, Berlin 1905–1955, VIII,35. (Im folgenden zitiert als »A.A.«). Diesen Satz zitiert H. M. wörtlich 1939 im Aufsatz »Das geistige Erbe« (XIII,458), die ersten beiden Seiten des berühmten Essays »Was ist Aufklärung« werden im Lesebuch »Morgenröte« abgedruckt (p.315/16).

[52] Kant, a.a.O., p.41.

[53] Kant, a.a.O., p.146, Anm.

Der »Gedanke« und die »Wirklichkeit« sind die beiden Realitäten, zwischen denen für Heinrich Mann »der klassische Friede« (HASS, 11) herrschen muß, soll der Denkende dem Bestehenden zustimmen. Dagegen ist z.B. eine Diktatur »der gegebene Zustand für gesellschaftliche Gebilde, in denen Gedanke und Wirklichkeit einander überhaupt nicht mehr kennen« (HASS, 12).

Die Bestätigung durch Kant der im ZOLA-Essay erreichten und eingenommenen Haltung spiegelt sich in den Essays seit 1917 schon äußerlich in der Verwendung des Wortes »sollen«: »Wir sollen den Krieg hinter uns lassen aus Erkenntnis und seelischem Wissen. Wir sollen wissen... Die große Zeit soll... Der Friede soll...« (XII,17). Ähnlich schrieb Kant: »Nun spricht die moralisch-praktische Vernunft in uns ihr unwiderrufliches Veto aus: Es soll kein Krieg sein...«.[54] An anderer Stelle heißt es bei Kant, sich dem idealen Staat immer zu nähern, sei »nicht allein d e n k b a r , sondern, soweit es mit dem moralischen Gesetz zusammen bestehen kann, P f l i c h t , usw.«.[55] Mit den gleichen Schlüsselbegriffen »denkbar« und »Pflicht« tritt eine ähnliche Struktur des Sollens auch bei Heinrich Mann hervor:

> Geschlechter sind denkbar, die in Freundlichkeit von Mensch zu Mensch nicht Schwäche sehen werden... Demokratie, Erkenntnis, Friede sind Wege. Pflicht ist nur, das Glück zu erleben (XI,18).

> Denn Eure Pflicht ist der Geist, die Durchdringung der Welt mit Geist, der Staat als Gebilde der Erkenntnis... (XI,16).

Der Satz »Pflicht ist nur, das Glück zu erleben« könnte gerade bei Heinrich Mann als Aufforderung zum Lebensgenuß im Sinne des Renaissancismus verstanden werden. Tatsächlich begreift Heinrich Mann auch »Glück« ursprünglich als Lebensgenuß, seit der Rousseau-Rezeption jedoch ist »Glück« der Zielbegriff jener »irdischen Vervollkommnung«, die im Geiste wurzelt. »Glück« erfüllt sich zunehmend mit einem normativ gedachten Inhalt,[56] bis es in die späte Formulierung übergeht: »Der Mensch soll gedeihen, und kann es, wenn er denkt.« »Glück« oder Wille zum Leben ist seit 1907 der bewußt hervorgehobene Gegenbegriff der »lebenfördernden« Vernunft gegenüber der Todessüchtigkeit am Grunde des heroischen Lebens und seinen politischen Entsprechungen. In diesem Begriff von »Glück« spiegelt sich die-

---

[54] Kant, Metaphysik d. S., a.a.O., p. 185.
[55] Kant, Streit der Fakultäten, a.a.O., p. 93, Anm.
[56] So auch Boonstra: Glück besitzt »bei ihm von Anfang an einen überwiegend geistigen und zugleich ethischen Inhalt« (a.a.O., p. 109), es ist »identisch mit oder Selbstentfaltung des Menschen« (a.a.O., p. 103).

selbe Hinwendung zum Leben, die auch im Werk Thomas Manns, auf dem Weg zu den Josephs-Romanen, sichtbar wird. Wenn natürlich a u c h Lebensgenuß gemeint ist, so deshalb, weil daraus »Menschenglaube« und nicht »Menschenhaß« spricht. Diesen glaubt Heinrich Mann hingegen in einer Ordnung zu erkennen, die den Genuß des Lebens bloß »hingehen« läßt,

> wie eine Schulpause und einen freien Nachmittag, das Eigentliche aber, die fürchterliche Zucht, ihm [sc. dem Leben] einzig angemessen, sei der Krieg, und voraus zu üben sei vom Staat und von der Gesellschaft immer schon der Krieg (XII,18).

Das Glück zu erleben ist »Pflicht«, weil von diesem Erlebnis für Heinrich Mann der Denkansatz der praktischen Vernunft, Menschenliebe, Humanität und die Staatsform der Demokratie, unablösbar ist.

Wo er sich der Gesellschaft, der Politik, der Wirtschaft zuwendet, stellt er in der mittleren Periode folgerichtig Begriffe der reinen Vernunft den angetroffenen Verhältnissen gegenüber: »Das große Mittel ist: Ordnung des Wirtschaftlichen vom Geistig-Sittlichen aus... Das Geistig-Sittliche ist nicht Folgeerscheinung« (XII,98) der materiellen Verhältnisse, so wäre zu ergänzen, sondern der pflichtgemäße Ausgangspunkt. Die »sozialistischen« Anschauungen Heinrich Manns gehen zunächst nicht von der Klassenkampftheorie des Marxismus, sondern vom Vernunftbegriff der Gerechtigkeit, angewandt auf die Ungleichheit des Besitzes, aus: »Gerechtigkeit verlangt schon längst eine weitgehende Verwirklichung des Sozialismus« (XII,23), d. h. eines »Ausgleichs von arm und reich«, wie die stehende Formulierung lautet. Den ausschließlich utopischen, d. h. nur der reinen Vernunft entsprechenden Charakter der politischen Maximen des mittleren Heinrich Mann zeigt die Mahnung, die er nach der »Revolution« von 1918 dem »Politischen Rat geistiger Arbeiter« in München vortrug:

> Denkt gerecht, Bürgerliche! Solltet ihr in irgendeiner gesetzgebenden Versammlung je die Mehrheit haben, ergebt euch dennoch niemals dem verhängnisvollen Irrtum, ihr könntet die begründeten Ansprüche der Sozialisten, indem ihr sie niederstimmt, aus der Welt räumen. Denkt aber auch ihr gerecht, Sozialisten! Wolltet ihr die Sozialisierung nur eurer Macht verdanken, anstatt der Einsicht und dem Gewissen der meisten, ihr würdet nichts gewonnen haben. Diktatur selbst der am weitesten Vorgeschrittenen bleibt Diktatur und endet in Katastrophen. Der Mißbrauch der Macht zeigt überall das gleiche Todesgesicht (XII,23).

Auch hier sind »denken«, »Gerechtigkeit«, »Einsicht« und »Gewissen« die Leitbegriffe.

Schließlich gibt Heinrich Mann im Essay KAISERREICH UND REPU-
BLIK unmittelbar nach Friedensschluß eine Interpretation des Versailler
Friedensdiktates aus dem kantischen Geist absoluten Rechtsempfindens.
Wenn die Westmächte jene Ideen, in deren Namen sie kämpften und
sich moralisch überlegen fühlten – und dies, nach Heinrich Mann, gegenüber der politisch rückständigen Militärmonarchie zu Recht –, wenn
sie die Ideen der Demokratie und der Völkerverständigung mit dem
Friedensdiktat verrieten, so war es jetzt Deutschlands Chance, als
erstes Land allein auf »sittliche Tatsachen« gegenüber solchen bloßer
Gewalt zu bauen und die Sieger zu beschämen, indem es sich zu jener
von ihnen verratenen Menschlichkeit erhob. Deutschland kann sie
»übertreffen an Gewissen des Geistes, und gerechter sein als sie« (XII,
58). Nicht indem Deutschland Rache für Versailles herbeiwünscht, sondern indem es nach einem Prozeß moralischer Selbstreinigung sich zu
beispielhafter politischer Moralität bekennt, zieht es die richtigen Konsequenzen. Die Sieger werden, »kraft der Gewalt, die sie uns antun, für
eine Zeit nun ihr selbst verfallen... An uns ist es, ihnen die Menschlichkeit zu erweisen, um die ihr Sieg sie gekürzt hat« (XII,66). Deshalb
ist Deutschland noch »sehr mächtig«, »weil heute für uns der Geist
zeugt« (XII,65), wie er zuvor für die französische Republik zeugte, die
aus dem »débacle« von 1870 hervorgegangen war. Die moralische Niederlage, die den Siegern mit dem Friedensdiktat aus dem militärischen
Sieg erwuchs, würde sichtbar, wenn Deutschland die militärische Niederlage in einen moralischen Sieg zu verwandeln vermöchte.[57] Aus den
Worten Heinrich Manns von 1919 strahlt der kantische Geist absoluter
Verantwortung vor dem eigenen Gewissen:

> Beginne, Deutschland! Trage deine Taten, verantworte dein Schicksal! Tu
> es einzig für dich! Ob die Wahrheit dir bei deinen Besiegern nützen
> könnte: ihnen, die heute, in ihrer Siegergier, wenig wahrhaftig sind, schul-
> dest du sie nicht zuerst, du schuldest sie dir selbst! Du hast zum Leben
> nichts weiter mehr als die Wahrheit (XII,58).

Wahrhaft prophetische Worte schließen sich an:

> Unsere Enkel würden es uns nicht verzeihen, zwängen wir auch die Repu-
> blik wieder, zu lügen. Unsere Enkel freilich könnten auch die nicht achten,

---

57 Ein Jahrzehnt später hat Thomas Mann diese Anschauung vollständig übernommen. 1932, im Krisenjahr der Weimarer Republik, schreibt er: »Seit 14 Jahren
könnte Deutschland ein ungeheures moralisches Prestige gesammelt haben, wenn
es sich bewußt und entschlossen, als soziale Friedensrepublik, an die Spitze der
Entwicklung gestellt hätte und dem Erdteil zum Führer in neue und bessere Zeit
geworden wäre.« (Brief vom 30. 7. 1932 an Hermann Graf Keyserling).

die ein einzelner und sein Gesinde wie eine Tierherde in den Brand der Welt hineingejagt hätten. Würden sie es uns auch nur glauben? ... Er [sc. der Kaiser] ist fort, wir selbst sind verantwortlich – sogar für unsere Geschichte, wie viel mehr für unsere Nachwelt (XII,59).

Deutschland soll den republikanischen Geist ergreifen und »jedem vernunftwidrigen Äußersten, ob Imperialismus oder Kommunismus, den Zugang sperren« (XII,63).

Daß der Sieg »immer und unausweichlich« (XII,55) den Sieger erniedrigt und Niederlagen »einzig durch den steigenden Menschenwert des Besiegten« (XII,66) aufgehoben werden können, wird nun zur bleibenden Anschauung Heinrich Manns. Deshalb vermeidet Henri Quatre so lange als möglich, seine Gegner zu besiegen und versucht, sie zu überzeugen; nach unvermeidlichen Siegen aber trauert er um die Toten, die sie kosteten (VI,616; 676). In diesem Sinne schrieb auch Kant:

> Die Dankfeste während dem Kriege über einen erfochtenen Sieg ... stehen mit der moralischen Idee des Vaters der Menschen in nicht minder starkem Kontrast: weil sie außer der Gleichgültigkeit wegen der Art, wie Völker ihr gegenseitiges Recht suchen (die traurig genug ist), noch eine Freude hineinbringen, recht viel Menschen oder ihr Glück vernichtet zu haben.[58]

Innerhalb der »moralischen Welt« ist nach Kant die reine Vernunft Gesetzgeberin, »dagegen gibt es das sittlich Ungeheure außerhalb der Grenzen der Vernunft« (VI,565), führt Heinrich Mann weiter. Wo immer »Lebenstatsachen«, wie »Kampf ums Dasein«, »Wille zur Macht«, »Eros«, »Erfolg«, zu Prinzipien moralischer Rechtfertigung erhoben werden, wo immer sich Handeln also nach der Erfahrung richtet, bricht Natur in die »moralische Welt« ein und zerstört die normative Rationalität der Sittlichkeit. Solche Naturtatsachen, als moralische Prinzipien verstanden, umschreiben, auf individueller wie nationaler Ebene, die bloße Selbstliebe, sie rotten deshalb, mit Kant zu reden, »die Sittlichkeit in Gesinnungen« »mit der Wurzel« aus und degradieren, »wenn sie zur Würde eines obersten praktischen Prinzipes erhoben werden«, die »Menschheit«.[59]

Wie für Kant ist Natur in allen sittlichen Zusammenhängen für Heinrich Mann ein negativer Begriff. Eine Antithese von Natur und Vernunft durchzieht von früh an sein Werk. Sie nimmt Gestalt an schon im Kontrast zwischen der Herzogin von Assy, die sich als wollüstige Venus in amoralische Natur zurückdichtet und, »die Arme um die Welt

---

[58] Kant, Kleinere Schriften usw., a.a.O., p. 135, Anm.
[59] Kant, Kritik der praktischen Vernunft, Philos. Bibl., Bd. 38, p. 83.

geworfen«, von den »Säften der Erde« zu »strotzen« vermeint (3,329),
und dem »Sittlichkeitsfanatiker« Siebelind. Beide geraten in einen bedeutsamen Zusammenhang. Der Maler Halm ringt um ein ungeheures
Bild der Herzogin als Venus. Wie gelegentlich bei E. T. A. Hoffmann
jedoch entsteht ein erstaunlich anderes Bild: »Siebelinds leidende
Fratze«. Dieser versteckte Hinweis des Autors auf das Schicksal der
Werkidee zu den GÖTTINNEN, dieses Stück Selbstkommentar ist außerordentlich aufschlußreich. In ihm drängt der Einspruch der Vernunft
gegen die Immoralität Nietzschescher Provenienz, der spätere Moralist
herauf, der hier als »leidende Fratze« erscheint und die »ruchlose
Schönheit« (3,11), die »Unsittlichkeit« der Schönheit (3,41), die er
gleichwohl selbst gestaltet, in noch ratloser Qual zugleich auch verwirft.

In den GÖTTINNEN hat Heinrich Mann die bewußte »Ruchlosigkeit«,
die Abdankung sittlicher Prinzipien zugunsten von »Leben« und
»Eros«, die Flucht ins Irrationale und ins Ästhetische, das Böse als
»Ausschweifung« lebenssüchtiger Schwacher in vielen Brechungen gestaltet. Aus der späteren Sicht könnte er, wie Choderlos de Laclos
sagen: »Ich habe, ohne daran zu denken, erlebt, was die Zeit wollte,
daß man erlebe« (XI,31). Denn eben zu dieser Zeit verdichtete sich im
Kaiserreich »eine Ideologie des Bösen«, und »ein Realist sein, hieß,
allein das Böse für wirklich halten« (XII,49). Einer »Mehrheit von
Schwachen, zum Guten so leicht zu haben wie zum Bösen«, redete man
»das Böse« ein, es herrschte »jahrzehntelange widernatürliche Aufge-
triebenheit des nationalen Willens, jene Ruchlosigkeit des öffentlichen
Denkens und die Abtötung der euch altgewohnten Vernunft« (ib.). Der
literarische »Renaissancismus« entspricht in dieser Sicht dem politischen
»Renaissancismus« der wilhelminischen Zeit.

Bezeichnend für solches Zusammensehen von Literatur und Politik
ist die Stelle im ZOLA-Essay über die literarische Situation um 1900:

Es hatte angefangen mit zu viel Lilien und weißen Jungfrauen in den Ge-
dichten und zu wenig Sinn für das moderne Leben, die arbeitende Demokratie. Literarischer Ästhetizismus war auch hier der Vorbote politischer
Laster (XI,211).

Die Einsicht in diesen Zusammenhang ist nicht mehr rückgängig zu
machen und klingt oft durch:

Ästhetische Streitigkeiten führen zuletzt immer nach verschiedenen politischen Richtungen. Die politische Richtung fällt zusammen mit dem Emp-
findungstyp. Nur wer nichts empfände, hätte »reine Dichtung« (XI,71) –

d. h. eine Dichtung, der keine politische Aussage entspräche.

Die bloße Natur, das triebhaft Irrationale ist bei Heinrich Mann, wie bei Voltaire, als drohende Bestialität, als das sittlich Böse, stets gegenwärtig; so im KOPF:

Natur: Das Tier war los, im nächsten Augenblick konnte er die Pranken in seine Schultern schlagen fühlen. Tolleben stand nur noch auf seinen Absätzen. Er stemmte sich gegen seinen Trieb, bis er blutrot war und Muskelkrampf drohte (498).

In solchen Augenblicken, denen alle Gestalten unterliegen,[60] »setzt« die Zivilisation »aus« (565), es erscheint im Menschen der »Wildling«.[61] Als satirisches Stilelement läßt sich diese Vergegenwärtigung des Tieres im Menschen auch bis in die frühen Werke zurückverfolgen. Wo »Streit« geschildert wird, weist das Wortmaterial oft in den tierischen Bereich:

Bedauerlicher Zusammenstoß zweier verdienter Kernnaturen, – und noch dazu fraßen gleich daneben die Herren Mörser und von Heckerott einander glatt auf. Heckerott knirschte verzweifelt, bevor ihm das Gebiß aufging, Mörser brachte überhaupt nichts vor außer Knurren und Fauchen (564).

Reichskanzler Lannas spricht auf einem glanzvollen Empfang in Berlin von »den hier vereinigten Tiergattungen« (359), der Armenanwalt Terra lernt im »täglichen Kampf der Menschen untereinander« die »vollständige soziale Zoologie« kennen (265).[62] Die Verfratzung des Menschen zum Tier bekommt geradezu einen moral-philosophischen Akzent: sie weist auf die Überwucherung der »moralischen Welt« durch bloße Natur hin.

»Macht«, »Erfolg«, »Interesse«, »Geschäft«, die Maximen der Moral des »Lebens wie es ist« im KOPF umschreiben einzig diese egoistische »Natur«, und ihre blutigen Folgen offenbaren dies. Die Macht- und Erfolgsmoral aber ist im Sinne Kants gar keine »Moral«, sondern bloße Umschreibung der Natur, Ausprägung des »radikal Bösen«. Nicht diese »Natur«, sondern der von der Natur in die Vernunft gelegte »Imperativ

---

[60] Vgl. »und fand gegenüber einen ganz veränderten Mann, tierisch böse das Gesicht, nichts mehr von beschönigten Erinnerungen: die nackte Gegenwart, und in der Faust den entblößten Dolch ... Mit einem Schwung wie ein Tierkörper fuhr Guise herum ...« (VI,226/27). – ». . . und der Gelehrte hat auf einmal das Gesicht eines Kannibalen« (VII,513).

[61] Im »Zeitalter« wird von den »sittlichen Wildlingen dieses Krieges und Zeitalters« (p. 196) die Rede sein.

[62] »Menschheit ist für mich eine zoologische Größe«, schrieb dagegen Oswald Spengler in den gleichen Jahren (Oswald Spengler, Pessimismus? Berlin 1921, p. 14). Was bei Heinrich Mann satirisch geschildert wird, so könnte man fast verallgemeinern, das meint Spengler im Ernst.

der Sittlichkeit«,[63] nimmt aber die Stelle des Naturgesetzes im »Reich der Freiheit« ein.

Zur »Tücke des menschlichen Herzens« gehört es nach Kant, »sich wegen seiner eigenen guten oder bösen Gesinnungen selbst zu betrügen«:[64]

> Daher rührt die Gewissensruhe so vieler (ihrer Meinung nach gewissenhaften) Menschen, wenn sie mitten unter Handlungen, bei denen das Gesetz nicht zu Rate gezogen ward, wenigstens nicht das Meiste gilt, nur den bösen Folgen glücklich entwischten, und wohl gar die Einbildung von Verdienst, keiner solcher Vergehungen sich schuldig zu fühlen, mit denen sie andere behaftet sehen . . . (ib.).

Nichts anderes als diese »Gewissensruhe« ist die hartnäckig festgehaltene Unschuld der »bestehenden Gesellschaftsordnung«, welche der satirische Moralist im KOPF zu entlarven sucht, sie meint der fassungslose Terra: »Sieh es Dir an . . . es ist das Leben, es ist die Welt . . . Auslese aus Politik, Kunst, Wirtschaft führt sich Dir in Natur vor. Sie denkt an nichts Böses. So ist sie« (467).

Die Haltung aber, die Heinrich Mann gegenüber dem »Leben wie es ist« einnimmt, ist gerade die kantische, jede böse Handlung so zu betrachten, »als ob der Mensch unmittelbar aus dem Stande der Unschuld in sie geraten wäre«, d. h. jede Vermittlung durch die geschichtliche Situation zu eliminieren. Dadurch hebt sich jede Handlung in ihrer Freiheit vor dem Hintergrund der vollen Verantwortlichkeit ab. Sie wird, ohne daß ihre weiteren Bedingungen zählen, mit einem absoluten moralischen Maß gemessen. So gelangt Heinrich Mann zur Feststellung der absoluten moralischen Schuld am Kriege, die er den führenden Kreisen und der Rüstungsindustrie nachsagt,[65] diese moralische Schuld wird in den krassen satirischen Zuschreibungen (»Darum keine Zicken mehr, Krieg und Dalli . . .« (562) oder »Das Volk hängt nun einmal an seiner Todesstrafe« (378)) im einzelnen ausgemünzt. Es ist dies eine Feststellung der Schuld, die mit dem Vorgehen der Historiker in der umfangreichen Literatur zur Kriegsschuldfrage nichts gemein hat. Diese Betrachtungsweise nimmt jeden der historischen Akteure, den Kaiser, den Kanzler, den Adel usw. aus dem Zusammenhang aller historischen Entschuldigungen ausdrücklich heraus und konfrontiert ihn mit dem mora-

---

[63] Kant, Grundlegung, a.a.O., p. 37.
[64] Kant, Religion innerhalb . . ., a.a.O., p. 40.
[65] Vgl.: »›Der Kopf‹, ein Roman, zeigt in der Epoche des herannahenden Krieges vor allem die Verantwortung der internationalen Hütten- und Rüstungsindustrie« (XII,289). Ähnlich Zeitalter, p. 284.

lischen Gesetz. Sie erlaubt es, an jedem Punkt die Differenz zwischen dem, was geschieht und geschah, und dem, was geschehen soll und hätte geschehen sollen, auszumessen und anzugeben; sie ist das vollständige Gegenteil des historischen Verfahrens, jede historische Situation aus ihren einmaligen individuellen Voraussetzungen unter weitgehendem Ausschluß des moralischen Urteils abzuleiten. Die urteilende Vernunft tritt der Geschichte autonom gegenüber.

Grenze und Größe Heinrich Manns liegen in dieser moralischen Betrachtungsweise beschlossen. Wenn, nach Friedrich Meinecke, der Kern des Historismus »in der Ersetzung einer generalisierenden Betrachtung geschichtlich-menschlicher Kräfte durch eine individualisierende Betrachtung«[66] besteht, so vertritt Heinrich Mann gerade eine solche in moralischen Kategorien generalisierende Betrachtung. Sie vermittelt ihm jene Autonomie und wertende Distanz zur Geschichte, die andererseits das heikelste Problem des Historismus, auch in Meineckes umfassenden Untersuchungen, bildet:

> Historismus allein tut es eben noch nicht, sondern es bedarf eines ganzen und vollkräftigen Menschentums zu seiner Ergänzung. Darum geht der Weg von ihm aus auch noch höher hinauf ins Religiöse und Metaphysische.[67]

Wie Heinrich Mann des öfteren schematischer Verallgemeinerung anheimfällt, so bildet Relativismus die stete Gefährdung des Historismus, die auch bei Meinecke anklingt.[68] Relativismus, so führt er aus, führe »in eine schwere ethische Problematik«, ob er das Leben schwäche oder steigere, sei eine »Sache des Charakters«.[69]

Die »ethische Problematik« des Historismus ist, daß im einfühlenden Verstehen die Differenz von Sein und Sollen verschwindet, daß sich im Verstehenden das Bewußtsein herstellt, unter den Bedingungen der einmaligen Situation sei es nicht möglich gewesen, anders zu handeln. Dieses Bewußtsein aber erfüllt schon den jeweils geschichtlich Handelnden, wie weit er sich auch immer vom moralischen Gesetz entfernen mag, und so ist sich der Historismus bei Meinecke ganz zu Recht eines inneren Zusammenhangs mit der IDEE DER STAATSRÄSON, der Lehre des Handelns nach den jeweiligen Notwendigkeiten des Staates, bewußt

---

[66] Meinecke, Entstehung des Historismus, a.a.O., p. 2.
[67] Meinecke, Von der Krisis des Historismus. In: Zur Theorie und Philosophie der Geschichte, Werke, Bd. IV, hrsg. v. Eberhard Kessel, Stuttgart 1959, p. 204.
[68] Vgl.: »Untrennbar verbunden mit dem Historismus ist der Relativismus« (a.a.O., IV, p. 203). »Die Pandorabüchse des Historismus darf nicht zu früh vor der Jugend geöffnet werden« (a.a.O., IV, p. 227).
[69] a.a.O., IV, p. 204.

geworden.[70] Für die Differenz von Sein und Sollen aber besaß Heinrich Mann die feinste, vom einschneidenden Erlebnis der frühen »Enttäuschung« an der Wirklichkeit geschärfte Empfindlichkeit, die Differenz, das Zurückbleiben jeder Wirklichkeit hinter der Wahrheit, hinter der Vollkommenheit, hinter dem »Gedanken«, bleibt ihm immer schmerzlich bewußt. Diese Haltung aber vertrat er am Ausgang einer Epoche deutschen geschichtsphilosophischen Denkens, zu dessen Substanz Elemente der Philosophie Hegels, die »jedes Moralisieren gegenüber den großen Eroberernaturen der Weltgeschichte ab(lehnte)«,[71] gehörten – Elemente wie die »List der Vernunft«, daß Gutes auch aus Bösem hervorgehen könne, die Sanktionierung der Macht und der Staatsräson sowie die Überzeugung, daß Gut und Böse dunkel und oft ununterscheidbar verschlungen seien. Das von der wilhelminischen Zeit geprägte bürgerliche Publikum, an das sich der rigorose Moralist Heinrich Mann wandte, war noch ungebrochen historisch gebildet, und so trug zu dem geringen Verständnis, das er fand, auch der Umstand bei, daß der Historismus gerade eine der großen Leistungen der deutschen Geistesgeschichte darstellt – Meinecke nennt ihn die zweite Großtat des deutschen Geistes nach der Reformation.[72] Hierauf wird später zurückzukommen sein.

In kantischen termini ist die »Moral« des »Lebens wie es ist« der Ausdruck des radikal Bösen, der »Krieg des Lebens« bezeichnet den bloßen Naturzustand der Gesellschaft inmitten des Geltungsbereiches des Bürgerlichen Gesetzbuches. Nach Kant ist die Vernunftidee der vollkommenen Gesellschaft das »ethische gemeine Wesen«[73] oder die »allgemeine Republik nach Tugendgesetzen«.[74] Diese besteht aus dem äußeren Rechtszustand, dem »rechtlich-bürgerlichen«[75] Zustand und dem »ethisch-bürgerlichen«[76] Zustand, worunter er die innere Erfüllung durch das sittliche Verhalten der Bürger versteht. Sie »obliegt als eine Pflicht des menschlichen Geschlechts gegen sich selbst«[77] jedem einzelnen

---

70 »Damit tritt nun ein wichtiger Zusammenhang zwischen der Idee der Staatsräson und dem modernen Historismus hervor. Das Handeln nach Staatsräson hat nämlich dem modernen Historismus den Weg bahnen helfen ... Das Handeln nach Staatsräson gelangte also verhältnismäßig früh zu einer Art des Sehens und Erkennens, die dem modernen historischen Erkennen schon verwandt war« (Meinecke, Idee d. Staatsräson, a.a.O., p. 22f.). Dazu Fr. Meinecke, Straßburg/Freiburg/Berlin, a.a.O., p. 191ff., wo dieser Zusammenhang aus späterer Sicht allerdings zu einem »Seitenzweig« der Entstehung des neueren historischen Sinnes geworden ist.
71 Meinecke, I, 433.
72 Meinecke, III, 2.
73 Religion innerhalb ..., a.a.O., p. 101ff. 74 a.a.O., p. 105.
75 a.a.O., p. 101. 76 a.a.O., p. 102. 77 a.a.O., p. 104.

Individuum, sie fügt zur mechanischen »Legalität« der Handlungen die innere »Moralität«.[78] Wo die Bürger eines Staates sich weigern, innerhalb des »rechtlich-bürgerlichen« Zustandes einen »ethisch-bürgerlichen« Zustand zu begründen, verharren sie in einem »ethischen Naturzustand«[79] inmitten des rechtlich-bürgerlichen Zustandes. Dies aber ist die Verfassung der wilhelminischen Gesellschaft in der moralischen Interpretation Heinrich Manns.

Der »ethische Naturzustand« der Gesellschaft unterscheidet sich bloß durch äußere Gesetze vom »juristischen Naturzustand«,[80] dem Zustand vollkommener Gesetzlosigkeit. Wie in ihr »ein Zustand des Kriegs von jedermann gegen jedermann«[81] herrscht, so ist der ethische Naturzustand »ein Zustand der inneren Sittenlosigkeit«,[82] »ein Zustand der unaufhörlichen Befehdung durch das Böse«,[83] welches im Menschen durch das bloße Zusammenleben entsteht. Denn Gefahr droht nach Kant nicht nur von seiner tierischen Natur, sondern ebenso aus dem Umgang mit anderen. So kennt auch er, in der Nachfolge Rousseaus, die im Kapitel IV geschilderte »Entstellung« des Menschen durch die bloße Tatsache der Vergesellschaftung:

> Der Neid, die Herrschsucht, die Habsucht und die damit verbundenen feindseligen Neigungen bestürmen alsbald seine an sich genügsame Natur, w e n n   e r   u n t e r   M e n s c h e n   i s t , und es ist nicht einmal nötig, daß diese schon als im Bösen versunken und als verleitende Beispiele vorausgesetzt werden; es ist genug, daß sie da sind, daß sie ihn umgeben, und daß sie Menschen sind, um einander wechselseitig in ihrer moralischen Anlage zu verderben und sich einander böse zu machen.[84]

Die Menschen, solange sie innerhalb des äußeren Rechtszustandes im »ethischen Naturzustand« verharren, handeln aneinander, »als ob sie W e r k z e u g e   d e s   B ö s e n   wären«.[85] Dies bildet den Ansatz der Satire im KOPF und in den anderen Gesellschaftsromanen Heinrich Manns. Und wie als Antwort auf jene Zerstörung des Herzens, die als Unglückszustand des »Lebens wie es ist« vergegenwärtigt wird, beschreibt Kant die Vollendung der Idee des »ethischen gemeinen Wesens« als »freiwillige, allgemeine und fortdauernde Herzensvereinigung«[86] durch Religion, wodurch »ein moralisches Volk Gottes«[87] in einer »unsichtbaren Kirche«[88] begründet würde.

Politik, die öffentliche Sphäre der Gesellschaft und des Völkerlebens, in der über die sittliche und materielle Wohlfahrt der Menschheit

---

[78] a.a.O., p. 106. [79] a.a.O., p. 102.
[80] a.a.O., p. 102. [81] a.a.O., p. 103. [82] a.a.O., p. 104.
[83] a.a.O., p. 103. [84] a.a.O., p. 100. [85] a.a.O., p. 104.
[86] a.a.O., p. 110. [87] a.a.O., p. 108. [88] a.a.O., p. 109.

entschieden wird, deuten beide, Kant und Heinrich Mann, mittels einer ihnen selbstverständlichen Übertragung der apriorischen Vernunftmoral auf nationale und internationale Verhältnisse. So hielt Heinrich Mann nach Errichtung der ersten deutschen Republik 1919 den Zeitpunkt dafür gekommen, »die sittlichen Gesetze der befreiten Welt in die deutsche Politik« einzuführen (XII,24):

> Die Schule der Politik, die öffentlich jetzt für uns begonnen hat, wird Deutschland gerade lehren, seinen Geist auf Zeit und Erde anzuwenden und klug zu handeln ohne Selbstaufgabe. Der Friede auf Erden und die Gerechtigkeit der Welt sind deutsche Gedanken, so gut es französische oder griechische sind (XII,65).

Und Kant hatte in der Schrift ZUM EWIGEN FRIEDEN selbst eine Fortbildung des moralischen Gesetzes ins Politische in Übereinstimmung mit seiner Rechtslehre und der Idee der Freiheit vorgenommen. Ihre bis heute andauernde Aktualität ist ein glänzender Beweis für die Eindringlichkeit kantischen Denkens. Es führte über die Zustände seines Jahrhunderts hinaus zu einem Maßstab der Weltbetrachtung, der erst durch den heutigen Weltzustand sinnfällig wird, für Kant aber durch bloße Schärfe der Abstraktion erreichbar war.

Das Vernunftziel der äußeren Politik, eine aus dem kategorischen Imperativ abgeleitete moralische Pflicht, ist der »ewige Friede«. Kant definiert Frieden nicht negativ als Ausbleiben von Krieg, sondern positiv als gesicherten Rechtszustand zwischen den Völkern. Erst ein gültiges Völkerrecht verwandelt den Naturzustand zwischen Staaten in einen Rechtszustand; die Zeit, die zwischen einem Friedensschluß und dem nächsten Krieg o h n e die Stiftung eines Völkerbundes verfließt, verdient nicht die Bezeichnung »Frieden«, sie bedeutet, »wenngleich nicht immer den Ausbruch der Feindseligkeiten, doch immerwährende Bedrohung mit denselben«.[89] Kant spricht von der »Bösartigkeit der menschlichen Natur, die sich im freien Verhältnis der Völker unverhohlen blicken läßt«.[90] (Sie aber stellt Reichskanzler Lannas, indem er die politische »Spielfreiheit« Deutschlands schafft, geradezu her.) Ein einziges Prinzip der Vernunft verlangt, daß das Individuum sich aus dem Naturwesen durch »Gründung eines Charakters«[91] in ein sittliches verwandle, daß die Gesellschaft aus dem Naturzustand in ein »ethisches gemeines Wesen« übertrete und daß der Naturzustand unter Völkern

---

[89] Zum ewigen Frieden. Kleinere Schriften usw., a.a.O., p. 125.
[90] a.a.O., p. 132.
[91] Religion innerhalb ..., a.a.O., p. 53.

250

durch einen gesicherten Rechtszustand abgelöst werde. »Der Friedenszustand ... muß also gestiftet werden.«[92]

Die vollständige Entfaltung des Rechts geschieht nach Kant im Staatsbürgerrecht, das die Menschen innerhalb des Staates betrifft, im Völkerrecht, das die Beziehungen unter Völkern regelt, und im »Weltbürgerrecht«, das alle Menschen »als Bürger eines allgemeinen Menschenstaats«[93] betrachtet. In drei »Definitivartikeln« zum ewigen Frieden fordert er daher die Republik als der Vernunft entsprechende Staatsform,[94] den Zusammenschluß der Republiken zu einer »Weltrepublik«[95] sowie die Begründung eines »Weltbürgerrechts«,

vermöge des Rechts des gemeinschaftlichen Besitzes der Oberfläche der Erde, auf der als Kugelfläche sie [sc. die Menschen] sich nicht ins Unendliche zerstreuen können, sondern endlich sich doch nebeneinander dulden müssen, ursprünglich aber niemand an einem Orte der Erde zu sein mehr Recht hat, als der andere.[96]

Charakteristisch für die politische Seite der kantischen Vernunftutopie ist diese einzigartige Bedeutung des Rechts. Das Recht nennt Kant »das Heiligste, was Gott auf Erden hat«,[97] ein »Heiligtum, das über allen Preis der Nützlichkeit erhaben ist, und welches keine Regierung, so wohltätig sie auch immer sein mag, antasten darf«,[98] die »Rechte der Menschen« sind ihm wichtiger als »Ordnung und Ruhe«,[99] »denn wenn die Gerechtigkeit untergeht«, schreibt er in der METAPHYSIK DER SITTEN, »hat es keinen Wert mehr, daß Menschen auf Erden leben«.[100] Der gleiche hohe und absolute Begriff zieht sich durch die Werke Heinrich Manns. »Der Kampf um die Menschenwürde aber ist der Weg des Heiligen Geistes« (XI,398). Dem König Henri Quatre ist das Heil seiner Seele dasselbe »wie die Herstellung des Rechtes, und dieses ist die vollkommenste Gestalt, die ich vom Menschlichen kenne« (VII,203). »Justiz« – so läßt Heinrich Mann insbesondere seine Erfahrungen mit der Weimarer Republik einfließen – »ist allerdings nicht Recht« (VII, 202).

Der Zusammenhang zwischen Verfassung und innerer und äußerer Politik, den Kant des weiteren in seiner Schrift herstellt, ist auch ein unabdingbares Kriterium Heinrich Manns; in KAISERREICH UND REPUBLIK findet sich die weitreichende Einsicht: »Die äußere Politik ist immer und überall eine Fortsetzung der inneren auf fremdem Boden, aber

[92] Z. ewig. Frieden, a.a.O., p. 125.
[93] a.a.O., p. 125.   [94] a.a.O., p. 126.
[95] a.a.O., p. 134.   [96] a.a.O., p. 135/36.
[97] a.a.O., p. 129, Anm.   [98] Streit d. Fak., a.a.O., p. 86, Anm.
[99] Kant, A.A. XV, p. 612.   [100] Metaphysik d. S., a.a.O., p. 159.

mit heimischen Mitteln« (XII,64). Bezeichnenderweise wendet sich hingegen Thomas Mann in den BETRACHTUNGEN – auch hierin der »doppelten Moral« der wilhelminischen Politik folgend – g e g e n eine solche direkte Koppelung der äußeren an die innere Politik.[101]

Das Problem der Staatsform ist deshalb für Heinrich Mann kein untergeordnetes, sondern das schlechterdings entscheidende. Gegenüber der Monarchie, die eine in der Sonne strahlende »Fassade« (XI, 200) braucht, ist die Republik »das Wesen der politischen Wahrheit selbst« (XI,199), in ihr liegt

> das Spiel der gesellschaftlichen Kräfte ... in Völkern, die sich selbst regieren, allen Augen offen, und auch die einzelnen dort erziehen einander, öffentlich handelnd, zur Erkenntnis von ihresgleichen (XII,17).

»Jeder Volksstaat neigt zur Selbstreinigung« (XII,61), seine Skandale gelangen an die Öffentlichkeit. Die Demokratie »muß nicht prahlen, nicht glänzen, die Demokratie braucht die Lüge nicht ... die Selbsterkenntnis der Gesamtheit erhält sie wahr« (XII,61). Sie »fußt auf Erkenntnis anstatt auf Autorität, und ihr Ziel ist volle Gerechtigkeit« (XII,236). In immer neuen Formulierungen sucht Heinrich Mann in den späten zwanziger Jahren diesen Sinn von Demokratie begreiflich zu machen. »Demokratie ist im Grunde die Anerkennung, daß wir, sozial genommen, alle für einander verantwortlich sind« (XII,236). »Die Republik ist, kurz gesagt, der Staat, der Gedanken offen ist« (XII,234). Die Demokratie ist deshalb ein »sittliches Gebilde des Menschen« (XII,64), »ein menschliches Ideal, an dem zu arbeiten bleibt« (XII,237), sie bedeutet nach innen wie nach außen »Betätigung aller Begriffe, die wahrhaft menschlich machen« (XII,64), ihre Bürger sind ganz von selbst »Bürger der einen großen Staatenrepublik, die im Werden ist« (XII,65). »Keine anderen zwei Tatsachen«, so betont Heinrich Mann 1927, »hängen heute so eng zusammen wie die Republik und der Friede« (XII,237). Und wiederum ist auch nach Kant

> diejenige Verfassung eines Volkes allein an sich r e c h t l i c h und moralisch-gut ..., welche ihrer Natur nach so beschaffen ist, den Angriffskrieg nach Grundsätzen zu vermeiden, welche keine andere als die republikanische Verfassung, wenigstens der Idee nach, sein kann.[102]

Sie hat »außer der Lauterkeit ihres Ursprungs, aus dem reinen Quell des Rechtsbegriffs entsprungen zu sein, noch die Aussicht in die ge-

---

101 Vgl. Thomas Mann, XII,289ff.
102 Kant, Streit d. Fak., a.a.O., p. 85.

wünschte Folge, nämlich den ewigen Frieden«,[103] auch Kant kennt den
erzieherischen Einfluß der Verfassung auf Rechtsgefühl und Moralität
der Bürger und hegte die »Lieblingsidee«, »daß der Endzweck des Menschengeschlechts die Erreichung der vollkommensten Staatsverfassung
sei«.[104]

Innerhalb des Werkes Heinrich Manns erscheint das »höchste politische Gut«,[105] der ewige Friede, negativ im Kopf als Kontrast zur Politik des Reichskanzlers Lannas, die wesentlich auf eine Katastrophe zutreibt, positiv in der historischen Gestalt des lange Zeit Henri IV zugeschriebenen GRAND DESSIN als Vollendung der politischen Utopie in
den HENRI QUATRE-Romanen.

Die satirische Kritik am »System Lannas« entspringt einer insgesamt
mit der kantischen übereinstimmenden Konzeption von Politik. Lannas begeht den aus dieser Sicht fundamentalen Irrtum: er geht von
Tatsachen der Macht, vom »Lauf der Welt« aus, wo einzig die Vernunft zuständig ist. Er ist ein »moralisierender Politiker«, der die moralische Begründung nach den jeweiligen Zwecken einrichtet. Diesen scheidet Kant vom »moralischen Politiker«,[106] der Politik als Praxis nach
Vernunftgesetzen versteht. Ausdrücklich glaubt Lannas nicht an den
»ewigen Frieden« (s. o. p. 184) und damit auch nicht an die Vernunftideen. Er nimmt aber gerade dadurch selbst an ihrer Vereitelung teil,
weil, wie Kant ausführt,

> moralisierende Politiker durch Beschönigung rechtswidriger Staatsprin-
> zipien, unter dem Vorwande einer des Guten nach der Idee, wie sie die
> Vernunft vorschreibt, nicht f ä h i g e n menschlichen Natur, soviel an ihnen
> ist, das Besserwerden u n m ö g l i c h m a c h e n und die Rechtsverletzung
> verewigen.[107]

Lannas ist »Realist«; statt der progressiven Annäherung an die Vernunftideen, die sich als immerwährende inhaltliche Bestimmung jeder
Politik aus der Ethik Kants ergibt, erhält seine Politik bloß das Gleichgewicht und damit die Gefahr der Katastrophe – denn, so schrieb einst
Kant, die europäischen Anschauungen überflügelnd,

> ein dauernder allgemeiner Friede durch die sogenannte B a l a n c e d e r
> M ä c h t e in Europa ist, wie S w i f t s Haus, welches von einem Bau-
> meister so vollkommen nach allen Gesetzen des Gleichgewichts erbaut war,
> daß, als sich ein Sperling darauf setzte, es sofort einfiel, ein bloßes Hirn-
> gespinst.[108]

---

[103] Kant, Z. ewig. Frieden, a.a.O., p. 127.
[104] Kant, Kleinere Schriften usw., a.a.O., p. VIII.
[105] Kant, Metaphysik d. S., a.a.O., p. 186.
[106] Kant, Z. ewig. Frieden, a.a.O., p. 153.   [107] a.a.O., p. 155.   [108] a.a.O., p. 112.

Der tiefe Pessimismus, die zynische Geistfeindlichkeit am Grunde der Politik Lannas' machte auch sie zu einer »Ideologie des Bösen« und den moralisierenden Politiker zu einem »Makler des Todes« (417). Den gleichen Zynismus vertritt im HENRI QUATRE die »Realistin« Catharina von Medici; ihr Selbstvertrauen »bestand ganz aus der Gewißheit, daß das Leben böse war und daß sie selbst mit dem Leben ging« (VI, 271). »Böse« ist nunmehr gleichzusetzen mit der Leugnung der intelligiblen moralischen Welt unter (fälschlicher) Berufung auf die Wirklichkeit. Dagegen eben erklärt Terra: »Ich bin kein Politiker, mein Leitstern ist einzig die lebenfördernde Vernunft...« (328).

Daß die meisten Politiker aller Zeiten jenen Pessimismus gegenüber der Vernunftutopie geltend machen und also »moralisierende Politiker« waren oder sind, übersieht Kant freilich nicht. Beruhte die Aussicht auf Besserung nur darauf, daß Politiker, wie sie sollten, die intelligible Welt zur Grundlage ihrer Politik machen, so wäre kein Anlaß zur Hoffnung. So entwickelt Kant schon in der Schrift IDEE ZU EINER ALLGEMEINEN GESCHICHTE IN WELTBÜRGERLICHER ABSICHT von 1784 sozusagen ersatzweise eine Geschichtskonzeption, wonach die Natur auch durch den bloßen »Lauf der Welt« ihre »Zwecke« erreicht. Ihr zufolge bewirkt der »Eigennutz«, die »Not«, der »Antagonism« unter Menschen, daß sie den rohen Naturzustand nach Verstandesprinzipien verändern, daß sie, um die gegenseitige Vernichtung abzuwenden, ohne Moral dasjenige tun, was allein aus Moralität und Vernunft hätte geschehen sollen. Das folgende Kernstück der Schrift nimmt Heinrich Mann 1936 in sein DEUTSCHES LESEBUCH auf:

> Das Problem der Errichtung einer vollkommenen bürgerlichen Verfassung ist von dem Problem eines gesetzmäßigen äußeren Staatenverhältnisses abhängig und kann ohne das letztere nicht aufgelöst werden ... Die Natur hat also die Unvertragsamkeit der Menschen, selbst der großen Gesellschaften und Staatskörper dieser Art Geschöpfe, wieder zu einem Mittel gebraucht, um in dem unvermeidlichen Antagonism derselben einen Zustand der Ruhe und Sicherheit auszufinden; d. i. sie treibt durch die Kriege, durch die überspannte und niemals nachlassende Zurüstung zu denselben, durch die Not, die dadurch endlich ein jeder Staat, selbst mitten im Frieden, innerlich fühlen muß, zu anfänglich unvollkommenen Versuchen, endlich aber nach vielen Verwüstungen, Umkippungen und selbst durchgängiger innerer Erschöpfung ihrer Kräfte zu dem, was ihnen die Vernunft auch ohne soviel traurige Erfahrung hätte sagen können, nämlich: aus dem gesetzlosen Zustande der Wilden hinauszugehen und in einen Völkerbund zu treten; wo jeder, auch der kleinste, Staat seine Sicherheit und Rechte nicht von eigener Macht oder eigener rechtlicher Beurteilung, sondern allein von diesem großen Völkerbunde (Foedus Amphictyonum),

von einer vereinigten Macht und von der Entscheidung nach Gesetzen des vereinigten Willens erwarten könnte. So schwärmerisch diese Idee auch zu sein scheint . . .: so ist es doch der unvermeidliche Ausgang der Not, worein sich Menschen einander versetzen, die die Staaten zu eben der Entschließung (so schwer es ihnen auch eingeht) zwingen muß, wozu der wilde Mensch ebenso ungern gezwungen ward, nämlich: seine brutale Freiheit aufzugeben und in einer gesetzmäßigen Verfassung Ruhe und Sicherheit zu suchen.[109]

In diesem gleichsam zweitbesten Ablauf der Geschichte als bloßer Natur kommt dem vor der Vernunft nicht zu verteidigenden »System Lannas« wiederum eine ungewußte Funktion zu. Die volle Entfaltung der Lannas'schen Staatsweisheit: »Einer erledigt immer den anderen« (314),[110] des kantischen »Antagonism« also, führte tatsächlich schon ein Jahrzehnt nach der Kanzerschaft Lannas' (= Fürst Bülow) zu der kantischen Konsequenz, zur Gründung eines »Völkerbundes«, an den Lannas nicht glauben würde und auf den hinzuarbeiten er sich nicht bewußt ist – durch dessen Gründung aber gerade eine »schwärmerische Idee« Kants indirekt in die reale Geschichte eingriff. Freilich war es, wie Kant voraussah, ein »anfänglich unvollkommener Versuch«, den auch weiterhin »unvermeidlichen Ausgang der Not« zu erreichen.

»Nur ein Intellektueller an der Macht geht von moralischen Forderungen aus: sie sind härter als wirtschaftliche und politische« (Z. 290), statuiert Heinrich Mann im Zeitalter. Die Erfahrung belehrt aber den »moralischen Politiker«, daß die direkte Verwirklichung von Vernunft, weil sie die Natur des Menschen außer acht läßt, unmöglich ist, daß er nicht als »despotisierender Moralist«,[111] wie Robespierre, auftreten darf, sondern daß er den »Mechanism der Natur«, den »Lauf der Welt«, wissend und geschickt zur Erreichung jenes Zieles ausnützen muß, dem dieser unbewußt, als einem Ausgang der Not, ohnehin zustrebt. So tritt Terra zuerst als despotisierender, d. h. »in der Ausübung fehlender« (ib.) Moralist ins Leben ein und muß erfahren, daß sein »sittliches Bedüfnis« Katastrophen schafft. Er macht bei der Verwirklichung von Vernunftzielen seine Rechnung wiederum mit der Vernunft statt mit der Natur des Menschen. Erst die »Schule des Lebens« belehrt ihn, den »Antagonism« zur Annäherung an die Vernunftutopie zu benützen, oder, wie es im Kopf satirisch heißt, »den harmlos in den Tag Lebenden Ideen

---

109 Kant, Kleinere Schriften usw., a.a.O., p. 12/13. Zitiert in »Es kommt der Tag«, a.a.O., p. 79/80.
110 Vgl. VI,533: »Madame Catherine überzeugte aber ihren Sohn, daß zwei seiner Feinde, die selbst einander befeindeten, dort, wo sie waren, auch müßten gelassen werden.«
111 Kant, Zum ewig. Frieden, a.a.O., p. 154.

auf lange Sicht anzuhängen« (316).[112] So verhindert Terra ein tödliches Duell, indem er die prominenten Gegner veranlaßt, schriftliche Geständnisse ihrer Verfehlungen auszutauschen, wodurch sie für immer aneinander gebunden, d. h. in ein unfreiwilliges moralisches Verhältnis zueinander gebracht werden:

> Schreibt, meine Freunde! Schreibt Euren Lebenslauf, widmet ihn einander! Es ist das einzige Mittel, den Ehrgeiz solcher Personen wie Ihr seid, in Schranken zu halten. Ihr beide wenigstens werdet Gründe haben, einander zu schonen – und damit uns alle. Hätte jeder den Lebenslauf des anderen im Safe, vielleicht käme kein Krieg! (420).

In der überraschenden Beziehung der privaten Streitigkeit auf den Krieg wird die Einheit der moralischen Geschichtskonzeption sichtbar, die hinter solchen anekdotischen Umschreibungen der Rolle des »Antagonism« steht.

Dem kantischen Ablauf der Geschichte als bloßer Natur kommt auch die Anschauung Heinrich Manns vom Gang durch Katastrophen nahe:

> Die Menschheit ist für Katastrophen gemacht, so sehr liebt sie das Leben ... Der Weg der Menschheit führt zu etwas sehr Schönem, durchaus Heiterem – aber durch Katastrophen (XI,201/202).

Düsterer ist im KOPF vom »Gesetz der Katastrophe« (321), die offenbar zum »Wesen des Menschen« gehört (633), die Rede; noch einmal wird der Zusammenhang im ZEITALTER angesprochen:

> Die Vernachlässigung der menschlichen Lage über jede noch erlaubte Frist hinaus hat endlich Katastrophen entladen. Da sie nicht ohne Folgen bleiben können, werden es nach allem Ermessen sittliche sein.[113]

In diesem Sinne faßt Heinrich Mann die BESICHTIGUNG seines Zeitalters 1944 zusammen: »... von bequemen Anfängen schritten wir zur katastrophalen Vollendung« (Z. 501).

---

112 In satirischer Wendung sagt Terra z. B. dem Kanonenkönig Knack jenen kantischen »Naturzweck« der Rüstungsindustrie auf den Kopf zu, an dem dieser unwissend mitarbeitet: »Sie verkaufen Ihre menschenfreundlichen Erzeugnisse mit gleicher Bereitwilligkeit an fremde Diplomaten, wie an inländische Generäle, und wenn Sie dereinst die ganze Welt, ohne Unterschied von Religion und Geldwährung, gleich furchtbar ausgerüstet haben werden, dann, mein Herr, oder niemals ist der Welt ihr Friede sicher. Ich trinke auf den ersten werktätigen Pazifisten« (182). Im Zustand des atomaren Patt konnte diese Situation zunächst als verwirklicht erscheinen.

113 Z. p. 495. – Dazu Kant: »Die Nachwehen des gegenwärtigen Krieges aber können dem politischen Wahrsager das Geständnis einer nahebevorstehenden Wendung des menschlichen Geschlechts zum Besseren abnötigen, das schon jetzt im Prospekt ist« (Streit d. Fak., a.a.O., p. 94).

Diese Äußerungen werden nur verständlich, wenn man sie auf die ständige Dialektik zwischen Geschichte als unendlicher Annäherung an die Vernunftutopie und Geschichte als bloßer Natur bezieht. Wo Geschichte nicht Vernunft realisiert, verharrt sie auf der Stufe eines labilen, aus dem Durcheinanderwogen von Interessen hervorgehenden, mittels Katastrophen fortschreitenden Prozesses. Im Augenblick der Katastrophe ist jeweils die äußerste Konsequenz erreicht, jedes Weiterschreiten geschieht notwendig zunächst im Sinne »sittlicher Folgen« in Richtung auf die Vernunftutopie.[114] In dem Maße als der sittliche Impuls erlahmt, beginnt wieder Geschichte als Natur, die ja nach Kant auf ihre Weise dem zustrebt, was »die Vernunft auch ohne soviel traurige Erfahrung hätte sagen können«. Eine ganz ähnliche Geschichtsauffassung begründet z. B. die Zuversicht Heinrich Manns in die VEREINIGTEN STAATEN VON EUROPA, die sich in den Essays nach 1923 zeigt. Die Aussöhnung Deutschlands und Frankreichs, die er als ersten Schritt zur Einigung Europas ansah, sollte durch »geistig geschulte, geistig gewillte Politiker« (XII,291) vollzogen werden. Der entscheidende Satz lautet:

Geschieht dies nicht, so wird trotzdem noch eine Einigung zwischen den beiden Ländern zustande kommen. Es wird dann eben ein internationaler Trust sein, das gute Geschäft weniger Personen usw. (ib.).

Wird Europa nicht als Realisation von Vernunft erreicht, so wird es eines Tages das bessere Geschäft sein, aber die Gewißheit, daß es erreicht wird, ist unumstößlich.[115]

Auch als Reichstagsabgeordneter praktiziert Terra zynisch die Einsicht, daß die Rechnung der Vernunft nicht wiederum mit der Vernunft

---

114 Vgl. XII,53, wo die innere Nähe der Argumentation zu Kant unverkennbar ist: »Gerade die Not wird sie bald an die Geistesmächte glauben lehren, deren sie bis jetzt sich nur zu bedienen denken. Der Zwang der Dinge, Niederlage, Armut, feindliche Bedrängnis und innerer Zerfall befehlen den Unvorbereiteten: rafft eure besten Kräfte zur Umkehr auf, tiefer geht es nicht mehr in den Abgrund! Sie werden dem Zwang folgen..., mit viel Wehgeschrei, Wut, Klagen um Verlorenes, Drohungen an das Schicksal, mit manchem Selbstbetrug und heftigen Versuchen sich zu drücken: aber sie werden folgen... Sie wollen leben, darum – ihnen bleibt nichts anderes übrig – sind sie Demokraten.«

115 Vgl. andere Stellen, an denen Heinrich Mann ganz bewußt Vernunftziele durch »Interessen« und »Nutzen« ersetzt: »Niemand wird erwarten, daß die heutigen französischen Machthaber aus Liebe zur Demokratie handeln, was liegt ihnen an der deutschen? Aber wenn Sie den Nutzen ihrer Sache dabei fänden?« (So 1923, XII,217). »Die großen Interessen zu beiden Seiten der Grenze wurden ehemals am besten bedient, wenn man Wirtschaft und Nation abschloß und verfeindete. Es scheint, daß Vorbereitung des Krieges jetzt nicht mehr das Einträglichste ist. Der klügere Teil des französischen Kapitals folgt jetzt schon dem politischen Führer, der Verständigung will« (XII,280).

gemacht werden darf. Er schlägt z. B. seiner Fraktion die Abschaffung der Todesstrafe nicht als Forderung der Vernunft, sondern als Mittel vor, um in den »weithin spürbaren Geruch der Humanität« (318) zu kommen, so daß niemand mehr der Fraktion zumuten kann, tatsächlich für »Abrüstung, Schiedsgericht, Völkerfrieden« zu stimmen. Die »Unlogik des gemeinen Lebens« zwingt ihn zu der jederzeit doppelten Komödie, die Menschen zu der Wahrheit, die er meint, als zu einem vorteilhaften Trick zu verleiten.[116]

Aus dem Naturzusammenhang der Geschichte ergab sich für Kant auch das Urteil über die Französische Revolution und über Revolutionen überhaupt. Herrscher haben nach ihm jederzeit die Pflicht, mittels Reformen die von der Vernunft geforderten republikanischen Verhältnisse, die »reinen Vernunftprinzipien des äußeren Menschenrechtes«, Freiheit, Gleichheit und Selbständigkeit[117] herzustellen. Sie haben kein Recht, sondern nur Gewalt, sich dieser Pflicht zu entziehen. Der Bürger andererseits hat kein Recht zur Revolution, wo er sie aber unternimmt, gebraucht er ebenfalls bloße Gewalt. Revolutionen sind Katastrophen im Ablauf der Geschichte als bloßer Natur, aber sie sind Katastrophen, die – der Idee nach – zum Besseren führen. Sie dürfen nicht deshalb nur rückgängig gemacht werden, weil sie unrechtmäßig geschehen sind. Vielmehr wird die

> Staatsweisheit ... Revolutionen ... wo sie die Natur von selbst herbeiführt, nicht zur Beschönigung einer noch größeren Unterdrückung, sondern als Ruf der Natur benutzen, eine auf Freiheitsprinzipien gegründete gesetzliche Verfassung, als die einzige dauerhafte, durch gründliche Reform zustande zu bringen.[118]

Die Ideen, die in der Französischen Revolution geschichtliche Gestalt annahmen, schienen auch Kant in die Richtung zu weisen, in der er den unumgänglichen »Ausgang der Not« erblickte, Kant war »der ihr befreundete, ihr gewachsene Geist Deutschlands«, als den ihn Heinrich Mann verehrt.

Auch hinsichtlich der »unabweisbaren Frage: Gott«, der Heinrich Mann ein Kapitel im ZEITALTER widmet, befindet er sich in großer Nähe zu Kant. Gott ist, da die objektive Erkenntnis unmöglich ist, für Kant ein Postulat der Vernunft, es gibt im *opus postumum* sogar Sätze wie: »Gott ist nicht ein Wesen außer Mir, sondern bloß ein Gedanke in

---

116 Dazu auch Kurt Hiller: »Solange der Teufel regiert, ist alle Geistpolitik notwendig beelzebübisch« (Verwirklichung des Geistes, a.a.O., p. 289).
117 Kant, Kleinere Schriften usw., a.a.O., p. 87.
118 a.a.O., p. 154, Anm.

Mir Gott ist die moralisch/practische sich selbst gesetzgebende Vernunft.«[119] Die eine Vernunftreligion, die nach Kant in allen positiven Religionen enthalten sein müßte, steht zur Offenbarungsreligion im Verhältnis konzentrischer Kreise[120] und »der Gott in uns ist selbst der Ausleger, weil wir niemand verstehen als den, der durch unsern eigenen Verstand und unsere eigene Vernunft mit uns redet«.[121] Die Vernunft entwirft das Sittengesetz und es scheint an vielen Stellen, als falle Religion für Kant mit der Praxis des Sittengesetzes, mit dem sittlich guten Lebenswandel zusammen: »Moral also führt unumgänglich zur Religion, wodurch sie sich zur Idee eines machthabenden moralischen Gesetzgebers außerhalb dem Menschen erweitert ...«.[122]

Es ist nicht blasphemisch gemeint, sondern die naive Abkürzung dieser Anschauung, deren Zentrum die sicher gewußte Vernunftmoral ist, wenn das »Bekenntnis« Henri Quatres lautet: »Gott ist immer auf Seiten der Vernunft« (VII,36), wenn sich die Stelle findet: »Es heißt: Du sollst nicht töten; und dieses Gesetz ist so menschlich, daß es wahrhaftig von Gott sein könnte« (VII,203). Des öfteren betont Kant in eben diesem Sinne, »Religion ist (subjektiv betrachtet) die Erkenntnis aller unserer Pflichten als göttlicher Gebote«.[123] Eine Kant verwandte ethikotheologische Auffassung von Religion spricht ebenfalls aus den Äußerungen im ZEITALTER: »Da Gott keine polizeiliche Aufsicht ausübt, wird es eine geliebte Pflicht, nach der Vernunft, seiner Mitgift, zu leben. Das Sittengesetz ist wirksam ...« (Z. 195). Deshalb »beeilt« sich Heinrich Mann »anzuerkennen, daß sich mit dem Materialismus leben, sittlich leben läßt« (Z. 193). Gott ist »das Gleichnis unserer Vernunft« (Z. 192); »das Gewissen, die Vernunft sind Gottes genug« und immer dürfe »unbekannt bleiben, wo er noch weilt, wenn nicht in uns« (Z. 194). So lautete schon eine der äußersten Konsequenzen Kants:

> Religion ist Gewissenhaftigkeit ... Die Heiligkeit der Zusage und Wahrhaftigkeit dessen was der Mensch sich selbst bekennen muß ... Diese zu haben wird nicht der Begriff von Gott, noch weniger das Postulat: »es ist ein Gott« gefordert.[124]

So kommt der Satz »Die wirkliche Kraft der Religion besteht in der Heiligung des Lebens allein« (Z. 193), so wie ihn Heinrich Mann ver-

---

[119] Kant, A.A. Bd. XXI, 145.
[120] Kant, Religion innerhalb ..., a.a.O., p. 13.
[121] Kant, Streit der Fakultäten, a.a.O., p. 44.
[122] Kant, Religion innerhalb ..., a.a.O., p. 6.
[123] a.a.O., p. 170.
[124] Kant, A.A., XXI,81.

steht, dem kantischen »Das Reich Gottes auf Erden: das ist die letzte Bestimmung des Menschen«,[125] sehr nahe. Gemeint ist in beiden die menschheitliche Ausbildung des Gewissens und die aus ihm hervorgehende Form der Gesellschaft.

Die kantische Anschauung, daß die Geschichte der Freiheit notwendig »vom Schlechtern zum Bessern« verläuft, die ihm in einem speziellen Zusammenhang den erstaunlichen Satz eingab: »Fragt man nun, welche Zeit der ganzen bisher bekannten Kirchengeschichte die beste sei, so trage ich kein Bedenken zu sagen: es ist die jetzige...«,[126] findet schließlich in der eigentümlichen Apotheose, die Heinrich Mann in seinem Lebensrückblick dem besichtigten Zeitalter zuteil werden läßt, ein großartig-groteskes Seitenstück. Gestützt auf wenige dürftige Anhaltspunkte der Wirklichkeit glaubt 1944 der Vereinsamte im fernen Kalifornien, die Skepsis mildern, »das Letzte des Zeitalters für sein Bestes ansehen« (Z. 489) zu dürfen und die Utopie in die Welt, wie sie ist, hineinkonstruieren zu können: er hält, wie der blinde Faust, das Letzte für das »Höchsterrungene« und sieht, was er sehen will: mit Roosevelt, Churchill und Stalin an der Spitze der über den »Antimenschen« Hitler siegenden Koalition glaubt er »das sittliche Bewußtsein« (Z. 478) zur Herrschaft gekommen, glaubt er die Macht endlich in Händen des Geistes:

> Das Zeitalter, das auch mich verdüstern könnte, hellt sich auf, sobald ich bedenke: es sind Intellektuelle, es sind Moralisten, die jetzt die Macht haben und den Sieg an sich bringen. Zwei von ihnen reden und schreiben klassisch, und denken volkstümlich (Z. 151).

Ihnen, die als Intellektuelle »neutrale Werkzeuge des Wissens um den Menschen« (Z. 483) sein müssen, traut er zu, daß sie »aufrichtig« sind und »diesmal in die Tiefen der Staatskunst, bis zur weisen Menschenbehandlung« (Z. 158) gehen werden, daß sie nach dem Sieg eine Welt sozialer und internationaler Gerechtigkeit errichten werden:

> Ein neuer Mensch, ein anderes Zeitalter nehmen ihren Anfang hier. Die menschliche Fähigkeit der Verwandlung erreicht ihr relatives Höchstmaß diesmal. Eine sittliche Welt ohne Vorgang und Vergleich entsteigt – unnütz zu fragen, welchen weitläufigen Zusammenhängen. Sie ist da, sie erhält sich – erhält sich nunmehr länger als die Französische Revolution, einbegriffen den Kaiser. Die Sowjetmenschheit, »mit dem Bewußtsein, was sie soll, geboren«, siegt. Aber mehr, ihr sieghaftes Lebensgefühl ergreift andere (Z. 499).

125 Kant, A.A., XV,608.
126 Kant, Religion innerhalb ..., a.a.O., p. 147.

So verwechselt auch Heinrich Mann im »Vorgefühl« der Erfüllung Wunsch und Wirklichkeit, und meint doch, wie auch der blinde Faust, einzig das »helle Licht« im »Innern« (Vers 11 500), die utopische Wahrheit visionärer Gedanken, die jede äußere Wirklichkeit zurücklassen, ja, er scheint sich, freilich ohne die tragische Ironie Goethes, der Faust-Parallele bewußt, wenn er gerade jene Stelle in seine Prosa einfließen läßt: »Gleichwohl ist uns das relative Höchstmaß zugeteilt; die Spur von unseren Erdentagen wird lange nach uns noch nicht verschwunden sein« (Z. 480).

Alle diese Berührungen und Übereinstimmungen im Grundsätzlichen mit Kant erlauben es, von einem kantischen Element im moralistischen System Heinrich Manns zu sprechen. Dieses Element besteht unabhängig von der begrenzten Kant-Rezeption, deren Auswirkung andererseits an einigen Stellen unverkennbar ist. Gerade die Betrachtungen im ZEITALTER führen aber vor Augen, wie wichtig es ist, bei Heinrich Mann das Grundsätzliche von der Anwendung auf den einzelnen Fall zu trennen. Diese erfolgt mit unterschiedlicher Sicherheit. Das Verdienst liegt zuerst im Grundsätzlichen, es liegt insbesondere darin, daß der »moralische Politiker« Heinrich Mann eine kantische Konzeption des Handelns und der Politik zu einem Zeitpunkt zum Maßstab nahm, als das Verständnis dafür in Deutschland fast verlorengegangen war. Mit Kant verbindet ihn das Bewußtsein, daß dem Handeln und der Geschichte als dem Zusammenfluß alles Handelns ein Sollen übergeordnet ist, das in der autonomen Vernunft von allen verbindlich erkannt werden kann. Geschichte ist ihm deshalb »kein Verhängnis« (HASS, 159) sondern wird von Menschen gemacht und muß von ihnen verantwortet werden: »In allem Menschlichen entsteht Notwendigkeit doch nur, wenn wir sie zulassen« (XII,18), »... wir selbst sind verantwortlich – sogar für unsere Geschichte ...« (XII,59). Deshalb kann er im ZEIT-ALTER sagen: »Das Geistige erscheint mir als das Primäre, es hat in der Geschichte den Vortritt. Dies behaupte ich mit Einschränkungen und bleibe auf ein vernünftiges Entgegenkommen bedacht« (Z. 187).

Wechselnde optimistische oder pessimistische Formulierungen, wie sie gerade im ZEITALTER nebeneinander bestehen, vermögen nicht zu verschleiern, daß das Bewußtsein eines Sollens als im Grunde Optimismus wie Pessimismus entzogene Forderung der Vernunft, als absolute Pflicht des Menschen gegenüber sich selbst, in ihm lebt. Aus diesem Bewußtsein empfangen die einzelnen vom Verlauf der deutschen Geschicke herausgeforderten Essays, Reden und tagespolitischen Stellungnahmen von unterschiedlichem Gewicht ihre grundsätzliche Haltung und Substanz.

In diesem Sinn kann nunmehr auch die Interpretation des KOPFES abgeschlossen werden. In der wiederholten Darstellung der wilhelminischen Gesellschaft hatte sich aus der ursprünglichen Situation der Lebensschwäche der Konflikt der Vernunft mit dem irrationalen »Lauf der Welt« herauskristallisiert. Er liegt, zu einem, wie die Analyse ergab, geschlossenen, abstrakten, moralistischen System von »begriffenen« gesellschaftlichen und politischen Zusammenhängen organisiert, dem Roman zugrunde. DER KOPF bildet im Werk Heinrich Manns den Abschluß der Kritik an der wilhelminischen Gesellschaft in Form einer satirischen Rezension der eben erst abgelaufenen deutschen Geschichte durch einen mit kantischer Festigkeit nach Prinzipien der Vernunft aburteilenden moralistischen Dichter. Die Vernunftziele des »abseitigen Phänomens« Claudius Terra stimmen mit Kant überein, die »bestehende Gesellschaftsordnung« wird gleichsam als Gesellschaft im »ethischen Naturzustand« innerhalb eines rechtlich-bürgerlichen »Geheges« erschlossen, an der Moral des »Lebens wie es ist« werden lebensfeindliche, zerstörerische Züge als Auswirkungen des »radikal Bösen« im Menschen hervorgetrieben. Das private, das gesellschaftliche und das politische Leben der Zeit werden als unteilbare moralische Einheit ins Bewußtsein gehoben, die »Politiker« Reichskanzler Lannas, Terra und Mangolf erscheinen fast wie romanhaft ausgeschriebene Stimmen aus der Partitur, die Kant in seinen Ausführungen über Einheit und Mißhelligkeit zwischen Moral und Politik in der Schrift ZUM EWIGEN FRIEDEN hinterließ.

Im Gesamtwerk nimmt dieser Roman die Mitte ein. Das »besondere Innenschicksal« (XI,94) der Gestalten Heinrich Manns, die Lebensschwäche, wird als nunmehr durchleuchtetes psychologisches Schlüsselphänomen der in den irrationalen Machtrausch ausschweifenden »ruchlosen« bürgerlichen Gesellschaft in den Zusammenhang der geschichtlichen Vorgänge integriert. Jenes charakteristische System eines intellektuellen Welt- und Lebensverständnisses, in dem Heinrich Mann zu sich und zu seiner spezifischen literarischen Aussage fand, ist darin vollständig ausgebildet. Im KOPF ist es noch eingetaucht in Satire und tragikomische Verzweiflung, eingespannt in die von der dargestellten Epoche deutscher Geschichte vorgeschriebene Vergeblichkeit, Vernunft zu verwirklichen. Mit den HENRI-QUATRE-Romanen hingegen wendet sich Heinrich Mann einem Augenblick der (französischen) Geschichte zu, in dem dies möglich schien, an die Stelle satirischer Negativität tritt die positive Demonstration und das lebendige Beispiel, an die Stelle zynischer Schärfe Skepsis und Güte. DER KOPF ist in einer bestimmten Hinsicht Durchgang und Übergang zu den HENRI-QUATRE-Romanen und enthält in negativer Gestalt schon die menschlich-moralisch-politische Substanz, die sich positiv in ihnen entfaltet.

Mit dem Namen Kants aber verbindet Heinrich Mann auch weiterhin die höchsten Ideale der Vernunft, ja es heißt ihm, wie auch in Frankreich, das »verkörperte Weltgewissen« (XIII,471) Kant. Sein Name wird ohne weiterführende Auseinandersetzung mit der Philosophie zur Chiffre der höchsten Ausprägung »reinen Geistes« in Deutschland, die historisch verbürgt ist; zur Chiffre des höchsten moralischpolitischen Anspruchs Deutschlands an sich selbst, der zugleich einen absoluten Maßstab setzt für den Abfall der Deutschen von ihrer klassischen Literatur in der Epoche abenteuerlicher Weltpolitik:

> Das ewige Sittengesetz Kants betrifft offenbar kein Deutschland, daß diese Kriege billigt und bis zuletzt hinter sich bringt. Der Humanismus der gesamten deutschen Literatur wendet sich gegen die Deutschen selbst, solange sie vollendete Unmenschlichkeit für ihr Vorrecht und Gesetz halten (XIII,474).
> Wer von beispielhaften Einrichtungen nichts, dafür aber einen Kant hat – und ihn verleugnet –, besitzt weder das innere Recht noch das gute Gewissen (XIII,479).

Als absolute Größe, als Inbegriff des Weltgewissens schlechthin mit der besonderen Nuance, daß es sich in Deutschland aussprach, hält der gequälte Augenzeuge deutscher Verirrungen Heinrich Mann »Kant, der den ewigenFrieden für vernünftig und erreichbar hielt« (XIII,459), in fast allen essayistischen Publikationen der Exilzeit bis zuletzt den mißleiteten Deutschen entgegen – in sein DEUTSCHES LESEBUCH von 1936 nimmt er Kernzitate aus den Schriften Kants über Politik und Staatsform auf; im Essayband MUT von 1939 führt er die berühmten Definitionen aus der kantischen BEANTWORTUNG DER FRAGE: WAS IST AUFKLÄRUNG an (XIII,458) – neben Zitaten aus Lessing, Friedrich dem Großen, Herder, Novalis, Wilhelm von Humboldt und Hegel, welche die revolutionäre Humanität des »geistigen Erbes« der Deutschen berufen und mit dem Brecht-Vorklang bei Schiller schließen: »Nichts mehr davon, ich bitt euch. Zu essen gebt ihm, zu wohnen; / Habt ihr die Blöße bedeckt, gibt sich die Würde von selbst.« Dort heißt es auch im Vorbeigehen satirisch, das Dritte Reich halte Selbstgespräche über Kant, »es meldet seinen Anspruch auf die Kritik der reinen Vernunft an. Es muß sie wohl für böhmische Dörfer halten« (XIII,76). Das Moralische schlechthin sei der Feind des Regimes:

Man besiege das Sittengesetz, schon herrscht man unumschränkt. Der Sternenhimmel über uns und das sittliche Gesetz in unserer Brust, den Spiegelfechtern hält nichts stand. In Wirklichkeit haben sie aus der sittlichen Welt nichts und niemand entfernen können; daher werden sie auch aus der politischen Welt nichts und niemand für immer entfernen. Nur sich selbst. Sittlich sind sie schon jetzt nicht vorhanden. Die politische Niederlage wird angekündigt von der sittlichen (XIII,292).

Und wieder steht Kant, zusammen mit Opitz, Angelus Silesius, Logau, Lichtenberg, Schubart, Herder, Schiller, Goethe, Claudius und Hebel im Vorwort zur Anthologie MORGENRÖTE von 1947 für die vielstimmige Hoffnung deutscher Literatur aus drei Jahrhunderten auf Gerechtigkeit und Frieden.[127]

Die ihn am eifrigsten mißbilligt haben, verlangten von dem Menschen noch mehr als die Milden. Die Meister der düsteren Gestalten sind auch die Erfinder der verklärten; und ein Deutscher ohne Illusionen mußte sein, wer als erster die Möglichkeit des ewigen Friedens bewies. Manchmal wird es schwer, Kant unter Deutschen zu sehen oder Deutsche als seine Umgebung. Diesen Gipfel vergeistigten Menschentums der Geburt nach verantworten, dann aber, in entscheidenden Stunden, sich aufführen, als wäre er null und nichtig, vielmehr Partei gegen die Menschenart ergreifen zur eigenen, schauerlichen Entartung: warum es gerade Deutschland traf? (XIII,478).

b) Der Moralist als »Sittenlehrer«

Der Begriff des »Moralisten« wurde zunächst ohne nähere Erläuterung verwendet. Aus den ungenauen Vorstellungen, die sich heute mit ihm verbinden, heben sich vor allem zwei ganz verschiedene Bedeutungen heraus. Die ältere, im deutschen Sprachgebrauch seit Christian Thomasius belegte[128] und landläufige[129] orientiert ihn am Begriff der Moral, er ist der Sittenlehrer, Moralphilosoph, Tugendrichter; die jüngere, von der französischen Literatur geprägte, seit Nietzsche eingebürgerte, versteht unter »Moralist« gerade den nicht moralisch urteilenden Erforscher der menschlichen Lebensweisen.[130] An einer Stelle des Fragmentes

---

[127] Insgesamt wurden in das Lesebuch »Morgenröte« Texte aus folgenden Werken Kants aufgenommen: »Grundlegung zur Metaphysik der Sitten«, »Kritik der praktischen Vernunft«, »Was ist Aufklärung«, »Zum ewigen Frieden«.

[128] Vgl. Artikel »Moral« in Grimms Deutschem Wörterbuch, Bd. VI, Sp. 2526f.

[129] Sprachbrockhaus (Wiesbaden 7 1956): »Sittenlehrer«. Duden, Fremdwörterbuch (Mannheim 1960): »Vertreter des Moralismus, Moralphilosoph, Sittenlehrer; abschätzig für Sittenrichter.«

[130] Vgl. Artikel »Moralist« im Großen Brockhaus, Bd. VIII, Wiesbaden 16 1955: »Sittenlehrer und Moralphilosoph, jetzt vornehmlich gebraucht für einen Beobachter

DER KÜNSTLER UND DER LITERAT von 1913 werden Thomas Mann diese beiden Bedeutungen bewußt: »Der Literat ist also Moralist im doppelten Sinn: Er ist Seelenkundiger und Sittenrichter und er ist beides aus Künstlertum«.[131]

Bei Heinrich Mann erscheint bereits im SCHLARAFFENLAND ein »Moralist« namens Liebling, der den Romanhelden bewegt, den »sittlichen Gedanken« in sein Leben einzuführen (1,475), der Begriff wird hier in der abschätzigen Bedeutung und satirisch verwendet. 1905 fließt die Bemerkung ein, der »Satanist« Baudelaire habe sich als »verkannter Moralist« (XI,36) gefühlt, ebenfalls 1905 heißt es im FLAUBERT-Essay: »... wenn bei seinem ersten Buch die Moralisten, Gesellschaftstheoretiker, Pädagogen sich aufgeregt hatten...« (XI,86). Beides hält sich innerhalb des konventionellen Sprachgebrauchs, spezifische Bedeutsamkeit erhält der Begriff erst, wenn er, wie es im ZOLA-Essay geschieht, über den »Ästheten« gestellt und ihm »Autorität, Ehrwürdigkeit, jede hoch menschliche Wirkung« (XI,173) zugesprochen wird. Offensichtlich ist aber, in negativer oder positiver Bewertung, eine »erzieherische« Wirkung von allem Anfang an mitgedacht. Weiteren Aufschluß gibt, was Heinrich Mann über den »Moralisten« Zola im Gegensatz zum »Ästheten« Flaubert, und indirekt über sich selbst aussagt:

> Sie sehen, jemand, der ursprünglich nichts gewollt hatte als Romane schreiben und eine soeben abgelaufene Epoche schildern, war gerade durch seine Arbeit dahin gelangt, daß er Moralist ward und Erzieher. Erzieher zur Wahrheit, also zur Vergeistigung. Erzieher zur Güte, also zur Vermenschlichung (XI,155).

Der »Moralist« ist demnach zuerst der Kenner des Menschen und der Gesellschaft, zu dem der Romancier sich ausbildet, dieser geht jedoch bald und notwendig in einen »Erzieher« über: »Moralist« und »Erzieher« können nun nahezu synonym verstanden werden. Der Begriff des »Moralisten« zeigt an dieser Stelle beide Hauptbedeutungen in einer Verbindung, die Heinrich Mann bis in das Spätwerk festhält. »Wahrheit« ist für ihn zuerst ein sittlicher Begriff, »Vergeistigung« ist mit »Versittlichung« identisch; der Erzieher zur Wahrheit weist so mehr auf den Moralphilosophen, der Erzieher zur Güte mehr auf den nachsichtigen Menschenkenner.

---

der menschlichen Lebensweisen (mores hominum, mores saeculi), der keine Grundsätze des sittlichen Handelns aufstellt, sondern die nach Ländern, Zeiten und Individuen verschiedenen Tatsachen des seelischen und sozialen Verhaltens beschreibt usw. ... In diesem Sinne wird das Wort in Frankreich seit dem frühen 19. Jahrhundert, in Deutschland seit Nietzsche gebraucht.«
131 Thomas Mann, X,65.

Der rousseauisch-kantischen Schicht im Werk Heinrich Manns ist vorwiegend der Moralist in der älteren Bedeutung des »Moralphilosophen« zugeordnet, welcher im gesamten Bereich der Ethik, vor allem aber im Gesellschaftlichen und Politischen, auf grundsätzliche Maximen dringt. Diese Bedeutung steht in den zwanziger Jahren im Vordergrund, in ihr überwiegt das normative und generalisierende Element. Der Moralist in diesem Sinn ist identisch mit dem »Intellektuellen« – »das Moralische«, so betont Heinrich Mann im ZEITALTER, »ergibt sich aber aus begriffenen Zusammenhängen: nur eine hohe Intelligenz erfährt es wirklich« (Z. 466). Der Moralist möchte »etwas ändern« (Z. 227), er möchte »bessern«; so schreibt Heinrich Mann mit spürbarem Nachdruck über Lessing: »Mehrere seiner Stücke, darunter EMILIA GALOTTI, wollen aufreizen, sogar empören, und würden so gern, so gern bessern« (XI,453). Schärfer formuliert als im ZOLA-Essay schimmert dieser Weg des Romanciers zum Moralisten noch einmal 1931 durch:

> Er wird später die umlebenden Menschen und sich selbst nicht nur darstellen wollen, er wird den Anspruch erheben, an ihnen zu arbeiten und die Gesellschaft umzugestalten, indes er sie gestaltet. Wenigstens war dies immer der Ehrgeiz derer, die eine Gesellschaft in ein Romanwerk brachten. Er wird Moralist und dafür reichlich gehaßt sein. (XI,375).

Im Verlauf des 19. Jahrhunderts unterlagen die Begriffe »Moral«, »Tugend«, »Gut und Böse« einer außerordentlichen Bedeutungsverengung und -verschlechterung, wo sie nicht geradezu umgewertet oder außer Kraft gesetzt wurden. Im bewußten Gegensatz dazu, im Gegensatz insbesondere zu der »Amoralistik« (XII,46) Nietzsches und dennoch, nach eigenem Geständnis, von Nietzsche einst für das Problem gewonnen, kehrt Heinrich Mann mit der Ausbildung des Moralischen als oberster Kategorie des Urteils zum absoluten Gebrauch dieser Begriffe zurück, im ZEITALTER ist »das Moralische« unumwunden die »Hauptsache« (Z. 38): »Wesen ohne geistig-sittliche Verantwortung sind keine Menschen mehr« (Z. 152). Seit Nietzsche, so versichern Heinrich Mann und Thomas Mann mehrfach, sei die »Moral« wieder interessant geworden.[132] Auch »das Auftreten des Antimenschen und sittlichen Fluchs, der Hitlerdeutschland sein will, hat der Welt die Moral interessant gemacht« (Z. 152).

> Reformen würden fehlschlagen, bevor nicht die Moral erleuchtet ist. Die Macht ist durch eine erleuchtete Moral manchmal wohltätig geworden. Der Wille zur Macht als Ausgang und als Ende war von jeher das Übel selbst.

---

132 Thomas Mann, XII,393. Heinrich Mann, XI,251, N. 289.

266

Die alte Weisheit der christlichen Kirche hat an die Spitze der sieben Todsünden (der Sünden, die den Geist töten) den Stolz gesetzt. Der Stolz ist die Macht, der Wille zur Macht (Z. 39).

Komplizierte Verhältnisse des Lebens und des Gedankens werden zunehmend auf das Begriffspaar von Gut und Böse bezogen, in den Mittelpunkt der späteren Geschichtsdeutung rückt der Kampf von Gut und Böse; es geht darum, »ob das eine oder das andere künftig den Inhalt des allgemeinen Bewußtseins bildet, wem von beiden die Welt zufällt«.[133] Der Krieg hätte vermieden werden können: »Nötig war, Gut und Böse als Maße zu nehmen für Vorteile, für Handlungen sogar« (Z. 158). Das Wissen von Gut und Böse zählt nun zu den schöpferischen Kräften:

Daher habe ich erst jetzt den vollen Sinn für die schöpferische Begabung des Menschen. Er ist das Wesen, das von Gut und Böse weiß: das macht ihn zum Gestalter (Z. 500).

Dabei betrifft »gestalten« ebenso den Künstler wie den Staatsmann. Im Dichter wie im Politiker kann der Moralist als Erzieher wirken, »Literatur und Politik, die beide zum Gegenstand den Menschen haben« (XI, 170), sind nicht zu trennen: »Er weiß, sein Werk wird menschlicher dadurch, daß es auch politisch wird« (ib.), interpretiert er Zola. Weiterhin bekennt er durch den Mund Zolas:

Nur ist mein Glaube, daß die Menschen immer Menschen bleiben werden, Erdengeschöpfe, bald gut, bald böse, je nach den Umständen. Wenn meine Personen zum Guten nicht durchdringen, liegt es daran, daß wir erst am Anfang unserer Vervollkommnungsfähigkeit stehen (XI,200).

Diese Überzeugung, daß der Mensch weder gut noch böse an sich ist, daß er aber jederzeit böse sein kann, wie er jederzeit gut zu sein hat, daß er insbesondere zum Bösen verführt, aber auch zum Guten bekehrt werden kann, daß das Gute mit dem praktischen Gebrauch der Vernunft identisch ist und das Böse mit Selbstsucht, mit bloßer Gewalt, mit pessimistischer Leugnung der Vernunft –: diese Überzeugung prägt das Menschenbild Heinrich Manns nahezu unverändert bis zuletzt. Sie fußt geistesgeschichtlich vor allem auf dem Ansatz Rousseaus, der nicht mehr auf dem Boden der Lehre von der Erbsünde steht, sie festigte sich bei Heinrich Mann offensichtlich unter dem Einfluß von Zolas Glauben an

---

133 Zeitalter, p. 158. – Vgl. die ähnliche Entwicklung Thomas Manns, er schreibt 1939:
»... ist der Geist in ein moralisches Zeitalter eingetreten, will sagen: in ein Zeitalter der Vereinfachung und der hochmutlosen Unterscheidung von Gut und Böse. Das ist seine Art, sich zu rebarbarisieren und zu verjüngen. Ja, wir wissen wieder, was Gut und Böse ist. Das Böse hat sich uns in einer Nacktheit und Gemeinheit offenbart, daß uns die Augen aufgegangen sind ...« (XII,860).

die menschliche Vervollkommnungsfähigkeit und sie stimmt in den Konsequenzen mit der Lehre Kants vom radikal Bösen überein. Auch Kant deutete ja die Lehre von der Erbsünde weitgehend um[134] und lehrte insbesondere den Glauben an die moralische Vervollkommnungsfähigkeit als das angemessene »Als-ob« menschlichen Verhaltens, wie unbegreiflich auch im übrigen der Ursprung des Bösen in der Natur des Menschen sei. Von der Richtigkeit dieses Als-ob ist Heinrich Mann gegenüber den »schwarzblütigen« (XI,383) Annahmen eines ethischen Pessimismus tief überzeugt.

Wie aber Gut und Böse auf Erkenntnis beruhen, so ist der Mangel an Erkenntnis, die Dummheit, dem Bösen verschwistert. »Geistesschwäche und Bosheit« (XI,125) umschreiben daher oft zusammen das Böse: »und so wird der Vetter auch boshaft, weil er schon dumm ist« (VI,466).[135] »Das ist die Sache der Unwissenden, die gewalttätig werden durch ihre ausschweifende Dummheit« (VI,565). Das Böse aus Dummheit ist deshalb entschuldbar, aber auch durch »Aufklärung« zu beheben, wie es Henri Quatre im Falle des Verräters Biron bis zum äußersten versucht. Wo aber Verstocktheit der besseren Einsicht nicht weicht, findet seine Langmut ihr Ende: »Einmal endet auch die Ergebung in das Böse der Menschennatur. Sie hat ihre Güte und weiß selbst davon: das macht ihre Bosheit unentschuldbar« (VI,642; auch VII,37). Milder wiederum und abschließend gleichsam heißt es dann im ZeitALTER: »Der Böse ist auch nur unzulänglich, wie der Träge« Z.494). Wenn deshalb »zu leben lehren« (Z.214) im umfassendsten Sinn die Absicht der Literatur ist und »Dichtung das Leben selbst, vermehrt durch Erkennbarkeit ist« (XI,317), so ist damit vorzüglich die moralische Durchsichtigkeit der dargestellten Verhältnisse gemeint, und Literatur ist in der moralistischen Sicht »das aus der Welt hervorgehobene und vor sie hingestellte Gewissen« (XI,264). »Der Roman«, so zitiert Heinrich Mann ausdrücklich den Naturalisten Zola, »hat nicht den Zweck allein, zu malen, er soll auch bessern« (XI,238).

Im Aufstellen der Norm, in flacher Tugendpredigt erschöpft sich der Moralist Heinrich Mann jedoch keineswegs. Mr. Friend, ein Geschöpf Voltaires, konnte glauben: »Betet Gott an, seid gerecht und tut wohl: das ist der ganze Mensch« (Z.161). Derart kann der Moralist das Böse jedoch nicht fortdenken, wie es einst möglich war: »Der arme X (=H. M.), mit seinem Zeitalter auf der Brust, würde sich kein Wort glauben

---

134 Kant, Religion innerhalb . . ., a.a.O., p.42ff.
135 Ferner: »Denn es ist die Erkenntnis ein Licht und wird ausgestrahlt von der Tugend. Schurken wissen nichts« (VI,503).

von dieser Art der Menschenfreundschaft. Er ist des Bösen allzu gewöhnt« (Z. 161). Bei der gegebenen Natur des Menschen gibt es nur den ewigen Kampf gegen das Böse: »Die Hauptsache bleibt: Widerstand, die Nötigung, ihn zu leisten. Mit der bloßen Tugendhaftigkeit, wenn es sie gäbe, wäre nichts gewonnen« (Z. 195). »Das Böse muß gebändigt werden – es abzuschaffen steht nicht in Frage. Das Gute drängt nach Zulassung – Alleinherrschaft wagt es nie« (Z. 160).

Zu der Einsicht, daß das Böse nicht zu tilgen ist, tritt außerdem eine intime Konfession: ohne das Böse wäre der Moralist nicht denkbar – zu ihm gehört auch eine Art Vergnügen am Bösen:

Er ist des Bösen allzu gewöhnt. Scharf befragt, würde er am Ende gestehen müssen, daß er es braucht, Beweis sind seine Gespräche über den Lauf der Welt, die ihn nicht immer niederdrücken, weit davon (Z. 161).

»Das Vergnügen, die Schändlichkeiten tief zu ermessen« (Z. 162), findet Heinrich Mann auch bei Voltaire. Im ZEITALTER werden zwei Möglichkeiten, diesem Vergnügen nachzukommen, einander gegenübergestellt; die Nietzsches und die Voltaires. Unter der Suggestion Nietzsches hatte Heinrich Mann im Frühwerk das Böse des »starken Lebens«, seine bewußte Ruchlosigkeit selbst gestaltet, in der Nachfolge Voltaires befriedigt sich jenes Vergnügen am Bösen gerade im Kampf gegen das Böse: »Das Vergnügen, die Schändlichkeiten tief zu ermessen, gleicht jede Erbitterung aus, und die Pflicht, sie zu überwinden, ist eine süße Pflicht«, bekennt er jetzt. Aber mehr noch ist damit erreicht: »Wahrhaftig, das Böse zu hassen, indes es uns erheitert, gewährt eine Haltung, die Zukunft hat – hinaus über die vergangenen zweihundert Jahre des einen Voltaire.«[136] Es ist dies eine der Haltung des flachen Tugendpredigers überlegene, zusammengesetztere und gleichwohl erzieherische Haltung, eine sinnvolle Alternative zu ihr sieht Heinrich Mann nicht mehr: »Was läßt sich dagegen noch anfangen mit der Apologie des Bösen? Was mit Nietzsche, einem gutherzigen Wesen, schwach, auf Schonung angewiesen, und forderte den Menschen bedenkenlos!« (Z. 162). Der »moralinfreie« Herrenmensch jenseits von Gut und Böse: »Nietzsche hat ihn nicht gekannt, aber Voltaire – und nach ihm wir... in anschaulichster Leiblichkeit« (Z. 165). Voltaire ist nun, »mit seinen zweihundert Jahren, der modernste, uns nächste. Er weiß, wie kein späterer, um alle Schändlichkeiten der Unvernunft« (Z. 162).

---

[136] Z. p. 162. – Dazu der Reflex: »... war er [sc. Masaryk] belustigt von der Komik des Schlechten, wie ein Karikaturist. Auch der ›Candide‹, ein bitterer Roman, bestreitet aus denselben Mitteln seine Komik« (a.a.O., p. 291).

Der fundamentale Unterschied in der Haltung Voltaires gegenüber der Nietzsches besteht darin, daß die eingestandene, menschliche Lust am Bösen in ihrer Wirkung bei ihm das Böse nicht vermehrt, sondern vermindert – erfüllt von dem Bewußtsein, daß das Böse ohnehin nicht versiegen kann. So wird das Vergnügen am Bösen als Kraft gedeutet, die an der »Versittlichung« arbeiten kann, und der Haß, wofern er nicht zu tilgen wäre, zerstört das Leben nicht, sondern wirkt in der gleichen Richtung des Guten. Diese »zukunftsträchtige« Haltung, die sich, indem sie es haßt, am Bösen erheitert, befindet sich im Einklang mit dem »moralischen Gesetz«, obgleich sie der Pflicht, die nach Kant der reinen Vernunft ohne jedes Gefühl hätte entspringen sollen, als einer »süßen Pflicht« genügt. Von diesem Stand der Reflexion aus sieht Heinrich Mann durchaus auch, inwiefern die Deutschen unter Hitler es der Welt leicht machten, für das Gute zu kämpfen, indem sie sich zum »moralischen Widerpart« hergaben: »Einer muß es sein, und sie hatten, was von der Schurkenrolle verlangt wurde« Z. 494). »Es muß ja den Feind gegeben haben: Über wen sonst die sittlichen Eroberungen?« (Z. 491).

Im Begriff Heinrich Manns vom »Moralisten« lassen sich somit mehrere Bedeutungen unterscheiden. Er enthält einmal ein kantisches Element: der Moralist ist der denkende »Intellektuelle«, dem reine Vernunft, Erkenntnis von Gut und Böse, Gewissen und menschheitliche Verantwortung die Vollendung des Geistes bedeuten. Dieser Gehalt ist in den zwanziger Jahren voll ausgebildet und bleibt bis zuletzt lebendig. Dazu kommt mildernd ein Ingredienz Voltaire: dem Moralisten sind ebenso alle »Schändlichkeiten der Unvernunft« und ihre dauernde Verwurzelung im Menschlichen vertraut. Er will zwar bessern, aber er wird nicht zum despotischen Weltverbesserer, sondern bleibt gelassen und sogar heiter, während er das Böse bekämpft. Im realistischen Eingehen auf unabänderliche Gegebenheiten aber wird jene weitere Qualität des Moralisten greifbar, die vor allem die französische Tradition mit dem Begriff verband: das Interesse am empirischen Menschen, Kenntnis seiner vielfältigen Bedingtheit und Gebrechlichkeit, Kenntnis der »condition humaine«. Diese zweite Hauptbedeutung wird im späteren Werk vor allem mit dem Namen Montaignes verbunden, ihr Vorstellungskreis soll daher, das Bisherige ergänzend, im Zusammenhang der HENRI-QUATRE-Interpretation dargestellt werden (s. u. »Der Moralist als ›Menschenbeobachter‹ und ›Seelenkundiger‹«, p. 354–360). Nicht zu übersehen ist schließlich, daß Heinrich Mann in späteren Jahren auch die Säkularisierung christlichen Erbes in der moralistischen Betrachtung bewußt wird: »...in jedem Voltairianer steckt mit Recht ein katholischer Moralist« (TAG, 76). Auch die sieben Todsünden kehren deshalb als moralistische Vokabeln wieder.

c) Die naturrechtliche Tradition im Denken Heinrich Manns und die politischen Strömungen in der Weimarer Republik

> *Wer wollte dieses Verhältnis der Macht zum Menschen berichtigen. Es besteht, mit geringen Unterbrechungen, soweit man zurückblickt. Es hat seine Gründe im Wesen der Macht und in der Natur der Menschen. Beide sind verbündet – gegebenenfalles auch gegen den Moralisten, der etwas ändern möchte (Z. 226/27).*

Im ZOLA-Essay von 1915 hatte Heinrich Mann den Untergang des Wilhelminischen Reiches prophezeit. Seine Begründung war rigoros moralischer Natur:

Aber was ist Macht, wenn sie nicht Recht ist, das tiefste Recht, wurzelnd in dem Bewußtsein erfüllter Pflicht, erkämpfter Ideale, erhöhten Menschentumes. Ein Reich, das einzig auf Gewalt bestanden hat und nicht auf Freiheit, Gerechtigkeit und Wahrheit, ein Reich, in dem nur befohlen und gehorcht, verdient und ausgebeutet, des Menschen aber nie geachtet ward, kann nicht siegen, und zöge es aus mit übermenschlicher Macht. Nicht so verteilt die Geschichte ihre Preise. Die Macht ist unnütz und hinfällig, wenn nur für sie gelebt worden ist und nicht für den Geist, der über ihr ist. Wo nur noch an die Macht geglaubt wird, eben dort hat sie aufgehört, zu sein... (XI, 198).[137]

Wie sehr er damit auch auf dem Boden christlich-mittelalterlicher Ethik mit ihrer strengen Überordnung des Rechts über den Staat stand, erhellt ein Satz Augustins, an den diese Stelle anklingt: »Remota justitia quid sunt regna nisi magna latrocinia.« Ihn nennt Meinecke »das vernichtende Endurteil des Christentums über die antike Staatsräson«.[138]

Mit einer solchen Gesinnung hatte sich ein Autor nach Meinung der wilhelminischen Zeit, die eine besondere »Staatsmoral« kultivierte, hinreichend ausgewiesen: er gehörte zu jenen »weltfremden Idealisten,

---

137 Ähnlich kann Heinrich Mann wieder 1936 konstatieren: »In seiner Mitte hat es [sc. Europa] ein Land ohne Recht, ein Land, das vom Recht zur Gewalt übergegangen ist und diesen sittlichen Szenenwechsel für epochal ausschreit. Von seiner Mitte her wird Europa unablässig unter Gewalt gesetzt...« (Tag, p. 105).

138 Meinecke, I, 31. Das Augustin-Zitat De civitate dei IV, 4.

oder besser Ideologen, die den Staat einfach unter das allgemeine Sittengesetz stellten« und »von einer Unterordnung der Staatshandlungen unter allgemeinmenschliche Ziele der Menschenbeglückung und des Menschheitsfortschritts«[139] träumten. Solchen »Ideologen« stand die deutsche Tradition identitätsphilosophischer Geschichtsdeutung entgegen, die insbesondere seit Hegel und auch Ranke den Staat, und vor allem den preußischen Staat, zunehmend als Synthese von Geist und Macht zu betrachten lehrte.[140] Und auch im gärenden, über Versailles empörten Deutschland der zwanziger Jahre, wo solche Meinungen ja noch fortlebten, stieß der »Ideologe« auf geringes Verständnis. Nur »Aktivisten« der verschiedensten Richtungen teilten seine, Geist und Macht stets trennende, Anschauung des »Geistes«. Die Kriterien seines normativen Denkens galten zumeist als rationalistisch und aufklärerisch, als unangemessen für das Verständnis des Lebens wie der Geschichte, als unrealistisch und »literarisch«, wofern sie Politik betrafen. Ihr Gegensatz zu den verschiedenen Richtungen nationalistischen Denkens und einer immer ungeistiger werdenden Nietzsche-Nachfolge und Lebensphilosophie geht aus einer unmittelbaren Konfrontierung hervor.

Stellvertretend für viele seien hier kurz Schriften Hans Blühers aus den zwanziger Jahren zitiert. Wie sich Zeittendenzen bei geringeren Autoren leichter greifen lassen, so beleuchten Blühers Schriften beispielhaft jenen Zusammenhang von Leugnung der Vernunft unter Berufung auf das »Leben« und politischer Verantwortungslosigkeit, den Heinrich Mann als »Irrationalismus« jener Zeit anprangerte. Mit entgegengesetzter Bewertung kehren in ihnen seine Hauptbegriffe nahezu wörtlich wieder. Die einstige Verbreitung in unzähligen Varianten der folgenden Gesichtspunkte Blühers vermittelt einen Begriff von dem Unverständnis, auf das die Meinungen Heinrich Manns stoßen mußten.

Die »realistische« Betrachtung des Lebens führt Blüher zu der Ansicht, die Menschheit sei »hart, rauh, rachsüchtig und treulos«,[141] Menschenliebe als Gesinnung gebe es nicht,[142] die meisten wüßten nicht, daß »Menschsein« ein »Einwand«[143] sei, und das Wort Mensch »wahrhaftig

139 Otto Baumgarten, Politik und Moral, Tübingen 1916, p. 114.
140 Vgl. Walther Hofer (Geschichte zwischen Philosophie und Politik, Basel 1956, p. 73): »Es war jene Zeit, in welcher man glaubte, die Synthese von Macht und Geist, Staat und Kultur, Politik und Ethik sei nicht nur möglich, sondern weitgehend bereits historisch verwirklicht. Man glaubte, deutscher Geist und preußischer Staat hätten sich im Reichsneubau von 1871 endgültig gefunden und vermählt.«
141 Hans Blüher, Philosophie auf Posten. Gesammelte Schriften 1916–21. Heidelberg 1928, p. 24.   142 a.a.O., p. 16.   143 a.a.O., p. 232.

kein Ehrenname«.[144] Nach seiner Erkenntnis hassen sich die Völker
»und jedes will soviel Macht haben als möglich«.[145] Unter Voraussetzung dieser »politischen Realitäten« gilt dann:

> Völker dürfen Krieg führen, und der Krieg ist stets eine große Sache. Ganz
> gleichgültig, und das Wesen eines Volkes gar nicht treffend ist die soge-
> nannte Schuldfrage... Der Angriffskrieg eines bedeutenden Volkes ist eine
> Sache, die eines großen Volkes würdig ist. Man darf diese Dinge also nur
> kausal beurteilen, nicht moralisch...[146]

Es fehlt nicht das charakteristische »So ist die Welt gebaut und anders
wird sie niemals sein«,[147] woraus dann die Definition des Politikers als
eines reinen Macchiavellisten oder »moralisierenden Politikers« im
Sinne Kants folgt. Für diesen gelten die »Kategorien des Moralischen
und Menschlichen« nicht:

> Damit ist nicht gesagt, daß er immer unmoralisch und unmenschlich han-
> deln muß, wohl aber, daß diese beiden Arten der Gesinnung für ihn nicht
> Maßstab sind. Dagegen muß er darauf bedacht sein, sich stets den Anschein
> zu geben, als ob sie es seien.[148]

> Wer nach seinen Überzeugungen handelt, ist ein Idealist, aber kein Poli-
> tiker. Dieser muß jedes auch noch so geheiligte Programm jederzeit auf-
> geben können, da er nicht der Gesinnungen wegen auf der Welt ist, sondern
> allein für die Macht seines Staates.[149]

Gleichlautend mit den Ansichten des Reichskanzlers Lannas und der
Politik des »Lebens wie es ist« formuliert Blüher:

> Die Rechtfertigung des Staatsmannes ist lediglich die Erreichung des Zieles,
> zu diesem Zweck muß er die Spielregeln kennen und sie beherrschen. Diese
> Spielregeln des politischen Menschen, die auf der Einsicht in die wahre Na-
> tur der Menschheit begründet sind, erfordern die Wahl außerethischer
> Mittel, denn die Menschheit ist nur mit List und Macht zu regieren.[150]

Bei dieser »Einsicht in die wahre Natur der Menschheit« ist die Vernunftutopie ein lächerlicher Irrtum und es folgen jene »trostlosen Ab-
sprechungen«, wie Kant sagt,[151] die an Stelle brauchbarer politischer
Ziele stehen. So ist der Staat nach Blüher »keine verstehbare Nützlichkeit, sondern ein schlechthin irrationales Schicksal mit unbekanntem
Ende und Ziel«.[152] Ferner konstatiert er:

---

144 a.a.O., p. 267.   145 a.a.O., p. 158.   146 a.a.O., p. 237.
147 a.a.O., p. 264.   148 a.a.O., p. 228.   149 a.a.O., p. 229.   150 a.a.O., p. 156.
151 Kant, Kleinere Schriften usw., a.a.O., p. 152.
152 Hans Blüher, Die Rolle der Erotik in der männlichen Gesellschaft. Eine Theorie
    der menschlichen Staatsbildung nach Wesen und Wert. 2 Bde., Jena 1919. Bd. II,
    p. 219.

... aber es gibt keine die Menschheit verbindende übergeordnete Macht, es gibt keine »Erdballgesinnung«, wie es in Literatenkreisen poetisch heißt und jeder Versuch, eine unmittelbare Brüderlichkeit aller Menschen zur Grundlage eines künftigen Weltreiches zu machen, scheitert in der ersten Sekunde und stellt sich als leerer Wahn heraus. Es gibt keine Menschheit als wirkende Idee. Sie ist eine Abstraktion.[153]

Aus der herben Absprechung »Als ob es jemals eine wirkliche Freundschaft zwischen Deutschland und der übrigen Welt wird geben können...«[154] folgt pessimistischer Heroismus »Der Deutsche bedarf der Freundschaft nicht« und erhabene Verantwortungslosigkeit: »Dem Deutschen ist es auch gleich, ob seine Wirkung auf der Welt den anderen Völkern Heil bringt oder nicht; es ist deren Sache, es zu suchen...«[155] Dies ist die absolute Gegenwelt Heinrich Manns, dies heißt positiv und böse: der Deutsche darf ruhig den anderen Unheil bringen – sobald er wieder Macht hat.

In einem ähnlichen Sinn schreibt Oswald Spengler 1919: »Das Leben ist das erste und letzte und das Leben hat kein System, kein Programm, keine Vernunft«, es läßt sich »nicht nach gut und böse, richtig oder falsch, nützlich und wünschenswert zerlegen«:[156]

> Wir sind nicht »Menschen an sich«. Das gehört zur vergangenen Ideologie. Weltbürgertum ist eine elende Phrase. Wir sind Menschen eines Jahrhunderts, einer Nation, eines Kreises, eines Typus.[157]

Ideen müssen nach Spengler Blut werden. »Ideen, die Blut geworden sind, fordern Blut. Krieg ist die ewige Form höheren menschlichen Daseins, und Staaten sind um des Krieges willen da; sie sind Ausdruck der Bereitschaft zum Krieg«.[158] Eines seiner massiven Bekenntnisse lautet:

> Wir glauben nicht mehr an die Macht der Vernunft über das Leben. Wir fühlen, daß das Leben die Vernunft beherrscht. Menschenkenntnis ist uns wichtiger als abstrakte und allgemeine Ideale; aus Optimisten sind wir Skeptiker geworden; nicht was kommen sollte, sondern was kommen wird, geht uns an; und Herr der Tatsachen bleiben, ist uns wichtiger als Sklave von Idealen werden. Die Logik des Naturbildes, die Verkettung von Ursache und Wirkung scheint uns oberflächlich; nur die Logik des Organischen, das Schicksal, der Instinkt, den man fühlt, dessen Allmacht man im Wechsel der Dinge schaut, zeugt von der Tiefe des Werdens.[159]

Das Gemeinsame dieser Anschauungen ist, daß sie aus der Ge-

---

153 Blüher, Philosophie usw., p. 166.
154 a.a.O., p. 244.
155 a.a.O., p. 245.
156 Oswald Spengler, Preußentum und Sozialismus. München 1919, p. 84.
157 a.a.O., p. 83.   158 a.a.O., p. 53.   159 a.a.O., p. 82.

schichte, aus der Erfahrung, aus der Wirklichkeit statt aus der Vernunft, bewußt oder unbewußt, moralische Maximen ziehen, die stets in die Formel münden: weil das »Leben« seither so war, soll es auch weiterhin so sein, weil es seither z.B. keine »Brüderlichkeit aller Menschen« gab, soll es auch weiterhin keine geben usw. Der Verzicht auf Vernunft führt notwendig dazu, die Amoralität des seitherigen Lebens bloß zu reproduzieren und die menschliche Freiheit, das Leben zum Besseren hin zu verändern, aufzugeben. Die kantische Dimension des »Sollens« wird von der »Tiefe des Werdens«, die »moralische Welt« des Menschen von bloßer Natur verschluckt. Obwohl nach Spengler das, »was kommen sollte«, nicht interessieren kann, formuliert er selbst unbemerkt ein massives Sollen: die Absage an rationale Sittlichkeit als einzige dem »Leben« gemäße Haltung. Das Verständnis Kants ist bei ihm verloren gegangen, der apriorische Charakter der Ethik, der normative Charakter der Vernunftideen, das Wesen der Abstraktion wird nicht mehr begriffen. Die Unmöglichkeit, eine Idee vollständig zu verwirklichen, die sich »in der ersten Sekunde« tatsächlich zeigt, ist für Blüher ausreichender Grund, zugleich auch jegliche Annäherung an sie sowie ihren notwendigen »Als-ob«-Charakter zu verwerfen, die Erkenntnis, Menschheit sei eine »Abstraktion«, kommt für ihn einem vernichtenden Urteil gleich, dessen Selbstverständlichkeit er nicht weiter bezweifelt. Der Verzicht auf Vernunft führt folgerichtig einerseits auf die Annahme eines »schlechthin irrationalen Schicksals mit unbekanntem Ende und Ziel«, dem der Mensch aber damit erst preisgegeben wird – andererseits zu dem zynischen Schluß, die Menschheit sei nur »mit List und Macht« zu regieren, zur scheinbaren Notwendigkeit »außerethischer Mittel« in der Politik und zur Bezeichnung des Krieges als einer »großen Sache« und »ewigen Form höheren menschlichen Daseins«. Während Heinrich Mann (mit Kant) Geschichte unaufhörlich zwischen der Verwirklichung von Vernunft und realem Unglück oszillieren sieht und nach ihm jede Tat vor diesem Hintergrund verantwortet werden muß, verherrlichen Blüher und Spengler ohne Zögern das Unglück unter Berufung auf die Beschaffenheit des »Lebens« und die vermeintliche »wahre Natur des Menschen«. »Es gibt nur ein Ende des ewigen Kämpfens, den Tod« konstatiert Spengler. »Den Tod des einzelnen, den Volkstod, den Tod einer Kultur«, wobei »der unsrige« jedoch »noch weit vor uns im ungewissen Dunkel des nächsten Jahrtausends liegt«.[160] (»Es wäre unstolz zuzugeben, daß wir selber enden

---

160 a.a.O., p. 87.

könnten« (4,231), ließ Heinrich Mann die Herzogin von Assy, mehr als ein Jahrzehnt vor Spengler, bekennen.)

»Denkbar« war für Kant (und Heinrich Mann) nur, was die Lebens-möglichkeit aller erhielt, was »lebensfördernd« ohne Widerspruch in der Idee sein konnte, Spengler hingegen nimmt den Tod schon in das »Als ob« der Maximen des Handelns auf; an die Stelle des Willens zum »Leben« oder des »Glücks« schiebt sich ein Sterbensollen, das einem paradox anmutenden heroischen Kulturbegriff entspringt: »Al-les, was aus innerstem Seelentum Mensch und menschliche Schöpfung geworden ist, opfert den Menschen. Ideen, die Blut geworden sind, for-dern Blut«.[161] Für Heinrich Mann sind dies »abgelebte« (HASS, 12) todessüchtige Ideen, sie stellen, im weiteren Zusammenhang, den »letz-ten Zustand« (HASS, 38) des Nationalismus dar, der »anfangs leben-fördernd wie andere Ideen« (HASS, 39) war.

Dieser heroische Pessimismus bezieht, wie jeder ethische Pessimis-mus, g e g e n Kant Stellung, nicht nur in der Sache und unwissend, son-dern auch ausdrücklich. So scheidet beispielsweise Ludwig Klages im BRIEF ÜBER ETHIK von 1918 eine mögliche geistige Bewertung der Welt von einer solchen »vom Standpunkt gerade des Lebens« und eine »Sün-de« gegen den Geist von dem »Frevel« gegen das Leben. »Das Prinzip alles Lebensfrevels aber heißt kategorischer Imperativ. Der Erzieher zur ›Sittlichkeit‹ ist unbewußt systematischer Lebensfrevler.«[162] Der »Lebensführer«, als den Klages sich selbst versteht, sieht dagegen im »Sittlichkeitsphänomen«, so wiederholt er Nietzsche, »nur eines: den geistigen Ausdruck schlechten Blutes«.[163] Das »Gewissen« sei keine »Le-benstatsache«, sondern »die dem Leben feindliche Macht«.[164]

Was dieser heroische Pessimismus beständig verwechselt, zeigt mit beispielhafter Prägnanz eine Stelle bei Spengler. »Ob jemand recht hat oder unrecht«, erläutert er in der Rede POLITISCHE PFLICHTEN DER DEUTSCHEN JUGEND von 1924, »darauf kommt in der Geschichte nicht viel an. Ob er dem Gegner praktisch überlegen ist oder nicht, entschei-det über den Erfolg«.[165] Wo nun aber aus dieser unbezweifelbaren Fest-stellung, aus der Erfahrung also statt aus der autonomen Vernunft, moralische Prinzipien abgeleitet werden, wie es im übernächsten Satz sofort geschieht: »Ehrlich, aber sonst nichts – das ist zu wenig für unsere

---

[161] a.a.O., p. 53.
[162] Ludwig Klages, Brief über Ethik (in: Mensch und Erde. Sieben Abhandlungen. Jena, ³1929, p. 111–130), p. 128.
[163] a.a.O., p. 127.
[164] a.a.O., p. 127.
[165] Oswald Spengler, Politische Pflichten der deutschen Jugend. München 1924, p. 28.

Zukunft«, wo dies geschieht, wird Geschichte, die Vergangenheit also, zur Norm der Zukunft erhoben, wird der bewußte Übergang zur Amoralität vollzogen und damit, in den termini Kants, das »radikal Böse« unter der angeblichen Nötigung des Lebens zum »teuflisch« Bösen potenziert.

In der geistig-politischen Situation der Weimarer Republik bezeichnen die Haltungen Heinrich Manns und Spenglers extreme Positionen. Im Mittelpunkt beider Anschauungen steht das »Leben«, mit dem Lebensbegriff Heinrich Manns ist jedoch ein absoluter Menschheits-, Moral- und Rechtsbegriff verbunden, alles konvergiert in der angestrebten »Verbesserung der menschlichen Lage«[166] — mit dem Lebensbegriff Spenglers hingegen ein irrationales Schicksal, Verantwortungslosigkeit und heroischer Untergang.[167] Die Begriffe Kants (und Heinrich Manns) sind abstrakt, normativ und rechtsbegründend, die Begriffe Spenglers, Klages' oder Blühers sind individuell, erotisch, historisch, aber untauglich zur Begründung von Recht und Moral – »im Geist bestehen sie nicht«, wie Heinrich Mann über Fichte schrieb.

Eine lange Reihe von Argumenten, die in allen aus jener Zeit stammenden Absagen an die Vernunft wiederkehren, vor allem der Einwand, der Mensch sei ein irrationales Wesen und nicht Vernunft, sondern Eros trage das Leben, wurzeln in dem Unvermögen, diesen normativen, rechtsbegründenden, in die Zukunft weisenden Charakter der Vernunftideen einzusehen. Der Ansatz naturrechtlichen Denkens, das vom deutschen Historismus nachdrücklich abgewertet worden war, besteht hingegen darin, dem dionysischen, von Eros regierten, sich selbst zerstörenden Leben das normative System rationaler Sittlichkeit als wesentlich menschliche und immer utopische Möglichkeit entgegenzusetzen, ohne jenes Leben zu leugnen: »Unrecht tun und töten will das Leben; aber es will nicht, daß man deshalb heuchelt und die Vernunft abtut« (VI,633). Von dem »corpus mysticum« der »moralischen Welt« insgesamt gilt, was Heinrich Mann über die Demokratie bemerkt: sie »bleibt immer ideale Forderung«, die nicht »der so benannten Wirklichkeit«, wohl aber »der richtig verstandenen Menschennatur« (XI,382)

---

166 Z. p. 447; 454 und passim.
167 Einer Verschleifung dieses Unterschieds macht sich z. B. Thomas Mann schuldig, wenn er in den »Betrachtungen eines Unpolitischen« Nietzsche und Kant allzu sorglos zusammenbringt: »Nietzsches Moralkritik im Zeichen des Lebens, dachte ich, ist wesentlich gar nichts anderes als Kants ›praktische Vernunft‹. Auch in Kants praktischer Philosophie, die nach der theoretischen, radikalen und alles zermalmenden kam, handelt es sich nicht mehr um ›Wahrheit‹, sondern um praktische ethische Postulate, – um ›das Leben‹« (XII,189).

entspricht. Unschwer läßt sich dagegen in den Äußerungen Spenglers und seiner Geistesverwandten ein Vulgärmachiavellismus als spätes Resultat jener »deutschen Lehren« erkennen, die, mit den Worten Meineckes,

> die Staatsräson einbauten in ein idealistisch gesehenes Weltbild und ihre furchtbare Konsequenz, den Machiavellismus, den Bruch von Recht und Sittengebot, wohl zu mildern, aber nicht radikal abzulehnen wagten.[168]

Zwischen den extremen Positionen war es einigen »Gelehrtenpolitikern«[169] gegeben, notwendige und vermittelnde Einsichten auszusprechen. Allen voran Ernst Troeltsch, der in einem Vortrag von 1923, kurz vor seinem Tode, eine entzerrende, noble und souveräne Darstellung der Verwirrung gab, die erlösend hätte wirken können.[170] Nach Troeltsch war das deutsche Mittelalter »vom christlichen Naturrecht ebenso erfüllt wie das übrige Abendland, und im deutschen Katholizismus dauert es fort bis heute«.[171] Den Beginn der spezifisch deutschen Entwicklung setzt er mit der Romantik an. Ihr Individualitätsbegriff, »ein neues positives, ethisches und historisches Prinzip«,[172] führt zu einer anderen Humanitätsidee als der naturrechtlich-aufklärerischen, zu einer anderen Gemeinschaftsidee, zu einer anderen Menschheitsidee und zum Entwicklungsgedanken. Die kritische Seite dieser Bewegung liegt jedoch in der Individualisierung des Staatsbegriffs und des Rechts. Das Recht

> wird nicht ungeistig und bloßes Werk der Gewalt, aber es wird ein jeweils besonderer und durch die Verhältnisse bestimmter Ausdruck einer darin sich äußerlich und rechtlich organisierenden Ideenwelt. Das sprengt grundsätzlich und vollständig die Idee jedes Naturrechts. Dieses verschwindet von da ab fast vollkommen in Deutschland. Auch das Recht wird etwas jeweils Individuelles und Positives. Weiterhin wird die eigentliche Moralität gerade in das innere Sein, den individuellen geistigen Gehalt verlegt und von den äußeren Erfordernissen der Wohlfahrt wie von den Regeln des Rechts gleichermaßen getrennt. Das löste die westeuropäische und schon stoisch-mittelalterliche Verbindung von Recht, Moral und Wohlfahrt auf und machte das Recht zu etwas Außermoralischem. Dazu kam dann aber wieder umgekehrt infolge des grundlegenden Pantheismus die Zusammenfassung dieses entmoralisierten Rechtes mit der göttlich-geistigen Gesamtsubstanz, die Vergöttlichung des empirisch-individuellen Staates, die jeden

---

[168] Meinecke, I,482.
[169] W. Bußmann, Politische Ideologien zwischen Monarchie und Weimarer Republik. Ein Beitrag zur Ideengeschichte der Weimarer Republik (in: H.Z. 190, 1960, p. 55–77), p. 58.
[170] Ernst Troeltsch, Naturrecht und Humanität in der Weltpolitik. Berlin 1923.
[171] a.a.O., p. 12.
[172] a.a.O., p. 13.

Revolutionstrieb und jede bloß zufällig-persönliche Initiative ausschied, schließlich auch den empirisch ungenügendsten Staat mystisch zu einer Art Gott erhob.[173]

Die besondere deutsche Ideenwelt aber habe im 19. Jahrhundert keine Zeit gehabt, sich zu entfalten, sich zu verfeinern, sich zu korrigieren. Es folgte sofort die Restaurationszeit, die Enttäuschung der Revolution von 1848, die Bismarck-Ära. Der ursprüngliche Idealismus wurde nun in einen Realismus umgebogen, während seine Grundideen jedoch erhalten blieben.

Das Naturrecht und seine Geschwisterbegriffe standen nicht wieder auf. Aber aus der individuellen Fülle der Volksgeister wurde die Verachtung der allgemeinen Menschheitsidee, aus der pantheistischen Staatsvergötterung die ideenlose Achtung des Erfolges und der Gewalt, aus der romantischen Revolution ein sattes Behagen am Gegebenen, aus dem jeweils individuellen Recht eine rein positive Satzung des Staates, aus der hochgeistigen, überbürgerlichen Moral die Moralskepsis überhaupt, aus dem Drang des deutschen Geistes zu einem staatlichen Leibe derselbe Imperialismus, wie überall sonst in der Welt. In unklarer Mischung der Motive griff man auch gern zum Darwinismus, der – sehr wenig im Sinne seines Urhebers – ja auch in Westeuropa die politisch-moralischen Ideen verwüstete. Das deutsche politische Denken ist seitdem von einer seltsamen Zwiespältigkeit, die jedem Draußenstehenden auffällt: einerseits erfüllt von den Resten der Romantik und von sublimer Geistigkeit, anderseits realistisch bis zum Zynismus und zur vollen Gleichgültigkeit gegen allen Geist und alle Moral, vor allem aber geneigt, beides merkwürdig zu mischen, die Romantik zu brutalisieren und den Zynismus zu romantisieren.[174]

Und Troeltsch, der zu Beginn des Weltkrieges schreibt, Leibniz und Kant seien auch »heute noch die eigentlichen Bildner des deutschen Geistes«,[175] und noch 1916 Kant den »moralischen Lehrer Deutschlands« nennt, »dessen Lehre in Wahrheit, wenigstens bei den gebildeten Klassen stärker wirkt als die eigentlich christliche«[176] – er glaubt 1923, in allen historisch-politisch-ethischen Fragen habe uns die nachkantische Periode tiefer geprägt und gebildet als die kantische. Die deutschen Ideen eröffneten auf der einen Seite die Tiefe der historischen Anschauung,

sie haben die Welt das historische Denken gelehrt, den eigentlich historischen Sinn begründet. Das ist ihr Fortschritt über die Aufklärung und ihre positivistischen und belletristischen Nachfolger hinaus.[177]

---

173 a.a.O., p. 15.
174 a.a.O., p. 16.
175 Ernst Troeltsch, Imperialismus. Die neue Rundschau, 1915, p. 14.
176 Ernst Troeltsch, Deutsche Zukunft, a.a.O., p. 70.
177 Ernst Troeltsch, Naturrecht und Humanität usw., a.a.O., p. 19.

Andererseits habe derselbe Individualitätsgedanke

> auf die Dauer die universalhistorische Anschauung überhaupt aufgelöst,
> zersplittert, relativiert und in methodisch gesichertes Spezialistentum oder
> in bloß nationale Selbstanschauung übergeführt. Darin war der Zug der
> Aufklärung größer und weiter, und von diesem Zuge ist in Westeuropa
> mehr übrig geblieben als bei uns.[178]

Die anzustrebende und kommende »Kultursynthese« sei ohne prinzi-
pielle Verleugnung der deutschen Ideen möglich, aber auch Naturrecht
und Humanitätsidee würden in ihr eine wichtige Rolle spielen. Sie
seien »von unserer deutschen Historie unzweifelhaft vernachlässigt
und mit übel angebrachter Antipathie behandelt worden«.[179] Dagegen
hebt nun Troeltsch hervor:

> In der Idee der Menschenrechte, die nicht vom Staat verliehen werden, son-
> dern ihm und aller Gesellschaft selbst als ideale Voraussetzung dienen, liegt
> ein Kern von Wahrheit und von Forderungen des europäischen Ethos, der
> nicht vernachlässigt werden darf ... Der Horizont des Weltbürgertums
> und der Menschheitsgemeinschaft muß alles das umschließen als moralische
> Forderung und Voraussetzung, von der man weiß, welche Hemmungen
> ihr in der Wirklichkeit entgegenstehen, die man aber als Ideal nicht auf-
> gibt. In all den Ideen von Völkerbund, Menschheitsorganisation, Ein-
> schränkung der Zerstörungskräfte und Egoismen steckt ein unverlierbarer
> moralischer Kern, den man nicht grundsätzlich preisgeben darf, wenn man
> ihre Schwierigkeiten und ihren Mißbrauch noch so furchtbar vor Augen
> hat. Man kann diese mit Klarheit sehen und mit aller Kraft bekämpfen.
> Aber man darf darum nicht das Ideal selbst grundsätzlich, ethisch und ge-
> schichtsphilosophisch leugnen.[180]

Dies ist nichts anderes als eine behutsame Umschreibung des moralischen Idealismus Kants, dessen Wiederbelebung Troeltsch als deutsche
Selbstkorrektur abschließend befürwortet. Ein solches »Programm«
mute den Deutschen

> keine grundsätzliche Umkehr und keine Verleugnung unserer geistigen
> Eigenart zu, sondern nur die Wiederbelebung verlorengegangener Ideen
> und die Auswirkung und Anpassung unseres Stammesgedankens an die
> heute gewaltig veränderten Weltverhältnisse.[181]

Die» Überwindung der Aufklärung« erweist sich so aus der Perspektive des zwanzigsten Jahrhunderts nicht nur als großer Gewinn, sondern auch, in bestimmter Hinsicht und auf bestimmten Gebieten, als
Verlust. Der Begriff der »Aufklärung« meint ja nicht nur eine Epoche,
sondern, wie schon Kant gesehen hatte, auch einen unendlichen Pro-

---

[178] a.a.O., p. 19.   [179] a.a.O., p. 20.   [180] a.a.O., p. 22.   [181] a.a.O., p. 22.

zeß.[182] Die Emanzipation der Vernunft, die Paul Hazard als kontinuierliches Geschehen beschreibt,[183] dessen Beginn in einer europäischen Bewußtseinskrise seit ungefähr 1680 zu spüren ist,[184] leitete Entwicklungen ein, die das 18., 19. und 20. Jahrhundert in mancher Hinsicht als zusammenhängende, die Romantik übergreifende Phase der Neuzeit erscheinen lassen. Bis heute nehmen die Ideen des 18. Jahrhunderts in der Vereinheitlichung der Welt einen hervorragenden Platz ein.[185] Insbesondere hat die Philosophie des 18. Jahrhunderts auf naturrechtlicher Basis die politischen und staatlichen Formen der westlichen Welt und noch heute geltende, politisch-rechtliche Normen ausgebildet. Implizit bedeutete deshalb die Errichtung der Weimarer Republik, daß dem heroischen Pessimismus und dem »irrationalen Schicksal« des nationalistischen Machtstaates das »Bewußtsein einer einheitlichen Menschheitsaufgabe, die fort- und aufwärtsschreitend durch wachsende Erkenntnis zu lösen sei« – worin Meinecke »die Zentralidee der Aufklärung«[186] erblickt – wieder entgegentrat, und daß über beide Ideenwelten, als Bekenntnis für oder gegen die Demokratie, in Deutschland eine Entscheidung zu fällen war. Ein einseitiger Begriff der Aufklärung hatte deren Fortwirken aus den Augen verloren, selbst das Bewußtsein, daß auch die deutsche Klassik wesentliche pädagogische und philosophische Ziele der Aufklärung übernommen hatte,[187] war bis auf den Grad verblaßt, daß der Begriff »aufklärerisch« vielfach dazu dienen konnte, gerade das zu diffamieren, was offenkundig nach 1918 in Deutschland eine aufgeschobene geschichtliche Notwendigkeit war.

Auch Friedrich Meinecke empfiehlt im Schlußkapitel RÜCKBLICK UND GEGENWART seiner IDEE DER STAATSRÄSON von 1924 eine Revision der »machtpolitischen Tradition in Deutschland« und »der idealistischen Sanktionierung der Macht, die wir von Hegel bis Treitschke verfolgt haben«,[188] und erstrebt, unter ausdrücklichem Hinweis auf Troeltsch eine »Selbstprüfung des Historismus«.[189] »In dem furchtbaren Dilem-

---

182 Vgl. Kant: »Wenn denn nun gefragt wird: leben wir jetzt in einem aufgeklärten Zeitalter? so ist die Antwort: Nein, aber wohl in einem Zeitalter der Aufklärung« (A.A. VIII,40).

183 Paul Hazard, Die Herrschaft der Vernunft, La pensée européenne au XVIII siècle de Montesquieu à Lessing. Hamburg 1939.

184 Ders., Die Krise des europäischen Geistes. 1680–1715. Hamburg 1959.

185 Vgl. A. Valjavec, Aufklärung und Revolution. Historia mundi, Bd. IX, Bern 1960, p. 11–35, passim.

186 Meinecke, III,43.

187 Vgl. Elisabeth Heimpel-Michel, Die Aufklärung. Eine historisch-systematische Untersuchung. Langensalza 1928, p. 78.

188 Meinecke, I,500.   189 a.a.O., p. 501.

ma, in dem die Welt heute steht«, bleibe »nichts anderes übrig, als ehrlich auf den echten Völkerbund hinzustreben und wenigstens den Versuch zu machen, auf diesem Wege die Welt zu retten«.[190] Durch alles, was zugunsten von Krieg und Machtpolitik gesagt werden könne, »wird das Ideal des Völkerbundes nicht entwurzelt, denn es liegt im Wesen der Vernunft, daß sie über die Natur hinaus zu gelangen strebt und ein solches Ideal aufstellt« und, so heißt es nun in weitgehender Übereinstimmung mit der kantischen Auffassung, »schon die Annäherung an ein unerreichbares Ideal kann als Gewinn gebucht werden«.[191]

Die Alternative zu einem solchen Umdenken sah auch Troeltsch in Oswald Spengler verkörpert:

> Ein Buch wie das in der Hauptsache von Nietzsche herkommende Spenglersche Untergangsbuch und sein kolossaler Eindruck sprechen geradezu für das Gegenteil, für die schärfste Formulierung aller skeptischen, amoralistischen, pessimistischen, gewaltpolitischen und zynischen Folgerungen des romantischen Ästhetizismus und Individualitätsgedankens. Es folgert daraus auch ganz konsequent den Untergang. Denn mit solchen Gedanken kann man nicht existieren und für die Zukunft kämpfen. Es ist wie eine äußerste Bestätigung der Vorwürfe der Westeuropäer und streicht in dem unbesiegbaren Konflikt darum einfach die Flagge des Lebens. Wer leben will, – und unser Volk will leben –, wird gerade diesen Weg nicht gehen dürfen, sondern die deutschen Traditionen ... in neue Berührung mit den großen Weltbewegungen bringen müssen.[192]

Über diesen Punkt besteht zwischen dem Verfasser der SPECTATOR-BRIEFE und Heinrich Mann volle Übereinstimmung. »Sie wollen leben, darum – ihnen bleibt nichts anderes übrig – sind sie Demokraten« (XII, 53) konstatiert dieser 1919. Beide erheben die nackte Existenzfrage zum Kriterium politischer Ideologien. In beiden lebt die geschichtlich-politische Einsicht, daß romantisch-ästhetische Todesbezogenheit unmöglich als Norm von Politik und Staat tauglich sein könne. »Meine Sache wurde zu der Stunde, daß die Völker leben sollten ...« (VII,792) heißt es im HENRI QUATRE.

Was aber Troeltsch als »Programm«, als »Wiederbelebung verlorengegangener Ideen« fordert, vollzieht sich in der politischen Essayistik Heinrich Manns seit 1910 als folgerichtiger Prozeß geistiger Selbstverwirklichung. Der Analyse Troeltschs auch läßt sich die geistesgeschichtliche Dimension, die für Heinrich Mann in Betracht kommt, entnehmen: er ist ein seiner Anlage nach naturrechtlich denkender Geist. In diesem Begriff läßt sich sein Zivilisationsliteratentum, die Wahlver-

---

[190] a.a.O., p. 508.   [191] a.a.O., p. 509.
[192] Troeltsch, Naturrecht und Humanität usw., a.a.O., p. 22.

wandtschaft mit dem 18. Jahrhundert, die Affinität zu Rousseau oder Kant wie die Fremdheit in Deutschland zugleich erfassen. Das Naturrecht fußt auf jener Anschauung der einen menschlichen Vernunft, in seiner bis auf das antike Naturrecht zurückgehenden Tradition bezeichnet das 18. Jahrhundert die Phase der Emanzipation von der mittelalterlichen Verbindung mit dem Christentum. Dieses hatte, nach Troeltsch, in allen weltlichen Dingen schon früh naturrechtliches Denken, wie es in den Lehren der Stoa vorlag, übernommen.[193] Die innere Folgerichtigkeit, mit der Heinrich Mann sich schließlich auf Kant berief, liegt darin, daß Kant nach Christian Wolff der letzte bedeutende Vertreter naturrechtlichen Denkens in Deutschland war. Die französische Kultur, die, freiwillig und unfreiwillig, das »halbe Dasein« (Z. 208) Heinrich Manns ausfüllte, war ihm Mittlerin jener naturrechtlichen Anschauungen, die sie in höherem Maße als die deutsche überlieferte und die seiner geistigen Anlage ganz offensichtlich entsprachen.

So hat die deutsche Literatur mit Heinrich Mann den seltenen Fall zu verzeichnen, daß zu Beginn dieses Jahrhunderts inmitten des »historistisch« geprägten geistigen Lebens eine Stimme erklingt, die nach und nach naturrechtliche Anschauungen und Begriffe mit einer Vollständigkeit und inneren Konsequenz vorbringt, als habe es kein vom Aufbruch des deutschen Geistes geprägtes 19. Jahrhundert gegeben. Das Bewußtsein absoluter moralischer Maßstäbe, der Begriff des Dichters als eines Moralisten mit der besonderen Gabe, Ideen mit der Gewalt von Leidenschaften zu versinnlichen, der Begriff von Literatur als eines »aus der Welt hervorgehobenen und vor sie hingestellten Gewissens«, der Geistbegriff und das Verhältnis Heinrich Manns zur Geschichte gehen am deutschen 19. Jahrhundert fast gänzlich vorbei. Sie sind äußerlich vom 18. Jahrhundert und oft französisch geprägt, in Wirklichkeit entsprechen sie der grundsätzlichen, naturrechtlichen Anlage seines Geistes.

Diese Einsicht macht es überflüssig, weiter auf jene Polemiken einzugehen, die, beginnend mit den BETRACHTUNGEN EINES UNPOLITISCHEN und später im Zeichen eines tief gedemütigten Nationalismus, auf dem Rücken Heinrich Manns deutsches gegen französisches Wesen ausspielten, die ihm sein Eintreten für die Vernunft gegen die Gewalt verübelten, als wären dies Zeichen geistiger Unreife, und glaubten, die demokratische Konzeption des Staates durch das Adjektiv »gleichmacherisch« ad absurdum führen zu können. Je entschiedener Heinrich Mann in seiner Gesellschaftskritik und in seinen politischen Essays jene rousseauisch-

---

193 Vgl. Ernst Troeltsch, Das stoisch-christliche Naturrecht und das moderne profane Naturrecht. H.Z. 106 (1911), p. 237–267.

kantische Denkart ausbildete und in der vergifteten politischen Atmosphäre der Weimarer Republik veröffentlichte, um so mehr wurde er zum Katalysator der eigentlichen, nur von wenigen verstandenen Situation, der außerordentlichen Spannung, in die das deutsche geistige Leben zum naturrechtlichen Fundament des abendländischen Denkens geraten war. Diese Spannung wurde nach der Niederlage des monarchischen Obrigkeitsstaates, im Widerstand gegen die Demokratisierung, als Kern des politischen Problems virulent, sie steht hinter vielen ideologischen Auseinandersetzungen der Weimarer Republik, ohne daß Heinrich Mann selbst sie so hätte deuten können.[194] Die nach 1918 notwendig gewordene Übernahme der politischen Verantwortung durch den Staatsbürger war gleichbedeutend mit der Öffnung des Geistigen zum Politischen, wie sie auch Hofmannsthal in seinem letzten Lebensjahrzehnt als verpflichtende Aufgabe insbesondere des Dichters verstanden hat. Die Gründung der Weimarer Republik erheischte das Ende jenes

> grandiosen Irrtum(s) deutsch-bürgerlicher Geistigkeit, sich das Politische nichts angehen lassen zu sollen, es losgelöst vom nationalen Leben als dem Kulturleben der Nation zu begreifen[195]

jenes Irrtums, in dem sich die »Verlegung der eigentlichen Moralität in das innere Sein«, die Troeltsch konstatiert, spiegelt. So hatte ja Thomas Mann nach Ausbruch des Ersten Weltkrieges noch geschrieben: »Denn Politik ist eine Sache der Vernunft, der Demokratie und der Zivilisation, Moral aber eine solche der Kultur und der Seele.«[196] Gegen diese Trennung und Verinnerlichung wandte sich der »Aktivismus«:

> Ein Mensch, der nur s i c h s e l b s t begreifen will, nicht auch die Menschenwelt u m sich, ist ohne Innerlichkeit; ein Mensch, der die Welt nur b e - g r e i f e n nicht auch ä n d e r n will, enträt der Tiefe. Der »Religiöse«, dessen Religiosität nicht in Realitätsgestaltung, in P o l i t i k mündet, ist wahrhaft irreligiös.[197]

---

[194] Der naturrechtlichen Tradition am bewußtesten war sich Heinrich Mann dort, wo er von den Menschenrechten sprach, einen solchen Katalog von Grundrechten hält er 1932 im Artikel »Die Demokratie bleibt unbesiegbar« den verwirrten Deutschen entgegen. Nach dem Krieg spricht er wiederum im Essay »Die Französische Revolution und Deutschland« von »Gedanken und Ansprüche(n), die wahrscheinlich aufgetreten sind mit der Menschheit selbst, und nur mit ihr enden werden« (a.a.O., p.206). »Die Menschenrechte aber, die der Konstitution vorausgestellt wurden, gingen allen ein, wes Landes und Standes man war. Sie sind das Unbedingte, das nie Vergängliche. Sie waren auch das, was nicht vollauf gehalten werden konnte ...« (p.207).
[195] Kurt Sontheimer, Thomas Mann und die Deutschen. München 1961, p.168.
[196] Thomas Mann, Gedanken im Kriege. (In: Die neue Rundschau, Bd. XXV (1914), p.1471-1484) p.1474.
[197] Kurt Hiller, Aufbruch zum Paradies, a.a.O., p.128.

284

Die entscheidende Erkenntnis, die »gewonnen« sein wollte, spricht Thomas Mann später (1939) gültig so aus:

> Mein persönlichstes Bekenntnis zur Demokratie geht aus einer Einsicht hervor, die gewonnen sein wollte, und meiner deutsch-bürgerlichen Herkunft aus Erziehung ursprünglich fremd war: der Einsicht, daß das Politische und Soziale ein Teilgebiet des Menschlichen ausmacht, daß es der Totalität des humanen Problems angehört, vom Geiste in sie einzubeziehen ist, und daß diese Totalität eine gefährliche, die Kultur gefährdende Lücke aufweist, wenn es ihr an dem politischen, sozialen Element gebricht.[198]

Die Öffnung des Geistigen zum Politischen hin aber führt notwendig zuerst auf das grundlegende Verhältnis von Moral und Politik oder von Geist und Macht. Ein verpflichtendes Verhältnis von Politik und Moral wurde jedoch von weiten Kreisen eines Volkes geleugnet, das unter dem Eindruck der Erfolge des Realpolitikers Bismarck und im Zeitalter des europäischen Imperialismus seine politischen Begriffe spürbar umgebildet hatte. Öffnung des Geistigen zum Politischen hin mußte deshalb zuerst den Abbau jener »übel angebrachten Antipathie«, von der Troeltsch sprach, bedeuten, Rückgewinnung einer politischen Sittlichkeit, Rezeption der von der Aufklärung ausgebildeten staatlich-politischen Ideenwelt, Annäherung an naturrechtliches Denken – dies alles zusammengefaßt im Bekenntnis zur Demokratie.

Wieviele Schmerzen dieses Bekenntnis aber in Deutschland bereitete, wie schwierig sein mußte, es schließlich in der Situation des verlorenen Krieges als Anerkennung derjenigen Ideen zu vollziehen, die von den Siegern selbst im Stich gelassen worden waren und gleichwohl gültig blieben – dies werden die BETRACHTUNGEN EINES UNPOLITISCHEN, das »schwerfällige Erzeugnis unvergeßlicher Leidensjahre«,[199] das »Riesenreskript der Schmerzen«,[200] ein »Rückzugsgefecht großen Stils«,[201] für immer bezeugen. Der Weg, den Thomas Mann, einmal aufgerüttelt, als politischer Schriftsteller einschlug, der Weg von der nationalen Parteinahme, ja von der Rechtfertigung des Krieges (»Deutschlands ganze Tugend und Schönheit – wir sahen es jetzt – entfaltet sich im Kriege«[202]) zur Predigt von Vernunft und Demokratie in den 1940 beginnenden Rundfunkansprachen DEUTSCHE HÖRER!, dieser Weg ist erst vor einigen Jahren, Mißverständnissen entrückt, in seiner konsequenten Ge-

---

[198] Thomas Mann, XII,853.
[199] Thomas Mann, XII,639.
[200] a.a.O., p. 640.
[201] a.a.O., p. 640.
[202] Thomas Mann, Gedanken im Kriege, a.a.O., p. 1479.

stalt sichtbar geworden.[203] Es war eben jener Weg, den Troeltsch aus der Sicht des politisch wachen Historikers 1924 aufgezeigt hatte. Und in der Tat begrüßte Thomas Mann seinerzeit diesen Vortrag Troeltschs als eine Art klärenden Seitenstücks zu seinen BETRACHTUNGEN aufs wärmste. Was

> gefühlsweise, als dunkle Gewissensregung, seit Jahr und Tag in manchem Deutschen lebendig gewesen – in solchen vielleicht sogar, die im Zauberberg des romantischen Ästhetizismus recht lange und gründlich geweilt,[204]

das sei »mit vollendeter Klarheit ausgesprochen« in der »unscheinbaren Broschüre, deren Lektüre ich aller Welt empfehle«.[205]

Freilich hört Thomas Mann nun nicht auf, in den spezifisch deutschen Festlegungen zu denken. Die Forderung nach einer moralischen Politik bedeutet ihm noch immer bloß zivilisatorischen Rationalismus, und zu seiner »betont rationalistischen und idealistischen« Haltung, so schreibt er 1935,[206] sei er »eben nur unter dem Druck des in Europa und namentlich in Deutschland um sich greifenden und jedes humanen Gleichgewichts spottenden Irrationalismus und politischen Antihumanismus« gekommen und sie äußere sich vor allem in seinem essayistischen Werk. Im dichterischen Werk hingegen, »wo meine ursprüngliche Natur, die nach Gleichgewicht im Humanen verlangt, weit reiner zum Ausdruck kommt«, erscheint »das rational-idealistisch Humanitäre«, das er gemäß den Vorstellungen des Historismus als einseitiges Extrem auffaßt, immer in einem komplexen Spannungsfeld wie etwa in der Konfiguration Settembrini – Naphta – Mynheer Peeperkorn.

Ganz anders liegen die Dinge bei Heinrich Mann. In einer bestimmten Hinsicht hatte er im Frühwerk vom SCHLARAFFENLAND bis zur KLEINEN STADT in der gestaltenden Reflexion diese Öffnung des Geistigen zum Politischen hin vollzogen und gegenüber dem realen Geschichtsverlauf um ein Jahrzehnt vorweggenommen. Was Thomas Mann im Werk nicht aufgeben wollte, nämlich die Konfiguration des romantisch-ästhetisch Irrationalen mit dem »rational-idealistisch Humanitären«, das löste Heinrich Mann auch im dichterischen Werk schließlich nach einer Seite hin auf. In der Antithetik des Frühwerks hatte sich der Ge-

---

[203] Vgl. hierzu: Kurt Sontheimer, Thomas Mann als Politiker .(In: Vierteljahreshefte für Zeitgeschichte, 6. Jg. (1958) p. 1–44). – Ders., Thomas Mann und die Deutschen. München 1961. Nicht frei von Verzeichnungen ist Martin Flinker, Thomas Manns politische Betrachtungen im Lichte der heutigen Zeit. s'Gravenhage 1959.
[204] Thomas Mann, Naturrecht und Humanität in der Weltpolitik, XII,628.
[205] Thomas Mann, XII,627.
[206] Thomas Mann, Briefe 1889–1936, Frankfurt/Main 1961, p. 397.

gensatz zwischen dem Romantischen und dem Aufklärerischen immer schärfer ausgebildet, bis er »Ruchlosigkeit« und »Menschlichkeit« hieß, bis er nicht mehr unter erotisch-individuellen, sondern unter normativen, moralisch-politischen Vorzeichen stand, mit anderen Worten: bis er vollständig wieder in Begriffen naturrechtlicher Anschauung ausgedrückt war. Danach aber konnte es keine ausgewogene Konfiguration mehr geben, sondern nur noch die moralische Alternative, keine Vermischung von Gut und Böse mehr, sondern nur noch Recht und Unrecht.

Die Entscheidung im Frühwerk fiel zugunsten der Menschlichkeit; das Kriterium, das in den Leiden der Schwachen erstarkte, war Selbstachtung und Menschenwürde. Der Ertrag bestand in der Ausscheidung des heroischen Irrationalismus als falscher Lebensfeier, in der Rückeroberung der Moral, in der Verpflichtung des Geistes selbst zur Tat. Nicht erst unter dem Druck des politischen Antihumanismus' des Dritten Reiches, sondern weil Heinrich Mann den in den GÖTTINNEN gestalteten ästhetischen Irrationalismus bis auf seinen hoffnungslosen Grund durchfühlt hatte, war er in konsequenter Entfaltung seines Werkes von jener »Poetisierung« der Ethik, welche die Geniezeit begonnen und die Romantik weitergeführt hatte,[207] zur klassischen Überordnung rational-normativer Sittlichkeit über individuell-irrationale Unzulänglichkeit zurückgelangt. Dabei war gerade das in der deutschen Dichtung weitgehend vernachlässigte Problem von Geist und Macht immer mehr in den Mittelpunkt gerückt und hatte schließlich eine rationale Lösung im Sinne eines fortwirkenden Gegensatzes von Geist und Macht erfahren. Vor einem französischen Publikum erklärte Heinrich Mann 1927:

> Dès mes débuts en effet, j'ai cherché à comprendre le pouvoir. La mentalité des puissants, voire la signification de la Puissance, voilà ce qui a peut-être été ma préoccupation la plus constante pendant longtemps (XII,358).

In einer Entwicklung von erstaunlicher Geschlossenheit hatte er, auch nach seiner eigenen Meinung, jenes von der »deutsch-bürgerlichen Kultur« weitgehend vernachlässigte politische und soziale Element wieder in die »Totalität des humanen Problems«, wie es in der Literatur erscheint, einbezogen. Diesen Sinn hat die ungewöhnliche Bemerkung von 1910:

---

[207] »Die Romantik«, so faßt Thomas Mann 1945 zusammen, »poetisierte die Ethik, indem sie das Recht der Individualität und der spontanen Leidenschaft verkündete ... Das Vorrecht vor der Vernunft, das sie dem Emotionellen, auch in seinen entlegenen Formen als mystischer Ekstase und dionysischem Rausch einräumte usw.« (XI,1144).

Jetzt bin ich neununddreißig Jahre alt und sehe hinter mir den Weg, der, durch sechs Romane hindurch, von der Behauptung des Individualismus zur Verehrung der Demokratie geführt hat.

Vergegenwärtigt man sich, wie lange und intensiv sich der bürgerliche Begriff einer unpolitischen Kunst, überlagert noch vom George'schen l'art pour l'art-Standpunkt, »alles staatliche und gesellschaftliche ausscheidend«,[208] erhielt, so ergibt sich von selbst das Abweichende und Singuläre dieser Entwicklung. Kaum ein deutscher Dichter könnte Heinrich Mann nachsprechen, sein Weg habe durch mehrere Romane hindurch zur Demokratie geführt.

Nach Vollendung der KLEINEN STADT setzt mit den leidenschaftlichen Essays GEIST UND TAT und VOLTAIRE – GOETHE zugleich die entschlossen politische, später auch tagespolitische Essayistik Heinrich Manns ein. Ihr vordringlichstes Ziel ist die als geschichtlich überfällig betrachtete Einführung der Demokratie in Deutschland, sie erreicht im große ZOLA-Essay von 1915 einen glanz- und wirkungsvollen Höhepunkt. Heinrich Mann stand während des Ersten Weltkrieges, wie auch die anderen um Wilhelm Herzog gescharten Autoren der Zeitschrift DAS FORUM und die der WEISSEN BLÄTTER, nicht im Lager der Feinde, sondern nahm den Standpunkt der abstrakt denkenden, moralisch urteilenden Vernunft ein, die zuerst nicht die Niederlage Deutschlands, sondern nur die Bejahung naturrechtlicher Normen forderte. Nur so lange und insofern das Deutsche im Politischen identisch war mit Leugnung, ja Hohn auf die Vernunft, mit Sanktionierung der bloßen Macht, wurde es von Heinrich Mann verurteilt. Von der bewußten Entscheidung zur »Menschlichkeit« am Ende des Frühwerks an ist das weitere Werk Heinrich Manns nur noch als das eines »moralischen Politikers« im Sinne Kants oder eines »politischen Moralisten« nach heutigem Sprachgebrauch zu verstehen. Eine bloß ästhetische Würdigung würde die innersten Antriebe und seine Bedeutung innerhalb der deutschen Literatur verfehlen.

Mit dieser Entscheidung glaubte Heinrich Mann, das »kommende Deutschland« (XII,60) zu vertreten, das ein »Deutschland der Vernunft« (XI,383) sein und »unsere Versöhnung mit der Welt ... im Namen der uns endlich wieder mit ihr gemeinsamen ewigen Gedanken« (XII,25) vollbringen sollte. Und darin gibt ihm implizit schon der Rückblick Friedrich Meineckes von 1924 recht. 1957 nennt der Herausgeber der Neuauflage der IDEE DER STAATSRÄSON diesen Rückblick

---

208 Blätter für die Kunst, Erste Folge, Bd. I (1892), p. 1.

»den Versuch einer grundsätzlichen Neubesinnung auf das Wesen der Macht«.[209] Wenn damals Meinecke auch nicht ohne weiteres die »komplizierte Ethik« des Historismus zugunsten der »alte(n) einfache(n) Ethik bis zum kategorischen Imperativ Kants«[210] aufgeben konnte, wenn er auch naturrechtliches Denken, das ihm die Gegenwelt des Historismus bedeutet, nicht einfach annehmen konnte, so mußte er doch unter dem Druck der historischen Erfahrung (»Der Kataklysmus des Weltkrieges mit seinen Folgen zwingt das historische Denken auf neue Wege«[211]) gerade jene Positionen hervorheben, die für Heinrich Mann) charakteristisch sind. Er gesteht dem »Dualismus« von Geist und Natur, in den er die Antithese von Geist und Macht einbezieht, zu, daß er »die Tatsachen nackter und richtiger zeige(n), als es irgend ein Monismus vermag«,[212] alles fruchtbare Denken müsse der Frage gelten, »wie man das Naturhafte wandeln könne durch das Geistige«,[213] ja er räumt ein:

Auch die radikale Unbedingtheit hat in dieser Frage ein inneres Recht, weil sie das Gewissen schärft und die Mängel des bloßen Relativismus in das Licht setzt.[214]

In dem,

was die deutsche historische Schule immer gelehrt hat, daß Machtpolitik und Krieg nicht nur zerstörend, sondern auch schöpferisch wirken können und daß aus Bösem Gutes, aus Elementarem Geistiges allenthalben emporwächst,

erblickt er nun nicht mehr mit Hegel »eine List der Vernunft«, sondern, wie auch Heinrich Mann, »eine Ohnmacht der Vernunft«.[215] Gerade deshalb forderte der AKTIVISMUS, der Geist selbst solle zur Macht gelangen. Diese Forderung erhebt Meinecke freilich nicht, weil ihn, wie auch Thomas Mann und viele gebildete Deutsche von damals, der Zweifel ja noch nicht verlassen hatte, ob denn »die vollständige Rationalisierung des Völker- und Staatenlebens überhaupt ein Glück«[216] sei. Aber die Feststellung, es liege keine Veranlassung vor, »die Naturgewalten des

---

[209] Meinecke, I, XVII.   [210] a.a.O., p. 503.   [211] a.a.O., p. 482.

[212] a.a.O., p. 503. – Vgl. dazu das Bekenntnis des »Aktivismus« zu einem solchen Dualismus, in den Worten Kurt Hillers von 1916: »Wir folgen nur dem unsterblichen Dualismus der Platonischen Schule und des deutschen Denkens in Kant, Fichte und Nietzsche, wenn wir, innerhalb der beiden großen überhaupt möglichen Einstellungen zur Welt – als zur seienden und zur seinsollenden –, die Aufgabe des Geistes ... darin erblicken, daß er das Bild der seinsollenden Welt entwirft und die seiende der seinsollenden zutreibt.« (Taugenichts/Tätiger Geist/Thomas Mann, a.a.O., p. 53/54).

[213] Meinecke, I, 491.   [214] a.a.O., p. 500.   [215] a.a.O., p. 505.   [216] a.a.O., p. 508.

geschichtlichen Lebens« »noch durch eine Doktrin, die Machtkampf und Krieg verherrlicht, zu verstärken«,[217] nähert sich gleichsam von der einen Seite der Haltung, die Heinrich Mann von der anderen Seite in die knappe Formel faßt: »Das Vernünftige muß redlich erarbeitet werden, aber das Irrationale hat jeder von selbst« (HASS, 18).

Die Macht sieht Meinecke schließlich, abweichend von Ranke, der sie als geistiges Wesen betrachtete, und abweichend von Burckhardt, der sie als böse schlechthin bezeichnete, in Übereinstimmung mit Heinrich Mann weder als gut noch als böse, sondern nüchtern als unablässige »Versucherin zum Bösen«[218] an, das Streben nach Macht ist ihm »neben Hunger und Liebe die mächtigste, elementarste Triebkraft des Menschen«,[219] wie sie Heinrich Mann stets verstanden und dargestellt hatte. Wenn Meinecke aber über das Ideal des Völkerbundes schreibt, es liege im Wesen der Vernunft, »daß sie über die Natur hinaus zu gelangen strebt und ein solches Ideal aufstellt« und »schon die Annäherung an ein unerreichbares Ideal« als Gewinn verbucht wissen will,[220] so hat er damit prinzipiell die Zweifelslinie des Historismus gegenüber der Vernunftutopie überschritten und sich jenem Geist angenähert, in dem Kant den EWIGEN FRIEDEN eine »Aufgabe« nannte, die nur durch eine »ins Unendliche fortschreitende Annäherung« »nach und nach« aufgelöst werden könne.[221] Auch Meinecke fordert jetzt, obschon er sogleich die scheinbar entgegenstehende Erkenntnis des Historismus vorbringt, ein Sollen:

> Der Staat soll sittlich werden und nach der Harmonie mit dem allgemeinen Sittengesetze streben, auch wenn man weiß, daß er sie nie ganz erreichen kann, daß er immer wieder sündigen muß, weil die harte naturhafte Notwendigkeit ihn dazu zwingt.[222]

Auch Heinrich Mann weiß, daß die moralische Idee des Staates nie vollständig verwirklicht werden wird; während aber Meinecke glaubt, es bestehe für den Staat eine machiavellistische »Notwendigkeit«, »immer wieder« zu »sündigen«, beziehen sich alle Zweifel Heinrich Manns bloß auf menschliche Unzulänglichkeit. Immer wieder kann die Natur des Menschen der Versuchung der Macht erliegen, aber doch ohne im Denken anzusetzende objektive Notwendigkeit. Sein Skeptizismus, ja Pes-

---

[217] a.a.O., p. 509.
[218] Meinecke, Straßburg/Freiburg/Berlin, a.a.O., p. 194.
[219] Meinecke, I,XXVIII.
[220] a.a.O., p. 509.
[221] Kant, Kleinere Schriften usw., a.a.O., p. 169.
[222] Meinecke, I,506.

simismus, bezieht sich nur auf das immer mögliche Zusammenwirken der Natur des Menschen mit dem Wesen der Macht »gegebenenfalles auch gegen den Moralisten, der etwas ändern möchte« (Z.227). Wie auch Kant vermag er darin jedoch keinen Einwand gegen die Ideen der reinen Vernunft zu erblicken, »wir können nichts tun, als kämpfen für Ziele, die nie erreicht werden, aber von denen abzusehen schimpflich wäre...« (XI,229).

So besitzt die grundsätzliche Entscheidung des Frühwerks gegen Nietzsche, gegen »Ruchlosigkeit« und Amoralität, Konsequenzen von weitreichender geschichtsphilosophischer und geistesgeschichtlicher Tragweite. Mit dieser Entscheidung, mit der Überwindung der *décadence*, geht im Werk Heinrich Manns der romantische Ästhetizismus zu Ende, es vollzieht sich eine bemerkenswerte Abwendung von der ästhetischen Lebensproblematik überhaupt, es geschieht eine neue Hinwendung zur gesellschaftlichen Praxis des Lebens, zu Menschlichkeit, Wohlfahrt und Güte. Der Wille zum Leben, der gerade in der Lebensschwäche am stärksten erfahren wurde, deutet in Anlehnung an »jene schöne Vorliebe des gereiften achtzehnten Jahrhunderts (XI,18), die Vernunft, alle Lebensinhalte um und führt allmählich zu einem neuen geistesgeschichtlichen Einsatz. Das »Naturrecht und seine Geschwisterbegriffe«, wie Troeltsch sagt, steht bei Heinrich Mann wieder auf. Dagegen läuft die romantische Künstlerproblematik in seinem Werke aus, den »Begriff des Genialen«, den das neunzehnte Jahrhundert hatte, sieht er 1932 »in voller Auflösung« (XI,462), die Kunst tritt in eine dienende Funktion am Geist, und somit am Leben zurück, als Literatur kann Dichtung mit Theologie und Medizin im gleichen Atemzug genannt werden: »Zu leben lehren ist die Absicht der Literatur, der Theologie und Medizin« (Z.214). Literatur ist nun mittels Kunst erlebbar und bleibend gestalteter Ausdruck der erkannten gesellschaftlichen Welt und des Gewissens, der Dichter eine besondere Verkörperung des »Moralisten«. Die Ablösung von der *décadence* im weitesten Sinne vollendet sich in der Ausbildung der naturrechtlich-politischen Gedankenwelt. »Das Geistige, der Überblick über das Leben, seine Ordnung, Klärung und die Kunst, die Gesetze der Gesellschaft herauszufinden« bezeichnet er jetzt als »das Eigentliche für jeden Menschen, der wirklich lebt» (XI,326).
Bezogen auf die zu treffende Entscheidung für oder gegen die Demokratie kam jeder ästhetischen und geistigen Strömung in der Weimarer Republik, selbst der ausdrücklich unpolitischen, auch eine politi-

sche Aussage zu.[223] Wie Spengler oder Klages auf diesem Hintergrund als »praefaschistische« Autoren erscheinen, so schloß die moralische Lösung des Lebenskonfliktes g e g e n Nietzsche schon die »antifaschistische« Haltung Heinrich Manns in sich ein. Die Kategorien seines politischen und geschichtlichen Verständnisses entstanden aus den im Frühwerk »begiffenen Zusammenhängen«. So spielt eine bestimmte Analogie zwischen der Dekadenzsituation um 1900 und der politischen Situation der Weimarer Republik in den späteren Anschauungen eine große Rolle. Die Republik befindet sich in einer Situation der Schwäche und diese Situation birgt, nach der Demütigung des deutschen Nationalgefühls durch die Niederlage, in großem Maßstab wiederum die beiden Möglichkeiten des Frühwerks in sich: heroischen Pessimismus und den inneren Weg zu Menschlichkeit und Demokratie.

So mußte es Heinrich Mann erscheinen, als ob Spengler und seine Geistesverwandten im Politischen formulierten, was er in den GÖTTINNEN in gewisser Weise vorweggenommen hatte: den Verzicht auf Vernunft, die bewußte Amoralität, heroische Verantwortungslosigkeit, das Böse. Und der Faschismus zog schließlich aus der (nationalen) Schwäche gerade diejenige Konsequenz, die Heinrich Mann verworfen hatte, in ihm erfolgte wiederum eine ähnliche Entfesselung bis ins Animalische, wie schon in den GÖTTINNEN. In dieser analogischen Sicht mußte ihm die »hysterische Renaissance« als literarische Vorwegnahme bestimmender Kräfte des heraufziehenden deutschen Geschickes oder der Faschismus als die so viel gröbere Verwirklichung eine Möglichkeit der literarischen Dekadenzsituation um 1900 erscheinen, wie es auch Thomas Mann 1952 bündig formuliert: »Was aber 1895 eine interessante ästhetische Haltung, Paradoxie und Schöne Literatur gewesen war, das wurde 1933 akute Politik . . .«[224] Daß am Ausgang des Frühwerkes das Bekenntnis zu den Menschenrechten und zur Demokratie steht, gewinnt in der Tat vor dem Hintergrund des weiteren deutschen Schicksals erst sein besonderes Relief.

---

[223] Vgl. die Einsicht Thomas Manns in den »Betrachtungen«, gewonnen während des Kriegsausbruches von 1914: »So kam der Tag, wo sich erwies, daß einer bestimmten seelisch-geistigen Verfassung eben doch eine bestimmte politische Haltung latent innewohnt oder von weitem entspricht, die einzunehmen unter Weltumständen wie den gegenwärtigen niemand umhin kann« (XII,425). – Dazu Heinrich Mann: »Ästhetische Streitigkeiten führen zuletzt immer nach verschiedenen politischen Richtungen« (XI,71), und schließlich zugespitzt: »An jede Liebesgeschichte kommt der Autor von rechts oder von links« (ib.).
[224] Thomas Mann, X,396.

Heinrich Mann gehörte deshalb zu den frühesten Kritikern des Nationalsozialismus. »Die Nazis«, so urteilt Klaus Mann, »hatte er, der Autor des Untertan, durchschaut, dargestellt und abgetan, ehe sie sich noch als ›Bewegung‹ konsolidierten.«[225] Er verfügte über eine intime Kenntnis ihrer Psychologie, der Psychologie des Ressentiments und der Minderwertigkeit, er kannte das unvermeidliche Ende von »Ausschweifungen« – und er prophezeite »Ausschweifungen« schon, als sie sich noch mäßigten – weil dieser Ideologie kein »Gedanke« mehr entsprach. Er sah im Nationalsozialismus unter dem Bild eines »Amokläufers« die Endphase eines »abgelebten« Nationalismus, der nunmehr alle »Tatsachen des Lebens« (HASS, 19) gegen sich hatte, den »Rückfall der Nation in längst widerlegte Zustände« (Z. 8). In der frühen Entlarvung des Nationalsozialismus bewährten sich die persönlichsten psychologischen und moralischen Kategorien politischer Erkenntnis Heinrich Manns.

Das bleibende Zeugnis dieses Weitblicks ist der bis heute kaum bekannte, in Paris und Amsterdam 1933 erschienene Essay-Band DER HASS. In ihm prophezeit er den »sicheren Krieg« (HASS, 170), in den eine auf blinde Haßfixierungen aufbauende Ideologie führen mußte. Nicht vom Haß Heinrich Manns auf den Nationalsozialismus ist hier die Rede, wie in Literaturgeschichten noch bis in die jüngste Zeit hinein zu lesen stand, sondern vom Haß als innerster Emotion dieser Bewegung:

> Die Nazis würden dies Volk niemals erobert haben, hätten sie sich nicht des Hasses bedient. Der Haß war ihnen nicht nur das Mittel, hochzukommen, er war der einzige Inhalt ihrer Bewegung (HASS, 128).

Heinrich Mann entlarvt den erfolgreichsten Trick Hitlers, die Massen zum Haß zu verführen, und diagnostiziert gleichsam von außen, was Hitler im innersten Kreis immer zugab und lehrte: »Was stabil ist, ist das Gefühl, der Haß.«[226] Im Auftreten Hitlers, in dem er die Psychologie des »Schwachen« und des »Komödianten« wiedererkennt, erspürt

---

225 Klaus Mann, Der Wendepunkt. Ein Lebensbericht. Frankfurt/Main 1958, p. 277.
226 Vgl. die Rede Hitlers vom 28. 2. 1926 vor Industriellen im Hamburger Nationalklub. Eine längere Passage daraus veröffentlichte zum erstenmal Martin Broszat, Der Nationalsozialismus. Weltanschauung, Programm und Wirklichkeit. Stuttgart 1960, p. 39. Hitler trägt darin seine massenpsychologischen Erkenntnisse vor und führt aus:
Vor allem muß mit der Meinung aufgeräumt werden, weltanschauliche Gebilde könnten die Menge befriedigen. Erkenntnis ist für die Masse eine schwankende Plattform. Was stabil ist, ist das Gefühl, der Haß. Er ist viel weniger zu erschüttern als eine Einschätzung auf Grund wissenschaftlicher Erkenntnis usw.

er jenen Punkt, an dem dieser bloß sich selbst und nicht einmal sein Volk meinte, prophezeit 1933, bei einem Zusammenbruch Deutschlands mache es ihm [sc. Hitler] »keine Sorge, was aus einer Nation wird, mit der er eben dann fertig ist« (HASS, 94), und legt ihm 1936 die Worte in den Mund: »Soll Deutschland verrecken, wenn ich es nicht regieren darf!«[227] – was Hitler dem Sinne nach tatsächlich in einer seiner letzten Reden aussprechen sollte. »Indessen wird nur er der Schuldige sein, so viel äußerstes Geschehen nachfolgen mag auf seine Ausschweifungen. Übrigens ist mit Sicherheit anzunehmen, daß er sich jeder Verantwortung entziehen wird« (HASS, 97).

Nicht historische Einsichten, sondern Forderungen der Moral sind für Heinrich Mann in der akuten Situation entscheidend. Die Erziehung der Jugend wid zum ausdrücklichen Kriterium: »Die sittliche Erziehung entscheidet über die Zukunft einer Nation und der ganzen Welt« (HASS, 169), heißt es in DER HASS. »Eine ganze Rückwärtserziehung vollzieht sich unter der nationalsozialistischen Herrschaft« (TAG, 139), konstatiert er 1936 und bekräftigt:

Die sittliche Verurteilung des Hitlerschen Staates ist keine Ausflucht und Verlegenheit, sie ist das stärkste, was gegen einen unzeitgemäßen Staat getan werden kann (TAG, 134).

Diese Verurteilung ergibt sich aus der Anwendung politischer Moral im Sinne der kantischen Einhelligkeit von Moral und Politik auf die aktuelle Situation, wie auch alle übrigen politischen Urteile Heinrich Manns aus ihrer Anwendung auf wechselnde Sachverhalte hervorgehen. Politik faßt er, im Gegensatz zur Lehre des Historismus, uneingeschränkt als Unterwerfung innerweltlicher Verhältnisse unter Normen rationaler Sittlichkeit auf.

Weder die Ausklammerung der Politik aus der Ethik noch die ausdrückliche Einhelligkeit beider sind jedoch, wie deutlich wurde, geistesgeschichtlich neue Positionen. In der Renaissance waren jene beiden Auffassungen von Staat und Politik formuliert worden, die zu Grundtypen der neueren europäischen Politik werden sollten: die Utopie des Thomas Morus und die Staatsräson Machiavellis. Morus und Machia-

---

[227] Es kommt der Tag, p. 168. Vgl. die Parallelstelle im »Henri Quatre«: »Der ausländische Abenteurer fürchtet niemals, ihr [sc. der Nation] Blut zu vergießen. Soll sie verrecken, wenn er sie nicht führen kann« (VI,381). Post festum bestätigt sodann Meinecke: »Jedenfalls zeigt der Ausgang von Hitlers Leben, daß es ihm im entscheidenden Moment nicht auf das Wohl des deutschen Volkes und auf die Rettung seiner noch nicht zerstörten Substanz mehr ankam« (Die deutsche Katastrophe, a.a.O., p. 90).

velli können nach der Darstellung Gerhard Ritters[228] als Väter der modernen »moralistischen« bzw. »machiavellistischen«, an der Vernunftutopie bzw. am Machtstreben orientierten Politik gelten. Diesen fundamentalen Gegensatz hatte Heinrich Mann auf einer späteren deutschen Stufe im Gegensatz Kant–Fichte angesprochen. In der Tat führt dann von Fichte eine Linie der Machiavelli-Hochschätzung im deutschen Nationalismus bis zu Treitschke.[229] Für sie ist charakteristisch, daß liberale Rechtsstaatlichkeit im Innern mit einem gewissen Machiavellismus in der äußeren Politik ausdrücklich für vereinbar gehalten wurde – im Gegensatz zu jener Auffassung der äußeren Politik als einer Fortsetzung der inneren auf fremdem Boden.

Die Position des »Politikers« Heinrich Mann liegt dagegen auf der moralistischen Linie, die von Thomas Morus, in großen Zügen, über Rousseau zu Kant verläuft. Heinrich Mann gelangte bei der Ausbildung seines »Ideen-Systems« und durch Rezeption der politischen Ideenwelt des achtzehnten Jahrhunderts seinerseits zur Aufrichtung der antimachiavellistischen Position[230] inmitten der nationalistischen Strömungen im Kaiserreich und ihrer verzweifelteren Fortsetzungen in der Weimarer Republik. Seine Fortentwicklung von den als spezifisch *deutsch* geltenden politischen Anschauungen erscheint insgesamt als eigentümliches Nacherleben einer früheren Strecke europäischer Geistesgeschichte, zumindest in den Hauptentscheidungen, ein Nacherleben der Zeit von der Renaissance bis zur Französischen Revolution, von der Befreiung des einzelnen Individuums bis zur Übertragung dieser Befreiung auf alle in der Proklamation gleicher Menschenrechte – ein Nacherleben, das zugleich erneuernde Anwendung auf die veränderten deutschen Wirklichkeiten des 20. Jahrhunderts bedeutet.

Der Weg »von der Behauptung des Individualismus zur Verehrung

---

228 Gerhard Ritter, Machtstaat und Utopie, München/Berlin ²1941.
229 Vgl. Gerhard Ritter (a.a.O., p. 135): »So kam es, daß selbst für die friedlich gesinnten, zu politischer Ehrbarkeit und strenger Rechtlichkeit erzogenen Deutschen des beginnenden 19. Jahrhunderts der Machiavellismus seine alten Schrecken verlor. Indem sie sich von der früheren Gemeinsamkeit westeuropäischer Aufklärungsideen lossagten, näherten sie sich wie von selbst der Ideenwelt des alten Italieners.« – Vgl. ferner die Darstellung Meineckes im dritten Buch der »Idee der Staatsräson«: »Machiavellismus, Idealismus und Historismus im neueren Deutschland«.
230 Im »Henri Quatre« wird er schreiben: »Ce prince ... pourrait écouter les conseils d'un Machiavell: alors, rien de fait, il ne réussira pas« (VI,549). Und in »Es kommt der Tag« (p. 133): »Herr Hitler soll Machiavell gelesen haben; aber mit Schlichen, die vierhundert Jahre alt sind, wird man nicht Herr über eine Welt, die auf nichts so begierig ist wie auf Klarheit, ja Güte.«

der Demokratie«, von der »hysterischen Renaissance« zur Ausbildung rousseauisch-kantischer Begriffe spiegelt die analoge geistige Bewegung Heinrich Manns, die zur individuellen Rückeroberung der in Deutschland zurückgedrängten geistigen oder nur halb verwirklichten politischen Resultate jener früheren Epoche führt.[231] Dieser Weg zieht zugleich noch einmal die Linie jener Verselbständigung des naturrechtlichen Denkens nach, die im 16. Jahrhundert ansetzt und mit der vollständigen Emanzipation der Vernunft im 18. Jahrhundert gipfelt. Sie läßt sich am präzisesten in der Rechtsphilosophie fassen. Sie beginnt dort mit der Ablösung des Naturrechts von theologischen Bindungen in den Schriften des Hugo Grotius, der auf Aristoteles und Plato zurückgreift, sie führt über die Mathematisierung des Rechts bei Pufendorf, über die Staatslehre Montesquieus, über die Rechtsphilosophie Leibniz' und Christian Wolffs zu Kant.[232] Zu den glücklichen Seiten der späteren Wahl des HENRI-QUATRE-Stoffes gehört deshalb, daß er Heinrich Mann wiederum in die Renaissance, nunmehr jedoch in die französische, und zugleich in die Epoche der beginnenden Emanzipation des Naturrechts, in die Frühzeit der religiösen und politischen Toleranzidee und des Rechtsstaats, wie sie bei Jean Bodin und den »Politikern« erscheinen, in das historische Quellgebiet also jener Ideen zurückführt, deren moderne Behauptung inmitten der deutschen Verwirrung das individuelle literarisch-politische Verdienst Heinrich Manns bildet. Im zweiten Teil des Romanwerks finden auch zwischen Henri Quatre und Hugo Grotius, der als schwedischer Gesandter auftritt, Unterredungen unter vier Augen statt (VII,784). Diese »Leuchte des Völkerrechts« (VII,785) berät den König und setzt seinen GROSSEN PLAN auf (VII,792) – für den wissenden Leser heißt dies auch, daß der König über das Völkerrecht in Krieg und Frieden und über die Unabhängigkeit des Rechts von Erfahrung und jeglicher Autorität, selbst der göttlichen, daß er über seinen Ursprung in der platonischen Idee des Guten belehrt wird.

Heinrich Mann mußte die Entfaltung seiner geistigen Individualität in dieser Richtung zunächst als Entfremdung gegenüber dem Deut-

---

231 Heinrich Mann, Die Franz. Rev. u. Dtd., a.a.O., p. 206.
232 Vgl. hierzu Ernst Cassirer, Die Philosophie der Aufklärung, Tübingen 1932, p. 313 ff. – Andererseits trägt der »Aktivismus« die schärfsten Angriffe gegen den Historismus auf dem Gebiet der Rechtsphilosophie vor: »Die Juristen der herrschenden, der immer noch herrschenden, der dümmsten ›Schule‹ der Historie: der Historischen Schule, üben ja nur Auslegung gesetzten Rechts, nur Erforschung dessen, was gilt; wir anderen ... suchen ... aus dem Geiste, dem Geist des Lebens und der Gerechtigkeit, ein Recht zu schaffen, das gelte.« So Kurt Hiller (Verwirklichung des Geistes, a.a.O., p. 285), der ursprünglich Jurist war.

schen erfahren, auch das negative Urteil über die Aufklärung schien damals für immer festzustehen. In der Entfremdung aber gewann er andererseits Anschluß an jene europäischen Ideen, von denen sich Deutschland entfernt hatte, in der Entfremdung nahm er wahr, was nach Troeltsch »jeder Draußenstehende«[233] sah: die Spaltung des Gewissens in Deutschland, die Spaltung in Machtgelüst und Rechtlichkeit, jene Entfernung der Wirklichkeit vom Gedanken, die auch Hofmannsthal in den BRIEFEN DES ZURÜCKGEKEHRTEN von 1907 – auch er bezeichnenderweise als »Draußenstehender« – als Emanzipation der linken Hand von der rechten, als Halbheit und Unehrlichkeit der Deutschen, beschreibt.[234] In der Entfremdung gegenüber den Zeitgenossen[235] geschah die Rückgewinnung eines politischen Rechtsbewußtseins und die Wandlung zum »moralischen Politiker«, die ihn schon in den letzten Jahren der Weimarer Republik zu einem Propheten des deutschen Verhängnisses werden ließ, erfolgte das Bekenntnis zur Demokratie und schließlich das einsame BEKENNTNIS ZUM ÜBERNATIONALEN.

Wenn sich nach den Geschichte gewordenen Erfahrungen dieses Jahrhunderts das »Bewußtsein der gemeinsamen Menschheitsaufgabe«, in der Meinecke die »Zentralidee der Aufklärung« sah, als »Ausgang der Not«, wie es Kant ankündigte, unter der Drohung einer globalen Katastrophe wieder verstärkt; wenn in Deutschland in gewissem Umfang jene »Revision des Prozesses, den die Romantik gegen die Aufklärung angestrengt hat«, stattfindet, zu der Ernst Cassirer mit seiner PHILOSOPHIE DER AUFKLÄRUNG (1932) von der Sache her beitragen wollte,[236]

---

[233] Troeltsch, Naturrecht und Humanität, a.a.O., p. 16.

[234] Hofmannsthal, Prosa II, p. 286.

[235] Wenn es zutrifft, daß »die wenigsten unter den maßgebenden deutschen Historikern« dem »auf dem Wege der Revision des Geschichtsbildes weit voraneilenden Friedrich Meinecke« zu folgen vermochten (Walther Hofer, a.a.O., p. 42), so gilt dies in noch viel höherem Maße für das Verhältnis des deutschen Bürgertums zu Heinrich Mann, der ja steil und schon vor dem Weltkrieg jene Konzeption vertrat, der sich Meinecke nun erst näherte.

[236] Cassirer, a.a.O., p. XV. – Dazu die Feststellung Walther Hofers (a.a.O., p. 41) für den Bereich der Geschichtsschreibung: »Schon damals [sc. nach dem Ersten Weltkrieg] wurde klar erkannt, daß die romantisch-idealistische Gedankenwelt als weltanschaulicher Nährboden des deutschen historischen und politischen Denkens Zentralproblem der Revision sein müsse. Solche Selbstkritik und Selbsterkenntnis des deutschen Geistes wurde erst dann möglich, als die deutschen Forscher beim westlichen Rationalismus in die Schule gingen. Gerade von französischer Seite, aus der rationalistischen Gegenposition heraus, waren die Fermente des Romantischen, Irrationalen, Mystischen im deutschen Geschichtsbild und damit die Gefahren, die hier schlummerten, immer wieder betont worden. Erst jetzt, nachdem die rationale Geschichts- und Staatsauffassung des Westens wie ein Scheidemittel wirkte ...«

wenn dabei naturrechtliche Vorstellungen wieder in den Vordergrund treten,[237] ein erstes Mal 1918 und dann wieder nach 1945, und wiederum am greifbarsten auf dem Gebiet der Rechts- und Staatsphilosophie[238] – und wenn auch Kant in diesem Zusammenhang erneute Bedeutung gewinnt,[239] so bestätigt diese geistesgeschichtlich-politische Bewußtseinswandlung zugleich im Grundsätzlichen den intellektuellen Politiker und politischen Essayisten Heinrich Mann, bestätigt ihn als Vorläufer eines innerhalb der Literatur neu sich bildenden politischen Engagements, bestätigt ihn als vereinzelten Sachverständigen der »arbeitenden Demokratie« (XI,211) in der deutschen Literatur[240] und als Verkündiger einer politisch verstandenen »neuen Zeit der Vernunft und der Aufklärung« (TAG, 211).

Eine sorgsam ins einzelne gehende Analyse seiner politischen Essayistik ihrem vollen Umfang nach konnte hier nicht gegeben werden. Angesichts stabilen Unverständnisses kam es aber darauf an, die normative Schicht innerhalb des moralistischen Erkenntnissystems ausführlicher darzustellen und im zeit- und geistesgeschichtlichen Zusammenhang zu deuten. Sie wird auch aus den HENRI-QUATRE-Romanen zu belegen

---

237 »Es hat daher den Anschein, daß der seit den Tagen der ›Historische Schule‹ nicht entschiedene, sondern nur liegengebliebene Prozeß der Naturrechtslehre vor dem Forum der philosophischen Kritik heute neu aufgenommen wird« (Karl Larenz, Zur Beurteilung des Naturrechts. Forschungen und Fortschritte, 21./23. Jg. (1947), p.49–50). – Zur gesamten Naturrechtsproblematik vgl. die umfassende Darstellung von Leo Strauss, Naturrecht und Geschichte, Stuttgart 1959, insbesondere p. 1–36; zum Stand der Forschung, vor allem in Deutschland, vgl. den Sammelband »Naturrecht oder Rechtspositivismus?«, hrsg. v. Werner Maihofer, Darmstadt 1962 (= Wege der Forschung, Bd. XVII). Aus grundsätzlich marxistischer Sicht ferner Ernst Bloch, Naturrecht und menschliche Würde. Frankfurt/Main 1961.

238 Vgl. z. B. die Einleitung von Gerhard Leibholz zu Leo Strauss (a.a.O., p. VIII): »... das naturrechtliche Gespräch, das bereits unter der Weimarer Verfassung mit der fortschreitenden Auflösung der formallogistischen Rechtspositionen in Fluß gekommen war und nach dem Zusammenbruch des nationalsozialistischen Regimes einen großen Auftrieb erfahren und in der Theorie und Philosophie des Rechts ... einen positiven Ausdruck gefunden hat.«

239 Einen willkürlich herausgegriffenen Beleg enthält die Rede, die Prof. Fritz Werner zur Eröffnung des 44. Deutschen Juristentages 1962 über »Recht und Toleranz« hielt: »Er [sc. Artikel 2 des Grundgesetzes] ist im Grunde eine klassische Wiedergabe der kantischen Lehre von der Politik. Denn worauf sonst konnte der Parlamentarische Rat zurückgreifen, als er im Grundrechtskatalog vorstaatliche Normen in das Grundgesetz übertrug? Wenn man sich über alle Weltanschauungen hinweg verständigen wollte, so blieb für ihn ... nichts anderes als ein Zurückgreifen auf Kant ...« (Wortlaut in der FAZ Nr. 218 vom 19. 9. 1962, Frankfurt/Main).

240 Vgl. die Bemerkung Thomas Manns: »Die Bildner und Erzieher deutscher Menschlichkeit, die Luther, Goethe, Schopenhauer, Nietzsche, George waren keine Demokraten – o nein« (XII,644).

sein. Doch darf die Betonung des Normativen nicht den Eindruck erwecken, als ignorierte Heinrich Mann das Irrationale und Unberechenbare, die Notwendigkeit realer Macht zur Durchsetzung von Vernunft. Vielmehr resultiert gerade aus der intensiven Erfahrung des Irrationalen und der Ohnmacht des bloßen Gedankens das spätere Ideal aktiver Skepsis und Güte und wendet sich mit einiger Ironie gegen selbstgerechte Tugendpredigt. Skepsis und Güte vollenden die Humanität der Vernunft und passen diese in das Leben ein. Das Eingehen auf die unberechenbare Vielfalt des Menschlichen konstituiert eine weitere Schicht moralistischen Lebensverständnisses. Sie wird bei der Darstellung des moralistischen Weltbildes auf der Stufe seiner vollständigsten Entfaltung in den HENRI-QUATRE-Romanen hervorzuheben sein.

DRITTER TEIL

DEMONSTRATION
DES MORALISTISCHEN ERKENNTNISSYSTEMS:
DIE HENRI-QUATRE-ROMANE

EINLEITENDE TEXTINTERPRETATION

Einheit und positive Erfüllung in der Gestalt Henri Quatres

Der Knabe war klein, die Berge waren ungeheuer. Von einem der schmalen Wege zum anderen kletterte er durch eine Wildnis von Farren, die besonnt dufteten oder im Schatten ihn abkühlten, wenn er sich hineinlegte. Der Fels sprang vor, und jenseits toste der Wasserfall, er stürzte herab aus Himmelshöhe. Die ganz bewaldeten Berge mit den Augen messen, scharfe Augen, sie fanden auf einem weit entfernten Stein zwischen den Bäumen die kleine graue Gemse! Den Blick verlieren in der Tiefe des blau schwebenden Himmels! Hinaufrufen mit heller Stimme aus Lebenslust! Laufen, auf bloßen Füßen immer in Bewegung! Atmen, den Körper baden innen und außen mit warmer, leichter Luft! Dies waren die ersten Mühen und Freuden des Knaben, er hieß Henri.
Er hatte kleine Freunde, die waren nicht nur barfuß und barhäuptig wie er, sondern auch zerlumpt oder halb nackt. Sie rochen nach Schweiß, Kräutern, Rauch, wie er selbst; und obwohl er nicht, gleich ihnen, in einer Hütte oder Höhle wohnte, roch er doch gern seinesgleichen. Sie lehrten ihn Vögel fangen und sie braten. Mit ihnen zusammen buk er zwischen heißen Steinen sein Brot und aß es, nachdem er es mit Knoblauch eingerieben hatte. Denn vom Knoblauch wurde man groß und blieb immer gesund. Das andere Mittel war der Wein, sie tranken ihn aus jedem Gefäß. Alle hatten ihn im Blut, die kleinen Bauern, ihre Eltern und das ganze Land. Seine Mutter hatte Henri einer Verwandten und einem Erzieher anvertraut, damit er aufwuchs wie das Volk, obwohl er auch hier oben in einem Schloß wohnte, es hieß Coarraze. Das Land hieß Béarn. Die Berge waren die Pyrenäen.

Heinrich Mann beginnt die Henri-Quatre-Romane mit der Kindheit des Königs, beginnt mit einer lebendigen Szene, beginnt *medias in res.* Wenige Sätze stellen den Helden und den Schauplatz vor, entfalten Vordergrund, Mittelgrund und die Ferne, schaffen Raum, Tiefe des Himmels und Bewegung des Lebens zugleich. »Die Berge«, »der Fels«, »der Wasserfall«: sie sind dem Knaben fraglos vertraut und werden naiv angesprochen, sie sind das immer Bestehende und Vorfindbare seiner Welt, seines »heimischen Gebirgs« (VII,99), sie erscheinen als ideale zeitlose Natur. Und »Knabe« und »Berge«, obgleich auf das Bestimmteste angesprochen, bleiben im ersten Satz namenlos, noch ohne

Individualität, als seien sie allgemeingültige Erscheinungen. Erst zwei kunstvoll verzögerte und die Abschnitte gliedernde Schübe tragen das Individuelle nach – »Dies waren die ersten Mühen und Freuden des Knaben, er hieß Henri« am Ende des ersten Abschnitts – und beenden die Anonymität: »...es [sc. das Schloß] hieß Coarraze. Das Land hieß Béarn. Die Berge waren die Pyrenäen« am Ende des zweiten. Beide Schlußsätze stehen in rhythmischer, sprachlicher und inhaltlicher Parallele zueinander und gemeinsam in einem gleichen, je einen Halbsatz einlösenden Bezug zu dem Beginn »Der Knabe war klein, die Berge waren ungeheuer«. Erst jetzt ist der Held und das Land benannt und somit der Anfang des Erzählens in einem besonderen *hic et nunc* verankert; der dritte Abschnitt wendet sich sodann diesen individuellen Verhältnissen zu (»Hier herrschte eine volle Sprache...«); auch er reflektiert am Schluß, spielerisch und gleichsam *diminuendo*, noch einmal den Beginn (»...übrigens hatte es damit Zeit, er war noch klein«). Diese demonstrative, feierlich rhythmisierte Form, Ort und Zeit eines bedeutenden Schicksals anzugeben, läuft auch innerhalb des Romans weiter – so als Henri seine Mutter zum letzten Mal vor ihrem Tode sieht: »Die Stadt hieß Agen, der Tag war der dreizehnte Januar, angebrochen war das Jahr zweiundsiebzig.« (VI,61; ähnlich VI,202; 245; VII,207; 461).

Sprachlicher Glanz und künstlerische Bewußtheit zeichnen diesen abgestuft aus dem Anonymen ins Individuelle vorrückenden Anfang aus. Er beginnt mit einer effektvollen Antithese, die den allgemeinsten Gehalt der Szene, den Gegensatz von Mensch und Welt, allem übrigen voranstellt. Aber nicht ungeheure, das Gefühl überwältigende Natur steht dem Menschen gegenüber – vielmehr überläßt sich der kleine Henri vertrauensvoll der »besonnt duftenden« und Schatten spendenden Natur –, sondern die Berge als Schwierigkeit, Widerstand und »Mühe«. Dieser Kontrast bleibt kein bloßer Effekt, sondern bewährt sich als jederzeit gültiges Bild der endlosen »Mühen des Lebens« (VI, 634 und passim), von denen vor allem erzählt wird; außerdem weist er auf eine Geistesart hin, welche die Phänomene des Lebens mit Vorliebe antithetisch organisiert.[1] Zur Wirkung dieser Antithese trägt stilistisch vor allem das absolut gebrauchte »ungeheuer« bei – in der Normalsprache wäre »ungeheuer groß« zu erwarten.

---

[1] Vgl. dazu: »An einem Tag hat er seinen Caesar empfangen, seinen Biron verloren« (VII,32). »Die Jugend its endlos, das Alter wie ein Tag« (VII,810). »Er brach auf, sie lag darnieder« (VII,450). Dazu die Bemerkung über die Antithesen Victor Hugos, die »bis ins Ungeheure« verdeutlichen (XI,73).

Im folgenden führt eine souverän gestaltete Klimax zur innersten Empfindung hin. In fünf Ausrufesätzen, die den Ballast der Konjugation abwerfen – so wie der Knabe nun keine »Mühe« mehr empfindet – bricht unmittelbar und jauchzend das innerste Gefühl von Ich und Welt aus ihm hervor. Es ist »Lebenslust«, überquellendes Glück, ungedemütigtes Leben, er empfindet die weite besonnte Welt bis »in die Tiefe des blau schwebenden Himmels« und ist ihr geöffnet; im »Atmen« wird auf dem Höhepunkt der Klimax der für Heinrich Mann so wichtige Elementarvorgang des Lebens selbst genannt, »den Körper baden innen und außen mit warmer, leichter Luft«. Das Körpergefühl und das geistig-seelische Glücksgefühl sind vollkommen identisch; den körperlichen Qualitäten – eine Apposition erwähnt ausdrücklich »scharfe Augen« – entsprechen die geistigen, die körperliche Gesundheit verbürgt auch schon »sa belle santé morale« (VI,472), von der später die Rede sein wird.

Elegant und nicht ohne rhythmische Brillanz fängt der Satz »Dies waren die ersten Mühen und Freuden des Knaben, er hieß Henri« den Ausbruch auf; dieser vergegenwärtigt, was Heinrich Mann nach dem Vorgang Nietzsches bis in sein höchstes Alter das »Lebensgefühl« nennt und zu einem Schlüsselbegriff seiner Existenzdeutung erhebt: »Wäre es schmerzlich bis nahe der Selbstvernichtung, das Leben stark fühlen ist alles. Es ergibt die Werke und die Taten. Es bannt das menschliche Gefolge« (Z.6) – er vergegenwärtigt die Glücksfähigkeit Henris als Gabe der Natur: »Die eigene Fähigkeit, sehr glücklich, sehr unglücklich zu sein, entscheidet« (Z.439). Die innerste Bedeutung dieses glücklichen Augenblicks erschließt ein Satz des ZOLA-Essays in ähnlicher Situation: »Hier geschah es, daß sie sich berufen fühlten zum Leben . . .« (X.156). Man muß diesen Satz auf dem Hintergrund des fast unlösbaren Problems verstehen, das »leben« überhaupt für die Schwachen Heinrich Manns bedeutete. »Alles wurde ihr leicht, nur nicht zu leben« heißt es noch im letzten Roman DER ATEM (A.332). Und bedürfte es noch eines poetologischen Aufschlusses dieser ersten Szene, so lieferte ihn ein Jahrzehnt später die Gedenkrede Heinrich Manns auf Max Reinhardt:

Ich fange mit dem Anfang an, das ist das Lebensgefühl. Ein sehr hohes Lebensgefühl befähigt zu jeder Leistung. Wer das stärkste Gefühl für das Leben besitzt, trägt in sich den Keim der Meisterschaft (XIII,517).

Die wohlkomponierte Einheit des Abschnitts liegt in der Bewegung, die aus der äußeren Wirklichkeit in das Gefühl des Knaben hinüberleitet und im »Hinaufrufen mit heller Stimme aus Lebenslust« gipfelt. Die Sprache schildert das Äußere nicht zusammenhängend ab, sondern gibt gleichsam nur die wichtigsten Anhaltspunkte des gedachten Aufstiegs und Hervortretens auf einem Felsen, auch die Infinitivsätze wirken, trotz ihrer sinnlichen und emotionalen Intensität, eigentümlich Augenblick und Situation entgrenzend (»Hinaufrufen mit heller Stimme aus Lebenslust! Laufen, auf bloßen Füßen immer in Bewegung! Atmen, den Körper baden...«) bis der letzte Satz dies alles in veränderter, kommentierender Haltung als ein erstes Beispiel für »Mühen und Freuden des Knaben«, denen die »späteren Mühen des Lebens« (TAG, 57) folgen, in einen umfassenderen Zusammenhang rückt.

Auf diesen kunstvoll gewölbten Spannungsbogen folgt der zweite Abschnitt mit vergleichsweise schlichter Erzählung, einfache sachbezogene Sätze schildern naive Wirklichkeit,[2] erst der Schluß nimmt den unverkennbaren Rhythmus des Beginns wieder auf – »Das Land hieß Béarn (Der Knabe war klein). Die Berge waren die Pyrenäen (Die Berge waren ungeheuer)« – doch leitet die silbenreicher ausrollende Füllung »Die Berge waren die Pyrenäen« und die folgende Pause nun zu entspannterem Erzählen über.

Wie die beiden anderen Romane Heinrich Manns, die mit der Kindheit ihres Helden beginnen (ZWISCHEN DEN RASSEN und DER UNTERTAN) schon mit den ersten Sätzen jenes Schicksalsbestimmende fixieren,[3] das Goethe am Anfang von DICHTUNG UND WAHRHEIT aus der Konstellation der Sterne deutet, besitzt auch dieser Beginn eine außerordentliche metaphorische Transparenz und perspektivische Bezüglichkeit, die sich erst bei wiederholter Lektüre erschließt. Die Sprache bewegt sich zugleich in der Sinnlichkeit der sichtbaren Welt und auf einer gleichnishaften Ebene.

So sind die »Berge« Symbol für das zu bewältigende Leben schlechthin, zu ihnen gehört ein weitverästeltes Ausdrucksfeld.[4] Im Kontrast

---

[2] Vgl. hierzu die entsprechende Passage bei Pierre de Lanux, einer der »Quellen« H.M.s (La vie de Henri IV. Vies des hommes illustres No. 5. Gallimard 1927): »A Coarasse, dans les rochers, Henri poussa comme un chevreau des Pyrénées. Il allait nu-tête, nu-pieds, ne recevait guère d'hommages princiers; on le nourissait ›de pain bis, de bœuf, de frommage et d'ail‹.« (p. 12/13).

[3] Für Lola die Geburt »zwischen den Rassen«, als Tochter einer Frau mit »dunklem Scheitel« und eines »großen hellhaarigen Mannes« im tropischen Urwald (7,7); für Diederich Heßling die phantasie-überladene, furchterfüllte Schwächlingsnatur: »Diederich Heßling war ein weiches Kind, das am liebsten träumte, sich vor allem fürchtete und viel an den Ohren litt« (IV,5).

[4] Immer verbindet Heinrich Mann konkret mit Bergen die doppelte Vorstellung von Mühe und Glück: »Bertaux hatte vor allem den Drang, den schwierigsten der

»Der Knabe war klein, die Berge waren ungeheuer« erscheint die wechselvolle Sisyphusarbeit dieses zu erzählenden Lebens in einem vorausweisenden Bild. Auch ferner wird er »mühselig« »von einem der schmalen Wege zum anderen« durch die »Wildnis« des Lebens die »leidliche Verbindung« (Z. 431) suchen, werden Sonne und Schatten, öffentlicher Triumph mit beschämendem Dunkel wechseln. Während der »Zwanzigjährige« zu Beginn des KOPFES die steile Straße hinan »stürmt«, die Seele dem Körper vorauseilt und er in Gefahr steht, »die Hindernisse des Lebens« (K. 196) zu überfliegen, er »klettert« Henri die Berge des Lebens (vgl. »Jeder Tag hat seine Mühe. Jetzt klettert er wie wir« VII,634). Dem Zwanzigjährigen »stockte« der Atem, er ist »schwach«, ihm droht der Verlust der Wirklichkeit (vgl.: »...daß sie den Atem verloren und die Wirklichkeit verließen« VI,193) – für Henri hingegen gehört »atmen« zur elementarsten Lebenslust.

Immer steht in der Stilsprache Heinrich Manns »atmen können« für »leben können«; zahlreiche Belege reichen vom Frühwerk bis zum Roman DER ATEM (1949); dort entfaltet die Metapher ihren Beziehungsreichtum in der Agonie der Madame Kobalt.[5] Aufschlußreich treten die vier Tätigkeiten, in denen sich die Lebenslust des Knaben äußert – sehen, rufen, laufen, atmen – an einer Stelle im ATEM leicht

---

Berge zu besteigen. Nachher war er vollkommen glücklich« (Z. 243). Der Duft von Bergkräutern »erinnerte meine Sinne an bestandene und an vertraute Arbeiten, an ein Glück, das schon wartete usw.« (Z. 430). Der Aufstieg Henris wird ausdrücklich zum Beispiel für »Mühen und Freuden« verallgemeinert. Der Berg als Symbol für das zu bewältigende Leben gehört in den weiten Umkreis der »auf Hesiod (Werke und Tage, v. 289) zurückgehenden Vorstellung, daß die Tugend ein Berg sei, vor den die Götter den Schweiß der Mühe gesetzt haben (Hugo Friedrich, Montaigne, Bern 1949, p. 375f.). Sie begegnete Heinrich Mann in einer der am intensivsten durchgearbeiteten »Quellen« seines Romans, in Joseph Delteil, Le vert galant, Paris o.J., p. 210: »Il pleure la précarité du fruit. Hélas! la vie est une montagne, dont les flancs durent cent ans, et la cime une minute...« – Neben »Mühe und Freude« tritt bei H.M. die Variante des »Leidensberges« aus dem christlichen Bereich. Von Napoleon III. heißt es: »Er besteigt seinen Leidensberg. In Durchblicken ist er zu sehen, wie er, jedesmal ein Stück höher, ganz allein dahinwankt, um endlich den Gipfel des Leidens zu erreichen« (XI,195); ferner Tag, 55). Daneben: »Mangolf hatte als Letztes das unbezweifelbare Gefühl, er ersteige, in Gestalt jenes Christus, leicht und glücklich jenen Hügel« (K. 636). Damit zusammenhängend der »Leidensweg« (K. 520): »... daß Christus sich aufrichte unter seinem Kreuz, den vorgezeichneten Weg vollende und droben seinen Tod erleide« (K. 623). »Ich erging mich auf meinem Dornenweg...« (Z. 433). »...dorniger Gang ... um geschehener Leiden willen« (VII,217). Und ins Zuversichtliche gewendet: »Mühselig, aber mit Sorgen unbeladen, kletterte ich weiter...« (Z. 433) = formale Parodie von Matth. 11,28: »Kommt her zu mir alle, die ihr mühselig und beladen seid...«, das VII,515 wörtlich zitiert wird.

5 »Was kann man viel verfehlen? Kein Leben, das den Atem hat, genug Atem um

abgewandelt und in negierter Form zu einem Ausdruck des Sterbens zusammen: »›Niemand versteht. Keine Stimme, kein Atem. Ausgekämpft.‹ Ihre Augen glaubte sie schließen zu dürfen« (p. 313). Glücksgefühl, gesundes Körpergefühl und müheloser Atem verweisen aufeinander und kommunizieren über das Sonnengeflecht (plexus solaris) miteinander – charakteristisch die vielen Wendungen wie »... nur um zu atmen und sich zu freuen« (VI,122), »... freute sich, da zu sein, zu atmen« (VI,633) – wie umgekehrt verkrampfte Körperlichkeit, stokkender Atem, Depressionen und unglückliches Leben über ein zu leicht erregbares Sonnengeflecht ebenfalls zusammenhängen. Auf diesen »Sitz des Lebens« (E. 298) deuten in den Henri-Quatre-Romanen die auffallenden Wendungen, die Gefühle und Gedanken aus der Leibesmitte aufsteigen lassen.[6]

So zeigt der Beginn des Henri Quatre schon an: Henri wird Kraft und Atem genug haben, um Erfolge wie Mißerfolge des Lebens zu bestehen. Fast jedes Wort dieses Anfangs entfaltet in der Prosa des Romans seine Bedeutungsfülle und nimmt an dem erstaunlich dichten und präzisen sprachlichen Bezugssystem teil.[7] Und ebenfalls steht dieser

---

Erfolge wie Mißerfolge zu bestehen, genug Atem für die Handlung des Sterbens, die letzte, nicht mehr unerwünschte« (Atem, p. 315). »Gleich darauf erinnerte sie sich, daß sterben weniger einfach ist als dasein. ›Der Atem entscheidet‹ beschloß sie, da sie soeben dem Ersticken entgangen (a.a.O., p. 313). »Den tiefen Schlaf wird sie nicht mehr kennen, auch den tiefen Atem nicht. Die besten Tage ihres Lebens, hier träumte sie davon ohne zu schlafen, die besten waren die leichtesten gewesen. Hohe Berge ersteigen, ohne vom Atem zu wissen. Lachen, lieben, leben: wenn es glücklich war, hat sie wenig Mühe davon verspürt« (p. 313). »Siehst du, daher mein gestörter Atem, meine Mühen, ihn zu ordnen ... mein versagender Atem quittierte für ein Leben, das vielleicht mißverstanden war« (p. 332). »Den Atem ordnen, heißt hier, das erregte Sonnengeflecht abzustellen ...« (p. 316). Vgl. dazu die Zusammenstellung des Wortfeldes »Sonnengeflecht« s. o. p. 42.

[6] »Das Schluchzen entstand in der Mitte des Körpers, stieg schnell wie ein Gedanke bis in die Kehle, dort erstarb es, zurück blieben noch nachträglich die feuchten Augen« (VI,86). »Bei Henri war der Antrieb zu denken ein Gefühl, es ging aus von der Mitte des Körpers, aber mit äußerster Schnelligkeit erreichte es die Kehle, die sich krampfte, und die Augen: sie wurden feucht. Solange dies Gefühl in ihm aufstieg, begriff der junge Henri das Unendliche und die Vergeblichkeit alles dessen, was enden muß.« (VI,357; ähnlich VI,162; 174; VII,87; 734; 738; VIII,363).

[7] Einige weitere Beispiele mögen dies erläutern:
»laufen ... immer in Bewegung« wird aufgenommen in: »Unter den Hufen seines Pferdes bewegte sich ein Leben lang das ganze Königreich, denn es lag nicht still, während er ritt: es lebte, lief, nahm ihn mit. Er hatte das Gefühl einer Bewegung ohne Anfang und Ende, und nicht immer hielt er sie nur für seine eigene: das war der Ablauf des Königreichs, in dessen noch dunkle Geschichte er selbst eingehen sollte« (VI,120). »Er brauchte immer Bewegung ...« (VI,514). »Bleib in Bewegung! Jetzt oder nie ...« (VII,787). Dazu Montaigne: »Nostre vie n'est que mouvement ...« (Edition municipale III,402). »La vie est un mouvement materiel

Beginn der Jugend des Königs Henri Quatre beinahe Wort für Wort im Gegensatz zum voraufgegangenen Werk, soweit das Lebensgefühl der Schwachen seine Mitte bildet. Auch Henri ist ein »Prinz« wie die Schwachen Heinrich und Thomas Manns (s. o. p. 63), er ist ein »Prinz von Geblüt, aber die Füße sind von Erde schwer« (VI,648), ein Prinz, aber kein »Erbe«, denn er muß sein Königreich Frankreich in jahrzehntelangem Kampf Stadt für Stadt erringen (die Geschichtsbücher sprechen von ca. 300 durchgeführten Belagerungen) – ein Prinz, aber er wächst auf »wie das Volk«. Jenes Eintauchen in das Leben, jenes »warme mittätige Bündnis mit den Menschen« (7,559), das am Ende von »Zwischen den Rassen und anders in der Königlichen Hoheit erreicht wurde: im Henri Quatre ist es volle, lebendige Wirklichkeit. Wenn eine Passage in der Novelle Heldin von 1905 lautete:

Unsere Gerüche, ein animalischer Blick, die Bedürfnisse unserer Sinne: alles beleidigt mich bis zu Tränen; und komme ich, wie jetzt aus einer Menschenmenge, möchte ich mich zu meiner Reinigung hier an die Landstraße in den frischen Kot legen (IX,180).

---

et corporel . . .« (a.a.O., III,262). »Estre consiste en mouvement et action« (a.a.O., II,71).
»auf bloßen Füßen« wächst von der flüchtigen Andeutung zur Chiffre der Erdverbundenheit: ». . . die Erde unter seinen Füßen wird immer wirklicher und dichter werden, an ihr wird er haften mit seinen Sinnen und seinen Gedanken« (VI,59). ». . . wo wir Verschanzungen aufwerfen, und ich habe die Schuhe ausgezogen bei der heißen Arbeit . . . Wir Erdenwürmer, nackt wühlen wir uns durch Lehm, werfen zwei Schanzen auf . . .« (VI,663). »Für diese alle, Erdenwürmer, wie sie sich genannt hatten, Arbeiter an Erdwerken, in denen sie hafteten, mit nackten Füßen, war die Wahrheit sichtbar geworden . . .« (VI,666). »Er selbst ließ die Füße vom Tisch hängen, der stand mit den ungehobelten Klötzen auf der Erde« (VII,118). Und die knappste Charakterisierung Henris lautet: »Die Füße auf dem Acker, das Herz hierzuland, im Geist sein einfaches, kühnes Gesicht der Zukunft . . .« (VII,813).
Darin lebt das Pathos weiter, mit dem Heinrich Mann im Zola-Essay das »Erdengedicht« Zolas, den Roman »La terre«, »das größte Gedicht des materialistischen Jahrhunderts« (XI,181) beschreibt (vgl. XI,183ff.), das Pathos, mit dem er seither das Irdische, den »Gesang der Erde« (VI,499) und die irdische Bestimmung des Menschen, »Arbeiter an Erdwerken« zu sein, zu arbeiten in »Mühsal und Schweiß« (VII,99) verklärt. (Vgl. die Zusammenstellung des Bedeutungsfeldes »Arbeit«, »Müh und Arbeit« Kap. IX, p. 340.) Der Kontrast zu den einstigen Träumen der Schwachen von reinen Seelenwelten auf anderen Sternen ist offenkundig.
»von einem der schmalen Wege zum anderen« wird einerseits, in Anlehnung an Matth. 7,14 »Und die Pforte ist eng, und der Weg ist schmal . . .«, aufgenommen von »Eng ist der rechte Weg zum Heil, uns aber führt Gott bei der Hand« (VI, 589) und dem »engen Pfad« (VII, 369) der Vernunft, den Henri geht, andererseits weitergeführt in »Wir tun immer nur das nächste« (VII,370), »Schritt für Schritt« (VI,648) u. ähnl. Wendungen. Dazu ebenfalls die Belege für »klettern«, »Dornenweg«, »Leidensweg«.

so liest sich nun wie eine Antwort nach dreißig Jahren: »Sie rochen nach Schweiß, Kräutern, Rauch, wie er selbst, und obwohl er nicht, gleich ihnen, in einer Hütte oder Höhle wohnte, roch er doch gern seinesgleichen.«[8] Dies setzt sich ebenfalls im Roman fort: »Er schlief mit seinen Leuten im Heu, wenn es grade so kam, zog auch die Kleider nicht aus, wusch sich nicht viel öfter als sie, roch und fluchte wie sie.« (VI,63). Am Detail, das scheinbar der äußeren Beschreibung zugehört, läßt sich das Entscheidende ablesen: der Weg von der ästhetischen Isolierung zur Gemeinsamkeit, vom Ekel vor dem Kreatürlichen zur Sympathie. Henri lebt nicht mehr von den »Bedürfnissen seiner Sinne« abgespalten, sondern durch und mit ihnen in aller Natürlichkeit und Wirklichkeit, welche die Liebe zu Frauen und zur ganzen Schöpfung ungeschieden umschließt, wie ein anderer der Reflexe des Beginns im Roman bezeugt:

> Gabriele d'Estrées, deine Haut, die ich küsse, hat den Geschmack der Blumen, der Farnkräuter in meinem heimischen Gebirg. So schmecken Sonne und ewiges Meer – heiß und bitter, ich liebe die Schöpfung in Mühsal und Schweiß. In dir ist alles, Gott verzeihe mir, auch Er (VII,99).

Aber auch eine lebendige Phantasie und Spekulationen des Geistes vermögen Henri nicht mehr von der Wirklichkeit abzulösen, er verliert sich nicht mehr, wie die Schwachen, in mondsüchtigen Aufschwüngen an die »opernhafte Verzauberung« (IX,179) der Welt.[9] Sein »scharfes Auge« sieht die Dinge, wie sie sind[10] (vgl. dagegen »...ihre Augen waren übermäßig weit geöffnet und durchscheinend, Augen, die von

---

8 Dagegen spielt der »Tyrann« noch unentschieden mit dieser Möglichkeit: »Man schlösse die Augen und wäre ein anderer. Gutmütig und dumpf schöbe man sich nun durchs Gedränge, hätte herzliche Hände in seiner, röche liebe Menschenwärme um sich her. Sich geliebt wissen nach so viel Haß. Seinesgleichen haben! Was man schlecht fand, gut sein lassen-« (X,16).

9 1906 schrieb Heinrich Mann von argentinischen Jungen: »Sie setzen ihr Vertrauen in Erde und Getier. Sie fangen Beutelratten, junge Strauße, Kropfeidechsen, Rehe und erfüllen die Salons mit Stallgeruch ... Immer in Bewegung, träumen sie selten, sehnen sich selten. Ihre Phantasie greift gerade so rasch zu wie ihre Hände.« (»Doppelte Heimat«, Anhang zu »Mnais und Ginevra«. München 1906, p.77/78.) Die Übereinstimmungen und inneren Bezüge liegen auf der Hand. Es zeigt sich, daß jeweils eine gleiche, schon früh ausgebildete Vorstellung des »Romanischen« zugrunde liegt, die hinsichtlich des Verhältnisses von Traum und Tat das Italienische so gut wie das Argentinische umschließt. Die Einwendungen Weissteins dagegen, daß in »Zwischen den Rassen« der Schauplatz von Brasilien nach Italien wechselt und »die iberische mit der apenninischen Mentalität gleichgesetzt wird« (a.a.O., p.81), sind deshalb hinfällig.

10 »Dieser junge Mann hielt gewöhnlich an den Tatsachen fest...« (VI,120). »Unwillkürlich gerät er aus den Gefühlen in die Tatsachen ...« (VI,587).

der Welt nichts mehr sahen« in DAS WUNDERBARE VIII,29); er lebt ungebrochen in der sinnenhaften, bäurisch-einfachen Wirklichkeit: »Denn Kräuter würzten die Luft, er schmeckte sie, genoß auf den Lippen alles, Zwiebel, Lattich, Lauch« (VI,18). So ist in diesem Beginn in warmer mittelmeerischer Natur nichts von der engen Stube, von den eingebildeten Gespenstern, von Leiden und Feigheit, die den Untertan Diederich Heßling bedrückten, aber auch nichts von der »übermächtigen«, tropischen Pracht am Anfang von ZWISCHEN DEN RASSEN.[11] Vielmehr gehört Henri zu den »großen Franzosen«, die, wie es an anderer Stelle heißt, im Gleichgewicht »zwischen ihrer sinnlichen Intensität und dem Eifer und der Klarheit ihres Geistes sind« (XI,15), die nicht »fleischlos« und verstiegen, die »keine Gnomen, keine Ungeheuer, noch Schatten, die das Leben wirft« (ib.), sind, und entsprechend lassen sich die Pyrenäen, wie »ungeheuer« sie auch dem Knaben erscheinen mochten, »mit den Augen messen«, sie geben, wie Heinrich Mann schon nach der ersten Pyrenäen-Reise von 1925 schrieb, »ein nahes, übersichtliches Schauspiel, wie nie sonst ein Gebirge« (S. J. 418/19), sie gehören dem Leben zu, sind »grün bewaldet bis in den Himmel« (VI,8 u. 43) und haben keine »Schroffen und Zacken« wie die Alpen;[12] die Wildnis« läßt

---

11 »Die Bäume des Urwaldes standen starr und übermächtig daneben... Große zuckerige Früchte hingen überall bei seinen Händchen, im Garten ertrank es in Blumen; und als goldene Funken schossen Kolibris um seinen Kopf« (7,7). Vgl. dazu die Erinnerungen von Heinrich Manns Mutter, Julia Mann, an ihre brasilianische Kindheit »Aus Dodos Kindheit« (Konstanz 1958). Sie hat Heinrich Mann zum Teil in das Anfangskapitel von »Zwischen den Rassen« eingearbeitet.

12 Vgl. dagegen die Beschreibung der Alpen: »Übrigens betrachtete der König das Gebirge klar wie Glas, die kahlen Gipfel, die kalten, flüchtigen Farben, die der frühe Herbst entlang den fernen Schroffen und Zacken legte. Der Himmel schwebte auf den Schneefeldern blau und leer. Wären es die heimatlichen Pyrenäen gewesen, über den Kopf des Königs, über seinen Waldbergen, hätte das Licht dahingewälzt die Fülle der eulenäugigen Fluten. Hier dagegen ist die Luft leicht und frostig, gut zu atmen und zeichnet mit erwünschter Genauigkeit den Umriß des Zieles, nach dem wir die Kanonen richten« (VII,637). Aber der König allein »betrachtete im Sprechen das Gebirge klar wie Glas« (VII,637), seinen Großmeister Rosny hingegen, der nicht mit Augen und Sinnen lebt, »kümmerte der Anblick nicht.« Gewöhnlich spricht dieser mit »seiner kalten Stimme, ohne jemand anzusehen« (VII,364). Rosny, der spätere Finanzminister Henris, ist ein tüchtiger, rechnender, auf Besitz erpichter Verstandesmensch, er ist der Mann aus dem »Norden«. In diese Spannung zwischen warmblütiger, mediterraner Menschlichkeit und nördlicher Kälte, ja Unmenschlichkeit, ist auch die Landschaft einbezogen, keineswegs ist die Passage mit ihren Büchner-Anklängen nur ein Beispiel für die »Kunst, die Landschaft als stimmungsbildendes Mittel zu verwenden« (Weisstein, a.a.O., p. 176). Das sublime Spiel der Bezüge reicht weiter. »Klar wie Glas«, »kahle Gipfel«, »leicht und frostig« – jedes dieser Worte birgt Vorwurf an das Nördliche, wie auch der Satz, mit dem der Abschnitt beginnt: »Das Schloß stand über Erdstufen, die dürftiges Gewächs trugen. Der König erging sich mit dem Großmei-

sich bezwingen, Natur und Mensch sind einander ebenbürtig, der »Tiefe des Himmels« entsprechen Lebenslust und Bewegungsfreude, »außen und innen« sind im gleichen Atemzug vereint. Zu diesem Himmel wehen nicht, wie in der romantischen Jugend Zolas, »erhabene oder süße Wortgestalten«, die »noch mehr als er an Höhe, Farbe und Bewegtheit« (XI,156) versprechen, sondern Rufe aus irdischer Lebenslust hinauf. Diese Dimension Chateaubriand und Lamartine nachempfundener Gefühle, von denen sich Lola in ZWISCHEN DEN RASSEN näherte, die Dimension des literarisch Anempfundenen, der »großen Wörter«, von denen in Thomas Manns Novelle ENTTÄUSCHUNG die Rede ist,[13] fehlt in der Jugend Henris;[14] ausdrücklich lernt er Latein »nur sprechen. Sein Großvater verbot, daß er auch schreibe« (VI,6). Hier ist alles unromantische, diesseitige Einheit, Übereinstimmung, Mäßigung; Traum und Wirklichkeit, Seele und Sinne, aber auch, wie in der dem Anfang folgenden Episode, Geist und Tat sind dissonanzlos eins. Diese schildert, Zug um Zug kindliche Spiegelung des kommenden Lebens, wie der vierjährige Henri, der »wußte, was er wollte« (VI,6), um ein bewundertes Mädchen »kämpft«, indem er sie durch einen Bach trägt,[15] wie der Sieg zwar »Enttäuschung« bereitet, Henri aber die Enttäuschung zur Farce entwertet und im Abgang noch »Sinn für Wirkung« zeigt. »Absichtslos, mit Kinderhänden«, wie es im ZOLA-Essay heißt, werden in dieser glücklichen, eindringlich geschilderten Jugend »Vor-

---

ster...« So wird nun nicht zufällig Savoyen, »ein Land, wie geschaffen für den Großmeister« (VII,633) genannt, nicht zufällig tritt hier im Gebirge, statt frisch-fröhlicher Feldschlacht, die Henri liebt, Rosnys abstrakte Artillerie-Technik in Aktion und gibt der König das Kommando an Rosny ab. Der König ist nicht »von der lyrischen Zartheit eines Herbstmorgens ergriffen«, wie Weisstein meint (p. 176), vielmehr empfindet er intensiv das Kahle und Kalte, er denkt sogleich an seine »heimatlichen Pyrenäen« und wendet sich unlyrisch-nüchtern der Aufgabe zu, dies Land zu erobern. – Auch Gabriele d'Estrées, die Geliebte des Königs, wird als »Engel des Nordens« bezeichnet (VII,134), und wie der Himmel auf den Schneefeldern »blau und leer« schwebt, sind ihre Augen »hell und ungewiß« (ib.), »blau« und von »bezaubernder Ungewißheit« (VII,98). Sie ist »eine gelassene Natur, eher vernünftig als ausschweifend«, manche finden auch in ihr »Kälte« (VII, 134). Gabriele und Rosny besitzen verwandtes Naturell: »Zwei Blonde aus dem Norden, helle Farben, kühle Verständigkeit« (VII,147). Die Augen Henris aber sind »lebhaft und geistreich« (VII,91), er ist »der Mann aus dem Süden«, ein »Mann des Lachens und der Tränen« (VII,147).
13 Thomas Mann, VIII,64.
14 Sie fehlt nicht ganz. Aber als Henri seinen späteren Wahlspruch »Aut vincere aut mori« den Spielgefährten entgegenschleudert, erfährt er eine »Enttäuschung« und sichtlich ist dieses Motto aus der Welt der Erwachsenen in seinen Geist gedrungen: »Es war einer der Sprüche, die sein Erzieher ihn lehrte; er hatte viel davon erhofft. Wieder eine Enttäuschung...(VI,7).
15 Zum ersten Mal erscheint dieses Motiv in »Die Armen«, Leipzig 1917, p. 81.

räte gesammelt an seelischer Triebkraft, tragendem Gefühl: Besitz-
ergreifung seiner selbst, eine Art innerer Meisterschaft vor der produktiven« – sie wird auch diesen Lebenskämpfer »unverbraucht erhalten
bis zum Schluß, ihn unnachsichtig tapfer bleiben lassen in Jahren, wo
andere schon nachgeben, wo andere sich schon ergeben« (XI,156).

Dieser Vorgeschmack alles Entscheidenden im Leben Henris, diese
Fülle der Korrespondenzen ist in den wenigen, luftigen, zwischen Anschauung und metaphorischer Bedeutung schwebenden, sparsamen und
kunstvollen Sätzen des Beginns versammelt. Sie zeigen wichtige Facetten der HENRI-QUATRE-Sprache, aber noch keineswegs ihre ganze stilistische Vielfalt. Sichtlich trifft auf die erste Szene – und ähnlich auf alle
folgenden – die Bemerkung Hermann Kestens zu, daß in den HENRI-
QUATRE-Romanen das epische Bild aus der moralischen Forderung oder
Erfahrung folge und wieder in sie münde[16] (»Dies waren die ersten
Mühen und Freuden des Knaben...«). Der erste Abschnitt zeigt den
kleinen Henri noch allein, seinem Gefühl hingegeben, der zweite schildert ihn inmitten von »seinesgleichen«, der dritte beschreibt die Spache
des Landes, und so folgen in stetig sich erweiternder Perspektive die
Familienumstände, das Aussehen, der Zustand und die Geschichte des
Königreichs Navarra, während schon das folgende Kapitel Henri auf
die Reise schickt und den Schauplatz Navarra mit Frankreich ver-
tauscht. Erzählerische Umsicht, Klarheit und künstlerische Souveräni-
tät sprechen aus dieser wohlgegliederten Bewegung, die stufenweise
den Leser in die Tiefe und Fülle des Geschehens, aber auch in ein be-
stimmtes Gefüge der menschlichen Wirklichkeit und seine Spiegelung
im Geiste führt. Die Perspektiven dieses Beginns erfüllen sich mit dem
Gehalt eines realen, historisch bezeugten Lebens, das mit großer Bewußtheit als typisches gestaltet wird, ohne jedoch die Buntheit und
Würze des Einmaligen und Individuellen zu verlieren – eines Lebens,
das die Stationen eines zugleich hervortretenden moralistischen Lebensschemas beispielhaft durchläuft und auf der höchsten, die Geschichte
durchbrechenden Ebene »nur ein Gleichnis« ist. Henri Quatre, »Lebenskämpfer« und begabt mit dem hingebendsten »Lebensgefühl«, ist der
späte positive Held Heinrich Manns; schon die wenigen Sätze des Beginns offenbaren den Gewinn daraus, daß menschliche Wärme und
Güte an die Stelle der frühesten Weltflüchtigkeit, an die Stelle der
»sachlichen Verzweiflung« (XII,380) der zwanziger Jahre, an die
Stelle von Ressentiment und satirischer Negativität getreten sind, die

---

16 Hermann Kesten, Heinrich Mann. In: Meine Freunde die Poeten. Wien/München
1953, p. 21–35, das Zitat p. 27.

den Gegenwartsroman DER KOPF prägen mußten. Noch einmal könnte jetzt Heinrich Mann sagen: »Das große Getriebe meiner Geschichte hat einen innigeren Gang« (7,507) – wäre der Roman noch ein »Getriebe« und nicht die von Anschauung gesättigte, vom Geist geläuterte, zur Ergötzung und Belehrung erzählte Geschichte eines exemplarischen Lebens.

Damit wurden Hauptlinien der Interpretation schon berührt, sie sind nunmehr im einzelnen durchzuführen. Die außerordentliche Geschlossenheit der sprachlichen Bezüge spiegelt ein persönlichstes System moralistischer Welt- und Menschenkenntnis wider, das für das Verständnis des Werkes Heinrich Manns von aufschließender Bedeutung ist und in dessen Formulierung die geistige Bewegung seines Lebens allmählich erstarrt. Was im folgenden unter Einbeziehung der Ergebnisse der vorausgehenden Interpretation des frühen und mittleren Werkes als moralistisches System oder Weltbild beschrieben werden soll, stellt eine individuelle Verbindung von Elementen verschiedenartiger geistesgeschichtlicher Herkunft dar, die, voneinander getrennt und grundsätzlich gedacht, einander widersprechen würden. Aus äußeren Gründen der Darstellung müssen sie dennoch isoliert werden, doch so, daß ihr jeweiliges Ineinandergreifen sichtbar bleibt. Nacheinander sollen aufklärerische und skeptizistische, individualisierende und generalisierende Elemente dieses komplexen Erkenntnisganzen dargestellt werden; im einzelnen sind Überschneidungen nicht zu vermeiden. Die Untersuchung hat einerseits die Roman-Interpretation fortzuführen und andererseits zugleich Übereinstimmungen oder Unterschiede zur moralistischen Tradition im engeren Sinne, insbesondere zu Montaigne, zu ermitteln.

KAPITEL VIII

SPIEL UND WIDERSPIEL DER VERNUNFT

a) Die Romangestalt der Vernunftutopie

> *Er beschränkte sich und blieb auf seinem eigenen
> Boden, den aber durchackerte er mit den Hufen
> seines Pferdes, bis jede Scholle sein war und für
> ihn Früchte trug. Die Städte waren jede einzeln
> gewonnen und erschlossen, die Menschen erobert
> von Grund auf – nicht mit Gewalt; erstürmen soll
> man Mauern, nicht Menschen. Diese sind freund-
> lichen Beispielen zugänglich, wenn man sie statt
> dessen auch hängen könnte. Dann erreicht sie der
> Ruf, vernünftig und menschlich zu sein, was
> übrigens die Absicht der Religion ist. Sie hängten
> sich anfangs lieber selbst auf, endlich aber begrif-
> fen viele ihr wirkliches Wohl, wenn auch nur für
> eine Weile und wenige Geschlechter* (VI,563).

Seit 1562 zerreißen Hugenottenkriege Frankreich, die Soldaten beider
Parteien sind verroht, Raub, Plünderung, Vergewaltigung und Tot-
schlag sind an der Tagesordnung. Henri, nach dreijähriger, auf die Bartholomäusnacht von 1572 folgender Gefangenschaft aus dem Louvre
entflohen, ist als König von Navarra Führer der Hugenotten und Gouverneur des Königs von Frankreich in der Provinz Guyenne. Als er bei
einer Belagerung 300 Katholiken gefangen hat, will er »sechs von ihnen
hängen, alle anderen laufen lassen« (VI,534). Aber er erfährt,

> daß dieselben Katholiken sich ganz abscheulich aufgeführt hatten in der
> Stadt Montauban. Nicht damit zufrieden, sechs junge Protestantinnen zu
> vergewaltigen, hatten einige Wüteriche »die Natur der Unglücklichen mit
> Pulver gefüllt«, hatten es angezündet, und sechs schöne und fromme Mäd-
> chen waren in Stücke zerrissen. Daher wurden jetzt dreihundert Gefan-
> gene ohne Erbarmen niedergemacht (ib.).

Verzweifelt erkennt der junge Fürst, welch furchtbarer Mechanik er
unterworfen ist:

> Auf beiden Seiten verursachte ein bloßes Gerücht die höchst wirkliche Ver-
> geltung, und diese zog um so ärgere Strafen nach sich. Man wurde, wofür
> man einander hielt, wurde noch schlimmer und konnte sich in Unmensch-
> lichkeit nicht genug tun (VI,533).

Entsetzt vor dem Gemetzel fliehend, beschließt Henri, »künftig anders zu handeln« (VI,534), als es die Umstände vorzuschreiben scheinen. In der »kleinen bösen« Stadt Eauze, die von Unterwerfung nichts wissen will, statuiert er ein Exempel. Nach der Eroberung wird, entgegen dem Kriegsbrauch, nicht geplündert und niemand erhängt, die zitternden Bürger müssen je zehn Pfund an die Armen zahlen, und der König tafelt auf offenem Markt mit arm und reich. Aber um ihn herum ist »ein verzweifeltes Jammern von Wesen, die nicht begreifen, was ihnen zustößt, und es nicht glauben wollen, obwohl es ihre Rettung ist« (VI, 537/38). Ihnen wird bedeutet, die Neuerung, der sie beiwohnten, heiße »Menschlichkeit«; aber einen von ihnen läßt das neue Wort, »das er gehört hatte und nicht faßte«, vordergründig wegen eines Mißverständnisses, in Wahrheit aber zu Recht, »zweifeln an der bekannten Welt der Schuldscheine und Vergeltungen, ja, das Wort versetzte ihn in einen tödlichen Tiefsinn. An einem Balken seines Heubodens erhängte er sich« (VI,538). Dies als ironische Pointe und anekdotisches Seitenlicht; Henri aber erkennt, daß er seiner Sache richtig gedient habe:

> Er sah auch die Menschen. Da er sie jetzt nicht mehr gewinnen, überlisten, niederschlagen mußte, hatte er erst den richtigen Blick für die armen Menschengesichter – vorher wut- und angstverzerrt, jetzt ausgelassen glücklich (VI,539).

Der anwesende Gefährte Henris und Dichter Agrippa d'Aubigné stimmt »im munteren Ton und schnellen Takt der Psalmen« ein soeben verfertigtes Lied an; dessen dritte Strophe lautet:

> Da eint der große Fürst des Landes,
> Mit Hilfe menschlichen Verstandes
> Die Guten eint er mit den Bösen.
> Hosianna! Ihr seid schon befreit!
> Es hat die lautere Menschlichkeit
> Die Gnadenmacht, euch zu erlösen!

Aber der katholische Stellvertreter Henris, Marschall Biron, der Henri in der eigenen Provinz bekriegt, meint, dieser bediene sich »unerlaubter Mittel« (VI,540); seine Briefe nach Paris klingen seit dem Tag von Eauze »verstört«:

> Henri mißachtete hiernach die Gesetze des Krieges, da er weder hängte noch plünderte; ja er untergrub das menschliche Zusammenleben, er tafelte an demselben Tisch mit arm und reich! (ib.).

So rückt das kurze Kapitel EAUZE ODER MENSCHLICHKEIT, ein politisch-moralisches Lehrstück en miniature, ins Licht, was Henri weit über die

Zeitgenossen und insbesondere die durchschnittlichen Inhaber der Macht hinaushebt: seine tätige, auf Mißstände reagierende Menschlichkeit. Im geistigen Zentrum des Romans steht die Verwirklichung der naturrechtlich-stoischen Vernunftutopie, das Moralische durchdringt den Erzählvorgang selbst. Das Gute ist im Kern identisch mit den Idealen der Vernunft, mit der »moralischen Welt« Kants, doch wird es nicht als abstraktes System, sondern von der naiven Seite, als jeweilige Antwort des »bon sens« (VI,378), des »gesunden Sinns« (VI,524), als Antwort der »saine raison« (VI,618), der »gesunden Vernunft« (VI,642) eines »Geisteskindes« (Z.49) auf Herausforderungen der unterschiedlichen Lebenslagen entfaltet. Die Gestalt Henris löst viele Formulierungen Heinrich Manns ein, wonach dem rechten glücklichen Lebensgefühl seelische und moralische Gesundheit entspringe und dieser die lebenfördernden Gedanken: »...wo einer dem Leben folgt und gehorcht der Vernunft (VII,205). Überall handelt Henri nach seiner »Natur« – zu ihr gehört die gesunde Vernunft und der »gute Wille ein Leben lang« (VI,642),[1] zu ihr gehört, »heiter und maßvoll über ihren eigenen Abgründen« (VI,561) zu bleiben. Als König von Frankreich betet Henri, vor »allem Äußersten und Abscheulichen, vor Ausartung, vor Erniedrigung« behütet zu werden, und weiß, daß sie immer drohen, »da unsere Vernunft schmal wandelt zwischen Abgründen, die sie verlocken und rufen« (VI,339). Aber an anderer Stelle heißt es auch, es sei ihm natürlich, »über den Feind nachzudenken bis an die Liebe« (VI,526; ähnlich VI,503) und dies macht deutlich, was Heinrich Mann für den König auch beansprucht: den Stand gleichsam einer *anima naturaliter christiana*. Seine Kämpfer für das Gute, – in der von Wedekind beeinflußten Sprache der Zwanzigerjahre: »Tatmensch(en) im Dienst des Heiligen Geistes« (K.p.473) – befinden sich in einer imitatio Christi, die aus der natürlichen Beschaffenheit ihres Herzens und der Vernunft entspringt. Vor der Schlacht haben die Hugenotten eine Erscheinung: aus den Wolken »trat hüllenlos Herr Jesus Christus als der Mensch selbst« hervor (VI,666). Die »vollständigste Gestalt« aber, die Henri vom Menschlichen kennt, ist die »Herstellung des Rechts«, die er sogar mit dem Heil seiner Seele in eins setzen will (VII,203). Der Auslegung des 18. Jahrhunderts als natürlicher Religion innerhalb der geoffenbarten nahe mündet so die imitatio in der ebenfalls in den Zwanzigerjahren

---

[1] Vgl. dazu Kant: »Es ist überall nichts in der Welt, ja auch außerhalb derselben zu denken möglich, was ohne Einschränkung für gut könnte gehalten werden, als allein ein guter Wille«, der sich »bloß an die Vorschrift der reinen Vernunft im Gesetz« hält (Grundlegung zur Metaphysik der Sitten, a.a.O., p. 10 bzw. 14).

formulierten Verkürzung: »Der Kampf um die Menschenwürde aber ist der Weg des Heiligen Geistes« (XI,398). Und die »Tugend« belehrt Henri Quatre durch den Mund des strengen Hugenotten Philipp Mornay:

> Er sollte sich im Bunde wissen mit der Wahrheit, der wirklichen und der sittlichen: eine kommt nicht vor ohne die andere. Denn wir sind als Menschen erschaffen worden von Gott, sind das Maß der Dinge, und nichts ist wirklich, als was wir anerkennen nach eingeborenem Gesetz. Eine derart hohe Vernunft, hoch und tief wie eine Mystik, mußte wohl reizen und verführen, besonders den Fürsten, der selbst ihr Mittelpunkt war (VI,502).

Das sittlich Gute wird in einem reichhaltigen, über das ganze Werk verstreuten Katalog von Vernunftidealen, christlichen und stoischen »Tugenden«, von Einsichten der Skepsis und höherer Weisheit ausgesprochen. Die Vokabeln des Katalogs lauten: Gedankenfreiheit, Gewissensfreiheit, Wahrheit, Gleichheit, Frieden, Recht, Gerechtigkeit und Wohlfahrt; Menschlichkeit, Humanität, »Milde und Duldsamkeit« (VI,48), »Duldsamkeit und Güte« (VI,481), »Mäßigung und Zweifel« (VI,469), »Einfachheit« (VII,811), »Besinnung, Vernunft und Gleichmut«, die »christliche Tugenden wie auch Vorschriften der alten Philosophen sind« (VI,308); sie alle zielen auf die Einrichtung des irdischen Lebens aus dem Herzen und dem Geiste des Menschen, verkörpern »Humanismus, der ein Glaube ist, an die irdische Bestimmung des Menschen, vernünftig und tapfer, frei, wohlhabend und glücklich zu sein« (VII,701) und durchziehen das Romanwerk in ungezählten Abwandlungen – als ein Strom eindringlicher Belehrung, der alles, was irgend sonst dem Guten dienen kann, in sein Bett lenkt, selbst Mißverständnisse und, in ironischer Brechung, die gröberen Auslegungen des gemeinen Mannes. Formeln wie »vernünftig und menschlich« (VI,563), »einfach und gut« (VI,610) fassen sie zusammen. Die Lehrer solcher Tugenden sind für Henri Plutarch, »der das alte Lehrbuch der befestigten Charaktere ist« (VI,527), sein erster Lehrer, Herr de Beauvois, der das Leben »nur soweit für wünschbar« hält, »wie die Vernunft reicht« (VI,303), Philipp de Mornay, der »Papst der Hugenotten«, und der Moralist Montaigne. Sie lehren Henri »die Tugend, deren Sitz das Wissen ist« (VI,606), »die abgeschlossen im Geist wohnt« (VII,434). »Von Anbeginn des Geschlechts haben seine gutgearteten Beispiele für die Vernunft und den Frieden ihren unbedankten Kampf geführt« (VI,642), in diesem Kampf weiß sich Henri im Einverständnis mit allen Humanisten des Erdteils. So vereint die ideale Sphäre des Romanwerks ganz unterschiedliche Traditionsströme zu einer gemeinsamen Position des »Guten«, die Humanisten können deshalb glauben, es sei mit ihnen »sowohl Jesus von Nazareth als auch mehrere der Gottheiten Griechenlands« (VI,565, vgl.666).

Zum großen atmosphärischen und sprachlichen Reiz des Romans gehört die anfängliche Gleichsetzung des protestantischen Kampfes um die »Gewissensfreiheit« mit dem persönlichen Humanismus Henris. Die gläubige Gewißheit der Wahrheit und der rechten imitatio Christi trägt, zwischen Demut und Hybris schwankend, die protestantische Sache. Sie kann jedoch dogmatisch verhärten, – »die Unversöhnlichkeit eines Protestanten ist furchtbar wie sein Glaubenseifer« (VII,427) – wo die Hugenotten für die gute Sache morden und plündern und zur bloßen Interessenpartei im Religionskrieg absinken, löst sich der heranwachsende Henri von ihnen ab. Er handelt seinem guten Willen gemäß, Mäßigung und Zweifel helfen ihm, die Hybris zu vermeiden, die Anschauung der Kriegsgreuel aber bewegt ihn, »Menschlichkeit« über den Fanatismus der Parteien zu setzen und aus der Vernunft zu begründen. »Sa belle santé morale« drängt ihn in die erasmische Position der Mäßigung über den Konfessionen, in die humanistische Position der aus den Religionskriegen neu hervorgehenden Toleranz, wie sie Lessing im »Nathan« wiederum gestaltet, und nicht zufällig erklärt Henri im Geiste Montaignes wie auch Lessings: »Weiß aber doch, daß wir geboren sind, die Wahrheit zu suchen, nicht, sie zu besitzen« (VII,206).[2] Zwischen der protestantischen und der humanistischen Begründung des Kampfes bestehen schwebende Interferenzen, die sich in vielen skeptischen und ironischen Nuancen niederschlagen – »vernünftig und menschlich zu sein, was übrigens die Absicht der Religion ist« – schon sehr früh ist aber in ihnen der Bruch Henris mit den Hugenotten angelegt. Henri bekennt: »Ein König muß das Leben seiner Landsleute schonen, selbst wenn sie gegen ihn empört sind. Denn er und sie sollen zusammen dasselbe Leben führen nach dem Willen Gottes« (VII,172). Dies klingt den Kriegern neu, nur langsam begreifen selbst die Freunde Henris die volle Tragweite dieser übergeordneten Menschlichkeit. Das »Gesetz der Menschlichkeit« (VII,515) aber meint der König, wenn er das nationale Bewußtsein der Franzosen zu wecken sucht, wenn er das »Königreich« über die Konfessionen stellt und später zugunsten des »französischen«

---

2 Vgl. Montaigne: »Car nous sommes nais à quester la verité; il appartient de la posseder à une plus grande puissance« (Michel de Montaigne, Les Essais, publiés d'après l'exemplaire de Bordeaux ... par F. Strowski et F. Gebelin, 5 Bde. Bordeaux 1906–1933, III,183). Alle Montaigne-Zitate werden nach dieser »edition municipale« gegeben, deren Bandzahl mit der Bucheinteilung Montaignes übereinstimmt.

auf einen »protestantischen Sieg« (VII,176) verzichtet: Frankreich soll eine Einheit im Zeichen der Vernunft und Menschlichkeit werden. Wie auch der historische Henri IV den Streit der Konfessionen nicht begreifen konnte, so läßt Heinrich Mann seinen König, in Übereinstimmung mit der Meinung Montaignes über die Religionskriege,[3] sagen:

> Gott hat nicht hingehört, ihn langweilen die Dinge des Glaubens, und ob ein Bekenntnis oder das andere, ihn rührt es nicht. Er nennt unseren Eifer kindisch, unsere Reinheit aber verwirft er als baren Hochmut. Meine Protestanten kennen ihn nicht, da er sie diesen dornigen Weg nie geführt hat, und maßen sich an, Verrat zu sagen, wo einer dem Leben folgt und gehorcht der Vernunft (VII,205).

So hat Henri – »eine Seltenheit und eigentlich abschreckend« (VI,464) – den ersten Hof »ohne Religion«, genauer: einen Hof, an dem Katholiken und Protestanten gemeinsam leben; am dringlichsten erscheint ihm, Beispiele der Menschlichkeit zu geben, indem er etwa Lebensmittel in das von ihm belagerte Paris gelangen läßt (VII,149; 251), indem er die Städte seines Königreichs lieber ankauft als mit Gewalt erobert (VI, 649) und indem er seine Mörder, wo immer es angeht, als Irregeleitete wieder laufen läßt. Inmitten der Glaubensstreitigkeiten nimmt er praktizierend jene »Theologie der Vernunft« des 18. Jahrhunderts vorweg, die überzeugt ist, die »natürliche Religion« könne der geoffenbarten nirgendwo widersprechen und Religion nahezu im Glauben an das »moralische Gesetz« aufgehen läßt. Sein größter Ruhm ist es, der »Abgesandte der Vernunft und des Menschenglücks« (VI,561) zu sein, seine Sendung vor sich selbst lautet: »Ohne Umschweife und List seine Landsleute zur Vernunft bringen und dies Königreich retten« (VII,26).

Das »Königreich« ist Frankreich, aber auf der gleichnishaften Romanebene wird es zur dichterischen Chiffre der Vernunftutopie. Deshalb kann Henri das »Königreich« ebenso schon auf dem kleinen Raum einer Provinz verwirklichen, wie es später, als Friedens- und Rechtszustand, der Freiheit und Wohlstand begünstigt, über die Grenzen Frankreichs ausstrahlen kann: »Jetzt versucht er, eine Provinz nach dem gesunden Sinn zu ordnen, später ein Königreich, endlich aber den Weltteil...« (VI,561). Das »Königreich« ist in der Sprache Heinrich Manns allererst ein »Gedanke.« Ein »Gedanke« aber »ist weniger als die wirkliche Gewalt und ist auch mehr. Das Königreich, das ist mehr als ein Raum und Gebiet, es ist dasselbe wie die Freiheit und ist eins mit dem Recht« (VII,5), »es lebt im Geist und in der Wahrheit oder gar nicht« (VII,711,

---

[3] Montaigne, II,146–148; Montaigne im Roman, VI,358 und 564.

dazu 72): »...on défend les royaumes tout en défendant la saine raison«
(VI,618). Und bei Verkündigung des Ediktes von Nantes:

> ...dennoch ist das Königreich mehr als Geld und Gut, mehr als die ge-
> meine Macht über euch Menschen. Endlich weiß ich mich stark genug euch
> zu sagen: Ihr sollt frei sein zu glauben und zu denken (VII,464).[4]

Die wahre »Macht des Königs« wäre »nicht töten, sondern leben helfen« (VII,237), wäre »Macht über die Herzen« (VII,240); erobern
heißt für Henri, die Menschen »von Grund auf – nicht mit Gewalt«
gewinnen; die äußere, zwanzigjährige Eroberung Frankreichs ist das
Symbol für die allmähliche innere der Menschen.

Am Strande von La Rochelle hat der junge Henri ein eigentümliches
Erlebnis: im Winde schmeckt er »eine andere Welt«, die frei sein sollte:

> er meinte, frei vom Bösen, vom Haß, vom Zwang, dies oder jenes zu
> glauben und, je nachdem, dafür leiden zu müssen oder die Macht zu haben
> ... und was er Amerika nannte, war eigentlich das Reich Gottes (VI,59).

Gott aber ist »immer auf seiten der Vernunft« (VII,36),[5] in Henri lebt
praktisch die Überzeugung Kants: »Das Reich Gottes auf Erden: das ist
die letzte Bestimmung des Menschen.«[6] So wird auch »Neufrankreich«,
die Bezeichnung der amerikanischen Kolonien, zur Chiffre eines mensch-
licheren Lebens; unüberhörbar ist die gleichnishafte Bedeutung: »Der
Weg ist lang nach Neufrankreich – bemerkt hier ein Mann, der den Mut
hätte verlieren können« (VII,521). »Wer nicht scheitert, sichtet Neufrankreich« (VII,520). Die Kolonien sind »eine Verpflichtung des Humanismus« (VII,521).

Durch den Roman zieht sich, wie ein cantus firmus, in ungezählten
Abwandlungen, Predigt und Lob der Vernunft. »Mein Königreich hat
aus seiner langen Verwüstung eine neue Neigung zur Vernunft davon-
getragen: die will ich stützen, nicht abbrechen« (VII,486). »...und
nichts, sogar die Frau nicht, verehr ich wie die Vernunft« (VII,206). Die

---

4 Im Essay über Friedrich den Großen begegnet die Formulierung »Übereinstimmung mit der Philosophie, mit dem verehrten Königreich der Gesittung« (F. 147);
  dagegen schließt »Sein Königreich besitzt er wie ein Rittergut« (F. 137) schwere
  Vorwürfe gegenüber Friedrich dem Großen ein.
5 So auch der historische Henri IV nach der Schlacht von Ivry: »...la bataille s'est
  donnée, en laquelle Dieu a voulu faire cognoistre que sa protection est tousjours
  du costé de la raison« (Lettre circulaire sur la bataille d'Ivry vom 14. März 1590;
  in: Recueil des lettres missives de Henri IV, t. III, Paris 1846, p. 164). »Dieu a
  monstré qu'il aimoit mieux la droict que la force ...« (A M. de la Noue, 14. März
  1590, a.a.O., p. 171).
6 Kant, A.A. XV,608.

Vernunft aber entspricht für Heinrich Mann der wohlverstandenen Menschennatur selbst, deshalb sind die Vernunftideen für Henri auch Gewißheiten des Gefühls und des Herzens. Dies gilt vor allem für die Gleichheit der Menschen, den Ursprung seiner sozialen Haltung; mit »seinesgleichen« umzugehen, »ohne Erhöhung auf dem gleichen Boden mit allen, die um ihn kreisten« (VII,491) zu stehen, »den Bauern, Soldaten, Handwerker, Arbeiter, jeden leben fühlen wie sich selbst« bedeutet dem König tiefe Genugtuung.

> Wer das kann, mag gleichzeitig von besonderer Geburt und der allgemeinste Mensch in aller Welt sein. Das bin ich, und je länger je mehr find ich mein Wesen und Tun natürlich, dabei unzulänglich (VII,504).

Der »eigenartige« (VII,501) König fühlt sich als Mensch allen Menschen demokratisch gleich, ja er fühlt sich ganz gewöhnlich und vermag sein Königtum, insofern es »Größe« und »Macht« ist, nur als Rolle aufzufassen, die er zur »Sittigung der Zuchtlosen« (VII,237), zur Sittigung des Volkes, insoweit es noch unmündig ist und der Autorität bedarf, darzustellen genötigt ist. Er selbst identifiziert sich in unbestechlicher Vernünftigkeit nie mit ihr und kann sich oft nur mit Mühe dem komischen Aspekt der »feierlichen Handlungen« entziehen (vgl. die Salbung in Chartres, VII,236ff.).

> Feierliche Handlungen gewinnen nicht durch Wiederholung, sofern einer das Falsche verspürt und der Komödie bewußt ist. Henri hat seinen ganzen Ernst verbraucht im Kampf um sein Gewissen ... (VII,240).

»um sein Gewissen und Königreich« (VII,262). »Er glaubt an seine Legende nicht«, so heißt es später, »und würde von seiner Größe alles ableugnen, außer, daß sie unverzeihlich sei« (VII,499). In naiver Form verkörpert und praktiziert er jene Verankerung des Handelns in der bloßen Verantwortung vor dem »moralischen Gesetz« der Vernunft und dem persönlichen Gewissen, die Kant in seiner Ethik systematisch darlegt. Die monarchischen Ideale werden aus aufklärerisch-kantischem Geist neu und republikanisch erfüllt; deshalb hat Henri für seinen äußerlich auf Verwandtschaftsverhältnissen beruhenden Anspruch auf den Thron »die Beweise des inneren Bewußtseins« (VI,502); ausdrücklich kommentiert die »moralité«: »En appuyant sur son titre de p r i n c e du sang c'est en réalité sur les prérogatives de sa personnalité morale qu'il insiste« (VI,472). Sorgfältig unterscheidet auch der Roman »mehrere Bestandteile dessen, was Größe heißt«, die wahre Größe, die Darstellung der Größe, und das, was das Volk für Größe hält. Die Größe hat »ihre vordere Ansicht«, wie sie in Taten und Siegen sich zeigt, und eine Innenseite, zu ihr gehört »das Rührende, das Fragwürdige« (VII, 497), Zweifel, Ungenügen und Verzicht (VII,499). Pünktlich schildern drei Kapitel auf der Höhe des Erfolgs DIE GRÖSSE VON INNEN, DIE GRÖSSE WIE SIE UMGEHT, DIE GRÖSSE WIE SIE DASTEHT.

Der Zusammenhang zwischen Vernunft und Naturrecht wurde im Kapitel MORAL UND POLITIK dargelegt. Henri nennt das Recht »die vollkommenste Gestalt, die ich vom Menschlichen kenne« (VII,203), die naturrechtliche Begründung dieses »Rechts«, seine Scheidung vom positiven Recht wird in den Reflexionen Henris während des Empfangs der Juristen des Parlaments von Paris deutlich. Sie haben dort während der Belagerung dem Terror der katholischen Liga widerstanden; die Romanbedeutung der »Liga« liegt im Bezug auf das Dritte Reich. Henri vergegenwärtigt sich:

> Justizbeamte wie ihresgleichen vor und nach ihnen, hatten sie dennoch im Namen des Rechtes hartnäckig der Gewalt widerstanden. Justiz ist allerdings nicht Recht. Man weiß sogar, daß sie gewöhnlich eine geschickte Vorkehrung gegen den Sinn des Rechtes und seine Ausbreitung ist ... Sie haben es mit den Verfolgten gehalten, anstatt mit den Mächtigen, und standen zu den Armen gegen die großen Räuber. So mein ich es selbst, und habe wohl Tausenden und nochmal Tausenden von Bauern ihre Höfe zurückerobert, jeden einzeln, und das war mein Königreich. Das Ihre ist das Recht: so meinen Sie's mit den Menschen (VII,202).

Die Kardinalfrage der Rechtsphilosophie, ob Recht aus Gerechtigkeit, d.h. ob Gesetze aus der Vernunftidee des Rechts, oder Gerechtigkeit aus Recht, aus den bestehenden positiven Gesetzen also, hervorgehen solle, wird damit eindeutig naturrechtlich entschieden: »Justiz ist allerdings nicht Recht.« Wenn Henri anerkennt, daß diese Justizbeamte, im Gegensatz zu »ihresgleichen vor und nach ihnen« am Recht festhielten, so klingen darin die Erfahrungen Heinrich Manns mit der Justiz der Weimarer Republik an, die er als Justiz des monarchistisch gebliebenen, nationalistischen Bürgertums parteiisch fand.[7] Und als ein verdecktes »An-die-Rampe-treten« mit dem Blick auf das Dritte Reich muß gelten, wenn hier im Jahre 1938 geschrieben wird: »Sie haben es mit den Verfolgten gehalten, anstatt mit den Mächtigen, und standen zu den Armen gegen die großen Räuber.«

In den Regierungsmaßnahmen Henris wirkt sich die erneuernde Kraft naturrechtlichen Denkens gegenüber dem historisch Gewordenen

---

7 Vgl. die Essays »Justiz« von 1927 bzw. 1928, XII,421–441 u. 442–452 (= Zenker II,352, 353, 366, 383, 443, 444).

aus. Sie zielen auf eine gewisse Demokratisierung der Herrschaftsstruktur und auf die allmähliche Abtragung der ständisch-hierarchischen Gliederung; ein neuer »höchst anstößiger Wohlstand« im Volke »veränderte von Grund auf das Verhältnis von arm und reich, hoch und niedrig« (VII,509). Henri beschneidet die Privilegien der Großen im Lande und befreit das Volk von unmäßigem Steuerdruck, er schickt den Adel zur Verwaltung seiner Güter in die Provinz und schafft Arbeit. Nach der Neuheit »Menschlichkeit« führt er nun eine zweite, die Rechtsgleichheit aller Stände, ein: »So ist wahrhaftig die Neuheit eingetreten, und zu Tod gebracht nach gemeinem Gesetz für Diebe und Mörder wird ein Herr« (VII,337). Sein Großmeister Rosny säubert die korrupte Finanzverwaltung, Henri begründet ganz neue Industrien, im Louvre richtete er Künstlern und Handwerkern repräsentative Werkstätten ein.

Als folgerichtige Krönung der Vernunftutopie, die allenthalben ins Werk gesetzt wird, entsteht, nicht in der abstrakten Reflexion, sondern wie alles aus einer bestimmten politischen Situation, der »grand dessin« Henris, ein »gewagter Traum« (VII,370): »Ein großes Unglück stieß ihm zu: das war sein eigener Gedanke – der früheste Einblick in seine letzte Sendung und die ging über die Kraft« (VII,366). »In seinem Geist war Europa aufgelebt zu einer Wirklichkeit, allen erkennbar, sobald der habsburgische Ehrgeiz einer universalen Monarchie niedergekämpft wäre« (VII,812), und was Henri während eines prächtigen Feuerwerkes »auf hohem Gefilde« des Gedankens erträumt, einen letzten Krieg Europas gegen das Haus Habsburg, gegen die universale Macht der Unterdrückung, und einen daraus hervorgehenden Völkerbund und ewigen Frieden unter den »christlichen Dominationen« Europas, mit dessen Paraphierung er den Völkerrechtler Hugo Grotius beauftragt (VII,792), ist der Höhepunkt der idealen politischen Romankonstruktion. Im Jahre 1610 hatten Henri und seine Verbündeten die für damalige Zeiten gewaltige Heeresmacht von 238 000 Mann aufgestellt, die Situation Europas schien sich anläßlich des Jülich-Cleve'schen Erbstreites zu einer großen Auseinandersetzung zuzuspitzen. Die bis heute unbekannt gebliebenen wirklichen politischen Ziele Henri Quatres im Augenblick seiner Ermordung im Frühjahr 1610 deutet Heinrich Mann im Sinne der Memoiren des Herzogs von Sully als uneigennützigen Krieg »für einen Frieden mit ewigem Bestand, für die Freiheit der Nationen, das Glück der Menschen, die Vernunft« (VII,839). Befremdlich sei nicht der GROSSE PLAN, sondern »daß die einfache Wahrheit ihm [sc. Henri] allein gehören sollte, und andere erfaßte sie bis jetzt nur halb« (VII,782).[8] Am Vorabend des Kriegs, da der langgehegte Große Plan als »gewachsene Wirklichkeit« dem König schon erscheint, erinnert er sich:

> Mein ganzer innerer Himmel hat damals geflammt, ich erblickte einen freien Bund von Königreichen und Republiken. Meine Sache wurde zu der Stunde, daß die Völker leben sollten, und sollten nicht statt der lebendigen Vernunft an bösen Träumen leiden in dem aufgedunsenen Bauch der universalen Macht, die sie alle verschluckt hat. Dies ist die wahre Herkunft meines Großen Plans. Nicht sehr realistisch; nüchtern wird endlich jede Erleuchtung. Jetzt bringt Herr Grotius sie in Paragraphen und Rosny rechnet sie aus (VII,792).

Der König Heinrich Manns ist im innersten »Moralist« im früher ausgeführten Sinn, ein Erzieher seines Volkes, er trägt »im Geist sein einfaches kühnes Gesicht von der Zukunft« (VII,813), das Bild einer Welt, wie sie sein soll: er ist ein Fürst, »der beide, die gegebene Welt, und die vorbestimmte, geistig beherrscht...« (VII,819). Von Condé, seinem Vetter, hingegen heißt es, er zeige »in allem weniger Sinn für das Volkstümliche und Erlaubte, für das, was sein soll« (VI,559). Henri nötigt seine Untertanen und Mitmenschen, »gewalttätige Kranke« (VI, 479), zur Vernunft, woraus Heinrich Mann eine Fülle komischer Wirkungen zieht. »Manche blieben stecken mit all ihrem Lebensgefühl«, als Henri bei der Eroberung von Paris keine Vergeltung übte, als

> man ihnen entgegenkam wie anderen Menschen auch und die Hand darbot... Mehrere Wütende verunglückten tödlich an dieser Stelle infolge ihres zu schnellen Übertrittes vom Wahnsinn zur Vernunft (VII,270; ähnl. VI,538).

Die reinen Vernunftideale, nach denen Henri verfährt, sind für die Zeit »revolutionär«, doch beschreitet er gerade nicht den Weg Robespierres, des »despotisierenden Moralisten« Kants, sondern den Weg der »Mühe und Arbeit«, den Weg der Belehrung durch das unermüdlich wieder-

---

8 Die Historiker sind sich, vor allem seit den Studien Moriz Ritters (Die Memoiren Sullys und der große Plan Heinrichs IV., München 1871) und Theodor Kükelhaus' (Der Ursprung des Planes vom ewigen Frieden in den Memoiren des Herzogs von Sully. Berlin 1893), darüber einig, daß der »Grand dessin« Henri Quatres als eine Erfindung des Herzogs von Sully anzusehen ist (vgl. die Darstellung K. von Raumers, Ewiger Friede. Kap. III, Sully und Crucé, a.a.O., p. 61–88). Im Gegensatz dazu und in Übereinstimmung mit E. A. Rheinhard (Der große Herbst Heinrich IV. Leipzig/Wien 1935) läßt Heinrich Mann den »grand dessin« als innerstes, von der Zeit unverstandenes Geheimnis Henri Quatres erscheinen (vgl. die Bemerkung in »Es kommt der Tag« von 1936: »Zuletzt verstieg der merkwürdige König sich zu der Absicht eines Völkerbundes, ein Sprung über vier Jahrhunderte...«, p. 23).

holte Beispiel, den Weg der stillschweigenden geistigen Ausstrahlung (»Henri eröffnete sich niemandem, der ihn nicht selbst erriet...« VI, 556), den Weg der Mäßigung, den Weg der praktischen Tat. Denn alles ist daraufhin angelegt, die Einheit von Geist und Tat in der Praxis des Lebens zu zeigen. Henri Quatre ist, im Gegensatz zu den früheren Gestalten, insbesondere zu den machtlosen Intellektuellen Terra und Mangolf, der intellektuelle Täter. Er weiß, daß die allgemeine Idee und der gute Wille nicht ausreichen, um die Welt zum Besseren hin zu verändern; daß das Recht, wie vor allem Rudolf von Ihering im späten 19. Jahrhundert lehrte, in jedem Augenblick und in jedem Fall aufs neue durchgesetzt werden muß. Mäßigung und Zweifel, die Lehren Montaignes, »wären dennoch durchaus verderblich gewesen, gesetzt, die Humanisten hätten nur denken gelernt, nicht aber auch reiten und zuschlagen« – so lautet die mehrfach leitmotivisch wiederholte entscheidende Formulierung (VI,565;665;VII,202;701). Zum idealen Demonstrationsmodell aber der unausgesetzt notwendigen Selbstbehauptung, der Humanität im Kampf um ihre Durchsetzung, der Rückschläge und vergeblichen Siege wird das langwierige Ringen Henris um Frankreich.

Indem Heinrich Mann diesen Weg als das Schicksal eines Individuums schildert, das »gleichzeitig von besonderer Geburt und der allgemeinste Mensch« ist, das von Erfahrung zu Erfahrung fortschreitet, gelingt es ihm, die Utopie der Vernunft aus ihrer Abstraktheit zu erlösen, sie in lebendige, anschauliche und naive Wirklichkeit zu verwandeln, ihr als treibender Kraft eines bedeutenden Lebens im Fluß der Erzählung dichterische Gestalt zu verleihen. Die soziale und politische »Tat«, die im FAUST, nachdem er der Magie entsagt und erblindet, in der inneren Vision »Eröffn' ich Räume vielen Millionen / Nicht sicher zwar, doch tätig-frei zu wohnen« und nur als Maxime »Auf freiem Grund mit freiem Volke stehn« erscheint, wird im HENRI QUATRE auf der höchsten Ebene des Staatsgeschäftes episch durchgeführt. Die Kunst der rechten Regierung, verstanden als praktische Erziehung des Menschengeschlechts, wird aus der Sphäre des gespenstischen Ideenkampfes, die DER KOPF spiegelt, in greifbare Wirklichkeit übersetzt. Das Staatlich-Politische, das als Gegenstand der Darstellung wie als menschliche Aufgabe im wesentlichen außerhalb der Sphäre des deutschen Bildungsromans blieb, gehört hier zur gestalteten Substanz. Der Leser nimmt an der Regierung des Königreichs teil, er erlebt, wie Henri den naturrechtlich-aufklärerischen Geist von Freiheit, Recht, Wohlfahrt und Frieden auf innere, äußere und koloniale Politik, auf Justiz, Heer und Finanzen, auf Landwirtschaft, Handwerk, Handel und Gewerbe im einzelnen anwendet, er erfährt, wie der König als »streitbarer Humanist« sich gegen Freund und Feind in Krieg und Frieden, »im Schwanken der Menschen und Dinge« (VI,556) nach dem »inneren Gesetz« der Humanität verhält. Wie für Heinrich Mann Bildung des Individuums die Ausdehnung der sittlichen Verantwortung auf das Politische einbegreift, so dehnt sein »Erziehungsroman« den ästhetischen Raum über die Sphäre des Individuellen hinaus und integriert, mit den Worten Thomas Manns, »das Politische und das Soziale« in die »Totalität des humanen Problems«.[9] »... daß sogar die Vernunft einmal siegt hienieden, wäre es nur vorläufig« (VII,492)[10] – dies ist, im Gegensatz zum KOPF, wo geschichtlich das Ausbleiben der Vernunft zu konstatieren war, der Punkt, an dem sich die Phantasie Heinrich Manns am HENRI-QUATRE-Stoff entzündete. Dies seltene Ereignis im Verlauf einer Geschichte der Menschheit, die ihm, wie einst Montaigne und anders Voltaire, vor allem als Anhäufung von Unvernunft und Greuel[11] erschien –: dies seltene Ereignis in die Regierungszeit Henri Quatres als späte Frucht der französischen Renaissance hineinzudeuten und gleichnishaft gültig zu gestalten, darf, grob gesprochen, als moralistische Hauptidee des Romanwerks gelten.

b) Die Romangestalt des Bösen

»Maria von Medici entstieg ihrem Schiff, dessen Wände von Edelsteinen blitzten« (VII,650). So beginnt ein späteres Kapitel, das die Ankunft der zweiten Frau Henri Quatres schildert. Der Satz könnte in jedem historischen Roman ohne weitere Bedeutung stehen, hier aber leistet er mehr: die Erwähnung von Juwelen zusammen mit dem Namen Medici ordnet die Neuankommende einem übergreifenden Sinnzusammenhang, dem Widerspiel der Vernunft, den Kräften der Bosheit und Dummheit, der Macht- und Besitzgier zu. Ein subtiles Spiel inhaltlicher Bezüge und sprachlicher Verweise vollzieht die moralische Deutung. Es integriert die Personen und Ereignisse in das große Spannungsfeld von Gut und Böse und gibt, bald in grotesker Verzerrung, bald hintergründig-unscheinbar, die moralische Physiognomie des einzelnen.

---

9 Thomas Mann, XII,853.
10 Vgl. die frühere Formulierung am Ende des Zola-Essays: »... wenigstens dieses eine Mal, und es war wichtig, daß es ihm wenigstens diesmal gelang, denn er hat damit gegeben, was er geben wollte, ein großes Beispiel« (XI,154).
11 Vgl. VI,470. »Das Treiben hirnloser Vögel« (XI,125).

Ein bedeutender Schnittpunkt im Netz negativer Bezüge ist das Schloß Louvre. Als der junge König von Navarra zu seiner Hochzeit, die zur »Bluthochzeit« werden wird, in Paris einzieht, führt ihn sein Weg zum Louvre durch die Straße »Österreich« (VI,137). Wie zufällig weist der Name auf die Allgegenwart der universalen Monarchie (»Das Haus Österreich ist ein unvergeßlicher Alpdruck...« (VI,210)). Am Ende der Straße »Österreich« aber verändert sich das zunächst erblickte Bild des Louvres

> in einen nicht geheuren Ort, Festung oder Gefängnis, soviel sich auf einmal überblicken läßt von den schwarzen Mauern, gedrungenen Türmen, kegelförmigen Dächern, breiten, tiefen Gräben voll von Brackwasser, das stinkt. Dort hinein zu wollen macht Herzklopfen und kostet noch mehr Überwindung, wenn man aus weitem Land und hohem Himmel kommt (VI,137).

Diesen Anblick bietet der ältere Teil des Schlosses, die »letzte Fröhlichkeit der Welt« bleibt zurück, als Henri einreitet. Die italienische Fassade aber, die »glänzende Vorderseite vor sehr finsteren Altertümern« erscheint ihm als ein Wunder:

> Hervorgehoben aus ersehnten Welten durch Zauber schien dieses Bauwerk. Das ehrbare Paris enthielt an einigen Stellen etwas, das seinen Bürgern nicht ähnlich sah (VI,141).

Schon als die Hugenotten Henris in die Stadt einzogen, waren ihnen Kirchen und Paläste »in neuartiger Pracht« begegnet, es eignete diesen »ein Glanz, der nicht mehr Stein, sondern Zauber und Gedicht war: herbeigehoben aus anderen Welten« (VI,134). Von der altfranzösischen Biederkeit schmalgiebeliger Bürgerhäuser heben sich die prunkvollen italienischen Renaissancefassaden als »Gedicht« und als »Zauber«, als Schönheit und Versuchung ab, dazu kommt das protestantische Mißtrauen gegen die Sinne: »Dies war die besonnte Front in all ihrem unglaubwürdigen Zauber, eine Versuchung des Bösen, wenn man so wollte, aber ein Blendwerk der Sinne jedenfalls« (VI,153).[12]

---

[12] Zugleich ist die Front des Louvre die überraschende Fortführung einer Vorstellung von der Lügenhaftigkeit der Monarchie, die schon 1915 im Zola-Essay auftaucht: »Die schroffe Öffentlichkeit eines Panama-Skandals straft das schöne Ideal der Massen vom Staat weit weniger Lügen als die Monarchie es tut mit ihrer Fassade aus Anständigkeit, Ordnung und würdigem Gedeihen. Eine Monarchie wird freilich kein Panama haben, sie unterdrückt den Skandal, schafft die Leichen beiseite, und die Fassade strahlt weiter in der Sonne« (XI,199/200). Vgl. »das Kaisertum Napoleons des Dritten mit seiner blendenden Fassade« (XII,36). »Aber Demokratien haben keine Fassade...« (XII,43), die Demokratie »muß nicht prahlen, nicht glänzen, die Demokratie braucht die Lüge nicht ... die Selbsterkenntnis der Gesamtheit erhält sie wahr« (XII, 61). So symbolisiert und denunziert der **Louvre** die Monarchie selbst.

Aber das Italienische überhaupt erscheint im Henri Quatre unter negativem Vorzeichen. »Gift und schöne Bauten« (VI,153) sind die Wissenschaften der Florentiner, Ruchlosigkeit also im Politischen, Machiavellismus, und heidnischer Kult der Schönheit, dazu das Geld des Großherzogs von Toscana, des Finanzhauses Medici, und Homosexualität, das »italienische Laster« (VII,810). Italienisches Wesen überfremdet das französische am Hof unter der Herschaft der Catharina von Medici vor Henri Quatre und unter Maria von Medici und den Concini nach Henri Quatre. Zwei von den drei italienischen Zitaten im Roman lauten bezeichnenderweise: »Sono bugie!« (VI,390, »Das sind Lügen!«) und »E ammazzato« (VII,890, wörtlich: »Er ist ermordet«, im Roman: »Den sind wir los«). Das Italienische steht jetzt für Ruchlosigkeit schlechthin; Dämonisierung und moralistische Verurteilung der italienischen Renaissance bezeichnen, nach der Italienverstrickung des Frühwerks und ihrer heiteren Auflösung in der Kleinen Stadt, die letzte Sinnstufe des »Italienischen« im Gesamtwerk.

»Hast recht, Schwester, dies ist das Schloß Louvre, darin haben wir keinen Freund und sind zu zweit allein« (VI,176). In diesem Louvre wurde, so glaubt der Hugenottenprinz, ihre Mutter, die Königin Jeanne, ermordet. In diesem Louvre wohnt Catharina von Medici, »die würdige Tochter eines Florentiner Wechslers« (VI,22), wie Jeanne sie nannte, und als Henri die schöne Fassade erblickt, weiß er, »daß die Herrin des Palastes wohl die alte Giftmischerin, aber zugleich eine Fee war« (VI,141), eine »böse Fee« (VI,153) freilich: »Jede Bosheit des Lebens und der Menschen bestätigte ihre eigene Natur und Geistesart und ermunterte sie zu einer entscheidenden Tätigkeit« (VI,104). Ihre Erscheinung ist häßlich und unheimlich zugleich, und stets schildert sie Heinrich Mann als Hexe und komisch; ihre Gliedmaßen sind fett, ihre Kleidung schwarz, ihr Gesicht »schwer und grau wie Blei« (VI,149), ihr Blick schwarz, ihre Stimme »abgenutzt« (VI,142), das Gemetzel der Bartholomäusnacht wird sie »mit bestem Gewissen« (VI,328) inszenieren, denn ihr Selbstvertrauen »bestand ganz aus der Gewißheit, daß das Leben böse war und daß sie selbst mit dem Leben ging, die anderen aber dagegen« (VI,271), zumal, wenn sie, wie die Hugenotten, an das Gewissen glaubten. Margot, ihre Tochter, »wußte es gar nicht anders, als daß Menschen getötet wurden an diesem Hof ...« (VI,158). Es ist ein »sittenloser Hof« (VI,161), ein Ort »überzüchteter Feinheit« (VI, 164), der Ort der Garten- und Wasserkünste, der Tanz- und der Mordkünste. An ihm lebt das zu Ende gehende Geschlecht der Valois, das schon glänzen muß – »Sie oder ihr Geschlecht mußten auch schon die schöne Front des Schlosses errichten in der Mittagssonne« (VI,143) – und auf das Heinrich Mann den vollständig negativ gewordenen Dekadenzbegriff der GÖTTINNEN projiziert: dieses Geschlecht zeigt jetzt an drei Söhnen und einer Tochter Unfruchtbarkeit, es zeitigt die Ausschweifungen, die Ruchlosigkeit und den Ästhetizismus des Untergangs.

Im Rollen des Ozeans am Strand von La Rochelle ahnte Henri ein Land weit und frei, »vergleichbar dem Reich Gottes« (VI,308), der Louvre dagegen ist Symbol einer Welt »voll Schmerz und Schande. Sie wirft Flammen von Schwefel, schon lodern sie nahe...« (ib.). Er ist ein Ort der »Versuchung und des Scheins« (VI,176), ein Ort der Hölle, die Henri in der Bartholomäusnacht erfährt (vgl. das in bohrendem Schmerz wiederholte »Ich kannte die Hölle nicht« VI,305; 306; 307; 308), und wie schon manche der einreitenden Hugenotten beim Anblick der Renaissance-Fassaden »die heidnischen Götter an Dächern und Portalen, ja sogar die Märtyrergestalten dieser Tempel, denn solche Heiligen glichen nackten Griechinnen« (VI,134) gegrüßt hatten, so begegnet Henri im Louvre der »Dame Venus« und anderen »heidnischen Herrschaften« (VI,207), wenn auch nur während eine Orgie. In den Louvre lockte Henri, der auch auszog, das Fürchten zu lernen (VI,154) das »Abenteuer« (VI,193), in ihm »verlor er seine Richtung, falls er denn eine hatte« (VI,221), in ihm erfuhr er, »daß einige Male im Leben das Fleisch sich begeistert bis in den Tod« (VI,217), seine Hochzeit, die in der Bartholomäusnacht endet, gibt Heinrich Mann als Ablauf »zweier Orgien« (VI,297), einer der Sinne und einer des Todes; auch das zur Venus-Dämonisierung gehörige Motiv der Marmorstatue taucht im Traum Margots, der ersten Frau Henri Quatres und »Göttin Venus dieses Zeitalters« (VI,496) auf (VI,297). So wird das Italienische, einem alten Topos aber auch der biographischen Erfahrung Heinrich Manns entsprechend und nach Frankreich versetzt, für Henri die Lebensstation der Verzauberung, der Louvre aber mit seinen Venus-Anklängen zum Ort, an dem Schönheit und Eros mit dem Bösen, mit Schuld und Tod unauflöslich verschlungen sind:

> Er weigerte sich, Gott anzurufen gegen die Bösen. Er drängte mit allen seinen Kräften nach dem Abenteuer, das Margot hieß; aber es hieß auch: der Louvre; und die Leidenschaft seiner Sinne war dieselbe, mit der er das Schicksal begehrte (VI,193).

So vor der Hochzeitsnacht – als Kathrin, seine geliebte Schwester, ahnungsvoll den sofortigen Abzug der Hugenotten fordert. Aber nach der Schreckensnacht zieht Henri erschüttttert in tiefster Verlassenheit die Summe seiner Schuld:

›Du bist am Gift gestorben, meine liebe Mutter. Weißt du es? Der Herr Admiral wurde erschlagen seitdem; hast du es erfahren? Ermordet ist La Rochefoucauld, den du mir schicktest als deinen letzten Abgesandten. Tot sind viele, die dir dienten, und hingestreckt liegen unsere Edelleute. Wir gingen in die Falle, obwohl du mich gewarnt hattest, Mutter. Ich hörte aber weder auf dich, noch auf den alten, schlauen Beauvois, noch auf –‹, »mein Gott, wie viele!« sagt er laut. Denn alle versäumten Warnungen drangen vereint auf ihn ein – so zahlreich, so schnell, daß er sie nicht unterschied und sich an den Kopf griff. ›Margot – auch Margot: ihre Warnung durch das anatomische Bild! – Das arme Fräulein: Sackleinen bedeckte ihre kleine Leiche! D'Elbeuf: am Tor, als er mich zurückriß aus dem Gedränge, war noch Zeit zu fliehen! Karl der Neunte selbst: Navarra, räche mich! Mornay: Coligny bleibt, weil ihn das Grab erwartet, dich aber erwartet das Bett! Maurevert: schwitzt Mord! d'Anjou: umschwebt von schwärzlichen Geistern! Guise: sein gezückter Dolch, sein jäh enthülltes Gesicht! Madame Catherine: um sie hing, mit ihr ging, von je und überall, das brütende Geheimnis dieser Nacht! Ich aber dachte glücklich zu sein – unter ihren Blicken glücklich. Denn ich kannte die Hölle nicht‹ (VI,306).

Inmitten des »ehrbaren Paris« drängen im Louvre hinter einer gleißenden Fassade unterirdisch-heidnische und dämonische Kräfte des Bösen ans Licht. Ein anderer solcher Ort ist die italienische Villa des Schusters und Finanzagenten Zamed, Speisehaus, »Spielhölle, Leihbank, Bordell« (VII,383) und eine ähnliche Verknüpfung unheilvoller Fäden findet dort statt. Denn wie die Hexe Catharina im Louvre als dem Mittelpunkt eines »Spinnennetzes« (VI,137) böser Intrigen hockt, bilden alle Örter des Unheils im Roman eine zusammenhängende, im Politischen den Erdteil übergreifende Topographie des Bösen. Haus Österreich, die universale Monarchie, König Philipp von Spanien, der Papst, die Jesuiten, die Finanzmacht Medici, Dummheit und Bosheit, Geiz, Macht- und Besitzgier erscheinen als eine einzige Verschwörung des Bösen gegen den Abgesandten der Vernunft und des Menschenglücks; die einzelnen Vertreter sind gegeneinander austauschbar; der sprachliche Ausdruck nimmt mannigfache literarische topoi, Sagen- und Märchensymbole des Bösen auf, bietet, mit gelegentlich hervortretender Ironie gegen protestantische Selbstgerechtigkeit, auch biblisches Pathos auf. So lautet das moralistische Portrait des königlichen Ritterheeres, das den hugenottischen Glaubensstreitern zur Schlacht entgegentritt:

Das war das Heer der Reichen: viel edles Metall, goldene Dolche, goldene Helme, Edelsteine sind eingelassen in die Waffen, die Taschen sind voll Geld, die Stirnen voll Rechnung und Besitz; unter jedem silbernen Panzer klopft nicht allein das Herz: die Macht, die Macht klopft in euch und ist Macht von Zöllnern und Einnehmern, die sich bereichern an Witwen und Waisen (VI,611/12).

Diese Zusammenhänge werden berufen, wenn Maria von Medici ihr Schiff verläßt, »dessen Wände von Edelsteinen blitzen«; mit diesem Hinweis ist schon gegeben, was ihre Ankunft bedeutet und was mit jedem folgenden Satz Anschauung und unwiderruflicher zum Ereignis wird:

> Vor Anker ging nicht diese einzelne Galeere: drei Flotten hatten sie begleitet, eine toskanische, eine päpstliche und die von Malta. Die Königin brachte siebentausend Italiener mit, die sollten hierbleiben, sich von diesem Volke nähren und überall laut die Sprache der fremden Königin reden. Der größte Teil ihres Gefolges hatte es eilig, an den Hof von Frankreich zu gelangen ... (VII,650/51).

Für Karl IX. ist Haus Österreich ein »unvergeßlicher Alpdruck«, er sieht:

> Haus Österreich zog enger die langen Fangarme um ihn und sein vereinzeltes Land; es hatte den Süden, hatte die Mitte der Alten Welt; es verfügte über die Neue und ihr Gold, beherrschte die Kirche, durch sie aber alle Völker, auch seins; und in sein eigenes Schloß und Bett hatte es sich gelegt unter dem Namen einer Erzherzogin, vom Gold und der Macht so starr, daß sie nicht umfallen konnte! (VI,234).

Rosny instruiert die französischen Diplomaten:

> Der Kaiser mit dem König von Spanien, die Erzherzöge in Brüssel, nicht zu vergessen den Großherzog in Florenz und die anderen Geldmächte des universalen Kolosses auf tönernen Füßen, alle zusammen betreiben den Krieg. Ihr offensichtliches Ziel, mit dem sie prahlen, ist die Vernichtung der Gewissensfreiheit, und weder den freien Gedanken noch die freien Staaten wollen sie länger dulden (VII,757).

Und Henri erblickt in dieser Verschwörung des Bösen eine »Hydra«:

> Hab ich den einen Kopf erstickt, zwölf züngeln gegen mich. Ich muß das ganze Ungeheuer töten. Ich muß es aufnehmen mit dem römischen Kaiser, der universalen Monarchie und allen ihren Provinzen; sogar Spanien ist von ihnen nur die eine, der Weltbeherrscher Philipp war ein Beauftragter, und ihrer sind mehr. Ich allein, wie es nun gewollt und alles gemacht ist, steh gegen die ganze Hydra, die aber die Christenheit heißt (VII,366).

Der weitsichtigen Politik des katholisch gewordenen Königs Henri indessen ist es zu verdanken, wenn er schließlich im Frühjahr 1610, wohlgerüstet, mit so vielen Bündnispartnern, daß »in Wahrheit Europa« (VII,848) auf seiner Seite steht, »gegen die Weltmacht, die ohnmächtige, aber unerträgliche Ansprüche vertrat« (ib.) im Namen der Freiheit der Völker und seines GROSSEN PLANS zu Felde ziehen kann.

Unschwer ist darin der französische Alptraum, von Habsburg eingekreist zu werden, wiederzuerkennen. Der Einwand liegt nahe, Heinrich Mann habe das politische Kalkül, die Abwehr der habsburgischen Umklammerung, mit dem Vorgeben des historischen Henri IV, für Frieden und Recht zu kämpfen, naiv verwechselt und eine machtpolitische Situation willkürlich mit moralischen Akzenten versehen und idealisiert. Damit würde die Frage nach der historischen Wahrheit gestellt, für die Kunstwahrheit kommt ihr jedoch keine entscheidende Bedeutung zu. Gewiß stellt der Roman auch eine umfassende Interpretation des historischen Sachverhalts dar und insbesondere scheinen die späteren Äußerungen Heinrich Manns zu bestätigen, daß er mit wachsendem Abstand seine Deutung zunehmend selbst als historische Wahrheit empfand. Aber auch wenn sie im Sinne des Historikers völlig unzutreffend wäre, besäße sie noch immer ihre eigene Gültigkeit. Denn Heinrich Mann schrieb nicht um einer historischen, sondern um der moralischen Wahrheit willen. In seiner Vision verwandelt sich die historische Situation zuletzt zum entscheidenden Aufmarsch der guten und bösen Kräfte, des Geistes und des Ungeistes, der Menschenliebe und des Menschenhasses, und es scheidet sich die »Lichtseite« von der »Nachtseite«[13] des Jahrhunderts. In der einmaligen historischen Situation wird ein ewiger Kampf von Gut und Böse sichtbar, er aber ist sein wahrer Gegenstand. Es zeigt sich, daß der Moralist zuletzt die bleibende moralische Struktur dieses Kampfes mit der gegebenen geschichtlichen Situation nur bekleidet, daß der historische Roman – wie hoch im übrigen sein Wahrheitsgehalt auch einzuschätzen sei – nur die äußere Gestalt eines moralistischen ist:

> Die Partei, deren ganzen Bestand der Haß der Völker und Menschen ausmacht, ist überall, wird überall und immer sein. Das Zeitalter mag in ein anderes übergehen, jedes spätere sich wieder verwandeln. Die Umstände werden rastlos ihr Gesicht wechseln. Die Gesinnungen werden andere Namen tragen. Was bleibt, ist: hier die Menschen und Völker, dort ihr ewiger Feind. Haben sie einen Freund, einst den König von Frankreich, Henri – auch er ist unvergänglich, wie man wohl fühlt und niemals ganz verkannt hat. Man tötet ihn nur vorläufig. Genug, daß man ihn tötet (VII,849).

Das eigentümliche dichterische Vermögen Heinrich Manns zeigt sich gerade in der moralistischen Durchdringung und Deutung seines Stoffes bis in unscheinbarste Details, in der Kraft, mit der er die Epoche seiner Vision unterwirft und zum Gefäß der politisch-moralischen Erkenntnisse seines Lebens gestaltet.

---

13 Vgl. die Verwendung dieses Bildes in »Ein Zeitalter wird besichtigt«, p. 148 und passim.

Der Kampf von Gut und Böse aber gehört der Sphäre normativer Vernunft und dem Begriff des Moralisten als eines Lehrers von Gut und Böse zu, wie sie in Kapitel VII dargelegt wurden. Er überhöht abschließend ein Erkenntnisgefüge, dessen Quellen jedoch das Studium des empirischen Menschen und der condition humaine im Sinne der klassischen Moralistik sind. Ihnen wendet sich das folgende Kapitel zu.

KAPITEL IX

DAS SYSTEM
MORALISTISCHER MENSCHENKENNTNIS

a) Die condition humaine

> *Wir können glauben, daß die menschliche*
> *Lage der Verbesserung zugänglich sei, müs-*
> *sen alles tun, damit sie es wirklich sei. Dar-*
> *um bedürfen wir erst recht des Wissens um*
> *die menschliche Fragwürdigkeit, um alle Wi-*
> *derstände der Menschennatur (Z., p. 187).*

Alles moralistische Denken im Sinne der französischen Tradition kreist um den Menschen, um die »menschliche Beschaffenheit« (VII,524), um »unsere menschliche Verfassung« (VII,678) im weitesten Verstand. Wie einst Montaigne schrieb: »...en l'estude que ie fay, duquel le subiect c'est l'homme«,[1] so betont auch Heinrich Mann:

Jedes Studium ist, ob mittel- oder unmittelbar, Studium des Menschen. Wer irgend etwas wirklich erkennt, wird dabei Fortschritte in der Erkenntnis des Menschen machen. Es kann weltfremde Gelehrte geben, aber keinen Wissenden, dem der Mensch ganz unbekannt ist (XI,381).

So 1930, im Essay MORGEN, möglicherweise angeregt von eben diesem Satz Montaignes[2] und noch einmal im ZEITALTER: »Nur die Versenkung in den Menschen ist tief. Die Sorge um ihn, humanistisch bestimmt, ist eine Lust der Tiefe« (Z. 483).

Worin zeigt sich nun diese »unsere menschliche Verfassung« im Roman? Ein aufschließendes Beispiel gibt der Ritt Henris nach Schloß Cœuvres (VII,537–541).

Am Ende einer Jagd sind Gabriele d'Estrées und der Herzog von Bellegarde spurlos verschwunden. Gabriele war, ehe sie die Geliebte Henris wurde, die Jugendliebe Bellegardes; im nahen Schloß Cœuvres

---

[1] Montaigne, II,411.

[2] Dafür spricht, daß der Beginn der Montaigne-Rezeption Heinrich Manns im Zusammenhang mit den Vorstudien zum »Henri Quatre« gegen 1930 anzusetzen ist und das Zitat dem Essay II,17 »De la praesumption« entnommen ist, aus dem die meisten Montaigne-Zitate im »Henri Quatre« stammen. Vgl. hierzu den Exkurs »Zur Montaige-Rezeption Heinrich Manns« p. 442.

hatte einst Henri beide bei einem Rendezvous überrascht (VII,113). Jetzt steigt deshalb ein furchtbarer Verdacht in ihm auf, nach Coeuvres »galoppierte er durch dick und dünn, über Verhaue, Gräben und das offene Grab«. »Unversehens« fällt ihm das Gerücht ein, der erste Sohn Gabrielens sei nicht von ihm. Aus »bloßer Erbitterung« gegen Rosny, der ihm dies mitteilte, und um ihm nicht wie immer recht geben zu müssen, will Henri wieder umkehren. »Wollte nichts wissen, aber den Dummen abgeben wollte er auch nicht. So stand er lange am Fleck, sein Pferd stampfte und wieherte...« Vor dem inneren Auge erblickt er die vermutete Szene Gabriele – Bellegarde und »begehrte heftig«, die Qual vor leiblichen Augen zu haben; daraus entsteht der Antrieb weiter zu reiten. Unterdessen aber fühlt Henri, in sieben Jahren der Liebe sei Gabriele eins mit ihm geworden und ist »auf einmal« von jedem Zweifel befreit: aus demselben, noch weiterlaufenden Impuls, doch mit gedankenschnell ausgewechselter Begründung setzt er nun sein Pferd in Bewegung. Kaum gerät er jedoch in Gedanken wieder auf Rosny und dessen Behauptung, da

> erschrak er vor der Probe, in Schloß Cœuvres drohte das Verhängnis, niemand geht ihm freiwillig entgegen. Er kehrte um. Vergebens. Unerträglich bleibt es, nicht zu wissen, und die Vernunft wäre geschlagen von der Leidenschaft, ihren willkürlichen Einblicken, ihrer Angst. Da wendete er nochmals. Wollte die verlorene Zeit einholen, fürchtete sie einzuholen und änderte die Schnelligkeit des Rittes je nach der Furcht und der Begierde (VII,538).

Vor der Brücke angelangt glaubt Henri, in jedem Fall käme er zu spät; diese Vorstellung ist sein »letzter Versuch, zu entkommen.« Im Schloßhof stehen jedoch die Pferde Gabrielens und Bellegardes.

Bei seinem Eintritt ins Zimmer lehnt Gabriele wider Erwarten aus dem Fenster, Bellegarde ist mit einem gebändigten, wilden Vogel beschäftigt. Auf Gabrielens Schulter liegt noch welkes Laub, Bellegarde hat »arg beschmutzte« Hände. »Obwohl Henri alles sogleich erfaßte, wollte die schreckliche Angst der vorigen Stunde nicht beschämt werden und in Gestalt des Zornes brach sie endlich aus.« Er wütet; nach einer wahrheitsgemäßen Erklärung Gabrielens behauptet er einfach, »mit verringerter Kraft, aber derselben Wut«, sie lüge und wolle ihn eben nur später betrügen. Bellegarde, zur Rede gestellt, gesteht, er könne sich nicht verantworten. Henri »hatte bis zu diesem Punkt nicht geglaubt, was er redete, und sollte jetzt wahrhaftig daran glauben«. Nun weist aber Bellegarde auf seine treuen Dienste und seine unanfechtbare Haltung, sonst hätte Gabriele nie erlaubt, daß er sie bis hieher begleite.

Darauf »murmelte« Henri nur noch »für niemand und für sich selbst nicht: ›Worte, geschickte Worte, sie spielen mit der Rührung.‹« Erst als Gabriele korrigiert, sie habe die Begleitung Bellegardes nicht nur erlaubt, sondern sogar gefordert, ist der erlösende Augenblick gekommen, in dem die Erkenntnis, die Henri seit dem Eintritt in das Zimmer besaß: daß nämlich die um seine Liebe bangende Gabriele ihn nur eifersüchtig machen wollte, in das Gefühl eintreten kann: Mitleid übermannt ihn, er versöhnt sich mit beiden und verspricht Gabriele die Trauung noch am nächsten Tag.

Das Widersprüchliche einander durchkreuzender, ja lähmender Impulse (»So stand er lange am Fleck...«), das Zusammengesetzte des jeweiligen Entschlusses, weiter zu reiten, das Heraufdrängen des einen und das Abebben des anderen Gefühls und die Überlagerungen im Augenblick (»mit verringerter Kraft, aber derselben Wut«), das völlig spontane (»auf einmal«, »unversehens«), das verschobene und mehrfache Zutagetreten eines Gefühls, die Austauschbarkeit der Motive, das reizbare und reversible Ineinanderwirken von Gefühl, Gedanke und Situation, unwillkürliche Rück- und Nebenwirkungen, das Einholen des bloß Dahingesagten im Gefühl (»und sollte jetzt wahrhaftig daran glauben«), das entkräftete Auslaufen der schon überholten Regung (»murmelte für niemand und für sich selbst nicht«), die kontrastreichen Übergänge – von Eifersucht in Angst, in Gewißheit, in Resignation, in erneute Angst, in Zorn, von Zorn in Ratlosigkeit, Verstocktheit, in Mitleid, in Verständnis und Übereinstimmung, aus der spontan das Heiratsversprechen erwächst – werden mit bewundernswerter Klarheit in verhältnismäßig naiver Sprache bewältigt. Die Passage ist exemplarisch für die bewegliche Vielfalt und Kompliziertheit des Seelischen, für die ununterbrochene Kommunikation mit Örtlichkeit und Augenblick. Die Menschen Heinrich Manns handeln aus der Spontaneität fließender, sich »unversehens« verändernder Zustände, die das Gegenwärtige mit dem Vergangenen, das Vorbedachte mit dem Unwillkürlichen und Sprunghaften, das Verständliche mit dem Unbegreiflichen, mit dem Leichtsinnigen und Irrtümlichen vermengen. Z.B. gerät an anderer Stelle der Gesandte Venedigs in seiner Rede, statt Henri mit Caesar zu vergleichen, auf das Evangelium:

> ...es war nicht vorgesehen, es überraschte jeden und am meisten den Redner, der daraufhin abschloß. So tat auch Henri etwas Unerwartetes. Er reichte nicht, wie vorher verabredet, dem Gesandten die Hand ... er selbst sprang hinab und gab ihm ... die Akkolade usw. (VII,22).[3]

---

[3] Andere Beispiele: »Als er sich herwendete von der Wand, hatte er die Absicht, zu

In Gesprächen überlagern sich verschiedene Ebenen, die einzelnen Sätze sind oft lautgewordene Bruchstücke innerer Gedanken; Gesten, abrupte Wechsel des Gegenstandes, Verstummen und scheinbar zusammenhangloses Neubeginnen spiegeln ineinander übergehende Zustände. So endet, an Musil gemahnend, stumm ein Gespräch zwischen Henri und seiner Schwester Kathrin:

> Beide vollführten hier denselben, geschwisterlichen Abschluß eines Gespräches, das ans Ziel gelangt war, obwohl es viele Zweifel ungelöst gelassen hatte. Sie wendeten ungewollt die Hand um, das Innere nach oben; bemerkten es, lächelten einander zu, und der Bruder brachte die Schwester über die Felder zurück (VII,121).

Heinrich Mann vermeidet die Glättung des Spontanen und Widersprüchlichen zugunsten normativer Charakterzeichnung, er erzählt, indem er seine Gestalten in ihrem situationsbedingten Verhalten von Augenblick zu Augenblick schildert, indem er den jeweiligen Situationsverlauf als einen unter unendlich vielen möglichen, aus komplexen Voraussetzungen zusammenschießenden, in seiner kaleidoskopischen Veränderlichkeit facettiert. Mit diesem irrationalen Vortrag, der im KOPF expressionistisch übersteigert schon vollständig ausgebildet ist[4] und im HENRI QUATRE mit gelassener Meisterschaft ausgeübt wird, befindet sich Heinrich Mann in großer Montaigne-Nähe. Denn Montaigne wird nicht müde, die »inconstance«[5] unserer Handlungen, die unerschöpfliche

---

lachen und wollte sie nötigen, Vernunft anzunehmen. Bei ihnen angelangt, sagte er gegen sein eigenes Erwarten . . .« (VII,532). Und nachdem er Gabriele tief beleidigt hatte: »Erst nachdem es gesprochen war, begriff er, daß es nicht von ihm war; er hatte es nur nicht verhindern können. Kehrte um und ging hinaus« (ib.).

4 Vgl. die Begegnung Alice–Terra im Park (K., p.224). Dazu die Ausführungen Heinrich Manns über die »innere Schwäche« im Essay »Die geistige Lage«: »Szenen durchführen, bei denen man als Feinde anfängt, im Verlauf der Sache einen Bogen macht und mit Gefühlen endet, die nicht vorauszusehen waren . . . Eben darum sind in einem Roman jetzt die Selbstgespräche so wichtig. In ihnen begibt es sich, daß der Zeitgenosse umschwenkt und Selbstverräter wird. Jedes äußere, zur Not mit Würde geführte Gespräch ist begleitet von einem inneren, durchaus ehrlosen, darin beginnt der Monologsprecher mit Haß, gerät über Furcht und Verachtung bis an die Grenze der Hilfsbereitschaft, um dann wieder abzuirren ins Uferlose« (XI,374). – Auf den Anteil des Irrationalen in der Menschenschilderung H.M.s hat zum ersten Mal Weisstein (Humanism and the novel: an introduction to HM's »Henri Quatre«. In: Monatshefte 51 (1959), p.13–24) hingewiesen. Er erklärt sie in dem Aufsatz mit der expressionistischen Kunstauffassung, in der Monographie mit Montaigne: »Reaffirming the Expressionistic belief in the irrational . . .« wird im gleichen Satz ersetzt durch »Montaignes Praxis folgend . . .«. Es läßt sich aber ohne weiteres beweisen, daß H.M. bei Montaigne das Eigene wiedererkannte und nicht von dort übernahm.

5 Montaigne, II,2.

diversité, varieté, discordance, confusion meslange und instabilité des Seelischen und der menschlichen Dinge überhaupt zu beschreiben, und der Ritt nach Coeuvres mutet wie die Illustration mancher Sätze Montaignes an:

> Nostre façon ordinaire, c'est d'aller apres les inclinations de nostre apetit, à gauche, à dextre, contre-mont, contre-bas, selon que le vent des occasions nous emporte... Ce que nous avons à cett'heure proposé, nous le changeons tantost, et tantost encore retournons sur nos pas: ce n'est que branle et inconstance (II,3). Nous flotons entre divers advis: nous ne voulons rien librement, rien absoluement, rien constammant (II,4).

Auch Heinrich Mann könnte, in einer Hinsicht wenigstens, als Romancier jene Kernsätze der Menschenschilderung Montaignes sprechen, die den Essay DU REPENTIR einleiten:

> Les autres forment l'homme; ie le recite... Ie ne puis asseurer mon obiect. Il va trouble et chancelant, d'une yvresse naturelle... Ie ne peints pas l'estre. Ie peints le passage: non un passage d'aage en autre, ou, comme dict le peuple, de sept en sept ans, mais de iour en iour, de minute en minute. Il faut accomoder mon histoire à l'heure.[6]

Montaigne löst das abstrakte Ich, den einheitlichen Charakter klassifizierender Psychologie in eine unübersehbare Vielzahl punktueller Manifestationen dieses Ichs, in Einzelakte, Phasen und Schwingungen auf, er beschreibt es als fließendes Wesen (»c'est un subiect merveilleusement vain, divers, et ondoyant«)[7] als »Kontrastgeflecht«[8] seiner unabsehbaren Widersprüchlichkeiten. Darin stimmt Heinrich Mann mit Montaigne in erstaunlichem Maße überein, wenn er auch gerade diese Seite Montaignes nirgendwo hervorhebt. Er beläßt seinen Gestalten jene seelische Vielschichtigkeit, die sich nur am Verhalten in den wechselnden Situationen des Lebens Stück für Stück schildern läßt. Aber es bleibt bei ihm dann nicht bei der Ausschließlichkeit, mit der Montaigne auf dieser Seite der »humaine condition«[9] besteht.

»Branler« und »esbranler« sind Lieblingswörter Montaignes, denen »wanken« und »schwanken« bei Heinrich Mann entsprechen. Unbeständigkeit, Wechselhaftigkeit sind Wesensmerkmale nicht nur der menschlichen Verfassung, sondern auch der Verfassung der Welt:

---

6 Montaigne, III,20. Eine Interpretation dieses Kapitelanfangs gibt Erich Auerbach im Montaigne-Kapitel seiner »Mimesis« (Mimesis, Dargestellte Wirklichkeit in der abendländischen Literatur. Bern ²1959).
7 Montaigne, I,6.
8 Hugo Friedrich, Montaigne. Bern 1949, p. 191.
9 Montaigne, III,21.

Le monde n'est qu'une branloire perenne. Toutes choses y branlent sans cesse: la terre, les rochers du Caucase, les pyramides d'Aegypte ... La constance mesme n'est autre chose qu'un branle plus languissant.[10]

Dem entspricht ein Grundgefühl Heinrich Manns, sein geringes Vertrauen in die Verhältnisse des Lebens; auch er zeigt das Wechselhafte der Welt;[11] Absichten werden in ihr unvorhersehbar abgebogen oder durchkreuzt, das eben Erreichte zerrinnt unaufhaltsam, nichts wird deshalb endgültig erreicht;[12] jedes Ziel transformiert sich in »Arbeit«, das Leben in eine unvorhersehbare Strecke von »Mühe und Arbeit«, wie die feste Formel lautet.[13] In gewisser Hinsicht bleibt deshalb alles unvollendet (»Eher müßten wir unsterblich sein: so endlos haben wir zu

---

[10] Montaigne, III,20.

[11] Vgl. die Reflexe: »... unter wechselndem Licht aus den Wolken, die nicht verweilen – und so auch die Geschicke nicht« (VI,460). »Deutlich fühlt er den Wechsel und Wandel, gegen dessen Ansturm wir uns erhalten, und müssen standhaft sein« (VII,321). Ironisch: »Jetzt ist der Feind an der Reihe, dann kommen wir wieder daran« (VII,364). »Auch sie nicht und niemand ist verläßlich. Ich muß mir selbst helfen« (VI,313). »Nichts ist sicher, warum das böse Ende« (VII,369).

[12] »Vorbei, weiter, zuletzt ist nicht zuletzt« (VI,673). »Wer Erfahrung sagt, weiß gewöhnlich nicht, daß er Verfall meint« (VII,12). »... könnte fürchten, daß für ihn immer aufs neue alles von vorn beginnt wie hier.« »... erfährt auch, wie die Mühen des Lebens zurückfallen könne auf vorige Stufen« (VI,634; ferner VII, 354).

[13] »Denn eine gelungene Arbeit zieht sogleich die nächste nach sich« (VII,8). »Arbeit und Mühe« (VII,10; 315; 358; 371; 684; 744). Neben »die ersten Mühen und Freuden des Knaben« auch »während der späteren Mühen des Lebens« (Tag, p. 57). Alle »Arbeit« ist Arbeit an »Erdwerken«, ist Erfüllung der irdischen Bestimmung (vgl. die Belege zu »auf bloßen Füßen« s. o. p. 309). »Arbeit« und »Arbeiter« erfüllen sich in der Sprache Heinrich Manns mit eigenem Gewicht. Wie im Zola-Essay der »Arbeiter« Zola geschildert worden war und »Wahrheit« die »Seele seiner Arbeit« war (XI,180), so sind jetzt Henri und sein Minister Sully »zwei brauchbare Arbeiter« (VII,299) und wissen sich darin allem Volke gleich. Die Herkunft aufklärerischer Lebensdeutung aus dem Protestantismus, das Weiterleben säkularisierter christlicher Elemente im geistigen Raum Heinrich Manns läßt sich hier, wie auch an anderen Stellen, am Sprachlichen ablesen. Wie einst auch die Frühaufklärung die Arbeitsethik des Protestantismus übernommen hatte, so ist die Formel »Müh und Arbeit« Rest des biblischen »unsere Mühe und Arbeit auf der Erde, die der Herr verflucht hat« (1. Mose, 5,29), aber der Fluch ist der Bejahung des Irdischen gewichen. Das biblische »Im Schweiße deines Angesichts sollst du dein Brot essen, bis daß du wieder zu Erde werdest« (1. Mose, 3,19) wird aufgenommen: »Sehr lange hat er gearbeitet, hat sich Schritt für Schritt und im Schweiße seines Angesichts herangearbeitet an das Ziel« (VI,648), wird aufgenommen in dem Bekentnis: »Ich liebe die Schöpfung in Mühsal und Schweiß« (VII,99). Die Sprache des »Henri Quatre« ist des öfteren an die Luthersprache angelehnt, sie ist von Bibelzitaten durchsetzt, die zumeist den Traktaten und Memoiren der Hugenotten entnommen sind, die Gehalte aber werden säkularisiert (vgl. »Reich Gottes« und »Königreich«).
Aber auch die innere Form dieses Romanwerks wird davon berührt. Nicht so sehr

kämpfen...« VII,81), bis der »Ackermann« Tod, auch er ein un-
ermüdlicher »Arbeiter«, die Menschen hinwegrafft.

Aber wenn Montaigne sich weise in die Verfassung des Menschen
und der Welt einzubetten versucht – »conduire l'homme selon sa condition«[14] – »Nostre grand et glorieux chef-d'oeuvre, c'est vivre à pro-
pos«[15] –; wenn er ihre Veränderlichkeit und Vielfalt mit großer Freude
ausschmeckt und schmiegsam ohne Groll annimmt, so empfindet sie
Heinrich Mann stärker, schmerzlicher oder ironischer als einengende,
unabänderliche Bedingtheit ds Lebens, gegen die sich der Mensch kämp-
ferischer als bei Montaigne zu erhalten hat:

> Er leidet von Grund auf, weil nichts feststeht, nichts ihn schützt vor dem
> Abstieg und Verfall. Das Wissen hat niemals ausgereicht, was weiß ich.
> Aber unsicher wie das Wissen ist die Tat. Bleibt nur sein Mut und Festig-
> keit, und müssen ihm weiterhelfen von Stunde zu Stunde (VII,685).

Aus der Unsicherheit alles Menschlichen entsteht bei Montaigne wie bei
Heinrich Mann die Skepsis, darüber hinaus aber kennt Heinrich Mann
eine Festigkeit, sich tätig gegen den Strom der Veränderungen zu behaupten, die dennoch möglich ist; charakteristisch sind die gegenstrebi-
gen Reflexe »und müssen ihm weiterhelfen von Stunde zu Stunde«,
»Ich muß mir selbst helfen« (VI,313), »und müssen standhaft sein«
(VII,321). Diese »Festigkeit« ist Teil einer zwar auf die Grundverfas-
sung der Welt fügsam eingehenden, aber aktivistisch antwortenden
Haltung, von der noch zu reden sein wird.

Montaigne wendet sich skeptisch mit einiger Bewußtheit gegen die
typisierende und klassifizierende Menschenschilderung der voraufge-
henden Jahrhunderte, die nach ihm noch einmal in Descartes' TRAITÉ
DES PASSIONS Ausdruck fand. Aus seinen ESSAIS spricht eine intensive
und absichtliche Hinwendung zur Empirie. Er leitet damit eine Tradi-

---

äußere oder geistige Abenteuer, nicht Irrfahrten des Helden, sondern die reale
Auflösung des Lebens in eine unendliche Folge von »Arbeit und Mühe«, durch die
eine allmähliche Annäherung an nie zu erreichende Ziele geschieht, bilden den
innersten moralistisch akzentuierten Zusammenhang. Ähnlichkeiten bestehen, ins
Große gerechnet, weniger mit einer Odyssee als mit Don Quichotte. Bezeichnenderweise ist dem König, der den Roman wenige Jahre vor seinem Tode liest, »nicht
sehr wohl« (VII,811) bei dem Gelächter über Don Quichotte: zu sehr fühlt sich
der »Abgesandte der Vernunft und des Menschenglücks« dem Ritter gleich: »Jemand glaubt zu kämpfen, in Wahrheit wird er gefoppt ... und ist versessen auf
Taten, deren Unsinnigkeit jedem einleuchtet ... Der einzige, der zu ihm hält, ist
sein Knappe, ein guter Diener (= Rosny)« (VII,812). Vgl. auch die Bemerkungen
über Don Quichotte in »Die Bücher und die Taten« von 1918. Schon dort heißt
es: »Der Don Quichotte ist nicht sehr zum Lachen« (XII,20).

[14] Montaigne, III,428.   [15] Montaigne, III,418.

tion französischer Moralistik ein, die sich um unvoreingenommene, normfreie Beschreibung des empirischen Menschen bemüht. Auf das Ungewöhnliche, ja Vorausweisende von Montaignes Menschenauffassung und auf die Vorbereitung der modernen Seelenkunde durch die französische Moralistik hat Hugo Friedrich nachdrücklich hingewiesen.[16] André Gide meint sogar, daß es eines Dostojewski bedurfte, um wieder die verwirrende Widersprüchlichkeit des Menschen mit ähnlicher Intensität zu erfassen.[17] In Übereinstimmung mit dieser Tradition läßt sich bei Heinrich Mann gleichsam eine empirische Schicht des moralistischen Weltbildes nachweisen, in der jene Varietät und Diskontinuität, die Montaigne so wertvoll sind, uneingeschränkt zur Geltung kommen. Die außergewöhnliche Situationen- und Gestaltenfülle seiner Romane demonstriert eine vergleichbare Lust des Romanciers an der menschlichen Verschiedenheit. Während aber Montaigne mit Bedacht skeptisch bei der Aufzeichnung des Einzelnen und Individuellen stehenbleibt, ja den einzelnen Augenblick als so nie mehr wiederkehrend isoliert und »diversité« zur »plus universelle qualité«[18] erklärt, greift an diesem Punkt bei Heinrich Mann das generalisierende Bestreben seines Denkens ein, und während Montaigne wenige Jahrzehnte vor Hugo Grotius »noch einmal die ganze, seit der antiken Skepsis geläufige und in seinem Jahrhundert oft wiederholte Beweisführung g e g e n die Naturrechtsidee«[19] zusammenfaßt, setzt Heinrich Mann auch in den HENRI-QUATRE-Romanen die naturrechtlich-revolutionäre Utopie der Vernunft, gipfelnd im GRAND DESSIN des Königs, dem Bestehenden und Unrechten entgegen. Zwischen seiner Kritik am Bestehenden und Verderbten aus dem Standpunkt einer denkbaren moralischen Vollkommenheit und der konservativen Haltung, mit der Montaigne selbst ungerechte Gesetze bejaht, weil der Staat erfahrungsgemäß dennoch besteht und willkürliche Eingriffe ihn erschüttern würden,[20] gibt es keine Verbin-

---

16 Vgl. Friedrich, a.a.O., p. 192/93 und passim.

17 André Gide, Essai sur Montaigne. Œuvres complètes, Edition augm. d. textes inédites, établie p. L. Martin-Chauffier, 15 Bde., 1932–1939, Bd. XV, p. 13.

18 Montaigne, II,613. Dazu die wichtige Stelle aus dem Essay »De l'expérience«: »La conséquence que nous voulons tirer de la ressemblance des événemens est mal seure, d'autant qu'ils sont tousiours dissemblables: il n'est aucune qualité si universelle en cett' image des choses que la diversité et varieté ... La ressemblance ne faict pas tant un comme la différence faict autre« (III,360/61).

19 Friedrich, a.a.O., p. 236.

20 »Les loix mesmes de la iustice ne peuvent subsister sans quelque meslange d'iniustice« (II,467). »Or les loix se maintiennent en crédit non par ce qu'elles sont iustes, mais parce qu'elles sont loix. C'est le fondement mystique de leur authorité ...« (III,370; vgl. III,218ff.).

dung. Dem Pflichtbegriff der Hoffnung aus kantischer Sicht, dem Als-ob der praktischen Vernunft, wie es Heinrich Mann formuliert – »Wir können glauben, daß die menschliche Lage der Verbesserung zugänglich sei, müssen alles tun, damit sie es wirklich sei« – steht unvereinbar die Überzeugung Montaignes »Le monde est inepte à se guarir«[21] entgegen, der Auffassung Heinrich Manns »Der Staat hängt einzig ab von uns Menschen ... selbst für sich verantwortlich, erfüllt ein Volk seinen Staat mit seinen schöpferischen Kräften ...« (XII,15) die Meinung Montaignes »La conservation des estats est chose qui vray-semblablement surpasse nostre intelligence«.[22] Wie jedoch die kantische und die Montaigne-nahe, skeptische Schicht seines moralistischen Erkenntnissystems ineinandergreifen, erhellt sehr genau aus dem Satz: »Sein ›Que sais-je‹ gilt für Welt und Überwelt: nicht für unser sittliches Bewußtsein« (Z. 189).

Die Gemeinsamkeiten der moralistischen Sicht sind jedoch deshalb noch nicht erschöpft. Als Hauptzüge im Menschenbild Montaignes hebt Hugo Friedrich den niedrigen Ansatz der *dignitas homini*, eine neue vorbehaltlose Bejahung des erniedrigten, kreatürlichen Menschen und die Rückwendung Montaignes zum eigenen Ich hervor. Eine ähnliche Erniedrigung und Bejahung des kreatürlichen Menschen besitzt aber auch grundlegende Bedeutung für Heinrich Mann; die Erniedrigung vor allem ist geeignet, bestimmte Seiten der »condition humaine« zu erhellen.

Eines Tages wird dem jungen König eröffnet, seine verstorbene Mutter, die Königin Jeanne, habe im dreiundvierzigsten Jahr ohne den Segen der Kirche eine Gewissensehe geschlossen, der ein Kind entsprossen sei; sie habe auch bekannt, »daß sie die Enthaltsamkeit nicht länger einhalten könne« (VI,513). Jäh bricht nun das Bild, das Henri von seiner geliebten Mutter hatte, zusammen. Mit »zerrissenem Innern« (VI,513) sucht er im Gefecht den Tod »zur Abkürzung der Zeit, in der er sich noch müßte erniedrigen wie seine Mutter« (VI,514). Dann aber nimmt die Königin für ihn ein »neues Gesicht« (VI,515) an, sie erscheint nunmehr »vergrößert durch gehäufte Schicksale – sonst aber wie jemals, fromm, mutig und rein«. Das ursprüngliche Bild der Glaubensstreiterin Jeanne ging »zu weit« über ihre wahre Beschaffenheit hinaus und wird notwendig abgetragen, die Desillusionierung jedoch führt zu einem neuen Gewahrwerden der menschlichen Wirklichkeit. Auf dieser zuerst als demütigend empfundenen niedrigeren Ebene erfolgt eine neue

---

[21] Montaigne, III,221.   [22] Montaigne III,222.

Bejahung; daß auch die strenge Hugenottin am Menschlich-Fehlerhaften teilhatte, läßt sie nur noch größer erscheinen. Es kommt Heinrich Mann, wie auch Montaigne, darauf an, die konkrete, ungeschminkte Verfassung des Menschen in der Erniedrigung bloßzulegen und eine neue Würde im Mut zu zeigen, sie anzunehmen, in ihr zu leben. Deshalb gelangt Henri schließlich zu der Deutung, die Königin sei »vergrößert durch gehäufte Schicksale«, deshalb erscheint aber auch an anderer Stelle die wunderbare Tugendhaftigkeit der Protestantin Madame d'Orange als Mangel und Fehler. Diese bekennt:

> Ich gehe durch die Ereignisse als immer gleiche: das ist ein großer Mangel. Wir sollen mit Gebrechen behaftet sein, damit wir sie heilen können durch unsere Erkenntnis und Willenskraft. Ich hatte gar nichts abzulegen, weder Hochmut noch Ehrgeiz und Eigennutz. ... Und das alles kostet mich nichts: da liegt der Fehler. Ich kämpfe nicht, mich lenkt ein heiterer Starrsinn, den man aus Irrtum tugendhaft nennt ... Ich glaube, daß die Dunkelheiten der Seele nicht zu kennen, Gleichgültigkeit verrät, und niemals irren, bei unserem Herrn im Himmel heißt es Lauheit ... (VII,444)

Aber auch dieses BEKENNTNIS EINER SCHÖNEN SEELE ist nach dem Kommentar, den Heinrich Mann in ZEITALTER einfließen läßt, noch nicht der Wahrheit angemessen:

> Nun verkennt sie hierin die Idealisierung ihrer eigenen Fehlerhaftigkeit. Wie sie sich haben will, ist sie nie gewesen. Dieses Maß von Unbeteiligtheit an den allgemeinen Leidenschaften kennen wir nicht ... (Z. 213).

Die Tugend wohnt, wie es an einer Stelle heißt, »abgeschlossen im Geist« (VII,434), aber deshalb befreit sie ihren Träger nicht von seiner Menschlichkeit. So verliert Mornay, der führende Theologe und Diplomat der Hugenotten, nahezu den Verstand, als ein Schlag über den Kopf, den er erhalten hatte, nicht sogleich an dem Täter, Herrn de Saint Phal, gerächt werden kann. Die schließliche Genugtuung, nach der er »gegiert, gejagt, gestöhnt und irre geredet all die vielen Monate lang« (VII,472), entartet jedoch zur lächerlichen Szene. Bedeutsam ist, daß Heinrich Mann, der sonst bei der Darstellung Mornays sich eng an dessen Memoiren hält, alles Beschämende und Erniedrigende der Saint Phal-Affaire erfunden hat.[23]

Auch für Henri von Navarra wird die Zeit der Erniedrigung, die dreijährige Gefangenschaft im Louvre nach der Bartholomäusnacht,

---

[23] Vgl. Hadwig Kirchner-Klemperer, Heinrich Manns Roman »Die Jugend und die Vollendung des Königs Henri Quatre« im Verhältnis zu seinen Quellen und Vorlagen. Ein Beitrag zum Thema »Historischer Roman«. Diss. phil. Berlin (Humboldt-Universität) 1957, p. 175–178. Andererseits übergeht er, daß Mornay nach

eine unersetzliche Station in der Schule des Lebens. Die Gefangenschaft ist selbstverschuldet; um der Liebe zu Margot von Valois willen schlug er alle Warnungen in den Wind und verschuldete den Tod seiner Gefährten. »N'est-ce pas que vous saviez tout, et depuis longtemps, mais que vous n'aviez jamais voulu écouter votre conscience?« (VI,304) wirft ihm die moralité vor. »Machtlos und ein Gespött« (VI,328), in frivole Zerstreuungen versunken, nimmt Henri in dieser Zeit die Demütigungen des Hofes hin, sein Leben stagniert in Schande. »Die tiefste Stufe erreichte Navarra, als er, um den König zu verraten, zusammenging mit dem Geliebten seiner Frau« (VI,368). »›Ich kann nicht tiefer sinken‹ klagte der Unglückliche« (VI,371; VII,159). Dann aber setzt er »merkwürdigerweise« hinzu: »Ich habe die unterste Stufe erreicht – und die ist die sicherste.« Dies waren aber Worte, die Henri in seiner ersten Unterredung mit dem Edelmann aus Perigord, Montaigne, am Strand von La Rochelle vernommen hatte.[24] »Auf der untersten Stufe« findet er sich nach einer kopflosen Flucht als Gefangener hinter Gittern wieder; seine Besinnung setzt ein: »War ich denn geistesgestört? Warum ... habe ich das alles getan?« (VI,371). Auf dieser »untersten Stufe« ist Henri am Ende der »Schule des Unglücks« (VI, 305) angekommen, sie leitet ein DIE BLÄSSE DES GEDANKENS überschriebenes Hamlet-Kapitel ein, in dem er »am Handeln verzweifelte« und »sich dem Philosophieren ergab« (VI,355) und an dessen Schluß der »Aufbruch«, die gelungene Flucht aus dem Louvre steht.

Wiederum zeigt sich jene Bewegung. Die äußerste Herabwürdigung und Entblößung enthüllt erst den wahren Stand der menschlichen Fragwürdigkeit und Ohnmacht, doch auch die Kräfte, die dem Menschen, zurückgeworfen auf sich selbst, noch verblieben sind. Die Entwürdigung kann erst auf der »untersten Stufe« zum Stillstand kommen; diese aber wird zur Ausgangslage eines bescheideneren, wissenderen, gefestigten Neubeginns (»C'est le siège de la constance«), zur Ausgangslage jener »Festigkeit« Heinrich Manns, in der die stoische »constantia« weiterlebt. Wie tief freilich die »unterste Stufe« liegt,

---

dem Schlag über den Kopf »mit l'épée à la main et dispersa les assassins« (Lettres intimes de Henri Quatre. Hrsg. v. L. Dussieux, Paris 1876, p. 274). Auch die geheime Ehe der Königin Jeanne ist aus keiner der von Kirchner-Klemperer durchgearbeiteten Quellen zu belegen. Eine Reihe weiterer Quellenvergleiche führen zu ähnlichen Resultaten, werden aber von Kirchner-Klemperer nicht im Zusammenhang eines moralistischen Menschenbildes ausgewertet.

24 Vgl. VI,360. Die Stelle bei Montaigne lautet: »... d'où ie ne puisse aller plus bas, et y cherche seurté« und »La plus basse marche est la plus ferme. C'est le siège de la constance. Vous n'y avez besoing que de vous« (II,426).

wie unrettbar schließlich ein Mensch verkommen kann, zeigt kontrastierend die Erscheinung des Olivier, der in einem Kellergeschoß des Louvre vegetiert und doch einst ein »würdiger Mann« (VII,279), der Verwalter des Louvre, gewesen war.

In dem neuen Verständnis der Königin Jeanne achtete Henri ihre Ergriffenheit von den Leidenschaften, ihre Teilhabe an der menschlichen Schwäche, die »im Plane Gottes mit einbegriffen« (XI,129) ist und zu den Wesensmerkmalen des Menschen schlechthin gehört. In einer säkularisierten, d.h. der heilsgeschichtlichen Deutung beraubten Gestalt lebt die christliche conditio humana, das Bewußtsein der Kreatürlichkeit und Sündhaftigkeit, bei Heinrich Mann, wie einst bei Montaigne, mit großer Intensität weiter. Nicht zufällig stimmt Henri im Fieber Psalm 88, einen Klaggesang »von der Schwachheit der Elenden« an. Und bei Montaigne lassen sich mühelos zahlreiche Variationen zu dem Thema »La plus calamiteuse et fraile de toutes les créatures, c'est l'homme«[25] finden. Je mehr einer liebt, um so mehr leidet er, um so tiefer verstrickt er sich schuldhaft in die Welt und ihre Schande, um so mehr irrt und verwirrt er sich – dies ist auch mit dem öfters in den Romantext eingewobenen »Und hätte der Liebe nicht« des Korintherbriefes[26] verbunden. Die Liebe erscheint als Ursprung der Kraft wie auch aller erniedrigenden Verirrungen Henris. Jeder seiner Lebensabschnitte ist mit der Liebe zu einer Frau verbunden; »die geliebteste Frau seines Lebens« (VII,109) und Anlaß der größten Abweichung von seiner »Sendung« ist Gabriele d'Estrées. »Für alles, was er tut, ist sein ursprünglicher Antrieb das Geschlecht und die gesteigerte Kraft, die es hervorbringt durch seine Entzückung« (VII,42). »›Tief innen bin ich heiter; und alle entzücken sie mich.‹ Er meinte die Frauen, das ganze Geschlecht« (VII,45; vgl. VI,217; 258; VII,152; 825).[27] »Die Frauen sind der Maßstab: ob sie ihn begeistern oder er sie mißachtet. Sie sind das Leben selbst und wechseln mit ihm an Wert« (VI,588). Liebe aber bedeutet ein Doppeltes: »Du wirst, wie er, in der Liebe über alle Stufen gehn, geläufig werden dir zuletzt sein ihre gesamten Schmerzen, die Heiligung und Erniedrigung derer, die viel lieben« (VI,436). Die Liebe begeistert Henri zu seinen Taten, ihretwegen nimmt er aber auch »De-

---

[25] Montaigne, II,158.

[26] 1. Kor. 13,1. »Und wäre einer kunst- und siegreich, hätt aber der Liebe nicht –« (VII,22; ferner VII,441; 443; Z. p. 252). »Ich habe selbst der Liebe nicht« (VII, 666). »›Wir könnten alles verlieren‹, flüsterte er ihr zu. ›Verlören doch unsere Liebe nicht.‹« (VII,472).

[27] Vgl. die Betrachtungen über die Liebe im Leben Goethes, Henri Quatres, Friedrich des Großen, Napoleons, Bismarcks, in: »Zeitalter«, p. 249–253.

mütigungen jeder Art, freiwillige Blindheit und Verletzungen der Scham« (VII,96) auf sich, »dieser Punkt, fast nur dieser, blieb immer verwundbar bei Henri« (VI,504) »und der Alternde sinkt unter sich selbst herab durch Leidenschaften, mit denen er sich noch einmal Jugend vortäuscht« (VI,505 u. VII,640); »zutage liegt, daß die Gefühle des Königs verirrt sind. Nur immer zu« (VII,649).

Überall zeigt Heinrich Mann die »verwundbaren« Punkte, die Verirrungen seines Helden, sie gehören zu der mit Montaigne einzugestehenden Unvollkommenheit des Menschen,[28] aber sie schließen seine Größe nicht aus, wie auch die Königin weiterhin »fromm, mutig und rein« blieb. Vor allem ist hier der Triebnatur des Menschen zu gedenken. Heinrich Mann steht bewußt in einer langen, antiken und christlichen Tradition, die den Menschen als »société et iointure du corps et de l'âme,[29] als leibseelisches Doppelwesen »d'une condition mixte«[30] versteht. Der Mensch ist, wie erhaben seine Gedanken sein mögen, ein kreatürliches, stets an seine irrationale und körperliche Beschaffenheit, an seine »condition fort moyenne«[31] gebundenes Wesen. »C'est tousiours à l'homme que nous avons affaire, duquel la condition est merveilleusement corporelle«[32] betont Montaigne immer wieder. »Le corps a une grand' part à nostre estre, il y tient un grand rang; ainsin sa structure et composition sont de bien iuste considération.«[33]

Auf das »kreatürliche« Menschenbild schon des Alten Testamentes im Gegensatz etwa zur Welt Homers hat Erich Auerbach hingewiesen.[34] Die ESSAIS Montaignes, die Auerbach der gleichen »kreatürlichen« Tradition zurechnet, sind von Erinnerungen an die Bindung des Menschen an seine »condition mixte« erfüllt: »Ils veulent se mettre hors d'eux et eschapper à l'homme. C'est folie; au lieu de se transformer en anges, ils se transforment en bestes; au lieu de se hausser, ils s'abattent«.[35] Eben dies widerfuhr den hysterischen Ästheten im Frühwerk Heinrich Manns, heroisches Leben und Rausch ließen sie die bloße mittlere Menschlichkeit »sans miracle et sans extravagance«[36] verfehlen. Hieraus erwächst bei Montaigne wie bei Heinrich Mann die moralistische Thematik von der unwiderruflichen Beschaffenheit des einmaligen Lebens: »C'est de pareille vanité que nous désirons estre autre chose que nous sommes«.

---

28 »Mais les imperfections qui sont en moy ordinaires et constantes, ce seroit trahison de les oster« (III,114). »Nostre bastiment, et public et privé est plain d'imperfection« (III,2) »imperfection et défaillance« (I,86).
29 Montaigne, II,419.   30 Montaigne, III,417.
31 Montaigne, II, 168.   32 Montaigne, III,186.
33 Montaigne, II,518/19. 34 Auerbach, Mimesis, Kap. I, Die Narbe des Odysseus.
35 Montaigne, III,430.   36 Montaigne, III,431.

Und mit großem Nachdruck Heinrich Mann im EMPFANG BEI DER WELT:

> Wir mögen aus uns fortverlangen, wir haben endgültig nur dies eine Geschick, das wir selbst sind, außen und innen, von den Fingernägeln bis zum Geschlecht. Nichts kann meine Haut ändern, niemand mich in ein neues Leben führen ... (E. 257).

Und eben dort, aber milder: »Erfahren und alt, hat er dem unbekannten Willen, der ihn schuf, schon lange zugestimmt« (E. 93).

Das moralistische Erkenntnisgefüge im Spätwerk ist auf die bewußte, gelassene Annahme dieser »condition mixte« und auf die Zügelung alles Extremen im Geiste Montaignes zur Mitte hin ausgerichtet. Daraus fließt der »nature tempérée et moyenne« »merveilleusement équilibrée« (VII,378) Henris und allen Erscheinungsformen der Mitte, sei es der Mitte des Leibes als Sitz des Sonnengeflechts, oder Gabriele (»Du bist die Mitte und bist mein Glück« VII,367) oder Tours (»der besonders maßvolle Mittelpunkt seines stürmischen Königreiches« VI,647) das besondere Pathos zu: »Ein mittlerer Mann, um nicht zu sagen eine Mittelmäßigkeit. Könnt er mein Beispiel sein!« (VII,242). Es fehlen aber auch sonst nicht jene Gemeinplätze der Moralisten, wonach die menschlichen Qualitäten stets vermischt seien und ineinander übergehen: »Denn während ihrer größten Regungen vergessen die Menschen ihre ganz gemeinen keineswegs« (VI,159). »Aus Tugenden werden, bevor man es sich versieht, Fehler, während die Fehler, so scheint es, auch Lob verdienen« (Z. 142); es fließt auch die skeptische Weisheit Montaignes ein: »Ein Mann von guten Sitten kann falsche Meinungen haben. Die Wahrheit kommt vielleicht aus dem Munde eines Bösewichts, der gar nicht an sie glaubt« (VII,216).[37] Von dem Satz der Voltaire-Gestalt Mr. Friend »Betet Gott an, seid gerecht und tut wohl: das ist der ganze Mensch« (Z. 161) distanziert sich Heinrich Mann im ZEITALTER: dieser Prediger »hätte nicht verstanden, wie man sich, anstatt des ganzen Menschen auf den halben einigen kann.« Der »halbe Mensch« ist hier aber die ironische Bezeichnung des in Wahrheit »ganzen Menschen« und seiner vielschichtig-komplexen Beschaffenheit, wie sie der Moralist als Beobachter des empirischen Menschen wahrnimmt. Wie dieser Mr. Friend so redet Henris Schwester Catherine »gut und schön« (VI,489), ehe sie an sich selbst der komplizierteren Wirklichkeit inne wird. Die empirische Beschaffenheit und der Vernunftbegriff des Menschen gehen weit auseinander und machen doch für Heinrich Mann erst zusammen das Bild des »ganzen« Menschen aus.

---

[37] Montaigne: »Un homme de bonnes meurs peut avoir des opinions fauces, et un meschant peut prescher vérité, voire celuy qui ne la croit pas« (II,518).

348

Im Roman manifestiert sich das kreatürliche Menschenbild nach verschiedenen Seiten und an verschiedenen Motivreihen. So bleibt der Lebensanteil der körperlich-sinnlichen Sphäre stets gegenwärtig. Hunger und Durst Henris werden genau vermerkt: »Der König aß im Stehen sein Butterbrot, während er scherzte...« (VII,90). »Sie verschlangen, womit die riesigen Schüsseln beladen waren; Henri so viel wie einer« (VI,616). Der König wird ebenso nackt im Bad wie im Purpur hoch zu Roß geschildert. Seine Krankheiten werden mit eben der Sorgfalt beachtet, die Montaigne den Leiden des Körpers zukommen ließ. An den rätselhaften Schwäche- und Fieberzuständen des Königs vergegenwärtigt Heinrich Mann Wechselwirkungen des Körperlichen und des Seelischen: solche Zustände sind die Kehrseite der anstrengenden Selbstbeherrschung – die »überanstrengte Seele« entlädt sich »in eine Hitze des Körpers« (VII,543) – in ihnen brechen die zurückgestauten Ärgernisse aus:

> War einfach, mild und guter Laune, und gerade infolgedessen sollte er nachher das heftige Fieber bekommen – dasselbe, das ihm für seine großen Anstrengungen und die erreichten Wendungen des Lebens jedesmal die Quittung erteilte (VII,291).

Die Fieber versetzen den König in Hilflosigkeit, »er mußte immerfort umgebettet werden, unablässig brauchte er Kühlung sowie auch Zuspruch« (VI,551), sie führen die Bedingtheit der condition humaine, die wie bei Montaigne auch in ihren peinlichsten Konsequenzen zur Kenntnis genommen wird, vor Augen:

> Er sah nicht mehr klar und wußte, daß er unzusammenhängend sprechen würde, wenn er spräche. Er legte sich nieder, die Ärzte verrichteten an ihm, was sein mußte, wodurch die gesteigerte Erregbarkeit umgewandelt wurde in Teilnahmslosigkeit (VII,318).

In der Schwäche spürt der »Held« Heinrich Manns »das Wanken des geistigen Innern, das Versagen der natürlichen Sicherheit, die Angst, die Angst« (VI,551), er glaubt sich »als Mensch geschlagen, verworfen, gestrichen, unfähig zur Vollendung der Arbeiten und Mühen, denen er sich sonst gewachsen hielt« (VI,552). Körperliche Schmerzen erduldet Henri stoisch, »schwerer zu dulden ist das Bewußtsein, daß dieser Leib nicht mehr genügen will« (VII,543), und so bleibt dem König vom ersten Versagen des Körpers eine seltsame Schwermut, die auf der Höhe des Ruhms ein erstes Zeichen der beginnenden »Abkehr« vom Leben ist.

In der allen gemeinsamen Kreatürlichkeit wurzelt ferner das Bewußtsein der Gleichheit der Menschen – »...rechts die Tafel der geistlichen, links die Tafel der weltlichen Herren, alle eifrig dabei, sich zu sättigen: darin waren sie wie er« (VII,242) – das Bewußtsein der »condition fort moyenne, sans aucune prérogative, praeexcellence vraye et essentielle«.[38] Im Umgang mit »seinesgleichen« hat Henri stets das beglückende Gefühl menschlicher Gleichheit, es ist ein seinem warmblütigen Naturell entsprechendes naives Liebesgefühl, er hat das »große Herz für die Menschen« (VI,461). Nur wenn dieses Liebesgefühl in der äußersten Erniedrigung in Haß umschlägt, fühlt er bezeichnenderweise die Menschen »zu nahe«, fühlt er »Bedrängnis durch die Leiber von seinesgleichen« (VI,332) in der Menge.

In dem großen König bleibt stets der geringe Mensch lebendig, die Selbsteinschätzung Henris entspricht dem Montaigne-Satz: »pour moy, ie ne suis qu'homme de la basse forme«.[39] Im Bewußtsein der Gleichheit wurzelt seine Selbstbescheidung; durch absichtliche Herabstimmung seiner äußeren Würde bewahrt er seine innere. Sie bleibt gerade dann unangetastet, wenn er sich, wie es gelegentlich geschieht, dem Gespött des Hofes absichtlich preisgibt. Einen anderen Reflex liefert die Episode, als während eines Ballspieles des Königs brüchiges Hemd zerreißt. Das Volk aber findet, nicht ohne daß Henri diesem Urteil nachhilft, daß er in seinem zerrissenen Hemd »erhabener« (VII,246) als in dem »unwahrscheinlichen Gewand« des Krönungsornats aussähe.

Beziehungsvoll heißt es schon von dem Knaben beim Arzt, er fühle sich »sonderbar allein, entkleidet, vollkommen sichtbar, auch die Fehler, auch das Schlechte« (VI,48). Im Gegensatz zu Mornay, der »an dem Fürsten, den er sich erwählt hatte, nichts Tadelnswertes« (VI,504) ertrug, weiß dieser: »Allen hafteten Untugenden an, manche häßliche sogar« (VI,506). Ausdrücklich wirft das Kapitel DIE ARME ESTHER (VII,149) den König später noch einmal auf die »unterste Stufe« zurück; im Zusammenhang verschiedener Ereignisse sieht er: »Nach allen Regeln und seinem wirklichen Bewußtsein hätte er anders handeln müssen...« (VII,153), begreift er Zusammenhänge »seines Unglücks mit seiner Schuld« (VII,159), begreift er, daß er, trotz seines guten Willens, im Leichtsinn Todesopfer verschuldet, daß er sein Wort gebrochen hat (VII,118); in diesem Kapitel gibt der sonst so humane Fürst den verzweifelten Befehl, Gabriele und ihren Liebhaber zu töten. Später wird ihm bewußt: »Ich mußte Recht und Unrecht tun von Tag zu Tag« (VII,792), wie es der skeptisch erkannten Verfassung der Welt und der Unvollkommenheit des Menschen entspricht.

---

[38] Montaigne, II,168.   [39] Montaigne, III,226.

So ist Geist und Leidenschaft, Größe und Allzumenschliches, Festigkeit und Gebrechlichkeit, Verdienst und Verschulden Henris ineinander verschlungen und eines nicht vom anderen zu lösen. Das zeigt sich auch in der Art, wie Heinrich Mann den Vorwurf Michelets, Henri habe sich durch die Liebe zu Gabriele und zu seinen Kindern von der politischen Aufgabe abbringen lassen,[40] in der Durchführung auflöst. Aus der Liebe nähren sich alle übrigen Kräfte Henris, diese zeitraubende und das politische Kalkül behindernde Liebe erst ergibt den vollen Klang der zu zeigenden komplexen Menschlichkeit und kann nicht beliebig ausgesondert werden. Die den bloßen Vernunftbegriff des Menschen ergänzende Labilität und Irrationalität, das Verworrene (»War ich denn geistesgestört?«) und Triebhafte, das Schwankende, Irrende, das Unregelmäßige und Mangelhafte des »ganzen Menschen« gewinnt in dieser Montaigne-nahen Romanschicht differenzierte Gestalt, Sinn und exemplarische Bedeutsamkeit; auch in dieser Hinsicht gilt, daß das epische Bild aus der moralistischen Erfahrung oder Forderung folgt und in sie mündet, doch geht das Belehrende in hohem Grad in das Anekdotische und in die Anmut ironischer Weisheit ein. Das Tadelnswerte an diesem »Abgesandten der Vernunft und des Menschenglückes« wird nicht hinwegretuschiert, und der Leser Heinrich Manns muß lernen, den König noch in seiner menschlichsten Schwäche zu ertragen, ohne an seiner Größe zu zweifeln. Sie ist keine idealische Größe, vielmehr besteht sie in der unentwegten Annahme und menschlichen Bewältigung der jeden starren Begriff übersteigenden, unwiderruflich vorgegebenen »condition humaine«.

Zu ihr gehört ebenfalls, was Heinrich Mann im ZEITALTER die »Ruhelosigkeit des Menschenherzens« (Z. 499) nennt. Dort bekennt er:

Was rührt mich? Die geheime Unzuverlässigkeit hinter einer Stirn, die gern hart und treu wäre. Der Gefährte, dessen Herz nicht sicher ist. »Toujours ce compagnon dont le cœur n'est pas sûr« – wenn das nur die Frauen wären! Die unterwegs liegengebliebenen Vorsätze, vergeblichen Hochgefühle, Freundschaft, die vergessen wird, die Sehnsucht nach ewiger Liebe in einem Leib, dessen Zellen unbeständig sind (Z. 498).

Und aus dem Granit-Aufsatz Goethes zitiert er den »eingestandene(n) Grund seiner Naturforschung«:

---

[40] Michelet über d. Verhältnis zu Gabriele: »Vrai roman, où les difficultés apparentes menagèrent, augmentèrent l'amour, de manière à fixer dix ans le plus mobile des hommes, et faire du plus spirituel des rois un bourgeois, un père crédule, assoti de ses enfants.« (Jules Michelet, Hist. d. France, Bd. X, La Ligue et H. IV, p. 407.)

Ich fürchte den Vorwurf nicht, daß es der Geist des Widerspruches sein müsse, der mich von Betrachtung und Schilderung des menschlichen Herzens, des jüngsten, mannigfaltigsten, beweglichsten, veränderlichsten, erschütterlichsten Teiles der Schöpfung zu der Beobachtung des ältesten, festesten, tiefsten, unerschütterlichsten Sohnes der Natur geführt hat (ib.).

Bedeutsam in das Irrationale des Herzens wie der Wirklichkeit eingelassen erscheinen auch die großen Lebenskrisen Henris (Bartholomäusnacht, der Übertritt zur katholischen Kirche, der Tod Gabrielens) und die Gewissensqualen, die sie begleiten. Sie enden nach wechselvoller, in allen Phasen geschilderter Unentschiedenheit in einem Entschluß, in einer neuen Haltung, die ebenso überraschend und schwer verständlich erscheinen, wie sie im Tiefsten und für Henri selbst geheimnisvoll herangereift sind:

> Die großen Wendungen seines Lebens, ein Mensch wie Henri vollzieht sie weder infolge langer Berechnungen noch durch sprunghaften Entschluß. Er nimmt die Richtung, während er es nicht weiß, oder weiß es schon und kann es nur nicht glauben. Er wird dorthin geführt, erkennt zeitweilig die ungeheure Zumutung, sie liegt aber in weitem Felde. Der Weg ist angetreten, die Umkehr wäre schwer, das Ziel wird bezweifelt, höchst unglaubwürdig ist die Ankunft, auf einmal ist man da, es war ein Traum (VII,191).

Die Meditationen, die seinem Übertritt zur katholischen Kirche vorangehen, tragen Henri über das Denken hinaus, und die Vernunft läßt ihn im Stich, er verbringt schlaflose Nächte im »Lauschen auf etwas Unbekanntes« (VII,195). Erstaunliche Worte, undenkbar für den Heinrich Mann der mittleren Periode, folgen:

> Das Denken hilft nicht, nur das Lauschen. Wenn es in mir am stillsten wird, klingt eine Geige, ich weiß nicht woher. Sie hat einen dunklen Ton. Wär wahrhaftig die rechte Begleitung. Mir fehlt nur das Wort. Ich bin zu sehr erstaunt (VII,196).

Dieser Geigenton, der ferne Assoziationen an Glück, Sommer und Kindheit beschwört,[41] erklingt an mehreren Stellen und findet, wie

---

[41] Vgl. die Vorstufe in der »Jagd nach Liebe«: »Man meinte die Luft singen zu hören. Wie ein geheimnisvoller Flötenton kam es hinter den ersten Bäumen des Waldes hervor. Müde und bekränzt streckte sich der Sommer ins Gras« (5,321). Die Fortbildung: ». . . an einigen Sommertagen wurde man davon zum glücklichen Kind . . . Wie bald verweht, o duftiges Paradies – die Läufe, Lieder, Küsse, Sträuße, in der Laube eine heimliche Liebkosung, und hinter dem Hügel zittert ein Geigenton –: wie bald verweht, o duftiges Paradies« (VII,164; ferner 196; 205; 206). – Zur Entstehung des Motivs ein früher Beleg aus dem 1892 veröffentlichten »Wald- und Wiesenmärchen« (= Zenker II,80): ». . . leise, leise Geläute von ganz fernen Kuhglocken . . . Es kommt aber nichts (sic) darauf an, daß es gerade Kuhglocken sind, mir scheint der zarte, schwingende Ton der natürliche musika-

zwar das Unwirkliche oft bei Heinrich Mann, eine natürliche Erklärung, dennoch erweckt er die Ahnung eines unfaßbaren Leitenden, dem Henri sich anheimgibt. Auch in dem »Mysterium des Unrechts« (VII, 161; 163; 180), daß der »Bau der Christenheit« sich trotz der zerstörten Säulen erhält »als ob er schwebte«, ragt das vollkommen Unbegreifliche in den Roman.[42]

Schließt man sentenziöse Splitter, die über die letzten Romane EMPFANG BEI DER WELT und DER ATEM verstreut sind, an, so läßt sich daran das Wachsen einer Haltung ablesen, in die lebenslange Beobachtung des Menschlichen einmündet, das Wachsen der Skepsis und, mehr auf das Persönliche eingeschränkt, der Resignation. »Wo immer Dinge sich begeben, ergänzen sie Zwecke, die insgesamt keiner kennt, bevor sie erfüllt sind, und nachher auch nicht« (E. 179). »Alle empfanden, daß weder Pflicht noch Glauben unzweideutig feststehen. Man geht durch ein verirrtes, verwirrtes Leben. Fraglich ist sogar die Schuld, vor allem die Schuld« (A. 338). Dies sind Klänge aus den spätesten Jahren Heinrich Manns, Klänge tiefster Resignation eines, der nun »entlassen wird aus der Welt, wo vieles nicht recht war« (A. 308), eines, der erfahren hat »Die guten Zeiten kommen nie, aber mit den Schmerzen, die übrigens in reicher Auswahl wechseln, auszukommen lernen, ist eigentlich die Lehre, wie man lebt« (Z. 208), eines, der sich für seinen Teil dem »gebrechlichen Rest der Person« ergibt, wohingegen Hingabe »die große, üppige Geschichte selten verdient« (A. 311). »Er wünschte die Welt wie sie ist, nicht nochmals zu verantworten, was der Handelnde doch immer tut« (A. 341). Immer wieder hält er sich die bittere Wirklichkeit vor: »Erfahren Sie bitte: wer im Leben steht, hat gerecht zu sein verlernt und vergessen«, er weiß, »Gerechtigkeit bliebe immer eine melancholische Mahnung, wenn nicht einige jung wären und noch fähig, nach ihr zu handeln« (E. 379), aber er glaubt an die Ewigkeit solcher Jugend.

---

lische Ausdruck dieser friedvollen Sommerstimmung zu sein.« Den Zusammenhang mit dem vom Verstand nicht zu bewältigenden Gefühlsbereich zeigt die heftige Reaktion aus der Novelle »Haltlos« von 1890: »Und dann das Fürchterlichste: aus einem der offenstehenden Fenster des Hauses gegenüber das träumerische gefühlvolle Gesäusel einer Flöte ...« (HMA 165).

42 Ähnliche Anschauungen spielen auch bei Montaigne eine Rolle. Er spricht vom »fondement mystique« aller, auch ungerechter Gesetze (III,370), und legt im Essay »De la vanité« mehrfach dar, daß der Bau der Gesellschaft trotz vielen Unrechts nicht einstürzt: »Tout ce qui branle ne tombe pas. La contexture d'un si grand corps tient à plus d'un clou« (III,224). Vor allem: »... nous sommes ... envieillis, en une forme d'estat si desbordée, *quippe ubi fas versum atque nefas* qu'à la vérité c'est merveille qu'elle se puisse maintenir« (III,218).

Doch greifen diese Bemerkungen vor. Zunächst ist der Begriff des Moralisten in der späteren Bedeutung des »Menschenkenners« und die Funktion der Skepsis bei Heinrich Mann darzulegen.

b) Der Moralist als »Menschenbeobachter« und »Seelenkundiger«

»Der Literat ist also Moralist im doppelten Sinn: Er ist Seelenkundiger und Sittenrichter, und er ist beides aus Künstlertum«[43] – dieses Thomas Mann-Zitat wurde schon angeführt. Der Begriff des Moralisten wurde nach der Seite des »Sittenlehrers« und »Moralphilosophen« hin erörtert. In Ein Zeitalter wird besichtigt findet sich nun die Stelle:

> Wer die Geste von Menschen nachahmt, erlebt ihren Charakter. Ein unsterbliches Handbuch des moralischen Wissens heißt ausdrücklich L e s C a r a c t è r e s. Moralisten sind nicht so sehr Prediger wie Betrachter (Z. 153).

Offensichtlich verwendet Heinrich Mann hier den Begriff unter Berufung auf einen klassischen französischen Moralisten im Sinne des »Seelenkundigen« und »Menschenkenners«, der sein »moralisches Wissen« aus der Betrachtung, aus dem Studium des Menschen gewinnt.[44] Diese Bedeutung lebt auch in der Verbindung »Physiognomiker und Moralist« (Z. 180), die sich neben dem früher angeführten »Moralist und Erzieher« findet. Das Studium des Physiognomischen wird des öfteren als Quelle der Menschenkenntnis erwähnt,[45] auf diesem Weg erwirbt insbesondere der Romancier, der die »sinnliche Beherrschung des Lebens« in das »Land des Geistes« (XI,234) einbringt, Menschenkenntnis.[46]

---

43 Thomas Mann, X,65.
44 Vgl. zu dieser Bedeutung des Moralisten Friedrich, a.a.O., p. 220ff.
45 Z. B.: »Er ist nur ein Gestalter, will sagen, daß er Gesicht und Geste seiner Personen erfaßt und nachübt, bevor er sie deutet« (Z. 160). Isoliert und zum Spleen entartet erscheint davon eine komische Variante im »Henri Quatre«. Herr de Brissac »bereicherte unermüdlich seinen Geist um verschiedene Gestalten und Beleuchtungen. Er übt sie ein. Er lebt sie« (VII,261). Der »Gesichterschneider« (VII,426) und »Bilderfex« (VII,262) ist jedoch seinerseits »ein ernster Fall für jeden Moralisten« (VII,260), weil er die »besondere Gabe der Kunst und Verstellung« »einzig um der Schönheit willen« (VII,294), als bloße Artistik also ausübt.
46 Vgl. die als Selbstkommentar zu wertende Passage: »Was kann ein einfacher Schriftsteller aber viel wissen? Er hatte damit begonnen, daß er seine Eindrücke und Beobachtungen richtig darstellte. Das Denken kam erst später dazu. Bei einem Künstler, und ein Schriftsteller ist unter anderem auch Künstler, finden sich zuerst Formen ein, und mit der Bewegung der Formen hat er vor allem zu tun. Es ist nahezu etwas Körperliches, wie das Theaterspiel. Der Gedanke hat darin keine

Eines der Motive, die Menschen zu studieren, ist bei Heinrich Mann die bis in die Kindheit zurückreichende scharfe Erfahrung der Andersheit, die mit außergewöhnlichen seelischen Erschütterungen verbunden war. Die Andersheit, die in der frühen Phase offenbar biologisch verstanden worden war (Gegensatz germanisch–romanisch),[47] wird jetzt moralisch akzentuiert; viele Wendungen weisen auf den Gegensatz zwischen der eigenen ersten Arglosigkeit und der »Schlechtigkeit der Menschen« (VI,118; 524; 664). »Ich zweifelte an ihrer Gerechtigkeit bevor ich das Wort kannte« (IX,50) erinnert sich DAS KIND. Die Kindheit Henris, so resümiert eine moralité, war »une suite d'imprévus obscurs«, im Vordergrund steht die Erfahrung der »méchanceté des hommes« (VI,53); später begreift Henri: »Ich handelte derart, als wären die Menschen zurückgehalten von Anstand, Spott und leichtsinnigem Wohlwollen. So bin aber nur ich – und ich kannte die Hölle nicht« (VI,307). In die Wesensmitte Heinrich Manns und vieler seiner Gestalten aber führt – ohne sie freilich zu erschöpfen – die Einsicht: »Seine tiefe Ahnungslosigkeit war, daß ihm der Sinn für das Unvernünftige abging« (XI,57); wobei »Sinn für das Unvernünftige« nicht als »Sinn für das Irrationale«, den Heinrich Mann zweifelsohne besaß, verstanden werden darf.

Eine tiefe Skepsis, die weit in die Kindheit zurückreicht, bildet so die Grundfärbung dieser Menschenkunde. Aus der Erfahrung der Andersheit bildet sich das skeptische Bewußtsein von der Verschiedenheit der »menschlichen Arten«; seit der Kindheit, als »das erste Zusammentreffen der verschiedenen menschlichen Arten« (IX,38) geschah, reißt diese Kette desillusionierender Candide-Erfahrungen nie mehr ab. Diesem Wesensgegensatz sucht das intensive Studium der Menschen zu begegnen; im HENRI QUATRE als Notwendigkeit der »Schule des Unglücks«:

Le malheur peut apporter une chance inespérée d'apprendre la vie ... Les leçons qu'elle lui octroie sont sévères ... Il apprend à craindre et à dissimuler ... avec du talent, on approfondit tout cela jusqu'à en faire des connaissances morales bien acquises (VI,378).

---

sichtbare Rolle, höchstens, daß die Bewegungen der Körper ihn unversehens absondern ... Der Gedanke, die Nebenerscheinung, kann allerdings selbständig werden und das ganze Stück beherrschen« (Ö.L., p. 341).

[47] Vgl. dazu: »Man kann in einem Lande geboren werden, sich dieser Luft verbunden fühlen wie der Baum im Garten, zwischen sich und den Menschen weiter keinen Unterschied machen: und allmählich steigen dennoch Zeichen herauf, daß man anders ist als die meisten ... daß hinter diesem Land eine zweite Heimat wartet ... Anders als die hier Landläufigen erhält ein solche Vergangenheit immer ... (Doppelte Heimat, a.a.O., p. 77 bzw. 80).

»In der Kenntnis dieser Menschen war sein Heil« (VI,314; 322), zum Beruf des Königs gehört die »treffende Vergleichung der menschlichen Arten« (VII,716), den Roman durchziehen die Hinweise auf Henris außerordentliche und instinktive Menschenkenntnis: »Sie kennen unsere menschliche Verfassung...« (VII,678), »...eine Übung seiner alten Erfahrungen mit Menschen« (VII,684; ähnlich VI,144; 667; VI, 662).

Das Geschäft des Romanciers faßte Heinrich Mann als moralistisches Studium des Menschen und seiner gesellschaftlichen Verhältnisse auf; die Lust, die labyrinthische »menschliche Verfassung« zu erforschen, solche »Erfahrungen mit Menschen« zu zergliedern, zu deuten, zu gestalten ist eine produktive Quelle seines Künstlertums; unerschöpflich scheint das Spiel der bewußten und unbewußten Wirkungen von Menschen. Die klassische Materie der Moralistik, die Kunst, Menschen zu durchschauen, ihre Beweggründe zu entlarven und davon die Anwendung, die eigene Verstellung, die Tricks und »Griffe« der Menschenbehandlung fließen im Verlauf der großen Intrigen im Henri Quatre wie von selbst in die Darstellung ein. Gelegentliche Wendungen verraten auch dieses spezielle Interesse: »Sein besonderer Ehrgeiz befähigte diesen jungen Herrn vorzeitig, eine Lage und sogar Menschen abzuschätzen« (VII,67). »Herr de Lyonne besaß die Kunst, Menschen derart einzunehmen, daß sie von sich selbst entzückt waren, besonders die Frauen« (VII,312). »...er verstand sich nun einmal auf die Bewegungen der Seelen...« (VII,262). Dem für die Henri-Quatre-Prosa charakteristischen nachgestellten »aber« fällt oft die moralistische Funktion zu, Sein und Schein auseinanderzurücken: »...dachte Gabriele – beschloß aber hier, aus ihrem wahren Innern nichts mehr hervorzubringen, sondern leere Worte zu machen und den andern kommen zu lassen« (VII,409).

Der Kult der »Erkenntnis«, der subtilen Seelenzergliederung und der eleganten Reflexion, der im Europa des *fin de siècle* und vor allem in Frankreich blühte und Heinrich Mann in den Werken Bourgets begegnete, ist an dem jungen Autor, wie der Stil seines Bourget gewidmeten Erstlings »In einer Familie« (1894) bezeugt, nicht spurlos vorübergegangen und weckte ein bleibendes Interesse. Dazu kam die nachhaltige Wirkung Nietzsches, der sich seinerseits den französischen Moralisten verpflichtet wußte und sich mit Vorliebe als »Psycholog« verstand. Der verdeckte Nietzsche-Bezug wird offenkundig, wenn man etwa den Satz »In der Kenntnis dieser Menschen war sein Heil« (VI,314) mit der Stelle im Nietzsche-Essay aus den gleichen Jahren verbindet, wo

Heinrich Mann Nietzsche zitiert: »Nun leben wir alle vergleichungs-weise in einer viel zu großen Sicherheit, als daß wir gute Menschenkenner werden könnten ... Niemals heißt es: erkenne oder geh' zugrunde!« (N. 293). Ausdrücklich reift Henri jedoch in einer solchen Situation, während der Gefangenschaft im Louvre, zum skeptischen Menschenkenner; als Schule der Verstellung, »école de feintise«[48] wird diese Zeit schon in den Vorlagen beschrieben. Immer wieder wird im Roman auf die tiefe Umwandlung des naiven Henri, auf den bleibenden Gewinn dieser Menschenschule hingewiesen; die moralité betont:

> Ayant beaucoup remué sans rime ni raison il n'agira plus, à l'avenir, qu'à bon escient et en se méfiant des impulsions trop promptes. Si alors on peut dire de lui que, par son intelligence, il est au dessus de ses passions ce sera grâce à cette ancienne captivité où il les avait pénétrées (VI,378).

Henri geht durch die Schule der Selbsterkenntnis, er lernt »à craindre et à dissimuler« und vertieft seine Erfahrungen zu »connaissances morales bien acquises«; die Bedeutung solchen Wissens spiegelt eine andere Stelle: »La connaissance de l'intérieur de l'homme est bien la connaissance la plus chèrement acquise d'une époque dont il sera le prince« (VI,549).

Als Menschenbeobachter ist der Moralist, im Gegensatz zum normativ denkenden Moralphilosophen, auf die empirische Breite der Erfahrung, auf die Fülle der individuellen, oft seltsamsten Einzelheiten angewiesen, das Leben ist die große Schule, in der er nie auslernt. Alle Hinweise auf die Wirklichkeit »wie sie ist«, auf das Studium des Menschen,[49] alle Verästelungen des Topos »Lebensschule«[50] gehören in diese moralistische Schicht des Romans. Mit unverkennbarem Behagen am Menschlich-Mannigfaltigen portraitiert Heinrich Mann, wie einst in den GÖTTINNEN, eine unabsehbare Reihe von Gestalten. Sie reicht von Henris Mit- und Gegenspielern auf höchster Ebene über alle Stände bis zum

---

[48] Pierre de Lanux, a.a.O., p. 51.

[49] »Er sah auch die Menschen« (VI,539). »Alle, alle hab' ich studiert heut abend ...« (VI,322). »Die Menschen, an denen er gelernt hatte ...« (VII,161), »auf Grund vieler Belehrungen durch die menschliche Beschaffenheit« (VII,524). »Mag von jeher sein Studium die Natur des Menschen gewesen sein, der eigene Körper behält ihm immer neue Überraschungen vor« (VII,528).

[50] Apprendre la vie, leçons, épreuve (VI,378). »Ein Unbekannter – in einer Schule« (VI,393). »Schule des Unglücks« (VI,305; 434; 638). »... durch diese Schule sind wir gegangen« (VI,467); »Schule des Verrates« (VII,719; vgl. Montaigne, II,449: »vraie eschole de trahison«). »Jedesmal beginnt das Erlebnis im Übermut und endet mit einer Lehre« (VI,477), Lehre (VII,427); Lehrzeit (VII,161), lehrreiche Jahre (VII,9), Belehrung (VII,162). »Wir lernen nicht aus, am wenigstens auf unserem Gebiet« (VII,812); Prüfung (VI,470).

»gemeinen Mann«, der in den zahlreichen Anekdoten für einen kurzen aber charakteristischen Augenblick in Erscheinung tritt. Dieses bunte Panorama der »menschlichen Arten« stößt bis ins Närrische, ins Absonderliche, ins Pathologische vor; auch fehlen nicht die im früheren Werk erschlossenen Typen.[51] Bald mit Teilnahme, bald mit Witz und Ironie wird das einzelne Individuum mit seinen Besonderheiten geschildert:

> Seine Länge und Hagerkeit, die schiefe Nase falsch angesetzt, der gewaltige Bart, besonders die Augen wie Kohle und zu eng beisammen, all und jedes sprach für eine besonders düstere Persönlichkeit. Kaum öffnete der Mann den Mund, war es damit aus. Man erwartete eine tiefe, furchtbare Stimme, es kam aber das Genäsel und Gequäke eines Spaßmachers vom Jahrmarkt. Die Bildung seines Mundes und wohl auch ein Gebrechen der Nase verboten es dem Herrn de la Trémoille, wie ein Edelmann zu sprechen. Er machte aus der Not eine Tugend und verhielt sich im ganzen nach der Beschaffenheit eines einzelnen seiner Organe (VII,406).

Nicht selten begegnen knappe Passagen, welche die verschiedenen Temperamente und »Geistesarten« unterscheiden:

> Du Plessis-Mornay war ein Geist, der zum Äußersten neigte, trotz seinem sokratischen Antlitz, und sich dabei so wohl befand, daß er es bis zu vierundsiebzig Jahren brachte. Den armen Du Bartas kränkte die Blindheit und Schlechtigkeit der Menschen, sowie die Unmöglichkeit, etwas zu bessern, etwas auch nur zu wissen; und so sollte er früh dahingehen, wenn auch im Lärm einer Schlacht. Was Agrippa d'Aubigné betraf, hatte sich seiner eine überstürzte innere Tätigkeit bemächtigt... Seit der Minute dichtete Agrippa... Alles, was Agrippa verfertigte, war geboren aus der Stunde und aus der Leidenschaft. Es machte ihn von Grund auf glücklich... (VI,118/19).

Öfters verwendet Heinrich Mann zur Schilderung des Details eine bestimmte Stilfigur: den mit charakterisierenden Attributen befrachteten

---

51 So verkörpert das Haus Valois alle Seiten der Dekadenz; Marguerite von Valois, »Göttin ihres Zeitalters« (VII,805), trägt manche Züge der Herzogin von Assy; Philipp II., der sein Weltreich »vom Tisch aus ohne den Gebrauch der Gliedmaßen« (VII,184) regiert, gehört zur Familie der abstrakten Spekulanten, wie Claude Marehns Vater oder der Direktor der »Generalagentur für das gesamte Leben«; im Herzog von Parma erscheint der unfruchtbare Artist; zwischen Henri und seiner Schwester besteht die besondere Intensität des Geschwisterverhältnisses (»Wir sind die einzigen, jeder für den anderen, hatten Kinderaugen, die Träume der Jugend, unser Innerstes war Liebe« (VII,800)); Madame d'Orange, die »durch die Ereignisse als immer gleiche« (VII,444) geht, ist eine Verwandte des »Spaziergängers« Erwin Lannas im »Kopf«, Wilhelm von Sablé ist der dichtende, die Welt überfliegende »Zwanzigjährige« Heinrich Manns usf.

und durch Gedankenstrich vom Hauptsatz abgetrennten nominativus pendens: »Madame de Sagonne, eine zarte Person mit einer scharfen Nase, die verdeckt war, einem dünnen Mund, der freilag – ihr fehlte es an Atem vor großer Bestürzung...« (VII,396). Auch andere Satzspreizungen entstehen durch unerwartet anschwellende Charakterisierungen:

Bevor die Spanier, die ohne Witz sind, müßt ihr wissen – Stelzschritte machen sie, halten den Kopf so steif, wie sie ihren Kragen bügeln, und können nicht sehen, was auf der Erde los ist: bevor die Spanier das erste Wort gemerkt hatten, war das ganze Land usw. (VI,495; vgl. »Mit den Kinnbärten...« VII,777/78).

Seine Farbigkeit, seine Lebendigkeit verdankt das Romanwerk nicht zuletzt der Meisterschaft und Nuancierungsgabe Heinrich Manns im Physiognomischen. Stellvertretend sei ein einzelnes Element, die menschliche Stimme, ein ungewöhnlich flexibles Instrument seiner Charakterisierungskunst, herausgegriffen.

Schon der Romanbeginn erwähnt die »helle Stimme« Henris, seine Mutter Jeanne »überraschte in gewissen Augenblicken mit einer Stimme wie eine Orgel, zu groß, zu klingend für diese schwache Brust« (VI,26), mit ihrer »Glockenstimme« (VI,85; 96; 128). Andere Nuancen sind: sanfte feste Stimme (VI,26), gleichmäßige Stimme (VI,72), ergebene und durchdrungene (VI,80), abgenutzte (VI,142), kleine Stimme (VI,192), tief und golden (VI,194), tönend (VI,227), Stimme wie ein heiserer Papagei (VI,391), bewegte, schwankende Stimme (VI,439), ging mit ihrer Stimme zum Girren über (VI,625), mit halber Stimme (VII,95, offenbar nach it. a mezza voce), mit zittrigem Stimmchen (VII,175), mit ungedeckter, metallener Stimme (VII,232), harte Stimme (VII,254), schattenhafte Stimme (VII, 278), kalte Stimme (VII,364), »man erwartete eine tiefe, furchtbare Stimme, es kam aber das Genäsel und Gequäke« (VII,406), »...welch ein gefährliches Werkzeug die Stimme dieses Menschen wäre für Verstellung und Niedertracht aller Arten« (VII,407), eine undankbare Stimme (VII,433), »die Stimme kam sanft und voll aus einem schmalen Körper« (VII,430), eine sehr reine Stimme (VII,442), mit der Stimme eines Abwesenden (VII, 452), gesegnete Stimme (VII,467), äußerst klare, nüchterne Stimme (VII, 476), spröde Stimme (VII,644), gebrochene aber frische Stimme (VII,649), eindringliche Stimmlosigkeit (VII,670), schmelzende Stimme (VII,669), schwaches Stimmchen (VII,675), mit gebieterischer Stimme (VII,714), eine Person, die lebenslang die Stimme zu wechseln scheint (VII,789). Bezeichnend für Heinrich Mann ist die Beobachtung: »Nur die Königin lachte nicht, so wenig wie sonst äußerte sie einen Vorgang des Geistes oder Gemüts. Niemand erinnerte sich ihrer Stimme« (VI,209). Dagegen besitzt jede seiner Gestalten »ihre Stimme«, die »Geist« und »Gemüt« enthüllt. – Ähnliches gilt auch für die anderen Romane; in DER ATEM begegnet z. B. die stereotype Charakterisierung »Mado à la voix flutée« (p. 309 u. pasim).

Der Moralist als »Menschenbeobachter« und »Seelenkundiger«, wie ihn auch der Romancier verkörpert, ist aber, wie schon früher erwähnt, für Heinrich Mann dem Begriff wie der Sache nach vom Moralisten als dem »Erzieher« aus dem normativen Bewußtsein des Sollens nicht zu trennen. Der »Moralist« in seinem Sinn ist Kenner d e r Menschen und Kenner d e s Menschen, und der letztere geht aus dem ersteren hervor. Dies ist im Hinblick auf Heinrich Mann mehr als ein Wortspiel, wie ja auch Henri »gleichzeitig von besonderer Geburt und der allgemeinste Mensch« (VII,504) ist. (Henri selbst wird nur ein einziges Mal eigens als »Moralist« bezeichnet, und zwar gerade in einer Situation, in der er Beweggründe eines Gegenspielers zu entlarven sucht VII,260). Im ZEITALTER findet sich die aufschlußreiche Reihe: »Der Fürsprecher der Vernunft? Der Weltfreund, Zergliederer herrschender Mächte? Der Moralist?« (Z. 326). Sie faßt ebenfalls die normative (»Fürsprecher der Vernunft«) mit der empirischen Komponente (»Zergliederer herrschender Mächte«) der humanistischen Sorge um den Menschen im Begriff des »Moralisten« zusammen. Für ihn ergibt sich insgesamt, unter Einbeziehung der früheren Erörterung des »Sittenlehrers«, ein Bedeutungsspektrum, das von den passiveren Bedeutungen »Menschenbeobachter«, »Menschenkenner« über den »Zergliederer herrschender Mächte«, den moralischen Deuter zu den aktiveren: »Fürsprecher der Vernunft«, »Wissender von Gut und Böse«, »Erzieher der Menschen«, und ins Politische ausstrahlend bis in die Bezirke von »Staatsmann« und »Revolutionär«, hinüberreicht. Sie füllen zusammen mit je nach Anlaß wechselnder Zuspitzung den Begriff des »Intellektuellen« oder »Geisteskindes«,[52] der vor allem in EIN ZEITALTER WIRD BESICHTIGT nach den verschiedensten Seiten hin erläutert und dem »leibhaftigen Irrationalen«, dem »sittlichen Wildling« und »mondial exzedierenden Wüstling« Hitler entgegengesetzt wird.

c) Die Funktion der Skepsis

Aus Menschenkenntnis entsteht bei Heinrich Mann »begründeter Zweifel an dem menschlichen Treiben« (VII,215), das sich ja nicht nach den Einsichten der Vernunft richtet – es entsteht, im Einklang mit der moralistischen Tradition, Skepsis: »Unsere Sache ist die menschliche Natur,

---

[52] Z., p.49. Der Filmkomiker Charlie Chaplin z.B. ist »Moralist«, seine Schöpfungen machen ihn zum »Geisteskind und Empörer« (a.a.O., p.77).

deren Studium von jeher skeptisch machte.«[53] Seit den frühen zwanziger Jahren beginnt er, der Skepsis eine bestimmte positive Bedeutung zuzumessen.

Als »Gegengifte« des in der Welt wirkungslosen reinen Geistes werden im KOPF »Verachtung und Güte« (K. 634) genannt. Im Essay über Anatole France von 1924[54] heißt es wiederum:

Was braucht ein Denkender, um das Leben recht zu fassen und nicht an ihm zu scheitern? Verachtung und Güte. Jene, um nicht zu hassen, diese, um von Menschen nur zu fordern, was sie leisten können (XI,126).

Zu »bonté« und »mépris« gelangt später auch Henri Quatre (VI,378). Umfassender wird diese Haltung jedoch mit »Skepsis« oder »Zweifel« bezeichnet, welche Begriffe fast synonym gebraucht werden. Sie tauchen in den frühen Werken noch im landläufigen und negativen Sinn auf, negativ blieb auch die fast psychoanalytisch zergliedernde Skepsis Siebelinds in den GÖTTINNEN. Im Essay BERLIN 1921 hingegen findet sich eine positive Deutung:

Sie wissen 1921 nicht mehr, wohin mit sich. Das ist es: sie haben zu zweifeln begonnen. Nichts aber fördert mehr das gesittete Zusammenleben als der Zweifel. Er macht duldsam. Wer starke Erlebnisse gehabt hat, die einander widersprachen – und dies ist unser [sc. der Deutschen] Fall – verträgt endlich Widerspruch (XII,92).

Unermüdlich beurteilen einander die Millionen Menschen, die auf engstem Raum in der Weltstadt Berlin zusammenleben:

Bis alle einander ähneln in ihren verfeinerten, kritischen und tapferen Gesichtern, bis alle die unverkennbare, besondere Sprache sprechen, die man nirgends im Lande spricht: eine überaus durchgebildete Schriftsprache, zugleich höflich und unerbittlich scharf, geschärft an Menschenbeobachtung (XII,94).

In dieser das Widersprüchliche einschmelzenden »Menschenwerkstatt« (XII,97) erblüht »die eigentlich menschliche Form, Eindrücke zu überwinden: die Ironie« (XII,94), dieser »Zivilisationsherd« (XII,95) wird zur »Schule der Demokratien« (XII,96).

Der Zweifel kam, erworben ward das Bewußtsein der dauernden Gefahr; das Zeitweilige, die mühselige Übereinkunft unseres Daseins und Bestandes

---

53 Zitiert nach F. C. Weiskopf, Gesammelte Werke, Berlin 1960, Bd. VIII, p. 297.
54 Nach den irrtümlichen Angaben Kantorowicz' (XI,478) und Weissteins (Bibliographie F 74) über die beiden Anatole-France-Aufsätze bringt erst die Bibliographie Zenkers (II,305 und II,400) Klarheit über Erstveröffentlichung und Wiederabdrucke.

ward begriffen. Aber das Zeitweilige und die Übereinkunft des Lebens begriffen zu haben, ist erst die wahre Zivilisation. Auf solchem Grund erst gedeiht das gereinigte Wesen der großen Stadt, ihre eigenste Schönheit (XII,95).

Das Thema wird im Essay über Anatole France weitergeführt; der Essay zeigt, daß Heinrich Mann vor Montaigne Anatole France als Lehrer des Zweifels verehrte.

Aus der Skepsis, so sagt France, wird Hilfsbereitschaft. Denn die Erkenntnis der menschlichen Schwäche und des sinnlosen Leidens, das Menschen einander zufügen, müsse im Denkenden Mitleid erwecken und ihn zum hilfreich Handelnden machen. Dies ist der Wert unnachgiebigen Denkens (XI,125).

Diese Einsicht erhält sich unverlierbar im weiteren Werk. Im Essay MORGEN von 1930 heißt es: »Es ist ausgezeichnet zu zweifeln. Der Zweifel macht menschlich... Er führt, gering gerechnet, zur Achtung des Gegners, in höheren Fällen zur Menschenliebe« (XI,383). Und spät im ZEITALTER: »Der Zweifel macht höflich. Man will nicht immer recht haben, man achtet die Schwächen anderer« (Z. 180). So auch wird dort der Zweifel Montaignes ausgelegt:

Sein berühmtes »Que sais-je« schließt ein: Duldsamkeit und guten Willen. Bedauern der robusten Unwissenheit, die nicht fragt, nicht zweifelt. Hilfsbereitschaft für die Demütigen, denen alles entgegen wäre, die Macht der Mächtigen, ihre überlegene Leiblichkeit, ihre Kriege, Siege, ihr Gesetz, mit eingeschlossen eine Religion, zurechtgemacht für den Nutzen der vornehmen Starken. Herr Michel de Montaigne war vornehm, aber nicht stark (Z. 188).

Die Passage zeigt unter anderem auch, inwiefern Schwäche und Stärke, von deren Untersuchung die Arbeit ausging, Grundbegriffe Heinrich Manns geblieben sind. – Die Quelle der Skepsis ist der »Zweifel an der Menschennatur« (VI,151), im besondern ihre Maßlosigkeit. So hatte Lavater das Bedürfnis nach Wahrheit, aber er ging auf diesem Weg zu weit: er verlor sich in Skrupeln. »Damit man weder etwas Ungenaues aufstellt noch sich in Skrupeln verliert, bleibt allein die Skepsis« (Z. 180). Es ergibt sich das scheinbar paradoxe Urteil: »Er war auf einem richtigen Weg, der dennoch in die Irre führt« (ib.); Heinrich Mann gelangt, ausgehend von Lavater und Werther, der »die Liebe einschließlich des Todes geliebt« hat, zu der allgemeinen Einsicht: »Was ich meine: eine wirkliche Hilfe, um am Leben zu bleiben trotz Gefühl und Gewissen, ist der Zweifel« (ib.).

Man kann demnach auf dem »richtigen Weg« zu weit gehen, ein Übermaß von Gefühl oder Gewissen kann sich gegen das Leben selbst wenden. Einzig der Zweifel bewahrt davor, er ist eine mäßigende Schutzfunktion des Geistes, um das Leben zu hindern, sich selbst zu zerstören, er wendet sich gegen jegliches Übermaß. So läßt sich Heinrich Mann von Montaigne bestätigen:

> Er verwirft die gewaltsame Überanstrengung der Natur, eingeschlossen eine Tapferkeit, die bloßer Trotz und nachher unbegreiflich ist; das Opfer, das über die besonnene Kraft geht; jeden Fanatismus, auch das Martyrium... Sehr zuwider ist ihm der Mißbrauch des Wissens, das vielmehr in ein bösartiges Nichtwissenwollen übergeht (Z. 189).

Daran anschließend wird die Stelle zitiert, in der Montaigne auch – unter Berufung auf Plato – das »Äußerste von Philosophie« schädlich nennt,[55] und im HENRI QUATRE, wo Montaigne mehrere Unterredungen mit dem König hat, begegnet auf deutsch und französisch die Warnung Montaignes vor »Maßlosigkeit selbst im Guten« (deutsch VI,469; französisch eingearbeitet in die moralité VI,472; bei Montaigne I,258). Ferner singt der Philosoph dem König Horaz-Verse vor, wonach auch Weisheit und Gerechtigkeit zu weit gehen können.[56]

In diesem Sinn wendet sich der Zweifel auch gegen sich selbst und vereitelt in praxi seine äußersten logischen Konsequenzen: er ist eine grundsätzliche, aber keine totale und diktatorische Haltung. Er besitzt eine dämpfende, nie aber eine zerstörende, das Handeln aufhebende Wirkung, ja, das Handeln wird ausdrücklich ausgenommen: »Zweifel, der die Entschlußkraft nicht lähmt, ist die richtige Verfassung« (XI,383) präzisiert Heinrich Mann im Essay MORGEN. »Zu wünschen ist ein Deutschland der Vernunft, – das zweifelt, Milde kennt und deshalb um nichts weniger handelt« (XI,384). So ist auch der Satz »Der Zweifel macht menschlich; er erlaubt jede Wendung, jeden Glücksfall« (XI,383) zu verstehen: grundsätzliche Skepsis kann durchbrochen werden, Skepsis steht keiner Wendung zum Besseren, die sie an sich bezweifelt, keinem »Glücksfall« je entgegen. Es handelt sich bei Heinrich Mann, wie bei Montaigne, um eine Skepsis, »die nicht nur bezweifelt, was wir für wirklich halten, sondern auch für möglich hält, was wir bezweifeln«[57] – vgl. »Aus den Erregungen eines Volkes ist alles zu machen, sogar das

---

55 »Calliclez, en Platon, dict l'extremité de la philosophie estre dommageable...« (I,258).
56 VI,357. Horaz (ep. I, VI; 15): »Insani sapiens nomen ferat aequis iniqui / satis est virtutem si petat ipsam.« Diese Horaz-Verse zitiert Montaigne I,257, wo sie Heinrich Mann entnommen hat.
57 Hugo Friedrich, Montaigne und der Tod. In: Romanische Forschungen, 61.Bd. (1948), p. 32–88; das Zitat p. 52.

Gute und Nützliche« (VI,246) – ja er geht moralistisch noch weiter: »Keine Skepsis rechtfertigt unsere Lauheit« (Z. 244). In diesen Zusammenhang muß ebenfalls der ungewöhnlichste Satz gerückt werden, den Heinrich Mann im Roman Montaigne in den Mund legt: »›Dagegen ertrage ich nur schwer die Unsicherheit und den Zweifel. Ich bin wahrhaftig kein Zweifler‹, versicherte der Edelmann« (VI,359).[58] Er meint aber: ich bin nur Zweifler, soweit die unsichere Welt mich zwingt, es zu sein, ich für mich wäre es nicht – deutlich ist der Zweifel, wie Heinrich Mann mehrfach betont, eine erworbene, aus der Erfahrung resultierende Haltung, eine aus Erfahrungen gewonnene und schließlich jeder Erfahrung voraufgehende Form des Wissens von der Welt; die Skepsis Heinrich Manns behauptet, wie auch die Montaignes, nicht das Nichtwissen schlechthin.[59] Seine Skepsis ist die Form eines Wissens, das sich gegen alles ungebrochene Wissen wendet, – die Bescheidenheitsformel eines besonderen Mehrwissens, das lieber als Unwissenheit firmiert, als es im Wissen »zu weit« geht oder gar aus Wissenshochmut in ein »Nichtwissenwollen« umschlägt. »›Es ist aber der Glaube ein inneres Wissen‹ – spricht Luther über den Glauben. Das gleiche trifft auch den Zweifel« (Z. 187). Solches Wissen ist insbesondere »Wissen um die menschliche Fragwürdigkeit, um alle Widerstände der Menschennatur« (Z. 187), es äußert sich, wie bei dem »Zweifler Renan«, als Zweifel »an der menschlichen Fähigkeit, in der Wahrheit auszuhalten« (Z. 188).

Deutlich steht dieser Zweifel im Dienste der Selbsterhaltung der Vernunft, wenn sie handelt, und trifft nicht sie selbst. Die »Auferstehung der Vernunft«, von der im ZEITALTER die Rede ist, »verlangt Entschluß und Handeln. Um so mehr wird erfordert, daß die tatkräftige Vernunft immer noch Vernunft bleibt, getreu ihrem innersten Gebot, dem Zweifel« (Z. 187), daß sie also dem »richtigen Weg« nicht folgt, bis er »in die Irre führt«. Zweifel in diesem Sinn wäre mit dem gleichzusetzen, was Kant in der KRITIK DER REINEN VERNUNFT als »Disziplin der reinen Vernunft«, als »System der Vorsicht und Selbstprü-

---

58 Offenbar stützt sich der erste Satz auf eine Passage des Heinrich Mann bekannten Essays »De la praesumption«, wo Montaigne immerhin bekennt: »... et [ie] sens mon esprit plus empeché à souffrir le branle et les secousses diverses du doute et de la consultation, qu'à se rassoir et resoudre ... j'ayme les malheurs tous purs, qui ne m'exercent et tracassent plus apres l'incertitude de leur rabillage ...« Es folgt das Seneca-Zitat »dubia plus torquent mala« (Agamemnon, III 1, 29) (Montaigne, II,425/26). Heinrich Mann zieht dies zusammen zu: »Ich bin wahrhaft kein Zweifler.«

59 Über die »ignorance doctorale« Montaignes vgl. Friedrich, Montaigne, a.a.O., p. 385ff.

fung«[60] und von der Vernunft selbst entwickelte »warnende Negativ-
lehre«[61] systematisch darlegt – während »Skepsis« sich mehr aus dem
desillusionierenden »Studium des Menschen« nährt; doch besitzt Heinrich Mann keine philosophisch definierten Begriffe und verwischt im
Wortgebrauch die durchaus empfundenen Unterschiede. Zweifel als
»innerstes Gebot« der Vernunft hindert diese daran, den »Vernunftrausch« (XI,216) über die unbegrenzte Vervollkommnungsfähigkeit
des Menschen zum Fanatismus zu steigern, wodurch sich die Vernunft
der Unvernunft gleichsetzen würde: »Mit Neigungen, die vernünftig
sein wollen, haben wir nicht dasselbe Recht wie die Irrationalen auf
einen blutigen Fanatismus« (Z. 187). Auch hier schimmert durch alle
Formulierungen das moralistische Ideal der Mäßigung und der Mitte
hindurch. »Was bleibt, angesichts der Lage des Menschen, übrig außer:
seine Schwäche zu achten und gegen ihn nicht immer recht haben zu
müssen« (Z. 190).

Vom richtigen Walten eines relativen Zweifels hängt somit die Vernunft selbst ab; der Zweifel ist am Prozeß möglicher Annäherung an
die Vernunftutopie entscheidend beteiligt, sie selbst freilich bleibt von
jedem Zweifel ausdrücklich ausgenommen. »Was weiß ich, gilt hier
nicht. Dies wissen wir« (VII,812) heißt es z. B. im Hinblick auf ein be-
friedetes Europa. Wie Heinrich Mann »naiv« als »ohne Voraussetzung,
außer der sittlichen« (Z. 160) definiert, so präzisiert er im Zeitalter
unmißverständlich: »Sein ›Que sais je‹ gilt für Welt und Überwelt: nicht
für unser sittliches Bewußtsein« (Z. 189), wie sehr er damit auch, zumindest in der Form der positiven Behauptung über den stets vorsichtigen Montaigne hinausgehen mag. Darin lebt jene »apodiktische Gewißheit«,[62] die Kant der ihrer Grenzen bewußten Vernunft dort zuspricht,
wo sie sich nicht des Urteils enthalten muß; der Satz stellt die Verbindung mit der Schicht normativen Denkens wieder her, er beleuchtet das
Ineinandergreifen, die Doppelhaltung von aufklärerischer Hoffnung
und moralistischer Skepsis, die zum Eigentümlichsten des späten Heinrich Mann gehört.

Damit ist die Logik sichtbar geworden, mit der die Beobachtung des
empirischen Menschen über die Skepsis ebenfalls in die Sphäre des
Ideals aufsteigt: »Intellektuelle, gesetzt, sie wären über die Herkunft
der humanen Verpflichtungen aus der Menschenbetrachtung im reinen...« (Z. 481). Skepsis, die nicht zu den »Vernunftideen« im streng

---

[60] Kant, a.a.O., p. 656.   [61] Kant, a.a.O., p. 657.   [62] Kant, a.a.O., p. 766.

kantischen Sinn gehört und auch an der »Tugend« als einem dem »moralischen Gesetz« gemäßen Verhalten keinen Anteil hat, bildet ihrerseits weitere »Tugenden« aus, die in der idealen Sphäre neben die reinen Vernunftideen treten. Solche Tugenden sind »Duldsamkeit und guter Wille«, Hilfsbereitschaft, Güte, Freundlichkeit, Milde und vor allem Mäßigung. Unter allen Belehrungen Montaignes macht diese eine auf den jungen König von Navarra den stärksten Eindruck: »Die Gewalt ist stark ... Stärker ist die Güte. Nihil est tam populare quam bonitas ... Gutsein ist volkstümlich, nichts ist so volkstümlich wie Gutsein« (VI,360; leitmotivisch wiederkehrend VII,252; 357),[63] wobei die ironisch eintrichternde Wiederholung auch aus der Situation des Jahres 1935, als gegen den nackter Gewalt vertrauenden Hitler und seine Gesinnungsgenossen gerichtet, verstanden werden muß.

Diese »humanen Verpflichtungen« nehmen auf die »Verfassung des Menschen«, auf den »ganzen Menschen«, Rücksicht, sie helfen, von gebrechlichen Menschen nicht mehr zu fordern, als was sie leisten können, sie treten als Tugenden einer höheren Weisheit vermittelnd und schmeidigend zwischen die starren Vernunftbegriffe des Sollens und die »Welt wie sie ist«. Das Ziel bleibt wohl die tätige Durchsetzung von Vernunft, doch nur innerhalb der Grenzen dieser Weisheit. Die Verschmelzung der Kategorien der Vernunft mit solchen der Weisheit bildet den Kern des moralistischen Systems; »Menschlichkeit« bedeutet die nicht auf Definitionen abzuziehende sinnvolle Ausübung von Vernunft und Weisheit zugleich – eine Ausübung, die sich in einmaligen Entscheidungen des individuellen Gewissens, wie es z. B. der Übertritt Henris zur katholischen Kirche darstellt, konkretisiert. Gleichsam ein Diagramm der logischen Schichtung des ganzen moralistischen Systems, wie es im Spätwerk ausgebildet ist, bietet die schon angeführte Stelle:

> Wir können glauben, daß die menschliche Lage der Verbesserung zugänglich sei, wir müssen alles tun, damit sie es wirklich sei. Darum bedürfen wir erst recht des Wissens um die menschliche Fragwürdigkeit, um alle Widerstände der Menschennatur (Z. 187).

Eine bloß mögliche, aber ohne logischen Widerspruch als möglich denkbare und deshalb nicht widerlegbare spekulative Perfektibilität (»Wir können glauben etc.«) wird in der Sphäre des Handelns als ein gesetzhaftes Als-ob der praktischen Vernunft im Sinne Kants zur moralischen

---

[63] Zusammenziehung von Montaigne: »La force, la violance peuvent quelque chose, mais non pas tousiours tout« (II,428) und Cicero: »Nihil est enim tam populare quam bonitas« (Pro Ligario XII), welchen Satz Montaigne weiter unten zitiert.

Pflicht (»müssen alles tun, damit sie es wirklich sei«), wofür das weite Feld moralistischer Kenntnis der fragwürdigen Menschennatur fruchtbar gemacht wird. Denn, wie schon im Kopf erkannt wurde, und wie auch Kant gesehen hatte: die Rechnung der Vernunft kann nicht wiederum mit der Vernunft, sondern nur mit der gegebenen Natur der Menschen gemacht werden.

Somit treten aber die Resultate auch der moralistischen Skepsis in den Dienst menschheitlicher Hoffnung, in den Dienst einer Hoffnung freilich, die wie auch bei Kant keineswegs Ausdruck von Optimismus ist, sondern als in seiner Notwendigkeit erkannter Pflichtbegriff der Vernunft allem Handeln zugrunde liegt – und dies selbst dort, wo ihr, wie im Zola-Essay, ausgesprochener Pessimismus entgegenzustehen scheint:

> Die Wirklichkeit ist bitter und dunkel, wir können nichts tun, als unser Blut und unsere Tränen geben. Wir können nichts tun, als kämpfen für die Ziele, die nie erreicht werden, aber von denen abzusehen schimpflich wäre, – kämpfen, und dann dahingehen (XI,229).

Und noch knapper, ebenfalls im Zola-Essay: »Notwendig und vergeblich ist unser Kampf...« (XI,190) oder, im Henri Quatre, in grimmig-derber Abwandlung: »Wenn unser Leben ein Ziel hat – wir wissen nicht welches, erreicht wird es nie. Gleichviel, wir stehen auf dem Tor, und die Spanier verduften [sc. aus Paris]« (VII,271). Und wiederum heiterer und gelöst:

> Er sprach es weder traurig noch bitter, sondern in einem Ton, der sein bekanntester war; sie hörten heraus: Liebt mich oder liebt mich nicht. Ich tu meinen Dienst und tu ihn fröhlich (VII,359).

Das Handeln ruht hier auf einer »Grundfeste der Erkenntnis«[64] auf, die Spekulationen über Erfolg oder Scheitern vollständig entrückt ist. Sie erscheint, auch in den einzelnen Äußerungen des späten Heinrich Mann, zwar bald in einem optimistischen, bald in einem pessimistischen Licht, bleibt aber in der Substanz Optimismus und Pessimismus entzogen.

Schon mehrfach wurde die Bedeutung logischer Klarheit sichtbar. Stets läßt sich von den empirischen Daten des Lebens ein System grundsätzlicher Erkenntnis bei Heinrich Mann unterscheiden. Die Selbstbewegung des Geistes führt zu den normativen Vernunftideen, zum Pflichtbegriff der Hoffnung, das Studium des Menschen zur grundsätzlichen Erkenntnis seiner Fragwürdigkeit, zur Skepsis. Hoffnung

---

[64] Goethe, a.a.O., XIII, p. 68.

und Skepsis bilden gleichsam die beiden grundsätzlichen Achsen eines moralistischen Koordinatensystems, in das sich die von Menschen zu verantwortenden Ereignisse eintragen lassen. Hoffnung und Skepsis sind die Endpunkte zweier Erkenntnisreihen, die nach den Gesetzen der Logik auseinandertreten, die aber in der Einheit des Individuums verbunden sind. Diese Lebensverbindung spiegelt der in die Nähe der goethischen »tätigen Skepsis«[65] gelangende Begriff der »tatfreudigen Skepsis« (XI,125), in die auch alle Erziehung Henri Quatres mündet. »Tatfreudige Skepsis« bezeichnet eine ideale, flexible Haltung tätiger und wissender Vermittlung zwischen den Normen der Vernunft und der »condition humaine«; dieser Haltung gelingt es, auch die Enttäuschung über den empirischen Menschen in den Vernunftbegriff des Menschen zu integrieren. »Sollte aber die gebrechliche Natur uns Menschen völlig rein zu handeln nie erlauben, so hätten wir doch erkannt, wo wir sind, und können bessern, was zu bessern ist« (XI,125). »Tatfreudige Skepsis« schließt somit alle Bezüge des »moralistischen Systems« zusammen, aber sie schließt das System erst in der Praxis. Als Erkenntnisgefüge lebt es »abgeschlossen im Geist«, als Praxis bleibt es in unendlicher Verwirklichung begriffen offen.

Wenn etwas berechtigt, die HENRI-QUATRE-Romane als Entwicklungsroman aufzufassen, so ist es die stufenweise Entwicklung des Helden zu solcher Skepsis und Humanität, zu beispielhafter, dem eigenen Gewissen anheimgestellter Ausübung von Vernunft und skeptischer Weisheit zugleich. Wie sich die produktive Antwort der Vernunft auf die begegnenden Übel beständig erweitert bis zur Zukunftsvision eines geeinten und befriedeten Europas, so wächst Henri zugleich, geführt von den Enttäuschungen seines Lebens, zur Skepsis hin. Die moralité am Ende des Kapitels DIE BLÄSSE DES GEDANKENS kommentiert die entscheidenden Erfahrungen:

> Le malheur peut apporter une chance inespérée d'apprendre la vie. Les leçons qu'elle lui octroie sont sévères, mais combien plus émouvantes aussi que tout ce qui l'occupait du temps de sa joyeuse ignorance... Avec du talent, on approfondit tout cela jusqu'à en faire des connaissances morales bien acquises. Un peu plus, ce sera le chemin du doute; et d'avoir pratiqué la condition des opprimés un jeune seigneur qui, autrefois, ne doutait de rien, se trouvera changé en un homme averti, sceptique, indulgent autant par bonté que par mépris et qui saura se juger tout en agissant (VI,378).[66]

---

[65] Maximen und Reflexionen, (Hecker) Nr. 1203.

[66] Der Ausdruck »connaissances morales« darf allerdings gerade nicht, wie in der Ausgabe des Aufbau-Verlages (VI,680), mit »Moralansichten« wiedergegeben werden, sondern muß »Kenntnis« des Inneren, Menschenkenntnis« heißen.

»Wohlerworbene« Menschenkenntnis führt auf einen »Weg des Zweifels«, an seinem Ende steht ein wissender, skeptischer, aus Güte wie aus Verachtung nachsichtiger Fürst. Die Skepsis aber legt sich über ursprüngliche »Heiterkeit«,[67] über die »joyeuse ignorance« Henris; Heiterkeit und Skepsis bestehen hinfort nebeneinander in der seelischen Vielschichtigkeit dieser Gestalt.

Der »chemin du doute« wird minutiös als innere Entwicklung des jungen Henri geschildert. Von Enttäuschung zu Enttäuschung zehrt das Leben seine ursprüngliche Arglosigkeit, seinen fröhlichen Leichtsinn auf. Es ist eine Schule des Mißtrauens, eine »Schule des Verrats« (VII,719), die Schule unendlicher Verstellung und Einweihung in die Bosheit der Menschen, Einweihung in alle »dangers de la vie, qui sont d'être tué ou d'être trahi, mais qui se cachent aussi sous nos désirs et même parmi nos rêves généreux.« (VI,130f.).

Die erste Enttäuschung erfuhr der vierjährige Henri, als sein Sieg über einen Rivalen ihm nicht die Gunst des umworbenen Mädchens eintrug und sein überlieferter Wahlspruch »Aut vincere aut mori«[68] bei seinen Spielgefährten nichts fruchtete. Als ihn seine Mutter vor der ersten Reise nach Paris ermahnte, am Hofe niemand zu trauen und ihn vor der »bösen« Königin Catharina von Medici warnte, erhielt »seine Phantasie ... einen jähen Anstoß« (VI,13), er stellt sich die Königin als Hexe vor. Wenig später berühren noch unverständliche Intrigen auch den kleinen Prinzen, »er fühlte schon jetzt, daß es im Leben stärkere Beweggründe geben müßte, als die einfache Aufrichtigkeit« (VI,38). Gewisse Umstände zwingen ihn zu der komplizierten Erkenntnis, daß selbst sein Erzieher Beauvois »voll von Schlichen, ein krummes Wesen, obwohl so bieder anzusehen, und doch ein treuer Diener« (VI,40) ist. Gleichwohl beschließt der Knabe »Aber Ihnen werde ich nie mehr trauen« (ib.), wird aber gleich darauf von der Situation gezwungen, in die Verstellung des Lehrers einzuwilligen, da ihr Gespräch hörbar belauscht wird. Auch Henri verstellt sich hier für einen Augenblick; als die Nachricht vom Tode seines Vaters anlangt, bezweifelt er sie jedoch schon, »denn er hielt es jetzt schon für die Regel, daß man log und ihm Fallen stellte« (VI,44) und nach der Unterredung der Königin von Frankreich mit dem Herzog Alba sieht der erstaunte Leser den kleinen Prinzen dem Kamin entsteigen (VI,52), wo er nun seinerseits

---

[67] Vgl. dazu: »Auch die Heiterkeit ist ursprünglich, im Gegensatz zur Skepsis, die erworben sein will« (Z. 175). »Die Skepsis will gelernt sein« (Z. 177). »Ich war jung, daher nicht von jeher skeptisch« (Z. 180).
[68] Vgl. Saint René Taillandier, Heinrich IV. von Frankreich. München 1947, p. 24.

gelauscht und Mordanschläge vernommen hatte, die, unter anderen, seiner Mutter galten. Das Kapitel schließt mit der ungewöhnlichen Reaktion des Knaben: »Er ballte die Fäuste, die Augen gingen ihm über vor Zorn. Plötzlich schwang er sich auf einem Fuß herum, lachte hell und stieß einen munteren Fluch aus« (VI,53). Mit dieser Wendung gelingt es Henri, dem dumpfen Zwang des Affektes zu entrinnen, sich in einem Lachen, das zugleich den finstern Ernst des Lebens entwertet, zu befreien und die Welt über sich zu täuschen, da er statt Empörung eine Heiterkeit zeigt, die ebenso wahr ist wie diese; in diesem Augenblick verliert er seine kindliche Arglosigkeit und gewinnt paradoxerweise gerade die Möglichkeit, im aufgenötigten Rollenspiel des Lebens seine »ursprüngliche Heiterkeit« zu bewahren. So deutet die abschließende moralité, im Augenblick,

> où lui fut révélé tout le danger effroyable de la vie, il fit connaître au destin qu'il relevait le défi et qu'il gardait pour toujours et son courage premier et sa gaîté native.
> C'est ce jour là qu'il sortit de l'enfance (VI,53).

In diesem beziehungsreichen Augenblick am Ende der Kindheit wird die entscheidende seelische und geistige Differenzierung Henris transparent. Er lernt und übt nun in der äußersten Zone seines Verhaltens jene beharrliche Kunst der Höflinge, das eigene Innere zu verhüllen und den Gegner zu entlarven, die auch historisch zum hauptsächlichsten Nährboden der klassischen Moralistik wurde. »Denn jeder muß vor dem anderen immer noch ein Geheimnis behalten. Je verwickelter die Rolle, um so besser scheint sie ihm« (VII,259). Er taucht immer tiefer in die menschliche, in die gesellschaftliche-politische Wirklichkeit ein, in eine neue Welt »voll Schmerz und Schande« (VI,308). Er lernt, sich nach dem »Gesetz der Welt« (VII,430) zu bewegen und erinnert sich immer wieder »der List als seines Gesetzes« (VI,350). Während der Gefangenschaft im Louvre ist diese Kunst der Täuschung ein Gebot nackter Selbsterhaltung, Verstellung wird allmählich zur zweiten Natur: »Nach dreijähriger Prüfung beherrschte Henri sein Gesicht in jeder Lage« (VI,433), »... aus gewohnter Vorsicht, weil Verstellung schon längst die erste Regung geworden ist« (VI,447).[69] Komödienspiel wird zum Bestandteil der Lebenstaktik, dabei kommt ihm sein Sinn für Komik, seine »Begabung für die Posse« (VI,55) zu Hilfe.

Eine vergrößerte, differenziertere, zur Lebenskrise gesteigerte Wiederholung dieser Reaktion stellt Henris Verhalten nach der blutigen

---

[69] Vgl. die Vorstufe im »Kopf«: »Wie mußten ihre Seelen mittlerweile einander verderbt haben, daß Verstellung prompt kam wie Natur!« (K., p. 424).

Bartholomäusnacht dar. In dieser Nacht war er selbst dem Tod entgangen, hatte hassen gelernt, hatte Abschied genommen von seinen erschlagenen Freunden und von dem »befreundeten Beisammensein der Menschen – vom freien, offenen Leben« (VI,297) – aber scheinbar unverändert geht er aus ihr hervor »unter dem trügerischen Schein des ehemaligen Henri, der reichlich lachte, immer liebte und niemand hassen konnte, vor keinem auf der Hut war« (VI,298), als Narr und Possenreißer, sogar als Freund seines Todfeindes Guise, als »Zaunkönig« und Vertrauter der »verhaßten Mörderin« Katharina – doch alles ist Maske, die über jede Frist hinaus festgehalten wird, die ihn so vieldeutig und unbegreiflich werden läßt, daß schließlich die hugenottische Partei an ihm zu verzweifeln beginnt.

> Jeder konnte glauben, er würde von Navarra unterhalten, oder gefoppt, oder ehrerbietig angehört, bei den einen galt er für den lustigsten Herrn des Hofes, andere suchten in ihm erhabene Gefühle, indes er sie an der Nase führte. Sogar seine seltenen Aufrichtigkeiten waren bestimmt, weiter erzählt zu werden und ihm Vorteil zu bringen (VI,380).

Wahrheit und Lüge werden ununterscheidbar (»Durch Unwahrheit das Wahre zu verstehen geben: es sähe ihm ähnlich« VI,383): »Sie kamen überein, daß sie ihren Herrn nicht mehr verständen, und daß sie unglücklich wären« (VI,384), scheinbar ist auch Henri nun ein »getünchtes Grab«, welches Christus-Wort zur Chiffre der erstickten menschlichen Wahrhaftigkeit wird.[70] Aber Henri unterscheidet sich bedeutsam von allen, die in solcher Lebenstaktik aufgehen. Er unterscheidet sich von den »Komödianten« im früheren Werk, indem er den »Komödianten« selbst zur Rolle degradiert und gleichsam die Komödie der Komödie spielt; er unterscheidet sich als Politiker von Machiavellisten, indem er nur notgedrungen Machiavellismus als Vehikel einer antimachiavellistischen Politik praktiziert. Während die Schrecken der Bartholomäusnacht Henri unwiderruflich verwandeln, löst sich sein früheres Naturell als »Schürzenjäger« (VI,497) und »Bruder Leichtsinn« (VI,206), »Immerlustig, Immerverliebt«, »Vert galant« (VII,805) und »Possenreißer« (VI,454) von seinem Ich, wird zur lebenslang verfügbaren Maske, die ihn jedem bestimmten Zugriff entzieht, und ist doch wahr, weil sein

---

[70] Getünchtes Grab – »richten wir uns häuslich darin ein« heißt es zynisch im »Kopf« (p. 346); ferner VI,95; 97; 98; »... daß wir ein Mörder und getünchtes Grab sind« (VII,6); »Wir sind von jetzt ab ein getünchtes Grab« (VII,177); IX,341. Vgl. Matth. 23,27 (in der Übersetzung Luthers): »Schriftgelehrte und Pharisäer, ihr Heuchler, die ihr gleich seid wie die übertünchten Gräber, welche auswendig hübsch scheinen, aber inwendig sind sie voller Totengebeine und alles Unflats!«

angeborenes Naturell. Später wird er mit wachsender Enttäuschung die Verlarvung so weit treiben, daß er das Gute, aber Unbegreifliche, mit lächerlichen, aber begreiflichen, weil niedrigen, Motiven begründen und verwirklichen wird.[71] So läßt er im Frühjahr 1610 Europa darüber spotten, daß der liebestolle Alte riesige Rüstungen unternimmt, um eine entflohene Geliebte aus Brüssel zurückzuholen, während er in Wahrheit den großen Krieg gegen die Universalmonarchie einleitet.

Die Lebenstaktik Henris ist so nicht abzulösen von seiner prinzipiellen »Festigkeit«; Lebenstaktik ist ein Element des moralistischen Systems, aber sie ist gleichsam seine äußerste, aufgenötigte Umhüllung und empfängt Sinn und Rechtfertigung aus dem geistigen Zentrum: »Aufschub, Nachgiebigkeit, Verzicht nach außen, im eigenen Innern aber der beharrliche Gedanke: durch diese Schule sind wir gegangen, darin übertrifft uns keiner« (VI,467). Das Geheimnis Henris ist diese seine »Festigkeit«, eine Kraft, die sich durchsetzt, wo sie ausweicht, preisgibt, vertagt, ja verzichtet. »Nachgeben« so bereitet schon eine unscheinbare Bemerkung von 1931 vor, »besonders nachgeben heißt kämpfen für die Klügeren unter uns« (XI,374). Henri vereinigt sein »einfaches, kühnes Gesicht von der Zukunft« (VII,813) mit äußerst fügsamem »Sinn für das Leben« (VII,355), Festigkeit im Grundsätzlichen mit dem notwendigen Eingehen auf die unendliche Labilität alles Bestehenden; er ist so weder der starre »Ideologe«, der an den realen Gegebenheiten scheitert, noch der bloße »Seiltänzer« und »Spieler«, der sich in nichts über den »Lauf der Welt« erhebt – wie Graf Lannas oder später Friedrich der Große in der Sicht Heinrich Manns. Henri weiß, daß der Erfolg der Vernunft von dieser Schmiegsamkeit abhängt, daß das Gute den »ganzen Menschen« überfordert, wollte es sich mit der linearen Konsequenz bloßer Logik durchsetzen. Er nimmt eine Doppelhaltung ein, die, auf der moralischen Ebene, zwischen dem Satz Montaignes »La voye de la verité est une et simple...«,[72] zwischen der bedingungslosen kantischen Wahrhaftigkeit also, und der Lebenserfahrung »L'innocence mesme ne sçauroit ny negotier entre nous sans dissimulation, ny marchander sans manterie...«[73] eine in der individuellen Sittlichkeit wurzelnde, unsystematische, am Einzelfall sich konkretisierende Vermittlung sucht. Er vereinigt, was nach den politischen Begriffen des wilhelminischen Bürgertums, auf die Heinrich Mann insgeheim auch im Protest und Weiterdenken bezogen bleibt, als »Real-

---

71 Vgl. die Bemerkung über Wagner: »Derart läßt ein Künstler zum Schein seine unreinen Antriebe sehen, aus Scham, die sehr hohen zu entblößen« (N. 286/87).
72 Montaigne, II,9.　　73 Montaigne, III,8.

politiker« und »Ideologe« für völlig unvereinbar galt; er ist Realpolitiker der Vernunft. Daß er aber die Lektionen des Lebens beherzigt und dennoch an unerschütterlichen Zielen, an der »Verbesserung der menschlichen Lage« festhält, daß er nicht wie z. B. Friedrich der Große, der in seiner Jugend durch eine »Schule des Unglücks« von ähnlicher Bitterkeit ging, zynische und machiavellistische Konsequenzen daraus zieht –: darin erblickt Heinrich Mann das Exemplarische seines Helden, das er als geschichtliche Einzigartigkeit beschreibt.[74] Solche Doppelhaltung gehört zur Lebenslehre der HENRI-QUATRE-Romane; sie ist Heinrich Manns moralistisch und politisch pointierte Auffassung von »Dauer im Wechsel«:

> Es kommt darauf an, ein und dasselbe zu wollen auf allen Wegen, im Schwanken der Menschen und Dinge treu zu bleiben dem inneren Gesetz: aber das ist nicht angemaßt; es kommt weither, es reicht weithin. Auf Jahrhunderte blickt Gott, wenn er diesen anblickt. Davon wird Henri unbeirrbar – und unerforschlich, da nichts einen Menschen ungewisser, geheimnisvoller erscheinen läßt, als eine tiefe Festigkeit (VI, 556).[75]

Aus dem tätigen Geist dieser Festigkeit, die das eingestandene Sprunghafte und Verworrene der Menschennatur beharrlich überspielt, ist auch

---

74 In schärfstem Kontrast hierzu steht: »Der ›alte Fritz‹ schwindelt, genau wie der junge grundsätzlich alle Welt immer betrogen hatte: nur so verstand er die Beziehungen von Mensch zu Mensch und von Macht zu Macht. Die väterliche Erziehung, die ihn heucheln lehrte, wirkt bis an sein Ende nach ... Unterstützt wurden seine Neigungen von der allgemeinen Vorliebe des Jahrhunderts für Intrige, für Rivalitäten, die nur wenige angingen und die zu ›Kabinettskriegen‹ führten. Niemand war absolut wie der König von Preußen; niemand repräsentierte daher wie er die böse Seite des Zeitalters« (F. 138/39).

75 An dieser Stelle kann die Interpretation Ulrich Weissteins nicht unwidersprochen bleiben. Das Henri-Quatre-Kapitel seiner Monographie faßt im wesentlichen die zuvor veröffentlichten Aufsätze »Humanism and the Novel. An Introduction to Heinrich Mann's ›Henri Quatre‹« (In: Monatshefte, LI (1959), p. 13–24) und »Heinrich Mann, Montaigne and ›Henri Quatre‹« (in: Révue de littérature comparée, t. XXXVI (1962), p. 71–83) zusammen. Weisstein sucht zum ersten Mal die Beziehung Heinrich Mann–Montaigne zu ergründen, nachdem sie von A. Kantorowicz (Heinrich Manns Henri Quatre-Romane. In: Sinn und Form, 1951, (H. 5, p. 31–42) nur erwähnt und von H. Kirchner-Klemperer (a.a.O., p. 23) kurz behandelt worden war. Aber während er den historischen Beziehungen Henri IV – Montaigne, mit denen Heinrich Mann ohnehin künstlerisch frei umgeht, unverhältnismäßig viel Aufmerksamkeit zuwendet, gelangt die Behandlung des geistigen Verhältnisses Heinrich Mann – Montaigne über kurze, tastende und z. T. auch widersprüchliche Anläufe nicht hinaus. Obwohl er entscheidende Montaigne-Stellen anführt, stößt er nicht zur Erkenntnis des komplexen moralistischen Menschenbildes durch, aus dem erst die Verbindung von »innerem Gesetz«, taktischer Beweglichkeit, Skepsis und menschlicher Gebrechlichkeit, die ja gerade gezeigt werden soll, zu verstehen wäre. Weisstein spricht zwar von einer »ganz eigenen Logik« (p. 174) im Leben Henris, doch kann er sie nicht aufzeigen und in gewisser

die überraschende Deutung zu verstehen, die der König dem Holz-
schnitt in seinem Kabinett, dem Tod als Ackermann gibt: er deutet ihn
vom Leben her. »Das Skelett als Ackermann, der Tote, der weiter-
schafft« (VII,841). »Das Skelett als Ackermann. Sind wir denn tot, wir
lassen doch nicht nach, das Werk geht weiter« (VII,814). Noch immer
bearbeitet er die »Erde«, den ewigen Gegenstand von »Mühsal und
Schweiß«.

Die moralistische Romanwirklichkeit gibt das Leben in der Brechung
des Geistes, ist das »Leben selbst, vermehrt um Erkennbarkeit« (XI,
317); erkennbar wird, wie reine Vernunft auf die »bestehende Wirklichkeit« und die gegebene Menschennatur einwirkt und von ihnen
modifiziert wird. Die Doppelhaltung Henris trägt dem »Gedanken«
und der »Wirklichkeit« Rechnung, sie verrät weder einseitig die Ver-
nunftautonomie an die Wirklichkeit noch die Kreatürlichkeit des Menschen an die abstrakte Norm. Heinrich Mann hält immer an der Vernunft fest (»Wir haben nur unsere Vernunft, und selbst was wir von
unseren unbewußten Abgründen ans Licht ziehen, wird erreichbar durch
unsere Vernunft« Z. 183), aber er ist sich ihrer Gebrechlichkeit und
Begrenzung bewußt.[76] »Unheimliche Begebnisse« (VII,454) und seltsame »Zusammenhänge unterhalb des Dahinlebens« (VII,121) begegnen auch Henri, aber er hält ihnen entgegen: »Weich nie von deinem

Hinsicht bleibt auch ihm Henri so »unerforschlich«, wie es Heinrich Mann an
obiger Stelle schildert. Dies kommt in den abschließenden Urteilen zum Ausdruck.
Wenn Weisstein resümiert: »Henri ist abwechselnd frivol, gedankenlos, nachdenklich und verwegen. Von Disziplin (besonders geistiger) kann bei ihm keine Rede
sein. Seine Absichten sind oft verworren, seine Handlungen meist unzureichend
begründet. Der Liebesaufschwung ist die Hauptquelle seiner Energie...« (p. 181),
so verkennt er ganz grob das komplexe Menschenbild Heinrich Manns und hebt
sogar vorausgehende eigene Einsichten wieder auf. Dies gilt ebenso für die abschließende Frage, »warum, bei solcher Sachlage, Heinrich Mann Henri Quatre
und nicht Montaigne zum Helden seines Romans wählte« (p. 181), und der Satz
»Insofern als Henri nicht durch Erfahrung klug wird – er vergißt allzu leicht die
Mühen des Aufstiegs und ist seiner Schwäche nicht immer eingedenk – usw.«
(p. 180) muß als unbegreifliches Fehlurteil bezeichnet werden. Das ganze Werk ist
gerade darauf angelegt, zu zeigen, wie Henri die Lehren des Lebens erlernt und
die Mühen des zwanzigjährigen Aufstiegs zum Thron nie vergißt. Von vielen Belegen seien nur drei angeführt. Der alternde König zu Sully: »Den Alten leg ich
die Hand um die Schulter und erinnere sie an die ersten Mühen und Arbeiten,
das waren ihre und meine, sind bis heute die besten geblieben« (VII,745). »Wir
lernen nicht aus, am wenigsten auf unserem Gebiet« (VII,812) meditiert Henri, und
»Im Gegenteil prüft die tüchtige Natur sich selbst, sie lernt, ihr Sinn für das Leben
wird nur fügsamer« (VII,355) kommentiert Heinrich Mann.

76 »Sieh, wie gebrechlich unsere Vernunft ist...« (VII,454); betont wird, daß »unsere Vernunft schmal wandelt zwischen Abgründen, die sie verlocken und rufen«
(VII,339).

Wissen ab, tu unentwegt, was in dich gelegt und dir aufgetragen ist...« (VII,454), und wie Heinrich Mann die Wissensfrage verstanden wissen will, legt er im Roman Montaigne in den Mund:

> Das Wissen Gottes teilten wir allerdings nicht mit ihm. Um so eher wären wir bestimmt, auf Erden Bescheid zu wissen, hier nun verständen wir das meiste vermittels Mäßigung und Zweifel (VI,469).

Auch das Leben Henris erscheint als individuelle, unregelmäßige Zickzacklinie innerhalb des Koordinatensystems von Hoffnung und Skepsis; jede seiner Taten besitzt gleichsam ihre Ordinate auf der Achse der Hoffnung und ihre Abszisse auf der Achse der Skepsis; jede erscheint in doppelter Anleuchtung als relativer Erfolg und als grundsätzliches Scheitern. Was unter den Bedingungen dieser Welt »voller Schmerz und Schande« zu erreichen ist, vergegenwärtigt beispielhaft das Edikt von Nantes. Es ist eine geschichtsmächtige Realisation der Vernunftidee der Gewissensfreiheit, aber gebrochen von den Gegebenheiten der Wirklichkeit, die in diesem Roman voll ausgetragen werden, es ist

> ein unvollkommenes Ergebnis, entstellt und aufgehalten bis in die letzte Stunde. ›Verhandlungen und Zugeständnisse zum Schein; Streit, Abbruch, neue Fühlung der Parteien, vorn die schönen Reden, hinten die bösen Ränke, der Eigensinn, Haß und die eingefleischte Sucht nach Vorteil: viel ist meinem Edikt vorangegangen. Auch meine zwanzig Jahre Kampf. Als kleiner König von Navarra, höchst ungewiß meines Lebens und des Thrones von Frankreich, hab ich vor Augen diesen fernen Tag gehabt‹ (VII,464).

Dieser Doppelaspekt gilt sinngemäß für alles Tun. Wo aber feststeht, »wir können nichts tun, als kämpfen für die Ziele, die nie erreicht werden, aber von denen abzusehen schimpflich wäre«, wo diese Gewißheit herrscht, kommt jeweils dem einzelnen empirischen Ausgang geringere Bedeutung zu, ihm gebührt nur der Rang der variablen historischen Eintragung in das grundsätzliche Koordinatensystem. Gleichwohl ist gerade an ihr, am variablen Verhältnis von Ordinate und Abszisse, das eigentlich optimistische oder pessimistische Element, das in der Spätzeit Heinrich Manns schwankende, offensichtlich auch von den Weltereignissen abhängige Ausmaß jeweiliger Skepsis ablesbar, während das grundsätzliche Ineinandergreifen von Hoffnung und Skepsis die unverrückbare »Grundfeste der Erkenntnis« bleibt.

Alle diese Realitionen gewinnen in den Hauptkomplexen der VOLLENDUNG DES KÖNIGS HENRI QUATRE, der Gabrielentragödie und dem GRAND DESSIN zur Befriedung Europas, greifbare Gestalt. Henri gewinnt die große Liebe seines Lebens nur allmählich für sich, aber er kann seine »teure Herrin« nie zur Königin von Frankreich erheben. Er erreicht zwar das Edikt von Nantes und den Frieden von Vervins, die Aussöhnung der Glaubensparteien und einen Frieden mit Spanien, die Befriedung Frankreichs, aber nicht die Europas. Und auch das Edikt von Nantes ist nicht endgültig: es wird nach Henris Tod von Richelieu wieder aufgehoben. Was diesem König an GRÖSSE UND BESITZ, an teilweiser Erfüllung, an »verhältnismäßigem Glück« (VII,820) vergönnt ist, das schildern die vorwiegend lyrisch bewegten Kapitel DIE STROMFAHRT und DAS LIED. Sie stellen die idyllische Mitte der VOLLENDUNG dar, sie vergegenwärtigen den hochsentimentalisch erfahrenen Augenblick friedvollen Lebensgenusses unmittelbar vor der Romanperipethie, zu dem der König sprechen könnte, »verweile doch, du bist so schön«. Nun besitzt er nach zwanzigjährigem Ringen die Stadt für Stadt eroberten Provinzen Frankreichs, aber als dauerhaftester »Besitz« erscheint ihm ein »Lied«: das Lied REIZENDE GABRIELE. Von allem am wenigsten der Vergänglichkeit entzogen ist das Lied.

»Besitz« ist in der Sprache Heinrich Manns nie ohne unterschwelligen Bezug auf die bürgerliche Lebensordnung, auf die charakteristische Eigenschaft des Bürgers, das Streben nach Besitz.[77] Als ironischen Kontrast enthält gerade das lyrische Kapitel DAS LIED die Schenkung des Schlosses Sully an Herrn von Rosny, der »Besitz« nüchtern nach Geldwert berechnet: »Herr de Rosny, Ihr Glück soll gemacht werden, wenn dies Ihr Glück ist. Über die Beschaffung des Kaufpreises sprechen wir noch« (VII,477). Der König aber meditiert, während das Schiff die nächtliche Loire hinangleitet:

Besitz – aber wann besitzen wir? Ein Schloß mit seiner Landwirtschaft kann aufbrennen, ein Königreich verlorengehen. Der Tod ist immer zugegen und nimmt uns zu seiner Zeit beides. Dies war eine glückliche Reise, ich habe die letzte meiner Provinzen in meinen Besitz gebracht, meinem Feind den Frieden abgerungen. Höher hinaus, schwerer erreicht, ich habe die Gewissensfreiheit durchgesetzt, was all mein Trachten von je war. Ich besitze dies Königreich, wie noch kein König es besessen hat, seine Gestalt und seinen Geist. Was besitz ich wirklich? (VII,477/78).[78]

Nichts als »ein Lied, das alle singen werden« (VII,482), fragwürdig

---

[77] Vgl. die Charakteristik des Schwerindustriellen Knack (= Krupp) im »Kopf«: »...wie er sich bewegte, wie er sein Wesen auslebte und den Raum damit füllte. Denn Knack ergriff abwechselnd von allem Besitz, was hier atmete, und hinterließ, wo er nur gewesen, eine von ihm schwangere Luft, so daß er tatsächlich überall war« (K. 157).

[78] Dazu auch hier der Kontrast: »Sein Königreich besitzt er wie ein Rittergut« (F. 137).

bleibt dem König auch im Zenith seiner Größe jeglicher Bestand. Von der Weisheit skeptischer Mäßigung weicht er auch jetzt nicht ab: der Augenblick nach dem Tode Philipps II. erscheint günstig für »Unternehmungen noch größeren Maßes« (VII,483), die ihn zum »Retter des Erdteils« gemacht hätten, für die Befreiung Europas von Joch der Universalmonarchie. Henri aber »kannte seine Sendung, vertagte sie aus Weisheit und verzichtete« (VII,483) – verzichtete freilich nur vorläufig, denn »Vernunft und Menschenglück« sollen überall herrschen. Statt sogleich alles erneut aufs Spiel zu setzen, widmet er sich, wie Bismarck nach 1870, der Konsolidierung des Erreichten. Diese Haltung wird hier gegenüber »Größen« wie Napoleon oder Hitler betont herausgearbeitet. Henri Quatre, Napoleon, Bismarck, Hitler werden in den späteren politischen Reflexionen Heinrich Manns stets an ihrem Verhalten am gleichen Punkt der Hybris gemessen.[79] Aber auch der Kontrast zum späteren Bild Friedrichs II. ist darin schon angelegt.

Als jedoch Henri im Frühjahr 1610 gegen Habsburg zu Felde zieht, ist es zu spät geworden: der Mörder Ravaillac kam ihm zuvor. Jäh bricht seine »Sendung« ab, weit entfernt noch von ihrem Ziel und dennoch voll erkennbar. Was Henri vollbrachte, war Wohltat für das vor ihm ausgeblutete und nach ihm wieder überanstrengte Frankreich; solange er wirken konnte, war er im Sinne Lanux' nicht »inférieur à son destin«. Auf der Höhe seines Erfolges meditiert er:

Ein Sieg, was ist er viel, ich habe nicht mehr gesiegt als mir geboten und erlaubt war zur Erhaltung meines Königreiches. Darüber hinaus läge, worauf ich verzichten mußte, der letzte Sieg, die Befreiung Europas von einer Weltherrschaft, die aus den Völkern zuletzt Mordbrenner macht. Ich darf nicht helfen. Krieg oder Frieden, ich habe gewählt. Groß darf ich nicht sein (VII,491).

»Groß darf ich nicht sein« – dies wird nur verständlich, wenn man über die Werke verstreute Bemerkungen damit zusammenbringt, wonach Staatsmänner nur durch ausgeführte, nicht durch vermiedene Kriege im Andenken der Völker »groß« werden (vgl. K. p. 218). So heißt es in der TRAURIGEN GESCHICHTE VON FRIEDRICH DEM GROSSEN lakonisch: »Der spätere, siebenjährige Krieg trägt ihm nichts weiter ein als den Beinamen »der Große«, für seine Ausdauer im Kriegführen« (F. 130),

---

79 Eine Anregung gab möglicherweise Pierre de Lanux: »Ce qu'on cherche désespérément dans l'Histoire, sans en trouver plus qu'une maigre poignée, ce sont des triomphateurs n'ayant point saboté leur triomphe. Henri IV me semble échapper au reproche que soulèvent les Napoléon, les Louis XIV, les Bismarck: tous furent, un beau jour, inférieurs à leur destin etc." (a.a.O., p. 127).

und es sind »sieben Jahre vermeidbarer und vergeblicher Verwüstungen« (F. 138). Als Kronprinz aber stellte er noch den Minister zur Rede, weil er »gewissenlos« handelte. Dieser antwortet: »Das Staatsinteresse verbietet mir, auf mein Gewissen zu achten. Eure Hoheit werden selbst die Erfahrung machen: wenig Gewissen, viel Erfolg.« Friedrich repliziert prompt: »Gar kein Gewissen, ein großer Mann« (F. 42). In diesem Sinn wird Henri nicht »groß«.

Sein Leben entfaltet sich in der Breite des Romans, so wie Montaigne das Leben immer wieder charakterisiert, als »mouvement inegal, irregulier et multiforme«.[80] Freilich läßt Heinrich Mann durch das vordergründig Verworrene ein »Auf-allen-Wegen-dasselbe-wollen«, die aufsteigende Linie zur Wirklichkeit drängender Vernunft, durchschimmern und geht darin über Montaigne hinaus, der »in den frühesten Essays und bis zuletzt ... die Vernunft mit abschätzigem Namen«[81] belegte. Aber andererseits mündet die auf dem »Weg zum Thron« (VI, 551) verhältnismäßig klare Lebenslinie Henris nach dem »Todessprung«, dem entscheidenden Übertritt zur katholischen Kirche, »um der Staatsvernunft willen« (VII,122) in einen schillernden Zustand um die Mitte des Lebens, sie stagniert, zersetzt sich in ein unentschiedenes Nicht-mehr-vor-und-nicht-mehr-zurück-können, das hauptsächlich in seinem Verhältnis zu Gabriele Gestalt gewinnt. Es breitet sich eine diffuse Wirklichkeit, eine zwielichte, unheilschwangere Atmosphäre bis zum rätselhaften Tod Gabrielens aus, die durch keine einzelne Aktion des unentschlossenen und sich widersprechenden Königs bewältigt werden kann und jeden Begriff übersteigt. Beschlössen noch, wie im ersten Teil, »moralités« die einzelnen Kapitel, so würden sie ohne Zweifel dieses unfaßbare Entgleiten der Lebenslinie als neue rätselhafte »Erfahrung« Henris in der Schule des Lebens verzeichnen.

Die Kapitelüberschriften DIE ABKEHR (VII,632), WIR TREIBEN ES WEITER (VII,632), VERZERRTE WIEDERKEHR (VII,642) deuten auf die innerste Lähmung nach dem Tod Gabrielens. Immer spürbarer wird die »Abkehr« Henris vom Leben im »neuen Jahrhundert« (VII,706), seine »Vollendung« erscheint jetzt als Aufstieg zu geschichtlicher Größe wie als unvermeidliches Ersteigen jenes »Leidensberges«, sie wird immer mehr Ausdauern und Aushalten des immer widerwärtiger anmutenden Lebens; Vollendung wird skeptisch als »déchéance« (VII,895) und Scheitern gefaßt: »Mais la déchéance n'est peut-être qu'un achèvement suprème et douloureux« (VII,895), Vollendung liegt, von einer

---

[80] Montaigne, III,40.   [81] Friedrich, a.a.O., p. 156.

bestimmten verhältnismäßigen Höhe an nicht mehr im weiteren Ausgreifen, sondern im Verzicht, im »stufenweisen Zurücktreten aus der Erscheinung,[82] in tätiger Resignation. Oder auch, wie Montaigne weiß: »La mort se mesle et confond par tout à nostre vie: le declin praeoccupe son heure et s'ingere au cours de nostre avancement mesme.«[83] Lapidar heißt es im ZEITALTER: »Mitten im Handeln zahlt man den Zoll der Vergeblichkeit« (Z. 483). Bezeichnend für die moralistische Vermischung von Hoffnung und Skepsis ist auch der paradoxe Ausdruck »infelix felicitas« (VII,821), »unglückliches Glück« (VII,824), welcher das Schicksal des Königs, »glücklich zu sein bis ins Unglück« (VII,821) auf der ihm zukommenden tragischen Höhe formuliert.[84]

So bedeutet das vordergründig Unerfreuliche, Unbefriedigend-Ergebnislose der letzten Partien des Romans die konsequente VOLLENDUNG des moralistischen, skeptizistischen Lebensschemas; was Henri erreicht hat, bleibt bruchstückhaft und ist dennoch das Höchstmaß des unter den vorgefundenen Umständen Menschenmöglichen. »Man wird traurig und nüchtern, je mehr getan ist, lauter unvollkommene Werke« (VII,750) und »Von allem was hätte sein können, wurde das meiste vergessen, verloren, nie erfüllt« (Z. 488) so lauten die schwarzen Formulierungen des Lebensfazits, die jedoch nicht einseitig mißverstanden werden dürfen. Denn das, was erreicht wurde und freilich hinter allem, »was hätte sein können« zurückbleibt, kann dennoch, wie im Falle des Königs Henri, so viel bedeuten, daß es über Jahrhunderte hinweg unvergessen bleibt; neben die schwarzen Formulierungen sind jene zu rücken, in denen die goethische Zuversicht »Es kann die Spur von meinen Erdetagen / Nicht in Äonen untergehn«[85] lebendig ist.

---

[82] Goethe, Maximen und Reflexionen (Hecker) Nr. 1348.

[83] Montaigne, III,411.

[84] Vgl. Pierre de Lanux: »›Infelix felicitas‹ est la devise qu'attache à son nom un poète du temps« (a.a.O., p. 196).

[85] Weisstein wird deshalb Heinrich Mann nicht gerecht und löst die doppelte Perspektive auf, wenn er undifferenziert vom »mangelnden politischen Instinkt« (a.a.O., p. 164) Henris, vom »Fehlschlagen seiner Mission, das sich aus der geschichtlichen Lage nur zum Teil erklärt« (p. 169) und von einem »Versagen der Geschichte gegenüber« (p. 175) spricht. Er verkennt damit die moralistische Quintessenz Heinrich Manns: Noch der größte Erfolg unter Menschen bedeutet Scheitern. Daß aber Heinrich Mann innerhalb dieser Grenzen dem König ein Höchstmaß an Erfolg zuspricht, daß er in seinem Roman einen beispielhaften geschichtlichen Augenblick festhält, in dem »sogar die Vernunft einmal siegt hienieden, wäre es nur vorläufig« (VII,192), geht aus vielen Äußerungen hervor.

d) Die Sphäre des Komischen

Noch in einer anderen Hinsicht ist die Reaktion des kleinen Henri auf das erlauschte Gespräch aufschlußreich. »Er ballte die Fäuste, die Augen gingen ihm über vor Zorn. Plötzlich schwang er sich auf einem Fuß herum, lachte hell und stieß einen munteren Fluch aus« (VI,52). Schmerz und Empörung über Mordanschläge finden einen Ausweg im Lachen. »Da lachte Henri laut, als ob grade die schrecklichsten Enthüllungen die lustigsten wären« (VI,226) heißt es in anderem Zusammenhang. Es ist ein Lachen ohne Verstellung, denn nach dem Gespräch ist Henri allein und könnte sich seiner Angst hingeben, es ist ein Lachen, das »heiter von Grund auf« ist und »alles Böse widerlegt« (VI,213). Der Grund seiner Heiterkeit erhellt wenig später. Nach dem Gespräch hatten der Herzog von Alba und Katharina von Medici den Saal verlassen: »Die alte Königin erhob sich schwer, er reichte ihr die Fingerspitzen und führte sie zur Tür, er stelzte, sie watschelte« (VI,52). Als Henri seiner Mutter berichtet, überwältigt ihn die Erinnerung: »– und um es ihr zu zeigen, stelzte er zuerst wie der Herzog und watschelte dann wie Madame Catherine. Er war voll Begabung für die Posse, das sah seine Mutter . . .« (VI,55). Ähnlich wird er immer wieder beklemmende Situationen ins Komische auflösen und ausweglose für sich retten.

Das Komische, das Henri zu Parodie und Spott reizt, erfährt eine besonder Deutung. So heißt es in der Schilderung der Bartholomäusnacht:

> Henri lachte . . . Das Komische wird durch Grausen noch komischer. Im Ohr hat man das heulende Mordgeschrei, vor dem Geist aber erscheinen die Schuldigen mit ihren Häßlichkeiten und Gebrechen. Das ist eine große Wohltat, denn am Haß würde man ersticken, könnte man nicht lachen. Henri erlernte in dieser Stunde zu hassen, und es war ihm dienlich, daß er sich über das Verhaßte lustig machte (VI,289).

Sein Diener empfiehlt ihm: ». . . aber Sie dürfen nicht bitter erscheinen, wenn man Sie wiedersieht. Seien Sie leicht! Seien Sie frei!« (VI,309). So tritt der überlebende König nach dieser Schreckensnacht den Mördern entgegen »ohne Überwindung wie es schien, ja ohne das volle Bewußtsein der Lage, denn er ließ ein harmloses Lachen hören« (VI,313), aber es gelingt ihm vorerst kein befreiendes Lachen, und sein erkünstelt harmloses »Herr X, Sie leben«, mit dem er an diesem unheimlichen Morgen jeden begrüßt, gewinnt grausig-makabren Klang. Gleichwohl hat man am Hof schließlich den Eindruck, daß er auch nach der Bartholomäusnacht ein unbedachter Spaßmacher geblieben war. Man bezeugte es ihm mit einem Lachen der Erleichterung, mißbilligend war es nebenbei. Er unterschied alles, er merkte sich jeden – während sie meinten, er dächte an Witze (VI,317).

Wenn Henri zunächst nur seine Verzweiflung überspielt, so schlägt später auch wieder seine angeborene »Heiterkeit« durch. Die Genesis des Komischen aus dem Haß aber erklärt die besondere Färbung der Komik, welche nur die Bösewichter Heinrich Manns umgibt. Sie unterscheidet sich bis zu einem gewissen Grad von der Satire aus dem Standpunkt der Vernunft, doch kann sie, je nach dem, ob Haß oder Heiterkeit in ihr dominieren, auch in Satire oder mildere Ironie übergehen. Solche schärfere Komik, die ihre Herkunft aus dem Haß auf das Böse nicht verleugnet, beherrscht z. B. das Kapitel DER BESIEGTE (VII,181–190), in dem Philipp II. von Spanien der Versuchung des Fleisches erliegt und sich eine tödliche Ansteckung holt. Die Komik geht in Ironie über, wenn der Marschall Joyeuse, ehe er gegen Henri vorrückt, »nur noch etwas in einer der Städte« verweilt, »die er unterwegs einnimmt, und nach dem fetten Leben bei Hof macht er eine Kur zur Reinigung seines Innern. Abgeführt und leicht soll der Feldherr in die Schlacht reiten« (VI,609); sie führt die Feder, wenn während einer Unterredung Maria von Medicis mit dem spanischen Gesandten die Koliken der Königin »den stürmischen Ausweg« nehmen und der Gesandte sich auf den chinesischen Schreibtisch, ein Geschenk des Jesuitengenerals, übergeben muß: »Die beiden Götzen nickten beifällig. So oft er würgte und spie, läuteten an dem Türmchen alle Glöcklein silberhell« (VII,858–59). Gegenstand dieser diffizilen Unterredung aber war, wie das natürliche Ende Henri Quatres zu beschleunigen sei. Überall werden die »Häßlichkeiten und Gebrechen« der Bösewichter, der »Schuldigen«, erbarmungslos ins Licht gerückt, die Beispiele ließen sich unschwer vermehren. Noch einmal darf hier der Satz aus dem ZEITALTER angeführt werden: »Wahrhaftig, das Böse zu hassen, indes es uns erheitert, gewährt eine Haltung, die Zukunft hat – hinaus über die vergangenen zweihundert Jahre des einen Voltaire« (Z.162).

Innerhalb des moralistischen Systems fällt so dem Komischen eine bedeutende Funktion zu. Der Sinn Henris für das Komische, seine »Begabung für die Posse«, bewahren ihn vor den äußersten Ansprüchen der Vernunft wie vor der Verzweiflung angesichts der verkehrten Welt, sie bewahren ihn vor tragischer Ausweglosigkeit. Wie er sich im einzelnen mit »Possen« aus Zwangslagen befreit, so im großen, indem er sich die allgemeine Komödie des Lebens vor Augen hält. Dann zitiert er stets Montaigne: »Totus mundus exercet histrionem, warum nicht auch ich« (VII,259) – »Um was quälen wir uns? Jeder macht einen Komödianten. Totus mundus –. Wozu wir berufen sind, ist größtenteils Farce« (VII,118).

Dies darf jedoch nicht vorschnell mißdeutet werden. Nur scheinbar wird in solchen Augenblicken das Leben zur Komödie erleichtert, wird die »Berufung« zur Farce erklärt. Aber Henri flieht nicht in die Verantwortungslosigkeit des Possenreißers, meint nicht Entpflichtung von seiner »Sendung«. Vielmehr verschafft ihm das Eintauchen in die große Lebenskomödie nur eine »verhältnismäßige« Erleichterung, zeitweilige Befreiung von der Verantwortung, eine Befreiung, die zur lebenstaktischen Maßnahme wird, um universale Verantwortung überhaupt weiter tragen zu können. Gerade weil Henri das Leben, mit eingeschlossen den Auftrag der Vernunft, allgemeiner und ernster nimmt als seine Feinde, die nur Begierden und Interessen nachjagen, muß er es immer wieder zur »Farce« herabwerten – um es nicht z u ernst zu nehmen, um nicht in tödlicher Humorlosigkeit steckenzubleiben, um nicht, im Gegensatz zu dem »steckengebliebenen Komödianten« Pippo Spano, ein steckengebliebener »Lebenskämpfer« zu werden. Wie er Schauspielerei benützt, um der Wahrheit treu zu bleiben, so auch den Gedanken, daß das Leben Komödie sei, um in ihm mehr als ein Komödiant zu sein. Jedes Tun wird von dem pathoslosen Bewußtsein »Wir wollen leben« (VII,71) unheroisch begrenzt, an einer Stelle heißt es sogar: »Dies war sein natürliches Gefühl, daß leben wichtiger ist, als sich rächen, und daß der Handelnde vorausblickt, nicht rückwärts auf geliebte Tote« (VI,129). Zum »gesunden Sinn« Henris gehört es, daß Ernste nicht tödlich ernst zu nehmen und das Tödliche im Komischen zu paralysieren. Immer dort, wo Henri sich Zwängen des Lebens, die aus dem Leben führen, verweigert, flieht er in solche »Komödie«. Er ist ein Michael Kohlhaas, der aber weiß, daß er tatsächlich für die Gerechtigkeit mehr erreichen kann, wenn er mittels zeitweiliger Selbstverleugnung, mittels relativen Leichtsinns und Rücksicht auf die Menschennatur überhaupt am Leben bleibt; zur »lebenfördernden« Vernunft tritt die lebenerhaltende Farce. Über seinen Minister Sully, die steinerne Rechtlichkeit in Person, bemerkt er: »Seine angeborene Rechtlichkeit könnte ihn leicht das Leben kosten ... Mir aber schadet sie zuletzt mehr als alle Diebe zusammen...« (VII,303). Sully kennt nur eine gleichsam geometrische Gerechtigkeit, aber nicht jene elastische Festigkeit, die der König bei ihrer Durchsetzung anwendet, jenen verhältnismäßigen Leichtsinn als Gebot der Weisheit, den auch Montaigne kennt: »...il faut un peu legerement et superficiellement couler ce monde. Il le faut glisser, non pas s'y enfoncer...« (III,281). Der König aber gräbt sich in die Erde ein oder gleitet leicht-sinnig weiter – je nach der unvorhersehbaren Lebenskonstellation, in einer betont antitragischen Haltung, die gleichwohl die tiefere Tragödie des Lebens, das Scheitern, ins Große gerechnet, bloß aushält, nicht aufhält. Er bemüht sich um Leichtigkeit an der Oberfläche, gleichwohl liegt das Schwerste unmittelbar darunter:

> Er wollte, daß alles unschuldig bleibe. Der Übergang von der bisherigen Gesetzlosigkeit zu der Macht des Rechtes sollte vor sich gehen, als geschähe nichts. Er war aber im Gegenteil davon durchdrungen, daß es in diesen Tagen um alles ging, sowohl für ihn wie für das Königreich, und was man jetzt laufen ließ, wie es wollte, war nie mehr einzuholen (VII,290/91).

Im Gegensatz zur tödlichen Humorlosigkeit Hitlers erscheint ihm etwa das »witzige und bittere Geschäft der Machtergreifung« (VII,257) »stellenweis ein Jux« (VII,255), in prekärer Situation erwägt er den Entschluß zur Schlacht »abwechselnd wie einen fröhlichen Streich oder auch wie die Entscheidung seines Lebens« (VII,24). Die verharmlosende Geste bei stets doppeltem Spiel wird bei der Verkündung des Ediktes von Nantes laut: »›Hört nicht zu genau hin, wir machen's kurz‹ ... ›Das haben sie dahin‹, denkt Henri. ›Nachher die Milde und der Ausgleich, damit sie sich gewöhnen‹« (VII,464/65). Zwei Kirchenfürsten fühlen sich von dem König behandelt »›nach dem Vorbild einer berühmten Szene im Rabelais, der nichts als ein Possenreißer gewesen ist. Das ist auch dieser König und hält uns zum Narren‹. Ihre Würde war dahin...« (VII,64). Manchmal überwältigt den König freilich die »widerwärtige Komik der Dinge«, »aber er erstickte sie, obwohl er blau im Gesicht wurde. Das Gelächter, das er hätte anschlagen sollen, war ihm zu schlecht« (VII,262).

Es überrascht, daß Montaigne, aber auch Kant, ein taktisches Verhalten in bezug auf die Wahrheit, wie es in diese »Komödie« eingeht, kennen.

> Car la verité mesme n'a pas ce privilege d'estre employée à toute heure et en toute sorte: son usage, tout noble qu'il est, a ses circonscriptions et limites. Il advient souvent, comme le monde est, qu'on la lache à l'oreille du prince...[86]

Für diese Haltung entschied sich Kant, als er 1794 mit seinem Fürsten zusammenstieß; die Begründung lautete: »...wenn alles, was man sagt, wahr sein muß, so ist darum nicht auch Pflicht, alle Wahrheit

---

[86] Montaigne, III,378.

öffentlich zu sagen.«[87] Diese Begründung hätte unmittelbar Montaigne entnommen sein können: »Il ne faut pas tousiours dire tout, car ce seroit sottise; mais ce qu'on dit, il faut qu'il soit tel qu'on le pense, autrement c'est meschanceté.«[88] Mornay, der unnachgiebige Hugenott hingegen, zieht sich Henris Ungnade zu, als er ein Traktat gegen die katholische Messe nicht zurückziehen will: »Das wäre meine schwerste Sünde, die Wahrheit zu kennen und nicht zu sprechen« (VII,473). Und Rosny versteht Henri nicht, wo dieser nicht alle Machtmittel einsetzt: »Die königliche Rechtsgewalt demütigte sich; ihr Verteidiger Rosny nannte bei sich den König schwach. Der Unbeugsame begriff nicht, daß die Gewalt sich beugen kann« (VII,457). Wiewohl beide der guten Sache unersetzliche Dienste leisteten, läßt Heinrich Mann keinen Zweifel daran, daß Henri, weil er illusionslos, gewitzigt, ironisch und skeptisch auf die Komödie des Lebens eingeht, größer ist als sie, die Tugend und Gerechtigkeit nur starrsinnig ausüben und auf dem »richtigen Weg« »zu weit«, »bis zum Äußersten« und damit »in die Irre« gehen: daß seine »Größe« in der einzigartigen Verbindung von Eingehen auf die »Notwendigkeiten«, dem Stichwort machiavellistischen Kalküls, von »Lebensfügsamkeit« und Weisheit mit der »voye une et simple« des Geistes liegt. Der Sinn für das Komische ist dabei ein vermittelndes Element solcher Weisheit, auch er ist, wie die Skepsis, »eine wirkliche Hilfe, um am Leben zu bleiben, trotz Gefühl und Gewissen«.

Das Komische im Roman steht jedoch in mehrfachem Bezug zum Zentrum des moralistischen Systems. Denn nicht nur lenkt Henri seinen Haß auf das Böse auf die komischen »Häßlichkeiten und Gebrechen« seiner Feinde ab, er empfindet auch ein »Gefühl der eigenen Lächerlichkeit« (VI,166), vorzüglich dann, wenn er gezwungen wird, das eigene Gefühl und Maß zu überschreiten. Montaigne hatte, unter Anspielung auf seine Tätigkeit als Bürgermeister von Bordeaux, eine bündige Unterscheidung zwischen Ich und öffentlicher Erscheinung vorgenommen: »Le Maire et Montaigne ont tousiours esté deux, d'une separation bien claire.«[89] Die festgelegte öffentliche Funktion zwingt zu Handlungen, die dem eigenen Wesen nicht entsprechen und denen man sich dennoch nicht versagen darf:

> Un honneste homme n'est pas comptable du vice ou sottise de son mestier, et ne doibt pourtant en refuser l'exercice; c'est l'usage de son pays, et il y a du proffict. Il faut vivre du monde et s'en prevaloir tel qu'on le trouve.[90]

---

[87] Kant, (Meiner) Bd. 45, p. LXXIV.   [88] Montaigne, II,430.
[89] Montaigne, III,290/91.   [90] Montaigne, III,291.

Aber man braucht sich mit der Rolle nicht stärker zu idenfizieren als nötig ist, oder in der bildlichen Wendung Montaignes: »C'est assés de s'enfariner le visage, sans s'enfariner la poictrine.«[91] Das bewußte Rollenspiel erscheint als Ausweg, um zugleich der Welt und dem eigenen Ich zu genügen: »Il faut iouer deuement nostre rolle, mais comme rolle d'un personnage emprunté. Du masque et de l'apparence il n'en faut pas faire une essence réelle, ny de l'estranger le propre.«[92]

Der Lebenssinn Henri Quatres stimmt darin mit Montaigne vollkommen überein. Henri empfindet sich als »homme de la basse forme«, als gewöhnlicher Mensch, »natürlich, dabei unzulänglich« (VII,504) – und so auch Heinrich Mann im Gegensatz zur deutschen Tradition der außerordentlichen Menschen und des Originalgenies. Was aber das Volk von der Majestät erwartet, kann nur gespielt und dargestellt werden. Die »Hoheit im Gewande der Einfachheit« (VII,356) genügt den abergläubischen Vorstellungen des Volkes keineswegs. So wird die »feierliche Handlung« der Königskrönung als »Komödie« »inszeniert«, wie das Sprachmaterial ausweist: sie war »von Grund her aufzubauen«, wird mit »Komparsen« »erprobt«, damit keiner aus der Rolle fiele«, das Königsgewand ist ein »Maskenkostüm« (VII,237/38). Henri aber vernimmt während der Handlung »das Falsche«, ist »der Komödie bewußt«, während er seinen ganzen Ernst »im Kampf um sein Gewissen« verbraucht hat und hustet »infolge der Versuchung, zu lachen« (VII, 240). Und der Abschnitt DIE GRÖSSE, WIE SIE DASTEHT – ein Vorklang des Begriffes der Majestät, den Ludwig XIV. ausbilden wird – zeigt den König, wie er »auf entrückter Ebene« (VII,517), inmitten künstlichen Lichtes, auf dem Thron, die Huldigung des gebückt nach Rang und Stand gestuften Hofes entgegennimmt. Auch hier macht Henri »du masque et de l'apparence« keine »essence réelle«, identifiziert sich nicht mit der aufgenötigten Rolle; nicht zu überhören ist der desillusionierende Charakter der Schilderung:

Die Mitte wird infolge himmlischer und menschlicher Anordnung zum Quell des Lichtes selbst, die geoffenbarte Majestät sammelt es auf sich, nur unzusammenhängende Erleuchtungen entsendet sie. Sollte man von ihr geblendet sein, am blindesten ist dennoch die Majestät. Vergebens zieht sie die Brauen höher, reißt die Lider weiter auf. Außerhalb ihres eigenen Blendwerkes die verschiedenen Tiefen des Schattens bleiben undurchdringlich. Sie glänzt hinein und sieht sie nicht. Das weiche Rutschen am Grunde

---

91 Montaigne, III,290.
92 Montaigne, III,290.

eines dunklen Schachtes läßt die Majestät ein knieendes Volk erraten. Henri denkt hinter seinen gequälten Augen: ›Was für ein Wahnsinn! Hab ich das gewollt?‹ (VII,519).

Er hat es eilig zu befehlen, »daß der Zauber zu beenden ist. ›Abblenden!‹ raunt er. Die sinnreichen Gläser werden gerückt, die Vorhänge umgelegt, man sieht wieder einigermaßen in die natürliche Wirklichkeit« (VII,519). Wenn auch Henri sich nur in solcher »natürlicher Wirklichkeit« wohl fühlt und am liebsten »ohne Erhöhung auf dem gleichen Boden mit allen« (VII,491) umgeht, so weiß er doch, daß spektakuläre Demonstrationen zur Rolle des Königs gehören, daß seine unbeirrbare Nüchternheit die Menschen beleidigt, »denn ihnen, mehr als mir, sind Ruhm und Größe teuer« (VII,492). Fügsam und einsam in seiner Vernünftigkeit gibt er deshalb die Majestät; so heißt es beim Einzug in Paris nach dem Sieg von Vervins:

> Jedes nur mögliche Gepränge wurde hierbei entfaltet, König Henri allein saß zu Pferd in Leder und schwarzes Eisen gekleidet, am Helm den weißen Busch wie bei Ivry. So kannte die Welt ihn, so wollte sie, daß er sei. Er tat ihr den Willen und beobachtete die Form, die in den Köpfen der Welt von einem großen König lebte: den stellte er vor (VII,489).

Das Volk wird auch sogleich von »hellster Begeisterung« ergriffen, »aus den Häusern und von den Dächern hernieder rauschte die Huldigung, die er nie empfangen hatte und sollte sie zum zweitenmal nicht kennen« (VII,489). Den »feierlichen Handlungen« aber gibt Heinrich Mann eine moralistische Deutung, die mit ihrer bewußten Steigerung ins peinlich Weltfremde des Wunschtraumes ungemein charakteristisch ist. So meditiert Henri in Erinnerung an einen der vielen vereitelten Mordanschläge auf ihn:

> Unsere Schuld, unsere große Schuld, daß wir die guten Leute, wie man sie nennt, nicht anhalten konnten, immer gut zu sein. Freudigkeit, Mäßigung und Milde wären der vernünftigen Wesen allein würdig. Das Reich soll erst erfunden werden, worin sie herrschen. Um so unerläßlicher sind die feierlichen Handlungen, da sie die Sittigung der Zuchtlosen begünstigen. ›Wiederhol ich sie häufig‹, dachte Henri, ›vielleicht, daß endlich sogar meinen Mördern die Tränen der Sittigung in die Wimpern treten, obwohl dies ungewiß ist. Ich kann nur mit dem Beispiel vorangehen. Nicht töten, sondern leben helfen. Das wäre erst die Macht des Königs, wäre wahrhaftig die Macht‹ – erkannte er, nicht das erstemal, denn die Richtung war ihm mitgegeben ... (VII,237).

Man muß dies aber mit der Passage zusammenhalten: »Wer die Menschen auf einmal und ohne ersichtlichen Grund nicht mehr für blind und böse hält, läuft selbst sehr große Gefahren: vielmehr er hat sich schon aufgegeben« (VI,244), um die ganze Einsicht und eine Hauptachse der moralistischen Reflexion Heinrich Manns zu erkennen. Wie tief aber immer die Skepsis auch ansetzen mag, so bleibt diese Haltung dennoch vom Zynismus Madame Catherines weit geschieden, deren Selbstvertrauen »ganz aus der Gewißheit« bestand, »daß das Leben böse war und daß sie selbst mit dem Leben ging, die anderen aber dagegen« (VI,271).

Das Beziehungsgeflecht des Komischen erstreckt sich über das ganze Romanwerk; dabei ergeben sich vordergründige und tiefsinnigere Bezüge. Bald löst Henri einzelne Situationen in Possen auf, bald betreibt er taktische Schauspielerei in weitgespannten machiavellistischen Zusammenhängen, bald sind Schauspielmetaphern Träger der fortlaufenden Lebensdiskussion. Gemeinsam ist allen Bezügen die – oberflächlich gesehen – verharmlosende, – umfassender verstanden – antitragische, – moralistisch gedeutet – lebensbewahrende Funktion der »Komödie« als Praxis wie als Hilfsbegriff des Lebensverständnisses. »Man ist keine tragische Gestalt, steht daher nicht, für alle erkennbar, im Mittelpunkt des Geschehens. Andere handeln und nehmen sich wenigstens so wichtig« (VI,608) – dies ist aus dem Selbstverständnis Henris heraus gedacht, der in Wirklichkeit freilich den Rang einer tragischen Gestalt einnimmt. Und dies gibt der Ironie, mit der er am Tage von Ivry aus der Sicht der Hugenotten geschildert wird, das Doppelbödige:

> Da wird Henri allerdings die tragische Gestalt: beim Treffen mit der größten und reichsten der königlichen Armeen auf offenem Feld, am Tag der Entscheidung. Noch mehr wird Henri hier: Glaubensheld nach dem Vorbild der Bibel. Die Zweifel an ihm ersterben. Der streitet nicht mehr um Geld und Gut, noch um die Krone: vielmehr zur Ehre Gottes bringt er sie dar. Nimmt die Partei der Schwachen, Verfolgten, unwandelbar fest, gesegnet vom Herrn der Himmel ... Es ist nicht wahr, was so lange umging von seinen Liebschaften, tollen Streichen und seiner Lauheit. Unser Held und Streiter, unser höchst Gesegneter, wir eilen dir zu (VI,610).

Das Leben wird stets von der Tragödie abgerückt, und es erscheint höchst »verdächtig«, wo es sich tatsächlich ins Tragische statt ins Vernünftige wendet:

> ... da nun Feindschaften unwiderrufliche Tatsachen geworden sind und wir in keiner Tragödie mehr handeln, sondern im Leben. Es gab ein Schwanken. Sollten wir am Ende nach wie vor in einer angenommenen Tragödie mitspielen? Sehr verdächtig macht sich das Leben durch die Wiederholung von Lagen, die wir in unserer Phantasie schon längst erfunden hatten (VI,413).

»Tragisch« bezeichnet im Wortgebrauch Heinrich Manns weniger schicksalhafte Ausweglosigkeit im engeren Sinn als den Bezug auf die literarische Gattung der Tragödie, ein Produkt der ästhetischen Phantasie, es meint die übermenschliche Erhabenheit des Geschehens und Verhaltens und den tödlichen Ausgang, und mit Genugtuung hebt er Augenblicke heraus, in denen Menschen am Mitspielen in der »Tragödie« verhindert werden. So am Morgen nach Henris Hochzeit, als dieser das Gemach, entschlossen zum Bruch mit seiner Frau, der Tochter der Mörderin seiner Mutter, verläßt und Margot ihn nicht hindert: »›Denn durch Liebe erschöpft‹, so dachte sie grade noch, ›ist man eine verhinderte Tragödienfigur‹« (VI,220). Margot selbst war durch den Verdacht, daß ihre Mutter die Mutter Henris vergiftet habe, »zu einer Gott weiß wie verhängnisvollen Gestalt geworden, die Ausgeburt der Tragödie, während sie doch vor sich selbst ein ziemlich gutmütiges Mädchen war« (VI,158). Da der Satz »Denn durch Liebe erschöpft...« das Kapitel beschließt, wird überdies in der drastischen Pointe der moralistische Oberton hörbar: daß Liebe die Menschen hindern würde, sich in Tragödien zu stürzen: »Le monde ne peut être sauvé que par l'amour« (VII,896). Auch das Volk besitzt untragische Gutmütigkeit und Lustigkeit; deshalb veranlaßt Henri selbst »das Gerede, zweierlei sei ihm unmöglich: ernst zu bleiben und zu lesen« (VI,476). Aufschlußreich heißt es: »Der Ernst ist für den gemeinen Mann schon halbe Überhebung...« (VI, 476). Das Leben aber ist weder Tragödie noch Komödie schlechthin, sondern oszilliert zwischen beiden und vermischt Momente tragischer Erhabenheit und komischer Lächerlichkeit; im Bewußtsein dieser Mischung gibt es auch im HENRI QUATRE Stellen, an denen die für Heinrich Mann so bezeichnende Nähe zum Tragikomischen Ausdruck findet:

> Da er nun allein war, häufig geschah es ihm nicht, ließ er sich zu Boden, lag auf dem Bauch und seufzte, um vor Gelächter nicht zu schreien. ›Komiker, sei tragisch! Großer Tragöde, mach dich lächerlich! Alles für eine Frau. Die Weltgeschichte im Schlafzimmer. Eine Neuigkeit, es auszusprechen‹ (VII, 441).

Daß aber Henri in die Dimension des Tragischen reicht, wird an unscheinbaren Stellen angedeutet; so wenn bei der Ermordung des Königs auf offener Straße die aristotelische Definition der Tragödie einfließt, das Gemüt der Zuschauer sei »voll Schrecken und Mitleid« (VII,887).

Im häufigen Vergleich des Lebens mit Komödie und Tragödie setzt Heinrich Mann die lange Tradition der literarisch bis auf Plato zurückzuverfolgenden, in der antiken und christlichen Literatur weitverbreiteten Schauspielmetapher fort.[93] Wahrscheinlich wußte er nicht, wie intensiv sie sich immer wieder gerade an dem bei Montaigne gefundenen angeblichen Petronius-Zitat »Totus mundus exercet histrionem« entzündet hatte. Nach der Meinung des Petronius-Herausgebers Buecheler, die Ernst Robert Curtius teilt,[94] stammt dieses Zitat nicht aus Petronius, sondern aus dem 1159 erschienenen POLICRATICUS des Johannes von Salisbury, der anführt, »quod fere totus mundus iuxta Petronium exerceat histrionem« (POLICRATICUS, III, VIII). Der POLICRATICUS war im 16. und 17. Jahrhundert weit verbreitet,[95] die Inschrift im 1599 eröffneten »Globe Theatre« zu London »Totus mundus agit histrionem« stammt aus ihm und dürfte Shakespeare zur Rede des Jacques »All the world's a stage / And all the men and women merely players...« (As you like it, II,7, v. 139) angeregt haben. Montaigne zitiert die Stelle als »Mundus universus excercet histrioniam«, wohl aus der 1584 erschienenen Schrift DE CONSTANTIA, des Justus Lipsius (I,8),[96] den er auch sonst häufig anführt.[97] Der Metapher fehlt jedoch bei Heinrich Mann sowohl die großartige Ausweitung zum »teatro del mundo« als auch der Bezug auf den göttlichen Richter über dem weltlichen Spiel. Sie ist vielmehr, wie schon bei Montaigne, nur auf das moralistische Weisheitssystem taktischen Lebensverhaltens bezogen und dient ganz überwiegend dazu, tödlichen Ernst zu entspannen. Unüberhörbar ist auch eine gewisse Anstrengung, sich zur Komödie zu überreden (»Totus mundus exercet histrionem, warum nicht auch ich«), die den Lebensernst Henris ahnen läßt, und eine von Vorwurf nicht freie Verachtung darüber, daß das Leben oft am angemessensten als Farce zu verstehen ist: »Um was quälen wir uns? Jeder macht einen Komödianten. Totus mundus –. Wozu wir berufen sind, ist größtenteils Farce« (VII,118). Die wegwerfende Übertreibung darf aber nicht darüber hinwegtäuschen, daß

---

93 Vgl. zum folgenden Ernst Robert Curtius, Europäische Literatur und Lateinisches Mittelalter, Bern ²1954, Abschnitt »Schauspielmetaphern«, p. 148–154.

94 Vgl. Curtius, a.a.O., p. 149, Fn. 2. Die gleiche Meinung vertritt auch der Montaigne-Herausgeber Pierre Villey (vgl. Montaigne, IV, p. 429).

95 »Der ›Policraticus‹ war während des ganzen Mittelalters sehr weit verbreitet, wie die Bibliothekskataloge bezeugen, aber auch in späterer Zeit wurde er viel gelesen. Wir kennen Drucke von 1476, 1513 (einmal in Paris, einmal in Lyon), 1595, 1622, 1664, 1697. Wenn die Metapher ›theatrum mundi‹ im 16. und 17. Jahrhundert wieder häufig auftritt, dürfte die Beliebtheit des ›Policraticus‹ wesentlichen Anteil daran haben« (Curtius, a.a.O., p. 150).

96 Montaigne, III,290; Lipsius: Justi Lipsi de constantia libri duo, qui alloquium praecipue continent in publicis malis. Lugduni, Batavorum. CIC. IC. LXXXIV.

97 Vgl. die Nachweise der »Edition municipale«; alle Lipsius-Zitate IV, p. XLVI zum Zitat »Totus mundus« vgl. IV,429.

der König bis zuletzt an seiner »Berufung« und »Sendung« festhält, und so auch meint es Heinrich Mann, wenn er Henri Quatre im ZEIT-ALTER Montaigne geradezu gegenüberstellt. Montaigne, so heißt es dort, meinte sogar, alle Berufungen seien lächerliche:

> »Toutes nos vocations sont farcesques«, sagte dieser alte Moralist, und doch hatte er das Glück, einen ganz seltenen Machthaber, den König Henri von Frankreich von Gesicht zu Gesicht zu kennen.[98]

Die CONDITION HUMAINE umfaßt die Kreatürlichkeit des Menschen; schon immer aber erschien der Mensch in seiner Kreatürlichkeit auch komisch. Zum Geschäft des Moralisten gehört es, jede Verleugnung der »menschlichen Verfassung« als Überheblichkeit zu entlarven, die Entlarvung geschieht, wie gezeigt, in der Reduktion auf das Kreatürliche, die von jeher einen wesentlichen Kunstgriff komischer Degradation darstellte. Degradationskomik wird zu einem unentbehrlichen Stilmittel des moralistischen Romanciers, das Bewußtsein des mittleren menschlichen Maßes wie auch der Haß auf Bosheit und Dummheit münden in sie; zu den satirischen gesellen sich in der beweglichen HENRI-QUATRE-Prosa die ironischen und drastischen Nuancen. Dabei tauchen viele traditionelle Elemente aus dem Bereich der Komödie auf, an erster Stelle die Reduktion auf das Leibliche: »Er glaubte es nicht, erstens um seiner Verdauung willen, ferner, weil er nicht gern umsonst der Besiegte war« (VII,363). Alle Pointen und Szenen, die mit Essen, Gefräßigkeit und Küche zusammenhängen, ergeben eine reichhaltige Schicht des »Küchenhumors«. Ein derbes Komödienmotiv erscheint anekdotisch, als Henri die Ständeschaft der Normandie, nachdem sie ihm Steuern bewilligt hat, überraschend in den Adelsstand erhebt:

> Die Stille wurde hierüber sehr tief und wollte nicht weichen – bis einem Landmann, vielleicht aus Bestürzung, etwas Unanständiges entfuhr, und

---

[98] Z. 227. Heinrich Mann zitiert hier offenbar aus dem Gedächtnis und ungenau. Das Zitat beginnt bei Montaigne mit jenem vorsichtigen »la plus part«, das er mit Vorliebe verwendet und das gerade die »seltene« Ausnahme schon berücksichtigt: »La plus part de nos vacations sont farcesques« (III,290). Noch im »Henri Quatre« hatte Heinrich Mann selbst übersetzt »ist größtenteils Farce«. Dagegen hatte sich wohl schon von Anfang an der Lesefehler »vocation« statt »vacation« eingeschlichen. Dementsprechend übersetzt er stets »Berufung«, während »vacation« hier mit »Beschäftigung« im Sinne von »Handwerk, Beruf« wiederzugeben wäre: »Alle unsere Beschäftigungen ...« Aber auch das seltenere »vocation« besitzt bei Montaigne die Bedeutung »Beruf« und nicht »innere Berufung« vgl. I,89 u. 324). Doch beeinträchtigen diese philologischen Anmerkungen die literarische Rezeption des Satzes keineswegs.

dies mit voller Kraft. »Die Majestät mag verzeihen, aber irgendwo muß das Gemeine heraus«, sagte der Landmann zur großen und allgemeinen Belustigung (VII,377).[99]

In zahlreichen, souverän und geistvoll erzählten Anekdoten, die er der reichen Überlieferung entnahm, läßt Heinrich Mann die Derbheit und Würze des französischen 16. Jahrhunderts, des Jahrhunderts Rabelais', einfließen.

Auch das Motiv der »verkehrten Welt« klingt vielfach an. Den letzten siegreichen Krieg Henris will das Parlament von Paris »wie erwartet« nicht bezahlen, das Volk sei gar zu elend. »Aber zwanzig Jahre lang war es niemals elend genug gewesen, um abzulassen von dem Wüten gegen sich selbst« (VII,358). So fühlt sich Henri oft in einer verkehrten Welt unter »Verrückten« (VII,338) und »Geblendeten« (VI,470), in der der König mit dem Narren die Rollen tauschen kann (VI,334); Montaigne meditiert (im Roman):

Geblendete, die nur toben und nichts erkennen: so stellt in der Regel das Geschlecht der Menschen sich dar. Der seltene Sterbliche, dem eine gesunde Seele vom Herrn der Himmel mitgegeben wurde, muß sie vor allen den gewalttätigen Kranken mit List verstecken: sonst gelangt er nicht weit (VI,470).

Nicht selten entsteht scharfe Ironie daraus, daß Heinrich Mann das Vernünftige aus der Perspektive der »gewalttätigen Kranken« beleuchtet:

Hier bricht ein König als ein fremdes Element in die alte Gemeinschaft der universalen Monarchie. Das Universum traut ihm nicht. Frieden, er wird ihn weder halten können, noch wird er ihm gewährt. Das Beispiel der Freiheit und selbstherrlichen Nation ist höchst verderblich. Des Beispiels muß man sich erwehren ... (VII,438).

Henri erneuert das Königreich, erstaunlicherweise aber »kommt die Verwandlung in den Ruf der öffentlichen Plage« (VII,331). Die Reformen des Königs erscheinen als »Sünde«, die Anwesenheit der Gewerbe unter dem gleichen Dach mit der Majestät als »Lästerung«, der König wird, nicht ohne die Hilfe des Klerus, als Antichrist verschrien, das Volk glaubt sogar, »entgegen dem Augenschein« (VII,332) und der Wahrheit, es gehe ihm schlechter und erhebt sich.

Sie verlangen von der irdischen Majestät dasselbe wie von der himmlischen: Strenge, Unberechenbarkeit, sichtbaren Abstand. Die Hoheit im Gewande der Einfachheit wird weder verstanden noch verziehen (VII,356).

---

[99] Zu »Küchenhumor« und Komik des »obscenus sonus« vgl. Curtius, a.a.O., Exkurs IV, p. 431ff.

Der König verschafft den werktätigen Ständen »einen höchst anstößigen Wohlstand« (VII,509) durch seine »unerlaubte Neigung, die Menschen glücklicher zu machen, während gerade die Dürftigkeit ihnen gesund ist und sie in Zucht und Ordnung hält« (VII,510). Unverkennbar schimmert darin noch Satire auf die Haltung des wilhelminischen Bürgertums in der »sozialen Frage« durch.

> Wer gewohnt ist, daß die weltliche Ordnung, genau wie die göttliche, um ihrer selbst willen, nicht aber für die Glückseligkeit der Menschen fortbesteht, erkennt in der Herrschaft des Königs Henri vielleicht sogar das Erscheinen des Antichrist. Das wenigste ist, daß er sie wegen ihrer gesellschaftlichen Folgen verwirft (VII,510).

Wahn und Irrsinn erscheinen in der verkehrten Welt als Ausflucht vor der vordringenden Macht der Vernunft. Die in Paris wütende katholische »Liga« wird, unter beständiger Anspielung auf den SA-Terror vor der Machtübernahme Hitlers, als Massenwahn geschildert; alle Vokabeln der Verrücktheit werden aufgeboten.[100] Es ist,

> als wiederholten sie, vor dem Anbruch reinerer Jahrhunderte, noch einmal im Abriß eine ganze gräßliche Vorzeit: Totentanz, Veitstanz, und Kinderkreuzzug, Pest, tausendjähriges Reich samt weiß verdrehten Augen, die auch zeitweilig erblindeten aus bloßer Einbildung (VI,644).

So taucht auch die herkömmliche Wahnkomik auf: um sich von aller Verantwortung zu befreien, spielt Karl IX. in der Bartholomäusnacht den »Tollen«, der aber nach Bedarf nüchtern ist oder rast. In anderem Zusammenhang sagt Rosny »der gesunde Menschenverstand, daß einzig noch eine Wahnsinnsszene helfen und das Schlimmste verhindern könnte« (VII,144).

Zur Kennzeichnung des Irrsinns einer Welt, die sich der Vernunft entzieht, verwendet Heinrich Mann schließlich das Stilmittel des schokierenden Stilbruchs. Aufschlußreich ist eine Passage im ZEITALTER; in der Klage über das verwüstete Italien, das die alliierten Truppen zur Zeit der Niederschrift eroberten, heißt es:

> Die Schlacht bei Salerno: Zwei Worte – Salerno und Schlacht, so unerwartet zusammengestellt wie liebliches Mädchen und Tritt in den Hintern. Aber sie hat stattgefunden, auch für die Schlacht bei Salerno war dieses Zeitalter reif. Die Bucht voll Wohllaut der Linien, ihre weißen Städtchen, Normannenburgen . . .[101]

---

[100] »Irrsinnig« (VI,632), »leibhafter Unsinn« (VI,639), »nackter Irrsinn« (VI,639), »mit loderndem Kopf« (ib.), »Untaten des Wahnwitzes« (VI,642), »da ihnen ganz herrlich der Kopf durchgehen durfte« (VI,661).
[101] Z., p. 415. Dazu: »Flaubert sogar wäre beinahe ins Handgemenge geraten mit

Fast unwillkürlich stellt sich im Sprachbewußtsein Heinrich Manns als Äquivalent des sittlich Abscheulichen das sprachlich Abscheuliche ein, dem Bruch der Sittlichkeit entspricht die »unerwartete Zusammenstellung« der Worte, der Stilbruch. Diese Funktion übernehmen in der Prosa der HENRI-QUATRE-Romane vulgärsprachliche Einschübe; ein einziges vulgäres Wort im Munde der Königin: »Dann sind wir verratzt« (VII,858) deckt eine Welt der Gemeinheit auf. Die Bösewichter Heinrich Manns werden durch ihre Sprache wie auch durch die Romanprosa entlarvt und aus dem Reich der Gesittung ausgestoßen; die Stilmittel reichen von milder Ironie bis zum krassen Stilbruch. »›Margot schläft mit dem Guise‹, bestätigte Karl zornig. ›Was sagte ich dir? Sie ist eine Sau‹, äußerte Madame Catherine so deutlich, wie der Anlaß es verlangte« (VI,72).[102]

Aber auch in einem umfassenderen Sinn kann, wie schon mehrfach erkennbar wurde, vom Einfluß der moralistischen Haltung auf die Sprachgestalt der HENRI-QUATRE-Romane gesprochen werden. Dies gilt sowohl für das zugrunde liegende, vielfach in der rhetorischen Tradition verwurzelte Stilideal im allgemeinen wie auch für die generalisierenden, reflektiven und sententiösen Stilelemente im besonderen. Beide sollen nacheinander zur Darstellung gelangen.

---

seinem Kritiker. Handgemenge und Flaubert, das wahllose Beieinander der Silben erinnert mich an eine Schlacht bei Salerno, und sie hat stattgefunden« (a.a.O., p. 501).

[102] Mit ähnlicher stilbrechender Wirkung begegnen in den verschiedensten Zusammenhängen: Fresse (VI,183), verrecken (VI,381), foppen (VII,65), vorzügliche Mache (VII,81), verratzt (VII, 145), »Busen, Bauch und Hintern« (VII,194), »in seinem allerwertesten Gesicht« (VII,220), verduften (VII,251), fremd gehen (VII, 567), alte Schraube (VII,793), (einen Menschen) umlegen (VII, 821), »wird's bald« (VII, 822), »mein verflossener Gatte« (VII,833), Nutte (VII,860), Prozeßhengst (VII,861), »freut mich« (VII,861).

KAPITEL X

DIE MORALISTISCHE SPRACHGESTALT
DER HENRI-QUATRE-ROMANE

a) »Einfachheit« und »Natürlichkeit« im Zusammenhang der rhetorischen und moralistischen Tradition.

Während der Hochzeitsfeierlichkeiten im Louvre, die zum »Dauertanzvergnügen« (VI,205), unterbrochen von Maskenaufzügen, entarten, ruft der zornige Mornay:

> Kinder, die wir sind, möchten wir den Stand tauschen mit einem Gauch, der den König in der Tragödie spielt! Schleppt das goldene Tuch auf ein Gerüst, und zwei Stunden danach muß er es dem Trödler zurückbringen mit dem Leihgeld. Daran denken wir nicht, wieviel zerfetzte Lumpen, Geziefer und Grand er darunter versteckt; wie oft er als Majestät sich kratzen muß, und wenn er prahlt, wie oft es ihn juckt! (VI,206).

Darin spiegeln sich Zusammenhänge zwischen der »Tragödie«, dem Lächerlichen, dem Allzumenschlichen und der CONDITION HUMAINE, an die nicht nur bei Heinrich Mann Jucken und Kratzen gemahnt.[1] Das Alltägliche und das Allzumenschliche wurde von der antiken und klassizistischen Rhetorik in den Bereich der Komödie verwiesen,[2] wobei zunächst die Gattung und noch nicht das Lächerliche gemeint ist. In seinen Studien zur DARGESTELLTEN WIRKLICHKEIT IN DER ABENDLÄNDISCHEN LITERATUR geht Erich Auerbach davon aus, daß im Geltungsbereich der antiken «Stiltrennungsregel» nicht nur bestimmte Inhalte von geringem Rang, sondern auch der niedrige Stil, das genus humile der Rede, der sermo pedester, der Komödie zugeordnet waren. Dem widersprach Ernst Robert Curtius,[3] doch erstreckte sich seine Kritik

---

[1] Vgl. z.B. Dante: »e lascia grattar dov'è la rogna« (purg. VII,129). Dazu auch der derbe Satz Montaignes: »Et au plus eslevé throne du monde si ne sommes assis que sur nostre cul« (III,430).

[2] Vgl. Erich Auerbach: »... daß nämlich realistische Ausmalung des Alltäglichen unvereinbar sei mit dem Erhabenen und nur im Komischen ihren Platz habe, allenfalls, sorgfältig stilisiert, im Idyllischen...« (a.a.O., p.178ff.).

[3] Ernst Robert Curtius, Die Lehre von den drei Stilen im Altertum und Mittelalter. (Zu Auerbachs »Mimesis«). In: Romanische Forschungen, 64. Bd. (1953),

nicht auf die Substanz der Untersuchungen Auerbachs. Auerbach zufolge bildete sich neben einer der feudalen Gesellschaftsordnung entsprechenden Literatur, in der die antike Stiltrennungsregel fortwirkt, eine zweite literarische Tradition aus, die Auerbach als »christliche Stilmischung«,[4] als »kreatürlichen Realismus«[5] vor allem des Mittelalters beschreibt und insbesondere aus der Nötigung ableitet, die Leiden Christi literarisch als erhabenen Gegenstand darzustellen.[6] Diese zweite Linie aber bereitet nach Auerbach den Realismus des modernen Romans vor, der die Fesseln starrer Gattungseinteilung und rhetorischer Stiltrennung abgestreift hat. Wenn Montaigne seinen Stil gelegentlich »stile comique et privé«[7] nennt, so gibt er eine Charakterisierung im Bewußtsein der rhetorischen Stileinteilung[8] – eine Charakterisierung, die freilich unzulänglich bleibt, denn der Gegenstand seiner ESSAIS ist

ernsthaft und grundsätzlich genug, viel zu hoch für den sermo humilis, wie ihn die antike Theorie verstand, und wäre doch in einem hohen und pathetischen Stil, ohne konkrete Darstellung des Alltäglichen, nicht ausdrückbar; die Stilmischung ist kreatürlich und christlich.[9]

Deshalb reiht Auerbach den Moralisten nicht in die rhetorische Tradition, sondern in die des stilmischenden kreatürlichen Realismus ein.

Auf diesen, vor allem in der Romania lebendigen geschichtlichen Hintergrund muß auch die Sprachgestalt der HENRI-QUATRE-Romane bezogen werden. Heinrich Mann war ein im Umgang mit der französischen Literatur geschulter und vor allem rhetorisch empfindender Dich-

---

p. 57–70. Curtius betont, daß die Stiltrennungsregel nicht so selbstverständliche Geltung besaß, wie es bei Auerbach den Anschein hat und daß keine grundsätzliche Identität von Gattungslehre und Stiltheorie bestand, wenn sich auch Tragödie und Komödie nach der Stilhöhe unterschieden. Doch habe Quintilian die Komödie immerhin »et grandis et elegans et venusta« (inst. orator. X,1,65) nennen können.

4 Auerbach, a.a.O., p. 74.

5 a.a.O., p. 295.

6 »Daß der König der Könige wie ein gemeiner Verbrecher verhöhnt, bespien, gepeitscht und ans Kreuz geschlagen wurde – diese Erzählung vernichtet, sobald sie das Bewußtsein der Menschen beherrschte, die Ästhetik der Stiltrennung vollkommen . . .« (a.a.O., p. 74; ähnlich p. 44). Zum Verhältnis des Christentums als Religion der offenen Form zum Roman als Gattung offener Form vgl. die Bemerkungen Franz Altheims, Roman und Dekadenz, Tübingen 1951, insbesondere p. 26 ff.).

7 Montaigne, I,327.

8 Auerbach: »Das ist eine unverkennbare Anspielung auf den realistischen Stil der antiken Komödie . . . Aber was er als Inhalt bietet, ist keineswegs komisch; es ist die condition humaine, mit allen ihren Belastungen, Problemen und Abgründen . . .« (a.a.O., p. 295). Ferner Friedrich, a.a.O., p. 448.

9 Auerbach, a.a.O., p. 295.

ter; er besaß für jene Hauptmaterie der Rhetorik, die bewußte, der jeweiligen Absicht unterworfene sprachliche Gestaltung eines Inhalts, ein empfindliches Organ und wandte ihr stets größte Aufmerksamkeit zu; von allem Anfang an war er »Stilist«. Die einmal erworbene moralistische Anschauung der zwischen dem Erhabenen und dem Niedrigen fluktuierenden »condition fort moyenne« des Menschen drängt ihn deshalb in eine entsprechende stilistische Haltung; der so entstehende mittlere, nach oben und unten oszillierende »gemischte Stil« aber hat gleichsam ein Doppelgesicht: im Sinne der Rhetorik wäre er als – bei Heinrich Mann immer wieder sehr bewußte – Vermischung unterschiedlicher Stilebenen zu beschreiben, im moralistischen Zusammenhang aber erscheint er als »natürlicher Stil«, der einzig jener »natürlichen Wirklichkeit« (VII,519) ohne künstliche Beleuchtung und der Kreatürlichkeit des Menschen entspricht: »Der König aß im Stehen sein Butterbrot, während er scherzte, nach der Landwirtschaft und dem Nachbarnklatsch fragte« (VII,90). »König« und »Butterbrot« bzw. »Nachbarnklatsch« entstammen im Sinne der Rhetorik dem höchsten und dem niedrigen Stilbereich, und ihre Zusammenstellung wirkt unangemessen, rangauflösend, einebnend. Auf dieser Einebnung aber ruht der Akzent moralistischer Demonstration – ausdrücklich heißt es an einer Stelle: »Hier tut Henri etwas, das nicht seinem Rang entspricht« (VI,48); wenn es aber komisch und demaskierend wirkt, daß der zum König künstlich erhöhte Gauch sich kratzen muß, so ist an Henri alles Menschliche von der Komik befreit und »natürlich«. Beide Seiten des »mittleren Stils« sind Heinrich Mann bewußt, überall läßt sich zeigen, wie die Sprache der HENRI-QUATRE-Romane in gefühlter und gewußter Spannung zur rhetorischen Trennung der Stilebenen kreatürliche Natürlichkeit herstellt und einem Stilideal, das Montaigne als »parler simple et naif«[10] bezeichnete, aus dem unprätentiösen Bewußtsein einer gemeinsamen und verbindenden Menschlichkeit zustrebt.

Gerade der Doppelaspekt des mittleren Stiles aber tritt wirkungsvoll in den Dienst der moralistischen Intention: die komische Auffassung des Niedrigen wird angewendet, um falsche Größe und Bosheit zu entlarven; die einfache Größe Henris, der sich »natürlich, dabei unzulänglich« (VII,504) begreift, veredelt hingegen die Schilderung noch seiner niedrigsten Körperlichkeit mit demütiger Gelassenheit: »Er legte sich nieder, die Ärzte verrichteten an ihm, was sein mußte, wodurch die gesteigerte Erregbarkeit umgewandelt wurde in Teilnahmslosigkeit«

---

[10] Montaigne, I,222.

(VII,318). Und als den König ein Blasenleiden befallen hatte, heißt es von Gabriele: »Sie nimmt die demütigen Verrichtungen vor, hilft mit den schönsten Händen des Königreiches seinem Organ, das den Dienst versagt« (VII,544). Eine solche Verteilung von Natürlichkeit und Komik ist, umfassender gesehen, mit der von Gut und Böse identisch. Henri strahlt Natürlichkeit, Mäßigung, Milde und Nüchternheit aus, die Dummen und Bösen aber überheben sich, sind eitel, arrogant und lügnerisch. Diesem moralischen und moralistischen Gefälle entspricht durchaus das rhetorische. Am ernsthaftesten und tragisch bis in sein »teilweises« Scheitern wird Henri dargestellt, aber mit wachsendem Abstand von ihm, dem Mittelpunkt aller moralistischen Tugenden, steigert sich die komische Fallhöhe bis in die Bezirke des Grotesken und Satirischen. Die traditionellen Elemente des Komischen von sublimer Ironie bis zum Unflat werden Funktion einer moralistischen Ordnung. Während aber der Nachdruck des Moralisten Heinrich Mann auf dem Bewußtsein der CONDITION HUMAINE ruht, verweilt freilich der Künstler Heinrich Mann beim Komischen noch immer mit besonderem Behagen. So ist es der Künstler, der dem Haß Henris auf Philipp II. in dem satirischen Kapitel DER BESIEGTE Gestalt verleiht, der Moralist hingegen konstatiert unbestechlich: »Wir hassen unbeschränkt nur das, was wir nicht sehn. Er [sc. Henri] wird Philipp von Spanien nie erblicken« (VI,407). Alle mannigfachen einstigen Beziehungen des Romans als niedriger Gattung zum Niedrigen und Komischen, wie sie ein Blick z.B. auf DON QUIJOTTE, TRISTRAM SHANDY oder den SIMPLIZISSIMUS vergegenwärtigt, sind in den HENRI-QUATRE-Romanen noch lebendig – zugleich aber auch das absichtlich modern und demokratisch pointierte Bewußtsein der gemeinsamen CONDITION HUMAINE jenseits rhetorischer Ständeabstufung, das Auerbach auch in modernen Romanen sich verstärken sieht.[11]

Zum Reiz und zur inneren Stimmigkeit des Romanwerkes gehört es schließlich, daß der historische Quell, aus dem sich nach Auerbach die Tradition des kreatürlichen Stils immer wieder erneuerte, der »Wandel auf Erden zwischen niedrig alltäglichen Menschen und Verhältnissen« und die »nach irdischen Begriffen schmachvolle Passion«[12] Christi –: daß er im Roman selbst, und zwar gerade unter dem Aspekt des Niedrigen und Abscheulichen, erscheint. So predigt Mornay seinen hugenottischen Gefährten:

Wir sind zuweilen scheußlich: was tut es angesichts der Ewigkeit. Ist nicht auch Jesus es, ein scheußlicher Mensch, gekreuzigter Gott, und an ihn glauben

---

11 Vgl. Auerbach, p. 513f.   12 Auerbach, p. 74.

wir! Glauben an seine Jünger, den Auswurf der Menschheit, sogar der Juden! Was hat er denn hinterlassen als ein elendes Weib, verächtliches Andenken, und hieß ein Narr in seinem Stamm (VI,117).

Gerade in der »Scheußlichkeit des Gekreuzigten« besteht nach Du Plessis-Mornay »seine Macht und sein Ruhm« (VI,118); die Geschichte Christi fließt mit der Gegenwart der hugenottischen Glaubensstreiter naiv zusammen, »er war einer von ihnen, nur daß er sie übertraf an Heiligkeit und auch, wie Du Plessis-Mornay auszusprechen gewagt hatte, an Abscheulichkeit« (VI,117).

Was nun den »stile comique« Montaignes angeht, so hat der französische Moralist seiner Vorliebe für das Ungekünstelte, wenn auch Regellosere und Verworrenere, aber doch individuell Wahre mehrfach Ausdruck verliehen. Was er redet und auch was er schreibt, soll »conforméement à mes meurs, bas et humbles«[13] sein, »ie suy tout simplement ma forme naturelle...«.[14] »Le parler que i'ayme, c'est un parler simple et naif, tel sur le papier qu'à la bouche...«[15] Und er faßt sein gegenrhetorisches Stilgefühl in der Antithese zusammen: »Si i'estois du mestier, ie naturaliserois l'art autant come ils artialisent la nature«.[16] Auch Carlo Goldoni wird eineinhalb Jahrhunderte später der Rhetorik des Seicentismo mit der Forderung nach einem »stile familiare, naturale e facile«[17] entgegentreten und nicht zufällig ist er Komödiendichter. Und der König Heinrich Manns gebraucht »alltägliche Worte, einen natürlichen Ton« (VII,373), er redet, wie es ihm »um das Herz« ist (VII,359). Vor ganz verschiedenem historischen Hintergrund und mit verschiedenen Nuancen meinen alle drei Autoren etwas Ähnliches: eine dem Umgangston nahestehende, einfache, aber keineswegs formlose Sprache, welche die ganze kontrastreiche leibseelische Wirklichkeit, die Skala menschlicher Zustände vom Majestätischen bis zur Schande, in ungeschminkter Natürlichkeit und Naivität wiedergibt. Heinrich Mann bezeugt mit dem Ideal eines »natürlichen Tons« auch hier die Verwandtschaft mit dem Geist Montaignes, aber er bleibt damit auch tatsächlich dem historischen Vorbild seines Königs treu. Denn eine kraftvolle, natürliche Prosa ließ den historischen Henri IV. nach der Veröffentlichung seiner Briefe (1843–1872) spät zum »grand écrivain de sève purement française« und seine umfangreiche Korrespondenz zum

---

[13] Montaigne, III,427.   [14] a.a.O., II,417.
[15] a.a.O., I,222.   [16] a.a.O., III,113.
[17] Carlo Goldoni, Il teatro comico. Tutte le opere a cura di Giuseppe Ortolani. Mondadori 1954, Bd. II, p. 1068.

»chef-d'œuvre épistolaire du XVIᵉ siècle«[18] aufrücken, und sein Ruhm gipfelte gerade darin, daß er schrieb wie er sprach:

> Il dit, sans éffort, sans travail, et toujours de la manière la plus heureuse, ce qu'il sent et ce qu'il pense. Son style varie à l'infini, suivant l'occasion ou la personne à laquelle il écrit... Henri IV manie la langue mieux qu'aucun de ses contemporains. Maître de sa pensée il la formule nettement, sans hésiter. Sa phrase est courte, alerte; il saute volontiers d'un sujet à un autre, ne se préoccupant pas de l'art des transitions. Il écrivait comme il parlait.[19]

Wie auch in manch anderer Hinsicht kam in diesem Punkt der historische Stoff den Intentionen des Dichters weit entgegen. Henri Quatre erfüllt das Ideal der Einheit von Geist und Tat, von Schriftsteller und Politiker, das Heinrich Mann in Napoleon und später in Churchill und Stalin verkörpert sah, und als dessen Urbild er Cicero betrachtete (TAG, 225). So ist der König auch ein »Schriftsteller« (VII,553), ein »Meister im Schreiben«, und als »Stilist« bedenkt er einmal, »wie gut es sein kann, Liebesbriefe zu schreiben, darin schlägt der Puls der Natur« (VI, 585). In vollem Gegensatz zu Mario Malvolto heißt es von ihm: »Auch zum Meister im Schreiben hat ihn die gesteigerte Kraft des entzückten Geschlechts gemacht« (VI,42).

Das Stilideal Heinrich Manns steht einerseits in der langen Tradition des Natürlichkeitsstils, andererseits aber auch in einem aktuellen Bezug zur feudal-bürgerlichen wilhelminischen Gesellschaft, im Kontrast zu ihrer glänzenden Fassade und Prüderie, im Kontrast zum »ästhetischen Aristokratismus« und den »Paradoxa« (XII,13), in denen ihre Schriftsteller den »Widergeist« (XII,14) beschönigten. Dagegen entspricht sein Ideal eben jener »Natürlichkeit und Mäßigkeit« und »Nötigung zur Norm« (XII,94), die Heinrich Mann im Berlin von 1921 entdeckt, nachdem dort »Prahlerei, Schnoddrigkeit und blinder Hochmut«, die »töricht prunkende Fassade« (XII,95) verschwunden sind und die Stadt zu einer »Menschenwerkstatt« (XII,97), zur Schule der Skepsis und Demokratie, geworden ist. Dazu kommt nun noch der sehr bewußte Kontrast zur fanatischen Sprache der Nationalsozialisten. In Es KOMMT DER TAG heißt es vom Intellektuellen: »Er spricht klar und wahr, indessen sie brüllen oder lallen« (TAG, 225).

»Einfachheit« ist darüber hinaus ein durchgehendes Thema der moralistischen Diskussion. Seit der »Abdankung« der schwachen Tyrannen und Ästheten, seit dem entscheidenden »Durchbruch« des »In-

---

[18] Lettres intimes, a.a.O., p. 4 bzw. 9.
[19] Charakteristik des Herausgebers Dussieux, a.a.O., p. 7/8.

tellektuellen« aus der »harten Ausnahmewelt« zum Leben, durchzieht die Spannung zwischen Stolz und Demut das Werk Heinrich Manns. Noch einmal muß hier an die Sünde des Stolzes erinnert werden, von der im Gespräch zwischen Terra und einem Mönch im KOPF die Rede war. (K. 595). Im ZEITALTER wird die Begegnung mit einem Mönch in Tirol geschildert, der Heinrich Mann vorhielt: »Sie wollen bescheiden sein. Sie sind nicht einfach« (Z. 199). Von Henri Quatre heißt es nun, daß »sein Herz einfach war und nur sein Verstand war's nicht« (VI, 478). Er klagt über die Menschen: »Sie geben sich eine unfaßbare Mühe, um weder einfach noch vernünftig zu sein« (VII,264), die Liebe zu seinen Kindern ist »ganz aus einem Stück, der väterliche Sinn eines einfachen Mannes« (VII,850). Einfachheit ist jetzt für Heinrich Mann eine durchreflektierte Haltung, die zugleich den Einsichten des Moralisten entspringt und ein Bedürfnis des Herzens stillt, sie ist nach abenteuerlichen Ausschweifungen ein Teil der Weisheit und Humanität: »Die Einfachheit weiß das beste. Wir sind nie einfach genug« (VII,811). Man spürt darin noch immer den Stachel jenes unvergessenen Gesprächs. Im NIETZSCHE-Essay, der nach der Arbeit an der VOLLENDUNG DES KÖNIGS HENRI QUATRE entstand, heißt es maximenhaft:

> . . . aber Größe, die seine und jede andere, gebietet Einfachheit. Einfache Wahrheiten erkennen und aussprechen, den Menschen ein einfaches Glück zusagen und bereiten: der Größte vermag darüber nichts, oder vermag nur noch, sich zu enthalten (N. 299).

Darauf wird später noch zurückzukommen sein.

b) »Einfachheit« und Künstlichkeit der HENRI-QUATRE-Prosa

Es war sehr warm; in Sicht der Stadt, die es erstürmen sollte, trank das Heer zuerst noch aus einer Quelle im Schatten von Nußbäumen. Dann ging es an die Arbeit, die nicht leicht war. Auf drei Seiten wurde die Stadt Cahors vom Wasser des Flusses Lot geschützt, und auch die Besatzung verteidigte sie hauptsächlich dort; denn der vierte Zugang schreckte von selbst ab: so viele Hindernisse waren aufgehäuft schon unterwegs, noch bevor jemand durchdrang bis an das Stadttor. Dieses war aber insgeheim untersucht worden von zwei Offizieren des Königs von Navarra, die sich besonders auf das Sprengen verstanden. Kleine gußeiserne Mörser, mit Pulver gefüllt, wurden gegen ein Hindernis gelehnt und mit einer Lunte angezündet. Elf Uhr abends, unter einem dunklen Gewitterhimmel betrat das Heer ungesehen die feste Brücke, auf die niemand achtete: voran die beiden Hauptleute mit ihren Sprengkörpern. Damit räumten sie von der Brücke die Fallen und Verschlüsse, ohne daß die in der Stadt das Krachen hörten, denn es donnerte grade. In einigem Abstand, wegen der fliegenden Trümmer, folgten fünfzig Arkebusiere, dann Roquelaure mit vierzig Edelleuten und sechzig Garden, und hinterher führte der König von Navarra die Hauptmacht, zweihundert Edelleute, zwölfhundert Schützen (VI, 556/57).

Dies ist eine der verhältnismäßig wenigen Passagen reiner Erzählung. Auch hier wird eine der »späteren Mühen des Lebens«, eine »Arbeit, die nicht leicht war«, verrichtet, aber die Sprache breitet Anmut und Leichtigkeit darüber. In ihr lebt durchaus etwas von dem »parler simple et naif« Montaignes, aber bei aller Schlichtheit bleibt kein »wie«, »wozu« und insbesondere kein »warum« des Vorgangs offen. (In begründender Funktion enthält die Stelle allein zwei »denn«, ein »wegen«, einen Doppelpunkt; ferner »aber«, »zuerst noch«, »dann«, »noch bevor.«) Alles wird in seiner konkreten Dinglichkeit und Sinnlichkeit wohlgeordnet und klar wie auf alten Stichen mit der isolierenden Genauigkeit des Verstandes erzählt (»drei Seiten«, »zwei Offiziere«, »kleine gußeiserne Mörser«, »elf Uhr abends unter einem dunklen Gewitterhimmel«). Mit dieser naiv begründenden Genauigkeit wird trotz seiner Vielschichtigkeit immer auch das Seelische geschildert:

> Denn dies ist der Augenblick, da sie anfängt ihn zu lieben, aus Mitleid und weil er unbegreiflich ist. Er aber hatte die zarte Stimme ihres Herzens genau unterschieden, er legte seine Wange an ihre usw. (VII,195).

Das Sinnliche gewinnt jedoch keine dumpfe atmosphärische Dichte, sondern wird durch unanschauliche Kollektivbegriffe (»das Heer«, »die Besatzung«, »die Hauptmacht«) eigentümlich aufgelockert (»...trank das Heer zuerst noch aus einer Quelle im Schatten von Nußbäumen«), Verständigkeit breitet sich als Leichtigkeit und Klarheit atmosphärisch aus, und was von der Natur Henris gesagt wird – sie bleibe »heiter und maßvoll über ihren eigenen Abgründen« (VI,561) – gilt *mutatis mutandis* auch von der HENRI-QUATRE-Prosa. Sie kleidet ihre Verständigkeit in – oft ironisch gefärbte – Naivität; die Naivität gewinnt durch archaisierende Stilzüge wie das an die Sprache der Bibel und alter Chroniken gemahnende *genus* vor Eigennamen (»...wurde die Stadt Cahors vom Wasser des Flusses Lot geschützt«; vgl. Apost. 13,5: »Und da sie in die Stadt Salamis kamen...«) oder durch die ebenfalls in Chroniken und Urkunden einst häufige, im Märchen weiterlebende Spitzenstellung des Verbs: »Wurden jetzt aus aufopfernden Menschen begehrliche, und aus rechtlichen sogar käufliche...« (VII,508). »Hier sitzt er, seht her! Ist seiner Freunde beraubt, seiner Soldaten, ist machtlos und ein Gespött« (VII,328). Selten setzt Heinrich Mann mehr als das eine, nach klassischen Stilregeln erlaubte epitheton ornans: »Die teure Herrin sollte eine leichte Reise haben« (VII,466). Ganz entschieden dominiert der einfache kurze Satz, und die Tendenz, das Komplizierte aufzuspalten, ist unverkennbar. Aus einfachsten Sätzen und parataktischen Satzverbindungen können ganze Passagen bestehen:

> Das dröhnte im Saal. Der König winkte, da war es zu Ende. Der Pastor senkte nicht nur den Arm, das Kinn fiel ihm auf die Brust. Er hatte sich vergessen. Jetzt vergaß aber Henri die Gegenwart, diese beiden verstummten, sie versanken in den inneren Anblick ihrer vorigen Taten, die waren gerad und schlicht (VII,255).

Besondere rhythmische Bedeutung, der sich anaphorische und antithetische Wirkungen gesellen, kommt oft zwei-, drei- und selbst viergliedrigen parataktischen Verbindungen einfachster Sätze zu:

> Sie wurden eingelassen, das Tor schlug, die Kette klirrte, sie betraten ein leeres Gelaß (VII,347).

Die eingangs zitierte Passage brachte reine Erzählung. Der größte Teil der HENRI-QUATRE-Romane wird jedoch als Spiegelung der Ereignisse im Bewußtsein der Beteiligten, seien es einzelne Akteure oder eine anonyme Öffentlichkeit, erzählt. Beständiger Wechsel zwischen Erzählung, Formen des *stile indirecte libre*, des inneren Monologs und direkter Rede beherrschen deshalb die Sprache. So bleibt sie dem Sprechton, gleichsam einem je nach Situation und Subjekt allgemeiner oder würziger, vornehmer oder vulgärer, pathetischer oder schnoddriger gefärbten parlando stets nahe, naives Fragen und Räsonnieren zeigt sich oft als weitertreibende Kraft. »Wurden dem da keine Mörder geschickt? Nein. Genug, daß keiner es versucht hat...« (VII,79). Die Romanprosa ist von den »doch«, »allerdings«, »leider«, »ja«, »nein«, »gleichviel«, »genug«, »sozusagen« solchen Räsonnierens und Kommentierens durchsetzt, sie ist dabei stets zur Umgangssprache hin offen (»Das gab mal ein Gelächter« (VII,356) »Allgemein riß Munterkeit ein« (VII,522) »...jetzt hat er Leben, und was für eines« (VII,303)) und, wo es sich um die Bösewichter handelt, auch zum Vulgären hin. Sie ist das Produkt eines in sich komplizierten, aber der Einfachheit zustrebenden hohen und rhetorischen Kunstverstandes. Ihre Einfachheit, verständige Klarheit, Naivität und selbst der »natürliche« Sprachton sind Resultat sorgfältigster Stilisierung.

Schon Montaignes Ideal einer »forme naturelle« schloß ein hohes Stilbewußtsein, eine dem natürlichen Formensinn entsprechende Rhetorik nicht aus.[20] Von dem »Stilisten« Henri Quatre heißt es ebenfalls:

> Für den Geist hielt er beständig auf Form und wurde in Briefen, Erlassen, ja in Gesängen, die er später sollte anstimmen lassen während seiner Schlachten – wurde ein umso besserer Schriftsteller, je größer er zu handeln lernte: das eine um des anderen willen und weil klarer Ausdruck durch dieselbe Seele geschieht wie echte Tat (VI,553).

So »hält« auch Heinrich Mann »auf Form« und »klaren Ausdruck«, die geschilderte Vermischung der rhetorischen Stilebenen bedeutet keineswegs Naturalismus der Sprache. Vielmehr hat er sich für die HENRI-QUATRE-Romane eine rhythmisierte Kunstprosa von erstaunlichem Reichtum und erzählerischer Breite geschaffen. Sie bewältigt das Einfache und das Komplexe, das Sachliche und das Seelische, das Sinnliche und das Sententiöse, die überstürzten Ereignisse und den hohen Gedankenflug mit nuancenreicher Gleichmäßigkeit, unverlierbarer Klarheit und anmutiger, auf Demonstration bedachter und manchmal auch dekorativer Naivität. Sie enthält viele elliptische und anakoluthische Gebilde, sie kennt Partizipialkonstruktionen, die dem ablativus absolutus entsprechen – »Dies einmal geschehen und im Herzen aufgefaßt, verbrüderten sich beide Heere« (VI,652) – gleichsam taciteische Verkürzungen – »Umkehr, Verwirrung, viele staken im Sumpf« (VI,671) »Glockengeläute, Empfang am Tor, der Weg zu Fuß durch Straßen im Schmuck, er lebe, heil, und dann das Mahl im Schloß« (VII,471) – barocke Häufungen – »›Achtundzwanzig‹ hauchte der Hund und Haupthahn, falsche Prinz, Vampir, ungetreue Vogt und gespenstische Falott« (VII,283) – und schließlich auch, was Heinrich Mann früher »prachtvolle, bis zu den Sternen schießende Tiraden« (7,147) nannte:

> Ein Künstler, dem sein Werk noch einmal geraten, ließ er zurück, was er nicht brauchen konnte, dies Land, dies Volk, und führte, unter Trommel- und Trompetenschall, seinen gealterten Ruhm ins Weite (VII,81).

Diese Tirade aber entlarvt Farnese, den kalten Virtuosen der Strategie: seine Siege dienen dem Ruhm, wie die Tirade dem Klang – beide sind eitel.

Der unverwechselbare Duktus der HENRI-QUATRE-Prosa aber entsteht durch ihre Eigenwilligkeit und Gelenkigkeit im Syntaktischen. Denn kompliziertere Satzgebilde fehlen in ihr keineswegs, aber sie zerlegen kunstvoll die Inhalte in ein expressives Nacheinander, wobei Heinrich Mann eine außerordentliche Vielfalt sprachlicher Anordnungs- und Verknüpfungsmöglichkeiten zu Gebote stehen; keine ge-

---

[20] Vgl. hierzu Friedrich, a.a.O., p. 452ff.

ringe Bedeutung kommt dabei intensiver Verwendung von Satzzeichen, vor allem von Gedankenstrich und Doppelpunkt, zu.

> Herr Michel de Montaigne, seines Wertes bewußt, übersandte durch Kurier dem König von Navarra sein Buch – in Leder, und eingeprägt mit Gold das eigene Wappen des Edelmannes, wenn auch nur rückwärts. Vorn prangte das Wappen von Navarra; und eine solche Anordnung war sinnvoll, sie hieß: Fama hat uns einen Augenblick lang gleichgemacht. Sire, ich lasse Ihnen den Vortritt (VI,565).

Der Einschub »seines Wertes bewußt« isoliert das Subjekt in Spitzenstellung, »durch Kurier dem König von Navarra« drängt sich zwischen Verb und direktes Objekt, welches so an den Schluß gelangt, so daß sich drei weitere, durch Gedankenstrich abgesetzte nähere Bestimmungen hinzufügen lassen; den Satz beschließt die Pointe »wenn auch nur rückwärts«. Sie wird, wie häufig bei Heinrich Mann, durch eine sprachliche Abweichung, durch das ungewöhnliche »rückwärts« statt des zu erwartenden »hinten«, unterstützt. Ebenfalls pointiert beginnt der folgende Satz mit dem Gegenteil »Vorn prangte...« und setzt, mit von Satz zu Satz wechselnden Stilmitteln den geistvollen Vortrag des Ereignisses fort. Mit Vorliebe ordnet Heinrich Mann längere Aufzählungen so an, daß sie nicht unter die durch Endstellung des Verb entstehende Satzspannung geraten:

> Der königliche Zorn war nicht zu beschwichtigen, solange den König dies Zimmer umgab, das Bett und sein gemordeter Vater, der Wundarzt, der ihm die kupferne Kugel zeigte, der Pastor, neben den die Versammelten hinknieten, um leise mitzubeten, und noch einer, gleichgültig wer, der vor sich hinmurmelte: »Auch diesmal ist es ein Freitag« (VI,268).

Hier ermöglichte das vorgezogene »den König«, daß das Subjekt des Nebensatzes »dies Zimmer« an den Schluß tritt und eine so umfangreiche Reihe weiterer Subjekte zu »umgab« über das Verbum finitum hinaus folgen kann, daß der ursprüngliche Satz völlig verblaßt. Die übergreifende Satzspannung tritt zurück, wodurch Raum für weitere hervorquellende Nebensätze entsteht und ungeteilte Aufmerksamkeit sich jedem einzelnen Glied der Aufzählung zuwenden kann. Sie ist in sich wohl ausgewogen; nach dem Parallelismus »der Wundarzt, der ihm die kupferne Kugel zeigte, der Pastor, neben den die Versammelten hinknieten« geht der Satz mit dem angehängten »um leise mitzubeten« in einen rascheren Rhythmus über, der auf die Pointe zueilt, welche auch diesen Satz beschließt. Es entsteht der Eindruck einer mühelos und völlig durchgegliederten epischen Fülle. Dieser inneren Form entspricht es auch sonst, belastende Objekte und weitere umständliche

Bestimmungen nachzustellen. Von einem Bad, in dem der König zur Kur weilt, heißt es:

> Lauben aus Blättern faßten es ein, und diese waren eigens angefertigt für den Aufenthalt und den Arbeitern bezahlt mit sechs Pfund (VI,573).

An anderer Stelle:

> So dachte Henri, während er den König das Gesicht wechseln sah und darin verfolgte die künstliche Starrheit, das unfreiwillige Zucken, endlich aber den unaufhaltsamen Ausbruch (VI,596).

Abgerückt durch einen Gedankenstrich kristallisiert sich diese dreigliedrige clausula zu einem expressiven Satzmuster aus, das die ganze späte Prosa Heinrich Manns durchzieht:

> Er trug den Kopf hoch, hatte aber verraten – die Tote, den König, sein Gewissen, und beschloß, was er nachher nicht hielt, den man ist vernünftig und ist schwach: ›Ich will nie wieder die Kunst ausüben‹ (VII,623).

Durch solche entlastende Nachstellungen gewinnt Heinrich Mann Gleichmäßigkeit, Leichtigkeit und rhythmische Eleganz der Prosa, bald schlagende Pointen, bald größere Breite, die auch an bibelsprachliche Wendungen gemahnt: »... für dich ist meine Überraschung, bald sollst du sie hören hereinbrechen mit Donnerschlag« (VI,672). Alle Beispiele zeigen auch, welche Bedeutung bei Heinrich Mann dem »Nachfeld« des Satzes im Sinne Erich Drachs[21] als Feld künstlerischer Ausdrucksgestaltung zukommt. Seine Prosa fluktuiert zwischen bewußt als »Norm« empfundenen einfachen Sätzen und ebenso bewußt abweichend und expressiv angeordneten Satzgebilden. Dabei vermeidet er ebenso die übergreifenden Satzspannungen der komplizierten Periode, die Distanzstellung des Verbs, wie er im kleinen durch elegante Umstellungen und Einschübe wie »und beschloß, was er nachher nicht hielt, denn man ist vernünftig und ist schwach: ›Ich will nie wieder die Kunst ausüben‹« Spannungsbögen nicht unbeträchtlichen Ausmaßes schafft. Es entsteht so eine lebhafte und dennoch gleichmäßige, an Abwechslungen und stilistischen Überraschungen reiche und interessante, durchgegliederte Prosa von mittleren Spannungsgraden.

Dazu kommt das eigentümliche »und«, das jedem Leser der HENRI-QUATRE-Romane geläufig wird. Die folgenden Beispiele ließen sich beliebig vermehren:

---

21 Vgl. Erich Drach, Hauptsatz und Gliedsatz. In: Das Ringen um eine neue deutsche Grammatik. Hrsg. v. Hugo Moser. Darmstadt 1962 (= Wege der Forschung, Bd. XXV), p. 360–375.

(1) Schwarz verhangene Straßen, und in dem Zuge ging er allein, ohne seine unfruchtbare Königin . . . (VI,316).

(2) Sein Diplomat, voll praktischer Klugheit, und hatte seinen Feinden mit Noten geschadet, als wie mit Haubitzen . . . (VII,40).

(3) Er schreibt – und mich hält er bei sich für einen Narren von der Art, die verblüffende Einfälle haben, und manchmal geht es gut aus (VII,504).

»Und« stellt hier bloße Satzverbindungen her, ohne das logische Verhältnis der Sätze zueinander auszusprechen; als formales Element der Verbindung erfüllt es sich bald mit adversativem Sinn, bald scheint es das Relativpronomen zu vertreten. Fast immer vermeidet Heinrich Mann die über ein einmaliges »und« hinausgehende glättende Wirkung des wiederholten »und«, der Stilwert seines »und« ist nicht zu vergleichen etwa mit dem des unausgesetzten »und« Luthers, nie häuft es sich wie bei Stifter zum Ausdruck stillen, tiefen Strömens oder wie bei Hofmannsthal zum Ausdruck traumhaften Gleitens und magischer Gleichzeitigkeit. Eher schafft und überwindet dieses »und« eine Schwelle spürbaren Widerstandes; indem es verbindet, schnürt es die Inhalte von einander ab und bringt sie für sich zur Geltung, unterstützt oft von der überraschenden Inversion des angeschlossenen Hauptsatzes:

(4) . . . an einem Feldherrn, der sich tragen oder fahren läßt, und keine Waffe führt er (VII,79).

(5) . . . war Henri der große Mann, dem allein die Bewunderung gerecht wird, und ganz verstehen kann ihn nur die Liebe (VII,133).

Das »und« Heinrich Manns wirkt durchaus als archaisierende Verunklärung und bringt ein verschleifendes irrationales Element, die größere Naivität eines früheren Sprachzustandes und einen Märchenton in die Klarheit dieser Prosa. In ihm entfaltet sich eine poetisierende Gegenkraft ihrer Verständigkeit. Ähnliches gilt für die stilwirksame Verwendung von »oder«, »sondern«, »vielmehr«:

(6) Den Dolmetsch machte der Admiral de Vic, da ein Seemann eher als andere die Dialekte der Völkerschaften versteht, oder mit viel Übung errät er den Sinn (VII,776).

(7) . . . er rühmte die glückliche Lage einer Monarchie, die kein Heerlager war . . . sondern in ihren gerechten Einrichtungen fand sie ihr Heil (VII, 171).
(Vergl. Hebr. 13,14: »Denn wir haben hier keine bleibende Stadt, sondern die zukünftige suchen wir.«)

(8) . . . daß er es leicht haben sollte, weder Feinde noch Hindernisse, vielmehr Frieden, Freude, ein befestigtes Königreich, ein Volk, das uns liebt (VII,323).

Solche Fügungen lockern die logische Präzision der geläufigen Syntax auf, wobei der prälogische Charakter der Konjunktion »und«, ihre eigentliche »Begriffsleere«,[22] besonders stilwirksam wird. Die Neigung zu einer archaisierenden Syntax zeigt sich vor allem an der Konstruktion, die Heinrich Mann zur Fortführung der verschiedenen Nebensätze verwendet:

Im Relativsatz:

(9) ... der Anblick eines Geschöpfes, das nicht von hier sein will und hat uns schon vergessen ... (VII,771).

Im Daß-Satz:

(10) ... daß sie aufhörte zu keuchen und hatte all ihre Schmerzen augenblicks vergessen (VII,772).

Im Temporalsatz:

(11) Als aber später alles längst vergangen war und er hatte Antoinette nie besessen ... (VII,44).

Im Konzessivsatz:

(12) ... obwohl Alba ein verwerflicher Mensch gewesen ist und Rosny bleibt der beste (VII,712).

Im indirekten Fragesatz:

(13) Daß ich nicht weiß, ob Sie Madame d'Estrées, oder de Liancourt, oder die Marquise de Monceaux jemals heiraten werden, und sie soll unsere Königin sein (VII,345; statt: »... ob Sie ... und sie unsere Königin sein soll«).

Ein solches »Umbrechen der Konstruktion eines Gliedsatzes«,[23] so daß

---

22 Dazu die kurze Studie Gerhard Schuberts (Über das Wort »und«. In: Wirkendes Wort, Sammelband I (Sprachwissenschaft), Düsseldorf 1962, p. 166–174; das Zitat p. 168), der aus dem völligen Fehlen von »Bestimmungen logischer Art« (p. 173) die eigentümliche sprachliche und stilistische Leistung von »und« ableitet. (»Es enthält einen Hinweis auf Unausgesprochenes, ist andeutender Ausdruck für nicht Sprache gewordene geistige Bewegung, und zugleich ruft es die Aufmerksamkeit des Hörenden für diese eben nicht in Worten ausgedrückte geistige Bewegung wach« (p. 170).) Zur größeren Bedeutungsfülle noch des mhd. »unde« vgl. Carl Kraus, Über die mhd. Conjunction Unde. In: Z. f. d. A. Bd. 44 (1900), p. 149–186. Zum Gebrauch von »und« in Relativsätzen vgl. Otto Behaghel, Deutsche Syntax. Eine geschichtliche Darstellung. Bd. III, Heidelberg 1928, § 1389; dort auch Einschränkungen der Deutung von Kraus.

23 Johannes Erben, Grundzüge einer Syntax der Sprache Luthers. Berlin 1954, p. 142; Otto Behaghel spricht von »Herstellung der syntaktischen Ruhelage« (Indogerm. Forsch. Bd. 14 (1903), p. 442f.), Hermann Paul verzeichnet die Konstruktion als »Übergang in die normale Wortstellung« im Kapitel »Anomalien« seiner Syntax (Deutsche Grammatik, Bd. IV, Halle 1920, p. 381).

der Nebensatz als Hauptsatz fortgeführt wird, muß in der heutigen Hochsprache als Anomalie gelten, war aber in einem früheren Sprachzustand vor der endgültigen Fixierung der Endstellung des Verbs im Nebensatz[24] durchaus möglich und hat sich noch heute bis zu einem gewissen Grad umgangssprachlich und vor allem in Dialekten erhalten. Die Schwierigkeit fortgesetzter Unterordnung wird jeweils durch »Herstellung der syntaktischen Ruhelage« aufgelöst.[25] Auch bei Heinrich Mann weist diese häufige Konstruktion, neben dem poetischen Reiz einer gewissen Naivität und der Suggestion der sprachlichen Unbeholfenheit vergangener Zeiten, auf die Tendenz seiner Prosa, große Spannungsbögen zu vermeiden, auf ihre parataktische Grundhaltung. Sein häufig mit Ellipse des Subjektes[26] und Abbrechen der Satzspannung oder Inversion verbundenes »und« reiht Satzglieder oder Sätze an, aber es reiht sie pointiert, erneute Aufmerksamkeit heischend, an. Auch in Sätzen vom Typus »Er hatte kleine Freunde, die waren nicht nur barfuß und barhäuptig...« (VI,5) »ihrer vorigen Taten, die waren gerad und schlicht« (VII,255), stößt die angefügte Aussage naiver, kräftiger hinzu. Auch sie entsprechen einem früheren Sprachzustand, stellen Vorformen des Relativsatzes vor der Entstehung des Relativpronomens »der, die, das« aus dem Demonstrativum und vor der Festigung der Endstellung des Verbs dar – Vorformen, um die sich die HENRI-QUATRE-Prosa neben dem eigentlichen Relativsatz bereichert. Im Zusammentreffen der verschiedenen Stilwirkungen entsteht daraus die völlig durchartikulierte, Satzkola für Satzkola zu vollziehende späte Prosa Heinrich Manns: »Es ist eine Gattung Mensch: die will die düstere Gewalt, die Erdenschwere, und Ausschweifungen liebt sie im Grauen und in der unreinen Verzückung« (VI,561).[27] Daß Heinrich Mann bei vorherrschender Klarheit seine Prosa durch eine bestimmte

---

24 Zur historischen Entwicklung der Endstellung des Verbs im Nebensatz vgl. Friedrich Maurer, Untersuchungen über die deutsche Verbstellung in ihrer geschichtlichen Entwicklung. Heidelberg 1926, p. 179ff.; über die schwankende Konstruktion von mit »und« fortgeführten Nebensätzen, p. 189f.

25 Vgl. z. B. Ludwig Fischer, Luzerndeutsche Grammatik, Zürich 1960, § 352. »Die Mundart entbehrt oft der strengen Ordnung des sprachlichen Ausdrucks in der Verbindung von Haupt- und Nebensätzen« (p. 434). »Oft wird der zweite Nebensatz als Hauptsatz beigeordnet« (p. 436).

26 Zur früheren Verbreitung der Ellipse des Subjektes nach »und« vgl. Eduard Brodführer, Untersuchungen zur vorlutherischen Bibelübersetzung. Eine syntaktische Studie. Halle 1922, p. 170/71, als Stilzug Luthers: vgl. Carl Franke, Grundzüge der Schriftsprache Luthers. Bd. III, Luthers Satzbau, Halle 1922, p. 79.

27 Zu der Wendung »Es ist eine Gattung Mensch« vgl. 1. Kor. 12,4: »Es sind mancherlei Gaben; aber es ist ein Geist. Und es sind mancherlei Ämter; aber es ist ein Herr.«

Archaisierung und Irrationalisierung der Syntax poetisiert, zeigen deutlicher noch mancherlei anakoluthisch auseinanderfallende Gebilde. Im folgenden ist von einer Ostermusik während des Kirchgangs Gabrielens die Rede:

> (14) Solange nun in den heiligen Klängen die Nacht noch herrschte und unser Herr säumt bis jetzt im Grabe, bevor er aufersteht – diesen Zeitpunkt wählte Fräulein von Guise, um sich in Empfehlung zu bringen mit ihren angenehmen Nachrichten (VII,610).

Die erhebliche Spannung zwischen »solange«, das eine Dauer ausdrückt, und »diesen Zeitpunkt« läßt sich logisch nicht auflösen, aber sie bietet dem nachvollziehenden Verständnis keinerlei Schwierigkeit.

> (15) Als Sie auf dem feuchten Stroh lagen und leicht, wenn nicht die königliche Sache gewann, konnten Sie am Fenster hängen, gestehen Sie es nur,
> (16) Freund und Gefährte, daß Ihr Puls schnell ging. Sie waren kein Zweifler mehr, / wie Sie es gerne gewesen wären, / sondern in Ihrer Erregung hätten Sie Ihre Feinde geviertelt, / geköpft und auf dem Scheiterhaufen verbrannt/: gesetzt, daß in demselben Augenblick Sie selbst der Herr geworden wären / und Ihre Feinde Ihnen ausgeliefert (VII,215).

Die irrationale Wirkung, der Eindruck des Unübersichtlichen, geht in Satz 15 von einer raffinierten Verschleierung der syntaktischen Verhältnisse aus: »Als« leitet nicht einen Nebensatz ersten Grades, sondern einen solchen zweiten Grades ein: »Gestehen sie ... (1) daß Ihr Puls ... (2) Als Sie ... lagen«, aber dies wird dem Leser erst zuletzt mit dem vermittelnden »daß Ihr Puls schnell ging« unklar bewußt. Wiederum entsteht durch eine Verschränkung wie »und leicht, wenn nicht die königliche Sache gewann, konnten Sie ...« kurzfristige Spannung, während die große, übergreifende Spannung (einer zweifachen Unterordnung) durch affektive, fast anakoluthische Anordnung des Satzes eingeebnet bzw. aufgehoben wird. Für die Prosa der HENRI-QUATRE-Romane sind die kurzen Spannungsbogen eines »flachen Stils« im Sinne Herbert Seidlers[28] charakteristisch. Der parataktische Charakter etwa von Satz 16 wird, trotz der hypotaktisch anmutenden »kein ... sondern«, »gesetzt, daß«, durch die Möglichkeit bestätigt, ihn an mindestens fünf (durch Schrägstrich bezeichneten) Stellen zu beenden, ohne dadurch eine syntaktische Spannung abzubrechen. Doch zeigen diese zitierten Sätze, daß eine im wesentlichen parataktische Sprachbehandlung nicht notwendig kurzatmige Primitivität, Kompliziertheit aber keine Einbuße an Sinnfälligkeit bedeuten muß. Denn das Geheimnis

---

[28] Herbert Seidler, Allgemeine Stilistik, Göttingen 1953, p. 339.

aller dieser Satzverwerfungen ist ihre ausgesprochene Leichtverständlichkeit über die logische Syntax hinweg, ihre innere Nähe als säuberlich stilisierte *constructiones ad sensum* zur »forme naturelle«, zum anakoluthischen Charakter der gesprochenen Sprache. Dies wird insbesondere durch eine Anzahl offensichtlich von französischem Sprachgefühl beeinflußter Stilzüge bekräftigt.

> Da das Fest sich dieser Art verwandelt hatte, und aus dem Bankett für den gekrönten König war eine Huldigung an seine teure Herrin geworden – Henri besann sich nicht lange, er verkündete laut, daß er bei dem Papst die Auflösung seiner Ehe betreiben wolle... (VII,249).

Es handelt sich hier um kein Anakoluth in dem Sinn, daß zwei verschiedene Satzkonstruktionen aufeinanderstoßen. Vielmehr entsteht der Satz aus der glatten Fügung »Da das Fest sich... verwandelt hatte und aus dem Bankett... eine Huldigung... geworden war, (so) besann sich Henri nicht lange (und) verkündete usw.« durch Auflösung der übergreifenden syntaktischen Logik an zwei Stellen. Einmal entwindet sich, wie in den Beispielen 4 und 9–15, der Nebensatz in seinem zweiten Teil dem Regime der einleitenden Konjunktion und kehrt zur »syntaktischen Ruhelage« des Hauptsatzes zurück, zum anderen verweigert sich der Hauptsatz »Henri besann sich...« – fühllos gleichsam gegenüber dem vorausgehenden Gliedsatz – der Inversion, verweigert sich der verbindlichen Fortführung »so besann sich Henri...« Folgerichtig wird dieses Abbrechen der inneren Verbindlichkeit, wie oft bei diesem Satztypus Heinrich Manns (vgl. Satz 14), im Gedankenstrich sichtbar. Würde man diesen Satz jedoch ins Französische übertragen, das weder die Endstellung des Verbs im Nebensatz noch die Inversion des Hauptsatzes nach Gliedsätzen kennt, so wäre die anakoluthische Wirkung sogleich hinfällig. Man kann ihn deshalb als Beispiel ins Deutsche hineingetragener französischer Syntax verstehen. Diese Deutung ist bei einem Autor, der den Roman eines französischen Königs schreibt, und zudem während dieser Zeit in Frankreich lebt, und insbesondere bei Heinrich Mann, nicht abwegig.[29] Unabweisbar ist das französische Vorbild dann in einem Satz wie:

---

[29] Vgl. die Bemerkung aus »Ein Zeitalter wird besichtigt« über die frühen Jahre: »...mein halbes Dasein bestand aus französischen Sätzen« (p. 208) sowie den Vorwurf Thomas Manns in den »Betrachtungen«: »Der Stil gilt für gerettet, wenn nur die Syntax französisch ist« (XII,548). Bezeichnenderweise fand Leo Spitzer schon früher nur bei Heinrich Mann Beispiele »inszenierender Adverbialbestimmungen«, deren Auftreten er im französischen Roman nach Taine feststellt (Stilstudien. Bd. 2, München²1961, p. 161f.).

Vor ihm der Sarg seines letzten Bruders war eingehüllt in Fahnentuch aus Feldzügen, die der Verstorbene geführt hatte mit zweifelhaften Ehren, und manche gegen seinen königlichen Bruder (VI,581).

Darin setzt sich der analytische, in ein klares, um den Satzkern gruppiertes Nacheinander der Bestimmungen zerlegende Charakter der französischen Syntax gegenüber dem akkumulierenden, integrierenden Charakter des deutschen Satzes, gegenüber seiner vielfach untersuchten Klammerstruktur und Spannungseinheit[30] durch. »Deutsch« in diesem Sinn könnte der Satz etwa lauten: »Der vor ihm (stehende) Sarg seines letzten Bruders war in Fahnentuch aus Feldzügen eingehüllt, die der Verstorbene mit zweifelhaften Ehren, und manche gegen seinen königlichen Bruder, geführt hatte.« Aber Heinrich Mann vermeidet die Klammerstellung schon im kleinsten: »Nur etwas zu heiß war ihnen geworden in der überfüllten Kirche (VII,611). »... [der Baldachin] knickt langsam ein über dem König ...« (VI,582) – und dem entspricht nur, wenn in diesem Satz, wie schon mehrfach beobachtet, auch der übergreifende Spannungsbogen, der sich in der Distanzstellung des Verbs zeigen müßte, aufgelöst wird:

Der Baldachin sinkt, er knickt langsam ein über dem König, der sich bückt, der ein Knie beugt, dann beide, endlich aber legt er sogar die Stirn auf die Steine (VI,582).

(statt: »endlich aber sogar die Stirn auf die Steine legt.«)

Eine analytische Tendenz zur Dekomposition der inneren Verbindlichkeit des deutschen Satzes schimmert in vielen Wendungen durch; insbesondere werden häufig Konjunktionen sowie adverbiale Bestimmungen wie im Französischen nicht integriert:

Indessen, das Fräulein, das ihr den Hof machte, kam mit dem besten zuletzt ... (VII,610).

... denn bekanntlich, man ist der Leichtsinn, dem die Tränen locker sitzen ... (VII,206).

Wie aus dem Französischen übersetzt klingen Sätze wie:

Bei Jarnac, durch einen Schuß aus dem Hinterhalt, fiel Condé (VI,61).

Mit vierzig, schon ergrautem Bart, weise und schlau, sollte er es endlich erkämpft haben (VI,136).

---

30 Vgl. vor allem Karl Boost, Neue Untersuchungen zum Wesen und zur Struktur des deutschen Satzes. Der Satz als Spannungsfeld. Berlin 1955. – Zur Klammerstruktur vgl. Hennig Brinkmann. Der deutsche Satz als sprachliche Gestalt. In: Wirkendes Wort, Sammelband I, a.a.O., p. 220–234.

Oder Sätze mit dem Verb an dritter Stelle:

Paris inzwischen hatte sich angefüllt ... (VI,361).

Der Herzog von Montpensier mit ausgesuchter Begleitung erwartete sie ...
(VII,775).

Ebenfalls dem analytischen Geist des Französischen entspricht die
durchgehende Tendenz Heinrich Manns, einem an die Spitze gerückten
Hauptfaktum alle weiteren differenzierenden und einschränkenden Bestimmungen folgen zu lassen, oft mit abschließender Pointierung und
– wie im zweiten Beispiel – zunehmend straffer werdendem Rhythmus:

Auch Louis hat schon damals gehaßt, am meisten die Kavaliere seiner Mutter, nächst dem sie selbst – in vergeßlicher Art natürlich, zwischen dem Kuß
auf ihre Hand und dem Schlag, der seine Wange traf (VII,732/33).

König Jakob und sein Hof hätten er verübelt, besonders der empfindliche
Monarch, vormals nur König von Schottland, jetzt auch von England,
nicht durch Verdienst: durch Erbschaft (VII,721).

Ausgiebigen und in deutscher Prosa wohl einzigartigen Gebrauch macht
Heinrich Mann ferner von einer im Französischen geläufigen Satzfigur,
die in deutschen Grammatiken bald als »nominativus pendens«,[31] bald
als »isoliert-emphatischer Nominativ«[32] oder auch als »proleptischer
Akkusativ«,[33] in französischen als eine Form der »mise en relief«, der
affektiven oder intellektuellen »ségmentation«[34] des Satzes, verzeichnet
wird.

Die Majestät, ganz zuletzt will sie garnicht ihr Wort wahr machen ...
(VII,500)

Die ganze Stufenleiter der Mißwirtschaft, die Verwaltung Ihres Schatzes
hat sie durchlaufen ... (VII,302).

In komplizierteren Formen wird der Nominativ etwa durch den Dativ
wiederaufgenommen

... er aber, das erstemal im Leben mißfielen ihm ihre natürlichen Vorzüge
(VII,545).

Eine noch kühnere, fast schon stammelnde Fortbildung lautet:

Unser Fleisch und Blut, die Kinder, die daraus gemacht sind, dasselbe Herz
schlägt jedem von uns (VII,538).

---

[31] So Behaghel, Dt. Syntax, III, § 1120. Wilhelm Schneider, Stilistische deutsche
Grammatik. Freiburg/Brsg. 1959, p. 510ff.
[32] Wilhelm Havers, Handbuch der erklärenden Syntax. Heidelberg 1931, p. 158.
[33] Ibid.
[34] Walter von Wartburg und Paul Zumthor, Précis de syntaxe du français con-
temporain. Bern ²1958, p. 176.

Die Belege könnten ohne Mühe noch vermehrt, die Unterscheidungen verfeinert werden. Alle französisch anmutenden Stilphänomene lassen sich auch in der gleichzeitigen und späteren Prosa, vor allem in DER ATEM, wo deutsch und französisch einander durchdringen, zum Teil aber auch schon früher, nachweisen. Einerseits und äußerlich stellen sie einen Tribut an die »langue d'inclination« sowohl Henri Quatres als auch Heinrich Manns[35] dar und bereichern seine Prosa. So wurden sie bis jetzt gesehen. In Wahrheit sind sie jedoch tiefer begründet. Bis zu einem gewissen Grad widerstrebt der Satz Heinrich Manns dem ganzheitlichen und prozeßhaften Wesen des deutschen Satzes, sichtlich zerlegt er ihn in Segmente, in überschaubare Kola, in ein sinnfälliges, kleinteiliges, vielfach und oft geistvoll pointiertes Nacheinander des Einzelnen. Noch in einem umfassenderen Sinn, als es der grammatikalische Terminus meint, kann deshalb von einem Stilprinzip intellektueller »ségmentation« gesprochen werden, das die geistige Grundhaltung offenbart.

So heißt es, als der junge König von Navarra zum ersten Mal in den Innenhof des Louvre einreitet:

> Dort war es zwar eng, aber offensichtlich friedlich, obwohl von Menschen überfüllt. Man sah nur Männer, mit und ohne Waffen, aus allen Ständen, bei verschiedenen Beschäftigungen. Höflinge würfelten oder stritten, Bürger gingen in Geschäften ein oder aus bei den Ämtern, die im Erdgeschoss des ältesten Gebäudes lagen. Auch Köche und Bediente ... (VI,138).

Die beiden ersten Sätze sind nach einem gleichen Schema gebaut: jeweils einer ersten allgemeineren Aussage folgen, hart aneinander gerückt, nähere Bestimmungen. Aber sie erfassen noch nicht das Detail. Auch löst das Verbum sinnlicher Wahrnehmung »sehen« kein farbiges Bild des Menschengewühls aus. Was die Prosa Heinrich Manns erfaßt, wird bewußt und mit der Genauigkeit des Verstandes isoliert, wird in seine allgemeineren und besonderen Aspekte zerlegt. An der Spitze des zweiten Satzes steht der Kollektivbegriff »Männer«, ihn präzisieren die Bestimmungen »mit und ohne Waffen, aus allen Ständen, bei verschiedenen Beschäftigungen«. Aber auch sie bleiben noch auf einer Ebene von

---

[35] Henri Quatre sprach ursprünglich einen dem Latein noch sehr nahestehenden, in den Pyrenäen und der Gascogne erhaltenen Dialekt (vgl. »Adjudat me a d'aqueste hore« VI,6) und mußte korrektes Französisch erst erlernen. In seinem letzten ungehaltenen Brief an die Marquise de Verneuil von 1608 schrieb er: »C'est à vous à parler françois là-dessue, que j'entendray tousjours fort volontiers; estant ma langue d'inclination ...« (Lettres missives, t. VII, p. 666). Heinrich Mann nimmt die Stelle, doppeldeutig, in der »Allocution« Henri Quatres am Ende des Romans (VII,896) wieder auf.

Oberbegriffen und nennen nicht Waffen, Stände, Beschäftigungen selbst. Erst die nächsten Sätze zählen die Stände – Höflinge, Bürger, Köche, Bediente – und ihre Beschäftigungen auf, wobei die Tätigkeit der Bürger, »gingen in Geschäften ein oder aus bei den Ämtern«, wiederum Ansätze zu Aufzählungen auf der nächstunteren Ebene liefern würde. Andererseits geht dem Satz »Man sah nur Männer« das allgemeinere »von Menschen überfüllt« voraus und diesem der unpersönliche Beginn: »Dort war es ... eng.« So entsteht eine zum Besonderen fortschreitende Abtreppung, wie sie auch am Romanbeginn zu beobachten war. Mehr oder weniger vollständig wird an solchen Stellen jene »Begriffspyramide« des Definierens sichtbar, die etwa Hans Leisegang als für die logische Auffassung typisches Ordnungsschema beschrieben hat.[36] Das ihr eigene, von oben nach unten ausgliedernde und von unten nach oben subsumierende Prinzip tritt auch bei der Beschreibung des Kollektivwesens »der Hof« in Erscheinung:

> Der Hof, das war Seide in allen Farben, gestreift, mit Wappen bestickt. Das waren kurze Gestalten mit glänzenden Bäuchen, und lange, die auf Stühlen zu stehen schienen, so hoch ragten sie aus dem Hintergrund. Die Beine waren unten dünn und oben wie Tonnen, auch die Ärmel blähten sich um die Schultern, und auf den gespreizten Halskrausen lagen Köpfe jeder Gattung zwischen Geier und Schwein (VI,324).

Aufschlußreich sind die kollektivierenden Plurale; am deutlichsten jedoch wird das logische Verfahren im Ausdruck »Köpfe jeder Gattung zwischen Geier und Schwein«. Selbst der einzelne zwischen den Extremen einzuordnende Kopf wird auf dieser Stufe der Subsumierung noch nicht als Individuum, sondern als Repräsentant jeweils einer »Gattung« solcher Köpfe begriffen und müßte erst auf der nächstuntersten Stufe individualisiert werden.

Die Dichtung Heinrich Manns will der Erkenntnis dienen. Diese geschieht in einem unaufhörlichen Prozeß des Zerlegens und Subsumierens des Zerlegten, und – um ein extremes Gegenbeispiel herauszugreifen – wie dem nach mystischer Erkenntnis strebenden Hermann Broch der einzelne überlange Satz zum Symbol des Unendlichen wird, entspricht der Erkenntnisstruktur Heinrich Manns am reinsten die Segmentierung des Satzes und des zu Sagenden überhaupt. Als Zusammensetzung des Ganzen aus geformten Teilen, aus Segmenten der Erkenntnis, erscheint bei ihm nicht nur der Satz, sondern auch die Folge der Sätze, der Abschnitt, das Kapitel, das zu erzählende Leben schlechthin.

---

[36] Vgl. Hans Leisegang, Denkformen. Berlin 1928, p. 201–292.

Alles ist in höchstem Maße bewußt und rhetorisch geformt. Von daher erhellt auch noch einmal die Bedeutung des einfachen Satzes als Mittel, das Komplizierte zu zerlegen, als Mittel, um der obersten Forderung aller Rhetorik nach Einfachheit und Klarheit zu genügen; und wie die innere Nähe dieser Haltung zu dem als von jeher typisch angesehenen Wesen des französischen Geistes[37] unverkennbar ist, so fördern gerade die dem Französischen verpflichteten Stilmittel Klarheit, Leichtigkeit und Beweglichkeit eines solchen zerlegenden und zusammensetzenden Vortrags. Sie bringen, wo sie, wie die isolierten Konjunktionen oder emphatischen Nominative, auch mit Erscheinungen der Umgangssprache übereinstimmen, die Prosa außerdem der affektiven gesprochenen Sprache nahe; neben der intellektuellen Segmentierung erscheint die affektive. Auch zahlreiche effektvolle sprachliche Abweichungen, sowie auffallende, die Berauschung durch das Musikalische immer wieder abbrechende, ernüchternde rhythmische Brüche wären unter diesem Gesichtspunkt der Segmentierung um der Erkenntnis willen zu betrachten. Die Prosa der HENRI-QUATRE-Romane ist eine hochstilisierte, zusammengesetzte, von feinen Brüchen und Sprüngen durchzogene Kunstprosa, deren rhetorisches Stilideal Einfachheit, Naivität und Klarheit ist, deren moralistischer Charakter im unablässigen Vorweisen und Zeigen des Erkannten und zu Erkennenden liegt. Sie reinigt sich immer wieder zur größten Einfachheit hin, und wenn entlarvende Vulgarismen die unterste Stilebene bilden, so das Idyllische, verhaltene Lyrik, Anklänge an das Märchen- oder Legendenhafte auf kurzen Strecken ihre höchste:

> Seiner Königin kaufte er allein zehn Fächer, einer glitzerte mehr als der andere. Er versah sie mit Duftwässern, den reichsten Kleidern und sogar mit Handschuhen aus Blumen. Er hielt ihr Zwerge, schwarze Pagen und Vögel »von den Inseln«. Sie hatte im Park La Garenne ihre Kapelle, hörte die Messe; und dann war Empfang unter den wiegenden Wipfeln, es war Musik, es waren Verse, es war der Tanz und Frauendienst – alles von verklärter Einfachheit in der Luft des Parkes. Am Hof zu Nérac, einige Zeit unter wiegenden Wipfeln, wurde geistreich geschmachtet und töricht geträumt. Sehr hell war der Himmel, silbern sein Licht, und die Abende waren so mild (VI,552).

»Verklärte Einfachheit« beherrscht auch den Beginn des Kapitels DIE STROMFAHRT in der Mitte der VOLLENDUNG DES KÖNIGS HENRI QUATRE – ein idyllischer Augenblick der Erfüllung und des Lebensgenusses auf der trügerischen Höhe von GRÖSSE UND BESITZ:

---

[37] Vgl. Daniel Mornet, Histoire de la clarté française. Ses origines – son évolution – sa valeur. 1929.

Die teure Herrin sollte eine leichte Reise haben. Der König brachte sie zu Schiff von Nantes bis Orleans, eine lange und gefühlvolle Fahrt. Der Fluß La Loire glänzte mild vom Licht des Mai, das weiße Gewölk schwebte und zerging. Das Schiff des Königs segelte im sanften Wind langsam den Fluß hinan, und der hat flache, stille Ufer. Blumige Wiesen und die Kornfelder verlaufen bis an das Ende der Aussicht, dort blaut ein Wald. Vorn erscheinen Schlösser mit furchtbarer Wucht, aber ihre Türme sind umstrickt von Rosen. Wär es nur einer von vier Türmen, den die Ranken verjüngen, schon zeigt das Wasser kein altes und wildes Bild, sondern gespiegelt wird ein verträumtes (VII,466).

Jeder der ersten vier Sätze beginnt mit dem bestimmten Artikel, der so zu einer der Anapher ähnlichen Stilwirkung gelangt. Der gleiche, glatte, französische Fall dieser Sätze befriedigt ein tiefes geistiges und ästhetisches Bedürfnis nach der Norm, nach Klarheit, nuancenreicher Einfachheit und Mäßigung. Die gleichen Einsätze bringen eine leichte Starrheit, etwas gemessen Feierliches in die Schilderung, sie verstärken das Statische und Idyllisch-Zeitenlose, von dem sich nur das einmalige Ereignis, »eine leichte Reise«, »eine lange und gefühlvolle Fahrt« um ein geringes abhebt. Neben »verklärter Einfachheit« aber steht jene andere, prägnante, ja lakonische – in Passagen, die aus den Erfahrungen dieses Lebens die moralistische Summe und politische Lehre ziehen:

Henri weiß. Hinter sich hat er den Louvre, er kennt die Hölle. Von Montaigne hat er gelernt, daß Gutsein das Volkstümlichste ist. Mornay lehrt ihn, welche Macht die Tugend hat. Seine Natur bleibt heiter und maßvoll über ihren eigenen Abgründen. Aber er weiß: eine Gattung Mensch will dies nicht, und grade ihr soll er begegnen überall, bis ans Ende. Es sind keine Protestanten, Katholiken, Spanier oder Franzosen. Es ist eine Gattung Mensch: die will die düstere Gewalt, die Erdenschwere, und Ausschweifungen liebt sie im Grauen und in der unreinen Verzückung. Das werden seine ewigen Gegenspieler sein, er aber ist ein für alle Male der Abgesandte der Vernunft und des Menschenglückes. Jetzt versucht er, eine Provinz nach dem gesunden Sinn zu ordnen, später ein Königreich, endlich aber den Weltteil: durch einen Friedensbund der Fürsten und Länder zur Brechung von Haus Habsburg. Dann wird es Zeit sein für die Gattung Mensch, die das Leben haßt – nach dreißigjährigem Mißlingen ihrer Mordpläne wird es für sie Zeit sein, richtig zu zielen mit dem Dolch. Sieben oder siebzig Stöße und Schüsse waren im Laufe der Jahrzehnte fehlgegangen, Henri kam allen zuvor, wie hier dem ersten (VI,561).

Unüberhörbar ist der Anteil bewußter Demonstration, ihr dienen eine Reihe von Stilelementen, deren Untersuchung die Betrachtung der Henri-Quatre-Prosa abschließen soll.

416

c) Stilelemente moralistischer Demonstration

Im Kapitel DER BESIEGTE taucht vor dem Schloß Philipps II. »eine fleischige Schönheit« auf, im weiteren Fortgang heißt sie nur noch »das Fleisch«: »Von der Unzucht gemästet schrie und schimpfte das große Fleisch in gemeinen Lauten« (VII,188). »Ein Geist«, der gelähmte Virtuose abstrakter Strategie, Farnese – eine Einkörperung des abstrakten Intellektuellen und Spekulanten Heinrich Manns – bändigt das spanische Heer, weiterhin ist der nur noch »der Geist«: »Derart rollte der Geist auf zwei Rädern vor der Front umher und regelte alles« (VII,79). Andere solche das ganze Romanwerk durchziehende Prägungen sind: für Philipp Mornay »die Tugend« (VI,503 u. passim); für Henriette d'Estrangues »die Jugend« (»Die Jugend, die sich hier selbst vorführte, ausgesprochen jugendlich, sonst nichts« VII,646); »die hochherzige Jugend« (VI,191; 644; 656; 661) für die immer verführbare Jugend; »die ehrbaren Leute« (= honnêtes gens; VI,198; 270; 301; 302; 644; VII, 6; 510; 813) als ironischer Ausdruck für das Bürgertum.

Jedem Leser ist der ausgiebige Gebrauch vertraut, den Heinrich Mann von solchen Formen der Antonomasie und Metonymie in ironischer und satirischer Absicht macht. Das Ganze, sei es ein Mensch oder eine Gruppe von Menschen, wird durch dieses Stilmittel auf eine einzige überragende Eigenschaft festgelegt und typisiert. Wer so spricht, beschreibt nicht mehr, sondern weist auf das Wesentliche hin, spricht das Einmalige als das Erkannte und Allgemeine, unter wechselnden Umständen immer Gleiche, an. Dies führt zu sprachlichen Verfestigungen.

So steht die Formel »die hochherzige Jugend«, Gefäß einer bestimmten Erkenntnis, seit mindestens 1915 fest; es heißt im ZOLA-Essay: »Es war traurig, die hochherzige Jugend, die ihren Überschwang an Herzenskraft zu Betrügern trägt« (XI,211). Dann zwanzig Jahre später: »...wo die hochherzige Jugend zwar lange genug Drittes Reich gespielt hat« (TAG, 169), im ATEM: »...mit gehangen werden ergäbe wenig Lohn für die hochherzige Jugend« (A. 262) und endlich im EMPFANG BEI DER WELT: »...bei der hochherzigen, aber kritischen Jugend« (E. 173). Präzise läßt sich an den Belegen für diese eine Formel nacheinander Einsicht, Kritik und Wunschbild des Moralisten ablesen.

Bezeichnend für die moralistische Haltung ist auch, wie in der gesamten Tradition, die innere Nähe der Sprache Heinrich Manns zur Sentenz. Die Formulierung kann dichterisch ausschwingend und an klassische Sprache gemahnend sein –

Denn die hinterlassenen Gestalten vergangener Meister sind verharrend und stützend noch immer zugegen, indessen die Leidenschaften der Lebenden herunterbrennen gleich Kerzen und hinterlassen nichts (VI,225).

– oder schlagend knapp und antithetisch pointiert: »Nur selten denkt einer in der Zukunft und handelt in der Zeit« (VI,392). »Der Himmel und die Frauen, beide geben uns das Leben, sind aber Ursache, weshalb wir töten« (VII,338). Die Sprache der HENRI-QUATRE-Romane nützt alle Möglichkeiten des gemeinplätzigen und sentenziösen Ausdrucks, sie enthält Spruchweisheiten, Sprichwort-, Volkslied- und Gedichtanklänge, in denen sich die Absicht, den abendländischen Bestand zu versammeln und insgeheim zu rekapitulieren, verwirklicht.[38]

Neben den leitmotivisch wiederkehrenden Montaigne-Zitaten »Nihil tam populare quam bonitas« und »Totus mundus exercet histrionem« und ebenfalls Montaigne entnommenen Horaz-, Juvenal-, Plutarch-, Cicero-, Seneca-, Martial-, Virgil- und Plato-Zitaten ragt vor allem eine Gruppe von Sentenzen um das so oft variierte Hippokrates-Wort »Vita brevis, ars longa, occasio praeceps, experientia fallax, iudicium difficile« heraus. Heinrich Mann legt dem Leibarzt Henris, La Rivière, die Übersetzung in den Mund: »Das Leben ist kurz, die Kunst ist lang. Flüchtig ist die Gelegenheit, die Erfahrung täuscht, wir können schwer urteilen« (VII,629). Goethe hatte die Sentenz in den Beginn des LEHR-BRIEFES eingearbeitet, wobei er »experientia fallax«, dem er nicht zustimmen mochte, überging: »Die Kunst ist lang, das Leben kurz, das Urteil schwierig, die Gelegenheit flüchtig.« Er fuhr fort: »Handeln ist leicht, denken schwer, nach dem Gedanken handeln unbequem.«[39] Offensichtlich nun auf Goethe anspielend variiert Heinrich Mann: »Das Leben ist kurz, die Kunst ist lang. Auch die Gedanken eilen, wann aber ist die rechte Handlung reif?« (VI,402).

Im Kapitel MEDITATION, das möglicherweise als Entsprechung zum goethischen LEHRBRIEF gedacht ist und so auf den ideellen Bezug der HENRI-QUATRE-Romane als »Erziehungsroman« zum WILHELM MEISTER flüchtig anspielt, findet sich dann eine sechsgliedrige Sentenz, die den Rhythmus des Hippokrates-Wortes mit selbständigem Gehalt er-

---

38 Dazu zählen: »eine Kugel kam geflogen« (VI,61), ». . . gilt es mir oder dir?« (VII, 558). »Wir können zusammen nicht kommen, hieß das alles« (VII,556). »Das Volk, das dem König hingegeben schien mit Herz und Hand« (VII,237). »Du warst dem Tode schon anheimgegeben . . .« (VII,800). »Dem hat er sich verschrieben und seine Sache auf ihn gestellt« (VII,242). »Nur wer sich selbst verläßt, ist verlassen und verrät mich keiner, ich hätte mich denn verraten« (VII,691). »Schall und Rauch« (VII,788). »O schönes Leben! . . . Wie lieb ich dich!« (VII,535; 537).
39 Goethe, VII,533.

füllt: »Der Weg ist angetreten, die Umkehr wäre schwer, das Ziel wird bezweifelt, höchst unglaubwürdig ist die Ankunft, auf einmal ist man da, es war ein Traum« (VII,191). Ebenfalls in das sentenziöse Feld gehören die Stufenreflexion:

> Kühnheit erwirbt Vertrauen, Vertrauen gibt Kraft, diese ist die Mutter der Siege, mit ihnen sichern wir unser Reich und Leben (VI,661).

sowie kürzere Variationen, Fragmente und Anklänge.[40]

Charakteristisch erscheint jedoch nicht eigentlich die Sentenz, sondern das sentenziöse Sprechen, nicht die vollständige Reflexion, an der die Prosa des späten Goethe überreich ist,[41] sondern das stete Eingreifen der Reflexion, das Mit-wirken des Gedanklichen am Gewebe des Romans, nicht die Selbsttätigkeit des Geistes, sondern vergeistigende Aufarbeitung der Lebensmaterie, wie es für den Verfasser in EIN ZEITALTER WIRD BESICHTIGT bezeugt ist:

> Einer erzieht schreibend sich selbst, umfaßt vom Leben mehr mit jedem Buch, gelangt über das von Mal zu Mal erweiterte Wissen zu der Weisheit, die das Ziel ist (Z. 214).

In diesem Sinn zieht in dem Roman das Leben als Ganzes in seiner bunten Fülle als Kontinuum zu erkennender Situationen vorbei, ist es Gegenstand der Darstellung wie der Reflexion. In diesem Sinn meditiert auch der Held: »Das wissen wir mit vierzig Jahren. Mit zwanzig hätten wir uns ... schwerlich eingelassen ...« (VII,108). Alle höhere Erkenntnis entsteht auch bei Heinrich Mann durch Integration, in einem Lebensprozeß unendlicher Erkenntnissummierung, der auch im Roman selbst hervortritt:

> Er hat Hunger und läßt sich gar nichts verdrießen. Er ist hergelangt auf der Lebensreise – einst war das Gebirge besonnt, er lachte und ging durch glückliche Bäche. Noch jung kam er in die Schule des Unglücks, lernte denken, bis vor den Wendungen des Geistes sein Mund anfing sich zu krümmen, oder doch manchmal. Heimgekehrt unternahm er alle gewöhnlichen Mühen des Lebens, wie jeder mit hungrigen Organen und einer Haut, die leicht zu durchlöchern ist. Von kleiner Art waren zuerst die Mühen: setz dich nur ganz daran, ihre Art wird größer. Jetzt ist er berühmt, wird ge-

---

40 »Die Mühen sind lang, der Erfolg ist zweifelhaft, die Freude kurz« (VII,464). »Sein Weg war lang, war immer schwer, er folgt ihm bis an das Ende (VII,783). »Die Handlungen sind kurz, aber endlos ihre Folgen« (VII,792). »Die Jugend scheint endlos, das Alter ist wie ein Tag« (VII,810). »Die Gelegenheiten wechseln, der Geist der Menschen ist vielfach« (VII,237).
41 Vgl. die Fülle der Beispiele bei Gerhart Baumann, Maxime und Reflexion als Stilform bei Goethe. Karlsruhe 1949.

haßt, ersehnt, gefürchtet – erfährt auch, wie die Mühen des Lebens zurückfallen können auf vorige Stufen; und unter einem Baum, im Stehen, verzehrt er seine Mahlzeit (VI,634).

Das Leben erscheint an solchen Stellen bewußtseinsbildender Vergegenwärtigung, die sich auch in den früheren Romanen nachweisen lassen,
als unabgeschlossene epische Summe. Ihre ersten, fernsten Glieder sind
feste Größen geworden, die fast gleichlautend immer wiederkehren,
ihre letzten sind noch in der Formierung begriffen. Zuletzt wird, daß
das Leben stagnieren, ja »zurückfallen« kann, als jüngste Erfahrung
Henris formuliert und gleichsam vor den Augen des Lesers verbucht,
das Semikolon nach »Stufen« zieht einen vorläufigen Schlußstrich; mit
einem leisen Ruck, mit einem an das berühmte »et« Flauberts gemahnenden »und« kehrt die Sprache zum Nächsten und Gegenwärtigen,
von dem sie abschweifte, zurück: »und unter einem Baum, im Stehen,
verzehrt er seine Mahlzeit«.

An anderer Stelle, beim endlichen Einzug in das eroberte Paris, »vergaß er eine Minute lang die Gegenwart«, vor »seinem inneren Blick«
erscheint das Gerüst, von dem er, Jahrzehnte früher, bei seiner Hochzeit
mit Margarete von Valois »aus heiteren Lüften hernieder auf festliches
Volk« geblickt hatte, »als wär ein leichtes Leben seines und könnt ihm
nicht fehlen«:

> Dann begann erst die Schule des Unglücks, er lernte die Blässe des Gedan-
> kens und wurde vertraut mit den Mühen des Lebens. ›Jetzt – Paris. Und
> was besagte das jetzt? Daß ich mich mühen soll wie je, noch mehr erken-
> nen, aus jedem Unglück ein Verdienst machen soll, und Paris – ich hab' es
> zu erobern, so lang ich lebe‹ (VII,268).

Das Vergangene ist Henri stets gegenwärtig und die Auslegung der
Gegenwart entscheidet über das Künftige. Jedes Zurückgleiten in das
Vergangene, jedes »Abirren« in »hohe Gefilde« (VII,370) des Gedankens, jede vorauseilende Vision der Zukunft mündet wieder in die tätige
Gegenwart, vor dem jeweils Nächsten: »Jetzt – Paris.« »Wir sind hier
unten, tun immer nur das nächste, dabei bleibt es, und das allernächste
ist, daß ich dich liebe« (VII,370).

Die solcherart kommentierende Prosa spiegelt im Gegenwärtigen
auch oft das Künftige; eine Fülle antizipierender Wendungen ergänzt
die resumierenden. Sie heften sich entweder an das Einzelne, oft mit der
gleichen, archaisierenden Wendung, deren »aber« die Zukunft mit den
Illusionen der Lebenden konfrontiert:

> ... sollen aber vielleicht am Skorbut sterben (VII,522).

Oder aber sie schwellen zum großen, das künftige Schicksal vorwegnehmenden Durchblick an, wie im Kapitel PASTOR LA FAYE:

> Nichts wußte Henri wirklich. Diese [sc. Gabriele] war anders und sollte
> ihm mehr zu tun geben als alle zusammen. Nicht Raum genug für ihn und
> sein Erleben in den Jahren, die ihr blieben, und dann erst ihr Tod, der
> größte Tod vor seinem eigenen. Jetzt gibt sie sich ihm freundlich hin, mehr
> nicht: da sie freimütig ist und nichts erheucheln will. Aber was sie noch
> nicht fühlt, er wird es erringen, nacheinander ihre Zärtlichkeit, ihr Feuer,
> ihren Ehrgeiz, ihre ergebene Treue. Er findet immer mehr zu entdecken,
> unruhig betritt er auf jeder Stufe dieser Beziehungen eine neue Welt. Wird
> auch ein neuer König und Mensch sein, sooft sie durch ihn eine andere
> wird. Sich selbst verleugnen und beschämen, damit sie ihn liebt. Die Reli-
> gion abschwören und das Königreich haben. Sieger, Hort der Schwachen,
> Hoffnung Europas – groß sein. Bald schon gesättigt: das alles ist beschlos-
> sen und soll eintreten, eines zum anderen. Endlich wird die Geliebte des
> großen Königs das letzte über ihn verhängen: sie stirbt, und ihm wird ge-
> geben, ein Träumer und Seher zu sein. Genug für die Zeitgenossen, ihren
> Überdruß einzugestehen an ihm und seiner Art. Man wendet sich fort,
> indes er einsam höher steigt, indes er sich verliert. Nichts hiervon wußte
> Henri, als er Madame de Liancourt an seinen reisenden Hof kommen ließ
> und mit ihr sehr glücklich war (VII,133).

So weiß der Leser mehr als der Held, über die naive Erzählung erhebt
sich ein Prozeß begleitender Deutung, unablässiger Spiegelung des schon
Vergangenen und des Künftigen. Kommentierende, abstrahierende, re-
sumierende und antizipierende Elemente gliedern und erhellen dieses
Leben bis zu den Grenzen, die das Rätselhafte um das Erkennbare zieht.
Der stufenweise Lebensfortschritt von Erfahrung zu Erfahrung, der
innere Prozeß der Bewußtseinsausweitung, die tätig-leidende Verwandlung der Lebensmaterie in wachsende, doch stets unabgeschlossene
Weisheit gewinnt plastische Gestalt. Die Erörterung des Lebens und
des Lebenssinnes, unseres Wissens oder Nichtwissens, die Bedeutung der
Erfahrung und der Erkenntnis bezeugen das spezifisch moralistische In-
teresse. Heinrich Mann ergreift das Thema des Erziehungsromans, die
Entfaltung und die Begrenzung der Kräfte eines Individuums durch die
Welt, von der moralistischen Seite. Er verwirklicht so seine Definition
von Dichtung aus dem Jahre 1928, wonach Dichtung »auf dem Weg der
Erfahrung« »Wissen um das gesellschaftliche Leben und um das Leben
schlechthin« vermittle, »da Dichtung das Leben selbst, vermehrt durch
Erkennbarkeit ist« (XI,317). Alle künstlerischen Formen kommentierender Reflexion dienen der moralistischen Aufbereitung des Lebens zu
solcher Erkennbarkeit. Schließlich bildet sich die dominierende Kraft

des Spätwerks in den »moralités«, welche die neun Großkapitel der JUGEND DES KÖNIGS HENRI QUATRE beschließen, ein eigenes Instrument moralistischer Romangliederung aus.

Diese »moralités« sind abgefaßt in der Sprache der klassischen Moralisten, in der »lange d'inclination« Heinrich Manns. Sie sind insofern organisch mit dem Roman verbunden, als auch innerhalb der erzählenden Teile sich die begleitende Reflexion mehrfach zu moralité-ähnlichen Abschnitten verdichtet (z. B. VII,392; 647/48). Sie fehlen in der VOLLENDUNG DES KÖNIGS HENRI QUATRE, doch zeigt die nähere Betrachtung, daß die ebenfalls französisch abgefaßte ALLOCUTION D'HENRI QUATRIÈME – eine Ansprache, die der verstorbene König von der Höhe einer barocken Theaterwolke an »mes chers contemporains de trois siècles en retard sur moi« (VII,895) hält – daß sie zugleich eine zusammenfassende »moralité« für die Geschehnisse des zweiten Teiles darstellt. Auch sie wird getragen von der Absicht moralistischer Demonstration. Die »moralités« geben durchaus in literarisch sublimierter Form die »Moral von der Geschicht« – »Ainsi le jeune Henri connut, avant l'heure, la méchanceté des hommes.« (VI,53) beginnt die erste, – sie eignen sich den Ton der Moritat an – »Attention, c'est un moment unique dans l'histoire de cette partie du monde...« (VI,549) – sie wenden sich an das Publikum und z e i g e n : »Voyez ce jeune prince déjà aux prises avec les dangers de la vie...« (VI,130), aber sie nehmen auch, im Ton mahnender Vorhaltung, einen imaginären Dialog mit Henri auf: »Vous auriez beaucoup mieux fait, Henri, de rebrousser chemin tandis qu'il était temps encore« (VI,195). Und schließlich geben die »moralités« mit der angenommenen Naivität vergangener Zeiten und mit der Klarheit des Französischen jeweils die entscheidenden Stationen dieses Lebens an: »C'est ce jour là qu'il sortit de l'enfance« (VI,53), so schließt das Kapitel der Kindheit; diesem Satz antwortet in rhetorischer Vollendung der Form die Umkehrung: »C'est sa jeunesse qui, ce jour là, prit fin« (VI,676) am Ende des ersten Romanteiles.

Kommt in den »moralités« die Absicht moralistischer Demonstration am konzentriertesten und auch formal am wirkungsvollsten zum Ausdruck, so ist sie in der erzählenden Prosa sprachlich nicht minder greifbar. Jenes zusammenfassende »Dies waren die ersten Mühen und Freuden des Knaben, er hieß Henri« am Ende des ersten Abschnitts bleibt in steter Abwandlung gegenwärtig: »Dieser wußte. Dieser hatte das Mordgeschrei durch das Schloß Louvre heulen gehört eine Nacht lang. Dieser hatte in die Gesichter seiner toten Freunde geblickt...« (VI,297).

Mit gleicher Hinweis-Funktion treten neben dem Demonstrativum »dies« vor allem die Adverbien »hier«, »jetzt«, »so« als charakteristische Partikel der HENRI-QUATRE-Prosa hervor. Schließlich wendet sich der Erzähler inmitten der Geschehnisse bald an seinen Helden – »Henri, wir sind mitnichten ›hier fertig‹. Eher müßten wir unsterblich sein...« (VI,81) – bald im Ton des Moritatensängers an den Leser: »Hört, was in Paris geschieht...« (VII,72). »Hier sitzt er, seht her! Ist seiner Freunde beraubt, seiner Soldaten, ist machtlos und ein Gespött...« (VI,328). Auf ähnliche Weise hatte auch Alfred Döblin einige Jahre zuvor das Schicksal des Franz Biberkopf in BERLIN ALEXANDERPLATZ vorgezeigt.

Der Gegenstand solchen Vorzeigens hier ist vordergründig das konkrete Leben dieses Königs, in Wahrheit aber die CONDITION HUMAINE im umfassendsten Sinn: die Menschen, wie sie sind und wie sie sein sollten, die Welt, wie sie ist und wie sie sein könnte; was in ihr zu tun sei, gemäß jenem »Humanismus, der ein Glaube ist an die irdische Bestimmung des Menschen, vernünftig und tapfer, frei, wohlhabend und glücklich zu sein« (VII,701) – und was in ihr erreicht werden kann. Dazu hat sich Heinrich Mann eine innerhalb seines Gesamtwerkes einmalige moralistische Romanfigur geschaffen. Wie er die Bedeutungsverschlechterung, die »Moral« und »Tugend« während des 19. Jahrhunderts erfuhren, in seinem Sprachgebrauch rückgängig macht, so verläßt er auch eine Entwicklung des Romans, die über die konsequente Eliminierung des Autors und seines Kommentars, wie sie bei Flaubert erreicht ist, zu jener Fiktion führt, die vielen Experimentalromanen des 20. Jahrhunderts zugrunde liegt, der Autor wisse über seine Gestalten und den Sinn des Lebens nicht mehr als sie selbst – eine Fiktion, die etwa André Gide in den FAUX-MONNAYEURS zur Einführung des schreibenden Autors in die Handlung, wo er deren Fortgang erst erlebt, veranlaßt, und der die moderne Entfaltung des »stream of consciousness« zur konstruktiven Romantechnik entspricht. Demgegenüber ist Heinrich Mann, wie die resümierenden und antizipierenden Elemente, die Durchblicke bis an das Ende, bekräftigen, durchaus »wissender« Autor im Sinne der Bemerkungen Goethes und Schillers im Briefwechsel vom April 1797 über den epischen Dichter. Er weiß vieles von seinen Menschen, ja er besitzt eine moralistische Wissenschaft vom Menschen, von den verschiedenen »Menschenarten«, und will gerade auch zeigen, was sie lehren kann. Er gestaltet die Geschehnisse, aber die bloße Gestaltung genügt ihm nicht mehr. Ähnlich wie auch der Moralist Bert Brecht setzt er die überkommene Scheu vor dem Absichtlichen beiseite und erhebt ausdrücklich Kunstformen des Kommentars und der Demonstration zum integrierenden Bestandteil der Kunstgestalt selbst. Diese wäre in den Kategorien Franz Stanzels[42] zu beschreiben als grundsätzlich auktorialer Roman, der sich jedoch zugleich in hohem Maß aller Elemente des personalen Erzählens bedient.

---

[42] Franz K. Stanzel, Typische Formen des Romans. Wien/Stuttgart 1955.

KAPITEL XI

HISTORISCHER ROMAN
ODER MORALISTISCHES EXEMPLUM?

Am frühesten und bis jetzt ausführlichsten hat sich mit den HENRI-QUATRE-Romanen die marxistische Literaturkritik beschäftigt.[1] Sie faßt sie als historische Romane, im Mittelpunkt steht die Frage nach dem Verhältnis der dichterischen Wahrheit zur historischen (bei Klemperer: »wieviel der Dichter bei aller Treue gegenüber der Vorlage hinzufügen muß, um eine Dichtung hervorzubringen«[2]). Der beträchtliche Rest, der sich bei dem verfehlten Ansatz ergibt, die HENRI-QUATRE-Romane solcherart als »historische Romane« am Gang der realen Geschichte zu messen, erscheint beispielhaft in der Analyse Georg Lukacs' und folgerichtig als ausführliche Kritik an Heinrich Mann. Sie gipfelt in dem Vorwurf, er habe die biographische Form des historischen Romans gewählt,[3] so daß statt der geschichtlichen Kräfte der Held im Mittelpunkt des Geschehens steht. Völlig zutreffend konstatiert Lukacs:

> Seine Gestalt, seine Probleme, seine historische Bedeutung und seine politisch-menschliche Physiognomie wachsen nicht konkret aus den bestimmten Gegensätzen einer bestimmten Entwicklungsphase des französischen Volkslebens heraus, sondern diese Probleme des französischen Volkslebens erscheinen, im Gegenteil, als ein bloßes – in einem bestimmten Sinne zufälliges – Feld der Verwirklichung für diese ewigen Ideale.[4]

In dem Roman werde der Widerstreit zweier Prinzipien sichtbar, der

> Kampf der konkret historischen Auffassung der Probleme des Volkslebens auf einer bestimmten Stufe der historischen Entwicklung mit den abstrakt monumentalisierten, »verewigenden« Prinzipien der überspannten Traditionen der Aufklärung.[5]

---

[1] Edgar Kirsch, H.M.'s historischer Roman »Die Jugend und Vollendung des Königs Henri Quatre. In: Wiss. Zft. d. Martin-Luther-Univ. Halle-Wittenberg. Gesellschafts- u. sprachwiss. Reihe, Jg. V (1955/56), p. 623–636 u. p. 1161–1206. – Georg Lukacs, Der historische Roman. Berlin 1955. – Hadwig Kirchner-Klemperer, H.M.'s historischer Roman »Die Jugend usw.« im Verhältnis zu seinen Quellen und Vorlagen. Diss. Berlin (Humboldt-Univ.) 1957.

[2] Klemperer, a.a.O., p. 218/19.

[3] Lukacs, p. 350.   [4] a.a.O., p. 303.   [5] a.a.O., p. 303.

Die Gestalt, die die humanistischen Ideale des Autors ausspricht und das höchstmögliche Bewußtsein verkörpert, solle kompositionell eine Nebenfigur sein[6] und nicht zugleich der Held des Romans, deshalb steht

> die großzügige Eposartigkeit des positiven Helden, die Monumentalität des erzählenden Stils in einem seltsamen, ungelösten Widerspruch zu der notwendigen, unvermeidlichen und unaufhebbaren Kleinlichkeit der biographischen Darstellungsweise.[7]

»Abstrakt-humanistische Vorurteile«[8] hinderten Heinrich Mann, die kollektiven Kräfte der Geschichte zu gestalten, falsch sei insbesondere die Ansicht, es gebe zwei Typen von Menschen, nämlich vernünftige und unvernünftige, weil sich dann ein schließlicher Sieg der Vernunft gar nicht absehen lasse;[9] und wiewohl Heinrich Mann auf die Aufklärung zurückgreife, bedeute die biographische Basis des Romans, daß er künstlerisch, in der Nachfolge Victor Hugos, eine romantische, d. h. antihistorische Auffassung vertrete.[10] Dem wäre nichts hinzuzufügen – immer vorausgesetzt, Heinrich Mann habe einen historischen Roman schreiben wollen, dem die Vorstellung Hegels oder Marx' vom objektiven Gang der Geschichte zugrunde liegt.

Dem ist offenbar nicht so. Die Analysen des tragenden Erkenntnisgerüsts und der Sprachgestalt in den vorangehenden Kapiteln zwingen dazu, den Roman in erster Linie als Roman eines Moralisten zu verstehen. Was Lukacs nicht akzeptiert, ist gerade die moralistische Struktur des Romanwerks. Ein Vergleich mit den Resultaten der Interpretation des Kopfes kann zeigen, in welch hohem Maße die Henri-Quatre-Romane an die im Kopf entfaltete Lebensproblematik anschließen, als ihre Fortführung unter positivem Vorzeichen verstanden werden können, wie sehr demnach der historische Stoff in ein vor und außerhalb des Romans schon bestehendes Erkenntnissystem integriert wurde.

Im Sinne der Einsicht »Mit den gebotenen Abwandlungen vollzieht sich jetzt das gleiche« (Z. 52) und ihrer Umkehrung »... daß alles damals verlief wie heute« (Z. 369), die zu den aufschlußreichsten für die Denkstruktur Heinrich Manns gehört, im Sinne dieser Einsicht schildern die Henri-Quatre-Romane und Der Kopf »das gleiche«, d. h. den Kampf eines Einzelnen um Durchsetzung von Vernunft, »mit den zeitgemäßen Abwandlungen«, d. h. das eine Mal unter den aussichtslosen Bedingungen der deutschen Gegenwart, in die das »blutgetaufte« Geschlecht von 1871 hineingeboren wurde, das andere Mal am Beispiel

---

[6] a.a.O., p. 313.　　　　[7] a.a.O., p. 383.
[8] a.a.O., p. 349.　　　　[9] a.a.O., p. 303.　　　　[10] a.a.O., p. 303.

eines einsichtigen Königs in einem glücklichen Augenblick der französischen Geschichte – drei Jahrhunderte früher. Wie Terra und Mangold ist Henri ein »Intellektueller«, jedoch nicht ohne »Weltfrömmigkeit«, sondern im Besitz jenes glücklichen mittelmeerischen Naturells, in dem alle Fähigkeiten maßvoll harmonieren; daraus ergibt sich die andere Färbung und Folge von Lebenserfahrungen, die Terra und Mangold in den Selbstmord treiben, Henri aber zu Humanität und Skepsis führen. Wie Terra nimmt Henri angesichts der »Weltenunvernunft«, die ihm in der blutigen Verwüstung Frankreichs entgegentritt, den Kampf um die Macht auf, auch ihn zwingt die »Schule des Lebens« zur gänzlichen Austilgung naiven Vertrauens, zur List und Komödie. Die »Moral« und die »Politik« des »Lebens wie es ist« ist in beiden Romanen die gleiche, in der »Metzelei« der Bartholomäusnacht kulminieren im HENRI QUATRE die »mörderischen Beziehungen« unter Menschen wie im KOPF in der Katastrophe des Weltkriegs, und die »Blutspur« durch das »Leben wie es ist« bezeichnet hier zuletzt den Weg der Karosse, in der der ermordete König liegt (VII,887). Wie im KOPF Adel und Besitzbürgertum das Widerspiel der Vernunft bilden, so im HENRI QUATRE die Großen des Landes und Haus Österreich, das Europa wie ein Polyp umklammert; an die Stelle Knackstadts, des selbstherrlichen Zentrums der Schwerindustrie, des Sitzes der realen Macht, tritt ein dämonisierter Louvre. Verrat und Mißtrauen, von denen sich Terra und vor ihm so viele »Schwache« Heinrich Manns umgeben fühlen, werden in den großen Verschwörungen gegen Henri historisch konkret, einer nach dem anderen treten die zahlreichen Mörder auf, deren letztem Henri erliegt.

Schließlich wiederholen auch die HENRI-QUATRE-Romane, obwohl diesem König mehr Selbstverwirklichung als jeder anderen Gestalt Heinrich Manns beschieden ist, die Lebensbewegung, die seit den ARMEN als skeptische Grundfigur sichtbar wurde: das Müdewerden, Eintauchen in Vergeblichkeit, Scheitern. Dazu brauchte Heinrich Mann, wie so überraschend oft, das überlieferte historische Detail kaum zu verändern: nach Henri Quatre regiert wieder, wie vor ihm, eine Medici, es beginnen wieder »italienische« Sitten. Es beginnt wieder das ausschweifende Leben des Adels, das die mühsam sanierten Staatsfinanzen binnen kurzem zerrüttet; später wird das Edikt von Nantes unter Richelieu wieder aufgehoben, werden die Hugenotten endgültig vertrieben. Der vereinsamte König begreift, daß nach ihm die gleichen Zustände wieder eintreten, die vor ihm herrschten, im tiefsten gelähmt läßt er seine Ermordung mehr geschehen, als daß sie geschieht, »mit weniger Skepsis«,

so fügt Heinrich Mann im ZEITALTER hinzu, »hätte er sich nicht er-
morden lassen« (Z. 484).

Diese Übereinstimmungen der wesentlichen Gehalte mit dem KOPF,
zu denen noch sehr viele im Detail kommen, unterstreichen, in welch
hohem Maß Heinrich Mann nur Inhalte feststehender Formeln aus-
wechselt, wie sehr er sein Lebensgefühl auf den historischen Stoff übertragen kann oder wie virtuos er alle Elemente seiner Lebens- und
Selbstdeutung, seines moralistischen Ideensystems aus ihm herauszu-
lesen imstande ist und wie sehr deshalb das Romanwerk als Kunstwerk
und Dichtung für sich zu interpretieren ist. Die Vertiefung in das frühere Werk Heinrich Manns bis zum KOPF zeigt überdies, wie einzigartig das Leben des historischen Henri IV als bloßer Stoff ihm entgegenkommen mußte, und wenn es irgendwo angebracht ist, von einer glücklichen Stoffwahl zu sprechen, so hier. Die Fülle von Gehalten und See-
lenlagen, die zur persönlichsten Thematik Heinrich Manns gehören und
im Stoff tatsächlich schon angelegt waren, läßt sich kaum ausschöpfen.

So ist Henri Quatre eine jener »starken Naturen, die vom Mittelmeer ausgingen« (XI,133), in denen Heinrich Mann lange, ehe er auf
die Gestalt des Königs stieß, »geborene Menschenführer«[11] sah; so verbindet er mit dieser Natur jene vernünftige geistige Mittelmäßigkeit,
die »alle wirklichen Lenker der Menschheitsgeschicke« (K. 633) besaßen
– französisches Wesen, wie es schon im KOPF geschildert wurde. Der
historische Henri IV erstrebte den Wohlstand Frankreichs und besaß
die Kühnheit, Toleranz inmitten fanatischer Selbstzerfleischung walten
zu lassen, so konnte ihn Heinrich Mann ohne Mühe als »Abgesandten
der Vernunft und des Menschenglücks« verstehen. Zugleich war das Leben des historischen Königs »eines der tragischsten und traurigsten, die
man sich nur vorstellen kann«,[12] erfüllt von Demütigungen, Enttäuschungen und Schande, erfüllt von jenen Widersprüchen und rätselhaften Dunkelheiten, die in keinem Begriff aufgehen und für Heinrich
Mann, zusammen mit dem notwendigen Kampf für die Vernunft, wiederum schon lange vor der Niederschrift des Königsbuches, das Bild des

---

11 Vgl. die Passagen aus dem Zola-Essay von 1915: »Hier ist der Typus jener Menschenführer, die vom Mittelmeer herkommen, Caesar, Napoleon, Garibaldi. Diese
sind stark, wenig heiter, aber von warmer Seele. Ihre Taten sind machtvoll und
ihre Phantasie eilt immer über ihre Taten hinaus« (XI,163). – »Hier ist ein
Künstlerwille, vom Süden ausgezogen wie ein Eroberer, sein Stärkstes die sinnliche Kraft, aufzurichten und zu bewegen. Aus seiner Fülle selbst und Blutwärme
erblüht ihm Geist, wird stark, wird herrisch und erstickt die Leiblichkeit des
Werkes« (XI,234).
12 So Saint-René Taillandier, Heinrich IV. von Frankreich. München 1947, p. 445.

Menschen bestimmten. Dieses Leben eignete sich in einzigartiger Weise zur moralistischen Demonstration aller Seiten der »gebrechlichen Natur« (XI,125) des Menschen, zur Demonstration jener Quintessenz: »Wir können nichts tun, als kämpfen für die Ziele, die nie erreicht werden, aber von denen abzusehen schimpflich wäre, – kämpfen, und dann dahingehen« (XI,229). Des weiteren erlaubte der Stoff, den GROSSEN PLAN des Herzogs von Sully, eine der wichtigsten Friedenskonstruktionen der Neuzeit, an die der Abbé St. Pierre anschloß, der seinerseits Rousseau und Kant anregte, zu entwickeln – im Stoff schon ist die Zeitgenossenschaft Montaignes und Hugo Grotius', aber auch das besondere Verhältnis zur Schwester, das alle Hauptgestalten Heinrich Manns charakterisiert, angelegt, die Lebenszeit Henris fällt, wie schon erwähnt, mit der beginnenden Emanzipation des Naturrechts, mit einem bedeutsamen aufklärerischen Schub in Frankreich, aber auch mit Exzessen der Mordlust und des Fanatismus im Treiben der »Liga« zusammen. Es bedurfte daher ebenfalls nur geringer Mühe, um für den am Typischen haftenden Blick des Moralisten den aktuellen Bezug zum 20. Jahrhundert herzustellen und die gleichnishafte Gültigkeit bestimmter Gehalte hervortreten zu lassen. Schließlich führt der Stoff wiederum in die Renaissance zurück, von der Heinrich Mann ausgegangen war, aber nun in die französische. Das bedeutet sowohl eine Korrektur der Nietzsche'schen Renaissance-Anschauung als auch Gegenstück zur »hysterischen Renaissance« von 1900; Henri IV allein, so heißt es im NIETZSCHE-Essay, sei der wahre Fürst der Renaissance und nicht Cesare Borgia, in den sich Nietzsche »vergafft« habe.

Die Auffindung dieses Stoffes auf der Reise nach Pau von 1925 mußte deshalb Heinrich Mann wie ein unerhörter Glücksfall anmuten; zahlreiche Stellen in früheren Werken lesen sich nun wie Vorausdeutungen und Vorwegnahmen und zeigen, daß gleichsam das Gewölbe schon aufgeführt war, dessen Schlußstein die HENRI-QUATRE-Romane bedeuten. Sie stellen einerseits tatsächlich die Nacherzählung eines realen, historischen Lebens, die Nacherzählung eines wissenschaftlich aufgearbeiteten und dichterisch schon oft bewältigten Stoffes[13] dar, dessen historische Darbietung schon bei Jules Michelet[14] und auch bei den

---

[13] Edgar Kirsch (a.a.O., p.1203f.) führt in einer Aufstellung zur Stoffgeschichte ca. 40 literarische Bearbeitungen auf.

[14] Jules Michelet, Histoire de France aux XVIe et XVIIe siècles, Bd. IX, Guerres de religion (1856), Bd. X, La Ligue et Henri IV (1856) und Bd. XI, Henri IV et Richelieu (1857).

Heinrich Mann vorliegenden letzten Bearbeitungen vor ihm,[15] so bei Pierre de Lanux wie bei Delteil, ins Romanhafte übergeht. Um diesen historischen Stoff hat sich Heinrich Mann durch eigenes Studium der Quellen, insbesondere der umfangreichen zeitgenössischen Memoiren-literatur, intensiv bemüht. In welch ungewöhnlichem und bei der Lektüre nicht erkennbarem Umfang er ihnen das historische Detail entnommen und – oft wörtlich – dem Werk einverleibt hat, davon gibt die große, Anregungen Alfred Kantorowiczs ausführende Konkordanz der stofflichen Übernahmen von Hadwig Kirchner-Klemperer ein zwar noch immer nicht vollständiges, aber eindrucksvolles Bild. Ohne Zweifel verdankt der Roman seinen anekdotischen Reichtum, der hier nicht gezeigt werden konnte, seine Sättigung mit dem Leben des 16. Jahrhunderts, dieser intensiven Stoffrezeption. In dieser Hinsicht kann er durchaus als historischer Roman gelten.

Andererseits wird aber das historische Detail im Werk nur so weit absorbiert, als Heinrich Mann das abstrakte moralistische Lebensschema, wie es sich in drei Jahrzehnten gestaltender Reflexion herauskristallisiert hatte, in ihm bestätigt finden konnte, insoweit es ihn gewissermaßen nur der Mühe eigener Erfindung enthob. Er steigt in diesem Werk nicht eigentlich von der Geschichte zur Deutung auf, sondern formt sein moralistisches Weltbild in die Geschichte ein. Deshalb ist die Stoffproblematik und die historische Wahrheit für die Interpretation, anders als die marxistische Kritik es will, ebensowenig von Belang wie für den WALLENSTEIN Schillers oder den DANTON Büchners. Es handelt sich nicht um einen historischen Roman mit moralistischen Zügen, sondern weit eher um den Roman eines Moralisten in historischem Gewand, nicht um die Erzählung eines abenteuerlichen Lebens, sondern um die Exemplifizierung des ganzen Erkenntnissystems in einer solchen Erzählung; Geschichte ist durchaus, wie Lukacs schreibt, das »– in einem bestimmten Sinne zufällige – Feld der Verwirklichung«.

Eine abschließende Betrachtung der eingearbeiteten Satire auf das Dritte Reich liefert dafür eine letzte Bestätigung. Dem erwähnten Vergleichsschema entsprechend zieht Heinrich Mann 1944 die überraschende Parallele:

Das Frankreich des Königs Henri Quatre und des Generals de Gaulle ist durchaus das gleiche. Beide Male ist seine Vitalität augenscheinlich; sein

---

[15] In Frankreich sind dies: Pierre de Lanux, La vie de Henri IV, (Gallimard) 1927; Joseph Delteil, Le vert galant, Paris o.J.; Madelaine Marie Louise Saint-René Taillandier, Henri IV avant la messe, 1934. In Deutschland: Emil Alfons Rheinhardt, Der große Herbst Heinrichs IV., Leipzig/Wien 1935.

Lebensgefühl steigt mit seiner Besinnung. Der König und der General haben gegen sich eine tote Masse, damals die Ligue genannt, jetzt der Faschismus. Die Unternehmer der einen wie der anderen Liga sind elende Mittelmäßigkeiten, der Herzog von Mayenne (an Umfang ein Göring), Monsieur Laval, ein anderer Name für Schusterle, oder für Hitler (Z. 392).

Im Sinne dieser »Gleichheit« – nicht der historischen, sondern der moralischen Situation – verwendet Heinrich Mann jene Technik beziehungsvoller Doppeldeutigkeit, die er einst im ZOLA-Essay ausgebildet hatte, um dort in der Beschreibung des Kaiserreichs Napoleons III. das Reich Wilhelms II. zu treffen und in der Schilderung des »débacle« von 1870 das von 1918 zu prophezeien –; verwendet sie, um hier in der Massenhysterie der katholischen Liga die Massenhysterie des Nationalsozialismus, im Verräter Fervaques den Verräter (der deutschen Republik) Hindenburg (vgl. VI,456f.; 463; 487; dazu Z. p. 246), im »Abenteurer und Massenbetrüger« (VI,619), »Verführer und Menschenbehandler« (VI,405) Herzog von Guise den Massenbetrüger Hitler (vgl. VI,399; 404ff.; 581ff.; 620; 632), im schäumenden Prediger der Liga, Boucher, den Propagandisten Goebbels (VI,399ff.) im Herzog von Mayenne Göring (VI, 582/83) zu treffen. Das System der unhistorischen Gleichsetzungen reicht von unscheinbaren Anspielungen etwa auf die symbolischen Daten des Dritten Reiches[16] zur erkennbaren Zeitsatire –

... sondern wer der Liga nicht beitrat und dem Führer blinden Gehorsam schwor, war verloren. Tu Arbeitsdienst und leist ihm deine Wehrpflicht! Zahl ihm Abgaben, sei tagelang auf den Beinen trotz deinen Krampfadern, bei allen Kundgebungen der Partei, sooft er ihre Massen aufruft! (VI,581).

und bis zu Sätzen, die als direkter Zeitkommentar aus dem Jahre 1935 gelesen werden können: »Sie bemerken bis zuletzt nicht, daß ihr geistiges Gefüge ein wüster Traum war anstatt der Wahrheit« (VI,663). »Das

---

16 Vgl. die Unterhaltung Catharinas von Medici mit ihrem »Zaunkönig« Navarra: »Nur Fremde – auch dies gestand sie ihrem Freunde Navarra, während der nächtliche Wind des dreißigsten Januar an den Scheiben klirrte – nur Fremde sollen eine Nation führen. Der ausländische Abenteurer fürchtet niemals, ihr Blut zu vergießen. Soll sie verrecken, wenn er sie nicht führen kann« (VI,381). Für Heinrich Mann bleibt Hitler immer der Österreicher, der in Deutschland kein Recht hat, mitzusprechen. Henri Quatre zieht am »hellsten zwanzigsten April« (VII,109) in Chartres ein, aber ihm sieht – anders als dem Führer – an diesem Festtag »die geliebteste Frau seines Lebens« zu, er bietet beim Einzug in Paris »statt eines mörderischen Lieblings der Massen« »dem öffentlichen Anblick die schönste Frau in Zeit und Ewigkeit« (VII,327) – er liebt, er hat Kinder und legt das Fundament für den Glanz Frankreichs im 17. Jahrhundert. Hitler aber, »ein Unberufener« (VI,620), haßt, bleibt unfruchtbar (vgl. das höhnische »der Herzog hatte Söhne, nicht unfruchtbar, nicht unfruchtbar« VI,583) und stürzt Deutschland in die größte Katastrophe.

ist das Ergebnis der vierzehnjährigen Hetze und einer falschen Volksbewegung ...« (VI,639). »Töten und getötet werden, eine Bartholomäusnacht ohne Ende soll das Reich des Führers sein, heil!« (VI,583).

Aber diese Analogie Liga–Faschismus birgt einen durchaus noch weiter und grundsätzlicher zu fassenden Aspekt. 1944 schreibt Heinrich Mann:

> Ich habe, genau zwölf Monate vor diesem Krieg, ein Dokument abgeschlossen, Henri Quatre – die Macht der Güte. Es ist weder verklärte Historie noch freundliche Fabel: nur ein wahres Gleichnis. Ich gab es mir für die Zeit der Schrecken mit. Sind sie überstanden, soll es sich wahr und wirklich erweisen (Z. 445).

In der Tat ist damit die schon mehrfach berührte entscheidende Dimension des Romanwerks genannt, es ist die des moralistischen Gleichnisses. Der Bezug zur Gegenwart ist nur die gleichsam vordringlichste, noch in den Roman selbst eingearbeitete Anwendung eines überzeitliche Gültigkeit anstrebenden Gleichnisses. Der König kontrastiert als der wahre Volksführer, als »Demokrat, der er schon war, und neigte zum Sozialismus schon hin« (N. 296), zwar allererst mit Hitler, dem falschen Führer, aber zugleich tritt das seltene Ereignis, daß sich mit der Macht Geist und Güte verbinden, von selbst in einen absoluten Bezug zu jeder Art von Machtausübung, vergangener und künftiger.

Der Gleichnischarakter erstreckt sich auf alle Gehalte des moralistischen Systems, die nunmehr zusammen gesehen werden können. Von der Naivität und Heiterkeit der Jugend, über die »Schule des Unglücks«, die »Blässe des Gedankens«, die »Wechselfälle der Liebe«, über »Mühe und Freuden« zu »Größe und Besitz« und zur »Abkehr«, dem stufenweisen Zurücktreten aus der Erscheinung – diese so nachdrücklich herausgeformte Folge von Lebensstationen vergegenwärtigt das Gesetzhafte jedes individuellen Lebens, wie vollständig oder unvollständig, glücklich oder unglücklich es im übrigen auch erfahren werde.[17] Gesetzhaft gleich und verpflichtend bleibt die CONDITION HUMAINE, die Kreatürlichkeit des Menschen und seine Geisteskindschaft, gleich unter

---

[17] Vgl. dazu: »Wunderbare Ermutigung, leibhaftig zu sehen: der menschliche Reichtum – nicht die gewohnte verkümmerte Natur ohne Wissen – kann machtvoll sein. Ein Mächtiger kann auch lieben, wie dieser König seine Menschen: trotz ihnen und in voller Kenntnis ihrer Gebrechlichkeit, nur um seine weiß er ebensogut. Kann über jede Frist, über seine Jahre und ihren Tod, Gabrielle lieben. X beendet diese Geschichte einer beständigen Leidenschaft, woraus Größe wird, woraus Schuld wird, denn Henri ließ sie sterben, – und auch der Roman ist aus. Da war es spät geworden, 1938. Er hat bald achtundsechzig Jahre bestanden, diese letzte Liebesgeschichte überschritt die Altersgrenze, für Henri und für ihn« (Z. 442).

wechselnder historischer Gestalt bleibt vor allem der unaufhörliche Kampf zwischen Vernunft und Widervernunft, zwischen Gut und Böse – für Heinrich Mann der abschließende Anblick des menschlichen Schauspiels schlechthin. Dies sind »einfache Wahrheiten« des Moralisten in abstrakter Formulierung, aber im Geiste Heinrich Manns fordern, bestätigen und präzisieren einander Beispiel und Abstraktion. Er schreibt schon 1928:

> Erinnern wir uns aber, daß Dichtkunst, als eine Form des schöpferischen Geistes schlechthin, vom Allgemeinen herkommt, ja, das unzulängliche Besondere im Grunde nur benützt wie ein Gleichnis und Gegenbeispiel zum unbedingten Allgemeinen (XI,319).

So bleibt das konkrete, individuelle Leben Henri Quatres zwar grundsätzlich ebenfalls »Gegenbeispiel zum unbedingten Allgemeinen«, innerhalb des Bedingten jedoch wird es zum hohen Beispiel und Gleichnis. In einer Atmosphäre sublimierter moritathafter Demonstration wird der Bilderbogen dieses exemplarischen Lebens, Episode für Episode, vorgeführt und gedeutet. An der grundsätzlichen Unzulänglichkeit des Menschlichen hat Henri beispielhaft teil bis hin zur Schande. Was ihn vor anderen aber auszeichnet, ist seine seltene Menschlichkeit, seine besondere Festigkeit und Vernünftigkeit, und wenn das Unzulängliche auch an jedem beliebigen Beispiel und zu jedem anderen Zeitpunkt – »mit den gebotenen Abwandlungen« – gezeigt werden könnte, so macht ihn diese seine »santé morale«, seine überdies von der Geschichte und gerade auch im Politischen verbürgte Vernunft und Güte einzigartig. Sie fügen dem formal Beispielhaften das Vorbildliche hinzu, sie ermöglichen Heinrich Mann innerhalb einer alles Menschliche betreffenden Ironie die positive Gestaltung anstelle satirischer Kritik. Im letzten geht es ihm um diese Einzigartigkeit und Vorbildlichkeit Henri Quatres vor allem als Politiker.[18] Sie meint er, wenn er den Satz Nietzsches »Die Geschichte handelt fast nur von diesen [sc. gewalttätigen] Menschen, welche später gutgesprochen worden sind« korrigiert:

> Nicht ganz so, und Nietzsche konnte es wissen. Aber er, der geistig viel eher in Frankreich als in Italien zu Hause war, hat dennoch nie und nirgends des Königs von Frankreich, Henri Quatre, erwähnt. Der ist der Fürst der Renaissance, und ist es allein. Er war der unmittelbare Schüler und Freund desselben Montaigne, der aus weiter Entfernung auf den Phi-

---

18 Vgl. dazu das Urteil Pierre de Lanux': »On trouverait facilement dix hommes, rien qu'entre ses contemporains, pour posséder à la fois plus de savoir, plus de goût, plus de vertu et des manières plus soignées. Je défie qu'on trouve, en trois siècles et peut-être en toute notre Histoire, un seul prince ou homme d'Etat, qui ait fait à la France une telle somme de bien, et si peu de mal« (a.a.O., p. 52).

losophen der Macht noch eingewirkt hat. Aber König Henri handelte seiner Natur gemäß, wenn er Montaigne befolgte: »Alle Ausschreitungen bekommen einen unheilvollen Sinn, zumal unser Geschmack ebensowenig zuläßt, was zu hoch und was zu niedrig ist.« Und über die besten Mittel, ein Fürst zu sein: »Er leuchte von Menschlichkeit, Wahrheit, Treue, Mäßigung und besonders Gerechtigkeit: seltene Merkmale, verkannt und verbannt. Einzig den Willen der Völker kann er mit Erfolg zu seiner Sache machen, und keine andere Eigenschaften können, wie die genannten, den Willen der Völker auf ihn lenken, denn ihnen sind es die nützlichsten. Nichts ist volkstümlich wie Gutsein.«[19]

Im Sinne dieses Tugendkatalogs – der sachlich noch die heutige Montaigne-Forschung an den historischen Henri IV denken läßt[20] – befolgt der Romanheld Heinrich Manns Montaigne, wenn er »seiner Natur gemäß« handelt. Er

vereinigte Frankreich bis auf die letzte seiner Provinzen, er verwirklichte das Königreich, dies alles unter Liebesgeschichten; – auf seine größte, endgültige folgten Niedergang und eine beinahe schon bewußte Hingabe an den gewaltsamen Tod (Z. 251).

Er ist »ein ganz seltener Machthaber« (Z. 227), ein Machthaber, der menschlich blieb, als er stark war – und die Volksmengen werden nie vergessen, »daß sie dies eine Mal ihren König gehabt haben« (VII, 893).[21] Heinrich Mann zieht seine Einzigkeit in die Formel »Henri Quatre oder die Macht der Güte« (Z. 441) zusammen, ausdrücklich betont er 1945:

Die Vorform der modernen Demokratie war erschienen mit demselben König, der auch das Edikt von Nantes erlassen hatte. Die deutschen Bauernkriege, die Hussitenkriege zogen sogar noch früher die soziale Folgerung aus dem Erwachen des Gewissens, das Reformation und Humanismus heißt.[22]

---

[19] N., p. 295/96. Das erste Montaigne-Zitat Montaigne, II,20, das zweite II,429.

[20] Vgl. die Bemerkung Maurice Rats in der Montaigne-Ausgabe der »Classiques Garnier« (1958): »Montaigne semble faire ici la theorie de la politique d'Henri IV.« (Bd. II, p. 561, Fn. 786).

[21] Wie nahe die Verklärung des Königs bei Heinrich Mann geistig und emotional einem in Frankreich vorgeprägten Bild Henri Quatres bleibt, zeigt der Vergleich mit Lanux, insbesondere mit den Schlußpassagen:
»Je ne puis croire que le rôle de ce prince soit terminé, que ses avis ne nous soient encore d'un vrai secours, dans notre conduite nationale et pour notre gouverne à chacun ...« (a.a.O., p. 210). »Mais arrivé au bout de cette histoire, je ne puis me détacher du héros que j'ai suivi. Je suis l'un de ceux qui attendent sur la route nocturne, pour entendre confirmer sa mort a laquelle ils ne veulent point croire. Je communie avec le peuple qui lui reste fidèle, qui continue de le regretter à travers les siècles, les famines, les oppressions, les enfers, et qui, en vérité, est moins malheureux parce que Henry Quatre a existé« (p. 211).

[22] Heinrich Mann, Die Französische Revolution und Deutschland, a.a.O., p. 206. Fer-

Auf dieser Deutung von Reformation und Humanismus fußt im Falle Henri Quatres eine moralistische Funktion der historischen Gestalt, über die Heinrich Mann selbst Rechenschaft gibt:

> Wir werden eine historische Gestalt immer auch auf unser Zeitalter beziehen. Sonst wäre sie allenfalls ein schönes Bildnis, das uns fesseln kann, aber fremd bleibt. Nein, die historische Gestalt wird, unter unseren Händen, ob wir es wollen oder nicht, zum angewendeten Beispiel unserer Erlebnisse werden, sie wird nicht nur bedeuten, sondern sein, was die weilende Epoche hervorbringt oder leider versäumt. Wir werden sie den Mitlebenden schmerzlich vorhalten: seht dies Beispiel! Da aber das Beispiel einst gegeben worden ist, die historische Gestalt leben und handeln konnte, so sind wir berechtigt, Mut zu fassen und ihn anderen mitzuteilen.[23]

Diese Wichtigkeit des Beispielhaften reicht weit im Werk zurück. In der Dreyfus-Affäre hat Zola der Wahrheit auch im wirklichen Leben zum Sieg verholfen, »wenigstens dies eine Mal, und es war wichtig, daß es ihm wenigstens diesmal gelang, denn er hat damit gegeben, was er geben wollte, ein großes Beispiel« (XI,155). DAS GROSSE BEISPIEL nennt Heinrich Mann 1935 den Emigranten Victor Hugo, »von Anbeginn des Geschlechts«, so heißt es im HENRI QUATRE, »haben seine gutgearteten Beispiele für die Vernunft und den Frieden ihren unbedankten Kampf geführt« (VI,642). In diesem ewigen Kampf verkörpert Henri Quatre die Partei der Vernunft, seine Feinde die Partei der Gewalt, der Unterdrückung, des Menschenhasses – das Böse. So legt sich über das Historisch-Individuelle, über das menschlich Typische das Moralische und faßt das gestaltete Stück Geschichte nur als Einkleidung dieses ewigen Kampfes auf: »Die Partei, deren ganzer Bestand der Haß der Völker ausmacht, ist überall, wird überall und immer sein« (VII,849), der König ist »unvergänglich« –

> Wir enden allerdings. Indessen geht die Spur unseres Bewußtseins in andere Gehirne über und wieder in andere. Nach Jahrhunderten denkt und handelt noch einmal die Art, die wir waren. Wir sterben mit unserem Jahrhundert nicht (VII,702/03)

und wenn er wiederkehrte – so läßt in der abschließenden ALLOCUTION Heinrich Mann ihn von der Höhe einer goldenen Wolke über die Jahr-

---

ner heißt es in »Der deutsche Europäer«, einem ursprünglich zur Aufnahme in »Ein Zeitalter wird besichtigt« bestimmten Kapitel: »Der kühnste, in verfrühten Plänen kühnste Herrscher, den die europäische Geschichte kennt, der König von Frankreich Henri Quatre, ist ermordet worden mit zureichendem Grund: vor dreihundert Jahren hat er den Unterbau der ersten Demokratie gelegt...« (XIII,548).

23 Zitiert nach F. C. Weiskopf, Gesammelte Werke, Berlin 1960. Bd. VIII, p. 299.

hunderte hinweg meditieren – so begänne alles wieder von vorn, »tout sera à recommencer« (VII,895). Der König sieht seine »chers contemporains de trois siècles en retard sur moi« (VII,895) in den gleichen Kampf verstrickt, den König von Spanien kennen sie »sous d'autres noms«, er ermuntert sie »Gardez tout votre courage, au milieu de l'affreuse mêlée ... Faites mieux que moi«, und in der Stimme des Königs vernimmt man auch die Stimme Heinrich Manns, seines »petit frère d'un moment« (VII,894), der ihn rief und an seiner Sphäre sog: »Le français est ma langue d'inclination« und wieder: »La France m'est bien obligée, car j'ai bien travaillée pour elle« (VII,895).[24]

Geschichte erscheint als »Feld der Verwirklichung«, nicht nur der ewigen Ideale, sondern auch dieses ewigen Kampfes von Gut und Böse, der immer endgültiger und das Mannigfach-Bunte zuletzt vereinfachend die Anschauung des späten Heinrich Mann beherrscht. Er rechnet die »Schattenseite« des besichtigten Zeitalters von der Gründung des Deutschen Reiches bis zu seiner »katastrophalen Vollendung«, gegen die »Lichtseite« auf; im Krieg gegen Hitler geht es »um Gut oder Böse, ob das eine oder das andere künftig den Inhalt des allgemeinen Bewußtseins bildet« (Z. 158), im Wissen von Gut und Böse erblickt er zuletzt, an eine lange Tradition anschließend, die »schöpferische Begabung des Menschen« (Z. 500).

---

[24] Geringfügige Veränderung einer Stelle aus dem Brief Henris vom 11. Okt. 1600 an die Marquise de Verneuil: »La France m'est bien obligée, car je travaille bien pour elle.« Dazu X im »Zeitalter«: »Er schrieb es [sc. sein französisches Königsbuch] in Frankreich all die langen Jahre. Um seines Henri Quatre willen hatte auch er an dem Lande, das kein Exil war, seinen Anteil und sein Recht. Nicht viele mitlebende Franzosen haben für Frankreich mehr getan als er mit seinem Roman. Von Frankreich empfangen haben in aller Welt wohl mehrere: bliebe zu wissen, was. Es will gestaltet sein« (Z., p. 441).

SCHLUSSBETRACHTUNG

Abschließend kann von einem komplexen moralistischen Erkenntnis-
und Weisheitssystem, von einer Lehre, wie man leben, kämpfen, leiden,
der Vernunft folgen, den Menschen sehen, erziehen und an ihm nicht
verzweifeln soll, im Spätwerk Heinrich Manns gesprochen werden. Ihr
gelingt es, bestimmte Relationen zwischen dem Historisch-Individu-
ellen, dem Menschlich-Typischen und dem Moralisch-Normativen herzustellen, mittels einer spezifischen Erkenntnismechanik gelangt sie zu
Urteilen über das Vergangene wie auch zu Ansätzen von Prophetie.
Ihre einzelnen Elemente, insbesondere ihr Anschluß an die in der Neuzeit von Montaigne ausgehende Tradition skeptischer Menschenschilderung, ihre Verwandtschaft mit zentralen naturrechtlich-normativen Anschauungen des 18. Jahrhunderts, ein kantisches Element im Denken
Heinrich Manns, wurden jeweils ausführlich dargelegt. Auf einsichtige,
den Fortgang des Lebens und die Tat nicht lähmende Weise greifen
Hoffnung als Pflichtbegriff der Vernunft, Skepsis als Resultat der Erfahrungen mit Menschen und persönliche Resignation als späte Färbung
eines lange, über eine »Pause der Humanität« (Z. 170) hinweg, erdul-
deten Lebens ineinander. Hoffnung und Skepsis bilden eine durchreflektierte Doppelhaltung, die alle Äußerungen charakteristisch modifiziert. So ergeben einen unverwechselbaren Heinrich Mann-Akkord
seine in deutscher Dichtungstradition noch immer ungewöhnlichen Sätze
von 1941:

> Ein Bildner von Menschen ist zuletzt nicht dagewesen, um sie mit seinem
> Talent zu beschäftigen. Sie sollten eine innige Teilnahme erlangen, weniger
> für ihn als für sich. Die intellektuelle Menschenliebe allein ermächtigt uns,
> zu denken, zu schreiben. Das Ziel und Ende ist wieder, zu machen, daß der
> Vorgang des Lebens besser begriffen werde, bis zu der Einsicht, nur was in
> Wachsamkeit, Vernunft und Güte getan wird, ist getan. Man weiß übri-
> gens, daß selten etwas wirklich getan ist (XIII,554).

Als Exemplifizierung, als Anwendung aller Erkenntnisse auf eine geschichtlich verbürgte Gestalt, als bis an die Grenze des Unerforschlichen
kommentierende Darlegung exemplarischen Lebens – damit der »Vor-

gang des Lebens besser begriffen werde« – sind die Henri-Quatre-Romane allererst zu verstehen – auch wenn sie ihr Dichter selbst später abgekürzt als historische Romane betrachtet hat. Sie sind dies außerdem auch. Als führende und formende Kraft indessen wiesen die Analysen der Sprache und der Menschenschilderung ein im weitesten Sinn des Wortes moralistisches Interesse am Menschen, an der Vernunft und an den Leidenschaften des Menschen, aus. Sie rückten ihren das Moritathafte streifenden Beispiel- und Demonstrationscharakter ans Licht; konstitutiv für die Prosa wie für die Romangestalt ist der moralistische Gehalt. Als Kunstwerk und moralistisches Exemplum sind sie zuerst für sich und losgelöst von der geschichtlichen Wahrheit zu betrachten; erst im Verhältnis zu ihrem moralistischen Gehalt und zum moralistischen Geschichtsverständnis Heinrich Manns können sie angemessen als »historische Romane« verstanden werden. Heinrich Mann erwähnt 1941 selbst, »von ihrem Schauplatz unabhängig« enthielten seine Romane »das Maß gestalteter Einsicht« (XIII,547), das ihm gewährt worden sei. Wie sehr ein schon vor und außerhalb des Romanwerkes ausgebildetes Erkenntnissystem in die Historie eingelassen wird, konnte gerade der Vergleich mit dem Kopf aufzeigen.

Grundsätzlich und zugegebenermaßen stellen somit die Henri-Quatre-Romane ein Werk dar, wo, mit den Worten Goethes, »der Dichter zum Allgemeinen das Besondere sucht«, wo »das Besondere nur als Beispiel, als Exempel des Allgemeinen gilt« und »das Allegorische«[1] entsteht. Wenn aber dennoch aus dem »französischen Königsbuch« keine »Allegorie« im heutigen Verstand wurde, sondern sinnliche Anschauung, anekdotische Vielfalt und gleichnishafte Bedeutung in dieser Prosa von komplizierter Einfachheit ohne Vergewaltigung oder Hast einander durchdringen, so ist dies ohne Zweifel dem einmaligen Glücksfall zu verdanken, daß in ein auskristallisiertes Erkenntnissystem die Fülle des farbigen Details eines zur Legende angereicherten historischen Lebens und die unmittelbare Anschauung der Hauptorte der Handlung, die sich Heinrich Mann auf ausgedehnten Reisen in Frankreich erworben hatte, einströmen konnte. Oft auch wertet er mit glücklicher Hand zeitgenössische Gemälde für die Darstellung aus.

An Reife, Reichtum, Belehrung und Meisterschaft übertreffen die Henri-Quatre-Romane wohl die meisten seiner anderen Romane, was ihm an künstlerischem Gelingen vergönnt war, erscheint in ihnen verwirklicht. Alle Leidens- und Erkenntnislinien des früheren Werkes

---

[1] Goethe, IX,529.

konvergieren in ihnen, der breit angelegten positiven Demonstration
der CONDITION HUMAINE; sie weiten, durchaus in einem geistigen Bezug
zum WILHELM MEISTER, die Dimension des Bildungsromans – insofern
sein Schwerpunkt zumeist auf der Jugend bis zur Lebensmitte des Helden liegt – bis zum Ende des tätigen Lebens aus, sie erweitern den Erziehungsroman des Individuums wie selten sonst in der deutschen Literatur zum Staatsroman – im Werk Heinrich Manns sind sie in hohem
Maße Abschluß und Antwort.

Neben HENRI QUATRE ODER DIE MACHT DER GÜTE aber ist als Seitenstück und sinnfällige Ergänzung des moralistischen Zweckes die
TRAURIGE GESCHICHTE VON FRIEDRICH DEM GROSSEN zu rücken. Die
»überraschende Stoffwahl«[2] nach Vollendung des französischen Königs-
romans, die Beschäftigung mit der Gestalt Friedrichs II. geht nachweis-
lich bis auf das Jahr 1940 zurück[3] und bezeugt schon dadurch einen produktiven Zusammenhang. Wie aber der Plan zum HENRI QUATRE unmittelbar nach Abschluß des KOPFES entstanden war und vor die Ausführung sich vier weitere, rascher geschriebene Romane drängten, so
werden jetzt ebenfalls zunächst EIN ZEITALTER WIRD BESICHTIGT, die
Romane LIDICE, EMPFANG BEI DER WELT und DER ATEM vollendet,
während die TRAURIGE GESCHICHTE... Fragment blieb. Welche Absichten oder Schwierigkeiten zu dieser Reihenfolge führten, kann ohne
Veröffentlichung weiteren Materials nur vermutet werden. Willentlich
jedoch schloß Heinrich Mann sein Werk 1947 mit dem Roman DER
ATEM ab, schloß es in einem Akt bewußten Lebensvollzugs mit jenem
unvergeßlichen Satz, der das Sterben der Madame Kobalt, in dem er
das eigene vorwegnahm, überhöht – der Tod überraschte ihn nicht:

> Es war still. Die Helligkeit des Gartens war gelöscht. Die Welt schlief
> gelähmt wie in Nächten ihrer ausgebrochenen Katastrophen, wenn auch
> wir müde sind und das Wort niederlegen (A. 352).

Ehe er aber, produktiv nahezu ununterbrochen bis in sein 77. Lebensjahr, »das Wort« wirklich »niederlegte«, entriß er gleichsam die Quintessenz des nicht mehr geschriebenen Werkes über den »roi de Prusse«,
das, was nach seinem Willen über den König künftig in Schulen gelehrt
werden sollte, dem Vergessen – in seinem letzten Essay DER KÖNIG VON
PREUSSEN von 1949. Fragment und »outline« der TRAURIGEN GE-
SCHICHTE geben zusammen mit ihm hinreichenden Aufschluß über die

---

2 Thomas Mann, X,52.
3 Vgl. »Die traurige Geschichte usw.«, a.a.O., p. 5; ferner Bodo Uhse, Fragmentarische Bemerkungen zum »Friedrich«-Fragment Heinrich Manns. In: Sinn und
Form Bd. X (1958), p. 238–245, besonders p. 242.

dem HENRI QUATRE analoge moralistische Konzeption, über ihre schonungslose Härte: »Niemand war absolut wie der König von Preußen; niemand repräsentierte daher wie er die böse Seite des Zeitalters« (F. 139). Friedrich der Große ist – als Gestalt Heinrich Manns – die letzte Metamorphose der tyrannischen Variante des »schwachen Menschen«, wie bis in kleinste Züge nachzuweisen ist (s. o. p. 114), und so auch ist der hohe Gehalt an Selbstspiegelung zu verstehen, den diese Gestalt noch immer besitzt. Ausgeführt wäre die ebenfalls zweiteilige, in JUGEND und VOLLENDUNG gegliederte TRAURIGE GESCHICHTE... (DER KRONPRINZ und DER KÖNIG) neben die HENRI-QUATRE-Romane getreten; in Bild und Gegenbild, in der Gegenüberstellung von Gut und Böse in zwei umfangreichen KÖNIGSBÜCHERN hätte das Werk des Moralisten einen in unserer Literatur einzigartigen Abschluß gefunden. Daß hier, wo Heinrich Mann keine Zeit mehr für Unwesentliches zu haben glaubte, die moralische Schwarzweiß-Zeichnung schärfer und ungerechter hervortritt, daß ihm, wohl zu Recht, die vereinfachende Umbiegung des Historischen nachgewiesen werden kann,[4] bekräftigt aber wiederum nur, daß auch dieses Werk als moralistisches Exemplum zuerst, als episch-dramatisches Bild eines verfehlten Lebens und Gleichnis des Bösen für sich verstanden werden muß. So betrachtet erschließt sich auch das Fragment als ein Ganzes, gewinnen Szenen und Dialoge von äußerster, schlagender Verknappung weitreichende Resonanz und Verbindlichkeit.

Die moralistische Durchdringung der gesamten Lebensmaterie aber, jene psychologisch-moralische Menschenkunde und skeptische Predigt von Vernunft und Güte, repräsentiert im Werk Heinrich Manns die späteste Stufe des einstigen Konfliktes mit dem Leben. Überblickt man seine ganze Produktion, so tritt als innerster Zusammenhang ein Prozeß gestaltender Reflexion zutage, der von fiebrig leidender Exzentrizität zur vorsätzlichen Mäßigung und Mitte, von den »kreischenden« Tönen zu sentenziöser Nüchternheit, von der Satire zur poetischen Belehrung, von der übermächtigen Faszination durch die Kunst zur politisch verantwortlichen, menschheitlich denkenden Humanität gelangt.

Wie sein jüngerer Bruder führte Heinrich Mann eine Existenz im Wort, schuf er sich eine unverwechselbare Stilsprache und nahezu eigene Syntax, die zuletzt charakteristische Züge eines Altersstils zeigt. In sie gingen ein – nicht seine Erlebnisse, wohl aber, was er von den Erfah-

---

4 So Marlene Schmeisser, Friedrich der Große und die Brüder Mann. In: Neue deutsche Hefte, Nr. 90 (1962), Gütersloh 1962, p. 97–106.

rungen seines Lebens gesetzhafter Erkenntnis dienlich und beispielhaft hielt. In einem wohlverstandenen Sinn hat dieser »Zergliederer herrschender Mächte« und »Fürsprecher der Vernunft« (Z. 326), entgegen hartnäckigen Mißverständnissen, immer für Deutschland, für ein »kommendes« demokratisches Deutschland, geschrieben – in Frankreich bedurfte es einer Vorstellung Henri Quatres nicht.

Wenn dieser logische Dichter der Irrationalität und Verehrer Voltaires in der deutschen Literatur eine Außenseiterstellung noch immer einnimmt, so ist, abgesehen von der Verfemung durch das Dritte Reich, ein gewichtiger Grund diese seine, eigenem Wesen und französischer Tradition verpflichtete, hartnäckig moralistische Aufarbeitung und Aburteilung des Lebens, seine unbeirrbare, wenngleich ihrer Grenzen bewußte Hochschätzung der Vernunft. Politisch führte sie ihn zu einer Hellsicht und Unbequemlichkeit nach Grundsätzen, die ihn von der bürgerlichen Intelligenz abtrennte, und daß er, der Vernunftgläubige mit dem Blick auf die französische Revolution und auf die Menschenrechte, hinsichtlich der deutschen Geschicke jahrzehntelang recht behielt, wurde ihm von den vor der Demokratie Zurückschreckenden und kriegerisch Abirrenden nie verziehen.

Vom Begriff des Moralisten aber, der im Satiriker schon immer angelegt ist, kann nunmehr gesagt werden, daß er in das produktive Zentrum des mittleren und späten Werkes führt, im Begriff des Moralisten auch ist es möglich, die Scheidung zwischen Erfahrung, Dichtung und abstraktem Denken, politischer Verbindlichkeit und persönlicher Einsamkeit zuletzt soweit aufzuheben, als es nötig ist, um der geistig-moralischen Gesamterscheinung Heinrich Manns gerecht zu werden.

ZUR MONTAIGNE-REZEPTION HEINRICH MANNS

Die Erörterung des Montaigne-Bezuges macht die Unterscheidung notwendig zwischen dem in den Schriften formulierten Montaigne-Bild Heinrich Manns, den feststellbaren Übereinstimmungen der moralistischen Sicht beider Autoren und der stofflichen Montaigne-Rezeption. Diese drei Bereiche brauchen sich nicht zu decken und weisen tatsächlich erhebliche Abweichungen von einander auf.

Das Montaigne-Bild, wie es in den Henri-Quatre-Romanen und in Ein Zeitalter wird besichtigt Gestalt gewinnt, beschränkt sich fast ganz auf den vorbildlichen Humanisten und Menschenkenner Montaigne, auf den »Vater des Zweifels«, den Lehrer von Duldsamkeit, Ausdauer, Mäßigung, Milde und Güte. Dieses einfache Montaigne-Bild ist wohl zutreffend, läßt jedoch eine eigentlich zu erwartende Vertiefung vermissen – wesentliche und auch geistesgeschichtlich wirksame Erkenntnisse Montaignes bleiben außer acht. Der Vergleich der moralistischen Sicht beider Autoren hingegen ergibt ein ungleich reicheres Feld von Korrespondenzen, die bis in die innersten Zonen geistiger Anschauung reichen. Sie werden jedoch als solche so gut wie nicht artikuliert; nirgends zitiert Heinrich Mann Kernsätze der Menschenschilderung Montaignes, die er gekannt haben muß, weil er andere Stellen aus den betreffenden Essays zitiert, und es ist bis zu einem gewissen Grad enttäuschend, daß diese farbige Seite Montaignes keine formulierte Resonanz fand. Dabei muß offen bleiben, was Heinrich Mann absichtlich überging und was er bei seiner Beschäftigung mit Montaigne in seinem Gehalt nicht erkannte.

So bleibt die Frage nach Anlaß und Ausmaß der stofflichen Montaigne-Rezeption. Hier nun versagt die sonst so reichhaltige Konkordanz Kirchner-Klemperers fast ganz; als Montaigne-Zitat in den Henri-Quatre-Romanen führt sie nur »Que sais-je«, »Totus mundus exercet histrionem«, »La plus part de nos vocations sont farcesques« und »Nihil est tam populare quam bonitas« an; eine eigene Beschäftigung Kirchner-Klemperers mit Montaigne scheint nicht vorhergegangen zu sein. Dies ist dagegen bei der Darstellung Ulrich Weissteins der Fall, doch hat Weisstein nur einen Teil der Montaigne-Zitate erkannt und die erkannten noch nicht in ausreichendem Maße nach der Eigenart der Montaigne-Rezeption befragt. Nach Weisstein fühlte sich Heinrich Mann mit Montaigne »seit etwa 1930 näher verbunden, obgleich er schon zuvor mit dem essayistischen Hauptwerk des Franzosen Bekanntschaft machte«,[1] doch fehlt jegliche Begründung dafür.

Was nun den Anlaß der Montaigne-Rezeption angeht, so scheint hier die geringfügige Veränderung eines Montaigne-Zitates weiterzuführen. Heinrich Mann zitiert: »Totus mundus exercet histrionem« (VII,71; 123) und übersetzt: »Jeder macht einen Komödianten« (VII, 118). Dieser Satz lautet aber bei Montaigne: »Mundus *universus* exercet histrion*iam*«[2] = »Die ganze Welt übt Schauspielerei, spielt Komödie.« Andererseits lautet der Satz in seiner ursprünglichen Formulierung im »*Policraticus*« des Johannes von Salisbury[3] tatsächlich »... totus mundus iuxta Petronium exerceat histrion*em*« – in den entscheidenden Punkten also wie bei Heinrich Mann –, während Montaigne das Zitat in der abgeänderten Form »mundus *universus* ...« Iustus Lipsius entnommen hat.[4] Zitiert also Heinrich Mann nicht aus Montaigne? Sollte er das Zitat in richtiger Gestalt einer anderen Quelle entnommen haben? Wenn ja, so käme doch der »*Policraticus*« selbst kaum in Frage. Woraus also zitiert Heinrich Mann – Montaigne?

Ulrich Weisstein hat die abweichenden Formulierungen der Zitate bemerkt, aber irrtümlich erklärt. Er kommentiert: »Im ›Satiricon‹ heißt es ›mundus universus exercet histrionam‹. Montaigne zitiert die geänderte Fassung [also ›totus mundus‹ H.K.] auf S. 1134 [sc. der Pleiade-Ausgabe Montaignes H.K.] der Essais.«[5] Demnach hätte Heinrich Mann richtig aus Montaigne, dieser aber falsch aus dem »*Satiricon*« des Petronius zitiert. Davon kann keine Rede sein.

Da das fragliche Zitat aus dem Satz des Johannes von Salisbury herausgewachsen ist – und man eher aus ihm ein »Petronius-Fragment« zurückgewinnen wollte als die Stelle bei Petronius kennt! – konnte Montaigne aus Petronius weder die richtige noch eine geänderte Fassung zitieren, und folgerichtig bleibt auch Weisstein seine Fundstelle bei Petronius schuldig.[6] Andererseits lautet das Zitat bei Montaigne, ent-

---

1 Weisstein, Heinrich Mann, a.a.O., p. 165.
2 Montaigne III,290.
3 Vgl. Curtius, Europäische Literatur, a.a.O., p. 149.
4 s. o. p. 389.
5 Weisstein, a.a.O., p. 186, Fn. 50.
6 Überdies bringt er die Variante »histrion*am*« statt »histrion*iam*«, die wohl als Schreib- oder Druckfehler zu erklären sein dürfte.

gegen der Versicherung Weissteins, auch in der Pleiade-Ausgabe, wie in allen anderen Montaigne-Ausgaben, »mundus *universus* exercet histrio-*niam*« – also wie angeblich schon bei Petronius. Demnach konnte Heinrich Mann auch keine »geänderte« Fassung aus Montaigne zitieren – die Erklärung Weissteins führt nicht weiter.

Dagegen gibt Kirchner-Klemperer an, Heinrich Mann habe die Montaigne-Zitate »Totus mundus exercet histrionem« und »La plus part de nos vacations sont farcesques« in der Histoire de France Jules Michelets finden können,[7] übersieht aber den von Montaigne abweichenden Wortlaut bei Michelet. Daß aber die beiden einzigen Montaigne-Zitate, die Michelet in seiner Darstellung des 16. Jahrhunderts anführt, leitmotivisch im Romanwerk Heinrich Manns wiederkehren und davon eines in mit Michelet von Montaigne abweichenden Gestalt, darf als ausreichender Anhaltspunkt dafür gewertet werden, daß Michelet die gesuchte erste Quelle Heinrich Manns ist.

Damit rückt nun aber nicht nur die Herkunft eines Zitates, sondern der Ansatzpunkt des Montaigne-Bezugs Heinrich Manns überhaupt ins Licht. Er ist bei Michelet zu suchen. Daß Heinrich Mann früher Michelets Geschichte der Französischen Revolution studiert hatte, ist mehrfach, u. a. bei Thomas Mann, bezeugt.[8] Daß er nun, als er den Plan eines Henri-Quatre-Romans ins Auge faßte, die Geschichte dieses Königs in der Darstellung des hochgeschätzten Historikers las oder wieder las, ist naheliegend und wird außerdem durch zahlreiche eindeutige Übernahmen aus Michelet bestätigt.[9]

Aber Michelet scheint nicht nur Anstoß zur Beschäftigung mit Montaigne gegeben, sondern auch Grundzüge des Montaigne-Bildes Heinrich Manns mitbestimmt zu haben. Im Band La Ligue et Henri Quatre der Histoire de France konnte dieser lesen:

Ce livre fut l'évangile de l'indifférence et du doute. Les délicats, les dégoûtés, les fatigués (et tous l'étaient), s'en tinrent à ce mot de Pétrone, traduit, commenté par Montaigne: »Totus mundus exercet histrionem«, le monde joue la comédie, le monde est un histrion. »La plupart de nos vacations sont farcesques«, etc.[10]

Weiter erfuhr er:

En réalité, une part immense de vérité était dans ce livre, première description exacte, minutieuse, de l'intérieur de l'homme.[11]

---

[7] Kirchner-Klemperer, a.a.O., p. 29.
[8] Vgl. oben p. 216, Fn. 1.
[9] Vgl. die Erörterung der Michelet-Rezeption bei Kirchner-Klemperer, p. 15ff.
[10] Jules Michelet, X,401.   [11] a.a.O., p. 399.

Das wird in einer »moralité« der Jugend des Königs Henri Quatre fortleben:

La connaissance de l'intérieur de l'homme est bien la connaissance la plus chèrement acquise d'une époque dont il sera le prince. (VI,549)

Michelet nennt Montaigne »le vrai génie du temps«,[12] alles sei in seinem Buch »naturel, sans doute, ce malade est l'homme de la nature, oui, mais dans ses infirmités«.[13] Und der Übergang zu Montaigne innerhalb seiner Darstellung – nachdem zuvor von zeitgenössischen Satiren die Rede war – lautet:

Plus vrais encore, historiques sont les »Essais« de Montaigne! Ils disent le découragement, l'ennui, le dégoût qui remplit les âmes: »Plus de rien. Assez de tout.«[14]

Auch dieser Hinweis auf Montaigne als historische Quelle mußte Heinrich Mann wertvoll sein. Man darf annehmen, daß auf diese Anregungen bei Michelet hin eigene Lektüre einsetzte. Nach einer Auskunft des Heinrich-Mann-Archivs befindet sich in seiner Bibliothek eine mit eigenen Bemerkungen versehene französische Montaigne-Ausgabe aus dem Jahr 1930.

Die eigene Lektüre erstreckte sich jedoch, wie es scheint, nur auf einzelne Essais. Die in der folgenden Montaigne-Konkordanz zusammengestellten Montaigne-Zitate verteilen sich überraschenderweise auf höchstens 13 von den 107 Essais Montaignes. Wenn auch weitere Stellen bei Heinrich Mann noch als Montaigne-Zitate erkannt werden könnten, kann doch mit Sicherheit gesagt werden, daß alle ausdrücklich Montaigne zugeschriebenen Zitate in den Werken Heinrich Manns sich in diesen 13 Essais befinden. Hat er nur sie gekannt? Denkbar wäre zwar, daß er auch weitere Essais kannte, ohne aus ihnen zu zitieren, doch kann diese Annahme durch eine unvermutet mögliche Gegenprobe weit eingeschränkt werden.

Gliedert man nämlich die Montaigne-Entnahmen inhaltlich auf, so ergibt sich, daß Heinrich Mann Montaigne in dreifacher Hinsicht zitiert: als Quelle moralistisch-philosophischer Weisheit, als anekdotische Quelle zeitgenössischer Umstände und als reichhaltige Fundstätte antiker Zitate aus Plato, Cicero, Virgil, Horaz, Lukrez, Properz, Martial, Juvenal, Terenz und Seneca. Unter diesen Gruppen nehmen aber nicht, wie zu erwarten wäre, Zitate moralistisch-philosophischen Inhalts die erste Stelle ein: sie gebührt entschieden den Zitaten aus antiken Auto-

---

[12] a.a.O., p. 406.   [13] a.a.O., p. 401.   [14] a.a.O., p. 397.

ren. Mit Ausnahme eines Virgil-Zitates (VI,350), dem keines von 114 über die ESSAIS verstreuten Virgil-Zitaten Montaignes entspricht, sowie eines Juvenal-Zitates (VII,175), dem keines von 48 Juvenal-Zitaten bei Montaigne entspricht, konnten alle im HENRI QUATRE als solche bezeichneten Zitate aus antiken Autoren (zusammen mindestens 23) als Entnahmen aus Montaigne nachgewiesen werden. Sie müssen deshalb stofflich der Montaigne-Rezeption zugezählt werden und nehmen quantitativ die erste Stelle in ihr ein. Selbst eine so flüchtige Andeutung wie »etwas vom Dichter Martial über die Behaarung des Körpers« (VI,527) konnte auf dem Umweg über Montaigne verifiziert werden.

Auch als Fundgrube antiker Zitate nützt Heinrich Mann Montaigne als historische Quelle: er hält sich so mit Sicherheit innerhalb der Antike-Kenntnis des 16. Jahrhunderts. Die antiken Zitate selbst verwendet er völlig frei in beliebigen Zusammenhängen. So setzt er an einer Stelle etwa einen Krieg mit antiken Zitaten beleidigenden Inhalts zwischen dem König von Navarra und dem Marschall Biron ganz aus Montaigne-Entnahmen zusammen (VI,527/28). Da aber alle antiken Zitate sich in denjenigen ESSAIS befinden, aus denen Heinrich Mann auch Montaigne selbst zitiert, liegt die Vermutung nahe, er habe die antiken Zitate willkürlich und fast wahllos den wenigen ESSAIS entnommen, die er offensichtlich gelesen und durchgearbeitet hatte.

Aufschlußreich ist dafür etwa der Essai I, XXX DE LA MODÉRATION. Man vermeint es der Überschrift geradezu anzuhören, was Heinrich Mann zur Lektüre bewog. In der Tat fand er dort auch einen bedeutungsvollen Satz des Moralisten Montaigne: »l'aime des natures tempérées et moienes...«, den er deutsch (VI,469) und französisch (VI, 472) in den HENRI-QUATRE-Romanen zitierte. Aber er fand dort neben einem Horaz- und einem Plato-Zitat, die ebenfalls Mäßigung priesen und die er ebenfalls aufnahm (VI,357 u. ZEITALTER p.189) zufällig eben auch das Properz-Zitat »Fortunae miseras auximus arte vias«, das nun als »Wir selbst haben alles getan, unsere Lage so elend zu machen wie möglich« (VI,339) im Munde Agrippa d'Aubignés in einem ganz anderen Zusammenhang wiederkehrt. Ähnliches ließe sich überall zeigen. Gerade dieser Umstand aber, daß Heinrich Mann nach passenden lateinischen Zitaten offenbar nicht *suchte,* sondern sie bloß seiner Lektüre entnahm, läßt ihre Streuung besonders geeignet erscheinen, das Ausmaß der Montaigne-Lektüre mit einer gewissen Wahrscheinlichkeit zu bestimmen und eben auf ca. 13 ESSAIS zu begrenzen.

Trifft dies zu, so ergibt sich die Feststellung, daß Heinrich Mann sich mit einer partiellen Kenntnis Montaignes begnügte. Vergegenwärtigt man sich, wie er, von Michelet auf Montaigne verwiesen, an verschiedenen Stellen, den Überschriften der ESSAIS folgend, die Lektüre beginnt, so scheint diese Beschränkung ein Erlahmen seines Interesses, vielleicht auch eine gewisse Enttäuschung anzuzeigen. Was immer die Gründe dafür sein mögen – und man ist versucht, sie in gewissen Schwierigkeiten des planlos anmutenden Vortrags Montaignes für den modernen Leser zu sehen – er ließ es offensichtlich bei einem bestimmten Einblick bewenden und ging dazu über, das Gelesene nach künstlerischen Bedürfnissen für den entstehenden Roman auszubeuten. Die schließliche stoffliche Montaigne-Rezeption jedenfalls spiegelt weniger ein Eindringen in den philosophischen Gehalt Montaignes als ein Ernstnehmen der ESSAIS als historischer Quelle zeitgenössischer Wirklichkeit, wie es dem Hinweis Michelets entsprach. Allerdings befindet sich mit dem Essai DE LA PRAESUMPTION (II,XVII), dem wenigstens 11 Zitate entstammen, einer der gehaltvollsten und an Selbstaussage reichsten Essais Montaignes unter den so genützten. Und die Geschicklichkeit, mit der Heinrich Mann den Ertrag seiner Montaigne-Lektüre dem Roman verschmolz, mit der er aus wenigen Fragmenten klassischer Autoren die antikisierende Bildungsatmosphäre der Renaissance als Kolorit gewann und die Zeitschilderung um sie bereicherte, nötigt zu höchster Bewunderung.

Die vorstehenden Schlußfolgerungen, die sich daraus ergaben, daß Zitate aus antiken Autoren in den HENRI-QUATRE-Romanen als Montaigne-Zitate erkannt und nachgewiesen wurden, und daß diese Erkenntnis konsequent in den Versuch übersetzt wurde, anhand solcherart identifizierter Lesespuren den Umfang der tatsächlichen Montaigne-Lektüre Heinrich Manns zu rekonstruieren – diese rein theoretischen Überlegungen erfuhren bei einem Besuch im Heinrich-Mann-Archiv in Ost-Berlin eine überraschende konkrete Bestätigung. Die dort aufbewahrte Montaigne-Ausgabe Heinrich Manns[15] ist keine vollständige Ausgabe, sondern enthält nur eine Auswahl aus den ersten beiden Büchern der ESSAIS. Das dritte Buch fehlt vollständig. Andererseits lassen Anstreichungen und Notizen keinen Zweifel, daß Heinrich Mann mit dieser Ausgabe gearbeitet hat. Sie umfaßt laut Inhaltsverzeichnis die folgenden 19 ESSAIS: aus Buch I die Nummern IV, VII, VIII, XVII, XX, XXI, XXII, XXV, XXIX, XXX, XLVI, XLIX, und aus Buch II die Nummern II, X, XV, XVII, XXII, XXXI, XXXVII.

---

15 Michel de Montaigne, Essais. Paris o.J. (1930). Les Grands Classiques Illustrés. Edition du Monde moderne.

Da Buch III fehlt, kann Heinrich Mann die Zitate »La plus part...«
und »Mundus universus...« aus Essai X des dritten Buches nicht dieser
Ausgabe entnommen haben. Die Annahme, er habe diese Zitate aus
Michelet, erfährt dadurch eine weitere Bestätigung. Für das einzige noch
verbleibende Zitat aus dem dritten Buch – »Weiß aber doch, daß wir
geboren sind, die Wahrheit zu suchen, nicht sie zu besitzen« (VII,206) –
muß angenommen werden, daß es auf einem anderen Weg zur Kenntnis Heinrich Manns gekommen ist – sollte es Montaigne-Zitat und nicht
etwa Lessing-Reminiszenz sein.

Die Zahl der oben als »gelesen« bezeichneten ESSAIS reduziert sich
damit auf 11. Von ihnen sind 8 laut Inhaltsverzeichnis in der Mon-
taigne-Auswahl enthalten. Lediglich die Essais XXIII, XXVI, XXXI
des ersten Buches scheinen zu fehlen. Da Heinrich Mann aber auf der
unbedruckten letzten Innenseite seines Montaigne-Exemplars auch
Stellen aus den Essais Nr. XXVI und XXXI des ersten Buches mit Seitenangaben, die sich auf die Auswahl-Ausgabe beziehen, notiert hat,
muß angenommen, daß entweder das Inhaltsverzeichnis fehlerhaft ist
oder aber Passagen aus zwei Essais unter einer Überschrift zusammen-
gezogen wurden. Dies könnte nur durch eine nochmalige Überprüfung
an Ort und Stelle geklärt werden.

Mit Sicherheit entstammen jedenfalls die Zitate aus 10 der als »ge-
lesen« bezeichneten ESSAIS dieser Auswahl, vielleicht ließe sich auch das
noch ausstehende Zitat aus Essai I, XXIII auf ähnliche Art nachweisen.
In jedem Fall kann die Montaigne-Kenntnis Heinrich Manns auf der
Basis dieser Überlegungen auf die Essais Nr. XXI, XXIII, XXVI,
XXX, XXXI, XLIX des ersten Buches und auf die Essais Nr. II,
XV, XVII, XXXI, XXXVII des zweiten Buches eingegrenzt werden.

Daß Heinrich Mann einen ESSAI nur angelesen, aber nicht zu Ende
gelesen haben kann, ließ sich überraschend mit der Tatsache belegen,
daß sein Montaigne-Exemplar noch heute nicht vollständig aufge-
schnitten ist und daß die nicht aufgeschnittenen Seiten 233–256 mitten
in dem von ihm am intensivsten ausgebeuteten Essai II,XVII DE LA
PRAESUMPTION beginnen. Alle 11 Zitate aus diesem Essai stammen genau aus der aufgeschnittenen ersten Essai-Hälfte.

Nimmt man mit einiger Vorsicht an, die Reihenfolge der Notizen
auf der letzten Innenseite des Montaigne-Exemplars spiegle das Vor-
gehen des Lesers, wie es bei Notizen in anderen Büchern Heinrich
Manns ganz offensichtlich der Fall ist, so bestätigt die Reihenfolge der
Seitenangaben auch die oben angenommene »unregelmäßige« Lektüre.
Die Reihenfolge lautet: S. 200, 142, 120, 121, 259, 261, 263/4, 230, 80,

103, 119, 221 ss., 225, 231, 175, 161. Im übrigen bestätigten die Notizen einen Teil der in der Konkordanz aufgeführten Zitate aus antiken Autoren tatsächlich als »Montaigne«-Zitate. Ein anderer Teil der Notizen fand offensichtlich im Romanwerk dann keine Verwendung.

Ein weiteres im Heinrich-Mann-Archiv (Nr. 350) aufbewahrtes Einzelblatt mit Montaigne-Exzerpten aus den ESSAIS II,XVII (DE LA PRAESUMPTION) und II,II (DE L'YVRONGNERIE) bezieht sich ebenfalls auf das Montaigne-Exemplar Heinrich Manns und bestätigte einige weitere »Montaigne«-Zitate der Konkordanz. Schließlich geht aus den Notizen hervor, daß Heinrich Mann das richtige Verständnis und die im Roman gegebenen flüssigen Übersetzungen der nicht immer einfachen lateinischen Zitate aus den in den Fußnoten gefundenen französischen Übersetzungen gewann, von denen er einige ausdrücklich notierte.

Der Wert solcher positivistischer Nachweise soll in keiner Weise überschätzt werden. Immerhin wird durch sie sehr wahrscheinlich, daß die stoffliche Montaigne-Rezeption Heinrich Manns verhältnismäßig schmal war, und vielleicht läßt sich damit das Fehlen mancher inhaltlicher Momente des Montaigneschen Philosophierens bei ihm besser erklären. Auch ergibt sich daraus die Notwendigkeit, zwischen stofflicher Rezeption, dichterisch gestaltetem Montaigne-Bild und Übereinstimmungen der moralistischen Menschenschilderung deutlicher zu unterscheiden. Gerade wo diese vorliegen, wie in früheren Kapiteln dargestellt, können sie nicht einem unqualifizierten »Einfluß« Montaignes pauschal zugeschrieben werden, sondern müssen als echte Montaigne-Nähe und Verwandtschaft moralistischen Denkens verstanden werden. Weil sie ganz offenbar bestand und nicht, weil er eine erschöpfende Montaigne-Lektüre betrieben hatte, durfte sich Heinrich Mann auf den Geist Montaignes berufen.

HEINRICH MANN – MONTAIGNE

Heinrich Mann

DIE JUGEND DES KÖNIGS HENRI QUATRE
(Bd. VI)

Montaigne

(Alle Zitate nach der Edition municipale;
die erste Zahl gibt den Band, die zweite
das Kapitel, die dritte die Seite an.)

p. 312

Quod petiere premunt arcte, faciuntque
dolorem / Corporis –
Wild pressen sie an sich, den sie begehren, und verwunden den Leib. Brennende
Erinnerungen drängten herzu, von wü-
tenden Umarmungen und dem Biß der
Zähne in die geküßten Lippen ... Faciuntque dolorem animae. Wunden der
Seele ... Hier stockte der Gedanke. In
dem Denkenden fielen einzeln die Worte:
›Faciuntque dolorem‹.

II,XV; 382

Quod petiere premunt arcte, faciuntque
dolorem
Corporis, et dentes inlidunt saepe
labellis:
Et stimuli subsunt, qui instigant laedere
idipsum,
Quodcumque est, rabies unde illae
germinae surgunt.
(Lukrez, IV, 1079)

p. 339

»Wir selbst haben alles getan, unsere
Lage so elend zu machen wie nur möglich.«
Henri kannte den klassischen Spruch
und wiederholte ihn mit den Worten des
lateinischen Dichters.

I,XXX; 261

Fortunae miseras auximus arte vias.
(Properz, III, VII, 32.)

p. 340

»Im Unglück lieber gleich den Hals wagen!«
Diesmal erkannte Henri den Vers nicht
oder sprach ihn doch nicht nach.

II,XVII; 427

Capienda rebus in malis praeceps via
est.
(Seneca, Agamemnon, II, I, 47)

p. 341

»Spem pretio non emo. Ich kaufe mir
keine Hoffnung in bar«, erwiderte der
echte Henri; aber auch der falsche hatte
eine klassische Antwort bereit. »Die
Wahrheit muß einfach und kunstlos reden.«

II,XVII; 427

spem pretio non emo.
(Terenz, Adelphes, II, III, 11)

I,XXVI; 223

Quae veritati operam dat oratio, incom-
posita sit et simplex.
(Seneca ep. 40)
Die französische Übersetzung des Kommentars lautet: »Le language de la
vérité doit être simple et sans art.«

p. 356
Er [sc. Montaigne] gab selbst zu, daß er keine Begabung habe, weder für Tanz noch Ballspiel noch Ringkampf, auch nicht für Schwimmen, Fechten, Kunstreiten und Springen, überhaupt für nichts. Sogar seine Hände waren ungeschickt, und er konnte nicht leserlich schreiben, wie er freiwillig gestand. Ungebeten setzte er hinzu: nicht einmal einen Brief zumachen könnte er, keine Feder zuschneiden, und andererseits kein Pferd aufzäumen. Dazu der Reflex: »... Geistesart eines Zwanzigjährigen, der keine schweren Hände hat. Der greift Gedanken wie Bälle, der springt, der kann ein Pferd satteln.« (VI,371)

p. 357
Sein Begleiter sprach von der Wirrsal der Handelnden. »Ein Großer hat den Ruf seiner Religion verletzt, weil er sich eifriger im Glauben zeigen wollte als ihm zukam.« Wer war das wohl? »Insani sapiens —«, sprach er gegen den Wind. Horaz hatte es in Verse gebracht, daß auch Weisheit und Gerechtigkeit zu weitgehen können.

p. 360
»An der Schwelle des Alters sollte man in jeder Beziehung vorsichtig sein; manchmal aber verstehe ich einen Bekannten meiner Bekannten, der sich, schon ein wenig älter, seine Frau aussuchte an einem Ort, wo jeder sie für Geld bekommt. Damit hatte er die unterste Stufe erreicht, und die ist die sicherste.«
(Dazu VI,371:
»Man kann nicht tiefer sinken«, klagte der Unglückliche. »Ich habe die unterste Stufe erreicht – und die ist die sicherste.«
Und VII,159:
›Ich kann nicht tiefer sinken‹, fühlte er.)

p. 360
Henri stimmte mit ein, als sein Begleiter, den Becher hoch, einen Vers des Horaz sang:
»An Kraft, an Aussehn und an Witz,
An Tugend, Herkunft und Besitz:
Die Ersten mögen mich als Letzten zählen,
Wenn nur die Letzten mich zum Ersten wählen!«

II,XVII; 422
A la danse, à la paume, à la luite, ie n'y ay peu acquerir qu'une bien fort legere et vulgaire suffisance; à nager, à escrimer, à voltiger et à sauter, nulle du tout. Les mains, ie les ay si gourdes que ie ne sçay pas escrire seulement pour moy: ... Ie ne sçay pas clorre à droit une lettre, ny ne sçeuz iamais tailler plume ... ny equiper un cheval de son harnois ...

I,XXX; 257
I'ay veu tel grand blesser la reputation de sa religion pour se montrer religieux outre tout exemple des hommes des sa sorte.
Weiter oben:
Insani sapiens nomen ferat, aequis iniqui,
Ultra quam satis est virtutem si petat
                                    ipsam.
(Horaz, ep. I,VI; 15)

II,XVII; 426
Cet exemple d'un gentil'homme ...
il espousa une femme, qu'il
print au lieu où chacun en trouve
pour son argent ...
... d'où ie ne puisse aller plus
bas, et y cherche seurté.
La plus basse marche est la plus ferme.

II,XVII; 424
Viribus, ingenio, specie, virtute, loco, re,
Extremi primorum, extremis usque
                                    priores.
(Horaz, ep. II,II; 201)

451

p. 360
»Die Gewalt ist stark«, erklärte sein Begleiter. »Stärker ist die Güte. Nihil est tam populare quam bonitas.«
... Gutsein ist volkstümlich, nichts ist so volkstümlich wie Gutsein.

II,XVII; 429
Zusammenziehung von Montaigne:
»La force, la violance peuvent quelque chose, mais non pas tousiours tout«
und weiter unten:
Nihil est tam populare quam bonitas.
(Cicero, Pro ligario, XII; der Zusammenhang lautet: »Nihil est enim tam populare quam bonitas: nulla de virtutibus tuis plurimis nec gratior, nec admirabilior misericordia est.«)

p. 469
Ihn hätten als Stoff für ein Gespräch am meisten gefesselt die Quellen jeder Art und aller Gegenden, sowie die Übungen der Nationen in ihrem Gebrauch, denn die Italiener tranken das Wasser lieber, die Deutschen tauchten sich öfter hinein. Er hatte zwei wichtige Entdeckungen gemacht, beide dem Altertum bekannt gewesen und seitdem vergessen.
Erstens lebte der Mensch, der nicht badete, unter einer Kruste von Schmutz mit verstopften Poren. Zweitens wurde die Vernachlässigung der Natur von einer Klasse von Personen ausgenutzt zu ihrem eigenen Vorteil. Über den Stand der Ärzte hätte der Steinleidende sich stundenlang ergehen können ...

»Ich liebe die ausgeglichenen mittleren Naturen. Maßlosigkeit selbst im Guten wäre mir fast zuwider, jedenfalls aber verschlägt sie mir die Rede und ich habe dafür keinen Namen.« Er wollte noch Plato erwähnen ...
Die moralité (p. 472) bringt geringfügig verändert das Montaigne-Zitat p. 469 im Originaltext:
Comme un certain gentilhomme de ses amis, l'immodération dans la poursuite du bien même, si elle ne l'offense, elle l'étonne et le met en peine de la baptiser.

II,XXXVII; 601
Chaque nation a des opinions particulieres touchant leur usage ...
Le boire n'est aucunement receu en Allemaigne; ... ils se baignent et sont à grenouiller dans l'eau quasi d'un soleil à l'autre. En Italie, quand ils boivent neuf iours ...
... de tenir ainsi nos membres encroutez et nos pores estouppés de crasse. (p. 600)

Montaigne passim

I,XXX; 258
J'aime des natures temperées et moienes. D'immodération vers le bien mesme, si elle ne me offance, elle m'estone et me met en peine de la babtiser.
Das Plato-Zitat, das wenig später folgt, bringt Heinrich Mann wörtlich in: »Ein Zeitalter wird besichtigt« p. 189.

p. 470
omnia vitia in aperto leviora sunt.

II,XXXI; 523
Omnia vitia in aperto leviora sunt; et tunc perniciosissima, cum simulata sanitate subsidunt.   (Seneca, ep. 56)

p. 526
Die adlige Jugend neigte zur Unkeuschheit, seitdem das Zechen abkam und

II,II; 15
Il semble que, tous les iours, nous racourcissons l'usage de cettuicy [sc. des Trin-

glaubte, damit edleren Freuden nachzu-
gehen, als wenn man soff. Sie sagten, obschon beides Laster genannt würde, an
dem einen wäre doch auch der Geist beteiligt, es verlangte Klugheit und gebôte
Mut. Das Saufen wäre die gemeinste der
Untugenden, es wäre ganz und gar nur
leiblich, irdisch, der Verstand ginge dabei
in die Brüche und auch noch andere Fähigkeiten hörten auf. Biron verurteilt bei
dem Gouverneur nur das, was er selbst
nicht mehr kann. Worin er sich aber auszeichnet, das rechnen sich höchstens seine
deutschen Reiter zur Ehre an!

kens] ... Mais c'est que nous nous sommes beaucoup plus ietez a la paillardise
que nos peres.

II,II; 11

Or l'yvrongnerie, entre les autres, me
semble un vice grossier et brutal. L'esprit a plus de part ailleurs: et il y a des
vices qui ont ie ne sçay quoy de gene-
reux ... Il y en a où la science se mesle,
la diligence, la vaillance, la prudence,
l'adresse et la finesse; cettuy-cy est tout
corporel et terrestre. Aussi la plus gros-
sière nation de celles qui sont auiourd-
huy (= Deutschland) est celle là seule qui
le tient en credit.

Anschließend legt Heinrich Mann Aussprüche, die Montaigne von seinem Vater berichtet, Marschall Biron in den Mund:

Biron mit seiner Schreibtafel merkte sich
solche Reden und antwortete darauf in
den Schlössern, daß sein Jahrhundert
keusch gewesen wäre wie er, ja, er selbst
wäre rein in die Ehe getreten – und obwohl es nach der Mahlzeit war, bekräf-
tigte er seine Rede dadurch, daß er auf
den Händen um den Tisch ging. Wer nahe
hinsah, bemerkte sogar, daß er nicht die
Hände gebrauchte, sondern nur seine beiden Daumen. Er berief sich aber nicht allein auf seine wohlerhaltene Kraft, sondern mehr noch auf die Worte Platos.
Denn dieser griechische Weise hat wohl
den Wein verboten für Kinder bis zu
achtzehn Jahren, und vor dem vierzig-
sten soll niemand sich betrinken. Nachher verzeiht er es und meint, daß Gott
Dionysos alternden Männern zurückgäbe
die einstige Fröhlichkeit und Sanftmut,
so daß sie es wieder wagten zu tanzen.
Wirklich führte Marschall Biron die
Hausfrau zum Reigen ...

II,II; 15

C'est merveille des contes que i'ay ouy
faire a mon pere de la chasteté de son
siècle.
Et de soy, iuroit sainctement estre venu
vierge a son mariage; ... Ie l'ai veu, par
dela soixante ans, ... faire le tour de la
table sur son pouce ...! (p. 16)

Platon defant aux enfans de boire vin
avant dishuict ans, et avant quarante de
s'enyvrer;

Dionysius,
ce bon dieu qui redone aus homes la
gayeté, et la ieunesse aus vieillards ...
l'yvresse ... propre a doner aus persones
d'eage le courage le s'esbaudir en danses
et en la musique ... (p. 18)

p. 527
Sie [sc. die Cicero-Stelle] ist nach Plato
übersetzt und heißt:
»Difficillimum autem est, in omni con-
quisitione rationis, exordium« – was einfach bedeutet: Aller Anfang ist schwer.

II,XVII; 416
Cicéro estime que ès traictez de la philosophie le plus difficile membre ce soit
l'exorde.
(Da Montaigne hier auf Cicero nur anspielt, dürfte Heinrich Mann den Wortlaut der gemeinten Stelle den Anmerkungen entnommen haben; alle Montaigne-Ausgaben beziehen die Anspielung

p. 527
eine Abhandlung über Chirurgie, auch hierin ist etwas angestrichen, eine Entlehnung aus dem Dichter Lukrez. Mit lateinischen Versen wird gesagt:

»Unmerklich nehmen ab die Kräfte,
Versiegen müssen unsere Säfte,
Bergab geht's mit uns immerdar.«

Dies gelesen, und Biron verliert alsbald sowohl Maß als Besinnung. Mit nächstem versetzt er dem Gouverneur etwas vom Dichter Martial über die Behaarung des Körpers.

auf Ciceros Übersetzung des »Timäus« und geben »Difficillimum autem ...« als Wortlaut an.)

II,XVII; 422
minutatim vires et robur adultum
Frangit, et in partem pejorem liquitur
                                    aetas.
(Lukrez II, 1131)

Wenige Zeilen vor dem Lukrez-Zitat findet sich bei Montaigne das Martial-Zitat –

Unde rigent setis mihi crura, et pectora
                                    villis.
(Martial, Epigramme, II,XXXVI, 5; der Wortlaut bei Martial ist:
»Nunc sunt crura pilis et sunt tibi pectora saetis / Horrida, ...«)
– womit die Anspielung »etwas vom Dichter Martial über die Behaarung des Körpers« aufgelöst wäre.

p. 528
Durch ein anderes Buch ließ er ihm noch die Botschaft zukommen, ihr Urheber war der Dichter Juvenal: Nec facilis victoria de madidis ...

»Wenn sie im Wein auch untersanken
Und nur noch stammeln oder schwanken,
Glaub nicht, du hättest sie besiegt!«

p. 566
Ein Satz aus dem Buch [sc. den ESSAIS von Montaigne] stand darin handschriftlich besonders vermerkt.
»Alle Taten außerhalb der gewöhnlichen Grenzen unterliegen den schlimmsten Deutungen, denn unser Geschmack sträubt sich gegen das Verstiegene, und auch dem Niedrigen widerstehn wir durch unseren Geschmack.«

p. 593
Auch Montaigne verzog die Miene, vielleicht verlieh er ihr Ironie, gewiß Ergebenheit. Er versetzte: »Omnium rerum voluptas –. Vergnügen machen alle Dinge gerade durch die Gefahr, die sie uns verleiden soll.«

p. 595
Henri antwortete mit einem Vers des Horaz: »Vitam que subdio (sic) –. Kein Dach soll er haben als nur den Himmel, und soll in ewiger Unruhe leben!« Wo-

II,II; 12
nec facilis victoria de madidis, et
Blaesis, atque mero titubantibus.
(Juvenal, Satiren XV, 47)

II,II; 20
Toutes actions hors les bornes ordinaires sont subiectes à sinistre interpretation, d'autant que nostre goust n'advient non plus à ce qui est au dessus de luy, qu'à ce qui est au dessous.

II,XV; 382
Omnium rerum voluptas ipso quo debet fugare periculo crescit.
(Seneca, de beneficiis VII,IX)

I,XXVI; 198
Vitamque sub dio et trepidis agat
In rebus.
(Horaz, Oden, III,2,5)

bei er Herrn de Montaigne ansah, und
der verneigte sich vor beiden Königen
ohne Unterschied.

p. 597
Her Michel de Montaigne, obwohl nicht
ohne Bangen vor dem Dolch, bedauert
den König tief, da nichts einen Mann so
wehrlos macht wie das Aussetzen der
Vernunft.

p. 597
»Sire! Nie sollten wir die Hand gegen
unseren Diener erheben, solange wir zornig sind. Das war ein Grundsatz Platos.
Demzufolge sagte ein Lakedämonier namens Charillos zu einem Heloten, der
frech wurde: ›Bei den Göttern, wenn ich
jetzt nicht Wut hätte, ich brächte dich
um.‹«

II,II; 11
Le pire estat de l'home, c'est quand il
pert la conoissance et gouvernement de
soi.

II,XXXI; 520
Platon de mesme, s'estant eschauffé con-
tre l'un de ses esclaves, donna à Speusip-
pus charge de le chastier, s'excusant d'y
mettre la main luy-mesme sur ce qu'il
estoit courroucé. Charillos, Lacedemo-
nien, à un Elote qui se portoit trop in-
solemment et audacieusement envers luy:
Par les Dieux! dit-il, si ie n'estois courroucé, ie te ferois tout à cet heure
mourir.

DIE VOLLENDUNG DES KÖNIGS HENRI
QUATRE
(Bd. VII)

p. 71
Totus mundus exercet histrionem, Komödianten sind wir alle, und wem es schief
geht usw.
Dazu:
p. 118. Jeder macht einen Komödianten.
Totus mundus –. Wozu wir berufen sind,
ist größtenteils Farce.
p. 123. »Totus mundus exercet histrionem.«
p. 259. Denn jeder muß vor dem anderen immer noch ein Geheimnis behalten.
Je verwickelter die Rolle, um so besser
scheint sie ihm. ›Totus mundus exercet
histrionem, warum nicht auch ich.
ZEITALTER, p. 227. Montaigne meinte sogar, alle Berufungen seien es. »Toutes nos
vocations sont farcesques«, sagte dieser
alte Moralist, und doch hatte er das
Glück, einen ganz seltenen Machthaber,
den König Henri von Frankreich, von
Gesicht zu Gesicht zu kennen.

III,X; 290
La plus part de nos vacations sont farcesques. »Mundus universus exercet histrioniam.« Il faut iouer deuement nostre
rolle, mais comme rolle d'un personnage
emprunté.
(Zur Herleitung des Zitats s. o. p. 389).

p. 206
Weiß aber doch, daß wir geboren sind,
die Wahrheit zu suchen, nicht, sie zu besitzen.

III,VIII; 183
Car nous sommes nais à quester la verité;
il appartient de la posseder à une plus
grande puissance.

455

p. 216
Er kleidete sie in Sätze des Humanisten Montaigne. »Ein Mann von guten Sitten kann falsche Meinungen haben. Die Wahrheit kommt vielleicht aus dem Munde eines Bösewichters, der gar nicht an sie glaubt.«

II,XXXI; 518
Un homme de bonnes meurs peut avoir des opinions fauces, et un meschant peut prescher verité, voire celuy qui ne la croit pas.

p. 229/30
Henri sprach zu ihm die Übersetzung von Versen des Lateiners Martial, die zwischen diesen beiden üblich waren.
»Ein Sklave, gegürtet mit der Schürze aus schwarzem Fell, steht und bedient dich, wenn du warm badest.«
Der Erste Kammerdiener antwortete mit denselben Versen in der Ursprache, wobei es ihn wie den König jedesmal belustigte, daß keine männliche Person von dem Dichter gemeint war, sondern eine römische Dame war es, die ließ sich von dem Sklaven im Bad abreiben.

I,XLIX; 384
Les Dames ... se servoyent la mesme de leurs valets à les frotter et oindre,

Inguina succinctus nigra tibi servus aluta
Stat, quoties calidis nuda foveris aquis.
(Martial, VII,XXXV, 2)

p. 376
Für die normannischen Herren, Bischöfe und Edelleute, wiederholte er es in der Sprache Juvenals.
Deprendas animi tormenta –
Einer der einheimischen Herren ...

I,XXVI; 208

Deprendas animi tormenta latentis in
        aegro
Corpore, deprendas et gaudia: sumit
        utrumque
Inde habitum facies.
(Juvenal, IX, 18–20)

p. 377
Einer der beiden Kardinäle erinnerte den anderen an einen Vers des Horaz, der bedeutet: Er läßt beiseite, was er ohnedies hat, und bemüht sich um solche, die ihn nicht wollen.
»Transvolat in medio posita, et fugentia captat« – in reinster italienischer Aussprache führte der Kardinal den Vers an. Das Latein des anderen hatte französische Färbung.
»Nil adeo magnum –«
Dafür reimte er den Lukrez auch gleich in der Volkssprache.
»Nichts ist so groß und anfangs so
        verehrt,
Daß man ihm schließlich nicht den
        Rücken kehrt.«
Diese Kenner blinzelten einander zu, wohingegen der Legat des Papstes: er war allerdings hergereist, hatte gewiß erwartet, den König unrettbar absinken zu

II,XV; 383
Transvolat in medio posita, et fugentia
        captat.
(Horaz, Satiren I,II, 108)

I,XXIII; 148
Nil adeo magnum, nec tam mirabile
        quicquam
Principio, quod non minuant mirarier
        omnes paulatim.
(Lukrez, II, 1023)

sehen. Jetzt war er selbst erschlagen, er jammerte vor sich hin; sein Gedächtnis für die Klassiker stand indes hinter dem der vorigen nicht zurück.

»Weiß nicht, warum lassen meine
        saubern
Lämmchen sich von seinem Blick
        bezaubern.«

So übersetzte er die Stelle im Vergil: Nescio quis teneros oculus mihi fascinat agnos – und geradezu mit weichen Knien verließ der Legat diese Stätte. Nach ihm brachen alle auf.

Ein normannischer Herr sagte unter der Tür zu einem der hohen Richter: »Sogar mir fällt ein altes Wort ein. Fortis imaginatio generat casum. Wer eine Sache lebhaft im Sinn hat, macht Wirklichkeit aus ihr.«

Der Rechtsgelehrte erwiderte ihm noch in der Tür: »Mein Herr, Sie haben das Wesen unseres Königs ausgezeichnet verstanden.«

p. 719
... der hat die Schule des Verrates fertig durchlaufen.

NIETZSCHE
(Maß und Wert 1938/39, p. 277–304)

p. 295
Alle Ausschreitungen bekommen einen unheilvollen Sinn, zumal unser Geschmack ebensowenig zuläßt, was zu hoch als was zu niedrig ist.

p. 295/96
Er leuchte von Menschlichkeit, Wahrheit, Treue, Mäßigung und besonders Gerechtigkeit: seltene Merkmale, verkannt und verbannt. Einzig den Willen der Völker kann er mit Erfolg zu seiner Sache machen, und keine anderen Eigenschaften können, wie die genannten, den Willen der Völker auf ihn lenken, denn ihnen sind es die nützlichsten. Nichts ist volkstümlich wie Gutsein.

EIN ZEITALTER WIRD BESICHTIGT
Berlin 1947

p. 188
Sein gedrungener Wuchs war etwas unter dem mittleren Maß, seine Hände waren ungeschickt.

I,XXI; 132
Nescio quis teneros oculus mihi fascinat agnos.
(Vergil, Eklogen III,103)

I,XXI; 121
»Fortis imaginatio generat casum« disent les clercs. Ie suis de ceux qui sentent très-grand effort de l'imagination.
(Quelle unbekannt)

II,XVII; 449
... vraie eschole de trahison ...

(s. o. Beleg VI,566)

II,XVII, 429
Qu'il reluise d'humanité, de verité, de loyauté, de temperance et sur tout de iustice: marques rares, inconnues et exilées. C'est la seule volonté des peuples de quoy il peut faire ses affaires, et nulles autres qualitez ne peuvent tant flatter leur volonté comme celles là: leur estant bien plus utiles que les autres. »Nihil est tam populare quam bonitas.«

II,XVII, 420
Or ie suis d'une taille un peu au dessoubs de la moiene.
II,XVII, 422
Les mains, ie les ay si gourdes ...

457

p. 189

»Nur der ist ein wahrhafter Sieg, der den Feind zwingt, sich besiegt zu geben.« Oder: »Manche Vorteile, die wir über unsere Feinde gewinnen, sind entliehene Vorteile, nicht unsere ... Das Verdienst und der Wert eines Mannes werden bestimmt von seinem Herzen und seiner Gesinnung (consiste au cœur et en la volonté): da liegt seine echte Ehre.« Weiter: »Wer unterliegt bei hartnäckigem Mut, si succiderit, de genu pugnat.« (Seneca: »Wenn er hinfällt, kämpft er auf den Knien.«) Was auf de Gaulle und auf die Partisanen zutrifft – wenn Worte nötig gewesen wären, damit sie erschienen. »Wer, so nah der Tod ihm sei, von seiner Zuversicht nichts aufgibt; wer noch bei entschwindender Seele seinen Feind anblickt, fest und mit Verachtung, der ist geschlagen, nicht von uns, sondern vom Glück; er ist getötet, nicht besiegt. Wirklich gibt es verlorene Schlachten, die zu triumphieren mehr Anlaß geben als Siege.«

Alle Handlungen außerhalb der gesetzten Grenzen unterliegen unheimlichen Deutungen.

»Callicles, bei Plato, nennt das Äußerste von Philosophie schädlich und rät, sich nicht in sie zu versenken bis unter die Linie des Nutzens. Mäßig genossen sei sie wohltuend und brauchbar, ihr Ende aber mache einen Menschen wild und lasterhaft, dann mißachte er die Religionen, die gemeinen Gesetze, er werde ein Feind der gesitteten Verständigung, ein Feind der menschlichen Freuden, unfähig jeder öffentlichen Verwaltung, des Beistandes für andere und der Selbsthilfe – der richtige Mann, ihn ungestraft zu ohrfeigen.«

p. 191

Plato argumentiert und der Skeptiker Montaigne erinnert daran, »daß die Gabe der Prophetie über unsere Kraft geht, daß wir außer uns sein müssen, um sie zu betätigen. Unsere Besonnenheit muß verlegt sein vom Schlaf, oder von einer Krankheit, oder sie ist uns entführt durch himmlische Verzückung.«

I, XXXI, 276

victoria nulla est / Quam quae confessos animo quoque subjugat hostes.
Assez d'avantages gaignons nous sur nos ennemis, qui sont avantages, empruntez, non pas nostres.
L'estimation et le pris d'un homme consiste au cœur et en la volonté; c'est là où gist son vray honneur.

I, XXXI, 277

Celuy qui tombe obstiné en son courage, »si succiderit, de genu pugnat«;
(Seneca, De providentia II)

I, XXXI, 277

qui, pour quelque dangier de la mort voisine, ne relasche aucun point de son asseurance; qui regarde encores, en rendant l'ame, son ennemy d'une veue ferme et desdaigneuse, il est battu non pas de nous, mais de la fortune; il est tué, non pas vaincu ... Aussi y a il des pertes triomphantes à l'envi des victoires.

(s. o. Beleg VI, 566)

I, XXX, 258

Calliclez, en Platon, dict l'extremité de la philosophie estre dommageable, et conseille de ne s'y enfoncer outre les bornes du profit; que, prinse avec moderation, elle est plaisante et commode, mais qu'en fin elle rend un homme sauvage et vicieux, desdaigneux des religions et loix communes, ennemy de la conversation civile, ennemy des voluptez humaines, incapable de toute administration politique et de se courir autruy et de se secourir à soi, propre à estre impunement souffleté.

II, II, 21

Platon argumente ainsi, que la faculté de prophetizer est dessus de nous; qu'il nous faut estre hors de nous quand nous la traictons; il faut que nostre prudence soit offusquée ou par le sommeil ou par quelque maladie, ou enlevée de sa place par un ravissement céleste.

LITERATURVERZEICHNIS

I. Werke Heinrich Manns

Eine Heinrich-Mann-Gesamtausgabe fehlt. Zitiert wurde aus den beiden Teilsammlungen:

Mann, Heinrich: Gesammelte Romane und Novellen (10 Bde.) Kurt Wolff-Verlag, Leipzig o. J. (1917).
— Ausgewählte Werke in Einzelausgaben. Hrsg. im Auftrag der Deutschen Akademie der Künste zu Berlin von Prof. Dr. Alfred Kantorowicz (13 Bde.) Berlin, Aufbau-Verlag, 1951–1962.

Die erste Teilsammlung wurde arabisch, die zweite römisch durchgezählt. Danach bedeuten:

1	(K. W.-Verlag)	Im Schlaraffenland
2	(K. W.-Verlag)	Diana
3	(K. W.-Verlag)	Minerva
4	(K. W.-Verlag)	Venus
5	(K. W.-Verlag)	Die Jagd nach Liebe
6	(K. W.-Verlag)	Professor Unrat
7	(K. W.-Verlag)	Zwischen den Rassen
8	(K. W.-Verlag)	Die kleine Stadt
9	(K. W.-Verlag)	Novellen Bd. I
10	(K. W.-Verlag)	Novellen Bd. II
I	(Aufbau-Verlag)	Im Schlaraffenland / Professor Unrat
II	(Aufbau-Verlag)	Zwischen den Rassen
III	(Aufbau-Verlag)	Die kleine Stadt
IV	(Aufbau-Verlag)	Der Untertan
V	(Aufbau-Verlag)	Eugénie oder Die Bürgerzeit / Ein ernstes Leben
VI	(Aufbau-Verlag)	Die Jugend des Königs Henri Quatre
VII	(Aufbau-Verlag)	Die Vollendung des Königs Henri Quatre
VIII	(Aufbau-Verlag)	Novellen I
IX	(Aufbau-Verlag)	Novellen II
X	(Aufbau-Verlag)	Schauspiele
XI	(Aufbau-Verlag)	Essays I
XII	(Aufbau-Verlag)	Essays II
XIII	(Aufbau-Verlag)	Essays III

Darüber hinaus wurden folgende Werke zitiert:

Mann, Heinrich: In einer Familie. Roman. München 1894.
— Mache. In: Die Zukunft, 54. Bd. (1906) p. 500–502.
— Der Fall Murri. In: Die Zukunft, 55. Bd. (1906) p. 161–168.
— Doppelte Heimat. (Freie Phantasie über den Inhalt von Rudolf Schmied, Carlos

459

und Nicolàs. Kinderjahre in Argentinien. München 1906.) (=Anhang zu Hein-
rich Mann, Mnais und Ginevra. München o.J. (1906)).
— Die Armen. Roman. Leipzig 1917.
— Der Kopf. Roman. Berlin/Wien/Leipzig 1925.
— Mutter Marie. Roman. Zürich 1927.
— Sieben Jahre. Chronik der Gedanken und Vorgänge. Berlin/Wien/Leipzig 1929.
— Das öffentliche Leben. Berlin/Wien/Leipzig 1932.
— Der Haß. Deutsche Zeitgeschichte. Amsterdam 1933.
— Das große Beispiel. In: Die neue Weltbühne, XXXI. Jg. Nr. 22 vom 30. Mai
  1935, Prag. Wiederabdruck in: Sinn und Form, 1952, H. 1, p. 5–9.
— Es kommt der Tag. Deutsches Lesebuch. Zürich 1936.
— Nietzsche. In: Maß und Wert. Zweimonatsschrift für freie deutsche Kultur. Hrsg.
  von Thomas Mann und Konrad Falke. Jg. II (1938/39) p. 277–304.
— Die Französische Revolution und Deutschland. In: Aufbau. Kulturpolitische Mo-
  natsschrift. 1. Jg. (1945) p. 205–210.
— Ein Zeitalter wird besichtigt. Berlin, Aufbau-Verlag, 1947.
— Der Atem. Roman. Amsterdam, Querido-Verlag, 1949.
— Empfang bei der Welt. Roman (postum). Berlin, Aufbau-Verlag, 1956.
— Die traurige Geschichte von Friedrich dem Großen. Ein Fragment (postum). Der
  König von Preußen. Ein Essay. Hamburg 1962.

II. Briefe, Autobiographisches

Mann, Heinrich: Auszüge aus Briefen und Postkarten 1907–1949. In: Ernst Hauswedell, Antiquariatskatalog 138. Hamburg 1958. Nr. 1241–1248.
— Briefe aus der Emigration. Veröffentlicht unter dem Titel »Ein Ausweg. Der
  europäische Völkerbund« von Alfred Kantorowicz in: Frankfurter Allgemeine
  Zeitung vom 29. März 1958.
— Briefwechsel Joh. R. *Becher* – Heinrich Mann. In: Sinn und Form 18 (1966) p. 325
  bis 333.
— Sieben Briefe an Félix *Bertaux* (1923–1928). In: Akzente 16. Jg. (1969) p. 386
  bis 399.
— 37 Briefe an Maximilian *Brantl*. Unter dem Titel »Heinrich Manns Briefe an
  Maximilian Brantl« veröffentlicht von Ulrich Dietzel in: Weimarer Beiträge,
  14. Jg. (1968) p. 393–422.
— Auszüge aus Briefen und Postkarten an Ludwig *Ewers* (1889–1894, 1901–1913).
  In: Ernst Hauswedell, Antiquariatskatalog Nr. 154. Hamburg 1967. Nr. 1333 bis
  1340.
— Die Kleine Stadt. Brief an Fräulein Lucia Dora *Frost*. In: Die Zukunft 70. Bd.
  (1910) p. 265–266.
— Sechs Briefe an den Dekorationsmaler G. (= Erwin *Gerzymisch*). In: Aufbau, 6. Jg.
  (1950) p. 579–584.
— Briefe an Karl *Lemke* 1917–1949. Berlin (Aufbau-Verlag) 1963.
— Briefe an Karl *Lemke* und Klaus *Pinkus*. Hamburg 1963.
— Briefwechsel mit Eva und Julius *Lips* (1934–1950). In Eva Lips, Zwischen Lehr-
  stuhl und Indianerzelt. Aus dem Leben und Werk von Julius Lips. Berlin 1965,
  p. 93–151.
— Thomas *Mann* – Heinrich Mann. Briefwechsel 1900–1909. Hrsg. v. Hans Wysling.
  Frankfurt/M. 1968.
— Brief vom 24. 10. 1908 an René *Schickele*. In: Expressionismus. Literatur und
  Kunst. 1910–1923. Hrsg. v. Bernhard Zeller. München 1960.
— Heinrich Mann an Arnold *Zweig*. In: Neue Deutsche Literatur. Jg. 11 (1963) p. 86
  bis 92.

Als »Autobiographie I–IV« sind die vier bis jetzt bekannt gewordenen autobiographischen Skizzen Heinrich Manns von 1904, 1910, 1911 und 1943 in vollem Wortlaut abgedruckt bei André Banuls, Heinrich Mann. Le poète et la politique. Paris: Klincksieck 1966, p. 617–620.

III. Bibliographien

Zenker, Edith: Heinrich-Mann-Biobliographie. Werke. Berlin und Weimar (Aufbau-Verlag) 1967. (Vollständige Bibliographie aller bis 1964 bekannt gewordener gedruckter Werke Heinrich Manns).

Umfangreiche Bibliographien der Sekundärliteratur bis zum jeweiligen Erscheinungsjahr enthalten:

Schröter, Klaus: Anfänge Heinrich Manns. Zu den Grundlagen seines Gesamtwerks. Stuttgart 1965.
— Heinrich Mann in Selbstzeugnissen und Bilddokumenten. Reinbek bei Hamburg 1967.
Banuls, André: Heinrich Mann. Le poète et la politique. Paris: Klincksieck 1966.
— Heinrich Mann. Stuttgart 1970.

Eine Spezialbibliographie der Sekundärliteratur bis 1914 enthält:

Hahn, Manfred: Das Werk Heinrich Manns von den Anfängen bis zum »Untertan«. Diss. phil. Leipzig 1965.

Über die Bestände des Heinrich-Mann-Archivs informiert:

Eggert, Rosemarie: Vorläufiges Findbuch der Werkmanuskripte von Heinrich Mann (1871–1950) Berlin 1963. (= Deutsche Akademie der Künste zu Berlin. Schriftenreihe der Literaturarchive 11.)

IV. »Quellen« Heinrich Manns

a) Zum Roman »Der Kopf«

Nachweisbar intensiv durchgearbeitet hat Heinrich Mann folgende Werke:

Bülow, Bernhard Fürst von: Deutsche Politik. Berlin 1917.
Drieu La Rochelle, Pierre: Mésure de la France. Paris 1922.
Kayser, Rudolf: Die Zeit ohne Mythos. Berlin: Die Schmiede 1923.
Hohenlohe-Schillingsfürst, Chlodwig, Fürst zu: Denkwürdigkeiten. Stuttgart/Leipzig. Bd. II 1906.
Reventlow, Graf Ernst zu: Deutsche auswärtige Politik 1888–1914. [10]Berlin 1918.

In seiner Bibliothek befinden sich ferner:

Friedjung, Heinrich: Das Zeitalter des Imperialismus 1884–1914. Berlin 1919.
Wolff, Theodor: Vollendete Tatsachen 1914–1917. Berlin 1918.

Indirekt, auf dem Weg über Zeitungsberichte (häufig aus der »Münchner Post«), die sich bei den Materialien zum »Kopf« befinden, wurden folgende Veröffentlichungen aus der Zeit der Abfassung des »Kopfes« zu »Quellen« Heinrich Manns – wobei die Frage nach eigener Lektüre offen bleiben muß:

Frymann, Daniel (Pseudonym des Justizrats Class): Wenn ich der Kaiser wär.
Fabre-Luce, Alfred: Der Sieg. 1923.
Hammann, Otto: Bilder aus der letzten Kaiserzeit. Berlin 1922.
Hohenlohe, Prinz Alexander von: Aus meinem Leben. Frankfurt/M. 1925.
Schön, Wilhelm Eduard Freiherr von: Erlebtes. Beiträge z. Gesch. d. neuesten Zeit. Berlin 1924.
Rupprecht, Kronprinz von Bayern: Denkschrift vom Juli 1917.
Treuberg, Hetta Gräfin von: Zwischen Politik und Diplomatie. Straßburg/Paris o.J. (1921).
Wolff, Theodor: Das Vorspiel. München 1924.
Zedlitz-Trütschler, Robert Graf von: Zwölf Jahre am deutschen Kaiserhof. Berlin/ Leipzig 1924.

b) Zu den Henri-Quatre-Romanen

Das umfangreichste Verzeichnis von »Quellen« zu den Henri-Quatre-Romanen hat H. Kirchner-Klemperer (a.a.O. p. 400–402) veröffentlicht. Dort noch nicht aufgeführt sind folgende Werke, die sich z. T. in der nachgelassenen Bibliothek Heinrich Manns befinden:

Allier, Raoul: Anthologie protestante française. Bd. I (XVIe et XVIIe siècles). Paris 1918. (Darin: Théodore de Bèze, Psaume LXVIII).
Delteil, Joseph: Le Vert-Galant. Paris o.J.
Lamandé, André: Les lettres d'amour de Henri IV – Le Vert-Galant. Paris, Edition de la Madeleine, 1932.
Meyrac, Albert: Le dernier amour de Henri IV: Charlotte de Montmorency, mère du Grand Condé. 1928.
Montaigne, Michel de: Essais. Paris o.J. (1930). (= Les Grands Classiques Illustrés, Edition du monde moderne).
Rheinhardt, Emil Alfons: Der große Herbst Heinrichs IV. Leipzig–Wien 1935.
Rocheblave, Samuel: Agrippa d'Aubigné. Paris o.J. (1930). Editions »Je sers«.
Vaissiere, Pierre de: Henri IV. 1928. (= Les grandes études historiques).

Ferner wurden zitiert:

Henri IV: Recueil des lettres missives de Henri IV, publié par M. Berger de Xivrey. (= Collection de documents inédits sur l'histoire de France. Première série. Histoire politique, 126, Bd. 1–6. Paris 1843–1876.
— Lettres intimes de Henri IV. Publ. par. L. Dussieux, Paris 1876.
Lanux, Pierre de: La vie de Henri IV. (= Vies des hommes illustres No. 5), Gallimard 1927.
Taillandier, Saint-René: Heinrich IV. von Frankreich. München 1947.

IV. Literatur über Heinrich Mann

Abusch, Alexander: Über Heinrich Mann. In: A. A. Literatur im Zeitalter des Sozialismus. Berlin 1967, p. 271–298.
Bachmann, Dieter: Heinrich Mann. In: D. B. Essays und Essayismus. Stuttgart 1969. p. 67–96.
Bachmayr, Heinrich F.: Die Leidenschaften der Herzogin von Assy. Zur Entstehungsgeschichte von Heinrich Manns Roman »Die Göttinnen«. In: Philobiblon III (1959) p. 142–148.

Banuls, André: Heinrich Mann. Le poète et la politique. Paris: Klincksieck 1966.
— Heinrich Mann. Stuttgart 1970. (= gekürzte, neubearbeitete deutsche Fassung des vorhergehenden Titels).
— Thomas Mann und sein Bruder Heinrich. Stuttgart 1968.
Becher, Johannes R.: Vom »Untertan« zum Untertan. Offener Brief an Heinrich Mann. In: Die Linkskurve, 4. Jg. (1932) Nr. 4, April 1932, p. 1–5.
Benn, Gottfried: Heinrich Mann zum sechzigsten Geburtstag. Gesammelte Werke in vier Bänden. Hrsg. von Dieter Wellershoff. Wiesbaden 1958–1961. Bd. I, p. 129 bis 139.
— Rede auf Heinrich Mann. Bd. I, p. 410–418.
— Heinrich Mann. Ein Untergang. Bd. II, p. 9–12.
Boonstra, Pieter-Evert: Heinrich Mann als politischer Schriftsteller. Utrecht 1945. (= Diss. Groningen 1945).
Dietzel, Ulrich: Heinrich Manns Briefe an Maximilian Brantl. In: Weimarer Beiträge, 14. Jg (1968) p. 393–422.
— Nachwort. In: Thomas Mann – Heinrich Mann. Briefwechsel 1900–1949. Berlin: Aufbau 1965.
Dirksen, Edgar: Autobiographische Züge in Romanen Heinrich Manns: In: Orbis litterarum 21 (1966) p. 321–332.
Dunin, Lyonel: Einleitung zu »Mutter Marie«. Berlin o.J. (1932) p. 5–17.
Edschmid, Kasimir: Heinrich Mann. In: Die doppelköpfige Nymphe. Aufsätze über die Literatur und die Gegenwart. Berlin 1920, p. 158–168.
Exner, Richard: Die Essayistik Heinrich Manns. In: Symposium. A journal devoted to modern foreign languages and literatures. (Autor und Thematik) Vol. XIII (1959) p. 216–237; (Triebkräfte und Sprache) Vol. XIV (1960) p. 26–41.
Feuchtwanger, Lion: Heinrich Mann. Zum 75. Geburtstag (1946). In: Centum opuscula, Rudolstadt 1956, p. 562–565.
Fischer, Andreas: Heinrich Mann: Der König von Preußen. In: A. F., Studien zum historischen Essay und zur historischen Portraitkunst an ausgewählten Beispielen. Berlin 1968.
Geissler, Klaus: Die weltanschauliche und künstlerische Entwicklung Heinrich Manns während des ersten Weltkriegs. Diss. Jena 1963 (Masch.).
Hahn, Manfred: Das Werk Heinrich Manns von den Anfängen bis zum »Untertan«. Diss. Leipzig 1965.
— Zum frühen Schaffen Heinrich Manns. In: Weimarer Beiträge 12 (1966) p. 363 bis 406. (= Auszug aus obiger Diss.).
— Heinrich Manns Beiträge in der Zeitschrift »Das zwanzigste Jahrhundert«. In: Weimarer Beiträge, 13. Jg. (1967) p. 996–1018.
Hardaway, R. T.: Heinrich Mann's Kaiserreich-Trilogy and his Democratic Spirit. In: Journal of English and German Philology, Bd. LIII (1954) p. 319–333.
Hegemann, Werner: Heinrich Mann? Hitler? Gottfried Benn? Oder Goethe? In: Das Tagebuch, 12. Jg. (1931) H. 15, p. 580–588.
Henniger-Weidmann, Brigitte: Stilkritische Betrachtungen zu Heinrich Manns artistischen Novellen »Pippo Spano« und »Die Branzilla«. Diss. Zürich 1968.
Herden, Werner: Aufruf und Bekenntnis. Zu den essayistischen Bemühungen Heinrich Manns im französischen Exil. In: Weimarer Beiträge. 11. Jg. (1965) p. 323 bis 349.
Herzog, Wilhelm: Menschen, denen ich begegnete. Bern–München 1959 (p. 227–267).
Hiller, Kurt: Hindenburg oder Heinrich Mann? In: K. H. Köpfe und Tröpfe. Profile aus einem Vierteljahrhundert. Hamburg–Stuttgart 1950. p. 17–51.
Horst, Karl-August: Die traurige Geschichte von Friedrich dem Großen. In: Merkur, XVI. Jg. (1962) p. 697–700.
Ihering, Herbert: Heinrich Mann. Berlin 1952.

Kantorowicz, Alfred: Heinrich Mann und Thomas Mann. Die persönlichen, literarischen und weltanschaulichen Beziehungen der Brüder. Berlin 1956.
— Heinrich Manns Henri-Quatre-Romane. In: Sinn und Form. Berlin 1951, H. 5, p. 31–42.
— Der Zola-Essay als Brennpunkt der weltanschaulichen Beziehungen zwischen Heinrich und Thomas Mann. In: Wiss. Zft. d. Humboldt-Univ. zu Berlin 3 (1953/54) p. 127–138.
— Heinrich Manns Beitrag zur deutsch-frz. Verständigung. In: Wiss. Zft. d. Humboldt-Univ. zu Berlin 6 (1956/57) p. 29–57.
— Zola-Essay und Betrachtungen eines Unpolitischen. Die paradigmatische Auseinandersetzung zwischen Heinrich und Thomas Mann. In: Geschichte in Wissenschaft und Unterricht. Stuttgart 1960, p. 257–272.
Kesten, Hermann: Heinrich Mann. In: Meine Freunde, die Poeten. Wien-München 1953, p. 21–35.
— Heinrich Mann und Thomas Mann. In: H. K., Der Geist der Unruhe. Köln–Berlin 1959, p. 310–329.
— Heinrich und Thomas. Mann. In: Der Monat. 11. Jg. (1958) p. 59–69.
Kirchhoff, Ursula: Das Fest als Symbol der außergewöhnlichen Existenz in Heinrich Manns Göttinnen-Trilogie. In: Wirkendes Wort, Jg. 18 (1968) p. 395–415.
— Die Darstellung des Festes im Roman um 1900. Ihre thematische und funktionale Bedeutung. Münster 1969.
Kirchner-Klemperer, Hadwig: Heinrich Manns Roman »Die Jugend und die Vollendung des Königs Henri IV« im Verhältnis zu seinen Quellen und Vorlagen. (Ein Beitrag zum Thema »Historischer Roman«). Diss. phil. Berlin (Humboldt-Universität) 1957.
Kirsch, Edgar: Heinrich Manns historischer Roman »Die Jugend und die Vollendung des Königs Henri Quatre«. In: Wiss. Zft. d. M.-Luther-Universität Halle–Wittenberg, Gesellschafts- u. sprachwiss. R. Jg. V (1955/56), p. 623–636 u. p. 1161 bis 1206.
Kirsch, Edgar u. Schmidt, Hildegard: Zur Entstehung des Romans »Der Untertan«. In: Weimarer Beiträge, Jg. VI (1960) p. 112–131.
Lemke, Karl: Erinnerungen an Heinrich Mann. Dachau 1965.
Linn, Rolf N.: The place of Pippo Spano in the Works of Heinrich Mann. In: Modern language Forum XXXVII (1952) p. 130–142.
— Portrait of two despots by Heinrich Mann. In: The Germanic Review, Bd. XXX (1955) p. 125–134.
— Heinrich Mann's Die Branzilla. In: Monatshefte 50 (1958) p. 75–85.
— Heinrich Mann and the German Inflation. In: Modern Language Quarterly (1962) p. 75–83.
— Democracy in Heinrich Mann's »Die kleine Stadt«. In: German Quarterly, 37 (1964) p. 131–145.
— Heinrich Mann – heinrich mann. In: Neue Deutsche Hefte. 1967, p. 17–29.
Lohner, Edgar: Heinrich Mann. In: E. L. Deutsche Literatur im 20. Jht. Strukturen und Gestalten. Hrsg. v. H. Friedmann und O. Mann. Bd. 2, Heidelberg ⁴1961, p. 80–100.
Lutz, Gerhard: Zur Problematik des Spielerischen. Eine Erörterung unter besonderer Berücksichtigung der Romane und Novellen des frühen Heinrich Mann. Diss. phil. Freiburg i. Br. 1952.
Marcuse, Ludwig: Mein zwanzigstes Jahrhundert. München 1960.
Mayer, Hans: Heinrich Manns Henri Quatre. In: H. M., Deutsche Literatur und Weltliteratur. Reden und Aufsätze. Berlin 1957. p. 682–689.
Middelstaed, Werner: Heinrich Mann in der Zeit der Weimarer Republik. Diss. d. hist.-phil. Fakultät Potsdam 1963.

Mühsam, Erich: Heinrich Mann. In: Die Aktion. 1. Jg. (1911), p. 592–596.

Nerlich, Michael: Kunst, Politik und Schelmerei. Frankfurt 1969.

Nicholls, Roger A.: Heinrich Mann and Nietzsche. In: Modern Language Quarterly, Bd. XXI (1960) p. 165–178.

Piana, Theo: Heinrich Mann. Leipzig 1964.

Plessner, Monika: Identifikation und Utopie. Versuch über Heinrich und Thomas Mann als politische Schriftsteller. In: Frankfurter Hefte. 16 (1961) p. 812–826.

Pross, Harry: Heinrich Mann – der letzte Jakobiner. In: Deutsche Rundschau. 83. Jg. (1957) p. 1050–1055.

Ritter Santini, Lea: L'italiano Heinrich Mann. Bologna 1965.

— Die weiße Winde. Heinrich Manns Novelle »Das Wunderbare«. In: Wissenschaft und Dialog. Festschrift W. Rasch. Stuttgart 1969, p. 134–173.

Rohner, Ludwig: Zola. In: L. R. Der deutsche Essay. 1966.

Rosenhaupt, Hans W.: Heinrich Mann und die Gesellschaft. In: The Germanic Review. Bd. XII (1937) p. 267–278.

Sauereßig, Heinz: Die gegenseitigen Buchwidmungen von Heinrich und Thomas Mann. In: Betrachtungen und Überblicke zum Werk Thomas Manns. Hrsg. von Georg Wenzel. Berlin/Weimar: Aufbau-Verlag 1966, p. 483–490.

Scheibe, Friedrich Carl: Rolle und Wahrheit in Heinrich Manns Roman »Der Untertan«. In: Lit.wiss. Jahrbuch 7 (1966) p. 209–277.

Schmeisser, Marleen: Friedrich der Große und die Brüder Mann. In: Neue deutsche Hefte Nr. 90 (1962), Gütersloh 1962, p. 97–106.

Schöpker, H.-Fr.: Heinrich Mann als Darsteller des Hysterischen und Grotesken. Diss. phil. Bonn 1960.

Schröder, Walter: Heinrich Mann. Bildnis eines Meisters. Wien 1931.

Schroers, Paul: Heinrich und Thomas Mann und ihre Verleger. In: Philobiblon II. Jg. (1958) p. 310–314.

Schröter, Klaus: Anfänge Heinrich Manns. Zu den Grundlagen seines Gesamtwerks. Stuttgart 1965.

— Heinrich Mann in Selbstzeugnissen und Bilddokumenten. Reinbek bei Hamburg 1967.

— Der Atem. Anmerkungen zu Heinrich Manns letztem Roman. In: Grüße. Hans Wolffheim zum 60. Geburtstag. Frankfurt/M. 1965, p. 133–144.

— Heinrich Mann. »Untertan« – »Zeitalter« – Wirkung. Drei Aufsätze. Stuttgart 1971.

Seckelmann, Klaus D.: Ein Tusculum für Dichter und Künstler. In: Deutsches Ärzteblatt Nr. 5 u. 6, 1969.

Serebrow, N.: Heinrich Manns Antikriegsroman »Der Kopf«. In: Weimarer Beiträge, Jg. VIII (1962) p. 1–33.

Sinsheimer, Hermann: Heinrich Manns Werk. München 1921.

Soergel, Albert u. Hohoff, Curt: Heinrich Mann. In: Dichtung und Dichter der Zeit. Vom Naturalismus bis zur Gegenwart. Düsseldorf 1961 (Bd. I), p. 834–850.

Specht, Gerhart: Das Problem der Macht bei Heinrich Mann. Diss. phil. Freiburg i. Br. 1954.

Speyer, Julie: Heinrich Mann. In: Die Zukunft. 55. Bd. (1905) p. 515–519.

Sudhoff, H. M.: Heinrich Mann. In: Deutsche Dichter der Moderne. Hrsg. v. B. v. Wiese. Berlin 1965, p. 92–106.

Thoenelt, Klaus: Heinrich Mann und sein Frankreichbild. Diss. phil. Freiburg i. Br. 1960.

Tucholsky, Kurt: Der Untertan. In: Gesammelte Werke, Hamburg 1960 ff., Bd. I, p. 383–387.

— Macht und Mensch. In: Ges. Werke Bd. I, p. 679–682.

Uhse, Bodo: Fragmentarische Bemerkungen zum »Friedrich«-Fragment Heinrich Manns. In: Sinn und Form, Bd. X (1958) p. 238–245.

Vanhellepute, Michel: L'essai de Heinrich Mann sur Zola. In: Revue des Langues Vivantes 29 (1963) p. 510–520.

Weiskopf, F. C.: Fackelträger der Freiheit. Gesammelte Werke, Berlin 1960, Bd. VIII, p. 294–299.

Weisstein, Ulrich: Heinrich Mann. Eine historisch-kritische Einführung in sein dichterisches Werk. Tübingen 1962.

— Die arme Toinetta. Heinrich Mann's triple version of an operatic plot. In: Modern Language Quarterly, vol. XX (1959) p. 371–377.

— Heinrich Mann in America. A Critical Survey. In: Books Abroad, XXXIII (1959) p. 281–284.

— Humanism and the novel. An Introduction to Heinrich Mann's »Henri Quatre«. In: Monatshefte LI (1959) p. 13–24.

— Die kleine Stadt: art, life and politics in Heinrich Mann's novel. In: German Life and Letters. Vol. XIII (1959/60) p. 255–261.

— Heinrich Mann's Madame Legros – not a revolutionary drama. In: The Germanic Review. Vol. XXXV (1960) p. 39–49.

— Bel-Ami im Schlaraffenland. Ein Studie über Heinrich Manns Roman »Im Schlaraffenland«. In: Weimarer Beiträge, Jg. VII (1961) p. 557–569.

— Heinrich Mann, Montaigne and »Henri Quatre«. In: Revue de littérature comparée, t. XXXVI (1962) p. 71–83.

— Heinrich Mann und Flaubert. Ein Kapitel in der Geschichte der literarischen Wechselbeziehungen zwischen Frankreich und Deutschland. In: Euphorion 57 (1963) p. 132–155.

Winter, Lorenz: Heinrich Mann und sein Publikum. Eine literarsoziologische Studie zum Verhältnis von Autor und Öffentlichkeit. Köln/Opladen 1965.

Wysling, Hans: Einführung zu: Thomas Mann – Heinrich Mann, Briefwechsel 1900 bis 1949. Hrsg. v. H. Wysling. Frankfurt/M. 1968.

Zeck, Jürgen: Die Kulturkritik Heinrich Manns in den Jahren 1892 bis 1909. Diss. Hamburg 1965.

V. Sonstige Literatur

Adler, Alfred: Über den nervösen Charakter. München und Wiesbaden, ³1922.

Altheim, Franz: Roman und Dekadenz. Tübingen 1951.

Andreas-Salomé, Lou: Lebensrückblick. Aus dem Nachlaß hrsg. v. Ernst Pfeiffer. Zürich–Wiesbaden 1951.

— In der Schule bei Freud. Aus dem Nachlaß hrsg. v. Ernst Pfeiffer. Zürich 1958.

Ahrendt, Hannah: Elemente und Ursprünge totalitärer Herrschaft. Frankfurt 1955.

Aulard, A.: La paix future d'après la revolution française et Kant. Paris 1915.

Auerbach, Erich: Mimesis. Dargestellte Wirklichkeit in der abendländischen Literatur. Bern ²1959.

Baumann, Gerhart: Maxime und Reflexion als Stilform bei Goethe. Karlsruhe 1949.

Baumgarten, Otto: Politik und Moral. Tübingen 1916.

Behaghel, Otto: Deutsche Syntax. Eine geschichtliche Darstellung. 4 Bde. Heidelberg 1923–1932.

Blüher, Hans: Die Rolle der Erotik in der männlichen Gesellschaft. Eine Theorie der menschlichen Staatsbildung nach Wesen und Wert. 2 Bde. Jena 1919.

— Philosophie auf Posten. Gesammelte Schriften 1916–21. Heidelberg 1928.

Boost, Karl: Neue Untersuchungen zum Wesen und zur Struktur des deutschen Satzes. Berlin 1955.

Brinkmann, Hennig: Die deutsche Sprache. Gestalt und Leistung. Düsseldorf 1962.

— Der deutsche Satz als sprachliche Gestalt. In: Wirkendes Wort, Sammelband I (Sprachwissenschaft) Düsseldorf 1962, p. 220–234.

Brodführer, Eduard: Untersuchungen zur vorlutherischen Bibelübersetzung. Eine syntaktische Studie. Halle 1922.

Bußmann, W.: Politische Ideologien zwischen Monarchie und Weimarer Republik. Ein Beitrag zur Ideengeschichte der Weimarer Republik. In: H.Z. 183 (1960), p. 55–77.

Cassirer, Ernst: Die Philosophie der Aufklärung. Tübingen 1932.

Curtius, Ernst Robert: Europäische Literatur und lateinisches Mittelalter. Bern ²1954.

— Die Lehre von den drei Stilen in Altertum und Mittelalter. (Zu Auerbachs »Mimesis«). In: Romanische Forschungen, 64. Bd. (1952), p. 57–70.

Dehio, Ludwig: Gedanken über die deutsche Sendung 1900–1918. In: H.Z. 174 (1952), p. 479–502.

Drach, Erich: Hauptsatz und Gliedsatz. In: Das Ringen um eine neue deutsche Grammatik. Hrsg. v. Hugo Moser (= Wege der Forschung, Bd. XXV), p. 360–375.

Edschmid, Kasimir: Frühe Manifeste. Epoche des Expressionismus. Hamburg 1957.

Erben, Johannes: Grundzüge einer Syntax der Sprache Luthers. Berlin 1954.

Fink, Eugen: Nietzsches Philosophie. Stuttgart 1960.

Flake, Otto: Von der jüngsten Literatur. In: Die Neue Rundschau, Bd. XXVI (1915), p. 1276–1284.

Flinker, Martin: Thomas Manns politische Betrachtungen im Lichte der heutigen Zeit. 's Gravenhage 1959.

Foerster, Fr. W.: Politische Ethik und politische Pädagogik. München ⁴1922.

Fontane, Theodor: Gesammelte Werke. Berlin o.J. (1905–1911).

Franke, Carl: Grundzüge der Schriftsprache Luthers in allgemeinverständlicher Darstellung. 3 Bde. 1913–1922.

Franz, Erich: Politik und Moral. Über die Grundlagen politischer Ethik. Göttingen 1917.

Friedrich, Hugo: Montaigne. Bern 1949.

— Montaigne und der Tod. In: Romanische Forschungen, 61. Bd. (1948) p. 32–88.

Frymann, Daniel: Wenn ich der Kaiser wär. o.O. ⁴1913.

Gide, André: Œuvres complètes. Edition augmentée des textes inédites établie par L. Martin-Chauffier. 15 Bde. Paris 1932–1939.

Glaeser, Ernst: Jahrgang 1902. Berlin 1931.

Goethe, J. W. v.: Artemis-Gedenkausgabe der Werke, Briefe und Gespräche. Hrsg. v. Ernst Beutler, Zürich 1949.

Goldoni, Carlo: Tutte le opere. A cura di Giuseppe Ortolani. Verona (Mondadori) 1945–1956.

Hauptmann, Gerhart: Sämtliche Werke (Centenar-Ausgabe). Hrsg. von Hans Egon Hass. Darmstadt 1962 ff.

Havers, Wilhelm: Handbuch der erklärenden Syntax. Heidelberg 1931.

Hazard, Paul: Die Herrschaft der Vernunft. La pensée européenne au XVIIIᵉ siècle de Montesquieu à Lessing. Hamburg 1939.

— Die Krise des europäischen Geistes. 1680–1715. Hamburg 1959.

Hebbel, Friedrich: Sämtliche Werke. Hist.-krit. Ausgabe ed. v. R. M. Werner. Berlin 1904.

Heimpel-Michel, Elisabeth: Die Aufklärung. Eine historisch-systematische Untersuchung. Langensalza 1928.

Hiller, Kurt: Die Weisheit der Langenweile. Leipzig 1913.

— Der Aufbruch zum Paradies. München 1922.

— Verwirklichung des Geistes im Staat. Leipzig 1925.

Hofer, Walther: Geschichte zwischen Philosophie und Politik. Basel 1956.

Hoffmann, E. T. A.: Werke. Hrsg. v. Georg Ellinger. Berlin/Leipzig/Wien/Stuttgart 1912.

Hofmannsthal, Hugo v.: Gesammelte Werke in Einzelausgaben. Hrsg. von Herbert Steiner. S. Fischer-Verlag, Frankfurt/M.

Holthusen, H. E.: Das Schöne und das Wahre. Neue Studien zur modernen Literatur. München 1958.

Kant, Immanuel: Kants gesammelte Schriften. Hrsg. v. d. Königlich Preußischen Akademie der Wissenschaften (Akademie-Ausgabe), Berlin 1905–1955. (Zitiert »A. A.«).

— Kritik der reinen Vernunft. Philosophische Bibliothek (Meiner) Bd. 37 a, Hamburg 1952.

— Kritik der praktischen Vernunft (Meiner), Bd. 38. Hamburg 1959.

— Grundlegung zur Metaphysik der Sitten. (Meiner) Bd. 41. Hamburg ³1957.

— Metaphysik der Sitten. (Meiner) Bd. 42, Hamburg 1959.

— Die Religion innerhalb der Grenzen der bloßen Vernunft. (Meiner) Bd. 45, Hamburg ⁶1956.

— Kleinere Schriften zur Geschichtsphilosophie, Ethik und Politik. (Meiner) Bd. 47, Hamburg 1959.

— Vermische Schriften (Meiner) Bd. 50, Hamburg 1959.

— Der Streit der Fakultäten. (Meiner) Bd. 252, Hamburg 1959.

Kantorowicz, Alfred: Deutsches Tagebuch. 2 Bde. München 1959 u. 1961.

Kaßner, Rudolf: Die Mystik, die Künstler und das Leben. Über englische Dichter und Maler im 19. Jahrhundert. Accorde. Leipzig 1900.

Kessler, Harry Graf: Tagebücher 1918–1937. Frankfurt/Main 1961.

Klages, Ludwig: Mensch und Erde. Sieben Abhandlungen. Jena ³1929.

Klein, Elisabeth: Jugendstil in deutscher Lyrik. Diss. phil. Köln 1958.

La Bruyère: Les Caractères. Paris (Garnier) 1960.

Leisegang, Hans: Denkformen. Berlin/Leipzig 1928.

Lukàcs, Georg: Schicksalswende. Beiträge zu einer neuen deutschen Ideologie. Berlin 1948.

— Der historische Roman. Berlin 1955.

— Schriften zur Literatursoziologie. Neuwied 1961.

Maihofer, Werner (Hrsg.): Naturrecht oder Rechtspositivismus? Darmstadt 1962. (= Wege der Forschung, Bd. XVI).

Mann, Golo: Deutsche Geschichte des 19. und 20. Jahrhunderts. Frankfurt/Main 1958.

Mann, Julia: Aus Dodos Kindheit. Konstanz 1958.

Mann, Klaus: Der Wendepunkt. Ein Lebensbericht. Frankfurt/Main 1958.

Mann, Thomas: Gesammelte Werke in 12 Bänden. Frankfurt/Main 1960.

— Gedanken im Kriege: In: Die Neue Rundschau Bd. XXV (1914), p. 1417–1484.

— Briefe 1889–1936. Hrsg. v. Erika Mann. o.O. (Fischer) 1961.

Mann, Victor: Wir waren fünf. Konstanz 1949.

Maurer, Friedrich: Untersuchungen über die deutsche Verbstellung in ihrer geschichtlichen Entwicklung. Heidelberg 1926.

Mayer, Hans: Thomas Mann. Werk und Entwicklung. Berlin 1950.

Meinecke, Friedrich: Werke. Hrsg. im Auftrag des Friedrich-Meinecke-Institutes der Freien Univrsität Berlin von Hans Herzfeld, Carl Hinrichs, Walther Hofer. München 1957 ff.

— Die deutsche Katastrophe. Betrachtungen und Erinnerungen. Wiesbaden 1946.

Montaigne, Michel de: Les Essais de Michel de Montaigne, publiés d'après l'exemplaire de Bordeaux ... par F. Strowski et F. Gebelin, 5 Bde. (Edition Municipale) Bordeaux 1906–1933.

Mornet, Daniel: Histoire de la clarté française. Ses origines – son évolution – sa valeur. Paris 1929.

Musil, Robert: Gesammelte Werke in Einzelausgaben. Hrsg. v. Adolf Frisé. Hamburg 1952–1957.

468

Nicholls, R. A.: Beginnings of the Nietzsche vogue in Germany. In: Modern Philology, vol. 56 (1958/59), p. 24–37.

Nietzsche, Friedrich: Werke in drei Bänden. Hrsg. v. Karl Schlechta. München 1954 bis 1956.

Nolte, Ernst: Eine frühe Quelle zu Hitlers Antisemitismus. In: H. Z. 192 (1961), p. 584–606.

Paul, Jean: Sämtliche Werke. Hist.-krit. Ausgabe, hrsg. v. E. Berend u. a. Weimar 1928 ff.

Paulsen, Wolfgang: Expressionismus und Aktivismus. Eine typologische Untersuchung. Diss. phil. Bern 1934.

Plenge, Johann: 1789 und 1914. Die symbolischen Jahre in der Geschichte des politischen Geistes. Berlin 1916.

— Die Geburt der Vernunft. Berlin 1918.

Pörtner, Paul: Literaturrevolution 1910–1925. Dokumente – Manifeste – Programme. Bd. II, Zur Begriffsbestimmung der »Ismen«. Neuwied/Rh. 1961 (die mainzer Reihe 13/II).

Popper, K. R.: Falsche Propheten. Hegel, Marx und die Folgen. Bern 1958. (= Die offene Gesellschaft und ihre Feinde, Bd. II).

Pross, Harry: Die Zerstörung der deutschen Politik. Dokumente 1871–1933. Frankfurt/Main 1959.

Rathenau, Walther: Ein preußischer Europäer. Berlin 1955.

Rehm, Walther: Der Renaissancekult um 1900 und seine Überwindung. In: Zeitschrift für deutsche Philologie LIV (1929), p. 296–328.

Rilke, Rainer Maria: Werke. Leipzig o. J. (Insel).

— Tagebücher aus der Frühzeit. Leipzig 1942.

Ritter, Gerhard: Machtstaat und Utopie. Vom Streit um die Dämonie der Macht seit Macchiavelli und Morus. München u. Berlin ²1941.

Rosenhaupt, H. W.: Der deutsche Dichter um die Jahrhundertwende und seine Abgelöstheit von der Gesellschaft. Berlin/Leipzig 1939.

Ruprecht, Erich: Einleitung zu: Literarische Manifeste des Naturalismus. 1880–1892. Hrsg. v. Erich Ruprecht. Stuttgart 1962, p. 1–11.

Schickele, René: Werke in drei Bänden. Köln/Berlin 1959.

Schiller, Friedrich: Sämtliche Werke (Säkularausgabe). Stuttgart–Berlin 1904/05.

Schubert, Gerhard: Über das Wort »und«. In: Wirkendes Wort, Sammelband 1. Düsseldorf 1962, p. 166–174.

Seidler, Herbert: Allgemeine Stilistik. Göttingen 1953.

Sokel, Walter H.: Der literarische Expressionismus. Der Expressionismus in der deutschen Literatur des zwanzigsten Jahrhunderts. München 1959.

Sontheimer, Kurt: Thomas Mann als Politiker. In: Vierteljahreshefte für Zeitgeschichte. 6. Jg. (1958) p. 1–44.

— Thomas Mann und die Deutschen. München 1961.

Spengler, Oswald: Preußentum und Sozialismus. München 1919.

— Pessimismus? Berlin 1921.

— Politische Pflichten der Jugend. München 1924.

Spitzer, Leo: Stilstudien. 2 Bde. München 1961.

Strauß, Leo: Naturrecht und Geschichte. Stuttgart 1953.

Troeltsch, Ernst: Politische Ethik und Christentum. Göttingen 1904.

— Das stoisch-christliche Naturrecht und das moderne profane Naturrecht. In: H. Z. 106 (1911), p. 237–267.

— Imperialismus. In: Die Neue Rundschau, Bd. XXVI (1915), p. 1–14.

— Deutsche Zukunft. Berlin 1916.

— Naturrecht und Humanität in der Weltpolitik. Berlin 1923.

Valjavec, A.: Die Aufklärung. In: Historia mundi. Bd. IX, Aufklärung und Revolution, p. 11-35.

Velde, Henri van de: Zum neuen Stil. München 1955.

Vorländer, Karl: Kants Stellung zur französischen Revolution. In: Philosophische Abhandlungen, Hermann Cohen zum 70. Geburtstag dargebracht. Berlin 1912, p. 247-269.

— Kant und der Gedanke des Völkerbundes. Mit einem Anhang: Kant und Wilson. (= Philos. Zeitfragen Nr. 3) Leipzig 1919.

Wellershoff, Dieter: Gottfried Benn, Phänotyp dieser Stunde. Köln/Berlin 1958.

Zweig, Stefan: Die Welt von gestern. Erinnerungen eines Europäers. (Suhrkamp) 1949.